영국인
재발견 2

在英 저널리스트 권석하의 영국, 영국인 이야기

영국인 재발견 2

권석하 지음

안나푸르나

차례

영국인들의 여러 얼굴

[Keyword 1: 기네스북] 빅토리아 정신이 탄생시킨 가장 별난 책 11
《기네스북》이 환갑을 맞기까지 / 등재 절차도 기네스 감 / 《기네스북》정신은 대영제국과 통한다 / 《기네스북》에 오른 별별 기록들 / 《기네스북》 기록을 가장 많이 보유한 사람

[Keyword 2 : 영국 축구] 영국인의 못 말리는 축구 사랑 21
승패를 떠나 축제로 자리 잡은 FA컵 / 못난 자식에게 정이 가는 법 / 신혼여행보다 축구가 먼저 / 이 정도는 되어야 광팬

[Keyword 3 : 원칙주의] 지독한 원칙주의자들이 있어 영국은 믿음직스럽다 31
영국을 이끄는 힘은 원칙과 규칙 / 끈기와 노력으로 진실 찾은 힐스버러 그룹 / 힐스버러 그룹의 최종 보고서 / "이 정도면 괜찮아"라는 말은 용납 불가 / 20년 만에 실현된 정의 / 사회가 할 수 없다면 시민이 직접 나선다

[Keyword 4 : 군인 또는 군인정신] 전쟁 희생자를 소중히 기억하는 나라 43
살아 돌아오지 못한 전우를 기리며 / 기념물과 기념비로 역사를 이어 가다 / 고양이부터 도망자까지 추모하는 나라 / 실질적인 보상도 잊지 않다

[Keyword 5 : 런더너] 살인 물가에도 런던에 살고 싶은 이유 53
추가수당에도 런던 살기가 싫다는 공무원들 / 세계에서 물가가 가장 비싼 도시 / 집값은 그야말로 초현실적 / 살인 물가 속 런더너가 사는 법 / 그럼에도 런던을 사랑해야 할 이유

[Keyword 6 : 왕실 외교] 여왕의 특별한 초대는 실속 있는 장사 65
여왕의 존재만으로도 충분하다 / 1년에 2번뿐인 초대 / 기억에 남는 왕실 프리미엄 / 만들어낸 권위는 인정받지 못한다

문화예술에 깃든 가장 영국적인 것

[Keyword 7 : 펭귄북] 영국인의 삶에 혁명을 일으킨 아주 작은 책 77
세상을 뒤집은 보급판 문고의 탄생 / 영국인의 삶을 바꾼 펭귄북 / 담배 한 갑, 커피 한 잔 가격으로 얻은 지식 / 펭귄북에 대한 영국인들의 유별난 사랑

[Keyword 8 : 이코노미스트] 디지털 시대에도 질주하는 종이 잡지 88
무인도에서도 세계를 꿰뚫게 하는 주간지 / 롱런의 비결 / 독자를 분석적 비평가로 만드는 기사 / 디지털 시대에도 여전히 성장 중 / 역대 편집장들로 살펴본 잡지 성향

[Keyword 9 : 왕립예술원] 247년간 영국의 여름 문화생활을 책임진 전시회 102
10만 파운드 작품과 500파운드 작품이 어깨를 나란히 하다 / 악동 예술가가 기획한 색다른 2015년 여름 전시회 / 모든 작품을 열린 마음으로 / 후원과 기부의 힘으로

[Keyword 10 : 뱅크시] 얼굴 없는 거리의 팝 아티스트 111
전 세계 거리에 낙서하는 예술가 / 블랙유머로 세상의 권위에 도전하다 / 거리 낙서에 공

인이 왜 필요해? / 25년 동안 베일에 싸인 화가

[Keyword 11 : 테이트모던] 불 꺼진 발전소, 영국 현대미술을 밝히다 121
테이트모던의 성공을 이끈 획기적인 전시 / 현대자동차가 86억을 후원하는 터바인 홀 프로젝트 / 예술품을 담는 파워 하우스 설계의 철학 / 도난당한 그림도 다시 사들이는 관장의 추진력

[Keyword 12 : 터너상] 올해 최고의 예술가는 누구인가? 133
런던, 아트스쿨, 터너상이 모여 현대미술을 완성하다 / 도발적이고 기괴하기까지 한 작품들 / 가장 영국적인 시각예술상 / 터닙상으로 터너상을 비꼬다

[Keyword 13 : 월드컵 축구] 축구 종주국을 위한 변명 144
반드시 이탈리아가 이겨야 한다 / 월드컵에만 가면 힘을 못 쓰는 이유 / 야성미를 잃은 야생마의 최후 / 경기 결과에 엇갈린 희비

[Keyword 14 : 소치 동계올림픽] 점잖은 BBC도 춤추게 한 값진 메달 155
무관심할 수밖에 없는 이유 / 90년 동계올림픽 참가 역사를 새로 쓴 제니 존스 / 경기 중계도 영국인다워야 / 푸틴과 그의 친구들만 흥겨웠던 잔치

냉철한 실용주의자들이 만드는 사회

[Keyword 15 : 선진국] 영광은 거저 주어지지 않는다 ― 영국이 선진국인 까닭 165
올림픽 순위보다 인권이 우선 / 일류 국가가 갖춰야 할 것들 / 원칙 고수는 공평히, 공정히 / 선진국이 짊어져야 할 짐과 영광

[Keyword 16 : 신장 옵트아웃] 차원 다른 신장기증이 전하는 감동 174
순수 장기기증자가 늘고 있다 / 과연 신장기증을 하는 사람들은 누구인가 / 내 신장으로 누군가 건강하게 살 수만 있다면 / 고귀한 일에 앞장서는 사람들 / 생명을 살리는 옵트아웃

[Keyword 17 : 영어] 각 나라에 맞게 옷을 바꾸는 영어 발음 184
영국인 3퍼센트만 표준영어를 쓴다고? / 영어 발음이 나쁜 게 아니라 다를 뿐 / 영어책에 안 나오는 영어가 더 많아 / 끊임없이 변화하는 영어의 현주소

[Keyword 18 : 표준어] BBC 아나운서가 사투리를 쓴다고? 194
공식적으로 존재하지 않는 표준어 / 계급별로 달랐던 발음조차 경계 희미해져 / 보통 사람들의 세상, 평범한 말이 인기

[Keyword 19 : 인간 존엄성] 영국에는 갑을 관계가 없다 203
손님은 왕이 아니고 상점 주인은 하인이 아니다 / 승차 거부가 정당한 사회 / 드라마〈오피스〉가 보여준 영국 직장의 민낯 / 존엄성이 우선인 인간관계가 원칙 / 봉건시대부터 존재한 상호의존 관계

[Keyword 20 : 계급제도] 평민 게이트에 드리워진 계급제도의 그림자 217
단어 하나에 발목이 잡히다 / 누군가는 거짓말을 하고 있다 / 서열 3위 실세 의원과 평범한 경관의 그칠 줄 모르는 싸움 / 2년 줄다리기 끝에 평민 경찰이 승리하다 / 특권층의 오만이 빚은 패배 / 뒷말 무성한 평민 게이트

[Keyword 21 : 영국 의료제도] 암환자들이 말하는 영국 의료제도의 명암 232
신뢰를 기반으로 하는 의료제도 / 사후 치료에 더 힘을 쏟다

[Keyword 22 : 영국 간호제도] **영국에서 간병은 병원 몫 237**
병원에서 받은 불편한 문화충격 / 한국 간병인과 영국 건강간호보조사는 다르다 / 믿고 맡기는 영국 병원 / 수술대에 오른 간호제도 / 누가 간병할 것인가

선거로 읽는 영국 정치

[Keyword 23 : 정치인] **어떻게 하면 영국 의회의원이 될 수 있나? 249**
의원내각제의 정당 공천 / 보수당은 지구당원 투표로 / 노동당은 공개후보선출제 채택 / 낙하산이 사라지고, 후보 선정 문턱도 낮추고 / 영국 정치의 기본은 상향식

[Keyword 24 : 정치자금] **풀뿌리 정치가 투명한 정당 살림을 일군다 259**
선관위 주요 임무는 정치자금 감독 / 클릭 몇 번으로 알 수 있는 정치 기부금 / 평당원의 자발적인 무보수 활동이 원칙 / 평당원들의 당을 향한 눈물겨운 사랑 / 의원과의 저녁식사로 본 영국 풀뿌리 정치

[Keyword 25 : 영국 하원] **출범 750주년 맞은 영국 의회에 대한 모든 것 269**
돌풍의 주역이 된 국민당, 속 빈 강정이 된 독립당 / 실용 철학이 깃든 의사당 본회의장 / 의원은 생업이 따로 있었다 / 시민들의 감시가 민주주의를 지켜

[Keyword 26 : 하원의원] **4선의원 에드 데이비 장관이 사는 법 280**
소탈한 하원의원의 삶 / 56표 차로 하원의원이 된 청년이 5선에 도전하기까지 / 영국 정치에는 돈이 들지 않는다 / 검은돈을 원천봉쇄하는 강력하고 투명한 법 / I'm OK!

[Keyword 27 : 총선] **한 편의 드라마 같았던 2015 총선 291**
보수당 승리는 포스터 한 장으로부터? / 보수당 승리로 끝난 영국 총선 감상법 / 공포 투표의 씁쓸한 결과 / 미래를 이야기한 선거 패배 보고회

[Keyword 28 : 영국 노동당] **100년 전통의 노동당에 부는 변화의 바람 299**
참패한 노동당의 새로운 지도자 찾기 / 노동당 대표 선출이 중요한 이유 / 하늘에서 내려온 정당이 어쩌다가

[Keyword 29 : 제러미 코빈] **노동당의 새 선장, 야생마 정치인 코빈 307**
국가를 부르지 않은 사고뭉치 / 100 대 1의 가능성을 뚫고

[Keyword 30 : 영국 독립당] **유럽의회의원 선거의 속사정 315**
이변이 일어나다 / 이유 있는 지지 / 이상주의에 빠진 유럽연합 / 유럽에 새로운 환자가 발생하다

지금 영국은 제도 개혁 중

[Keyword 31 : 레드테이프] **규제와의 전쟁을 선포하다 329**
만다린과 레드테이프 행정 / 규제개혁으로 예산 절감을 꾀하다 / 사업을 어렵게 하는 깐깐한 규제 / 융통성이 주는 감동 / 규제에 도전장을 내밀다

[Keyword 32 : 국가의료보험제도] **과체중에 짓눌린 의료 재정 339**
의료 재정을 악화시킨 공짜 위 수술 / 위 수술이 어떻게 비만을 치료하나 / 제도를 악용하는 도둑 환자들

[Keyword 33 : 복지개혁] 영원한 복지 천국의 종말 349
오래 걸리고 복잡한 영국 입법절차들 / 복지를 바라보는 서로 다른 시각 / 복지개혁으로 깊은 고민에 빠진 노동당

[Keyword 34 : 복지개혁법] 복지 위에서 잠자는 게으름뱅이를 깨워라 358
복지 시한폭탄 해체에 들어간 보수당 / 복지의 덫에 빠진 실태 / 복지개혁 속살 들여다보기 / 일하는 사람은 복지혜택을 받을 자격이 있다

[Keyword 35 : 노조개혁] 캐머런 총리의 노동조합 길들이기 369
대처가 시작한 노조개혁 / 노조 길들이기, 캐머런이 끝낸다 / 노동당과 노조의 강제 결별을 앞두고 / 노동자가 없는 노동당의 위기

영국이 사랑한 영국인들

[Keyword 36 : 엘리자베스 2세 여왕] 나라 운명을 바꾼 여왕의 한마디 385
여왕의 힘은 국민들의 존경심과 사랑에서 / 여왕의 파티는 중요한 소통 창구 / 국가의 어른 노릇 / 보통 사람과 너무나도 다른 삶 / 보이지 않지만 대단한 정치적 영향력 / 할머니 여왕의 최근 변화

[Keyword 37 : 셜록 홈스] 홈스 열풍의 정체를 밝혀라 399
BBC 드라마가 다시 지핀 홈스 열풍 / 코난 도일 작품의 세계적 인기 비결 / 셜록 홈스라는 소설 캐릭터 탐구 / 셜록 홈스에 대한 이모저모

[Keyword 38 : 윈스턴 처칠] 가장 위대한 영국인 1위 410
영국인도, 미국인도 좋아하는 처칠 / 처칠이라면 지금 어떻게 했을까? / 세계대전에서 더욱 빛난 처칠의 혜안 / 최대 위기에서 영국 총리가 되어 승리하다 / 국민과 가까웠던 인간적인 리더 / 처칠의 이색적인 모습들

[Keyword 39 : 토니 벤] 우파도 존경한 좌파의 거목 423
토니 벤을 설명하는 말말말 / 대쪽 같은 원칙주의자 / 엄친아 타이틀을 버리다 / 의회 밖에서 찾은 진짜 권력 / 평생 붉은 피로 살다

[Keyword 40 : 캔살그린 공동묘지] 현대 영국의 기틀을 세운 개혁가 70인 434
로버트 오언의 기념비를 찾아서 / 시대를 앞선 다양한 활동 / 개혁가들의 가장 큰 공통점 / 빅토리아시대 개혁가들의 불꽃같은 삶 / 개혁가들을 기리는 또 다른 곳 / 영국인들에게 무덤의 의미란

[Keyword 41 : 진화론] 진화론의 공동 주창자, 다윈과 월리스 445
다윈을 놀라게 한 곤충채집가의 편지 / 진화론을 둘러싼 불편한 진실 / 다윈은 억울하다 / 폭풍 같은 파장을 일으킨《종의 기원》/ 사이좋게 서로를 존중한 다윈과 월리스

[Keyword 42 : 셰익스피어] 우리가 아는 셰익스피어가 그 셰익스피어일까? 456
3만 단어를 자유자재로 갖고 논 언어 천재 / 셰익스피어가 만든 새로운 영어들 / 파파라치보다 더 끈질긴 셰익스피어 연구자 / 셰익스피어 시대와 연극 / 퍼스트 폴리오의 탄생 / 연극판 촌뜨기 셰익스피어? / 부동산 투자가 셰익스피어? / 지적인 귀족 셰익스피어? / 여전히 베일에 가려진 대문호

영국 역사의 한 장면을 보다

[Keyword 43 : 대헌장] 신과 법 위에서 왕을 끌어내린 문서 **477**
  셔우드 숲의 로빈후드와 존 왕 / 신과 법 위에 군림하던 왕 / 왕의 항복 문서 / 전제정치 사망증명서로 민주주의 기틀을 세우다 / 대헌장과 미국의 각별한 관계 / 푸대접받는 대헌장의 현주소

[Keyword 44 : 거문도 사건] 왜 영국 해군은 조선의 거문도를 탐냈나? **488**
  130년 전 열강들이 노리던 중요한 섬 / 영국의 영토 확장 야욕에 희생되다 / 영국이 점령했던 2년간 이야기 / 영국인의 눈에 비친 거문도 / 역사에서 우리가 배워야 할 것

[Keyword 45 : 성탄절 휴전] 전쟁터에서 피어난 평화의 기적 **500**
  연합군과 독일군이 대치하던 살벌한 전쟁터에서 / 전쟁터에 퍼져나간 성탄절 무드 / 적은 악마가 아닌 사람이었다 / 성탄절 휴전이라는 기적 / 그래도 전쟁은 계속되었다

[Keyword 46 : 1차 세계대전] 1차 세계대전에 관한 비화들 **511**
  하사관 히틀러를 살려주지 않았다면? / 허락받고 집에 다녀온 포로 이야기 / 수많은 사연을 전리품으로 남기다 / 전쟁에 대한 별별 연구

[Keyword 47 : 전쟁 추모] 11월 11일 현충일 풍경 **519**
  아직은 잊을 수 없는 전쟁 / 영국 사회를 지배하는 강력한 반전 정서 / 1차 세계대전을 보는 또 다른 시각 / 전쟁 추모의 방향을 고민하다 / 유럽인에게 가장 큰 교훈을 준 전쟁

스코틀랜드와 아일랜드, 그리고 영국

[Keyword 48 : 스코틀랜드] 또 다른 영국, 스코틀랜드 **535**
  아슬아슬했던 독립투표 / 독립을 바라보는 각자의 계산법 / 스코틀랜드인 놀리기 / 한 나라인 듯 두 나라인 듯

[Keyword 49 : 스코틀랜드 독립] 스코틀랜드 독립 결국 돈에 달렸다 **546**
  독립 반대를 호소한 정부 / 돈이라는 프리즘으로 본 독립 / 투표 결과에 따른 정치인들의 운명 / 독립 이후의 시나리오 예측 / 과연 도박사들의 배당률은?

[Keyword 50 : 위스키] 위스키의 본고장, 스코틀랜드 더프타운 방문기 **558**
  몰트위스키의 세계 / 조화로운 교향곡 같은 블렌디드위스키 / 블렌딩 마스터가 말하는 블렌딩 / 독주를 좋아하는 이들을 위한 위스키

[Keyword 51 : 아일랜드] 850년 피의 역사를 극복한 영국과 아일랜드 **570**
  비극적인 아일랜드 독립의 역사 / 과거를 정직하게 대면한 총리의 솔직한 사과 / 신은 감자병을 보냈고 영국인은 대기근을 만들었다 / 서서히 찾아온 양국의 평화

[Keyword 52 : 크루즈 여행] 영국을 깊이 보는 또 하나의 방법 **581**
  현대의 크루즈 여행 / 첫 방문지는 프랑스 노르망디 / 스코틀랜드 대표 도시들을 거쳐 / 아일랜드와 영국을 일주하다 / 마지막 기착지 건지 섬에서

Photo Credits **591**

영국인들의 여러 얼굴

> 🔍 **Keyword 1 : 기네스북**　　　　　　　　　　　Search

1954년 8월 기네스 맥주회사가 재미있는 기록을 모아 마케팅 증정용으로 제작했던 책. 세계적으로 인기를 얻으면서 기네스사는 세계적 기록을 공인해주는 기관으로 발돋움했다.

빅토리아 정신이 탄생시킨
최고의 별난 책

2015년 《기네스북The Guinness Book of Records》이 환갑을 맞았었다. 2014년 하반기에 발행된 2015년판 《기네스북》이 통산 61번째 책이다. 무슨 책인지 설명이 필요 없는 책이 《기네스북》이다. 그만큼 유명하다. 《기네스북》을 두고 하는 말도 많다. '세상에서 가장 흥미롭고 가장 쓸데없는 모든 기록을 모아놓은 책', '세상에서 가장 무해하게 비생산적으로 시간을 허비하는 방법은 《기네스북》을 보는 일', '기네스가 "이것은 세계 기록이다"라고 하면 그것은 미친 짓이 아니다'….

세상 사람들의 각종 자질구레하고 정신 나간 듯

2015년판 《기네스북》. 통산 61번째 책이다.

Keyword 1 : 기네스북　11

한 기록을 모아놓은 책이 왜 이렇게 유명하고 대단한지는 그 책을 1년에 200만 권 이상씩 사는 세상 사람들에게 물어봐야 한다. 그런데 영국인은 이 책의 존재 이유를 간단히 설명한다. "영국과 아일랜드에 있는 8만1400개의 펍에서 술꾼들은 쓸데없는 논쟁으로 시간을 보낸다. 무엇이 최고이고 누가 제일 빠른 기록을 가지고 있느냐는 논쟁이 치열하게 벌어지는데, 그때 필요한 책이 바로 《기네스북》이다." 한마디로 세상일에 유별나게 호기심 많은 호사가들에게나 필요한 책이라는 말이다.

《기네스북》이 환갑을 맞기까지

《기네스북》은 하찮은 데서 시작되었다. 1951년 아일랜드 최고의 맥주 '기네스' 양조장의 주인 휴즈 비버 경이 참석한 새 사냥 모임 뒤의 담소 자리에서는 검은가슴물떼새와 붉은들꿩 중 어느 것이 유럽에서 가장 빠르게 나는 사냥용 새인지에 대한 논쟁이 벌어졌다. 논쟁 끝에 이런 종류의 기록을 모아보는 것도 재미있겠다는 취지로 탄생한 것이 바로 《기네스북》이다.

기네스 맥주회사는 처음에 영국 언론에 각종 정보를 제공하는 한 회사에 부탁해서 책을 만들었다. 1954년 8월에 첫 1000권이 인쇄되었다. 당초에는 판매를 위해 만든 것이 아니고 마케팅을 위한 기증용이었다. 그런데 고객들 사이에서 인기가 엄청 좋아 크리스마스가 되기 전까지 여러 차례 재판해야 했다. 상업적 성공을 예견하고 그다음 해에 기네스 레코드사를 만들어 판매를 목적으로 창간했는데 7만 부가 팔리는 대성공을 거두었다.

《기네스북》은 1955년 첫 발간 이후 2015년판까지 37개국에서 1억4000만 권이 팔렸다. 이 중에는 한국어판도 있다. 인류 최고의 베스트셀러라는 성경이 지금까지 60억 권이 팔린 것과 비교하면 《기네스북》의 판매기록도 대단하다. 《기네스북》은 '판권이 있는 책 중에서 현재까지 가장 많이 판매된 책'이라는 스스로의 기록을 자랑하고 있기도 하다. 성경이나 셰익스피어 책은 이미 판권이 없어져서 경쟁을 피해갈 수 있었다.

기네스 레코드사는 매년 새로 나오는 5만여 건의 기록 중 3000~4000개만 골라 책에 싣는다. 매년 크리스마스 선물용으로 나오는 《기네스북》의 내용 중 평균 4분의 3이 바뀐다. 이제 기네스 레코드사는 기네스 맥주와 관련이 없는 캐나다 회사 소유지만 아직도 본사는 런던에 있다. 뿌리를 지키려는 노력이다.

《기네스북》이 가진 또 하나의 공인되지 않은 기록은 미국 도서관에서 가장 많이 도난당하는 책이라는 것이다. 도서관에서 그냥 보고 마는 책이 아니라 집에 두고 시간 날 때마다 보는 책이어서 슬쩍 들고 가는 사람이 많다는 의미다.

등재 절차도 기네스 감

《기네스북》은 처음에는 아주 기본적인 기록들만 적었다. 가장 빠르고, 크고, 작고, 깊고 등 세상에 존재하는 사물에 대한 기록들을 수록했다. 하지만 얼마 지나지 않아 사람들이 세우는 기록이 더 많아지기 시작했다. 원래는 자연현상을 기록하는 일종의 자료였는데, 이제는 인간의 성취를 기록하는 책이 된 셈이다. 세상에서 일어나는 별별 현상을 비롯해 인간이 벌이는 기록 경쟁을 기록하게 되었다. 그러다가 급기야는 신기록을 기록할 뿐만 아니라 기록 달성 과정을 확인하고 공인해주는 역할이 더 커지고 중요해졌다.

기네스로부터 신기록을 인정받으려면 기네스가 정하는 규정에 따라야 한다. 기네스가 정한 까다로운 준비 작업을 거쳐야 하고 형식이 맞아야 한다.

최소한 2명의 지역 유지가 증인으로 서야 하고 공식 기록대장과 사진을 갖추어야 한다. 또 목격자들이 증인 기록을 해줄 수 있는 공개된 장소여야 한다. 언론 보도가 있으면 더 좋다. 이제는 각 방향에서 신기록 장면을 기록해줄 멀티 카메라도 갖춰야 한다.

기존 기록이 있는 분야의 경우 기네스 측에 요청하면 6주 내로 규칙이 온다. 새로운 분야의 기록은 규칙을 새로 정해야 하기 때문에 규칙을 전달받는 시간이 좀 더 걸린다. 어떤 조건에서 기록을 세워야 하는지 전문가들이 자세한 규칙을 먼저 정한다. 예를 들면 접시 멀리 던지기를 할 때도 여러 가지 규칙이 정해져야 한다. 접시를 눕혀서 던져야 하나? 어떤 무게여야 하나? 재질은? 혹시 접시 브랜드에도 제한이 있나? 색깔은? 날씨 조건은 어떠한가? 최소한의 기록은 얼마인가? 등등. 이처럼 아주 사소한 문제도 사전에 기네스 측과 협의가 되어야 한다. 이렇게 모든 준비 작업이 끝난 뒤 기록을 세우고 인터넷으로 촬영 비디오와 증인 선서를 런던으로 보낸 다음 2~3개월을 기다리면 결과가 통보된다. 기다리기가 답답한 사람은 5000파운드를 내면 기네스에서 심사관이 파견되며, 기록 검증 현장에서 "당신은 공식적으로 놀랍다You're officially amazing"라고 선언되면 바로 세계 기록으로 인정된다. 그래서 기네스의 슬로건은 'Officially Amazing'이다.

《기네스북》도 환갑을 맞는 동안 성격이 변하고 취급하지 않는 종목도 많아졌다. 동물 학대를 걱정해서 동물의 크기와 관련된 기록을 없앴다. 음식을 많이 빨리 먹는 등 인간의 음식 섭취에 관한 기록도 없어졌다. 각종 위험에 노출되는 일에 대한 기록도 취급하지 않는다. 비교하거나 확인할 수 없는 기록도 포함시키지 않는다. 예를 들면 가장 아름다운, 혹은 가장 못생긴 기록 등 편견이 작용할 수 있는 항목도 없어졌다.

《기네스북》 정신은 대영제국과 통한다

기네스 기록의 순기능은 "기네스가 있어 인류의 도전정신, 탐구정신, 기록정신이 죽지 않는다"라는 말로 대변된다. 사실 이 3가지 정신은 대영제국을 만든 정신으로 빅토리아시대(1837~1901) 영국인들의 정신이었다. 빅토리아시대는 대영제국의 전성기였다. 당시 영국에는 전 세계에 산재한 영국 식민지로부터 '착취하고, 탈취하고, 훔치고, 발굴하고, 도굴하고, 발견하고, 만들고, 구매해서' 들어오는 새로운 문물로 나라 전체가 들썩였다. 지금까지 본 적도 들어본 적도 없는 문물이 들어와서 영국인들로 하여금 도전(탐험), 탐구(지식), 기록(몰두) 정신을 불러일으켰다.

빅토리아인들은 열정적으로 이 정신에 해당되는 일들을 해냈다. 영국인은 그렇게 세계를 경영해서 대국을 만들었다. 지금 영국 박물관과 미술관에 가득 찬 모든 수집품과 영국을 부강하게 만든 지식과 과학의 기초가 이때 다 이루어졌다. 그런데 바로 이런 정신이 《기네스북》이 추구하는 정신과 맞닿아 있다. 그래서 영국인들에게《기네스북》은 적성에 딱 맞는 최고의 책이다. 《기네스북》은 영국인들의 사실과 숫자에 대한 유별난 관심으로부터 시작되었다. 펍에서 논쟁 벌이기는 영국인들이 가장 좋아하는 소일거리이다. 특히 자신들이 좋아하는 운동에 관한 기록 논쟁은 아무도 못 말린다. 이를 일러 영국인들은 '지식'이라고 부른다.

무료한 일상에서 무엇인가에 몰두하며 자신만의 즐거움을 찾는 일은 영국인들이 가장 좋아하는 것이다. 그래서 그들은《기네스북》을 찾아보면서 낄낄댄다. 지금까지 누구도 시도해보지 않은 부문에 도전해서 기록을 세운 후 혼자서 혹은 동네 펍에 가서 자랑하면서 흐뭇해하는 일은 영국인들에게는 최고의 즐거움이다. '하찮은 자신을 하찮은 일을 통해 하찮지 않게 만드는 일'을 기네스가 도와준다고 보면 된다. 그래서 영국인들은 미국인들 다음으로 수많은 기록을 《기네스북》에 올린 민족이다. 인구 1인당 비율로 보면 사실 영국이 미국을 앞지른다.

영국, 미국 다음이 놀랍게도 인도인들이다. 인도인들이 만들어내는 특이한 신기록은 가히 상상을 초월한다. 재미있다고 해야 할지 실소를 해야 할지 모를 기록들이 많다. 귀 털을 25센티미터나 기른 사람부터 수염을 4미터 29센티미터나 길러 세계 기록을 세운 사람, 코로 103개의 철자를 47초에 타이핑한 일, 기록을 세우자는 헌혈모금에 6만1902명이 모인 일, 201명이 10개의 오토바이 피라미드 위에 올라선 일, 1945년 이후 왼손 손톱을 자르지 않아 61센티미터 길이로 기른 사람 등 정말 기기묘묘하다. 왼손 손톱 세계 기록자는 손톱을 기른 후 밤에 잠을 30분 이상 계속 자지 못했다고 한다. 몸을 돌려 누우려면 반드시 일어나서 손부터 돌린 다음에 자야 했기 때문이다.

인구 12억500만 명의 인도에서 사람을 많이 불러 모으는 건 그렇게 힘든 일이 아니다. 특히 인도인의 기록 달성에 대한 열성이 남다르기에 더욱 그렇다. 그래서인지 매년 기네스 세계 신기록의 10퍼센트가 인도에서 나온다. 2013년의 경우 인도로부터 3000여 건의 신청이 기네스에 답지했다. 인도는 자신들의 기록을 담은 《림카 북 오브 레코드Limca Book of Records》이란 책도 따로 갖고 있다.

《기네스북》에 오른 별별 기록들

기네스의 기록을 보면 별 하찮은 기록을 세우기 위해 정말 심각하게 덤비는 사람들이 있다는 걸 깨닫는다. 영국의 한 기자가 가장 짧은 시간에 앉았다 일어나기를 가장 많이 달성한 사람을 인터뷰한 적이 있다. "당신은 왜 그런 기록을 세우려고 마음을 먹었느냐"라는 질문에 "나는 평생 앉았다 일어서는 운동을 했는데 세계 기록으로 인정받고 싶었다. 내년에 딸이 결혼하는데 사돈들에게 내가 이런 성취를 했음을 보여주어야 했기 때문이다. 그래야 내가 살아오면서 아무것도 안 한 것이 아니라는 증명이 되기에"라고 답했다. 어떤 사람은 기네스 기록 도전의 이유를 "세상으로부터 잊히지 않으려"라고 밝히기도 했다.

《기네스북》을 보다 보면 정말 별별 기록이 다 있다. 그러나 그것을 누구도 하찮다고 내몰 자격은 없다. 본인으로서는 아주 오랫동안 노력과 끈기와 집중을 통해 이룬 일이어서다. 예를 들면 숟가락 31개를 얼굴에 붙이는 일이나 여행가방 안에 5.43초 만에 들어가 지퍼까지 잠그는 일, 달걀 80개를 1분 만에 머리로 깨는 기록은 절대 하루아침에 되지 않는다.

공중에 던진 5개의 공을 받으면서 하나도 떨어뜨리지 않고 100미터를

존 에반스는 머리 위에 물건이나 사람을 올린 채 균형 잡는 기네스 기록을 보유하고 있는 영국인이다.

13.8초 만에 달린 사람, 3250미터 상공의 절벽 사이에 걸쳐진 562미터 길이의 밧줄 위를 손이 거의 얼어붙는 영하 5도의 기온에 건넌 사람, 210미터까지 잠수한 사람, 백인인데 완전히 흑인처럼 보이게 온몸에 문신을 한 사람, 고무줄로만 4톤이 넘는 공을 만든 사람, 24시간 만에 890킬로미터를 자전거로 달린 사람들은 결코 쉽게 기록을 달성한 인물들이 아닐 것이다.

무엇인가를 열심히 모아서 기네스 기록 보유자가 된 사람들도 자세히 보면 쉽게 얻은 것이 아니다. 기네스 기록과 관련한 기념품을 모아서 기록에 오른 사람을 보자. 17세부터 그는 40여 년간 기네스 관련 기념품만 모았다. 전 세계에서 발행된 기네스 기록 책 353권과 2164개의 기념품을 모았다. 컴퓨터 보안 기술자인 그는 시간이 날 때마다 옛날 책을 모으려고 인터넷을 뒤진다. 제임스 본드 기념품을 12만4632종이나 모아 기록에 오른 사람도 있다. 1995년부터 20년 동안 모은 것이다. 1만5000개의 바비 인형을 모은 사람은 어떤가.

그런데 이런 기록보다 더 대단한 일은 기록을 달성하는 것만으로 만족하지 않고 자신의 기록을 깨기 위해 계속 노력하는 사람들도 허다하다는 점이다. 기록 달성이 거의 취미가 된 사람부터 집착에 이른 사람까지 있다. 물론 직업이 된 사람도 있다. 그런 사람들 중에는 자신이 완전히 미쳤다고 생각하면서도 그 일이 즐거워 중단할 수 없다는 사람도 많다.

《기네스북》 기록을 가장 많이 보유한 사람

그런 예가 바로 기네스 신기록을 가장 많이 세우고 지금도 가장 많이 보유하고 있는 애쉬리타 퍼먼이다. 그는 미국 뉴욕시 퀸스에서 건강식품점 매니저로 일하고 있다. 1979년 거수도약운동jumping jack(서서 뛰면서 두 손을 머리

위로 올려 손뼉을 맞추고 내려오는 제자리뛰기 운동)을 2만7000회 하면서 첫 기네스 기록을 세운 후 지금까지 551개의 신기록을 세웠다. 이 중 200여 개는 아직 깨지지 않고 있다. 1986년에 재주넘기를 하면서 19.4킬로미터를 간 기록이 가장 오래 깨지지 않고 있다. 특히 머리에 인 우유병을 떨어뜨리지 않고 130킬로미터를 걸은 기록(1999), 1시간 내로 9628번 앉았다 일어서기를 한 기록(1999), 한 손으로 4킬로그램의 벽돌을 들고 136킬로미터 걸은 기록(1999), 1.6킬로미터를 재주넘으면서 19분 11초에 간 기록(2000) 등을 보면 가히 초인이라 할 만하다. 물론 그는 이런 초인적인 기록만 세우는 것이 아니다. 팝콘을 이어서 6.31미터 높이의 조각을 만들고(2006), 날아오는 포도를 입으로 1분 만에 86개를 받아 물고(2012), 공중에서 일본도로 1분 만에 사과 29개를 자르고(2012), 코로 3분 만에 풍선 28개를 불고(2013), 골프채로 골프공을 공중으로 계속 튕겨 올리며 1시간 20분 42초를 버티는(2010) 기록 등을 이뤄냈다. 2014년에는 시詩를 203개 국어로 번역해서 낭송하는 기록, 거의 6미터짜리 올림픽 성화모조품을 세우는 기록, 1분에 54개의 날아오는 칼을 잡는 기록들을 세웠다.

그는 왜 이런 일을 계속하고 있을까? 그는 "나는 세상 사람들에게 인간의 능력에 한계가 없다는 것을 증명해 우리가 우리 자신을 믿어도 된다는 점을 보여주고 싶었다"라고 말한다. 자신이 가진 어떤 기록을 보고 사람들이 존경보다는 고소苦笑를 보낼지 몰라도 그것을 달성하기 위해서는 결단, 집중 그리고 강인한 신체가 필요하다고 주장한다. 그는 지난 40년간 참선하면서 기록을 세워 나갔다고 말한다. 동양 예술인 참선이 바로 수많은 기록 달성의 원동력이라는 점을 세상에 알려야 한다는 의무감과 사명감이 이런 기록 달성의 노력을 계속하게 만들었다고도 했다.

아무리 세월이 지나도, 또 노력해도 도저히 깨질 것 같지 않은 놀라운 기록 몇 개만 더 소개하겠다. 최근 영국의 '어머니날'을 맞아 언론에 보도된 페

도르 바실리예브(1707~1782)라는 한 러시아 여성은 75년이라는 생애 동안 27번의 출산을 통해 16번의 쌍둥이, 7번의 세쌍둥이, 4번의 네쌍둥이를 낳아 모두 69명의 자녀를 두었다. 거의 300년이 넘은 기록인데도 아직 깨지지 않고 있다. 1839년부터 1886년까지 세쌍둥이를 15번이나 낳은 한 호주 어머니의 기록도 대단하지만, 바실리예브의 기록에는 감히 접근하지 못한다.

🔍 **Keyword 2 : 영국 축구**　　　　　　　　　　　　Search

영국인들은 자신이 좋아하는 축구 팀의 경기가 열리면 신혼여행도, 취직 면접도 뒤로 미룰 정도로 축구에 열광적이다. 영국에는 '축구는 죽고 사는 문제보다 더 중요하다'는 말이 있다.

영국인의 못 말리는 축구 사랑

　영국인에게 자신이 응원하는 축구클럽은 단 하나밖에 없는, 절대 변하지 않는 운명의 첫사랑 같은 것이다. 10대 때 마음을 주면 어떤 이유로도 그 사랑은 바뀌지 않는다. 가문이 이어져오면서 지지하는 정당이 굳어지는 것처럼 축구클럽도 대를 이어간다. 아버지의 축구클럽이 아들에게로 이어지고 다시 손자에게로 간다.

　영국인에게 축구는 자신의 정체성과 같은 것이다. 많은 축구클럽이 직장이나 직업을 기반으로 만들어졌다. 대대로 같은 직종에 종사해온 영국인이 자신의 직업에 기반을 둔 팀을 응원하는 것은 당연하다. 혹은 자신의 고향을 근거지로 하는 팀을 응원하는 일도 자연스럽다. 결국 축구클럽 선택이 자신의 출생, 성장, 직업 등과 관련이 있다 보니 축구클럽을 축으로 해서 삶이 이루어질 수밖에 없다.

같은 클럽 팬들이 가는 펍에서 술을 마시며 친구를 사귀고 버스를 타고 원정경기를 구경 다니면서 승패에 울고 웃다 보면 가족보다 더 가까운 사이가 될 수밖에 없다. 사실 대부분의 영국인은 외롭다. 직계가족 이외에 가깝게 지내는 친척도 드물고 학교 동창들은 더더욱 잘 만나지 못한다. 이런 영국인에게 거의 매주 홈구장에서 만나고 원정경기 때 같이 응원 가는 축구클럽의 동료들이 가장 가까운 친구들이다. 그래서 전설의 리버풀 축구팀 감독 빌 샹클리는 "영국인에게 있어 축구는 전 생애"라고 했다. 그는 또 "축구는 죽고 사는 문제가 아니다. 그것보다 훨씬 더 중요하다"라고도 했다.

승패를 떠나 축제로 자리 잡은 FA컵

외국인들에게는 영국 프로축구 하면 EPL English Premier League로 대변되는 프리미어리그만이 관심 사항이지만 축구를 정말 좋아하는 영국인들 사이에서는 FA컵(잉글랜드축구협회배) 시합이 더 인기다. 대다수의 영국인들은 어떤 이유에서든 일찍부터 운명처럼 선택한 자신만의 클럽이 따로 있다. 설사 그 클럽이 무명이라 해도 평생을 따라다닌다. FA컵은 영국 전국 유·무명의 클럽이 별 다른 차별 없이 참가할 수 있는 경기다. 무명 클럽 축구팬은 FA컵이 아니면 동네에서나 뛰던 자기 팀이 프리미어리그 팀과 경기하는 모습을 볼 수 없다. 뿐만 아니라 전혀 예상치 않게 초반 토너먼트에서 자기 팀이 강호를 이기는 드라마도 FA컵에서나 일어난다. 그래서 일반 팬들은 리그에도 속하지 않는 무명의 팀이 프리미어리그 팀을 깨는 '자이언트 킬러 giant killer'의 이변을 즐긴다. 이는 특히 약팀을 특히 더 응원하는 영국인 특유의 성향과도 맞다. 이런 이변이 일어나면 전국이 환호한다. 비록 이기지는 못해도 하부 리그의 무명 팀이 프리미어리그 팀과 맞붙는 사실만으로도 선수들은 물론 클럽 팬들까지 흥분한다.

시합에 이기고 지는 일은 하나도 중요하지 않다. 시합 자체가 바로 축제다. 비록 실력은 모자라더라도 명문 팀 선수들에게 주눅 들지 않고 전력을 다해 선전하는 자기 팀 선수들을 보는 것만으로도 팬들은 열광한다. 무명 팀의 팬들은 지고 돌아가는 버스 안에서도 계속 응원가를 부르며 경기 자체를 즐긴다. 무명 팀이라고 팬들마저 약팀은 아니다. 오히려 무명 팀일수록 이런 자부심과 애정은 강하다. 무명 팀 팬들의 광적인 응원 때문에 유명 팀 선수나 팬이 주눅 들기도 한다.

그뿐 아니다. 무명 팀 축구장에서 경기하는 프리미어리그 팀 선수들이 제대로 자라지 않은 잔디 상태에 당황해서 실력을 다 발휘하지 못하는 경우도 허다하다. 이런 이유 때문에 FA컵에서는 종종 기적 같은 일이 일어난다. 그래서 FA컵이 재미있다. 하부 리그 소속 클럽 팀이 정말 행운을 거듭해 영국에서 가장 큰 웸블리 구장에서 열리는 준결승전까지 올라가면 해당 도시 시

잉글랜드 프로축구 아스널 선수들이 FA컵 우승 퍼레이드를 하고 있다.

민들은 거의 철시를 하고 런던으로 달려온다. 선수들은 구장 내의 흙을 기념으로 퍼가고 유명 팀 선수와 사진을 찍고 유니폼을 바꿔 입는다. 시합에 지고도 축제 분위기다.

그래서 나온 얘기가 '이변이 일어나야 하고, 일어날 것이고, 일어나야만 한다'라는 말이다. 이것이 FA컵의 인기 요인 중 하나이다. 그래서 FA컵이 가장 영국적인 시합이고 영국인의 속살과 영국 축구의 진수를 맛볼 수 있는 경기라고들 평한다. 실감도 나지 않는 거액의 돈에 팔려온 선수들, 성적이 조금 안 좋다고 이메일 통보로 하루아침에 감독을 갈아치우고, 기업 마케팅을 위해 100년이 넘는 클럽 전통을 깡그리 무시하는 외국인 구단 소유주들의 횡포가 횡행하는 프리미어리그에서는 볼 수 없는 아름다운 모습을 FA컵에서는 볼 수 있다.

FA컵은 동네 조기축구 수준만 벗어난 영국 내에 존재하는 거의 모든 축구팀이 출전하는 시합이다. 프리미어리그 20개 팀은 물론이고 그 아래의 챔피언십리그 1, 2부 소속 96개 팀을 비롯해 거의 700여 개가 넘는 유·무명의 클럽이 매년 5월 웸블리 구장에서 펼쳐질 최종 결승전을 목표로 지금도 뛰고 있다.

못난 자식에게 정이 가는 법

잉글랜드축구협회The FA: The Football Association에는 4만 개의 각종 축구클럽이 등록되어 있다. 그중 제대로 활동을 하는 클럽이 1700개인데 이 정도면 엄청난 숫자다.

프리미어리그 팀의 팬 수는 어마어마하다. 프리미어리그 팀 팬은 클럽에 정식 등록된 수만 거의 팀당 평균 10만 명을 넘어선다. 시합에는 일일이 따라다니지 않고 TV로만 보는 순수 팬까지 포함하면 영국민 전체가 축구팬이라는 말도 과언이 아니다. 영국 인구의 반이 골수 축구팬이라고 하는데 결국 남성 모두가 축구팬이라는 뜻이다.

영국은 겨울이 축구 시즌 중간인데 날씨가 정말 음산하다. 우기라서 거의 매일 비가 오는데, 비만 겨우 피할 수 있도록 지붕을 덮은 축구장 스탠드에 앉아 있으면 넓은 운동장으로부터 불어오는 바람이 살갗을 에인다. 그나마 아주 큰 경기장은 관중석이 높기 때문에 어느 정도 오목해서 바람을 피하기도 하지만 시골 작은 클럽의 관중석은 그런 혜택도 없다. 자리마저 다 차지 않아 썰렁한 관중석의 일부만 메운 골수팬들은 시종일관 서서 경기를 본다. 정말 돈 몇 푼 받지 못하고 추운 겨울에 운동장을 누비는 선수들과 팬들과의 유대감, 또 몇 명 안 되는 골수팬들끼리의 소속감은 상상을 초월한다. 자기 팀 시합 결과에 같이 웃고 우는 동지애와 같은 대화 주제를 가진 동질감으로 생긴 팬들 사이의 끈끈함은 가히 가족보다 더 강할 수도 있다.

자기 팀이 리그의 가장 밑바닥을 헤매면 헤맬수록 선수와 팀에 대한 팬들의 애정은 더욱 깊어간다. 못난 자식을 향한 부모의 심정과 같다고나 할까? 그래서 자기가 안 가서 빠진 자리가 눈에 보여 혹시나 선수들이 사기를 잃지 않을까 하는 걱정과 동료 팬들에 대한 미안함 때문에, 독감으로 거의 혼수상태인데도 몸을 일으켜 바람 불고 비도 제대로 못 피하는 나무 벤치 관중석에 서서 목이 쉬어라 응원한다. 보통의 상품은 아무리 광팬이라도 해도 상품의 질이나 디자인이 떨어지면 바로 바꾼다. 그러나 축구팬들은 아무리 자신의 팀 성적이 형편없어도 응원 팀을 절대 바꾸지 않는다. 때로는 감독이나 선수가 너무 못하고 마음에 들지 않으면 놀리거나 바꾸라고 난리를 치기는 해도 팀을 바꾸는 일은 일어나지 않는다. 2007년 영국 축구팬들을 대상으로 조사해보니 강등당한 팀 팬들 사이의 충성심이 더 높았다. 성적이 좋을 때만 응원하는 '기회주의 팬Fairweather fan'이나 '강팀만을 쫓는 팬glory supporter'을 골수

팬die-hard fan들은 이해하지 못한다. 어떻게 내 가족이 조금 못난 짓을 한다고 버리고 다른 가족으로 옮겨 타느냐는 것이다.

신혼여행보다 축구가 먼저

영국 어느 팀이나 골수팬을 넘어서는 광팬superfan이 있다. 이들의 충성심은 가히 상상을 초월할 정도이다. 맨체스터 유나이티드의 팬인 노먼 윈드럼은 1926년부터 2002년까지 자기 팀 구장인 올드 트라포드에서 벌어진 1800게임을 빠짐없이 보았다. 4살 때부터 아버지를 따라와서 축구 경기를 보기 시작했다. 윈드럼의 기록은 맨유 열성팬들 중 아무도 따라올 사람이 없다.

울버햄튼 팀의 팬 피터 아보트 역시 1976년 3월 16일부터 2013년 10월 19일까지 37년간 1912게임을 구경한 유명한 광팬 중 하나다. 공인회계사인 아보트는 자기 팀 구장에서 벌어지는 홈게임은 빠진 적이 없다. 1985년 어웨이게임에 딱 한 번 빠져서 전 게임 참석이라는 완벽한 기록 달성을 못했다. 기차가 고장 나서 어쩔 수 없었다. 그런데 2014년에는 홈게임 기록마저 깨졌다. 홈게임이 있었던 그해 10월 19일에 마침 의붓딸 결혼식이 있었기 때문이다. 클럽은 골수팬의 슬픔을 달래주려 울버햄튼의 최다 골 기록 보유 선수인 전설의 스티브 불에게 사인을 한 유니폼을 들려서 결혼식에 깜짝 방문하도록 시켜 아보트를 기쁘게 했다. 보통 아보트는 시합이 있는 날이면 500킬로미터 이상을 달려서 경기를 보러 간다. 그의 차는 지난 6년 동안 무려 53만 7600킬로미터를 뛰었다. 한 달에 거의 7500킬로미터를 달린 셈이다. 웬만한 가정의 1년 주행거리라 할 수 있다.

버밍엄시티의 팬 로버트 샤넌도 1974년 이후 홈과 어웨이 1800경기를 빠짐없이 응원했다. 시티 팀이 유로파리그 본선에 나간 2011년에는 슬로베니아, 벨기에, 포르투갈 등에서 열리는 경기를 모두 따라다녔다. 4살 때 부모와 팀을 따라다니기 시작하고 나서 빠진 적이 없다. 심지어는 수술하고 입원해 있는 동안에도 살짝 빠져나와 축구를 보고 들어갔다.

뉴캐슬의 팬 로버트 네비트는 자신의 허벅지에 자기 팀 선수 앤디 콜의 문신을 큼지막하게 새겼는데 콜이 이틀 뒤 맨유로 이적해 가버리는 기가 막힌 사건으로 유명해지기도 했다. 그래도 문신으로는 포츠머스 클럽 팬 존 웨스트우드를 따라올 수 없다. 그는 온몸에 포츠머스 팀과 관련된 각종 문신을 새겼다. 선수 이름, 클럽 문장, 경기장 모양, 유명 시합 스코어 등 60개의 별별 문신이 새겨져 있다. 두피에도 클럽 문장을 새겼다. 웨스트우드는 심지어 개명까지 했다. 신문에 나오는 그의 이름은 존과 웨스트우드 사이의 중간 이름으로 보통 PFC라는 철자가 보인다. PFC는 Portsmouth Football Club의 약자이다. 그는 기자들에게 자기 이름을 쓸 때는 반드시 모든 철자를 써 주길 요구한다. 웨스트우드는 심지어 치아에도 PFC를 새겼다. 그는 희고 푸른 바둑무늬가 들어간 높은 모자와 셔츠를 입고 같은 색깔의 긴 가발을 써서 눈에 확 띈다. 포츠머스 시합이 있는 날 TV는 웨스트우드를 한 번도 빠지지 않고 비춰준다.

골수 광팬 중에는 팀에 대한 눈먼 애정으로 신세를 망친 경우도 있다. 토트넘 팬 중 하나는 맨유 팀에 매번 지는 홈 게임에서 자기 팀이 이긴다는 쪽에 도박을 했다. 그것도 집을 담보로 융자를 받아 전액을 영국 공인 도박업장betting shop을 통해 베팅했다. 볼 것도 없이 토트넘은 졌고 그는 평생 그 빚을 갚아나가야 한다. 그런데도 그는 "전혀 유감이 없다"라고 말한다. 돈을 따겠다는 욕심보다 자신이 정말 그렇게 필사의 응원을 하면 하늘이 토트넘을 도와 반드시 이길 것으로 믿고 도박을 했다고 말한다. 기가 막힌 발상이다.

맨체스터의 한 언론이 맨체스터의 두 클럽 유나이티드와 시티 팬들을 조사한 결과를 보면 놀랄 일이 한두 가지가 아니다. 두 팀의 시합을 일컫는 '맨체스터 더비'를 보기 위한 광팬들의 희생은 정말 제정신인가 할 정도이다. 자신의 퇴사 송별회에 불참했는가 하면 탈영까지 한 사람도 있다. 오스트레일리아를 비롯해 라스베이거스 등에 가는 가족 휴가 취소부터 친구 결혼식이나 가족 결혼식 불참, 치명적인 수술 연기, 자녀 유아영세 연기 혹은 불참, 자신의 결혼식이나 신혼여행까지 연기했다. 취직 면접, 재판 날짜도 바꾸었고 배우자의 생일을 무시했다가 이혼까지 가기도 했다. 미국으로 출장 가 있다 중간에 짬을 내 시합을 보러 왔다가 다시 돌아간 팬도 있다. 축구를 보기 위해 조건 좋은 프랑스 파견 근무를 거절한 사람부터 동생의 30세 생일파티 불참으로 30년이 지난 지금까지 용서를 못 받고 있는 팬도 있다.

연이은 무단결근이나 결석으로 학교와 회사에서 퇴학, 퇴사를 당하기도 하고 신장투석 날짜 연기라는 생명의 위험을 무릅쓴 선택을 하는 사람도 있다. 어떤 광팬은 부모님의 금혼식에 불참했는데 아버지가 "이해하니 오지 말라"라고 했다고 하니 부전자전이 바로 이것이다. 이런 광팬들의 광적 행동은 한 지방 라이벌 클럽과의 시합일 때 더욱 강하게 나타난다. 가장 라이벌로 꼽는 팀은 역사적인, 특히 종교적인 이유 때문일 때가 많다. 스코틀랜드의 셀틱(천주교)과 레인저스(기독교), 맨유(천주교)와 맨시티(기독교), 에버튼(천주교)과 리버풀(기독교) 등이 그런 예이다.

이 정도는 되어야 광팬

광팬들의 모든 삶은 자기 팀 시합 일정에 따라 정해졌다. 25퍼센트의 팬이 자신의 배우자와 약속보다 시합이 더 중요하다고 여겼다. 또 20퍼센트는 자녀보다 클럽이 먼저였다. 만일 자녀가 상대 팀을 응원할 경우 팬들의 4분의 3이 문제를 삼았다. 60퍼센트는 배우자가 상대 팀을 응원하면 문제 삼겠다고 답했다. 40퍼센트의 팬들이 좌석이 지정된 20년짜리 시즌 티켓을 가지고 있다. 58퍼센트가 11세부터 응원 팀을 정했다. 과반수의 아이들이 자기 부모들을 따라 팀을 정했다.

초등학교 교사가 맨체스터에 있는 한 초등학교로 갔다. 그 지역 주민은 모두 맨체스터 시티 클럽 팬들이었다. 교사는 학생들에게 좋은 인상을 주고자 자신도 시티 팬이라고 하면서 학생들 중에 나와 같은 팬이 있으면 손을 들라고 했다. 한 학생만 빼고는 모두 손을 들었다. 교사는 손을 안 든 학생에게 어디 팬이냐고 물었다. 학생은 "맨체스터 유나이티드 팬"이라고 대답했다. 교사가 "이유가 뭐냐"라고 따져 묻자 학생은 "부모 모두 유나이티드 팬이기 때문"이라고 했다. 다시 교사는 "부모가 한다고 반드시 뭐든지 따라해야 하는 것은 아니다. 만일 너는 아버지가 마약을 팔고 어머니는 창녀라면 어쩔 것이냐"라고 물었다. 물음이 미처 끝나기도 전에 학생은 "그러면 당연

맨체스터 시티를 응원하는 팬들.

히 시티 팬이 될 겁니다!"라고 했다. 맨유 팬 부모는 그럴 리가 없으니 그런 일을 한다면 시티 팬 부모일 것이라는 고차원의 농담이었다. 양 팀의 숙명적인 라이벌 의식과 자식이 부모 따라 응원 팀을 고르는 영국 축구팬들의 모습을 잘 보여주는 농담이다.

  영국 축구팬들 사이에서 전설처럼 떠도는 광팬 기준이 있다. 자신을 광팬이라고 자처하려면 다음 6가지 조건에서 하나라도 빠지면 안 된다.

1. 어떤 상황에서도 클럽 시합에는 반드시 가야 한다.
2. 무슨 일이 있어도 클럽을 무조건 옹호해야 한다.
3. 클럽에 관계되는 모든 물건을 수집해야 한다.
4. 자기 방이나 집을 창피할 정도로 클럽에 관계되는 장식품으로 도배해야 한다.
5. 가족과 친구들을 돈, 협박, 설득 어떤 방법을 써서라도 클럽 팬으로 끌어들여야 한다.
6. 클럽에 관계되는 모든 정보를 수집해 알고 있어야 한다.

| 🔍 **Keyword 3 : 원칙주의** | Search |

원칙과 규칙을 무척이나 중요하게 여기는 영국인. 때로 융통성 없는 것이 답답하기도 하지만 진실을 위해서라면 수십 년의 투쟁도 마다하지 않았기에 지금의 사회정의를 실현할 수 있었다.

지독한 원칙주의자들이 있어 영국은 믿음직스럽다

영국에서 오래 살다 보면 사람들의 융통성 없음에 속이 뒤집히는 일이 한두 번이 아니다. 아무리 오래 살아도 적응이 안 된다. 언젠가 부활절을 맞아 이웃에 선물할 케이크를 사러 슈퍼마켓에 갔다. 케이크를 사 갖고 나와 차에 넣으려다 보니 케이크의 한쪽 모서리가 찌그러져 있었다. 조금 망설이다 바꾸러 갔다. 내가 먹을 것이면 문제없는데 선물용이라 곤란할 것 같았다. 교환을 망설인 이유는 이 멀쩡한 식품을 반환하면 고지식하기 짝이 없는 영국 판매원들이 버릴 것이 분명했기 때문이다. 영국 슈퍼마켓의 식품판매 지침에는 식품이 반품되면 무조건 폐기처분하도록 되어 있다.

손상된 케이크를 반품 처리하고 새것을 내줄 판매원은 해당 코너 담당이 아니었다. 담당이 자리를 비워서 옆의 육류 저장식품 담당 판매원이 처리를 해주려고 나섰다. 이때부터 놀라운 일이 벌어졌다. 판매대 뒤로 들어간 판매원은 자신이 입고 있던 흰색의 위생복을 벗고 새 옷과 모자 그리고 마스크에 장갑까지 끼고 나왔다. 그러고는 천천히 모자를 고쳐 쓰고 위아래 옷에 달린 10개도 넘는 단추를 하나하나 끼우는 것이 아닌가.

육류 취급 시 입었던 복장으로는 빵과 케이크류를 다룰 수 없다는 규정이 있는 듯했다. 직접 식품을 만지는 것도 아니고 포장된 케이크 상자를 꺼내오는 일인데도 불구하고 말이다. 그 직원은 모자를 고쳐 쓰고 마스크도 단단히 여민 뒤 식품창고로 들어가 새로운 케이크를 가져다주었다. 간단한 케이크 교환에 거의 20분이 걸렸다. 성질 급한 사람 같았으면 보다 못해 고함이 몇 번은 나왔을 시간이었다. 고지식하고 융통성 없이 원칙을 따르는 영국인의 전형을 본 듯했다.

영국을 이끄는 힘은 원칙과 규칙

이런 일은 은행에서도, 슈퍼마켓 계산대에서도, 공항 체크인 카운터에서도 비일비재하게 벌어진다. 영국인은 아무리 작은 일이라도 서두르거나 대충하지 않는다. 거쳐야 할 절차는 반드시 매뉴얼대로 밟아야 하고, 따질 것은 다 챙기고 나서야 다음 일로 넘어간다. "대충해라!" "융통성이 그렇게 없어서 세상을 어떻게 살려고 그러냐?" "요령껏 해라!" "저러다가 날 새겠다!" "원칙, 규칙 다 따져서 되는 일이 세상에 어디 있어!" "좋은 게 좋은 것이야!" 이런 얘기가 영국 사회에서는 전혀 통하지 않는다. 영국인들이 고지식하고 융통성이 없다 보니 일 처리 속도가 느리고, 그래서 영국을 '해가 지는 제국'이라고 평가하기도 한다. 그러나 작은 일부터 큰일까지 원칙대로 일을 처리하는 것이 영국을 이끌고 지탱하는 힘이라는 생각에는 변함이 없다. 최소한 영국에서는 원칙을 지키는 사람이 '꽉 막힌 벽창호'라는 비판은 없다. 이런 원칙 고수 덕분에 자주 답답하지만 그래도 영국이 안전하고 믿음직스럽긴 하다.

물론 영국이라고 대형사고가 나지 않는 완벽하게 안전한 곳은 아니다. 영국도 과거에 수많은 대형사고가 있었다. 영국이 한국과 다른 점은 대형사고나 사회정의가 흔들리는 일이 발생하면 그로부터 뼈아픈 교훈을 얻어 다시는 그런 사고가 일어나지 않게 제도를 보완한다는 것이다. 이 원칙을 우직할 정도로 지켜 나가기 때문에 거의 같은 사고는 일어나지 않는다. 뼈아픈 교훈을 얻어내는 과정은 대개 비슷하다. 사고가 나면 몇 년이 걸리더라도, 어떤 어려움을 겪더라도 철저한 사고 조사 보고서가 만들어진다. 보고서는 사고 원인은 물론 어떤 보완조치를 해야 그런 사고가 다시 일어나지 않는다는 각종 개선 권고까지를 포함한다. 보고서가 발표되면 철저한 사회적 검증을 거쳐 차근차근, 반드시 문제점들이 개선된다. 때에 따라 보고서가 완벽하지 않고 사실을 왜곡한 경우 피해자 가족들이나 각종 사회단체가 압력 그룹을 만들어 오랜 시간 합법적인 캠페인을 벌여 사회정의가 이루어지도록 한다. 그렇게 해서 영국 사회는 천천히, 그러나 바른 방향으로 발전해왔다.

끈기와 노력으로 진실 찾은 힐스버러 그룹

영국 사회를 들끓게 한 '힐스버러 축구장 압사 사건'(1989. 4. 15)을 보자. 리버풀과 노팅엄 포레스트 클럽 간의 FA컵 준결승전이 셰필드의 힐스버러 축구장에서 열렸다. 경기 시작에 맞춰 몰려든 리버풀 클럽 응원단이 입석 경기장 안으로 몰려들어 96명이 사망, 766명이 중경상을 입은 세계 축구 역사상 가장 참혹한 사건이 일어났다. 당시 경찰은 이미 발 디딜 틈도 없이 관중이 서 있던 경기장 안의 상황을 고려하지 않고 출입구를 개방해버렸다. 그 결과 이미 들어가 있던 입석 좌석의 팬들이 압사당한 것이다. 현장을 관리하던 경찰과 경기장을 소유하고 있던 셰필드 웬스데이 축구클럽이 사태를 안이하게 판단해 군중 관리를 제대로 못해서 생겨난 엄청난 비극이었다. 그런데도 사고 후 1년 뒤인 1990년에 나온 '테일러 보고서'는 사고에 특별히 책임질 사람이나 기관은 없고 '음주한 리버풀 팬들의 횡포가 사고의 가장 큰 원인'이라는 결론을 냈다. 더욱이 《선The Sun》은 '술 취한 리버풀 팬들이 횡포를 부렸고 심지어 시체에서 지갑을 빼내고 그 위에 방뇨를 하고 구조활동을 벌이던 경찰을 폭행했다'는 허위 사실을 기사로 실었다. 오랫동안 이런 헛소문이 영국에서는 진실로 받아들여졌다. 테일러 보고서와 경찰이 제출한 증거로 열린 재판에서도 '사건은 피할 수 없었던 사고였고 일부 경찰의 판단착오도 있었지만 처벌을 받을 정도는 아닌 것'으로 결론이 났다. 사건은 이렇게 아무도 제대로 책임지는 사람이나 기관이 없이 끝나는 듯했다.

그런데 문제는 '사고 원흉'으로 지목된 리버풀 팬 유족들이었다. 당시 리

1989년 영국 리버풀에서 발생한 '힐스버러 축구장 압사 사건' 희생자를 기리는 추모비.

버풀 응원단 쪽에서 사고가 나서 사망자의 대다수는 리버풀 팬들이었다. 자신이 사랑하는 이들이 억울하게 죽고, 근거 없는 오명까지 덮어쓴 가족들은 '힐스버러 가족 지원그룹'을 만들었다. 이후 23년간 힐스버러 그룹은 테일러 보고서가 진실을 오도하고 있다면서 재조사를 꾸준하게 요구했다. 그들은 경찰, 구급차, 셰필드 시청, 셰필드 웬스데이 축구클럽 등에서 나온 서류의 완전 공개를 요구하면서 투쟁했다. 1997년 힐스버러 그룹의 압력에 못 이긴 노동당 정부는 재조사를 시도했으나 "새로운 증거가 발견되지 않았고 발견될 것 같지도 않다"라는 이유를 들면서 이듬해 사건을 마감하려고 했다.

하지만 힐스버러 그룹은 투쟁을 멈추지 않았다. 언론과 자신들의 지역구 의원들을 통해, 각종 여론단체들을 이용해 정부에 압력을 계속 가했다. 결국 2009년 12월 노동당 정부는 힐스러버 독립조사위원회를 구성하도록 명령했다. 위원회는 리버풀 성공회 대주교를 의장으로 인권변호사, 서류검사 전문가, 탐사 언론인, 보건부 의료청장, 전 북아일랜드 경찰청 부청장, 범죄전문학자, 방송인, 국가자료청장 등을 위원으로 구성되었다. 위원회는 80개 기관으로부터 넘겨받은 45만 쪽의 서류들을 조사했다. 보통 정부 서류는 30년이 되어야 공개되는데 거의 10년을 앞당긴 것이다.

조사위원회는 웹사이트를 통해 앞으로 위원회가 조사할 모든 서류를 남김없이 공개하는 것으로 업무를 시작했다. 당시 20개씩 열거된 서류 목록만 1296쪽이나 된다. 영국인들은 누구나 들어가서 서류를 열람할 수 있었다. 위원회는 공개, 비공개를 따지지 않고 관련 서류들을 있는 그대로 내놓았다. 이 서류 공개에는 2가지 목적이 있었다. 모든 서류를 먼저 공개하고 위원회가 이런 서류를 조사하고 있다는 점을 국민에게 숨김없이 떳떳이 알리고자 했고, 자료를 본 대중들이 서류의 오류나 문제점을 지적해주길 바랐다. 국민들이 사건 관련 제보를 해주길 바랐던 점도 있었다. 나중에 위원회는 "이런 방식으로 특별한 효과를 보았다"라고 평했다. 관민 합동의 대중조사가 이뤄진 셈이다. 서류를 제출한 80개 기관은 공개되면 자신들에게 불리할 서류까지 위원회에 순순히 제출했다는 점도 대단했다.

힐스버러 그룹의 최종 보고서

결국 위원회는 2년 9개월에 걸친 조사 끝에 2012년 9월 최종 보고서를 내놓았다. 공개된 보고서로 영국은 다시 뒤집어졌다. 지금까지 믿어왔던, 리버풀 팬들의 행동이 사고의 제일 큰 요인이었다는 사실은 전혀 근거 없는 것으로 밝혀졌기 때문이다. 뿐만 아니라 요크셔 경찰이 리버풀 팬들에게 책임을 뒤집어씌우려고 164개의 경찰 보고서 중 116군데를 수정하거나 삭제했음이 드러났다. 경찰에 대한 악평은 제거되거나 지워졌다. 증인들의 증언을 막고 증언을 바꾸거나 취소하라는 압력을 가했음도 드러났다. 당시 경찰이 희생자 모두를 대상으로 음주검사를 했다는 사실도 드러났다. 경찰 내부 데이터베이스를 통해 희생자의 전과나 사건 기록을 뒤진 흔적까지 나왔다. 희생자들에게 책임을 미루려는 경찰의 각종 시도가 백일하에 드러난 것이다.

최종 보고서는 긴급구조 전화 내용도 조작되었다는 사실을 폭로했다. CCTV 기록과 검시 결과 등에 의하면 사망자 96명 중 제대로 치료를 받았으면 최소한 41명은 구할 수 있었다는 사실도 밝혀졌다. 심장과 허파가 정상으로 작동하고 있었고 기절했을 뿐인데도 그냥 몸을 뒤집어 방치해 사망에 이른 사람들이 있었음도 밝혀졌다. 당시 경찰은 두 클럽 팬들의 충돌을 걱정해 부상자를 치료하고 실어 나르기 위해 경기장으로 온 구급차 41대 중 1대만 그라운드에 들어오게 했다. 그 결과 96명의 사망자 중 14명만 병원에 갈 수 있었다.

보고서를 본 유족들로서는 땅을 치고 기절할 일이었다. 최종 보고서는 요크서 경찰이 현장 판단을 잘못해 갑자기 관중석으로 너무 많은 사람을 들여 보내 참사가 일어났고 현장 지도력 부재, 위기대처 기관 사이의 긴밀한 협조 결여, 부상자들의 우선 처리 혼선 등으로 허무하게 귀한 생명을 잃었다고 결론지었다. 결국 캐머런 총리, 요크셔 경찰서장, 영국 축구협회 회장, 《선》 편집국장 등이 공식 사과를 했으나 유족들의 분노를 잠재울 수는 없었다. 일부 유족들은 "사고 당시 총리였던 마거릿 대처의 사과를 받아야 하는데 이미 고인이 되어버려 천추의 한으로 남는다"라는 소회를 토로하기도 했다.

힐스버러 가족지원 그룹은 위계에 의한 간접살인, 업무상 과실치사, 업무태만, 증거조작과 위증에 대한 공무집행 방해 등의 혐의로 요크셔 경찰, 셰필드 웬스데이 축구클럽, 영국 축구협회, 셰필드 시청의 관련자 모두를 법정에 세워야 한다고 주장했다. 이러한 압력 끝에 당시 셰필드 클럽 사장이었던 EPL 데이비드 리처드 회장은 모든 직책에서 사임했고 귀족 칭호도 반납했다. 내무장관은 "모든 권한을 사용해 제대로 된 조사가 이루어지게 하겠다"라며 "개별적이고 구조적인 문제도 전부 조사하겠다"라고 약속했다. 이후 경찰 고충처리 독립위원회Independent Police Complaints Commission는 역사상 최고의 조사를 했다. 1444명의 전·현직 경찰이 당시 사고와 관련해 조사를 받았다.

2012년 9월 영국 고등법원은 새롭게 제출된 증거로 재판을 다시 시작했고 그해 12월 이전 재판 결과를 '증거 조작'을 이유로 무효 판결했다. 영국 검찰은 이 사건과 관련 있거나 당시 요크셔 경찰서에 근무한 직원 전원에 대해 증거 은폐와 위증을 통한 공무집행 방해뿐만 아니라 간접살인 혐의로 소추하겠다는 방침을 밝혔고 응분의 대가를 치렀다.

이 결과 유족들은 '관계자들로부터의 정식 사과, 관련자들의 법적 조치, 리버풀 팬들에게 씌워진 오명, 이전 재판 결과의 번복' 등 자신들이 원하던 것을 모두 이루었다. 유족들은 "비록 너무너무 늦긴 했지만 정의가 이루어졌다justice is done"라며 만족해한다. 물론 이런 정의는 결코 그냥 이루어진 것은 아니다. 유족들이 불굴의 정신으로 쟁취한 것이다.

유족들은 조사를 이어 가기 위해 경찰 개인들을 상대로 소송을 벌였으나 증거 불충분으로 기각되는 일을 무수히 당하면서도 싸움을 포기하지 않았다. 이들은 2000년 경찰서장 등 개인을 상대로 소송을 걸었으나 "이미 피소자들은 대중으로부터 모욕을 당했고 이로 인해 공정한 재판을 받을 수가 없다"라는 이유로 기각당했다. 2006년에는 유가족 일부가 "아들은 사고 이후에도 상당 시간 살아 있었다. 질식사한 게 아니다. 해당 기관들의 태만으로 인한 사망이다"라며 유럽 인권재판소에 소송을 제기했으나 공소시효를 넘겼다는 이유로 기각되기도 했다. 이렇게 유족들은 때로는 강하게, 때로는 시차를 두고 합법적인 압력을 지속했다. 힐스버러 그룹은 재조사 청원을 위해 13만9000명의 서명을 받기도 했다. 반드시 필요한 경우가 아니면 길거리로 나가는 일은 자제하고 법의 테두리 안에서 끊임없이 활동을 펼쳐나갔다. 결국 어떤 역경에도 정의를 위한 불꽃을 꺼뜨리지 않는 끈기와 노력이 승리한 것이다.

"이 정도면 괜찮아"라는 말은 용납 불가

이제 다른 예를 들어보자. 1999년 10월 5일에 반대 방향에서 오던 열차가 정면충돌해서 31명 사망, 523명의 중경상을 낸 '패딩턴 열차 충돌사고'다. 이 사건은 힐스버러 사건보다는 좀 단순하다. 조작이나 은폐가 별로 없었기 때문이다. 사건 당사자들도 몇 안 되어 간단했다.

하지만 패딩턴 열차 사고는 이미 예견된 불행이었다. 사고가 나기 전 6년 동안 열차가 적색신호를 8번이나 지나쳤는데도 민영화된 철도회사가 즉각 개선을 안 하고 미적거리다가 사고가 일어난 것이다. '쿨른 조사보고서'는 사전에 이미 위험을 감지하고 각종 위원회와 기관이 대책을 마련하는 중에 사고가 났음을 밝혀냈다. 사고가 나던 당시 상황을 잘 아는 국영 영국철도회사BR의 매니저 중 한 명은 조사 과정에서 "그렇게 많은 유능한 사람들이 모두 무책임하게 행동하기도 힘들다"라는 말을 할 정도였다. "사각형 막대를 둥근 구멍 안으로 밀어넣고 '이 정도면 괜찮아!'라는 자기도취와 나태무위가 제일 문제였다"라고 말하기도 했다. 국영 영국철도회사의 관료주의와 무사안일 문화가 민영화 후에도 계속되고 있었다는 게 보고서의 지적이었다. 기술자 훈련도 제대로 안 되어 있었고, 취업한 지 겨우 2주 된 기관사가 기차를 몬 사실도 밝혀졌다. 열차보호경고 체계는 당시 금액으로 10만 파운드(2억 원)밖에 안 드는 공사였지만 미루다가 공사가 이뤄지지 않았다.

결국 이런저런 요인이 합쳐져 대형사고가 난 것이다. 보고서는 295개의 개선사항을 제시했다. 보고서 발간 5년 뒤 사고 유족과 부상자들의 단체 '패딩턴 생존자 그룹'은 개선사항 중 가장 중요한 27개가 시행되지 않고 있다고 지적했다. 뒤집어보면 이미 268개의 개선은 이루어졌다는 뜻이다. 그 이후

1999년 10월 발생한 패딩턴 열차 충돌 사고 현장.

영국에서는 더 이상 열차 대형사고가 일어나지 않았다. 패딩턴 생존자 그룹은 사건 피해자를 돕고 영국 철도 안전 기준 설정에 큰 도움을 줬다. 패딩턴 열차 사건은 민영화된 철도회사의 업무태만과 직무유기에 대한 책임을 물어야 한다는 여론에 의해 기업 과실치사 혐의를 처음 적용했고 결국 법제화되었다.

20년 만에 실현된 정의

1993년 4월 22일 당시 18세였던 흑인 학생 스티븐 로렌스 살인사건도 끈질긴 투쟁 끝에 사회정의를 이룬 사례다. 그는 런던 거리에서 백인 인종차별주의자들에게 공격받아 죽었다. 당시 사건 관련 재판은 영국 사회의 인종편견을 획기적으로 바꿀 정도로 세인의 관심을 끌었고 살인사건의 경우 새로운 증거가 발견되면 일사부재리법 원칙에서 제외되어야 한다는 법례도 세웠다. 이 사건으로 영국에서 제도적인 인종차별 관행이 사라지게 되었다는 평가가 나왔고, 로렌스 사건을 조사한 맥퍼슨 보고서 발표를 '현대 영국 범죄재판 사상 가장 중요한 순간'이라고 칭한 언론도 있었다.

1999년 2월 발표된 맥퍼슨 보고서는 10만 쪽 이상의 자료를 검토해서 결론을 낸 것이었다. 이 보고서는 경찰 초동수사 결여로 시작해 거의 모든 단계에서 제대로 수사하지 않았다는 점을 밝혀냈다. 일부 수사 담당 경찰이 살인범의 마약상 아버지로부터 금품을 받은 사실이 밝혀지기도 했다. 보고서는 경찰, 검찰, 공공기관, 지방정부, 국민건강보험, 학교, 심지어는 재판정에서조차 팽배했던 인종차별 관행에 대해 신랄한 지적을 가했다. 특히 검찰과 경찰의 인종편견은 제도적인 인종차별주의자institutional racist 수준이라고까지 혹평했다. 맥퍼슨 보고서는 70가지 개선점을 제시했고 대부분 시정되었다.

로렌스가 살해된 지 20년 만에 정의도 실현되었다. 2012년 1월 주범 2명이 종신형을 받았고 2013년 3월에 형이 확정되었다. 수차례의 재판과 조사에서 증거 불충분으로 빠져나갔던 범인들이 1996년 이후에 개발된 DNA 테스트 결과에 의해 덜미가 잡힌 것이다. 범인 옷에 남은 피해자 혈흔, 범인 가방에서 찾은 피해자 옷의 실 조각 등이 재판에서 주요 증거로 채택되었다. 이런 결과는 로렌스의 어머니 도린 로렌스가 아들을 잃고 20년간 펼친 캠페인 덕분이었다. 평범한 은행원이었던 도린은 자식의 죽음으로 비로소 제대로 눈을 뜨고 세상을 봤다. 그가 본 세상은 인종편견과 소수민족 차별 천지였다. 이후 도린은 초인적 힘으로 끊임없이 활동했다. 스테판 로렌스 자선재단을 만들어서 로렌스 재판 비용뿐만 아니라 영국 내의 인종차별과 관련된 범죄 피해자를 도왔다. 영국 경찰 개혁에도 큰 역할을 했다. 결국 아들의 억울한 죽음을 밝혀내고 2012년 '자랑스러운 영국인' 상을 받았다. 2013년에는 남작 작위를 받고 인종 문제와 다양성 담당 직능직 대표로 상원의원이 되었다. 2012년 런던올림픽에서는 반기문 유엔 사무총장과 함께 올림픽기를 잡기도 했다.

사회가 할 수 없다면 시민이 직접 나선다

도린의 예에서 보듯 영국인들은 자신에게 닥친 운명에 결코 쉽게 체념하지 않는다. 자신들이 당한 비극을 다시는 다른 사람이 겪지 않게 함으로써 위안을 얻는 경우도 많다. 그래서 영국에는 범죄나 재난 피해자들이 만든 단체가 많다. 앞에서 든 세 단체 말고도 런던 폭탄테러 사건의 피해자 그룹London Recover Group, 런던 지하철 킹스크로스 역 화재 피해자 그룹King's Cross United Survivor, 총기사건 피해자 그룹Mother Against Guns, 포터스 바 열차 사건 피해자 그룹Potters Bar Group 등 수도 없다. 이 단체의 회원들은 자신이 피해자이거나 피해자 가족, 혹은 피해자들의 취지에 찬동하는 사람들이다.

이들 단체의 억울한 사연은 다르지만 활동 목적은 대동소이하다. 사건 피해자와 가족이 뭉쳐 권익을 찾고 정의가 실현되게 함으로써 한도 풀고, 자신에게 일어난 불행이 다른 사람에게 일어나지 않도록 해서 위안을 삼고, 동병상련의 마음으로 다른 피해자들을 돕는 등의 활동을 통해 삶의 의미를 다시 찾자는 것이다.

결국 사회시스템이 제대로 작동을 못하면 피해자를 비롯한 당사자 모두가 나서서 자신의 권익을 찾고 정의를 지켜나갈 수밖에 없다는 진리를 영국인은 오래전부터 깨닫고 행하고 있다. 영국의 안전 수준이나 사회정의가 다른 나라보다 조금 낫다면 그건 영국인들이 부단하게 투쟁해서 얻은 것이지 거저 주어진 것이 아니다.

| 🔍 **Keyword 4 : 군인 또는 군인정신**　　　　　　　　　　　　Search |

영국인들은 전쟁 이야기를 좋아하며, 군인을 누구보다 존경한다. 그런 데에는 군인으로 또는 군인처럼 살았거나 살아야 했던 길고 긴 역사가 담겨 있을 가능성이 크다.

전쟁 희생자를 소중히 기억하는 나라

　　전우들 무덤 앞에서 하는 노병의 경례는 늘 슬프다. 살아남은 자의 죄책감과 먼저 간 전우에 대한 애잔함이 겹쳐서인지 구부러진 어깨가 마냥 약해 보인다. 바닷바람에 날리는 흰머리와 골 깊은 주름에서는 세월의 흔적이 느껴지고 가슴에 달린 훈장은 영광보다는 회한을 말해주는 듯 초라하다. 한국의 현충일이던 2014년 6월 6일, 2차 세계대전의 분수령이 된 노르망디 상륙작전 70주년 기념식 현장 중계와 신문 사진을 보고 느낀 감상이다.

　　프랑스 동북부 노르망디 해안에서 벌어진 인류 최대의 상륙작전을 기념하던 날, 연합국 측에서는 데이비드 캐머런 영국 총리를 비롯해 프랑스, 미국, 그리고 독일 총리까지 17개국 정상이 참석했다. 특히 삼대가 한 행사에 참석하는 경우는 거의 없다는 영국의 왕실에서 엘리자베스 2세 여왕과 찰스 왕세자, 윌리엄 왕세손 부부 등 5명이 참석해 상륙 70주년의 중요성을 다시

1944년 6월 6일, 노르망디 상륙작전이 펼쳐진 프랑스 오마하 해변.

한 번 일깨웠다. 당시 참전했던 연합국과 독일군 20만 명 중 현재 살아 있는 사람은 영국군 650여 명을 포함해 3000명이 채 안 된다. 그중 참석한 2000여 명의 참전군인들은 모두 90세를 넘겼고 일부는 100살이 넘은 노병들이었다. TV를 비롯해 영국 언론을 뒤덮은 노르망디 해변 여기저기서 벌어진 기념식을 본 유럽인들은 누구나 일말의 감상을 느꼈을 것이다.

특히 해변을 뒤덮은 붉고 푸른 유니언잭 2만6000개가 자아내는 장관을 보고는 노병들이 아니더라도 울컥했을 것 같다. 그 작은 손깃발 하나하나가 작전에 참여했던 영국군 2만6000명 한 명 한 명을 상징하는 영국 국기였기 때문이다.

살아 돌아오지 못한 전우를 기리며

2014년은 노르망디 상륙작전 70주년을 시작으로 7월 28일 1차 세계대전 발발 100주년까지 1·2차 세계대전과 관련한 행사와 굵직한 전쟁 관련 기념일이 줄줄이 이어졌다. 처음 영국에 왔을 때 전쟁 관련 행사를 비롯해 책, 박물관 기념물, 위령탑, 자선단체 등 전쟁을 상기시키는 것들이 하도 많아 놀랐다. 영국인들이 전쟁에 대해 편집광 같은 관심을 가진 게 아닌지, 아니면 자신들의 전쟁 역사를 자랑하기 위함이 아닌지 의심한 적도 있다. 그런데 가만히 들여다보니 결코 그런 '생각 없는 자랑'이 아니었다. 자신을 대신해 죽거나 자신들을 보호하기 위해 죽은 이들을 잊지 않고 기억하기 위한 노력일 뿐이라는 것을 느끼는 데는 그렇게 오랜 시간이 필요하지 않았다. 이런 영국인들의 심정은 노르망디 해변에서 한 노병이 기자에게 했다는 말에서 잘 드러난다. "우리가 달고 있는 이 훈장은 우리 것이 아니다. 아직 여기에 누워 있는 저들의 것인데 우리가 대신 달고 있는 것이다. 진정한 영웅은 살아 있는 우리가 아니라 바로 저들이다."

노병의 입에서 나온 '전사한 전우', '집으로 살아 돌아오지 못한 그들'이라는 말에서는 그들을 향한 회한, 죄책감, 미안함, 추억, 고통, 상처, 그리움, 사랑 같은 인간의 감정에서 나오는 모든 단어가 등장하는 듯했다. 만감이 교차한다는 말이 바로 연상된다. 그래서인지 노르망디 행사를 비롯해 전쟁과 관련한 행사나 기념일에 관한 기사에서는 '승리'니 '자부심' 같은 전쟁을 미화하는 단어들도 볼 수 없었고 반대로 '전쟁의 잔혹성'이니 '비극'이니 '반전'이니 하는 단어도 별로 찾아볼 수가 없다. 그냥 조용하게 전쟁의 의미와 죽은 자들을 기억하는 담담한 행사였다. 이런 기념식이 승리를 기념하고 위대함을 자랑하기 위한 행사가 아니라 전사자를 비롯해 전쟁의 희생자들을 '잊지 않고 기억하고 보살피겠다'는 약속을 지키는 자리이기 때문이다. 보살피겠다는 것은 전쟁의 당사자뿐만 아니라 그들의 가족까지를 포함한다는 말이다. 전사한 남편의 이름이 새겨진 머플러를 매고 기념식에 참석한 한 캐나다인 부인은 "우리 애들이(자신의 남편을 비롯한 군인들을 'boy'라고 불렀다. 그 말에는 애정이 듬뿍 담겨 있었다) 이렇게 잘 기억되고 있는 것이 자랑스럽고 기쁘다"라고 말했다.

영국의 현충일은 11월 11일이다. 이날 11시 11분이 되면 전국의 라디오, TV, 성당, 교회에서 종이 울리며 영국인들은 2분 동안 묵념을 한다. 영국의 현충일은 '리멤버런스데이Rememberance Day'이다. '기억한다remembrance'는 뜻의 단어에 '날day'을 붙여서 만든 이름이다. 국가에 대한 충성을 드높인다는 뜻의 현충일顯忠日이 아니다. 전 사상자들에게 감사를 표하고 그들을 잊지 않고 기억한다는 것이지, 전쟁의 영광이나 군인의 충성을 기리기 위함이 아니다. 그래서 영국 현충일은 퇴역군인들의 잔치이다. 전국에서 모인 1·2차 세계대전 참전군인들을 비롯해 한국전 같은 2차 세계대전 이후에 참전한 각종 전투 군인들이 여왕이 내려다보는 앞길을 행진하는 날이다. 이제 이런 노병들의 행진은 얼마 지나

영국 중앙 현충탑.

면 더 이상 보기 힘들어질 것 같다. 한때 1만5000명의 회원이 있던 노르망디 재향군인회도 600명만 남아 2014년 11월에 해체했다. 한국전 참전용사회도 이미 해체해서 참전 사병들이 모임을 따로 만들었다. 이들 노병들이 가고 나면 비로소 1·2차 세계대전은 과거의 전쟁이 될 듯하다.

기념물과 기념비로 역사를 이어 가다

영국인은 이런 노병이나 군인들에게 빚을 졌다고 생각하며 빚을 갚으려는 노력을 게을리 하지 않는다. 그중 하나가 영국인들이 엄청난 집착을 보이는 각종 기념물 건립이다. 별별 것들을 기념하는 기념물들이 세워진다. 특히 전쟁에 관한 기념물은 정말 어마어마하다. 영국 국방부 자료에 의하면 5만 4000개의 전쟁 기념물이 영국 내에 세워져 있다고 한다. 크기나 종류도 현충탑같이 큰 것부터 벽이나 바닥에 설치된 작은 기념판까지 다양하다. 주로 전국에 산재한 작은 마을에서 전사한 마을 젊은이들을 위한 것으로, 마을 내의 학교면 학교, 교회면 교회 등에 빠짐없이 설치되어 있다. 심지어는 클럽, 병원, 기업에서도 참전 후 전사한 자신들의 회원이나 직원들의 이름을 기억하기 위해 기념물을 만든다.

이런 기념물들의 형태는 다양하다. 각각의 전사자 이름이 새겨진 돌 십자가부터 학교나 교회에 세워져 이름이 나열된 기념탑, 개인 이름이 적힌 교회 내의 바닥 혹은 벽의 명판과 창문의 스테인드글라스, 조각, 동네 광장의 위령탑 등 가지각색이다. 과거에는 주로 국가나 지방정부들이 주도했으나 이제는 해당 단체나 기관들에 의해 세워지고 있다. 그렇다고 순전히 '그들만의 잔치'로 이루어지는 것은 아니다. 왕족이나 주요 인사들이 이런 기념물 건립식에 참석하는 것을 보면 말이다. 이런 각종 기념물이 건립되는 이유에 대해 영국 사회의 합의가 있다는 방증이다. 기념물을 세우기 위한 모금도 순조롭고 후원도 전혀 식지 않고 있기 때문이다. 기념물을 세우는 이유를 영국 국방부 홈페이지는 이렇게 적어놓았다. "그들의 이름과 공적을 기억하고 다음 세대들이 그들의 희생을 잊어버리지 않고 기억하게 함으로써 후세가 교훈을 얻어 그들의 희생이 헛되게 하지 않게 하기 위함이다."

전쟁에 관한 영국 기념물 중에서 가장 유명한 것은 웨스트민스터사원의 무명용사 무덤The Tomb of the Unknown Warrior이다. 1차 세계대전이 끝난 지 딱 2년이 지난 1920년 11월 11일, 1차 세계대전 서부전선 격전지 중 하나였던 벨기에에서 발굴한 영국군 무명용사를 영국 왕실의 성당 웨스트민스터 정문 바닥에 안치한 것이다. 이후 이곳은 영국을 방문하는 각국 수반들이 화환을 바치는 곳 중의 하나가 되었다. 현 엘리자베스 여왕의 어머니인 전 왕비도 자신의 장례식에 쓰인 화환을 여기다 바쳐 달라는 유언을 남겼다. 윌리엄 왕세손의 부인 케이트 미들턴도 자신의 결혼식 화환을 이곳에 바쳤다. 이 무명용사는 2000년 BBC가 조사한 100명의 위대한 영국인에도 76번째로 이름을 올렸다. 이 무덤은 서부전선에서 수많은 죽음을 목격한 군종신부 데이비드 레일톤에 의해 제안되었다. 그가 처음으로 전쟁터에서 본 무명용사의 실제 무덤에는 연필로 '무명 영국 병사의 무덤'이라고만 쓰인 나무십자가가 서 있었다. 이를 보고 너무나 가슴 아팠던 레일톤 신부는 웨스트민스터사원 주임신부에게 편지를 썼다. 웨스트민스터사원에 묻힌 왕들 사이에 대영제국을 위해 전사한 무명용사를 묻자고 제안하는 내용이었다. 웨스트민스터사원 주임신부와 당시 총리 데이비드 로이드 조지가 찬성해서 왕이나 장군이 아닌 병사, 그것도 이름도 안 알려진 무명의 병사에게 역사상 처음으로 영광이 돌아간 것이다. 이런 무명용사의 무덤은 이것이 최초이고 이후 세계적으로 유행이 됐다. 프랑스 파리 중심가 대로 샹젤리제의 끝 광장에 세워진 개선문 안에도 무명용사의 무덤이 있다. 영국과 같은 날 안장했다.

고양이부터 도망자까지 추모하는 나라

기념물 가운데 극치는 국립기념물식물원National Memorial Arboretum이다. 영국 중부지방 스타퍼드셔 주에 위치한 150에이커(60만 제곱미터) 크기의 영국 국립기념물식물원은 영국인이 얼마나 기념물에 집착하는지를 보여주는 곳이다. 여기에는 각종 기념물 300여 점이 있다. 60퍼센트가 군에 관련된 것이지만 군과 관련 없는 특이한 것들도 많이 존재한다. 예를 들면 전함 아메시스트 호의 고양이 기념비이다. 1949년 중국 양쯔 강 사건 때 중국에서 빠져나오지 못한 배에 있던 고양이를 기리는 비다. 선원들의 귀여움을 받으면서 쥐도 잡고 선원들을 위로하며 사기를 북돋아주었다고 해서 기념물을 세워줬다. 그뿐 아니다. 심지어는 도망자 추모비Shot at Dawn Memorial까지 있다. 이들은 1차 세계대전 중 탈영했다가 잡혀와 군사재판을 받고 처형당한 탈영병 혹은 비겁자라 불린 군인들이다. 주로 해 뜨기 전인 새벽에 처형이 이루어졌다고 해서 '새벽의 총살'이라 이름 붙여졌다. 기념물은 처형당한 탈영병의 딸에 의해 2001년에 공개되었는데 젊은 사병이 눈을 가리고 양손은 뒤로 묶인 채 서 있는 모습이다. 아무런 장식 없이 실물 크기로 세워진 석상이 완벽한 흰색이라 더욱 슬프게 느껴진다. 처형당한 17세 사병의 실물 모습대로 만들어졌다고 한다. 그 소년은 징집을 피하려 나이를 속였다가 들켜서 처형을 당했다. 비록 탈영이나 징집 기피를 했어도 제대로 된 변호도 못 받은 불공정한 재판이었다고 여겨져 2007년 영국 정부는 이들에게 가해졌던 모든 징벌을 무효 처리했다. 이 추모비에는 1차 세계대전의 참혹한 전투로 인한 정신적인 피해를 제대로 이해하지 못하고 처형한 것을 뉘우친다는 마음이 담겼다. 그동안 이런 군인들은 기념물 어디에도 이름을 발견할 수 없었는데 이 기념물에는 306명의 이름을 모두 나열하고 있다.

또 사산아와 태어나자마자 사망한 신생아를 위한 기념비, 북아일랜드 군견과 1 · 2차 세계대전 종군 군마 기념물도 있다. 원래는 전사하거나 공무 중 순직한 공무원을 기리기 위해 만들어졌으나 나중에 범위가 넓어져 각종 다른 경우도 포함되기 시작했다. 그래서 아주 다양하고 특이한 기념물들이 한 곳에 모인, 세계적으로 유례를 찾아볼 수 없는 곳으로 유명해졌다. 여기에는 개인이 사랑하는 가족이나 친지를 기리기 위해 만든 400여 개의 벤치, 700여 개의 도로석판들도 있다. 1997년 이후 7만여 그루의 나무가 심겼는데 나무를 하나 지정해서 자신의 뜻을 새길 수도 있다. 지금도 홈페이지에 들어가면 기념물들에 담긴 사연을 알 수 있다.

실질적인 보상도 잊지 않다

영국인들은 참전군인을 잊지 않기 위해 기념물을 세울 뿐만 아니라 실질적인 도움도 준다. 전사한 가족이나 부상당한 군인들이 정상적인 생활을 이어 갈 수 있게 돌봐주는 것이다. 그중에서 영국인들이 가장 쉽게 접할 수 있는 것이 매년 11월 11일 현충일 앞뒤 한 달간 '리멤버런스데이 포피'라 불리는 빨간색 개양귀비poppy를 가슴에 다는 운동이다. 개양귀비 씨는 땅을 뒤집어줘야 발아를 한다고 한다. 그래서인지 수많은 젊은이가 죽고 포탄으로 땅이 뒤집힌 벨기에의 격전지 들판에 1차 세계대전 종전 다음 해 개양귀비가 많이 피었다. 거기서 스러진 젊은이들의 피 색깔과 심장을 닮은 꽃들이 벌판을 뒤덮었다. 이를 보고 미국 여성 모이나 마이클Moina Michael이 부상병들을 돕기 위해 개양귀비를 다는 운동을 1918년부터 시작했다. 그녀의 구호는 '당신들이 플랑드르의 들판에서 만든 교훈을 우리가 가르치리라We'll teach the lesson that ye wrought'였다. 이 기간이면 매년 35만 명의 자원봉사자가 무려 4600만 개의 개양귀비와 10만 개의 화환, 75만 개의 십자가를 판매한다. 그렇게 해서 2012년 3500만 파운드, 2013년 3700만 파운드가 모였다. 영국 한인타운 뉴몰든 근처 리치먼드의 개양귀비공장 종업원은 모두 전상 군인이다.

2014년 하반기 런던탑 성을 둘러싸고 있는 물이 담겼던 해자垓字에, 1차 세계대전 발발 100주년을 맞아 전사한 영국군 88만8246명과 동일한 숫자의 세라믹으로 만든 개양귀비가 꽂혀 세계적으로 화제를 일으켰다. 이를 보면 흡사 핏물이 흐르는 듯한 모습이 떠오르는데, 작가가 노린 점이 바로 그것이었다. 그곳을 방문한 사람들이 세라믹 개양귀비를 사면 현장 자원봉사자들이 꽃을 꽂아주고 전시가 끝나면 각자에게 돌려주는 방식이었다. 그렇게 해서 모인 돈은 전상자 유족들을 보살피는 데 쓰였다. 영국은 이렇게 국가를 위해 전사한 장병들을 100년이 지나도 기억하고 그들의 유족을 보살핀다. 애국심은 정신교육으로만 나오는 것이 아니다.

이제 실질적인 정부 차원의 보살핌을 살펴볼 차례다. 퇴역군인들을 위한 복지의 중심에는 영국 퇴역군인 복지청VWS: Veteran Welfare Service이 있다. 복지청은 영국 병무청Defence Business Services 소속으로 90만 명의 전사·부상 군인을 포함한 퇴역군인과 가족까지 460만 명의 원호 대상을 돌본다. 전국에 지점을 두고 해당 지역의 군인들과 가족들을 도와준다. 전상 군인들을 비롯해 모든 퇴역군인의 복지, 연금, 융자, 보조금, 비상숙소, 구직, 재교육, 건강문제, 복지문제, 복무기록, 상벌문제 등을 VWS가 담당한다.

영국의 부상군인에 대한 복지제도는 아주 오래되었다. 9세기 알프레드 대왕 때부터 영국에는 전사나 부상당한 군인들을 위한 연금과 그에 해당하는 토지를 내려주는 제도가 있었다. 엘리자베스 1세도 군인연금제도에 대한 필요성을 언급하고 제도를 만들기도 했다. 1590년에 해군 전군의 월급 일부를 갹출해서 만든 차탐체스트라는 본격적인 참전군인 연금제도가 세계 최초로 생겼다.

영국에는 퇴역군인들에 대한 여러 가지 특혜가 있다. 의료보험의 경우 처음에는 참전군인 우선처리를 목표로 하다가 이제는 모든 퇴역군인까지 포함한다. 가정의가 전문의에게 환자를 의뢰할 때 반드시 퇴역군인 여부를 명시해 일반 환자들보다 최우선적으로 진료해준다. 특히 퇴역군인들은 법에 의해 일반인들보다 주택 배정 우선권을 받는다. 주택을 받기 어려우면 당분간 임시 주택이나 호텔 같은 곳을 배정받고 경비는 지방정부가 지불한다. 영국법에 의하면 주택이 없는 영국인은 주택에 대한 도움을 받을 법적 권리가 있고 정부는 도움을 주어야 할 법적 의무가 있다. 그래서 어떠한 경우에도 집이 없는 국민은 불법이다. 그중에서도 퇴역군인은 최우선이다.

퇴역해서 사회에 적응을 못해 범죄를 저질러 감옥에 있는 퇴역군인까지 챙기는 '프리즌 인 리치Prison in reach'라는 프로그램도 있고 군복무로 인한 정신적 장애를 겪는 퇴역군인들을 위한 프로그램The Veterans and Reserves Mental Health도 있다. 뿐만 아니다. 퇴역군인들은 기차 및 버스 이용권 등을 비롯해 다양한 혜택을 받는다. 제대로 몰라서 못 찾아 먹는다는 말이 나올 정도이다. 부상군인과 가족들이 휴가를 가게 도와주는 자선단체Families' Activity Breaks, Holiday4Heroes를 비롯해 무료 극장표Tickets for Troops를 주는 단체, 부상군인들이 고카트Army Karting · 세일링Tideway Sailability · 낚시Fishing for Forces · 서핑Surf Action · 승마Riding for Disable · 축구Inside Right 같은 운동을 통해 치유되게 돕는 자선단체들도 있다. 이런 단체들은 일반인들이 회원이 되어 회비도 내고 자원봉사도 하지만 왕족, 귀족을 비롯한 영화배우, 가수, 프로 운동선수도 후원하며 도움을 주고 있다.

웨스트민스터사원 바닥에 묻힌 무덤 중 유일하게 방문객들이 밟지 못하는 곳이 '무명용사의 무덤'이다. 이를 덮은 검은 벨지움 화강암 석판에는 "신과 왕과 조국, 그리고 사랑하는 이들과 제국과 정의의 성스러운 가치를 위해, 그리고 자유로운 세상을 위해 자신의 모든 것인 목숨을 바친 용사에게 기도를 바친다"라는 문구가 쓰였다. 이 문구가 군인들의 희생에 대한 모든 것을 말해주는 듯하다.

🔍 **Keyword 5 : 런더너**　　　　　　　　　　　Search

세계 물가조사에서 늘 런던은 거의 최상위권을 차지한다. 이 같은 살인적인 물가에도 불구하고 런던의 다양하고 독특한 매력에 빠진 800만여 런더너들이 여전히 런던에서 살아가고 있다.

살인 물가에도 런던에 살고 싶은 이유

2014년 8월 영국 집권 보수당 하원의원이자 데이비드 캐머런 정부의 차관이 런던에서 살기 힘들다는 이유로 사표를 냈다. 외교부 아프리카 담당 정무차관인 마크 시몬드 의원은 자신의 연봉으로는 런던에서 가족과 같이 살 수가 없어 지역구 의원과 차관 일을 같이 하기 힘들다고 했다. 그의 연봉은 의원 세비 6만7000파운드와 차관 수당을 합쳐 약 12만 파운드(2억400만 원)로 적지 않은 액수였다.

그는 사임하면서 "내년 5월 총선에도 입후보하지 않겠다"라고 했다. 의회 의원들을 위한 경비보조법이 규정한 경비 지원 액수가 줄어들었기 때문이라는 이유였다. 수년 전 몇몇 의원들이 경비를 부당 청구했고 이로 인해 그들은 수형 생활을 해야만 했다. 사건 이후 경비보조 지원 규모가 변경됐는데, 현재는 자녀가 3명 있는 런던 외 지역구 출신 하원의원에게 임대주택 보조금으로 2만7875파운드(총 4737만 원, 매월 394만7000원)가 지급된다. 시몬드 의원은 "그 정도 보조금으로는 런던의 주택 임대비를 감당할 수 없다. 앞으로도 5년간 식구(14, 15세의 두 딸과 부인)들을 보지 못하고 호텔 방에서 지낼 생각을 하니 끔찍했다"라고 말했다. 영국 의회가 있는 런던 웨스트민스터 지역의 방 3개짜리 주택 월세는 평균 6030파운드(1251만 원)로 시몬드 의원이 받는 주택수당(2322파운드)으로는 가족을 도저히 런던으로 부를 수 없는 게 사실이다.

추가수당에도 런던 살기가 싫다는 공무원들

시몬드 의원에 대한 비판 의견(같은 당 동료의원을 포함)도 만만찮다. 웨스트민스터는 세계에서 생활비가 가장 높다는 런던에서도 가장 비싼 중심부이다. 이런 지역의 주택 가격은 거의가 100억 원을 넘어간다. 그러니 집세도 1000만 원을 넘어갈 수밖에 없다. 그러나 의회에서 지하철로 한 정거장만 가서 기차를 타고 30분쯤 나가면 월세는 3분의 1로 뚝 떨어진다. 그런 정도의 거리에서 매일 출퇴근하는 사람만 44만 명이 넘는데 왜 의회의원이라고 그 대열에 끼면 안 되느냐는 비판이다.

또 보통 영국인이 법정 최저임금인 시간당 6.31파운드(1만727원)를 받고 주당 40시간 일하면 연봉으로 겨우 1만3124파운드밖에 못 번다. 런던 최저 생계임금인 시간당 8.80파운드를 받는다 해도 연봉이 1만8300파운드밖에 안 된다. 런던 내에는 70만 명이 이런 최저 생계임금도 못 받는다. 시몬드 의원의 세비 12만 파운드는 영국 전체 평균 연봉(2만6017파운드)이나 런던 평균 연봉(3만5238파운드)의 몇 배가 넘는데도 불구하고 못 살겠다고 하는 건 사실 납득하기 어렵다. 의원이 되기 전 영국 최고 부동산 개발회사 CEO였던 시몬드 의원으로서는 영국 의회의원 생활이 아무리 국가를 위한 사명감 넘치는 봉사직이라고 하지만 이 정도 돈을 받고 런던에서 생활하기는 어려웠나 보다. 그의 사임 의사가 말이 되든 안 되든 그의 행동은 런던의 살인적인 물가에 대한 문제를 다시 한 번 환기시킨 소동이었다.

런던에 근무하거나 근무하러 오는 영국 공무원들은 지방의 같은 직종, 직급이 받는 월급에 '런던수당London Weighing, London Supplement'이라는 것을 더 얹어 받는다. 지방으로 가면 런던수당을 받을 수 없어 월급이 깎이지만 영국의 공무원은 런던 근무를 그다지 반기지 않는다. 그만큼 런던 물가가 다른 지역에 비해 비싸고 여러 가지 여건이 나쁘다는 뜻이다. 런던 시내는 물론 런던 근교의 집값도 지방에 비하면 2, 3배 높다. 영국 정부 각 기관들이 대의회 기능이나 외교 부문을 빼놓고는 일반적인 행정 처리 기능은 거의 지방에 분산해놓은 이유도 이 때문이다. 런던수당은 1920년부터 이미 시작된 제도로 직종에 따라 3000파운드에서 7000파운드 정도를 주는데도 불구하고 런던이 대도시로 존재하기 위해 반드시 필요한 교사, 소방대원을 비롯한 재난구호요원, 병원종사자, 경찰, 교통요원 등의 '키 워커key worker'들을 구하기 상당히 어려운 실정이다.

세계에서 물가가 가장 비싼 도시

뿐만 아니다. 각종 통계에 의하면 런던은 세계에서 물가가 가장 비싼 도시, 혹은 주거환경이 나쁜 도시라고 악평이 나있다. 잠깐 다녀가는 관광객도 런던의 교통비(지하철로 단 한 정거장을 가더라도 현금가로 6800원), 관광지 입장료(런던탑 입장료가 4만2875원), 식사비(두 사람이 간단한 음료를 곁들여 식사하면 7만 원), 택시비(기본요금이 9800원으로 10분 정도 거리를 타고 가면 2만 원이 훨씬 넘으며 야간에는 거의 2배), 담뱃값(한 갑에 1만7000원), 호텔비(아무리 싸구려 호텔이라도 10만 원 이하는 없고 5성급 호텔은 하룻밤에 100만 원 정도) 때문에 사람이 살 수 없는 비싼 도시라는 인식을 갖고 돌아가게 마련이다. 런던으로 근무하러 오는 외국 회사 주재원들을 위해 세계 각 도시의 생활 여건을 조사한 외국 언론이나 기관들의 자료를 봐도 런던이 세계에서 가장 물가가 비싼 도시라는 인식에는 변함이 없다. 그런 자료에는 런던의 주택 임대료를 비롯해 사업을 하기 위해 지출해야 하는 사무실 임대료, 인건비, 호텔비, 택시비 같은 항목이 세계 최고라고 돼 있다.

런던으로 공부하러 오는 학생들도 물가에 혀를 내두른다. 영국은 전세 개념이 없고 모두 월세이다. 런던, 특히 시내 한복판의 아파트 월세는 23~26제곱미터 정도의 스튜디오 원룸이 거의 2000파운드(340만 원)를 넘나든다. 런던대학교에 다니는 대다수 학생들은 2학년이면 기숙사를 나와야 하

세계적 도시 런던은 엄청난 물가로 악명이 높다.

는데 아무리 허름한 방 하나를 얻으려 해도 한 달에 1000파운드(170만 원)는 줘야 한다. 사실 대학교들의 런던 시내 기숙사비도 만만치 않다. 한 달에 거의 150만 원에 가깝다. 그러다 보니 궁여지책으로 방 하나에 2명이 산다든지, 런던 변두리 혹은 교외로 주거를 옮겨 통학하는 사태가 벌어진다. 그런데 교통비도 학생들의 주머니로는 만만치 않다. 런던 시내에서 기차로 40분 거리에 있는 한인타운 뉴몰든까지의 1년 기차비가 1844파운드(322만7000원)이니 말이다. 그래서 런던대학교는 웹사이트를 통해 입학생들에게 외국인 학생 학비(1만5000파운드, 2625만 원) 말고 1년에 최소한 학비와 동일한 금액의 생활비를 준비하라고 충고한다. 결국 외국인 학생은 1년 학비와 생활비로 5000만 원이 넘는 돈을 지불해야 한다. 영국 학생은 이 금액에 반 정도가 든다고 보면 된다.

런던이 이렇게 외국인들이 살기 어려운 도시라는 악명을 얻게 된 이유는 주택임대료가 가장 큰 부분을 차지한다. 주택임대료가 비싼 이유는 최근 수십 년간 엄청나게 오른 부동산 가격 때문이다. 유럽 어느 대도시에서도 유례를 찾아볼 수 없을 정도로 런던만 부동산 가격이 어마어마하게 올랐다. 중심가의 부동산은 거의 상상을 초월하는 금액이다. 비현실적이라는 표현을 떠나 초현실적이라는 말이 더 적합할 정도이다.

집값은 그야말로 초현실적

2014년 5월 영국 역사상 최고가의 아파트 거래가 이루어졌다. 런던의 가장 중심부인 나이스브리지Knightsbridge의 최고급 맨션인 '원하이드파크'의 1487제곱미터 크기의 펜트하우스가 무려 1억4000만 파운드(2450억 원)에 팔렸다. 펜트하우스 D라고 불리는 이 아파트는 벽과 바닥, 천장밖에 없고 중간

벽조차도 없는 사각형의 텅 빈 공간일 뿐이었다. 그래서 구입자가 벽을 치고 방도 만들고 하는 내부 공사비로 612억 원을 들였다고 한다. 게다가 부동산 등기를 위한 인지세로도 367억 원이 들었다고 한다. 결국 부동산 구입·수리비로 3430억 원, 즉 아파트 3.3제곱미터당 7억6222만 원이 든 셈이다. 아무리 런던 최고의 경치라는 하이드파크를 한쪽에 두고 다른 한쪽에는 세계 최고의 고급 백화점 해롯을 비롯한 명품가가 보이는 위치라고는 하지만 이런 가격은 도저히 보통 사고방식으로는 설명이 안 된다. 그런데도 아파트가 팔렸다. 근처의 나머지 3채도 비슷한 가격으로 팔렸다. 올해 영국에서 10번째로 부자인 웨스트민스터 공작 소유의 런던 중심가 주택 하나가 2억4000만 파운드(4080억 원)에 팔린 일도 있다. 큰 건물도 아니고 런던 중심가에 위치한 5층짜리 저택이 이런 가격에 팔렸다.

이렇게 런던 중심가의 부동산 가격은 정말 초현실적이다. 런던의 부동산 가격은 30년간 거의 매년 상승해왔다. 그중에도 2007년부터 7년간이 가장 빠르게 급등했다. 거의 모든 부동산 전문가가 이제 거품이 붕괴될 시기가 왔다고는 하지만 전혀 그럴 것 같지 않다는 견해도 많다. 런던 부동산 불침론의 제일 큰 이유는 외국인 부호들의 선호 현상 때문이다. 정치적으로 안정되어 있고 외국인의 부동산 소유 규제가 전혀 없을 뿐 아니라 치안이나 안전, 자녀교육 환경까지 최고 수준이다 보니 불이 더 붙으면 붙었지 꺼질 이유는 없다는 말이다. 그래서 원하이드파크 펜트하우스 D동의 소유주는 정치적으로 불안한 우크라이나인이다. 이런 초현실적인 가격의 부동산은 차치하고라도 런던 시내에는 아무리 가격이 낮은 주택이라도 100만 파운드(17억 원) 이하 금액은 찾아보기 힘들다.

그런데 사실 런던을 중심으로 살아가는 810만 명의 '런던대도시권Greater London Area' 주민에게는 이런 외국인들의 불평이나 악평이 피부에 와닿지 않는다. 천정부지의 런던 시내 부동산 가격이나 눈이 돌아가는 런던 시내 물가는 전부 남의 이야기이기 때문이다. 이상하게 들릴지 모르지만 사실이다. 런던에서 일하는 대다수 런더너들은 런던에 살지 않는다. 그들은 대개 출퇴근에 한 시간쯤 걸리는 교외에 산다. 그들은 월급의 몇 배인 월세를 내지도 않고, 잘못 타면 일당이 날아가는 택시 이용도 거의 하지 않는다. 촛불 켜놓고 식사하는 데 일주일치 식품비를 쓰지도 않는다. 런던은 그들에게 직장이 있는 곳일 뿐이지 생활의 근거지가 아니다. 아침에 출근해 사무실에서 일하고 점심에는 자신이 싸온 샌드위치를 들고 인근 공원 잔디에 앉아 먹거나 펍에서 파는 3~4파운드짜리 점심으로 간단하게 때운다. 자신의 집이 있는 런던 근교 마을을 중심으로 쇼핑하고 식사하고 살아간다.

런던의 백화점과 상점은 외국인이나 관광객으로 북적대고, 런던 식당엔 런더너들이 없다. 런던은 이제 오로지 외국인들의 것이라고 런더너들은 얘기한다. 런던 시내 부동산의 과반수가 외국인 소유가 된 지도 상당히 오래전이다. 외국인들이 하도 런던 시내 부동산을 투자 목적 혹은 제2, 3의 주택으로 사놓고 거주를 하지 않아 런던시가 거주하지 않는 주택에 대한 세금 empty property tax 부과를 계획할 정도이다.

살인 물가 속 런더너가 사는 법

잠깐 다녀가는 외국인이 잘 몰라서 그렇지 사실 런더너들은 런더너들 대로 다 살아가는 방법이 있다. 한마디로 사람 사는 곳은 어디나 다 마찬가지라는 말이다. 런더너들은 비싼 런던 상점에서 물건을 안 사더라도 어디를 가면 같은 물건을 싸게 살 수 있는지를 잘 안다. 믿지 않을지 몰라도 런더너들에게는 런던 물가가 세계 다른 대도시보다 특별히 더 비싸게 와닿지도 않는다. 얼마 전《가디언 The Guardian》이 세계 각 대도시의 주요 생필품 물가를 비교한 적이 있다. 도시별로 품목에 따라 엄청 차이가 났는데 흥미로운 점은 각 품목의 가격 전체를 합한 결과 크게 차이가 나지 않더라는 것이다. 결국 한 두 가지만 비교하면 엄청나게 비싸 보여도 다른 것은 상대적으로 싸서 모든 것을 하나로 합하면 크게 다르지 않다는 말이다. 예를 들면 영국의 소비자 제품 물가는 유럽에서도 가장 싼 축에 든다. 한국과 비교해도 육류, 채소, 과일, 유제품 같은 기본 식품비는 의류나 구두 같은 물건들과 함께 상당히 저렴하다. 런던 물가가 비싸다는 사람들에게 근교 상점이나 슈퍼마켓을 보여주면 생각을 바꾼다.

런던을 폄하하는 어떤 시도에도 불구하고 런던이 분명 매력적인 도시인 것만은 누구도 부정할 수 없다. 런던이 그렇게 나쁜 도시라면 1년에 런던 시민의 거의 2배 가까운 1500만 명의 외국인이 방문할 리가 없지 않은가? 런던

빅토리아알버트박물관의 내부 전경. 이를 비롯해 영국의 수많은 박물관과 미술관의 입장이 무료이다.

에 살고 싶어하는 사람들은 또 얼마나 많은가? 그 이유는 개인에 따라 다르긴 하겠지만 런던이 가지는 대도시의 세련됨과 화려함, 다문화적인 매력, 모험적인 요소, 사업과 취업 기회, 색다른 삶의 기회, 문화적 이유, 역사적인 매력이 아닐까.

그럼에도 런던을 사랑해야 할 이유

런던은 우선 영국의 다른 도시 어디에서나 존재하는 경제적 궁핍함이 보이지 않는 도시다. 세계 다른 나라 대도시 어디에서나 볼 수 있는 빈민가가 없다. 런던에는 옛날부터 한 지역에서 각기 다른 계급과 경제력을 가진 사람들이 어울려서 살아가도록 크고 작은 집들을 섞어서 건설했다. 그래서 런던에는 수백억 원짜리 집 바로 건너편에 4~5억 원짜리 일반 아파트들이 있고 그 옆에 무주택자 서민들에게 시에서 제공하는 임대주택이 있다. 밥 한 끼에 40~50만 원 하는 식당 옆에 한 끼에 5000원짜리 음식을 파는 허름한 식당도 장사를 잘하고 있다. 엄청난 부의 차이가 있어도 잘 어울려 산다. 영국인은 계급에 따라 영어 발음도 다르고 다른 단어를 쓰고 옷도 다르게 입는다. 식품도 계급에 따라 다른 상점에서 사지만 아무런 문제없이 어우러져 잘 살아간다. 그것이 런던의 매력이다.

또 런던은 다양하다. 2011년 인구조사로는 런던 대도시권에는 817만4100명이 산다. 그중 44.9퍼센트만이 백인이다. 37퍼센트가 영국 밖에서 태어났고 그중 24.5퍼센트는 유럽 밖에서 태어났다. 1만 명 이상의 인구를 가진 소수민족 공동체가 런던에 50개가 넘는다. 거기에는 뉴몰든의 한인촌도 들어간다. 이렇게 다양한 인종이 섞여서 살아가고 있기에 런던은 다양하다. 그래서 런던에서는 어떤 종류의 음식도 찾을 수 있다. 비록 영국 요리가 아주 '한

심해도' 이런 이유 때문에 런던이 살 만하고, 런던을 요리 백화점이라고 하는가 보다.

런던 물가가 비싸다 해서 굳이 런던을 피할 이유는 없다. 런던의 살인적인 물가를 잊게 하는 다양한 무료 시설이 있기 때문이다. 굳이 런던까지 와서 피곤한 발을 쉬려고 비싼 커피숍에 들어앉아 있을 일이 없다. 겨울을 제외한 계절에는 주위의 수두룩한 공원에 앉아 런던의 쾌적한 날씨를 즐기면 된다. 비 오고 우중충하고 어두운 겨울, 도저히 공원에서 쉬기 힘들면 무료 박물관, 미술관 들을 가면 된다. 대영박물관, 국립미술관, 자연사박물관, 과학박물관, 빅토리아알버트박물관 같은 크고 유명한 박물관 말고도 테이트브리턴, 테이트모던, 국립초상화 박물관을 비롯한 많은 박물관과 미술관이 무료다. 이런 곳처럼 잘 안 알려졌으나 알찬 수집품으로 눈이 휘둥그레지는 월리스컬렉션, 제국전쟁 박물관, 첼시군대박물관 같은 곳도 수없이 많다. 이런 곳만 다녀도 일주일은 바쁘다. 입이 딱 벌어지는 입장료 때문에 영국인들도 잘 안 가는 런던탑을 굳이 간 뒤 런던을 비싼 도시라고 악평할 일이 아니다.

이렇게 두 손으로도 다 꼽지 못할 정도로 많은 박물관과 미술관을 무료로 개방하는 나라는 과문해서 그런지 몰라도 영국 말고는 본 적이 없다. 이것만으로도 런던의 물가를 용서해줄 만하지 않은가.

런던 물가를 용서해주어야 할 또 다른 이유는 공연예술에서 찾아볼 수 있다. 런던에는 세계적 수준의 교향악단이 여럿 있다. 세계 대도시들은 대개 교향악단을 보유하고 있으나, 런던처럼 이름만 들어도 명성이 짐작 가는 교향악단 6개를 가지고 있는 도시는 없다. 로열심포니오케스트라를 비롯해 로열필하모니, 런던심포니, 런던필하모니, 필하모니아, BBC심포니가 그것이다. 게다가 내셔널심포니 같은 소형 교향악단과 각 지역구에서 결성된 교향악단까지 치면 런던은 교향악단의 중심이다.

심지어는 런던게이심포니오케스트라까지 있다. 여기다가 로열오페라와 잉글리시내셔널오페라를 비롯해 로열발레, 잉글리시내셔널발레까지 치면 런던의 밤을 집에서 죽치고 보낼 이유가 없다. 입장료도 다양해서 값이 비싸서 공연을 못 본다는 소리는 할 수가 없다.

또 연극과 뮤지컬 공연을 그냥 지나칠 수 없다. 한때 이런 대중 공연물의 주 무대가 뉴욕 브로드웨이였지만 이제는 런던 웨스트엔드가 그 역할을 뺏어온 지 오래다. 거의 모든 유명 뮤지컬이 런던에서 시작되어 세계로 뻗어나간다. 〈캣츠〉, 〈오페라의 유령〉, 〈맘마미아〉, 〈지저스 크라이스트 수퍼스타〉, 〈돈 크라이 포 미 아르헨티나〉, 〈에비타〉가 그런 것들이다. 모두 영국의 천재 작곡가 앤드루 로이드 웨버와 영국 제작자 캐머런 매킨토시의 작품이다. 〈미스 사이공〉, 〈맘마미아〉까지 합치면 가히 영국 뮤지컬 말고 어느 나라 작품이 있느냐고 할 정도이다. 이런 작품들을 한국에서 공연 볼 때 내는 티켓 값의 4분의 1, 5분의 1 수준으로 볼 수 있다.

어떤 블로그에서 본 '런던을 사랑해야 할 이유 100가지' 중 인상적이었던 몇 가지를 소개한다.

런던 시내 곳곳에는 다람쥐가 뛰어다니는 공원들이 수도 없다.
늦은 밤 런던 길거리에서는 여우가 사람을 놀라게 한다.
런던에는 4500개의 펍이 있다.
런던은 터너상같이 기괴망측한 작품을 선정해 상을 주는 도시다.
세계적 밴드라면 런던에서 반드시 공연을 한다.
런던의 비는 절대 오래 내리지 않는다.
영화에서나 보던 할리우드 유명 배우들 모두 런던 극장에서 한번은 연기 실력 테스트를 하고 싶어한다. 이런 극장 표 2장 값은 런던 식당의 저녁 값보다 싸다.

세상의 모든 사람이 런던에 평생 한 번은 오니 당신이 굳이 그들을 만나러 가지 않아도 된다.

당신이 어딘가에서 대단히 이상한 사람이라고 취급을 받았어도 런던에서는 당신보다 훨씬 더 이상한 사람을 반드시 만날 수 있음을 보증한다.

2000년도 넘은 왕위제도가 존재해 런던에 가면 여왕을 만날 수 있다.

살인적 물가에도 불구하고 런던을 사랑해야 할 이유를 더 이상 들 필요가 있는가? 런던은 영국이라는 섬 위에 떠 있는 또 하나의 섬이다. 이렇게 런던은 더 이상 영국에 속해 있지 않고 또 영국인이 소유하고 있지 않다. 그래서 런던은 이제 당신의 것이다.

> 🔍 **Keyword 6 : 왕실 외교**   Search

영국인들은 타고난 장사꾼이자 실용주의자들이다. 영국 정부는 왕실과 전통 의식을 최대한 이용해 해외 국빈이 방문할 때 행사의 격을 높이고 그에 따른 실속을 챙긴다.

여왕의 특별한 초대는
실속 있는 장사

영국인은 정말 타고난 장사꾼이다. 평범한 물건도 보다 더 품격 있고 고상하게 포장하는 데는 천재들이기 때문이다. 2013년 11월 박근혜 대통령의 영국 국빈방문state visit을 보고 다시 한 번 이 점을 느꼈다.

다른 나라들도 물론 국빈방문이라는 초청 형식이 공식방문official visit, 실무방문working visit과 함께 있다. 그러나 세계 어느 나라의 국빈방문도 영국 국빈방문만큼 그럴듯하지는 않다.

여왕의 존재만으로도 충분하다

영국의 국빈방문 초청자는 엘리자베스 여왕이고, 공식방문이나 실무방문의 초청자는 총리이다. 대개의 나라들은 국빈방문과 공식방문의 초청자가 같다. 미국이나 프랑스같이 대통령이 초청 형식만 바꾸어 초청할 뿐이다. 격을 한 급 높인다고 크게 생색이 나질 않는다. 하지만 영국 국빈방문은 매력적이다. 총리보다 한 수 더 높은 듯한 여왕이 초청을 하니 더 권위 있어 보이는 것이다.

게다가 엘리자베스 여왕은 보통 여왕이 아니다. 엘리자베스 여왕이 영연방 15개국의 공식적 수장이라든지, 영국인의 80퍼센트 이상이 아직도 왕위 제도를 지지한다는 사실 때문만은 아니다. 예컨대 1999년 엘리자베스 여왕이 다녀가고 나서 안동 하회마을이 갑자기 격상된 것 같은 느낌을 받는 것을 부정할 수 없지 않은가?

또한 영국 국빈방문에는 공식방문이나 다른 나라 국빈방문과는 다른 영국만의 특별한 의식이나 절차가 따른다. 여왕이 초청자가 되다 보니 숙소도 여왕의 왕궁인 런던 시내의 버킹엄 궁, 런던 근교 윈저 궁, 에든버러의 홀리루드 궁 중 하나에서 묵게 된다. 자연스럽게 거의 모든 일정이 숙소인 여왕의 관저 중 하나에서 시작되고 끝난다. 박 대통령의 국빈방문의 숙소는 버킹엄 궁이었다.

국빈방문은 손님을 영접하는 영국 측 인사도 주로 왕족이다. 2013년 11월 5일 아침 박 대통령을 힐튼호텔에서 처음으로 맞은 영국 측 인사는 여왕의 둘째 아들 요크 공작 앤드루 왕자였다. 앤드루 왕자는 여왕이 박 대통령을 공식적으로 처음 영접하는 버킹엄 궁 앞, 정부기관이 운집한 호스가즈 광장까지 동반했다. 여기서 여왕 부부가 박 대통령과 한 마차에 동승하고 숙소인 버킹엄 궁으로 갔다. 국빈방문에서만 누릴 수 있는 특혜다. 마차로 10분 거리인 약 1.4킬로미터의 말Mall 가 양측에는 양국 국기가 걸린다. 2004년 노무현 당시 대통령이 한국 대통령으로서는 영국을 첫 국빈방문 했을 때 말 가에 걸린 태극기를 보고 영국 교민 모두가 상당히 감격했다. 말 가는 버킹엄 궁 앞 광장과 함께 영국 왕실과 관련된 모든 축제의 중심지로 아스팔트 색깔이 귀한 손님을 맞는 카펫을 상징하듯 붉은 것이 특징이다.

박근혜 대통령이 영국을 방문한 둘째 날인 2013년 11월 6일 아침 한국전쟁 기념탑 시공식에는 왕세손 윌리엄이 박 대통령을 동반했다. 이 임무가 윌리엄 왕세손으로서는 여왕을 대신하는 첫 공식행사여서 윌리엄 개인은 물론 영국민들에게도 의미가 깊었다. 미래의 왕으로서의 준비를 처음 하는 셈이었다.

한편 항공 여행이 일반화되기 전 영국 왕은 영국을 방문하는 외국 왕을 런던의 제일 중심인 트라팔가 광장 바로 앞의 차링크로스 역에서 맞았다. 배를 타고 도버로 들어와서 마차로 오든 기차로 오든 일단 이 역에서 맞았다. 영국의 인기 추리작가 애거사 크리스티의 소설《오리엔트 특급 살인 사건》

영국은 왕실을 통해 격식과 실속 있는 외교를 펼친다.

에 등장하는 초호화판 열차 '오리엔트 익스프레스'도 여기서 출발해 이스탄불까지 갔다. 국빈방문의 의식이 시작되면서 런던 동쪽의 런던타워와 그린파크에서는 예포 41발이 발사되었다. 그날 저녁 버킹엄 궁에서 정식 만찬이 베풀어졌다. 빅토리아시대 이전에는 이 만찬에 런던에 주재하는 각국 대사를 비롯한 외빈들이 대거 초대되어 성대한 환영연이 펼쳐졌으나 이제는 그런 대형 파티는 극히 드물다. 왕족들과 영국 정부 관료, 정치인과 방문국의 일행들로 이루어질 뿐이다.

1년에 2번뿐인 초대

영국의 국빈방문은 전·후반기에 각각 한 번씩, 1년에 2번뿐이다. 일단 국빈방문 대상자가 정해지면 그 기간 동안에는 어느 누가 와도 그다음 격인 공식방문으로 밀린다. 2004년 12월 초 노무현 당시 대통령의 국빈방문 때문에 2주 전에 이뤄진 프랑스 자크 시라크 대통령의 방영은 결국 공식방문으로 낙찰되고 말았다. 영국이 한국에 약속하고 난 뒤 프랑스가 추진해서 그랬다는 말이 있었지만 개인 일정도 1년 훨씬 전에 계획하는 유럽인들이 일을 그렇게 어설프게 처리했을 리 없다. 더군다나 의전에 목숨을 거는 외교관들이 말이다. 결국 영국이 자신들의 국익을 계산해서 프랑스 대통령보다는 한국 대통령에게 첫 국빈방문의 기회를 준 것이다.

1년에 2번만 국빈방문을 허용하겠다는 영국의 관례는 사실 전 세계 어디에도 없다. 영국 정부는 2번을 자신들의 국익을 기준으로 저울질해서 최대한 써먹는다. 그 2번 중 1번의 기회를 너희들에게 주었다는 식으로 하면 분명 시혜 같은 생색의 효과가 나게 마련이다. 미국도 영국 국빈방문은 조지 부시 43대 대통령과 버락 오바마 44대 대통령이 한 차례씩 국빈으로 다녀갔다. 영국과 미국의 특수하고 각별한 사이를 생각하면 조금 놀라운 일이다. 그런데 우리나라 역시 2004년 노무현 대통령과 2013년 박근혜 대통령, 2번의 국빈방문 역사가 있다. 어떤 기준으로 영국 왕실이 국빈방문 국가를 선정하는지는 알려진 바가 없으나 조금 자랑스러워해도 될 법하다.

국빈방문을 다시 한 번 정리해보면, 초청자가 여왕이 되고 여왕이 호스가즈에서 직접 영접해서 숙소까지 황금마차로 에스코트하고, 이때 런던 그린파크와 런던 타워에서 예포가 발사된다. 보통의 예포는 하이드파크와 런던 타워에서 발사되는데 국빈방문은 하이드파크 대신 그린파크에서 발사된다. 그린파크가 버킹엄 궁에서 더 가깝기 때문이다. 숙소는 여왕의 관저 중 하나이고, 버킹엄 궁 앞 말 가에 두 나라의 국기가 걸리고 버킹엄 궁에서 정식 만찬이 열린다. 공식방문도 여왕을 어떤 형식으로든 만나게 되고 버킹엄 궁에서 정식 만찬까지 거창하게 베풀어질 수도 있다. 그러니 앞에 든 서너 가지만 국빈방문의 특혜다. 그런데도 불구하고 영국 주재 각국 외교관들은 자신의 국가수반의 영국 국빈방문을 성사시키고 싶어 안달을 한다. 결국 영국은 다른 나라들이 못 가진 왕실과 그에 따른 의식을 최대한 이용해 국빈방문 효과를 극대화하는 것이다.

기억에 남는 왕실 프리미엄

연전에 나도 영국 상무장관 초청 만찬에 초대받아 간 적이 있다. 만찬이라고 해봐야 참석자는 초청 측 4명을 포함해 모두 6명이었다. 식사는 특이할 것 없는 간단한 채소수프와 아이스크림 정도의 전식·후식을 포함한 스테이크 요리 3코스였다. 요리 솜씨도 동네 고급 프랑스 식당보다도 못하면 못했지 결코 낫지 않았다. 그런데 융숭한 대접을 받았다는 느낌이 들었던 이유는 만찬 장소 때문이었다. 만찬은 버킹엄 궁 바로 앞의 말 가에 위치한 300년도 넘은 건물에서 열렸다. 그곳은 평소에는 감히 접근도 불가능한 버킹엄 궁이 지근에 있는 고색창연한 건물이다.

여왕이 사는 버킹엄 궁과 찰스 왕세자가 사는 센트 제임스 궁 사이에 위치한 그곳은, 상무장관을 비롯해 영국 정부 고위 관리들이 귀빈을 접대할 때 쓰는 일종의 영빈관 같은 공간이다. 정문에는 매일 아침 버킹엄 궁 앞에서 교대식을 해서 관광객들에게 인기를 끄는 금단추를 단 붉은 정복에 북극곰 털모자를 쓴 여왕 근위병이 경비하는 특별한 건물이었다. 사실 이것만으로도 인상이 깊을 수밖에 없었다. 런던 시내에서 근위병이 경비를 서는 건물은 버킹엄 궁, 센트 제임스 궁 그리고 옛날에 정부청사가 있던 화이트 홀과 이 건물이 전부다. 근위병이 경비를 선다는 말은 건물 자체가 버킹엄 궁에 소속되어 있다는 뜻이다.

건물의 외관도 훌륭하지만 내부는 더욱 볼 만하다. 빅토리아식 높은 천장에 화려한 실내 장식과 벽에 걸린 오래된 유화 그림들, 골동품 가구들로 즐비한 실내는 궁궐 한 부분에 들어와 있음을 실감하게 했다. 거의 165제곱미터는 됨 직한 방 한가운데서 달랑 6명이 조각이 현란한 다리의 큰 식탁을 차지하고 화려한 왕실 문장이 박힌 본차이나 그릇에 놓인 요리를 은 포크, 은 나이프로 먹으면서 들기도 무거운 크리스털 잔에 든 포도주를 마시다 보니 솔직히 말해 대단히 융숭한 대접을 받는다는 느낌을 받을 수밖에 없었다.

바로 이것이 영국인들이 손님을 접대하는 방식이다. 실제 대접은 아주 현실적으로 하면서 대단한 것 같은 느낌을 받게 하는 일 말이다. 곰곰 생각해 보면 이 모든 것이 세계 어느 나라도 가지지 못한 특별한 권위에서 오는 프리미엄 때문이다.

영국 여왕이 요즘 주는 작위도 마찬가지이다. 원래 작위는 왕실이나 영국의 국익을 위해 일한 공이 많을 때 주었다. 요즘은 각종 봉사단체에서 영국 사회를 위해 자선이나 봉사를 해도 작위를 준다. 그런데 각종 작위는 종류가 워낙 다양해 다 세기도 힘들다. 전통적인 '공작, 후작, 백작, 자작, 남작'의 5품계 말고도 수많은 종류의 작위가 있다. 같은 '경Sir' 칭호라도 윈스턴 처칠 총리가 받은 경과 비틀즈의 폴 매카트니가 받은 경 칭호는 물론 엄청난 차이가 있다. 품계야 어찌 되었건 사람들은 작위 자체를 대단한 명예로 안다.

사실 이런 작위는 명예 외에는 다른 특혜나 시혜가 전혀 없다. 옛날처럼 작위와 함께 봉토가 내려지고 은전이 베풀어지지는 않으니 순수 명예 작위이다. 영국은 이런 명예 작위 하나로 사람들을 무한 감동시키고 단숨에 왕실을 비롯해 영국의 수호자로 만들어버린다. 특히 외국인 입장에서 영국 여왕으로부터 어떤 행태로든 작위를 받으면 자신이 대단한 귀족이 된 듯한 느낌을 받는다. 그리고 영국 사회는 반드시 이름 뒤에 그런 칭호를 붙여준다. 그렇다 보니 외국인들도 사실 자신도 모르게 '윈스턴 처칠 경'이라느니 '폴 매카트니 경'이라고 부른다. 이렇게 해서 영국은 돈 한 푼 안 들이고 생색을 내고 자신들의 실속은 한없이 차리는 것이다.

만들어낸 권위는 인정받지 못한다

전두환 전 대통령의 1986년 4월 영국 방문을 시작으로 역대 한국 대통령은 임기 중 반드시 영국을 방문했다. 이에 얽힌 영국 교민 사이에 전설처럼 회자되는 수많은 일화가 있다.

전두환 전 대통령의 영국 방문은 임기를 2년도 채 남겨놓지 않은 말기에 이루어졌다. 전 전 대통령의 영국 방문은 국가수반의 3대 방문 형식 중 어느 것에도 해당되지 않았다. 국빈방문은 물론 공식·실무방문도 아니었다. 일설에 의하면 본인이 퇴임 전에 유럽을 꼭 가보고 싶다고 해서 청와대가 부랴

부랴 추진한 일이라고 한다. 영국 정부는 "바로 한 달 뒤인 5월에 마거릿 대처 총리가 한국을 공식 방문하는데 왜 굳이 한국 대통령이 영국에 오길 원하느냐"라고 의아해했다고 한다. 그래서 결국 양국 외교진이 궁여지책으로 짜낸 것이 '런던 시장 초청'이었다. 일국의 대통령이 시장 초청으로 외국을 방문한다는 것도 말이 안 되었지만 '런던 시장 초청'이라는 말마저도 사실은 호도糊塗된 명칭이었다. 당시 런던에는 런던 전체를 아우르는 선출된 시장이 없었다. 대처 총리가, 런던의 각 구청이 자의적으로 모여서 만든 법에 없던 런던시의회라는 임의 조직을 해산한 뒤였기 때문이다.

런던 동부지역에는 로마 점령시대부터 발전한 런던의 시발점이자 영국 금융가가 위치한 시티City라 불리는 2.6제곱킬로미터의 자치 지역이 있다. 상인조합Guild이 왕에게 전비戰費를 만들어주고 자치를 산 지역이다. 이곳은 그 이후 상인조합이 직할하는 지역이 되어 상인 조합장들이 매년 돌아가면서 시장을 해왔다. 지금은 역사적인 자리를 유지한다는 상징적인 존재의 명예

여왕의 왕궁인 버킹엄 궁. 국빈방문자들의 숙소로 사용되곤 한다.

직에 불과하다. 이를 당시 한국 언론은 '런던 시장'이라고 부른 것이다. 사실 따지고 보면 상인조합장 초청이었던 셈이다. 설마 당시 순방을 추진했던 한국 외교관들이 몰랐을 리 없지만 전두환 전 대통령이나 측근들은 일국의 대통령이 일개 상인조합장 초청으로 영국을 방문했다는 사실을 알았을 것 같지는 않다. 영국은 실익을 위해 원칙을 잘 비틀기도 하지만 이렇게 쉽게 풀 수 있는 문제도 원칙에 어긋나면 한 치도 양보하지 않는다. 사실 당시 대처 총리가 사무방문 정도로 해줄 수도 있었는데 전두환 전 대통령을 보는 영국의 시각으로 인해 모욕에 가까운 대접을 한 셈이다.

그래도 최소한의 예의는 갖추긴 했지만 이도 꼴이 말이 아니었다. 전 전 대통령 부부는 엘리자베스 여왕 부부와 4명만 버킹엄 궁도 아닌 윈저 궁에서, 만찬도 아닌 점심만 간단히 하고 갔다. 그래서 당시 교민들은 "전 대통령이 윈저에서 라면 먹고 갔다"라고 비아냥거리기도 했다.

한편 한국 대통령이 해외순방 시 늘 대동하는 검식관의 존재도 영국 여기저기에서 숱한 일화를 낳았다. 영국을 방문한 한국 대통령의 검식관 이야기는 제프리 로빈슨이 쓴 《더 호텔The Hotel》이라는 책에도 나온다. 1995년 영국을 공식방문한 김영삼 전 대통령의 경우 다른 말 필요 없이 '더 호텔' 혹은 '버킹엄 궁 별관Annexe to Buckingham Palace'이라는 별명을 가진 200년 역사의 런던 클라리지 호텔에 수행원들과 묵었다. 클라리지는 로널드 레이건 미국 대통령부터 클린트 이스트우드 같은 유명인사들도 묵고 간 호텔이다. 제프리 로빈슨은 김 전 대통령의 숙박이 가장 충격적이었던지 자신의 책 9장 15쪽을 김 대통령과 수행원들과 관련된 이야기로 메웠다. 책에는 김영삼 전 대통령의 대형 수행단 이야기도 나온다. 영국 정부가 부담하는 공식 수행원용 16개 방 예약 이외에 한국 측은 세계에서 가장 숙박비가 비싼 런던의 최고급 호텔에 83개의 방을 더 예약해서 수행원들을 묵게 했다. 한 방에 2명씩 지내도록 더블 침대를 모두 트윈으로 바꿔주고 침대 사이를 넓게 벌려 달라는 요구까지 했다고 한다. 그래서 "김 대통령 말기에 IMF 외환위기가 괜히 온 것이 아니다"라는 빈정거림이 뉴몰던 한인촌에 돌기도 했다. 권위주의 정권 시절 모 대통령 경호원들을 비롯한 공식 수행원들이 버버리코트 수백 벌을 구입한 일은 지금도 한인 가이드들 사이에 전설로 남아 있다. 영국 교민들은 대통령 방문 때만 되면 이런 옛날 얘기들을 하면서 실소를 금치 못하곤 한다.

문화예술에 깃든
가장 영국적인 것

> 🔍 **Keyword 7 : 펭귄북**   Search

1935년 첫 출간된 영국의 대표적인 문고본. 이를 계기로 상류층의 전유물이던 책을 누구나 읽을 수 있게 되면서 보통 사람들의 삶에 큰 영향을 미쳤고, 이는 '혁명'에도 비유된다.

영국인의 삶에 혁명을 일으킨 아주 작은 책

　책과 출판사가 정말 재미있는 이야깃거리가 될 수 있다는 것을 영국 출판사 펭귄북Penguin Books은 보여준다. 붉은색에 가까운 오렌지색 바탕에 세로로 선 타원형 원 안에 하얀 배를 쑥 내밀고 서 있는 귀여운 까만 펭귄은 세계인이 다 알아본다. 바로 이 로고를 회사 상징으로 쓰는 펭귄북이 2015년 창립 80주년을 맞았다. 펭귄북이 영국에서 갖는 위상은 이 한마디로 정리된다. "영국 날씨가 영국인을 만들었다면 펭귄북은 영국인의 머리를 채웠다."

　1935년 창립 이후 지난 80년간 영국인 중 펭귄북을 1권이라도 안 산 사람이나 안 읽은 사람이 있다면 정말 놀라울 일이다. 펭귄출판사 말로는 영국에서 책 32권이 팔리면 그중 하나가 펭귄클래식이라고 한다. 게다가 고전문학으로 가면 비율은 확연하게 커진다. 영국 학생은 학교에서 영어를 배울 때, 특히 고전을 배울 때는 '반드시'라고 해야 할 만큼 펭귄클래식으로 공부한다. 일반 출판사들은 인기가 없는 고전을 출판하지 않는다. 그러나 펭귄북은 존재하는 거의 모든 고전을 절판하지 않고 발행한다. 그래서 펭귄클래식은 세계적으로도 매일 2만 권이 팔린다. 정말 대단하지 않은가? 그만큼 고전문학에 대한 펭귄클래식의 영향력은 크다.

세상을 뒤집은 보급판 문고의 탄생

어떻게 한 출판사가 영국인의 머리를 채웠다는 평을 들을 수 있었을까. 한마디로 말하면 펭귄북은 '보급판 문고paperback'를 만들어 사업도 성공했을 뿐 아니라 영국인의 삶에도 큰 영향을 끼쳤다. 펭귄북이 창립된 1935년 무렵 영국에서는 좋은 책을 읽으려면 돈이 아주 많든지 아니면 도서관 출입증이 있어야 했다. 그만큼 책값이 비쌌다. 당시는 모든 책이 양장본hardcover이어서 사기가 상당히 부담스러웠다. 도서관 출입증도 아무나 가질 수 없었다. 일종의 컨트리클럽 회원증을 받듯 신청한 뒤 한참을 기다려서 면접한 뒤에야 얻을 수 있었다. 면접까지 가기도 엄청 어려웠을 뿐 아니라 도서관 분위기를 해치지 않을 정도의 인격을 갖추고 있다는 것을 증명해야 했다. 이런 여러 제약으로 그 지방에서 존경받을 만한 신분이 되어야 출입증이 주어졌다. 영국박물관에 있는 영국국립도서관 열람실 벽에 붙은 과거 출입증 소지자 명단을 보면 모두가 당대 상류층이거나 최고의 명사, 지식인이었다. 소위 말해 일반인에게 책은 그림의 떡이었다.

당시 책은 사치품까지는 아니더라도 일종의 호사품이었다. 많이 인쇄하지 않아 기본 가격도 비쌌지만 거의 양장본으로 장정해서 더 고가였다. 지금도 영국 책 양장본은 고가(4~5만 원)이다. 사정이 이렇다 보니 책을 구하면 돌려서 읽고 빌려서 읽었다. 당시 한 집에서 가지고 있는 책이 평균 10권 이

하였다는 통계도 있다. 그래서 일반인이 책을 읽는다는 것은 특별한 일에 속했다. 물론 저렴한 책들이 있긴 했지만 내용은 물론 장정, 활자, 인쇄마저도 형편없었다.

이런 영국을 펭귄북이 바꾸어놓았다. 누구나 책을 부담 없이 사서 볼 수 있게 만들었다. 가히 혁명 같은 일을 펭귄북이 해낸 것이다. 펭귄북은 '보들리 해낸 해드'라는 출판사의 이사였던 알렌 레인이 영국 데본 지방에 살던 추리소설의 대가 애거사 크리스티를 만나고 돌아오는 길에 탄생했다. 알렌이 엑시터 역에서 기차를 타고 가며 읽을 책을 사려 했는데 잡지와 빅토리아 시대 때 소설 재판(再版)밖에 없었다. 그때 '쓸 만한 소설을 일반인이 손쉽게 살 수 있는 가격으로 출판하면 되겠다'라는 생각이 번갯불처럼 스쳐 갔다. 세상을 뒤집은 보급판 문고의 아이디어가 여기서 나왔다.

알렌은 보급판 문고를 전통 서점만이 아니라 기차역이나 동네 구멍가게 혹은 울워스 같은 대형 연쇄점에서 판다는 계획도 세웠다. 그렇게 펭귄북이 탄생했고 지난 80년간 펭귄북은 영국 출판업계뿐만 아니라 전 세계 도서출판에 새 세상을 열었다.

영국인의 삶을 바꾼 펭귄북

여러 가지가 펭귄북의 성공 요인으로 작용했다. 펭귄북의 상징인 '펭귄' 로고 채택에서부터 책 표지 디자인, 책 판매 방식, 도서 선정까지 모든 것이 기여했다. 특히 알렌은 회사 상징을 뭘로 할까 상당히 고민했다고 한다. '위엄이 있으나 동시에 경쾌해야 한다'라는 원칙을 세우고 거기에 맞는 로고 상징을 찾다가 자신의 건너편에 있던 여비서가 펭귄을 제시해 로고로 결정했다고 한다.

펭귄북을 상징하는 로고.

알렌은 전통 서점뿐 아니라 기차역 대합실 편의점, 신문가판대에서도 책을 판매하도록 했다. 알렌은 런던의 가장 번잡한 차링크로스 역에까지 책 판매 기계를 설치했다. 사람들은 이를 '펭귄큐베이터Penguincubator'라고 불렀다. 따지고 보면 전자책과 인터넷 판매를 빼면 현대의 책 판매 방식은 여기서 크게 더 나가지도 않았다.

당시 유럽, 특히 독일에서는 이미 보급판이 유행이었다. 그런데 알렌은 책 표지를 글자로만 장식하고 크기도 양복 상의 양옆 주머니에 들어갈 수 있게 했다. 남자 상의 양옆 주머니 크기는 세계적으로 통일되어 있어 어디서나 통하는 마케팅 전략이었다. 책의 가로세로 비율도 황금비율로 맞추었다. 동시에 책의 갈래를 색깔로 표시해서 독자가 선택하기 쉽게 만들었다. 오렌지색은 소설, 푸른색은 전기, 초록색은 범죄물 같은 식이다. 첫 시리즈로는 어니스트 헤밍웨이, 앙드레 모로아, 애거사 크리스티의 소설이 나왔다.

보급판 가격을 당시 담배 한 갑인 6펜스(현재 화폐 가치로 1파운드10펜스, 약 2만 원 수준. 현재 영국 담배는 정부 정책으로 제일 비싼 담배 한 갑이 무려 1만6000원이나 한다)로 맞춘 점도 성공의 이유였다. 첫 해에 무려 300만 권을 팔았다. 당시로는 전대미문의 사태였다. 이런 성공을 업고 비소설류 인문서를 펠리컨북스로, 아동 도서를 퍼핀시리즈로, 전통고전을 펭귄클래식(2015년 기준 2600종 출간)으로 출판했다. 펭귄셰익스피어시리즈도 내놓았다.

펠리컨북스를 비롯해 펭귄북 시리즈는 배움에 목말라 있던 영국인에게

'재가학교在家學校'역할을 했다. 제대로 된 공식교육을 받을 수 없었던 당대의 많은 사람들, 특히 독학자들은 인문 지식에 목말라 있었다. 그들에게 펠리컨북스는 교범과 같았다. 즉 1969년에 영국에서 시작된 '오픈 유니버시티 Open University'의 전형이었다. 실제로 펠리컨북스는 신생 정당이던 노동당이 다수당이던 보수와 자유당을 제치고 1945년 제대로 된 첫 단독정권을 잡는 데 아주 큰 기여를 했다는 평가를 받는다. 노동자의 눈을 열게 해주어 정치적인 목소리를 내는 노동운동을 시작하게 했다는 뜻이다. 영국인들은 펭귄북 시리즈가 1960~1970년대의 정치, 성性 같은 각 방면의 자유주의 물결의 물꼬를 텄다고까지 말한다. 극작가이자 당시 펭귄북의 편집자 중 한 명인 데이비드 톰슨은 "우리는 정말 우리가 신의 일을 하고 있다고 믿기도 했다. 온 나라를 교육해서 어쩌면 우리가 세상을 바꾸고 있다고 흥분하기도 했다"라고 말했다.

펠리컨북스라는 이름이 나온 연유는 런던 킹스크로스 역 가게에 서 있던 알렌이 "거기 있는 펠리칸 책 하나 주세요"라는 어떤 사람의 말을 듣고 작명했다고 알려져 있다. 펭귄을 잘못 발음한 데서 힌트를 얻은 것이다. 펠리컨북스는 향후 50년간 인문·과학·예술 등의 비소설 분야의 책 3000종을 발행했는데 이미 발행된 책의 보급판 문고였다. 이 책들은 멋지고 세련되게 디자인되었고 특히 바지 뒷주머니에 들어가는 크기와 두께였다. 이 시리즈는 권당 보통 5만 권을 발행했으며 총 2억5000만 권이 팔렸다. 동서양을 막론하고 요즘 인문책들은 초판 2000권 이상을 찍지 않는 데 비하면 정말 엄청난 숫자다. 펠리컨북스는 대중적으로 팔리지 않을 것이라는 예상을 뒤엎고 계속해서 사랑받았다. 가장 전설적인 예로 회자되는 것이 《히타이트 1952년 연구서》다. 이는 고대 아나톨리아 사람들의 역사에 관한 책이었는데, 전문서적이었음에도 불구하고 오랫동안 팔렸다.

당시 영국의 분위기는 흡사 200년 전 유럽을 휩쓸었던 계몽주의 시대 같았다. 모든 국민이 배움에 목말라 있었다. 그런 대중의 욕구를 펭귄북이 시의적절하게 맞추어준 것이다. 앨런이 내세운 '싸고 좋은 책good books cheap' 전술은 상업적 선견지명이 있었을 뿐만 아니라 민주적이기도 했다는 평가까지 듣는다. 지식이 특권계급의 전유물이 아닐 때 민주주의가 비로소 개화한다는 의미에서다. 펭귄북은 세상을 바꾸는 일이 굳이 혁명이나 정치 혹은 사회운동을 통해서만 이루어지는 것이 아님을 보여줬다.

어떻게 한 개인의 영감inspiration(영국인들이 정말 좋아하는 단어 중 하나다)이 이렇게 수많은 사람의 삶에 큰 영향을 줄 수 있는가? 참 놀랍고 감동적이기까지 하다. 심지어 '영국을 영원히 바꾼 요인이 BBC, 복지국가, 그래머스쿨(사립학교 수준의 공립학교), 그리고 펠리컨북스'라는 유행가 가사도 있다. 앨런은 사업을 통해 돈도 벌고 사회도 개혁시킨, 그야말로 '도랑 치고 가재 잡고'의 표본을 보여주었다.

펭귄북의 역사상 가장 큰 성공은 1960년 금서로 분류되어 있던 D. H. 로렌스의 소설《채털리 부인의 연인》의 무삭제 출판이다. 당시에는 출판물 풍속단속법이 엄연히 살아 있어서 출판을 잘못하면 제재를 당한다는 사실을 앨런은 분명 알고 있었다. 그런데도 출판을 강행했다. 법정까지 가겠다는 승부수를 띄웠다. 물론 출판 전에 저명한 변호사들과 상의하고 여론주도층인 정치인, 지식인을 비롯해 언론인에게 표현의 자유를 위한 투쟁을 사전 통보하고 협조를 부탁하는 주도면밀한 작전을 폈다. 결국 법정까지 가서 승소한다. 이 사건은 영국 출판 자유의 분수령 같은 재판으로 유명하다. 그런데 이 모험으로 펭귄북은 더할 수 없는 상을 받게 된다. 이 책은 6개월 사이 200만 권이 팔린다. 펭귄북의 그 전년도 매출의 3분의 2를 이 책이 올렸다. 당시 이 소설책은 350만 권이 팔린다. 펭귄북은 그다음 해 회사를 주식 시장에 상장하는데 주식을 사겠다는 사람들의 주문량이 상장주식보다 150배 많았다.

담배 한 갑, 커피 한 잔 가격으로 얻은 지식

펭귄북은 2012년 '펭귄 쇼트 프로그램'이라는 디지털 출판 프로젝트를 시도한 적이 있다. 비록 성공하지는 못했지만 이 도전으로 미래 출판의 방향을 열었다는 평을 받았다. 당시 펭귄북은 전자책을 출판했는데 아주 짧은 내용으로 가격은 1.99파운드였다. 디지털 시대에 맞는 새로운 형태의 문고판으로 일종의 싱글 레코드 같은 것이라 할 수 있다. 짧고 독특한 에세이나 시사적인 논평 그리고 단편소설이 이런 디지털 문고판 포맷으로 시도되었다. 그전까지는 책으로는 발행될 수 없었던 내용들이었다.

보통 시사적인 문제에 대한 책은 도저히 독자들의 관심이 지속되는 시간 내에 출판을 할 수가 없다는 게 상식이다. 예를 들면 프랑스 풍자지 《샤를리 에브도Charlie Hebdo》 테러 사건이 일어나 저자에게 이에 대해 집필을 의뢰한다면 몇 달이 걸린다. 편집해서 출판하기까지는 빨라도 5~6개월, 보통은 1년이 걸린다. 그때는 이미 독자들의 관심이 최근에 일어난 다른 사건으로 넘어간 뒤다. TV, 인터넷 매체 심지어는 신문이나 잡지와도 책은 경쟁이 안 된다. 이러한 난관을 타개하기 위해 시작한 것이 펭귄북의 '쇼트 프로그램'이었다. 당시 랜덤하우스 출판사도 '스토리 커트StoryCut', 판 맥밀란 출판사도 '쇼트 리드Short Read'라는 비슷한 프로젝트를 내놓았다. 이들은 대개 30쪽 이하의 팸플릿 수준의 디지털 출간물로, 내용도 짧고 형식도 거의 정해져 있으며 편집도 디지털 방식이어서 원고가 들어오면 1~2주 만에 디지털 책이 나온다. 이런 디지털 문고판의 가격은 50펜스부터 2파운드39펜스까지 다양했다.

이에 대해 펭귄북은 "이런 시도가 궁여지책으로 나온 것이 아니라 펭귄의 원래 철학과 그대로 맞아떨어진다"라고 말했다. 창업자 알렌이 살아 있었다면 먼저 서둘러서 시도했을 것이라고 했다. 그러면서 '좋은 내용의 책을 싼 가격에 모두가 쉽게 접할 수 있는 방법으로'라는 게 알렌의 철학이라고 강조했다.

그런데 2년 전에 태동했던 문고판 전자책이 2015년 다른 형태로 등장했다. 종이책으로 돌아온 것이다. 펭귄북은 창업 80주년을 맞아 작고 가벼운 사이즈의 문고판 80권을 만들어 2014년 2월부터 80펜스에 판매했다. 다만 유감스럽게도 페이지 수는 80쪽이 아니고 64쪽이었다. 비록 64쪽이지만 축약판이 아니다. 이름하여 '리틀블랙클래식Little Black Classic' 시리즈다. 또 다른 형태의 문고판이자 음악계의 싱글 같은 종이책이다. '펭귄 쇼트 프로그램'이 책으로 부활한 셈이다. 제인 오스틴의《아름다운 카산드라》, 찰스 디킨스의《그레이트 윙글버리의 결투》, 존 키츠의《성 아그네스의 저녁》, 일본의 13세기 시인 겐코의《벚꽃나무 밑에서 청주 한 잔》등을 포함해 80권이 출간되었다. 그중에는 모차르트가 아버지에게 쓴 서간문 모음《사랑하는 아버지에게》도 들어 있다. 페르시아·러시아·그리스·중국·아라비아 작품들도 포함되어 있다. 독자가 그동안 접해보지 못한 내용들을 모아서 작게 출판한 것이

펭귄북 창업 80주년을 맞아 출간된 리틀블랙클래식 시리즈.

다. 표지는 펭귄북의 고전 시리즈를 상징하는 검은색이다. 이를 일러 한 기자는 "모든 여인의 로망인 몸에 딱 맞는 검은색 드레스를 본뜬 것이다"라는 평까지 했다.

담배 한 갑 가격이면 리틀블랙클래식 시리즈 10권을 살 수 있다. 책 1권이 64쪽이니 10권이면 640쪽짜리 책을 사는 셈이다. 문고판으로서는 사실 그렇게 싼 것은 아니지만 기존에 시도해보지 않은 판형이라 기대가 컸다. 더욱이 지금까지는 책의 형식으로 출판할 수 없었던 내용들을 모았기에 의미가 있다는 평가다.

리틀블랙클래식 덕분에 단편집 속에 숨어 있던 단편 하나(찰스 디킨스의 첫 책이자 단편집인《보즈의 스케치》에 들어 있던〈그레이트 윙글버리의 결투〉), 단독 책 발간이 불가능했을 분량(모차르트의《사랑하는 아버지에게》), 영국 독자가 이런 책이 아니면 도저히 접해보지 못할 내용(겐코의《벚꽃나무 밑에서 청주 한 잔》)을 책으로 만날 수 있다. 저녁에 퇴근하고 들어가다가 사서 읽다 보면 집에 도착할 때쯤 다 읽고 가족들에게 건넬 수 있는 분량이고 가격이다. 영국 커피 한 잔은 3~4파운드이니 커피 한 잔 값에도 못 미친다. 주요 일간신문 값보다도 더 싸다. 책의 패스트푸드화라 할 만하다.

펭귄북에 대한 영국인들의 유별난 사랑

펭귄북의 80주년이 특별한 의미를 갖는 것은 아니다. 그보다 훨씬 역사가 오래된 출판사도 많다. 그런데도 펭귄북 80주년이 각광을 받는 이유는 그만큼 영국인이 펭귄북을 사랑해서다. 펭귄북의 주인이 영국인이 아니라 독일 회사가 되어버리긴 했지만 그래도 영국인에게 펭귄북은 영원한 영국 책이다. 그래서 펭귄에 관한 기사도 많이 나온다. 최근에는 펭귄북, 특히 펭귄클래식 책 표지를 활용한 다양한 상품이 나오는 것을 두고 '펭귄을 너무 착취하는 것 아니냐'는 시비성 기사까지 나왔다.

영국인에게 펭귄클래식 표지는 정말 사랑받는 대상이다. 옛날 초등학교 교과서 표지가 불러일으키는 향수와 같다고 하면 이해가 될지 모르겠다. 그래서 펭귄클래식 표지로 만든 상품을 본 전통주의자들은 펭귄클래식을 격하시킨다고 난리다. 그러나 가만히 보면 펭귄클래식 표지를 활용한 상품들은 모두 펭귄클래식의 용도와 매우 잘 맞는 것들이다. 손가방, 머그잔, 티 타월, 선탠용 접이 의자다. 뭔가 감이 잡히는가. 이는 모두 펭귄클래식을 읽을 때 필요한 물건들이다. 영국인이 가장 행복하다고 느끼는 시간에 필요한 물건들이라 할 수 있다. 일요일 오후 부엌에는 할머니와 며느리가 늦은 점심을 준비하고 아들은 응접실에서 한숨과 환호를 번갈아 내쉬며 축구를 보고 있다. 손자손녀들이 고함을 지르며 뛰어 노는 정원 한 귀퉁이에서 할아버지는 밀짚모자에 선글라스를 쓰고 휴대용 의자에 거의 눕다시피 한 채 선탠하면서 펭귄클래식을 읽는다. 물론 그 옆 탁자의 티 타월 위에는 머그잔에 잉글리시티 한 잔이 들어 있다. 기가 막힌 조화다. 더 이상 펭귄클래식과의 어떤 조화를 만들어낼 건가?

전기 작가들은 펭귄북의 창시자인 알렌에 대해 '보기보다는 지적이지 못하다'고 썼다. 하지만 책 편집자도 아니고 출판인이 반드시 지식인이어야 할 이유는 없다. 선견지명이 있고 승부사 기질을 가진 장사꾼이면 되는 것 아닌가. 80주년 기념으로 출판된 리틀블랙클래식 시리즈를 보면서도 마찬가지 생각이 들었다. 펭귄은 먼지 묻은 재산을 털어 포장만 달리 해서 새로운 형태의 책을 내놓았다. 원가도 별로 안 들여 수익도 창출하고 독자들에게 자신의 존재도 알리니 일거양득이다. 더군다나 이 시리즈는 이미 저자 판권이 아주 오래전에 없어져 원고료나 판권료를 줄 필요가 없다. 후배들도 창업자의 정신과 수완을 잘 물려받은 셈이다. 새로운 형태의 이 책을 정말 '블랙 리틀

드레스' 말고는 표현할 방법이 없다. '블랙 드레스'라는 표현을 만들어낸 기자는 기사 마지막에 이렇게 썼다. '매끈하고sleek, 세련되고chic, 멋지고classy, 본질적이고essentially, 아름답고beautifully, 겸손하게understatedly 섹시하다.'

🔍 **Keyword 8 : 이코노미스트**　　　　　　　　　Search

1843년 창간된 영국의 대표적 경제주간지. 종이 매체들이 고전을 면치 못하는 최근에도 성장세여서 주목받고 있다.

디지털 시대에도 질주하는 종이 잡지

영국 런던 버킹엄 궁이 있는 세인트 제임스 지역에는 주변과 전혀 어울리지 않는 건물이 하나 있다. 젠틀맨 클럽이 즐비하고 고가의 그림을 파는 화랑과 고급 식당 사이로 높이 솟은 현대식 건물이다. 이 건물 뒤로는 세계에서 몇 개 안 되는 남성용품만 파는 거리인 제르민 스트리트가 있고, 남성용품의 최고봉 던힐 본점이 있다. 차茶와 왕궁 식품 납품 백화점으로 유명한 포트넘 앤 메이슨 백화점도 주변에 있다. 고색창연한 거리에 생뚱맞게 위치한 이 현대식 건물이 '영국의 유력 경제주간지'라는 접두사가 붙는 시사주간지 《이코노미스트The Economist》 사옥이다.

1843년 9월 2일 창간해 창간 170주년을 넘긴 《이코노미스트》는 세계 잡지계의 불가사의로 불린다. 세계의 종이매체들이 시대 변화에 적응하지 못해 빈사상태에 빠진 상황에서 《이코노미스트》만 30년째 독자 수가 늘고 있는 기현상을 보이고 있어서이다. 세계 잡지 업계가 《이코노미스트》를 배우자'는 말을 한 지도 10년이 더 됐다. 그런데 아직도 그런 얘기가 나오는 것을 보면 《이코노미스트》가 대단하긴 한가 보다.

무인도에서도 세계를 꿰뚫게 하는 주간지

《이코노미스트》는 2013년 전 세계에서 디지털 독자 10만을 포함해서 매주 154만9161부를 판매했다. 2012년에 비해 5.81퍼센트 성장한 수치다. 특히 판매의 80퍼센트가 외국에서 이루어졌다. 국가별로 보면 미국 54퍼센트, 영국을 제외한 유럽 19퍼센트, 기타 200여 개국에서 13퍼센트, 그리고 영국 14퍼센트다. 특히 홈그라운드인 영국 내의 판매 신장이 눈에 띈다. 영국에서 《이코노미스트》는 2011년 하반기 처음으로 판매부수 20만 부를 넘겼다. 이는 전년도 하반기에 비해 11퍼센트 성장한 수치다. 이후 영국 내 판매부수는 계속 증가하고 있다. 2014년에는 전반기 6개월 동안 시사 잡지 중 가장 발행 부수가 많았다. 인쇄 부수만 20만1950부였고, 디지털로도 2만1780부가 팔려, 총 22만 3730부가 발행되었다. 2014년 하반기에 비해서 1.2퍼센트가 상승했다. 종이 잡지는 전년보다 3.5퍼센트 떨어졌으나 디지털은 무려 147퍼센트가 늘었다. 종이 잡지가 감소한 숫자보다 디지털의 증가세가 더 높았다.

이런 성장을 바탕으로 이코노미스트 그룹은 2013년 3억4500만 파운드 매출에 6800만 파운드의 이익을 내서 잡지 업계의 선망과 질시의 대상이 됐다. 사람들은 《이코노미스트》를 잡지계의 '애플Apple'이라고 부른다. 애플처럼 시대 변화에 맞춰 계속 새롭게 변신하고 있다는 뜻이기도 하고, 애플처럼 '컬트cult'라고 불리는 광신의 추종자들이 있다는 의미이기도 하다. 《이코노미스트》 신도들은 자신들의 《이코노미스트》 숭배를 이렇게 표현한다.

《이코노미스트》를 읽고 있으면 스마트해 보인다.
《이코노미스트》는 가지고만 있어도 스마트해 보인다.
《이코노미스트》를 읽으면 내가 스마트해지는 것 같다.
《이코노미스트》를 읽으면 정말 스마트해진다.

이들은 "《이코노미스트》를 읽는 일은 특별난 것"이라고 말한다. 《타임 TIME》이나 《뉴스위크 Newsweek》는 오늘도 수천만 명이 마시고 있는 스타벅스 커피지만, 《이코노미스트》는 루왁 커피라는 말이다. 이런 말도 있다. "출장 가는 길에 공항에서 읽을거리를 단 1권만 산다면 그건 반드시 《이코노미스트》여야 한다." "무인도에서 단 1권을 투하받는다면 단연코 《이코노미스트》여야 한다." 무인도에서도 《이코노미스트》만 읽으면 세계가 어떻게 돌아가는지 알 수 있다는 뜻이다. 《이코노미스트》를 말하는 가장 유명한 말 중에 또 하나는 "《이코노미스트》는 눈앞의 미래를 보여주지는 않지만 미래를 볼 수 있는 눈을 밝게 해준다"이다.

롱런의 비결

과연 《이코노미스트》가 어떤 잡지길래 170년 넘게 살아남았을 뿐만 아니라 계속해서 성장할까. 더군다나 《이코노미스트》에는 사진도 하나 없이 글만 가득 차 있으며 기사들도 소위 말하는 '하드 뉴스 hard news'밖에 없는데도 말이다. 이러한 성공의 비결에 대해 《이코노미스트》는 이렇게 말한다. "《이코노미스트》의 성공 요인은 우리 《이코노미스트》의 DNA 속에 이미 들어 있다. 1843년 우리의 첫 기사는 브라질에 관한 내용이었다. 누구도 브라질에 관심이 없을 때였다. 이렇게 《이코노미스트》는 정치, 경제, 혁신, 기술, 과학, 사회

풍조가 어우러져 돌아가는 세상일을 다루면서 그들을 서로 상호 연결해왔다. 그러는 중에 세계는 《이코노미스트》가 예측한 방향으로 바뀌었다. 그래서 우리를 영향력이 있다고 하는 것이다."

《이코노미스트》의 힘은 결국 이 잡지를 읽고 있는 '특별한' 독자에게서 나온다. 물론 그들이 내는 구독료도 중요하지만 그들이 입고 먹고 자는 모든 것이 광고주들에게는 관심 사항이기도 하다. 또 이들이 가진 사회 각 부문에 대한 영향력이 엄청나다는 것이다. 《이코노미스트》의 '특별한' 독자들은 과연 누구인가? 정기 구독자 87퍼센트가 수입이 17만8000달러를 넘고, 평균 재산이 168만8000달러이다. 독자의 25퍼센트는 회사 대표, 부장을 포함한 간부급까지 합하면 전체 독자의 46퍼센트가 리더들이다. 최고의 엘리트 독자를 가지고 있다는 말이다.

이것은 우연이 아니다. 《이코노미스트》의 마케팅 전략의 결과다. 《이코노

런던 세인트 제임스에 자리한 이코노미스트 사옥.

미스트》는 자신들의 독자, 즉 고위 정치인, 고위 기업인, 금융 고위층은 외롭다고 주장한다. 그들은 누군가에게 충고를 받기가 어려운데 그들이 비밀스럽게 도움을 받는 게 바로《이코노미스트》라는 자랑이다. 그러면서 그 예로 빅토리아 여왕 시절 영국 외무장관 그렌빌 경을 든다. 그는 "나는 어떤 문제에 부딪혀 확신이 서지 않을 때는《이코노미스트》다음 호가 나올 때까지 기다린다"라고 했다. 미국 전 대통령 우드로 윌슨도《이코노미스트》의 애독자 겸 신봉자로 유명했다.

《이코노미스트》는 공격적으로 광고를 한다. '왜 당신은《이코노미스트》를 반드시 읽어야 하는가'라는 물음의 답으로 '나는《이코노미스트》를 읽지 않았다! 42세의 견습생'이라고 간단하게 정리한다.《이코노미스트》를 읽지 않아서 42세에 아직도 견습생 신세를 못 면하고 있다는 뜻이다. 광고 전문가들은 이 광고에 대해 "무엇을 함으로써 얻는 것이 있다는 것보다, 하지 않음으로써 잃는 것이 있다"라고 하면 사람들은 더 적극적으로 반응한다는 이론에 근거한 접근 방법이라고 얘기한다. 그래서《이코노미스트》독자가 되어야 할 사람인지 아닌지를 시험하는 질문까지 나왔다.

매일 일어나는 세상일에 대한 지식도 있고 또 비상한 관심을 가지고 있는가? 세상에서 일어나는 일에 대해 좀 더 알고자 하는 것이 가치가 있다고 생각하는가? 지식에 대한 갈증을 느끼는가? 이 3가지의 질문 중 2개 이상 "네"라고 대답했다면《이코노미스트》를 구독해야 한다는 것이다. 한 걸음 더 나아가《이코노미스트》는 "당신이《이코노미스트》를 읽을 시간이 없다고 한다면 그것은 사실이 아니다. 우리는 당신이 반드시 알아야 할 중요한 정보를 정리해서 한꺼번에 제공해준다. 물론 당신은《이코노미스트》에 나오는 모든 기사를 다 읽을 필요는 없다. 당신이 좋아하는 2, 3개만 읽어도 충분하기 때문"이라는 충고까지 한다.《이코노미스트》는 그런 기사들을 제공해주고 있다는 자부심이다.

독자를 분석적 비평가로 만드는 기사

 《이코노미스트》의 기사는 어떤 것인가. 《이코노미스트》는 워낙 유명한 제호 때문에 유리하기도 하고 아주 불리하기도 하다. 사람들은 보통 《이코노미스트》라는 단어 때문에 경제지라고 단정해버린다. 그런데 《이코노미스트》의 기사 중 경제, 비즈니스, 금융 기사는 생각보다 비중이 높지 않다. 차라리 정치, 사회 기사가 더 많은 비중을 차지한다. 동시에 과학, 기술, 책, 예술이 골고루 배치되어 있다. 그렇다면 '이런 비슷한 주제를 다루는 대형 시사잡지 《타임》과 《뉴스위크》는 왜 이런 성공을 거두지 못하고 있나'라는 의문이 든다. 그 이유에 대해 《이코노미스트》는 "품위와 수량은 동행할 수가 없다"라고 답변한다. 《타임》과 《뉴스위크》는 합쳐서 700만의 독자를 가지고 있는데 그들은 그 광범위한 독자 모두를 만족시키려고 '하드 뉴스'를 빼고 흥행 산업과 라이프 스타일 기사 같은 잡동사니를 넣다 보니 특성이 전혀 없는 비빔밥이 되었다는 말이다. 포기할 독자는 포기하고 특별한 독자들의 구미에 맞는 '그들이 버린 기사'를 다루다 보니 '그들이 버린 독자'들이 《이코노미스트》로 올 수밖에 없었다고 한다.

 《이코노미스트》는 자신들만의 기사를 아주 독특하게 다룬다. 전 편집장 루퍼트 페난트리는 위트 있게 《이코노미스트》의 역할을 집약해서 정의했다. "금요일의 뷰페이퍼(논평 없이 뉴스만 다루는 뉴스 페이퍼가 아니라 의견view을 말하는 뷰 페이퍼views paper라는 말)로서 평균 이상의 수입과 평균 이상의 마음과 평균 이하의 시간을 가진 독자들이 자신의 의견과 우리의 의견을 《이코노미스트》에서 비교·시험해볼 수 있다. 우리는 세계를 대상으로 세계에 관한 의견과 논쟁을 전해줌으로써 전문가들을 설득하고 아마추어를 독자로 삼는다."

 《이코노미스트》는 뉴스를 다루면서도 결코 단순 사실만 전하지 않고 대책까지 말해준다. 기존의 언론매체의 뉴스 기사는 일어난 사실들만 나열한다. 그래서《이코노미스트》는 "그런 언론의 독자는 정보에 밝은 사람일 뿐 자신의 의견을 가진 사람이 되지 않는다. 우리는 우리 독자가 그런 사람이 되기를 원하지 않는다"라고 말한다.

대다수 언론은 불편부당을 고급지의 금과옥조로 지향한다.《이코노미스트》는 그것을 과감하게 깼다.《이코노미스트》의 기사는 상황 설명이 길지 않고 변명도 없다. 바로 본론으로 들어가서 결론을 낸다. 그러다 보니 기사 길이도 짧다. '문제를 그냥 간단하게 묘사하는 데 그치지 않고 해결 방안을 제시하는 데 두려워하지 않는다'는 게《이코노미스트》의 말이다. 말랑한 인터뷰 기사도 없고 두루뭉술한 흥미 본위의 탐사 기사도 없다. 순수 하드 뉴스밖에는 없다.《이코노미스트》의 장점은 요컨대 이렇다. '독자들에게 보여줄 사건의 사실을 나열하고 확실한 향후 방향 혹은 대책 같은 결론까지 제시한다.'

그러나 이런 과정에서 기자가 자신이 내린 결론의 정당성을 더 높이기 위해 반드시 독자가 알아야 할 중요한 사실을 빠트린다거나 왜곡하면 독자들은 기자의 농간에 놀아나기가 쉽다. 그래도 걱정 없다.《이코노미스트》의 '특별한' 독자들은 지식과 경험이 많고 여행 경험도 풍부해 기자가 낸 결론을 무조건 따르지 않는다. 결국 독자는 '나는 이 결론에 동의하는가', '결론에 사용된 사실들, 그의 분석을 뒷받침하는가' 하는 물음을 가지게 된다.《이코노미스트》역시 독자로 하여금 자신이 전혀 몰랐던, 그냥 나열된 사실과 자료만을 읽고 '아! 나는 이런 것들을 알았다' 하는 지적 욕구의 만족에만 머물게 하지 않는다. 계속해서 기사를 분석하고 비판하도록 해 '생각하는 독자'를 키운다는 뜻이다. 그렇게 해야 바쁘고 중요한 일을 하는《이코노미스트》의 선별된 독자들이 미래를 보는 눈을 가지거나 제대로 판단할 힘을 얻기 때문이다. 이런 경험을《이코노미스트》를 통해 얻은 독자들은 더욱《이코노미스트》를 좋아하게 된다. 여기에 바로《이코노미스트》성공의 제일 중요한 비밀이 숨어 있다.

　이렇게 독자들이 자신의 기사를 계속 의심하고 분석한다는 사실을 기자가 알면 기사 작성에 더욱 신중해질 수밖에 없어 더 좋은 기사가 나온다. 기자들은 독자들 앞에 요리 재료를 나열해놓고 만드는 방법을 보여주면서 요리를 하고 맛까지 평한다. 그러면 독자는 그 기자의 요리 평에 전적으로 동의하지 않고 계속해서 논쟁하면서 나름대로 요리 실력을 키워가는 것이다. 이렇게 《이코노미스트》는 자신들의 독자를 그냥 수동적인 뉴스 소비자보다는 능동적인 분석가로 만든다. 공평무사를 사시로 삼는 언론보다는 확실하게 색깔을 드러내는 언론이 독자로부터 더 사랑받고 디지털 시대에도 살아남을 수 있다는 점을 《이코노미스트》는 보여준다. 이렇게 《이코노미스트》는 정예의 독자들에게 도움을 주고 사랑을 받는다.

　사실 《이코노미스트》의 성공은 충실하고 다양한 기사가 제일 큰 원인이지만 거기에는 '보이지 않는 광고'가 발휘하는 힘이 크다는 점도 무시해서는 안 된다. 세상에서 가장 강력한 광고는 '입소문 광고word of marketing'이다. 이렇게 《이코노미스트》를 좋아하고 사랑하는 독자들은 당연히 주위에 이 잡지를 권하기 마련이다. 그렇게 해서 이뤄진 《이코노미스트》의 강의실, 교실, 연구실로의 진출은 놀라울 정도이다. 심지어 세계의 여러 학교가 영어 교과서로 이제는 《타임》이나 《뉴스위크》를 버리고 《이코노미스트》를 사용한다. 《이코노미스트》는 학생들의 멘토인 교수나 교사, 그리고 부모들이 권하는 잡지이다. 새로운 지식을 찾고 새로운 세상을 찾아나서며, 새로운 생활과 습관을 만들어가는 학생들에게 어필하는 것은 무엇보다 중요하다. 그 일은 《이코노미스트》의 자체 노력으로 되는 것이 아니다. 기존 독자들에 의해 새 독자가 만들어지고 있는 것이다.

디지털 시대에도 여전히 성장 중

《이코노미스트》의 성공은 계속될 것이다. 왜냐하면《이코노미스트》는 '잡지계의 애플'답게 미래 대비를 잘해왔기 때문이다. 이런 준비는 실적으로 나타나고 있다. 지금까지 영국 주간 시사잡지 중 타의 추종을 불허할 정도로 오랫동안 수위를 지켜온 정치 가십잡지《프라이빗 아이Private Eye》는 평균 21만8000부로 항상 1등이었는데 2014년 들어《이코노미스트》에 2등으로 밀리고 말았다.《프라이빗 아이》는 2013년 전반기에 비해 부수가 2.6퍼센트 줄었고 전년도에 비해서는 2퍼센트 줄었다. 종이잡지 판매는《이코노미스트》도 줄었지만《이코노미스트》는 이를 상쇄하고도 남을 만큼의 디지털 독자가 늘어난 반면 온라인이 없는《프라이빗 아이》는 감소폭을 어디서도 보충할 수 없었다. 잡지 업계는 빠른 속도로 디지털로 이동하고 있는데《이코노미스트》는 일찍부터 이에 대비한 덕에 계속 성장을 하고 있다. 앞으로도 꾸준히 성장할 것으로 예상된다.

전《이코노미스트》CEO 앤드루 라시바스는 인터뷰에서《이코노미스트》의 디지털 분야 성공을 이렇게 설명했다. "온라인을 통해 독자들은 디지털 기사를 보기만 하는 것이 아니라 실제 종이보다 더 열중해서 읽는다는 아주 중요한 사실을 발견했다. 또한 그들은 단순히 읽고 마는 것이 아니라 실제 참여까지 한다. 독자들은 온라인상에서 만나, 나누고, 논의하고, 논쟁하기를 원한다. 종이 잡지에서는 도저히 일어날 수 없는 일이 이렇게 온라인 잡지에서 일어나고 있다. 우리는 종이에서 디지털로 아주 빠르게 옮겨 갈 것으로 예상했는데 실제로는 아주 다른 현상이 일어나고 있다. 종이에서 옮겨 가는 것이 아니라 종이에도 있고 온라인상에도 존재한다. 결국 플랫폼 하나에서 다른 하나로 완전히 옮겨 가는 것이 아니라 하나에서 여러 개의 플랫폼으로 옮겨간다는 점을 유의해야 한다.《이코노미스트》는 종이와 디지털을 동시에 원하는 독자에게는 구독료를 더 받는다. 신규 독자 중 반은 2가지를 다 원하고 돈을 더 낸다. 나머지 반에서 정확하게 반반으로 종이와 디지털을 원한다. 세상은 이렇게 종이와 디지털이 동시에 존재하는 환경으로 바뀌고 있다. 사실 이런 일은 우리에게도 상당히 큰 놀라움이었다. 디지털 환경에서 태어나 디지털 환경에서 자란 젊은 세대들도 종이 잡지는 매력적이고 특별하다고 느껴 종이 잡지를 선택하는 경향이 다시 살아나고 있다. 이런 자료를 보기 수년 전에 누군가 종이의 운명이 얼마나 남았을 것 같으냐고 물었다면 지금보다 아주 짧은 기간을 예상했을 것이다. 아직도 사람들은 종이의 필요성을 느끼고 즐기고 있는 것이 틀림없다."

그는 "그렇다면 모든 인쇄매체가 이미 디지털로 기운 상황에서《이코노미스트》만 특이한 존재라는 말인가"라는 질문에 "그건 아니다"라고 말한다. "시사뉴스 매체는 완전히 온라인이 대세가 되었다. 그러나 우리는 잡지《뉴요커The New Yorker》처럼 뭔가를 읽기 원하는 사람들을 독자로 두고 있다. 그러나 사진과 글을 같이 보는《보그Vogue》같은 호화 패션잡지가 어떻게 될지는 아직 확실치 않다. 우리 독자는 어떤 독자보다 지적 수준도 높고 여행도 많이 하고 경험도 많다. 독자들끼리뿐만 아니라 우리와도 소통하기를 원한다. 그런 독자들의 요구는 온라인에서만 가능하다. 우리는 디지털(아이패드·킨들·태블릿PC) 기기들이 나오기 전, PC를 통한 온라인만 있을 때 이미 준비를 시작했다." 라시바스는 온라인이 대세가 되었다는 말을 할 때 특별히《허핑턴포스트The Huffington Post》를 지칭하지는 않았으나 분명 마음속에 염두에 두고 대답했을 것 같다.

《이코노미스트》는 2013년 초 자신들을 광고할 홍보대행사를 'Atmosphere Proximity'로 바꾸었다. 무엇보다 이 회사가 디지털 전문회사라는 점을 높이 산 결정이다. 이로써《이코노미스트》는 디지털에 중점을 두겠다는 방향을 대내외에 공표한 셈이다.《이코노미스트》의 2014년 전 세계 판매 부수(매주

155만8119부) 중 종이 잡지는 145만5261부이고 디지털이 10만2858부이다. 미국에서만 보면 89만7849부 중 83만1978부가 종이, 6만5871부가 디지털이다. 《이코노미스트》는 동종의 어떤 다른 잡지보다도 디지털 쪽으로는 준비가 잘되어 있다. 방증은 많다. 매주 61만3967개의 기기에서 《이코노미스트》 앱을 통해 접속이 이루어지고, 트위터 280만, 페이스북 110만, 구글 서클 160만 등 도합 550만의 SNS 팔로어가 있다. 매달 320만 명이 《이코노미스트》의 웹사이트를 방문하는 것도 큰 힘이다. 뿐만 아니라 독자 편의를 위해 부단히 새로운 노력을 한다. 《이코노미스트》는 잡지를 MP3 형태로도 만든다. 잡지 전체 기사가 음성으로 나오기에 장거리 운전이나 요리, 운동을 하면서 듣기에 안성맞춤이다. 실제 많은 독자가 이 서비스를 이용하고 있다.

역대 편집장들로 살펴본 잡지 성향

역대 16명 편집장의 면면을 보면 《이코노미스트》의 성격을 잘 이해할 수 있다. 그들 모두 중산층 지식인이었다. 1대부터 3대까지 초창기 34년간의 편집장들은 특히 진보적 배경을 갖고 있었다. 초대 편집장이자 창업자인 제임스 윌스는 제모공으로 일하다 독학한 뒤 사업에 성공해 은행가가 된 자수성가형이다. 그는 영국 국교회가 아닌 퀘이커교도 집안 출신이다. 다음 편집장 리처드 허튼도 영국 국교회가 아닌 기독교 종파 중 하나인 유니테리언 목사의 아들이며 UCLUniversity College London을 나왔다. 창업자 윌스의 사위인 3대 편집장 월터 바주트도 허튼과 비슷한 출신이다. 중산층 은행가의 아들로 그 또한 UCL을 나왔다. UCL은 잉글랜드에서 옥스퍼드와 케임브리지가 거의 600년간 독점해온 대학교 교육을 제공하면서 두 대학교와는 달리 영국 최초로 무종교인들이 공부할 수 있게 개방한 대학교다. 거의 모두가 국교도인 영국 지배계급이 '신이 없는 대학교Godless University'라고 놀릴 만큼 획기적인 학교였다. 그래서 종교를 기본으로 한 옥스퍼드나 케임브리지와 달리 자유로운 사상을 추구하는 신지식 중산층이 주로 진학했다. 이런 이유로《이코노미스트》는 당시 사회 분위기보다 훨씬 진보적이었다.

이렇게 시작된 분위기는 지금도 면면히 이어지고 있다. 이후 편집장 9명이 옥스브리지Oxbridge(옥스퍼드와 케임브리지대학교를 함께 부르는 명칭) 출신이다. 특히 옥스퍼드 출신이 6명이다. 영국인들은 옥스퍼드의 교풍을 체제 순응형이라며 케임브리지의 체제 개혁형과 비교한다.《이코노미스트》의 편집장 중 옥스퍼드 출신이 많다고 체제 순응형 혹은 보수적이라고 말하기는 좀 어렵지만 영국인들은《이코노미스트》를 정치에서는 보수 쪽으로 기운다고 판단한다. 그러나 기타 사회적 쟁점에서는 시대에 맞게 진보적이라고 본다. 영국의 거의 모든 언론은 정치적 색깔을 창간 때부터 분명히 하고 계속해서 지켜나간다. 그것이 고정 독자를 잡아놓는 방법이다. 그런데《이코노미스트》는 특이하게 정치적 색깔이 뚜렷하지 않다.《이코노미스트》가 보수적이냐 진보적이냐에 대한 논쟁은 때에 따라 다르고 사안에 따라 다르고 또 비판하는 평자마다 다르다. 예를 들면《이코노미스트》는 2005년 선거에서는 노동당

유구한 역사를 보여주는《이코노미스트》표지.

을, 2010년에는 보수당을 지지했다. 《이코노미스트》의 지지 덕분은 물론 아니겠지만 우연찮게도 《이코노미스트》의 지지를 받은 두 당은 모두 해당 선거에서 이겨 집권을 했다. 이기는 쪽으로 줄을 잘 서든지, 혹은 독자들이 몰려가는 쪽으로 방향을 잡아 독자들의 구미와 맞추었을 수도 있다.

그래서 《이코노미스트》로서는 여론의 풍향을 잘 잡았다거나 승자 편에 서는 데 재빠르다는 평을 들어도 할 말이 없게 되었다. 이라크와 아프가니스탄 전쟁 때도 처음에는 영국과 미국의 개입을 지지하고는 나중에는 "시작부터 잘못된 전쟁이었다"라며 비난하기도 했다. 그런가 하면 일반 사안에서는 아주 진보적 성향을 보이기도 한다. 그들은 동성 결혼, 마약 합법화, 공공장소의 금연, 아동 체벌 중지, 자유이민, 외국노동자 환영, 부모의 교육 선택권 지지, 총기 규제, 앰네스티 운동 등을 강력하게 지지하고 있다. 그들은 자유경제와 시장경제를 믿고 자신들을 '극단적 중도extreme centre'라고 주장한다. 심지어는 '과격 중립The radical centre'이라고까지 중립성을 강변한다. 동시에 자신들은 '특권과 거만과 예단의 적'이라고 자부한다. 로널드 레이건과 마거릿 대처 같은 보수를 지지하기도 하고 베트남전을 지지하기도 했다. 동시에 해럴드 윌슨 영국 수상과 빌 클린턴을 지지하기도 했다. 진보적인 문제에 협조하기도 하고 아주 오래전부터 사형제도 반대, 수형제도 개혁과 탈식민지화를 주장해왔다.

이렇게 《이코노미스트》의 성향은 어떻게 보면 일관된 것 같지도 않고 모호하다. 그것이 이 잡지의 매력이긴 하다. 그 때문인지 이탈리아 전 총리 실비오 베를루스코니는 자신을 비판하는 《이코노미스트》를 가리켜 '이코뮤니스트(Economist와 Communist의 합성어)'라는 신조어를 만들었다. 《이코노미스트》의 좌파적 시각을 비난한 것이다. 카를 마르크스도 《이코노미스트》를 금융귀족들의 유럽판 기구라고 혹평한 바 있다. 하지만 마르크스도 자본론을 저술할 때 《이코노미스트》를 경제 관련 주요 자료원으로 이용했다.

《이코노미스트》의 대단한 영향력은 독자 편지란을 보면 알 수 있다. 세계 각지의 독자들이 기사에 대한 자신의 의견을 편지로 써서 보내면《이코노미스트》는 이를 게재한다. 2014년 10월 11일자의 독자 편지란에는 한국 기획재정부 대변인의 반박이 실렸다. '한국 기업들이 엄청난 사내 유보에도 불구하고 투자를 하지 않고, 가계 소득이 늘지 않고 있다'라는 기사에 대한 반박이었다.

이코노미스트 언론 그룹의 또 하나의 언론《파이낸셜 타임스Financial Times》가 2015년 7월 말 일본 닛케이 그룹으로 팔린다는 소식에 세계가 놀랐다.《이코노미스트》와 함께 세계 지식인과 부자 기업인 혹은 CEO의 상징이던 살구색 종이의《파이낸셜 타임스》까지 주인이 바뀔 정도로 세상이 달라지고 있다.《파이낸셜 타임스》는《타임스The Times》와 함께 영국의 자랑이자 자존심이었는데 말이다. 그래도 아직《이코노미스트》가 남아 영국인들의 자존심이 조금은 살아 있는 듯하다. 하지만 일간지에 비해 주간지인《이코노미스트》의 잔류는 상징적인 존재에 불과하다는 느낌이다.

> 🔍 **Keyword 9 : 왕립예술원**　　　　　　　　　　　Search
>
> 영국 시각예술의 발전을 위해 설립되었으며 저명한 예술가들이 운영하는 독립기관이다.

247년간 영국의 여름 문화생활을 책임진 전시회

　런던 중심가 피커딜리 벌링턴 하우스에서는 해마다 '영국 왕립예술원 여름 전시회Summer Exhibition of Royal Academy of Art'가 열린다. 이 전시회는 1768년 처음 열린 이후 중단된 적이 없는 대단한 기록을 갖고 있다. 런던에 독일군 공습이 자행되던 1·2차 세계대전 중에도 빠짐없이 개최되었다. 이 전시회는 로열 아스코트 경마 시합, 헨리 로열 레가타 보트 경주, 윔블던 테니스 대회와 함께 영국의 전통적인 여름 4대 행사로 꼽힌다. 247회째를 맞은 2015년에는 6월 8일부터 8월 16일까지 68일 동안 개최돼 무려 16만7000명이 다녀갔다. 대단한 성공이라는 평이다.

　왕립예술원 여름 전시회는 한국의 미술대전과 같은 것으로 보면 된다. 하나 다른 점이 있다면, 영국의 전시회는 한국처럼 전시품의 우위를 가려 순위를 매기고, 상을 주고, 추천 작가 등을 배출하기 위한 행사가 아니다. 영국 예술을 발달시키기 위한 목적에서 열린 전시회라고 하나 실상을 들여다보면 예술가들의 생계를 돕기 위해 시작되었다는 걸 알 수 있다. 누구나 작품을 출품할 수 있고 모든 출품작을 누구나 구매할 수 있으니 말이다.

10만 파운드 작품과 500파운드 작품이 어깨를 나란히 하다

이런 전시회는 대개 추천이나 초청에 의해 이루어지지만 영국의 여름 전시회는 모두에게 개방돼 있다. 예술원은 일반인의 출품작을 받아 이 중 일부를 선정해 전시한다. 올해에는 일반 출품작 1만2000점 중에서 1262점을 선정, 전시했다. 그래서 이 여름 전시회는 '세계에서 가장 큰, 누구나 출품할 수 있는 전시회world's largest open submission exhibition'라는 평을 받는다. 예술원 회원이 아니면 기존 중견 활동 작가들도 일반 아마추어 화가들과 똑같이 작품 선정 절차를 밟아야 한다. 예술원 회원은 6점까지 작품을 전시할 수 있다는 것이 유일한 특권이다. 한눈에 누구의 작품인지 알 정도로 화풍이 잘 알려진 유명 작가의 작품도 출품되지만 기본적으로 선정위원들은 작가가 누구인지를 알 수 없게 돼 있다. 그렇게 뽑힌 작품들이 3개의 메인홀을 비롯해 12개의 전시장에 전시된다. 유명·무명 작가들의 작품이 어깨를 맞대고 나란히 걸리는 것이다. 10만 파운드짜리 거장의 유화 옆에 500파운드짜리 판화가 걸리는 식이다. 가격도 로열 아카데미가 매기지 않고 출품 작가가 알아서 매긴다. 그야말로 민주적이고, 영국적이다. 무명작가가 한순간에 유명작가가 되는 일도 벌어진다.

상업적인 전문 화랑이 존재하지 않던 18세기 조지아 왕조 시절이나 19세기 빅토리아 시절, 이 전시회는 실력 있는 무명화가들의 유일한 등용문이었다. 초상화 실력이 영국 최고이며 풍경화가로 유명해진 토머스 게인즈버러도 유명인사나 화제의 인물 초상화를 주문 없이 그린 후 이 전시회에 출품하면서 주목을 받기 시작했다. 당시 미술계는 구매자 중심의 시장이어서 주문 없이 그림을 그리는 일이 드물었다. 특히 생존 인물 초상화의 경우는 아주 특이한 일이었다.

여름 전시회의 또 다른 특징은 일반적인 미술관이나 상업 갤러리처럼 그림들이 서로 거리를 두고 은은한 조명 밑에 우아하게 걸리지 않는다는 점이다. 조지아왕조시대나 빅토리아시대에는 그림들이 '바닥에서 천장까지 서로 다닥다닥 붙어pile-them-high, pack-them-tight' 있었다. 지금은 그 정도까지는 아니지만 그래도 복잡하게 전시되고 있다.

악동 예술가가 기획한 색다른 2015년 여름 전시회

이렇게 여름 전시회는 도저히 한자리에 어울릴 수 없는 작품들이 한꺼번에 모이는 축제다. 지명, 수준, 성향이 완전히 다른 그림들이 한자리에 모인다. 아마추어 화가에게 어느 날 자신의 작품이 유명화가 작품 바로 옆에 걸리는 일이 일어나는 현장이다. 당연히 그들의 흥분과 성취감은 이루 말할 수 없다. 이것이 여름 전시회의 매력이자 마력이다. 세계 어디에서고 이런 무질서하고 잡동사니 같은 전시회는 쉽게 볼 수 없다. 그래서 나온 장난기 섞이고 호의적인 표현이 '고급 폐품 상점high-end junk shop'이라는 말이다. 현존 영국 최고의 화가인 데이비드 호크니는 '잡동사니 세일jumble sale'이라고 평하기도 했다. 한 기자는 이런 말들을 인용해 올해 전시회를 '잡동사니 세일이긴 한데 색채의 열의와 열기가 있는 잡동사니 세일a jumble sale with pizzazz and a chromatic zing'이라고 했다.

2015년에는 특히 TV 연기자부터 유명 코미디언 등 다양한 아마추어 화가들의 작품이 선정되어 화제가 되었다. 왕립예술원 여름 전시회 중 가장 다채로운 전시회였다는 평가도 받았다. 여기에는 그럴 만한 이유가 있다. 전시회 수석 큐레이터가 영국 젊은 악동 예술가YBA: Young British Artist들의 배출처로 유명한 골드스미스 아트스쿨에서 학생들을 가르치던 마이클 크레이그-마틴이었기 때문이다. 골드스미스 아트스쿨에서 '세상을 뒤집은 괴물들을 키운 괴수'가 유서 깊은 여름 전시회를 주관하다니 세상이 변하기도 많이 변했다는 말도 나왔다. 하지만 예술원은 크레이그-마틴을 여름 전시회에 새 바람을 불러일으킬 적임자로 점찍었다.

그 기대에 어긋나지 않게 크레이그-마틴은 입구부터 전시회장을 지금까지와는 다르게 꾸몄다. 현대미술만을 전시하는 테이트 모던에 입장하는 느낌이 들도록. 그동안 비어 있던 정문 앞마당에는 콘라드 쇼크로스라는 최연소(38세) 예술원 회원이 제작한 〈얼룩진 태양광〉이라는 작품을 설치했다. 언론들의 표현에 의하면 '기하학적인 철제 구조물의 나무숲geometric steel

무지갯빛의 비닐테이프를 바닥에 길게 깐 짐 람비의 〈주보프〉라는 작품.

Keyword 9 : 왕립예술원　105

frame woodland' 같은 작품이다. 대형 철 사다리 같은 작품은 밑으로 사람들이 걸어 다닐 수 있게 만들어진 6미터의 높이, 5톤 무게의 구조물이다. 정문을 통과해 전시장으로 올라가는 이층계단에는 변화무쌍한 색동 무지갯빛 비닐테이프를 바닥에 깔아 축제 분위기가 나게 했다. 짐 람비 작가의 〈주보프〉라는 작품이다. 관람객이 처음 들어서는 전시실 3개의 벽은 각각 밝은 청록색, 하늘색, 짙은 주황색으로 칠해져 있다. 통상 미술 전시장 벽을 무채색으로 꾸미는 관례를 깬 것이다. 첫 전시실 중간에는 매튜 다르비셔의 〈도리포로스〉라는 작품이 서 있다. 그리스 조각에서 모티브를 얻은, 아크릴을 소재로 한 창을 든 압도적인 높이의 기사상이다.

나머지 전시장 12개에는 앞서 얘기한 대로 작품들이 진짜 다닥다닥 붙어 있다. 여기에 전시된 거의 모든 작품을 살 수 있다는 점도 영국적이다. 3파운드를 내면 작품 번호와 작품명, 작가 이름, 가격이 적힌 작품 목록을 살 수 있다. 이곳에는 작품과 가격을 심각하게 보고 다니는 관람객이 많다. 구매를 목적으로 온 이들이다. 눈 밝은 구매자가 여름 전시회에서 무명작가 작품을 사서 몇 년 뒤 대박을 쳤다는 얘기는 새로운 게 아니다. 돈을 받고 투자 자문을 해주는 전문가도 있다. 작품을 사지 않더라도 목록을 들고 흥미 있는 작품의 가격이 얼마나 하는지 살펴보는 재미도 쏠쏠하다. 비싼 가격에 한숨도 쉬지만 주머니 사정을 조금 쥐어짜면 구입 가능할 것 같은 작품도 있다. 다량 제작이 가능한 판화의 경우는 수십 개의 붉은색 원형 스티커가 붙어 있다. 팔린 만큼 이 스티커가 붙는다.

그렇게 전시장을 돌아다니다가 내 졸저 《영국인 재발견》 표지 그림의 작가인 팝 아티스트 줄리언 오피의 판화를 발견했다. 2점이 각각 다른 방에 전시되고 있었는데 한 작품의 가격이 8600파운드였다. 그 양쪽으로 유명하지 않은 판화가의 작품이 각각 850파운드, 400파운드의 가격표를 달고 붙어 있었다. 오피의 다른 작품은 무려 2만3500파운드였는데 그 옆의 작품은 오른

쪽 왼쪽 모두 450파운드였다. 이렇게 여름 전시회에는 수백만 파운드짜리 집 옆에 그 값의 10분의 1밖에 안 하는 집이 위화감 없이 서 있는 영국의 주택가 같다.

모든 작품을 열린 마음으로

예술원은 여름 전시회 작품 판매가 중 30퍼센트를 일반 화랑처럼 수수료로 받는다. 이렇게 해서 거의 매년 100만 파운드 이상의 수익을 올린다. 그 돈 전부는 예술원 예술학교 학생들을 가르치는 비용으로 쓴다. 덕분에 예술원 예술학교 학생들은 영국의 다른 대학교와는 달리 학비를 내지 않고 공부한다. 이 학교는 영국에서 가장 오래된 예술학교로 본격적인 전문 예술가 교육을 처음 시작했으며 지금까지 세계 최고의 아트스쿨로 꼽힌다.

영국 왕립예술원은 이름과는 달리 정부의 지원을 받는 정부기관이 아니다. 자체적으로 자금을 조달하는, 저명한 예술가나 건축가가 운영하는 독립 기관이다. 이곳은 영국 시각예술의 발전을 전시와 교육을 통해 꾀한다는 목적으로 조지 3세의 칙령에 의해 세워졌으며 여름 전시회 이외에도 역사적인 거장의 명화 전시회나 생존하는 거장 초대 단독 전시회가 수시로 열린다. 연간 120만 명이 관람해 관람객 순위로는 영국 내 관광지 중 11위를 기록할 정도로 국가 보조 없이도 성공적으로 운영해가고 있다.

예술원이라고 하면 전통 예술만을 지키는 고루한 곳이라는 인상을 갖기 쉽지만 영국 예술원은 열려 있다. 예를 들면 1997년 '충격Sensation'이라는 전시회를 개최해 세상을 정말 충격에 몰아넣기도 했다. 전위예술가라고 불릴 정도로 난해한 YBA 작가들의 작품 중에서도 일반인이 쉽게 받아들이기 힘든 작품들을 전시하는 모험을 했다. 전시 작품들은 세계 일류 광고회사 설립

자이자 YBA 작품 전문 수집가인 찰스 사치의 소장품을 중심으로 꾸며졌다. 전시회에 대한 일반인의 반응은 경악 수준이었다. 잉크와 달걀이 작품에 던져지고 심지어는 폭파 위협까지 나올 정도였다. 특히 34세의 마르쿠스 하비라는 신진작가의 작품이 문제였다. 어린이를 5명이나 살해하고 종신형을 받았지만 감옥에서 죽을 때까지 피해자 유해 매장 장소를 밝히지 않아 유족들의 애를 태운 극악한 살인자의 대형 초상화(2.7×3.4미터)가 하비의 작품이었다. 더군다나 이 작품은 멀리서 보면 사진 같지만 가까이에서 보면 어린이들의 손자국을 모아 모자이크 방식으로 만들었다. 도저히 전시할 수 없을 것 같은 작품이었지만 영국 예술원은 이를 전시했다.

매해 여름 전시회가 열리는 영국 왕립예술원.

예술원은 80명의 현직 예술가들로 이루어진다. 전 회원이 총회에서 선출되는데 조각가가 14명, 건축가가 12명, 판화가가 8명이고 나머지 46명이 화가이다. 75세가 되면 원로회원이 돼 예술원 업무에서는 제외되지만 다른 권한은 다 가진다. 이름 뒤에는 어떤 경우라도 반드시 예술원 회원이라는 'RARoyal Academician' 표시가 따른다. 언론에서는 물론 어느 서적이나 자료에도 항상 RA 표시를 한다. 그만큼 존경스러운 직함이다. 2015년 여름 전시회 마당에 작품을 전시한 회원의 나이가 38세임에서도 알 수 있듯 예술원은 자격 없는 원로를 대접하기 위한 양로원이 아니다. 그래서 회원 각자는 자신이 회원임을 자랑스러워하고 또 그런 자랑을 세상이 누구나 인정해준다는 점이 중요하다. 예술에 관심이 좀 있는 영국인이라면 누가 예술원 회원인지를 거의 다 안다. 하긴 80명밖에 되지 않으니 어려운 일은 아닐 듯하다.

예술원 회원이 되면 작품을 예술원에 기증해야 한다. 초대 원장부터 시작된 전통이다. 이러한 작품 기증과 함께 다른 후원자들의 기증으로 현재 예술원 소장 작품은 1000여 점에 달한다.

후원과 기부의 힘으로

예술원의 2014년 예산은 3314만 파운드였다. 그중 50퍼센트인 1660만 파운드가 후원자들로부터의 기부와 유산 등에서 나왔다. 특히 그중 거의 반인 818만 파운드가 예술원후원자협회Friends of the Royal Academy의 8만7000명 회원들로부터 나왔다. 예술원후원자협회는 예술원과는 별도 재단으로 1977년 설립되었다. 최근 들어서는 예술원 후원자들이 세상을 뜨면서 예술원에 자신의 재산을 기부하는 일도 굉장히 많아졌다. 2014년에는 78건의 유산이 예술원으로 넘겨졌다. 이런 후원자들로부터의 수입이 없다면 영국 예술원은 존재할 수 없다.

뿐만 아니다. 영국의 기업과 상류층이 예술원과 어떤 관계인지는 여름 전시회 작품목록 뒤에 나오는 예술원 재단이사와 개인 후원자, 후원 기업의 명단을 살펴보면 쉽게 알 수 있다. 재단 이사들은 물론이고 개인 후원자 명단을 보면 영국 상류층이나 지도층을 총망라한 듯하다. 영국 공익 재단의 이사는 대부분 명예직이지 어떤 이익이 주어지는 자리가 아니다. 왕립예술원 같은 문화재단 이사 자리는 저명인사라면 누구나 이름을 올리고 싶어하는 명예로운 자리다. 하지만 아무나 될 수는 없다. 우리처럼 전직 고위직 공무원이나 정치인들이 낙하산으로 내려오는 경우는 없다. 어떤 면에서든 실제 예술원을 도울 수 있는 사회 명사여야 한다. 게다가 예술원이 어떤 기관인가. 이름에 왕립이 붙어 있어서뿐만 아니고 실제로 왕가와 연관이 있다. 예술원 재단 명예이사장이 찰스 왕세자이고 주요 후원자 명단 중 제일 먼저 나오는 이름이 바로 엘리자베스 여왕이다.

예술원 후원자 명단에는 외국인 단체 2곳도 보인다. 하나는 '왕립예술원 미국인 협회American Association of the Royal Academy Trust' 명단이고 다른 하나는 놀랍게도 '일본인 명예위원회Japanese Committee of Honour' 회원 명단이다. 미국이야 영국과 특별한 관계이니 이해를 한다고 쳐도 일본인이 이런 식의 단체를 만들어 예술원을 후원한다는 것은 상당히 놀랍다. 선진국이 되는 길은 어렵고 힘들다. 그러나 선진국으로서의 위치를 지키는 일은 더 어렵고 힘들다. 영국 여기저기를 알아보다 보면 일본의 손길을 미치지 않은 곳이 없다. 특히 고급 문화 분야 후원자들 중에 일본 개인, 회사, 단체 회원은 놀랄 정도로 많다. 세계 각 나라 각 분야에서의 일본인들의 깨알 같은 배려가 일본을 경제로만이 아닌 명실상부한 선진국의 대열에 올려놓은 듯하다. 이런 후원자 명단을 볼 때마다 움찔움찔함은 자격지심이리라.

🔍 **Keyword 10 : 뱅크시**　　　　　　　　　　　　　　　Search

정체를 숨기고 영국과 해외의 건물이나 벽에 풍자가 깃든 낙서와 그림을 남기는 예술가.

얼굴 없는 거리의
팝 아티스트

　　2차 세계대전 이후 등장한 팝아트Pop Art는 현대미술의 거의 전부라고 해도 될 만큼 아직까지 기세가 등등하다. 팝아트의 기발함은 어디까지 가야 끝이 날지 궁금할 정도다. 고장 난 TV를 예술 작품으로 바꾼 백남준부터 실크 프린트 기술을 이용해 새로운 기법의 회화를 만들어낸 앤디 워홀, 인기 만화를 화폭에 담아낸 로이 리히텐슈타인, 그리고 광화문 청계광장의 스프링 조각처럼 일상생활용품을 확대해 화려한 색깔을 입힌 클래스 올덴버그까지, 직접 보면 "정말!"이라는 감탄이 절로 나온다.

　　여기에 가장 영국적인 팝 아티스트를 추가해보자. 지금도 색다른 작업을 하고 있지만 우리에게는 잘 알려져 있지 않은, 그러나 세계적으로 엄청난 추종자를 가진 '얼굴 없는 거리의 화가'라는 별명으로 불리는 뱅크시Banksy다.

전 세계 거리에 낙서하는 예술가

뱅크시는 20년 전부터 영국 런던이나 항구도시 브리스톨을 비롯해 세계 각국 도시의 건물이나 벽에 낙서와 그림을 그려 명성과 인기를 한 몸에 받고 있는 '거리낙서화가street graffiti artist'다. 담벼락, 지하도, 심지어는 물탱크에도 그려넣은, 세상을 비트는 촌철살인 낙서와 익살스러운 그림들이 뱅크시의 대표작들이다. 그의 활동은 여기에 그치지 않는다. 거장들의 명작을 패러디한 자신의 작품을 초대받지도 않은 루브르박물관이나 영국박물관에 걸어놓고 사라지는 세기의 악동 같은 일도 벌인다.

이런 일들은 물론 불법이다. 들키면 경찰 신세를 질 일이기에 늘 신출귀몰하게 저지르고 사라진다. 뱅크시는 자신의 이런 작업에 소요되는 평균 시간이 35초라고 말한 적이 있다. 그보다 더 길면 꼬리가 밟힐 위험이 높아서다. 그는 이런 일을 25년간 해오면서도 경찰에 잡힌 적이 없다. 그는 "잡혔을 때의 대가가 너무 커서 모든 상황을 고려해 조심에 조심을 거듭하기 때문"에 매번 무사히 빠져나올 수 있었다고 한다.

뱅크시는 자신과 같은 거리낙서가(뱅크시는 남들이 뭐라고 하든 자신을 예술가라고 부르지 않는다. 그냥 '거리의 낙서가street graffiti writer'라고 자칭한다)들에게 가장 중요한 자질은 일을 하다가 잡히지 않는 것이라고 했다. 그는 이렇게 말했다. "재수없어 꼬리가 밟히면 결국 테이트모던에서 토니 블레어나 케이트 모스 같은 인간들 옆에 서서 시답잖은 전시회 개최 테이프를 끊어야 하는, 생각도 하기 싫은 최악의 사태를 당할 수 있어서다. 그런 일은 내가 지금 하고 있는, 거리 벽에 낙서하고 그림을 그리는 불법적인 짓을 해서 얻는 흥분과는 비교도 할 수 없다. 후다닥 작업하고 나서 집에 돌아와 소파에 느긋하게 앉아 담배 한 대 피우면서 그들이 절대 나를 잡을 방법이 없다는 사실을 즐기는 건 기가 막히게 신나는 일이다. 섹스나 마약보다 훨씬 더 흥분되

팔레스타인 가자지구에 그려진 뱅크시의 작품.

는 일이다."

그는 영국 글래스턴버리 록페스티벌에서 행한 악동 짓에 대해서도 털어놓은 적이 있다. 경찰차 7대에 '대마초를 현금으로Hash for cash'라는 낙서를 했다면서 낄낄댔다. 물론 그때도 잡히지 않았다.

블랙유머로 세상의 권위에 도전하다

뱅크시가 세계적인 명성과 팬들에게 절대적인 충성을 얻는 이유는 여러 가지가 있다. 그중 가장 중요한 것은 그의 그림이 주는 독특한 매력이다. 뱅크시라는 이름을 들어본 적이 없는 사람들도 그의 그림을 보여주면 하나같이 "어디선가 본 듯하다"라고 한다.

그의 그림은 심오한 철학을 가지고 있지 않다. 이해하기 위해 특별한 공부를 할 필요도 없고 전문가로부터 설명을 들을 필요도 없다. 잠시만 생각하면 무릎을 치게 만드는 촌철살인의 유머가 들어 있다. 허를 찌르는 짧은 경구나, 미소와 고소를 같이 느끼게 하는 그림은 대개 세상의 권위에 도전하는 것들이다. 그가 주로 그리는 대상은 쥐, 원숭이, 경찰, 군인, 노인, 어린이들이다.

그의 모든 그림에는 무엇인가에 반대한다는 의미가 담겼다. 그것은 자본주의, 기득권, 소비주의, 상업주의, 파시즘, 제국주의, 권위 등이다. 그러나 그런 것들을 이길 수 없다는 현실에 대한 절망감 때문인지 그의 그림이나 문구에는 허무, 절망, 무료, 탐욕, 빈곤, 위선, 부조리, 소외에 대한 느낌이 짙게 풍긴다. 그의 그림을 보면 금방은 미소를 짓게 되지만 돌아서는 순간 슬픔이 진하게 느껴진다. 뱅크시의 작품에 나오는 유머를 '잔인한 블랙유머'라고 지칭하는 사람도 있지만 블랙유머인지는 몰라도 잔인하지는 않다.

야구모자를 쓰고 얼굴에 검은 마스크를 한 청년이 몸을 뒤로 젖혀 뭔가를 던지려는 듯 자세를 취하는 그의 그림이 있다. 청년이 들고 있는 것이 당연히 화염병이겠지 하고 가만히 보면 꽃다발이다. 소녀가 미사일을 인형처럼 껴안고 있는 그림, 어린 소년이 축제 때 만국기 줄에 달릴 영국 국기를 재봉하는 그림(아동착취를 고발한다는 의미), 소년 소녀들이 테스코 슈퍼마켓 깃발을 깃대에 올리면서 경례하는 모습, 모네의 일본풍 다리가 걸린 수련 연못 그림에 교통표지 삼각대와 슈퍼마켓 트롤리가 빠져 있는 그림(제목이 〈내게 모네를 보여주세요〉이다), 인기 할리우드 영화 〈펄프 픽션〉의 주인공 존 트라볼타와 사무엘 잭슨이 바나나를 권총처럼 들이대는 그림, 런던 경찰이 서로 키스하는 그림, 레오나르도 다빈치의 모나리자 얼굴에 스마일 캐릭터 스티커를 붙인 그림, 모나리자가 이어폰을 끼고 바주카포를 어깨에 멘 그림 등이 바로 그런 것들이다.

그의 그림들에는 특징이 하나 있다. 뭔가 모순되고 불합리하며 거칠고 폭력적인 장면에서도 보는 사람으로 하여금 웃음을 짓게 만드는 파격의 여유 말이다. 예를 들면 어린 팔레스타인 소녀가, 총을 손에서 놓고 항복하듯 두 손을 높이 쳐든 이스라엘 군인을 몸수색하는 그림을 보고는 미소를 짓지 않을 수 없다. 그렇다고 그 상황이 마냥 미소만 짓고 있을 수는 없을 만큼 묘해서 짜릿하다. 뱅크시의 작품은 보자마자 웃음이 터지는 포복절도의 유머를 보여주려고는 하지 않는다. 그것보다는 한 수 위의 유머를 가지고 있다. 그는 실소라고도 할 수 있는 빙그레한 웃음을 자아내게 만든다.

 이래서 뱅크시의 작품은 금방 알아볼 수 있다. 교묘하게 웃기는 동시에 울리고, 정치적이면서도 전혀 앙칼진 목소리를 높이지 않아 거부감이나 강요하는 듯함이 없고 장난기와 재치가 넘치는 낙서와 그림이 세계 여기저기 도시의 벽에 나타난다. 어느 날 아침 출근길에 회색빛 시멘트 벽에 나타난 이런 그림과 갑자기 마주친다고 상상해보라. 얼마나 놀랍고 즐겁겠는가? 그것도 유머를 곁들인 작품을 보면 말이다. 영국 언론들은 이를 '나타난다(appear 혹은 pop-up)'라고 표현한다.

 자신의 낙서와 그림을 뱅크시는 공공서비스라고 표현한다. 뱅크시는 이런 작업으로 경제적 이득을 얻거나 취하지 않는다. 유명해지기 전까지는 오히려 그림을 그리다 잡히면 건물주로부터 소송을 당하거나 경찰로부터 곤욕을 치를 수도 있었다. 그러나 언제부턴가 뱅크시가 작업한 작품이 자신들의 건물에 나타나면 주인들은 그림에 보호막을 치고 벽을 뜯어서 팔아먹으려고 난리다. 동네 주민들은 그의 그림을 보존해서 관광객을 유치하려고 법석이다. 지역구청이나 시까지 나서 그의 그림에 대한 소유권을 주장하는 지경까지 와버렸다. 이제 뱅크시의 작품은 엄청난 금액으로 거래가 되기 때문이다. 물론 아직도 공중질서 파괴 행위라고 그의 그림을 지우는 도시나 지역도 있지만 대다수의 지역에서는 거의 로또를 맞은 듯이 여기는 분위기가 되고 말았다.

거리 낙서에 공인이 왜 필요해?

2015년 4월 뱅크시의 작품 2개가 오랜만에 등장했다. 영국 정보기관 감청센터가 있는 첼튼햄 시 공중전화 근처 벽에 선글라스를 쓰고 트렌치코트를 입은 3명의 정보원이 도청기구를 들고 서 있는 그림이다. 〈스파이 공중전화〉라고 이름 지어진 이 벽화는 영국 정보기관의 도청을 비꼬는 그림이다. 다른 하나는 뱅크시의 고향인 브리스톨 청소년클럽 벽 합판에 그려진, 두 남녀가 포옹하며 자신의 스마트폰을 들여다보고 있는 〈휴대전화 연인〉이다. 이 그림은 스마트폰의 폐해를 한탄하는 듯했다. 그런데 이 두 그림 모두 소유권 문제로 시끄러웠다. 공중전화 그림을 건물 주인이 팔려고 옮기다가 결국 시의 개입으로 중단하고 말았다. 소유권 다툼에서 이긴 브리스톨 시는 작품을 그대로 보존하기로 결정했고 시민들은 관광객이 늘어날 것이라는 기대가 크다. 〈휴대전화 연인〉은 그림이 등장하자마자 바로 뱅크시의 웹사이트에 사진이 올라왔다. 스스로 자신의 작품이라고 공인한 것이다.

보통은 금방 공인을 하지 않는데, 이렇게 한 데는 나름 이유가 있었다. 운영에 어려움을 겪고 있는 청소년클럽을 도와주려고 서둘러 자신의 작품임을 밝힌 것이다. 이 청소년클럽 대표는 "아마 뱅크시가 옛날에 우리 클럽을 다녀갔음이 분명하다"라고 했다. 보통은 벽에 그림을 그리는데 문을 막은 합판 위에 그림을 그린 것도 그림을 옮기기 쉽게 배려한 것이라는 해석이다.

그런데 문제가 생겼다. 그림이 나타나자마자 청소년클럽 건물 소유주인 브리스톨 시가 그림을 떼어다가 브리스톨박물관에 전시했고, 덕분에 브리스톨박물관은 관람객이 엄청 늘었다. 브리스톨 시는 "그림은 시 소유"라고 주장했다. 뱅크시가 공인한 덕분에 그림의 시가가 100만 파운드를 넘을 거라는 예상이 나왔으니 그럴 법도 했다. 그러자 뱅크시가 청소년클럽에 직접 편지를 보냈다. 자신은 이 그림을 청소년클럽에 기증했으므로 클럽 소유라는

뱅크시가 브리스톨 청소년클럽 벽에 남긴 〈휴대전화 연인〉.

의사를 밝혔다. 그렇게 되자 시는 "그림 판매 금액을 모두 클럽이 쓰는 것은 공익에 어긋나니 시의 모든 청소년 관련 기관이 같이 써야 한다"라고 물러섰다. 만일 이 사건이 법정 다툼으로 번졌으면 아주 흥미로운 재판이 될 법했다. 영국법은 아주 미묘해서 뱅크시가 '불법으로' 그림을 그렸으므로 뱅크시에게 저작권이 없다고 해석했을 수도 있다. 아마 재판이 열렸어도 그가 법정에 나타나지 않았을 것이라는 전망이 우세하다.

뱅크시의 작품은 워낙 위작이 많다. 본인도 불법으로 작업을 하기에 떳떳하게 저작권을 주장하기가 어려워서인지 위작에 별로 신경을 안 쓴다. 그러나 그도 먹고살아야 하기에 자신의 그림을 판화로 찍어 판매할 때는 직접 서명을 한다. 그래도 워낙 가짜가 많이 돌아다니자 2008년에는 '해충방제 사무소Pest Control Office'라는 회사를 차려 자신의 작품을 감정해주는 작업에 직접 나섰다. 여기서는 판화와 캔버스 작품만을 감정해준다. 작품 감별을 요청하면 진위를 확인한 뒤 보증서까지 발행해준다. 그러나 길거리 낙서와 그림은 감정해주지 않는다. 때문에 그의 공식 웹사이트에 사진이 올라오는 경우 말고는 진위를 확인할 방법은 없다.

그의 벽화와 낙서를 건물에서 떼어내어 판매하기 원하는 경매 회사들은 그가 벽화와 낙서는 진위 감정을 해주지 않자 자구책을 세웠다. 뱅크시 전문가들을 모아서 'Vermin(해충이라는 단어. 해충방제 사무소와 묘하게 대치된다)'이라는 기구를 만들었다. 뱅크시 측에서는 이 기구가 자신과는 아무런 상관이 없다고 했다. 뱅크시는 "길거리 작품은 원래 자리에 있어야 하기에 진위 감정을 해줄 수 없다"라고 강조했다. 길거리에 있으면 진짜인지 가짜인지를 구분할 이유가 없는데도 팔고 사기 위한 목적으로 이루어지는 감정은 해줄 수 없다는 뜻이다. 그는 거리의 낙서가 거액에 사고 팔리게 되면 예술이라는 옷을 입고 제도권으로 들어오게 돼 더 이상 거리의 낙서가 아닌 것이 된다고 했다. 그렇게 되면 거리의 낙서가 지향했던 모든 가치가 사라지고 그냥 박제된 죽은 사자 한 마리랑 다를 바 없어진다는 게 그의 생각이다.

그러나 뱅크시는 벽에서 자신의 작품을 지우는 기관이나 사람들은 자신의 작품 활동을 도와주는 조역으로 본다. 자신의 작품이 대중들에게 메시지를 전달하고 사라지고 나면 다시 그 위에 새로 작품을 남기면 된다는 것이다. 이런 투쟁의 과정이 자신의 작품의 본질이라는 주장이다.

뱅크시는 자신의 작품이 영원히 보관되어야 한다고 생각하지 않는다. 자신의 작품이 경매장에 팔리던 날 공식 웹사이트에 올려진 글이 이를 말해준다. '세상에! 저런 거지 같은shit 것들을 돈 주고 사다니? 도대체 이런 인간들은 어떤 자들이야?' 그의 어록에는 이런 말도 있다. '세상의 모든 일을 문제화하지만 심각한 방법이 아닌 가벼운 태도로 하자. 세상의 어떤 일도 신성한 것은 없다.' 이것은 자신의 그림도 우상화하지 말라는 뜻이다. 그는 자신의 작품을 벽에서 지우면 작품에 의미를 더 부여하고 칭찬하는 셈이 되지만 자신의 작품을 지우지 않고 영원히 보관한다면 작품을 무시하고 모욕하는 것이라고 주장한다. 낙서는 지워지고 훼손되는 것이 숙명이라는 말이다.

25년 동안 베일에 싸인 화가

세상이 그의 작품에 경배를 하고 소동을 벌이고 작품이 유명 경매장에서 수십 억 원에 거래되고 있음에도 불구하고 뱅크시의 본명과 얼굴은 아직도 알려져 있지 않다. 이름인지 성인지 모를 '뱅크시'로만 통하고 대중에게 얼굴을 드러낸 적이 없다. 물론 사진도 없다. 사람들은 그를 "이름도 없고 얼굴도 없는 화가"라고 부른다. 뱅크시는 자신의 작업, 즉 낙서가 어느 도시나 불법이라는 이유를 들며 시작부터 지금까지 자신의 신분을 감춰왔다. 그의 작업은 도시의 벽, 특히 남의 건물에 숨어서 작업을 하고 끝나자마자 사라져야 하는 불법이다. 그는 한 인터뷰에서 "만일 내 신분이 밝혀졌다면 낙서를 하고 나서 공식 웹사이트(www.banksy.co.uk)를 통해 '내 작품이 어떤 것인지를 밝히는 일 authenticating'은 바로 '자백서에 서명하는 일 signed confession'이기에 신분을 밝힐 수가 없다"라고 말했다.

사실 이런 익명성이 뱅크시의 인기를 더 부추기는 요소임을 부정할 수 없다. 자신은 의도하지 않았는지 몰라도 미술 마케팅의 최고 성공 사례라는 말까지 나온다. 이런 그의 모든 철학이 담긴 뱅크시의 어록을 보면 심오한 사상을 펼치는 철학자 같다. 뱅크시의 책《Cut It Out》(2004)의 첫 장은 이렇게 시작한다.

"인간의 경주(그는 human 'race'라고 했다. 경주라는 말도 되지만 인종이라는 뜻도 된다)는 불공정하고 어리석은 경쟁이다. 수많은 선수가 제대로 된 운동화와 깨끗한 마실 물조차 가지고 있지 않다. 그런데 어떤 자들은 태어날 때부터 남들보다 앞서서 먼저 출발했다. 경주 중에도 말로 다할 수 없는 온갖 도움을 받는 것도 모자라서 심판마저 그들 편이다. 그래서 대다수의 사람들이 경쟁을 완전히 포기하고 마는 것은 놀랄 일도 아니다. 경쟁을 포기한 이들은 관중석에 앉아 정크푸드를 먹으면서 운동장에서 뛰는 사람들에게 욕을 해댄다. 그래서 우리가 진정으로 필요한 것은 (경기장을 가로질러 뛰어 우리에게 즐거움과 놀람을 줄) 더 많은 '나체 질주자streaker'이다."

뱅크시는 가장 영국적인 예술가이다. 영웅을 싫어하는 영국인답게 익명 뒤에 숨어 있고, 심각한 것을 심각하게 풀지 않고 유머로 풀기 때문이다. 또 직설적으로 할 말을 하지 않고 다른 거장의 작품을 이용해 자신이 하고 싶은 말을 돌려서 한다. 자신의 작품이 대단한 것이라고 여기지 않고 그런 사람들을 비웃는 여유도 지녔다. 기존의 권위에 대한 도전도 은유적이다. 이러한 방식 모두가 영국적이다.

마지막으로 뱅크시의 실체에 대한 이야기이다. 작품 활동을 시작한 이후 25년이 지났으나 뱅크시가 누구인지에 대한 설은 아직도 분분하다. 영국 신문《데일리메일Daily Mail》이 아주 오랫동안 정성을 들여 추적해서 브리스톨 출신의 사립학교를 나온 로빈 거닝함이라는 이름의 중산층 백인 남자가 뱅크시라고 보도했으나 본인이 확인을 안 해주니 설일 수밖에 없다. 뱅크시가 여자라는 주장도 있고 여성 지휘하에 움직이는 7명으로 이루어진 팀이라는 설도 있다.

| 🔍 Keyword 11 : 테이트모던 | Search |

영국 런던의 유명 현대미술관. 버려진 화력발전소를 개조해 2000년에 개관했으며 매년 수백 만 명의 관람객이 찾는다.

불 꺼진 발전소,
영국 현대미술을 밝히다

영국 런던의 3대 관광지를 들라면 런던탑, 대영박물관이 꼭 들어간다. 또 하나의 관광지로는 14년 전에 문을 연 테이트모던을 꼽는 사람이 늘고 있다. 222년 역사의 국립미술관National Gallery을 제치고 테이트모던이 런던의 명소로 꼽힌다는 건 놀랍다. 테이트모던을 찾은 사람은 지금까지 4000만 명 선. 연 관람객은 500만 명 정도다. 이는 세계 주요 미술관, 박물관 중 6위의 기록이다. 테이트모던에 앞서는 1위부터 5위까지의 역사를 보면 테이트모던의 기록이 더욱 돋보인다. 2014년 기준으로 1위 프랑스 루브르미술관(222년), 2위 영국 대영박물관(261년), 3위 미국 뉴욕 메트로폴리탄 미술관(144년), 4위 영국 국립미술관(190년), 5위 이탈리아 바티칸 미술관(508년)이다.

테이트모던이 승승장구하는 비결을 우선 후원자들로부터 찾아보자. 테이트모던은 10만5000명의 개인 후원자를 비롯해 600여 개의 후원 기업을 갖고 있다. 세계 어떤 미술관도 따라올 수 없는 숫자다. 개인 후원자 중에는 재벌도 있지만 대다수가 테이트모던을 사랑하는 평범한 시민이다. 테이트모던의 웹사이트는 후원자 명단을 게재하고 있다. 가장 먼저 나오는 주요 기업 후원자 16개 중에는 현대자동차와 한진해운이 들어가 있다. 그다음의 31개의 기업 회원에는 현대카드가 있다. 그런데 개인과 기관 회원 99개 목록에는 한국인 이름은 전혀 보이지 않는다. 10쪽에 달하는 1500명의 개인 후원자(기부·선물·유산·협찬 형태 모두 포함)로 명단을 넓혀보면 한국인이 분명한 이름 몇 개를 찾을 수 있다.

이런 후원에 힘입어 미술관은 개관 당시에 비해 자립도가 높아졌다. 2000년 개관 당시에는 80퍼센트 이상의 예산을 정부로부터 보조받았으나 13년 뒤인 2013년에는 30퍼센트대로 떨어졌다. 연중 몇 번 있는 특별 전시를 제외하고 입장료를 전혀 받지 않는 미술관인데, 대단한 재정 자립도이다.

테이트모던의 성공을 이끈 획기적인 전시

테이트모던은 개관 전부터 화제를 모았다. 오일쇼크를 계기로 문을 닫은 화력발전소 건물을 미술관으로 재활용했기 때문이다. 당시로서는 놀라운 발상의 전환이었다. 가장 짧은 기간에 가장 저렴하게 건물을 만들어내기 위해 폐건물을 부수지 않고 개축하는 방법은 모든 일에 알미울 정도로 현실적인 영국인 입맛에 딱 맞았다. 공사 기간도 놀라울 정도로 짧았다. 1996년에 현재의 입지가 결정된 후 대지를 구입하고 시공한 지 4년 만인 2000년 개관했다. 영국 기준으로 봐서는 번갯불에 콩 구워 먹을 정도의 속도였다. 이를 계기로 옛 건물을 재활용해서 문화공간으로 쓰는 붐이 세계적으로 일기도 했다.

그 어떤 것보다도 테이트모던의 성공을 잘 설명하는 비밀은 '터바인 홀 프로젝트Turbine Hall Project'에 있다. 오늘날 테이트모던이 있기까지 터바인 홀 프로젝트가 기여한 공은 말로 표현할 수 없다. 터바인 홀은 테이트모던 건물의 전신인 화력발전소의 심장이라 할 수 있는 발전기 터빈turbine이 있던 공간이다. 사전 지식 없이 정문을 들어서면 '헉!' 하고 잠시 숨을 멈출 만큼 큰 공간과 맞닥뜨리게 된다. 이 공간을 테이트모던은 기가 막히게 이용했다. 매년 10월부터 이듬해 3월 사이에 이 홀을 가득 채우는 예술작품이 전시되는데 이를 '터바인 홀 프로젝트'라고 불렀다. 이 프로젝트는 매년 공전의 히트를 쳤다. 실내에 이만한 공간을 가진 미술관은 세계 어디에도 없을 뿐더러 그 공간에 어마어마한 예술품을 전시해놓으니 관객이 안 몰려들고는 못 배긴 것이다.

첫 시리즈는 세계적인 소비자 생활제품 회사 유니레버가 후원했다. 이 기획전은 개관하던 2000년에 시작해 13년간 13명의 세계 최고 작가들의 작

테이트모던에서 선보인 미국 작가 리처드 터틀의 거대한 붉은 실크 천 작품.

품을 전시했다. 개인적으로 13개의 작품을 거의 다 보는 행운을 누렸다. 물론 비범한 작가들을 선정했기 때문이기도 하지만 어떤 작품도 범상하지 않았다. 설치 작품에 대한 공부를 미리 안 하고 홀에 들어선 관객들은 우선 홀을 가득 채운 작품 크기에 압도되기 일쑤다. 정신을 차려 작품을 살피다 보면 작품 자체에 다시 경악하게 된다. 작품 모두가 특이하다 못해 기발하다. 9미터짜리 기둥 3개와 큰 거울 위에 거대한 거미가 설치된 첫 작품(루이스 부르주아)부터 그랬다. 이어 3번째 작품(아니쉬 카푸어)은 거대한 자주색 나팔이 홀을 가득 채웠다. 4번째 작품(올라푸르 엘리아슨)은 석양을 연상시키는 엄청난 크기의 오렌지색 등이 묘한 분위기를 연출했고, 11번째는 자기로 만들어진 실물 크기의 해바라기 씨 1억 개가 터바인 홀 바닥에 깔렸다. 이는 중국인 아이 웨이웨이의 작품이었다.

이렇게 해서 늘 터바인 홀 설치 작품은 세간의 화제가 되었고 이를 보려고 사람들은 주말이면 홀 앞에 길게 줄을 서곤 했다. 분명 이 시리즈는 테이트모던을 단숨에 세계 현대미술의 중심이 되도록 하는 데 큰 힘이 되었다. 뿐만 아니라 터바인 홀은 프로젝트가 전시되지 않는 기간 동안에도 공연, 무용, 영화 등 살아 있는 예술이 관객들과 만나는 공간으로 활용됐다. 2014년에는 1차 세계대전 발발 100주년을 기념하기 위해 영국 현충일인 11월 11일을 즈음해서 미국 작가 리처드 터틀의 개양귀비를 연상시키는 거대한(2500제곱미터) 붉은 실크 천으로 된 작품이 홀을 메웠다.

현대자동차가 86억을 후원하는 터바인 홀 프로젝트

첫 프로젝트가 2012년을 끝으로 마무리되고, 테이트모던은 현대자동차와 글로벌 마케팅 파트너십을 맺고 새로운 프로젝트를 시작했다. 11년간 계속될 시리즈의 첫 작품전은 2015년 10월부터 6개월간의 예정으로 개최됐다. 정확한 후원 금액은 발표되지 않았지만 500만 파운드(약 86억 원)라고 알려졌다. 테이트모던에 의하면 영국 내 박물관이나 미술관이 기업과 맺은 후원액으로는 최대 금액이고 기간이 가장 긴 후원 사업이라고 한다. 한국 기업이 세계 여러 곳에서 하는 각종 후원 사업이나 문화 사업 중에서도 이만한 크기와 비중을 가진 것은 처음이 아닌가 싶다.

기존에 영국 내에서 이뤄진 한국 기업들의 후원은 삼성그룹이 지원한 빅토리아앤드앨버트박물관V&A의 한국관 건립, 대한항공이 제공하는 대영박물관 멀티미디어 서비스가 있다. 그러나 현대자동차의 후원은 체면치레로 하는 것과는 차원이 다르다는 평이 많다. 터바인 홀 프로젝트의 명성과 영향력 자체가 다른 어떤 전시회나 전시물과 비교가 안 될 정도로 크기 때문이다. 테이트모던을 드나드는 수백만 명의 관람객이 앞으로 정문 바로 안에 있는 터바인 홀에서 현대차의 이름을 단 엄청난 크기의 작품과 마주하게 된다니, 이것이야말로 제대로 된 문화사업 아니겠는가. '현대 커미션Hyundai Commission 시리즈'는 테이트모던을 방문하는 한국인 모두에게 자부심을 안겨줄 것이다. 본격적인 시리즈 시작 전에 테이트모던은 현대자동차의 후원으로 백남준 비디오아트 작품 9점을 구매해 백남준 특별전을 열었다. 테이트모던이 드디어 백남준의 작품을 영구 소장하게 된 것이다.

한국 작가들과 테이트모던과의 인연은 드물지만 그렇다고 전혀 없었던 것은 아니다. 1992년에는 한국 작가 박서보, 이우환, 김창열, 정창섭, 윤형근, 이강소 6인의 모노크롬 회화 특별전이 테이트리버풀에서 열린 적이 있다. 영국에서 열린 한국 작가전으로는 처음이 아닌가 싶다. 2012년 7월에는 테이트모던 지하의 대형 유류저장고 공간을 새로운 영상, 설치미술과 퍼포먼스 전시장The Tanks으로 만들었는데, 당시 개관전으로 한국의 비디오아티스트 김성환의 영상물을 소더비 경매장으로부터 후원받아 내놓은 적도 있다. 같은 전시회의 일환으로 양해규 비디오아티스트의 〈드레스 비히클Dress Vehicles〉이라는 바퀴가 달린 구조물wheeled structure 작품이 전시되기도 했다. 2012년에는 설치미술가 서도호의 〈집〉 시리즈가 전시되었다. 2014년에 테이트모던은 원로작가 이승택의 〈고드렛 돌〉(1958년작)을 전시했는데, 2013년 이 작품을 구입 소장해 지금까지 전시하고 있다.

예술품을 담는 파워 하우스 설계의 철학

테이트모던 건물 외관은 교회 건물과 비슷하다. 직사각형 건물 중간에 99미터 높이의 교회 종탑 같은 굴뚝이 서 있고 세로로 된 긴 일자—字 창문이 나 있다. 여기에는 세계에서 가장 긴 리버풀성당을 설계한 당대 최고의 건축가 자일 길버트 스코트의 깊은 철학이 깃들었다. 현대의 파워 하우스를 과거의 파워 하우스(과거에는 교회가 왕과 함께 힘을 가지고 있었다) 양식으로 만든 것이다. 이 발전소는 템스강 건너에 있는 거대한 세인트폴성당과 어울리는 교회 첨탑 모습의 굴뚝을 만들었다. 템스강을 중간에 두고 250년 차이의 신구 성당 건물이 마주 보고 선 모양새다. 한마디로 테이트모던은 시대적 차이와 건축 양식, 건물 용도의 신비스러운 대비를 교묘하게 만들어냈다. 테이트모던과 세인트폴성당을 가로지르는 템스 강변에 서서 두 건물을 비교해보면 이해가 갈 것이다. 발전소를 미술관으로 개조한 사람들은 스위스 건축가 자크 헤르조그와 피에르 드 뫼롱이다.

종교 파워 하우스인 성당 건너편의 현대 산업 파워 하우스인 발전소가 현대인의 신전으로 바뀌었다. 옛 사람들은 신이 종교였다. 그러나 현대인에게는 예술이 신이다. 그래서 과거의 신전 건너편에 현대의 신전이 세워진 것은 단순한 우연치고는 기가 막히다. 그런데 이 신전은 여느 것과 다르다. 특히 입구가 그렇다. 어느 나라든 대개 모든 미술관 건물은 고대 신전이나 교회 건물처럼 계단을 밟으며 올라가서 거창한 문으로 들어가는 구조이다. 신을 만나러 가려면 낮은 곳에서 높은 곳으로 올라가야 한다는 의미를 담은 것이다. 그리고 그 문은 높고 넓고 화려하다. 그와 반대로 테이트모던은 올라가지 않고 낮게 내려간다. 멀리서 보면 몸을 낮춰야만 통과할 수 있을 것처럼 낮고 좁은 문을 통해 들어가게 만들었다. 그 문도 여느 건물 출입문에 불과할 정도로 작고 낡았으며 초라하기까지 하다. 이는 과거의 신은 올라가서 만나야 했지만 현대의 신은 내려가서 소박한 문을 통해 만나러 간다는 뜻인 듯도 하다. 입구부터 과거의 신전과 현대의 신전의 묘한 대비를 만든 것이다. 두 설계가가 이런 대비나 철학을 가지고 이런 문을 만들었지는 모르나 테이트모던 개축 설계의 의미 중 하나가 바로 여기에 있다고 생각한다.

그리고 그 문을 들어서면 다시 반전의 장면이 기다리고 있다. 바로 문제의 터바인 홀이 눈앞에 나타난다. 찬장 높이가 3미터이고 넓이가 가로 22미터, 세로 155미터의 길고 높은 공간이다. 영국뿐 아니라 미술품 전시장에 이렇게 큰 단일 공간이 있는 곳은 아무데도 없다. 좁고 낮은 문을 들어온 관객의 허를 찌르는 듯하다. 바로 이 공간에 터바인 홀 프로젝트를 설치해 테이트모던을 단숨에 세계적인 미술관으로 격상시켰다. 지금은 계속하지 않고 있지만 개관 당시에는 이 홀의 원래 목적을 되살린다는 의미로 아주 조용하게 터빈이 돌아가는 소리를 내게 했었다.

이제 건물 내부를 한번 살펴보자. 테이트모던 건물은 관객들 편의를 여러 가지로 고려한 앞서가는 미술관이라는 점에서도 좋은 평을 받았다. 예를 들면 미술관 건물에 에스컬레이터가 설치된 것도 당시로서는 드문 일이었다. 대개의 미술관은 역사적인 건물이라 실내 공간을 많이 차지하는 에스컬레이터를 만들기 힘들다. 그러나 테이트모던에는 전시가 열리는 공간인 3층으로 바로 올라가는 에스컬레이터를 비롯해 엘리베이터, 계단이 모두 있어 상당히 편리하다. 게다가 각 층마다 화장실이 존재한다. 기존의 미술관이나 박물관은 화장실 설치에 참 인색하다. 그래서 관람 중 미로 같은 길을 한참 걸어서 화장실을 찾아 가야만 한다. 그러나 테이트모던은 각 층마다 그것도 전시관에서 아주 가깝게 배치해놓았다. 카페 식당 같은 편의시설도 곳곳에 배치돼 관람 중 멀리 이동할 필요 없이 지친 다리를 쉬면서 식사하거나 차를 마실 수 있게 설계되었다. 또 이제는 많은 미술관과 박물관에서도 쉽게 찾아볼 수 있는 가벼운 알루미늄 휴대용 의자를 테이트모던이 제일 먼저 비치해놓았다. 사실 미술관 관람은 쉽지 않은 '중노동'이다. 그런데 큰 미술관에서 그림 관람 중 휴게실로 가서 쉬다가 오려면 거리 때문에 상당히 번거롭다. 만일 휴대용 의자가 있으면 자기가 좋아하는 작품 앞에 앉아 찬찬히 감상하면서 지친 다리를 쉴 수 있을 것이다. 이렇게 사소한 배려가 테이트모던을 고객편의주의user friendly에 중점을 둔 미술관이라고 호평을 받도록 했다. 테이트

테이트모던은 런던 템스강 가까이에 위치하고 있다.

모던이 그렇게 짧은 기간에 세계 6위로 올라선 것은 결코 우연이 아니다.

　마지막으로 테이트모던 개축의 특이점 중 사소하나 아주 의미 있는 것은 실내 바닥이 목재라는 점이다. 그런데 바닥 나무 표면이 매끄럽지 않다. 흡사 원목을 제재소에서 켜고 난 뒤 대패로 전혀 밀지 않은 채 바닥에 깐 것 같다. 왜 그렇게 했을까? 이는 단순히 시간과 경비를 줄이기 위해서만은 아니다. 바닥재를 거친 상태 그대로 놔두는 것이 '재활용 건물'과 더 잘 어울린다는 판단에서다. 다음이 그 위를 지나다니는 인파의 발길로 길들여져 매끄러워진 마룻바닥에서 세월의 흔적을 찾고 싶었다는 이유 때문이다. 이는 테이트모던에서 문화 강좌를 수강할 때 담당자가 직접 한 얘기인데 사소한 것이지만 심려 깊은 철학이 인상적이어서 기억에 오래 남아 있다. 2000년 개관 후 지금까지 테이트모던의 바닥은 아직 매끄럽지 않다. 얼마나 오랜 세월이 흐르고 그 위를 얼마나 많은 사람이 다녀야 매끄러워질지 궁금하다.

　테이트모던 건물의 가장 큰 특징은 세계의 수많은 미술관이나 박물관 건물처럼 외부 모양에 치중하지 않은 데 있다. 애초에 테이트미술관 측이 테이트모던 건물 공모를 하면서 내건 조건을 '가장 빠른 시일 내에 가장 저렴하게'였다. 굳이 현존 건물을 부수지 않고 개조하라는 조건이 있었던 것도 아니다. 어떤 방식을 쓰던 2가지 조건에 맞게만 지으라는 것이었다. 이 조건을 스위스 건축가 2명이 건물을 그냥 두고 쓰면서 외관도 거의 손을 대지 않고 (건축비도 줄이고 시간도 단축하고), 내부도 가능하면 손을 대지 않고(건물 내 곳곳에는 원래 화력발전소 건물 내의 철제 기둥이나 빔들이 남아 있어서 더욱 멋을 더해준다) 고쳤다. 그러다 보니 실제 미술관의 제일 주요한 주인 '예술 작품'이 하인들인 '건물'에 눌리지 않고 살아난 것이다. 유명한 스페인 빌바오의 구겐하임 미술관은 관람객들이 미술관 건물 앞에서 사진을 찍는다. 그리고 무슨 미술품을 보았는지보다는 특이하고 웅장한 건물의 모습만 머리와 눈에 담고 가는 꼴이 테이트모던에서는 최소한 일어나지 않는다. 미술관은 외관이 아니라 내부의 전시 예술품이 더 중요하고, 그래서 건물의 화려함과 거대함에 예술품이 눌려서는 안 된다. 미술관의 주인은 그림이지 그림을 담는 그릇이 되어서는 안 된다는 말이기도 하다.

테이트모던을 유명하게 만든 것이 또 있다. 개관 당시부터 이어져 내려오는 독특한 전시 방법이다. 테이트모던 이전의 미술관들은 보통 연대순이나 작가별로 전시를 했다. 미술 장르별로 전시하는 곳은 테이트모던이 처음이었다. 개관 때는 '인물, 역사, 풍경, 정물'의 프랑스 아카데미가 구분한 방식으로 전시해서 화제를 불러일으켰다. 처음 시도하는 방식이니 그럴 만도 했다. 테이트모던 이후에는 세계 미술관들이 이런 방식으로 전시하는 곳이 많아졌다. 이런 새로운 시도가 관람객들에게 신선하게 받아들여지고 해서 테이트모던이 빠른 시일 내에 세계 유수의 미술관으로 떠오른 셈이다.

도난당한 그림도 다시 사들이는 관장의 추진력

테이트모던의 급성장을 세계 미술관과 박물관계는 기적이라고 얘기한다. 그 기적의 중심에 1988년부터 지금까지 27년째 테이트미술관 그룹의 총관장으로 재임 중인 니컬러스 세로타가 있다. 영국의 미술 잡지 《아트리뷰 Art Review》는 2014년 10월 말 세로타를 세계 현대미술계의 영향력 있는 100인 중 1위에 올려놓았다. 세로타의 능력은 테이트모던을 꾸려가기 위한 자금 조달에서 나타난다. 테이트모던은 분가 때 정부로부터 5200만 파운드만을 보조받았는데 결국 분가 비용으로 1억3500만 파운드가 들었다. 부족한 돈 8300만 파운드는 세로타가 지휘해서 메웠다. 뿐만 아니다. 2억1500만 파운드를 들여 짓는 신관(완공되면 현재 면적의 60퍼센트 확장) 건설 자금 조달에서도 세로타의 실력은 드러나고 있다. 테이트모던은 정부로부터는 신관 증축 예산의 겨우 20퍼센트에 해당하는 4300만 파운드만 받았다. 이후 2013년 7월 테이트모던은 이스라엘 부호로부터 100만 파운드를 기부받았다. 계속되는 기부 덕에 증축 비용 모금은 이제 필요액의 95퍼센트까지 이뤄졌다. 완공 예정인 2016년까지 100퍼센트 모금이 가능할 전망이다. 이런 놀라운 모금에는 유대인인 세로타의 유대인 인맥이 한몫하고 있음도 부정할 수 없다. 1000여 명의 직원을 이끌며 운영 자금은 물론 신축 자금 모금까지 완벽하게 해내는 세로타가 장기 집권한다고 누가 그 권위를 흔들 수 있겠는가?

세로타의 능력은 테이트모던이 독일 프랑크푸르트의 쉰미술관에 대여해준 터너 작품을 도난당했다가 돌려받는 과정에서도 빛났다. 1994년 도둑맞은 그림의 보상으로 테이트모던은 보험회사로부터 피해보상금(2400만 파운드)을 받았다. 물론 도둑들은 범행 즉시 잡혔지만 이미 그림은 사라졌고 범인들은 오랜 재판 끝에 11년형을 받았음에도 끝까지 그림의 소재지를 밝히지 않았다. 범인들도 밝힐 수 없는 사정이 있었다. 그들이 그림을 넘긴 사람이 스테보라는 별명을 가진 유고슬라비아 마피아 두목이었기 때문이다.

어느 나라 경찰이나 그런 정황을 알면서도 증거가 불충분해 스테보를 체포할 수가 없었다. 그림은 그대로 영원히 사라질 판이었다. 여기서 세로타의 기지가 발휘되었다. 세로타는 모험을 해서 그림의 법적 소유주가 된 보험회사(보상금이 지불되었으므로)로부터 도난 그림의 소유권을 보상금의 3분의 1 가격인 800만 파운드에 사들인다. 테이트모던으로 봐서는 큰 도박일 수밖에 없었다. 도둑으로부터 그림을 돌려받으리라는 보장이 없는 상태였기 때문이다. 그러고 나서 테이트모던은 '코발트 작전'이라 명명된 도둑들과의 협상을 시작했다. 결국 유명 변호사들을 중간에 끼고 협상한 끝에 370만 파운드로 그림을 회수했다. 보험회사에 그림 소유권을 돌려받기 위해 지불한 800만 파운드를 합하면 도합 1170만 파운드를 들여 그림을 회수한 것이다. 보상금으로 받은 2400만 파운드에서 이 같은 비용을 제하더라도 무려 1230만 파운드의 이익을 낸 셈이다.

　도둑과 협상하고 그들에게 돈을 준 것은 도덕적으로 문제가 될 수 있었다. 그러나 세로타는 도둑에게 몸값을 지불한 것이 아니라 그림이 있는 곳으로 가는 길에 대한 정보의 대가를 지불했을 뿐이라고 했다. 영국인다운 말장난이고, 또 이익을 위해서는 부모의 살인자와도 거래한다는 영국인다운 행동이기도 했다. 테이트모던으로 봐서는 옳고 그름은 차치하고라도 일단 그림을 찾고 거액의 돈도 남기게 되었으니 손해나는 장사를 한 것은 아니다.

🔍 **Keyword 12 : 터너상**   Search

자국 현대미술을 후원하기 위해 테이트브리튼 주관으로 1984년 제정된 대표적인 현대미술상. 한 해 동안 가장 주목받은 예술가를 선정해 12월에 발표한다.

올해 최고의 예술가는 누구인가?

한국에서 온 지식인 손님들도 '영국인 화가'라는 말을 꺼내면 금방 의아한 표정을 지으며 "아니 영국에도 화가가 있었나요?"라고 한다. 농담이 아니고 진심인 듯하다. 주위의 친한 영국인을 놀리고 싶을 때는 모르는 척하고 한국 손님들이 내게 한 질문을 똑같이 던져보라. 반응이 아주 재미있을 것이다. 유머 내공이 별로 없는 영국인이라면 농담이 섞인 질문자의 딴지의 의도를 모른 채 온 얼굴을 붉히며 진지하게 "프랑스 인상파에 지대한 영향을 준 J.M.W. 터너를 모르냐"라고 의기양양하게 말할 것이다. 그러고는 목에 핏대를 올려가며 윌리엄 호가스, 토머스 게인즈버러, 존 컨스터블의 이름을 늘어놓는데, 이쯤 가면 벌써 거의 밑천이 드러나는 게 눈에 보인다. 만일 조수아 레이놀즈나 윌리엄 블레이크까지 거명한다면 영국 사람 중에서도 상당히 미술에 조예가 깊은 편에 속한다.

그런데 열심히 설명한 영국인에게는 미안한 얘기지만 이들은 영국 내에서나 알려진, 그나마 영국 미술이 발아하기 시작하던 18~19세기 화가들이다. 유럽에서 엄청난 명화들이 그려지던 르네상스 시대나 인상파라는 희대의 화풍이 나오는 근대에 들어와서도 영국 밖으로 이름이 알려진 영국 화가는 거의 없다. 내가 가장 좋아하는 19세기 화가 그룹 '라파엘 전파前派'의 단테 가브리엘 로세티, 존 에버렛 밀레이, 윌리엄 홀먼 헌트 같은 뛰어난 화가들을 아는 외국인은 정말 영국 미술을 좋아하는 사람일 정도로 영국 화가들은 세계적으로 안 알려져 있다.

런던, 아트스쿨, 터너상이 모여 현대미술을 완성하다

현대미술로 들어오면 얘기는 달라진다. 영국 작가들이 차지하는 비중은 그 어느 나라보다 높다. 조각가 헨리 무어를 비롯해 루시안 프로이트, 데이비드 호크니, 프랜시스 베이컨 같은 화가들은 이미 세계적 명성을 누리고 있어 엄청난 고가에 그림이 팔린다. 시각, 설치, 조형, 개념 예술 같은 장르에서는 영국 작가들을 빼고는 거의 말이 안 될 정도로 위상이 대단하다. 2012년 런던올림픽 상징탑을 설계한 아니쉬 카푸어를 비롯해 길버트 앤 조지, 앤서니 곰리, 크리스 오필리, 데미안 허스트, 스티브 매퀸, 트레이시 에민, 리처드 롱 등이 그런 작가들이다. 이 작가들은 모두 터너상 수상자이다. 영국 현대미술은 터너상 이전과 이후로 갈라진다는 말이 있을 정도다. 그만큼 터너상이 끼친 영향이 크다는 뜻이다.

터너상 수상자들의 3분의 2가 런던에 소재한 아트스쿨 출신이다. 그중에서도 동부 런던에 위치한 골드스미스와 시내 중심에 있는 센 마틴 출신이 3분의 1이 넘는다. 이렇게 런던, 아트스쿨, 터너상, 이 3가지 요소가 모여 런던이 세계 현대예술의 중심지 중 하나가 된 것이다.

흔히 터너상 수상 작가들을 '영국 젊은 작가YBA: Young British Artists'라 부른다. 초창기 YBA 멤버들은 거의 한 사람의 후원자 찰스 사치에게 빚진 바가 크다. 사치는 세계 최대의 광고회사를 운영해 번 돈으로 1980년 초부터 세상에 전혀 알려지지 않은 영국의 젊은 현대 작가 작품을 사들이기 시작했다. 특히 에민과 허스트는 사치의 전폭적인 후원을 받았다. 그때 수집품으로 만든 사치갤러리는 연간 120만 명이 관람할 정도의 명문 미술관이 되었다. 사치가 사면 해당 작가의 명성은 하루아침에 올라간다. 그래서 사치를 '현대예술의 메디치'라고 하는 사람도 있다.

2013년 터너상 수상자는 12월 2일 북아일랜드 런던데리에서 발표되었다. 터너상 수상작 전시가 잉글랜드를 벗어난 것은 처음 있는 일이었는데, 여기서 프랑스 국적으로 영국에서 활동하는 로르 프로보스트가 최종 수상자가 되었다. IRA(북아일랜드무장저항군)의 테러로 북아일랜드가 피로 물들던 시절 영국군이 주둔하던 군인 막사를 40억 원을 들여 개조한 전시장에는 수상자 프로보스트의 대표작 〈원티Wantee〉를 포함해 최종 후보 4명의 작품이 전시되었다.

터너상은 1984년 영국 현대미술을 후원하기 위해 테이트브리튼 주관으로 시작되었다. 영국 회화의 자존심 J. M. W.(조지프 말로드 윌리엄) 터너(1775~1851)의 이름을 따서 터너상이라 명명했다. 이런 이유로 구겐하임재단의 휴고보스상, 막스마라상처럼 세계 유수의 예술상이 후원업체의 상품명으로 상 이름을 짓거나 바꾸는 풍조에도 불구하고 터너상은 그 이름을 바꿀 것 같지 않다. 상금 후원을 받기는 해도 말이다.

터너상을 주관하는 테이트브리튼은 각설탕을 처음 만들어 떼돈을 번 헨리 테이트라는 영국의 19세기 기업인이 사 모은 19세기까지의 영국 회화를 중심으로 세워졌다. 그리고 인상파를 비롯한 20세기 회화를 전시하기 위해 만든 분관이 런던 관광 필수 방문지인 테이트모던이다. 터너상은 원래 50세 이하의 영국 작가들을 대상으로 수상작 선정이 시작되었으나 이제는 영국을 중심으로 활동하는 작가로 확대되었다. 심사위원회에서 최종 후보를 선정하며, 어떤 신청이나 추천도 받지 않는다. 선정된 화가는 이미 전시된 작품을 전시할 수도 있고 터너상을 위해 새로 작품을 만들기도 한다. 1등 상금은 2만5000파운드(4400만 원)이고 최종 후보에 포함된 3명은 각각 5000파운드(900만 원)의 상금을 받는다.

도발적이고 기괴하기까지 한 작품들

터너상 작품은 늘 사람들을 충격으로 몰아넣는 것으로 유명하다. 그래서 터너상에 관한 언론 기사에는 항상 '논란이 될 만한controversial', '도발적인provocative' 같은 단어가 반드시 들어간다. 그만큼 터너상 작품은 일반인의 예상을 뛰어넘는 '비상한unconventional' 작품들이다.

그중에서도 1995년 수상작 데미안 허스트의 〈분리된 엄마와 아이Mother and Child, Devided〉가 비상한 대표작으로 제일 먼저 거론된다. 지금까지 이 작품을 넘어설 만한 충격을 준 작품이 없었다. 포르말린 액체가 채워진 직사각형 장방형 유리 상자 4개 안에 머리에서 꼬리까지 정확하게 반으로 갈라진 어미와 아기 소가 담겨 2줄로 2개씩 세워져 있어, 관람객들이 그 사이를 지나가면서 볼 수 있게 해놓은 작품이다. 소 내장, 두개골뿐 아니라 뼈, 근육까지 그대로 드러난 모습은 '초현실적인', '야만적 공격성의 극치'라는 평가를 받았다. 영국은 물론 국제적으로 엄청난 논란을 불러일으켰다. 덕분에 허스트는 갑자기 세계적인 명성을 누리게 되었고 현존하는 영국 작가 중 가장 고액의 작품가를 받게 됐다. 수년 전 8601개의 다이아몬드로 장식된 〈신의 사랑을 위하여For the Love of God〉라는 해골 작품은 1억 달러(1100억 원)에 낙찰되었다. 생존 작가의 단일 작품으로는 최고가였다.

다음은 트레이시 에민의 〈내 침대My Bed〉일 것임이 분명하다. 비록 트레이시 에민은 1999년 비디오 아티스트 스티브 매퀸에 밀려 터너상을 수상하지 못했지만 그의 작품은 각종 매체로부터 엄청난 각광을 받았다. 금방 자다가 일어난 듯한 이불로 어질러진 침대와 콘돔, 혈흔이 묻은 팬티 같은 물건들을 주변에 늘어놓아 방 안 풍경을 재현한 작품이다. 이 작품이 세상을 충격으로 몰아넣은 이유는 '야만적 공격성' 때문이 아니라 '의외성'이었다. 사람들은 "아니 세상에! 어떻게 이런 것도 예술이 될 수 있어? 기가 막혀!"라는 반응을 보이며 놀라움을 금치 못했다. 세계 유수 미술비평가들이 20세기 예술에 최고의 영향을 끼친 작품이라 뽑은 마르셀 뒤샹의 〈샘Fontaine〉이라 명명된 소변기 이후 '작가의 노력이 최고로 안 들어가고 명작이 된 작품'으로 유명해졌다. 이 작품으로 에민도 갑자기 세계적 스타가 됐고 그 이후 그녀의 이런 황당한 설치작품 값은 엄청나게 올랐다. 사실 에민은 영국에서는 1997년부터 이미 유명한 인사였다. 그해 터너상 수상 작품을 평하기 위해 모인 비평가들의 TV 생방송에 술에 취한 채로 나타나 욕까지 하면서 주정을 부린 사건 때문이다. 확인된 바는 없지만 1997년 터너상 수상작 질리언 웨어링의 〈60분의 침묵Sixty Minute Silence〉에 대한 헌정으로 준비된 기

데미안 허스트가 2015년 발표한 〈채러티〉.

획 퍼포먼스였다는 말도 있다. 어찌되었건 에민은 이 사건과 그녀의 작품이 주는 이미지들로 인해 비슷한 작품으로 활동하는 친구 사라 루커스와 함께 '악녀Bad Girl'란 애칭으로도 불린다.

이렇게 터너 수상작보다 후보작이 더 유명해진 경우는 또 있다. 2003년 터너상 최종 후보였던 채프먼 형제의 〈죽음Death〉이다. 이 작품은 바람이 잔뜩 들어간 싸구려 비닐 튜브 형태로 만들어진 남녀가 서로 반대 위치에서 오럴섹스 하는 장면을 묘사했다. 실제는 비닐이 아니고 동에다가 비닐 튜브처럼 보이게 칠한 것인데 작품의 노골적인 음란성과 저속성에 놀라 화제가 되었다. 전시장 입구에는 아이를 동반한 부모들을 위한 재미있는 표지판이 붙어 있었다. 그 말은 바로 '건강 경고health warning'였다. 수상자 그레이슨 페리는 작품으로 사람들을 충격에 몰아넣지 못한 점이 못내 억울했는지 수상식에 여자 옷에 화장까지 하고 나와 "에섹스에서 온 동성애자"라고 자신을 소개해 결국 분을 풀고 말았다. 페리는 최근 여장을 하고 런던 유명 호텔에서 영국 최고의 인기 드라마 시리즈 〈닥터 후〉의 전 여주인공인 유명 가수 빌리 파이퍼가 보는 앞에서 그녀의 남편과 열정적인 키스를 나눠 언론을 장식하기도 했다.

나는 데미안 허스트와 트레이시 에민의 두 작품을 직접 보는 행운을 누렸다. 1995년 허스트의 〈분리된 엄마와 아이〉는 테이트브리튼에서 수상 직후 전시할 때 처음 접했는데, 그때의 충격은 지금도 생생하다. 유리관들 사이를 걸으면서 전기충격을 받았다고 고백해도 될 듯하다. 머리에서부터 다리까지 전류가 쏠고 지나가는 듯했다. 롤러코스터를 타고 아래로 내려가면서 몸이 쏟아져 내릴 때 받는 느낌, 순간적으로 오금이 저리고 온몸이 옥죄는 것 같은 그런 기분이었다. 지금 돌이켜봐도 결코 유쾌한 기억은 아니다. 어떤 사람은 그 사이를 지날 때 눈물이 날 정도로 감동을 받았다고 하기도 했다. 하지만 많은 사람이 구토의 기미를 느끼기도 하고 실제로 토한 사람도 있다. 어쨌든 작품은 '의도적 도발성'부터 동물 학대 논쟁까지 엄청난 논란을 불러일으켰다. 처음 작품 제목을 봤을 때 가톨릭에 대한 은유적 도전 같다는 느낌도 들었다. 통상적으로 유럽에서 '엄마와 아이'라는 이름이 들어간 작품의 의미는 성모 마리아와 아들 예수를 뜻하기 때문이다. 런던 시내 세인트폴성당에 있는 무신론자인 헨리 무어의 〈엄마와 아이〉 조각마저도 보통 성모상으로 해석된다.

테이트모던에서 트레이시 에민의 〈내 침대〉를 처음 봤을 때는 이미 터너상 출품작의 기괴함에 익숙해져서 별로 놀라지는 않았다. 그래도 '이제는 정말 별것이 다 예술이 되는구나' 하는 생각은 분명했다. 동시에 '이런 식으로 가면 앞으로의 예술가들은 정말 힘들겠다'라는 동정심도 생겼다. 어떻게 세상에 존재하는 수많은 예술가가 하나같이 다른 사람이 만들지 않은, 하늘 아래 처음인 작품을 매번 만들 수 있을까 하는 동정 말이다. 현대예술 제일의 명제는 아름다움이 아니고 창의성이어야 한다라는 말마저도 이제는 진부해졌다. 여태까지 어느 누구도 시도해본 적 없는 재질을 어떻게 찾고 기법을 고안해낼 수 있는가 하는 궁금증은 지금도 있다.

가장 영국적인 시각예술상

보통 영국 하면 보수적이라는 인상을 받지만 사실 영국만큼 시대 조류에 맞춰 매번 새로 태어나는 나라도 드물다. 그래서 터너상은 가장 영국적인 상이다. 세계 최고의 시각예술상이라 평가되는 터너상이 추구하는 바는 '영국 현대예술의 다양성diversity'이다. 다양한 시각예술의 즐거움을 맛보라는 뜻이다. 이렇게 터너상 제정 취지에 맞춰 출품작들은 매년 누가 더 자극적인가 하는 경쟁을 하는 듯했다.

그런데 2013년 터너상은 영국 언론 표현대로라면 '무서운 아이들enfant terrible'이 갑자기 '어른스러워지고', '익었고', '섬세해져' 당황했다는 평이 나올 정도였다. 후보작 모두 별로 공격적이거나 기괴하지도 않고 그냥 평범했다는 말이다. 어떤 평론가는 "현대예술은 너무 잘 알려져서 이제는 더 이상 소리 지를 필요가 없다고 생각하는 것 같다"라고 했다. 기괴하고 공격적이라고 난리 치던 사람들도 이제는 "작품들이 날카로움edge을 잃어버렸다"라며 섭섭해하는 듯하다. 금년에는 또 어떤 충격적인 것들을 들고 나와 놀라게 해줄까 하고 잔뜩 기대했는데 너무 얌전해서 실망했다는 뜻이다. 그래서 어떤 평론가는 "이제는 터너상도 제도화된 개념예술institutionalised conceptual art에 불과하다"라고 혹평했다. 그러면서 "하긴 지난 30년 동안 영국인은 축구 시합보다 현대미술관에 더 많이 갈 정도로 평범하고 일반화되어 이제는 별것 아니다"라고 조롱한다. 현대인은 이제 웬만한 작품에는 별로 놀라지 않는다는 지적이다. 그래서 이제는 터너상이 다른 방향을 모색해야 할 때인 것 같

2013년 터너상 수상자 로르 프로보스트와 그의 작품 〈원티〉.

기는 한데 그 일이 쉬울 것 같지 않다. 사실 2013년 수상작들도 만만치 않다. 세계 최고 시각미술상 최종 후보작들이라는 사실을 모르고 본다면 "뭐 이런 것이 있어"라고 할 정도다. '임금님의 새 옷'이 안 보인다고 말 못하는 이솝우화 왕국의 사람들처럼 감히 말은 못해도 감동받았다고는 할 수 없을 작품들이다.

2013년 터너상을 받은 프랑스 국적의 로르 프로보스트는 어두운 방에서 존재하지 않는 조부모의 가상 스토리를 관객들에게 보여주는 작품을 들고 나왔다. 조부는 개념예술 작가이다. 조부가 만든 찻주전자를 동원해 다 끝난 티파티를 보여주는 모습은 영국 동화 《이상한 나라의 앨리스》의 티파티를 떠올리게 한다. 관람객들은 티테이블 앞에 놓인 의자에 앉아 벽에 걸린 TV를 통해 할머니의 꿈에 나오는 비디오를 볼 수 있다. 오토바이를 타고, 디스코를 추고, 노트북 컴퓨터에 달걀을 부치고, 가시 없는 알로에를 새로 키우는 등의 아주 복잡한 이야기가 담겼다. 이를 두고 비평가들은 초현실적 순간이 담긴 필름을 이용한 설치미술 전문 예술가의 가족사가 담긴 달콤하고 향수 짙은 작품이라고 설명한다.

다른 후보작들을 보자. 리네트 돈블라치의 작품은 사람의 흰 눈이 강조된 검은 색조 6개의 유화로 구성되어 있다. 전시장 조명이 어두워지면 특수한 조명이 비친 불타는 듯한 흰색 눈이 관객을 쏘아보듯 응시해 섬뜩한 작품이다. 티노 시갈의 〈이것이 교환이다This is Exchange〉는 터너상의 첫 '실연 설치 미술live installation'이다. 아무것도 없는 방에서 관람객들은 검은 티셔츠를 입은 '통역'이라 명명된 자원봉사자들과 마르크시즘, 환율, 심지어는 실업문제와 같은 내용의 시장경제에 관한 대화를 나누어야 한다. 대화가 끝나고 받은 암호를 안내소에 얘기하면 2파운드를 받는다. 왜 1파운드나 3파운드가 아니고 2파운드인지는 아무도 모른다. 사진이나 촬영을 전혀 못하게 해서 어떤 상황이 벌어지고 있는지 전시실에 들어가봐야 한다.

데이비드 슈리글리의 작품은 남자 나체 등신상이다. 전시장 중간에 조각상을 세워놓고 관객들에게 스케치를 권한 뒤 그것들을 사면 벽에 전시한다. 관객의 참여를 유도해서 작품이 완성된다. 나체상의 성기에서는 물이 나와 방뇨를 하는 것처럼 보인다. 당시 전문가들은 티노 시갈과 리네트 돈블라치 중에서 하나가, 도박사들은 데이비드 슈리글리가 수상할 것으로 예상했으나 의외로 프로보스트가 수상했다.

터닙상으로 터너상을 비꼬다

터너상을 수상하는 날이면 늘 불청객들이 등장해 전시장 앞에서 이상한 가면과 복장으로 꾸민 뒤 데모를 한다. 이들은 설치미술이나 개념미술을 배척하는 조형미술가들의 국제운동기구 '스터키즘Stuckism' 회원들이다. 2013년은 북아일랜드에서 개최되어서인지 조용했는데 다른 불청객이 어김없이 등장했다. 바로 '터너상 작품은 예술이 아니고 농담에 불과하다'라고 비꼬면서 만든 터닙Turnip상인데 터너상과 같은 시기에 수상식이 열린다. 1999년 트레이시 에민의 〈내 침대〉가 터너상 후보가 된 것을 보고 분개해서 서머싯 지방의 조그만 웨드모아 마을의 조지호텔에서 시작된 상이다. 이 상의 규정은 '터닙상은 쓰레기rubbish 같은 상이라 어떤 작품을 내도 좋은데 반드시 쓰레기여야 한다'이다. 산파, 장의사, 영국항공 직원, 제빵사, 바텐더 같은 별별 사람들이 다 수상했다.

2013년에도 터너상과 같은 날 발표되었다. 영국 언론들은 두 상의 수상작품 사진을 비교해서 보여주길 좋아한다. BBC가 보도한 것을 보면 건전지에 국화를 꽂은 것, 대팻밥, 가스레인지 그릴, 뚜껑이 약간 열린 유리병 같은 작품들이 출품되었다. 수상작은 〈단어 장난Play on Words〉이다. 영어사전 위에 윌리엄 셰익스피어의《맥베스》포켓판을 비스듬히 올려놓은 작품이다. 심사위원의 선정 이유는 "작품을 만들기 위해 작가가 수고한 것이 전혀 없는 점을 높이 샀다"이다. 트레이시 에민이 자기 침대를 그냥 내놓은 것을 통렬히 비꼬는 수상평이다. 영국인의 유머는 누구도 못 말린다.

> 🔍 **Keyword 13 : 월드컵 축구**　　　　　　　Search

국제축구연맹(FIFA)에서 주최하는 세계적인 축구 경기. 1930년 우루과이에서 1회 대회를 치른 뒤 4년마다 열리는, 단일 종목으로는 세계에서 가장 큰 스포츠 행사다.

축구 종주국을 위한 변명

축구 종주국 잉글랜드가 2014 브라질월드컵 16강 문턱에서 주저앉았다.(참고로 영국은 세계에서 유일하게 한 나라에서 잉글랜드, 스코틀랜드, 웨일스 세 지방이 각각 월드컵에 출전할 수 있다.) 그것도 단 1승도 못 거두고 1무2패로 56년 만에 조별리그에서 탈락했다. 이탈리아에 이어 우루과이에도 지는 순간, 이미 잉글랜드의 16강 진출은 불가능했다. 1994년 미국월드컵 때처럼 아예 예선을 통과 못해 본선에 못 나간 경우는 있었지만 일단 본선에 나가면 16강까지는 올라간 게 잉글랜드다. 조별리그 탈락은 56년 전인 1958년 스웨덴월드컵 이후 2번째다. 이렇게 해서 '유럽 축구 강국'이라는 잉글랜드는 1966년 안방에서 열린 영국월드컵 이후 우승한 적이 없는 불명예의 기록을 유지하게 되었다.

반드시 이탈리아가 이겨야 한다

브라질월드컵 본선이 치러지던 때, 영국인들은 잉글랜드 팀이 이탈리아와 우루과이에 지고 난 후에도 6월 20일 이탈리아 대 코스타리카 시합을 손에 땀을 쥐고 보았다. 이탈리아가 코스타리카를 이겨주고, 잉글랜드가 코스타리카를 이기고, 그런 다음 이탈리아가 다시 우루과이를 이겨주면, 자신들이 16강에 올라갈 수 있다는 실낱같은 희망을 걸고 말이다. 그래서 온 영국이 이탈리아를 응원했다. 차라리 구걸 행각이라고 해야 할, 이탈리아를 향한 전 국민적 구애가 벌어졌다. 비록 자신들을 짓밟고 지나간 이탈리아지만 그들의 승리를 빌고 또 빌지 않으면 안 될 상황이었다. 자력으로는 도저히 살아남지 못하니 이탈리아가 이기기만을 빌 수밖에 없었다. 이 애타는 상황을 묘사한 영국 신문 기사 제목들을 모아보면 영국이 얼마나 한심한 지경에 이르렀는지 알 수 있다. '수아레스에 의해 유린당해Savaged by Suarez 아구창이 돌아갔고Kicked in the teeth(아무리 다른 점잖은 표현을 찾아봐도 어떻게 다르게 설명할 방법이 없다. 독자들의 용서를 구한다) 상처에 소금이 뿌려졌다Added insult to injury'. 그래서 결국 영국은 '승점도 없고, 희망도 없고, 이길 수도 없는Pointless hopeless winless' 신세가 되었다. 제목을 이어서 문장을 만들면 눈물겨워서 못 본다. 이탈리아라는 '지푸라기 하나에 매달리고Clutches at a straws 더 이상 가늘 수 없는 실 끝에 매달린Hang by slimmest thread' 신세로 전락해서 '이제 영국의 운명은 신에게 달렸다Now England's fate is in the hands of the gods'. 그래서 '영국은 지금 기적이 필요할 것이다Now England will need a miracle'. '이탈리아가 도움을 주기를 기도하자Praying for a favour from Italy'.

영국이 우루과이에 진 2014년 6월 20일과 이탈리아가 코스타리카와 시합을 하는 21일 사이만큼 이탈리아인들이 영국인의 사랑을 받아본 적도 없을 듯하다. 영국 신문에는 이탈리아어로 이탈리아를 응원하는 구호를 가르치는 기사까지 나왔다. 예를 들면 '이탈리아 이겨라Forza Azzurri', '끝까지 싸워라 Fino alle fine', '발로텔리, 내 모든 것을 다 줄게Balotelli, per te darei la vita mia' 등등이다. 게다가 영국 최고의 인기 TV 프로그램 〈매치 오브 더 데이〉의 축구 해설자이자 1986년 월드컵 본선에서 무려 6골을 넣어 최고득점자로 영국의 영웅이 된 게리 리네커마저 브라질월드컵 현장 해설에서 이탈리아 국기가 그려진 티셔츠를 입고 나와 은근히 이탈리아에 추파를 던졌다.

이렇게 영국인들이 안달하는 와중에 이탈리아 대표팀 중 '수퍼 마리오'라는 별명을 가진 마리오 발로텔리가 영국인들의 약을 올렸다. 맨체스터 시티 클럽에 있을 때 악동이었던 그는 결국 EPL에서 못 견디고 고향 이탈리아로 돌아간 전력이 있다. 그런 그가 트위터에 '만일 우리가 이겼을 때 엘리자베스 여왕이 키스를 해주겠다고 하면 열심히 한번 뛰어보겠다. 물론 볼에다가 해주어야 한다'라는 글을 남겼다. 할머니가 입술에 하는 키스는 노 땡큐라는 빈정거림이다. 자신을 팔아버린 영국에 대한 반항이랄까?

하지만 이탈리아마저도 결국 영국인들의 간절한 염원을 저버렸다. 잉글랜드 팀이 16강에 올라갈 수 있는 3번의 '만일'이 하나도 이루어지지 않았다. 이탈리아가 코스타리카와 우루과이에 모두 졌고 잉글랜드도 코스타리카와 비겼다. 잉글랜드의 탈락이 확정되던 날, 영국 신문들은 '끝The End', '우린 끝났다We are through', '아디오스! 잉글랜드'라고 산뜻하게 제목을 달았다.

월드컵에만 가면 힘을 못 쓰는 이유

잉글랜드 팀은 1966년 월드컵 우승 이후 1990년 이탈리아월드컵에서 4강에 오른 게 최고의 성적이다. 당시 3·4위전에서 이탈리아에 져서 4등에 그친 것이 지난 54년간의 최고 성적이란 뜻이다. 그 외의 월드컵에서는 우승은커녕 결승전에도 못 올라갔다. 축구 종주국이라는 잉글랜드는 왜 월드컵에서 부진할까? 전 세계 축구팬들이 궁금해하는 이 의문을 영국을 향한 비판과 변명으로 풀어보자. 괄호 안은 영국의 변명들이다.

'잉글랜드는 유명 선수들이 많은, 돈 많은 클럽을 여럿 가지고 있지 않느냐'(클럽에서 뛰는 선수들이 다 영국 국적은 아니다), '그래도 영국 국적의 명선수들도 많지 않은가'(명선수들이 많다고 꼭 시합을 잘하는 것이 아니기에… 웨인 루니는 이번에 겨우 월드컵 첫 골을 넣을 정도로 집 밖, 특히 큰 시합 울렁증이 있어 그동안 월드컵에만 나가면 발이 오그라들었다), '그래도 축구의 종주국인데'(영국이 종주국인 스포츠는 축구 말고도 테니스, 럭비 등 많은데 그런 종목에서도 영국의 실적은 초라하다), '가장 오래된 FA컵 시합 같은 축구 역사를 가지고 있지 않은가'(역사가 오래되었다고 다 뛰어난 것은 아니다. 그럼 문명의 발상지 중국이나 이집트가 모든 상을 독점해야 한다), '축구가 자신의 삶의 모든 것이라고 할 만큼 열성적이고 충성스러운 2500만의 광 축구팬이 있지 않느냐'(축구팬이 선수로 뛰지는 않으니… 그런데 2500만이라는 숫자는 어디서 나왔나? 이 숫자면 영국 인구 6500만 명 중 여자를 제외한 남자 인구 중 2세 이하를 뺀 나머지 모두다. 2세 이상의 남자는 모두 축구팬이고, 여자 팬은 영국민 중 1명도 없다는 계산이다. 이건 영국과 아일랜드에 발행되는 일간 타블로이드《선》의 의견이다).

잉글랜드 팀의 조별리그 탈락은 웨인 루니의 말처럼 "댈 만한 핑계가 없다"라는 게 영국 언론의 거의 일치된 평이다. 과거의 어느 월드컵 시합보다도 더 훌륭한 스태프들이 브라질로 갔다. 72명의 스태프들이 선수들을 돕기 위해 대기하고 있었다. 그중에는 시합 전후 선수들의 심리안정을 도울 스포츠심리 전문의사를 비롯해 영양사, 조리사, 심지어는 잔디 전문가, 선수들이 너무 더워하면 뛰어가서 물을 뿌려줄 스프레이 담당까지도 배치했다. 선수들도 역대 최고 수준에다 축구 경력에 따라 맞춤 선발되었고, 감독도 선수들과 호흡이 잘 맞았다. 선수들의 몸 상태도 최고였다. 어디 하나 흠잡고 핑계

댈 만한 것 없이 모든 것이 완벽한데 좋은 성적을 못 냈으니 기가 막힐 노릇이다. 더 기가 막힐 노릇은 잉글랜드 팀의 문제가 무엇인지 아무도 모른다는 것이다.

바로 이 점을 《선데이타임스The Sunday Times》의 축구 전문기자가 잘 짚어내었다. 그는 잉글랜드의 탈락 원인을 'Familiar tale of inadequacy as hope sabotaged by old failing'이라고 간단히 분석했다. 이를 풀어보면 '이미 과거에도 여러 번 반복되어 너무 익숙하고, 그래서 더욱 고쳐지지 않는 잉글랜드 팀의 수준미달이 희망을 망가뜨렸다'이다. 그는 또 결론에 에둘러서 쓰긴 했지만 '잉글랜드 팀의 경기는 단조롭고 무미건조했다'라고 지적했다. 새로운 시도와 모험 없이 너무 안전하게만 시합을 했다는 뜻이다.

야성미를 잃은 야생마의 최후

만일 누구도 진단을 낼 수 없다면 영국인(정확히 얘기하면 잉글리시인데 이제부터는 그냥 영국인이라고 통칭해야 할 듯하다) 특유의 심성을 살펴보는 방법으로 접근해보면 어떨까. 《선데이타임스》 기자의 말대로 감독이나 선수들이 모험도 하지 않고 안전하게만 시합하려는 태도 같은 것들 말이다. 다시 말하면 크지도 않은 섬나라 영국을 해가 지지 않는 대제국으로 만든 것이 영국인의 꺼지지 않는 진취력과 모험심인데, 영국인들은 이제 그런 야성을 잃어버렸다는 뜻이다. 사실 영국인이 제일 무서워하는 것이 군중들 속에서 튀거나 나서서 왕따bullying를 당하는 것이다. 영국인들은 어디를 가나 자신이 입은 옷이 튀어서 남의 눈에 띄는 것을 싫어한다. 그래서 무난하게 어울리는 옷을 골라 입으려 부단히 노력한다. 남의 눈에 띄는 옷을 입고 폼 좀 내보고자 하는 것이 보통 사람들의 심성이라면 영국인은 보통 사람들이 아니다. 피치 못할 상황으로 자신의 선택과는 달리 갑자기 혼자 살아갈 수밖에 없게 됐을 때, 대개의 영국인은 지옥을 경험하는 느낌일 것이다.

축구는 단체운동이다. 단체운동은 아무리 뛰어난 선수라도 동료들의 협조가 없으면 절대 좋은 경기를 펼칠 수 없다. 그래서 협동해야 하는 게 축구다. 특히 영국인들의 심성을 고려하면 영국 축구에서는 혼자 잘난 선수가 나오기 힘들다. 아무리 재능이 뛰어난 선수라도 결국은 무리에 어울리는 선수가 될 수밖에 없다는 말이다. 그러다 보면 야성이 무디어지고 둥글둥글한 선수가 되기 마련이다. 예를 들면 초창기 선수 시절 갖가지 말썽을 부리던 웨인 루니 이름을 언제부턴가 신문 스포츠면 밖에서는 볼 수 없게 되었다. 야생마가 얌전해진 것이다. 그래서 그런지 아직 그의 발이 녹슨 것은 아니지만 옛날의 그 날카로움은 사라진 듯하다.

또 잉글랜드에 2번의 결정타를 매겨 탈락의 쓴맛을 안겨준 우루과이 국적의 EPL리버풀 소속 선수 루이스 수아레스의 예를 들어보자. 그가 다 커서 영국에 온 덕분에 자신의 능력을 발휘할 수 있지, 만일 어릴 때부터 영국에서 컸다면 결코 지금의 야성을 발휘할 수 없었을 거라는 말도 있다. 수아레스의 야성과 맹목적인 열성을 이해하지 못하는 영국인(리버풀 팬들과 남미 축구를 이해하는 중남미인들은 제외)들은 그를 증오하고 미워한다. 물론 수아레스의 야성은 도를 넘어 기행으로까지 치달았다. 남아공월드컵에서 작정하고 골문에서 핸들링으로 공을 막아 결국 우루과이의 8강 진출을 결정적으로 도왔다. EPL 시합에서 상대방 선수 팔을 물어뜯어 10게임 출전 정지를 받기도 한 그가 브라질이 월드컵에서도 승부와 관련 없이 상대방 팔을 물었다. 인종차별 발언으로 8게임 정지와 4만 파운드의 벌금을 물기도 했다. 그러고도 2013년 '올해 최고의 선수'로 선정됐다. 축구에 대한 열정과 야성이 기행으로 발휘되기도 하지만, 동시에 이런 점이 대단한 성적을 내게 만든다고 봐야 한다. 그런데 체제에 순종하고 규칙을 지키고 범위 안에서만 살게 교육받은 유전자가 피 안에 흐르는 영국인들에게서는 그런 번득이는 천재성을 찾기 힘들다.

그래서인지 영국 선수들은 규칙이 지켜지는 영국 안에서, 늘 같이 뛰어 익숙한 팀과 시합할 때는 뛰어나도 낯설고 물선 밖으로 나가면 힘을 못 쓴다. 현재 뛰고 있는 영국 출신 선수들 중 해외에 나가서 성공한 선수를 찾아보기 힘든 이유가 여기 있지 않을까. 영국 내에서 이름을 날리던 마이클 오언은 레알 마드리드에 가서 헤맸다. 그는 잇따른 부상 등으로 부진을 거듭하다 결국 영국으로 돌아오고 말았다. 그에 비해 영국 축구의 전설이자 축구선수로서 오빠부대를 처음으로 몰고 다닌 미남 데이비드 베컴은 크게 실패도 안 했지만 그렇다고 크게 성공하지도 않았다. 영국에서는 단독 플레이를 한다고 퍼거슨 감독에게 신발로 맞는 굴욕을 당하고 해외로 방출될 정도로 튀는 존재였지만, 결국 그도 영국인이었다. 천재적인 독자성과 실력으로 혼자 살아남아, 토박이 동료 선수들로 하여금 돕지 않을 수 없게 만들어야 하는 해외 클럽에서는 크게 성공하지 못했다.

그에 비하면 8530만 파운드라는 세계 최고 기록의 어마어마한 이적료로 레알 마드리드로 간 가레스 베일이 영국인으로는 유일하게 해외에서 성공하고 있는 사례다. 그는 영국인이라고 부를 수는 있지만 오언, 베컴과는 달리 잉글리시인이 아니라 웨일스인이다. 이런 점이 그가 살아남는 이유가 될 수 있는지 모르겠다. 해외에 나가서 말도 잘 통하지 않는 토박이 선수들과 어울려 뛰어본 경험 없이 안방에서만 뛰어본 잉글리시 선수들. 이들로 대표팀을 만든 잉글랜드 팀이 각기 다른 나라 클럽에서 산전수전 겪은 선수들로 구성된 다른 나라 팀들과 맞닥뜨리는 월드컵에 나가면 약할 수밖에 없다는 결론을 내린다면 견강부회인가?

브라질월드컵에서 잉글랜드 팀의 부진을 젊은 선수들의 국제경기 경험 부족으로 돌리는 보도도 있었다. 그 근거로 본선 참가 선수들의 '국가대표로

떤 국제시합 경력' 평균이 적다는 점을 들었다. 잉글랜드 선수들의 국제시합 횟수는 26.5회로 본선 32개국 선수단 중 27번째를 차지했다. 보스니아가 60회로 1등, 스페인이 58회로 2등, 우루과이가 48.5회로 3등이었다. 물론 2010년 월드컵 우승팀 스페인도 충격의 16강 탈락을 한 걸 보면 선수들의 경험이 많다고 반드시 좋은 것은 아니지만 그래도 잉글랜드 팀의 국제 경험 부족은 심각하다는 뜻이다. 참고로 국제시합 경력은 한국이 25.5회로 29등이고 프랑스가 30회이다. 한국을 대파한 알제리는 15.1회로 본선 진출 36개 팀 중 국제시합 경험이 가장 적다.

세계 최고의 명선수들이 가득한 잉글랜드 팀의 성적이 상대적으로 얼마나 나쁜지는 다른 통계에서도 드러난다. 이번 브라질월드컵 본선에 진출한 32개 팀의 지난 7개 월드컵 게임 성적을 보면 네덜란드가 6승 1패, 골득실차 9점, 포인트 18점으로 1위, 아르헨티나가 5승 1무 1패, 골득실차 5점, 포인트 16점으로 2등, 독일이 5승 2패, 골득실차 11점, 포인트 15점으로 3등, 스페인

2014년 월드컵 조별리그 2차전에서 잉글랜드는 우루과이에 패했다.

이 5승 2패, 골득실차 −1점, 포인트 15점으로 4등이다. 그런데 잉글랜드는 1승 3무 3패, 골득실차 −4점, 포인트 6점으로 23등이다. 잉글랜드의 1승은 2010년 슬로베니아에 1 대 0으로 이긴 단 한 경기다. 한국은 잉글랜드 바로 위인 22등이다. 이렇게 보면 잉글랜드 팀의 본선 탈락도 사실 놀랄 일이 아니다.(참고로 알제리는 무승에 2무 5패, 골득실차 −7점, 포인트 2점으로 31등이다.) 그래서인지 비참한 성적을 낸 로이 호지슨 잉글랜드 대표팀 감독을 욕하는 언론도 없고, 본인도 사임하겠다고 하지 않았다. 축구협회도 '유로 2016'까지 대표팀을 맡아 달라고 해서 그 뒤로도 감독 자리를 지켰다. 한국 같으면 현지에서 바뀔 정도의 성적인데 말이다. 결코 감독의 잘못이 아니고 자신들의 실력이 부족하다는 자인 같기도 하다.

경기 결과에 엇갈린 희비

잉글랜드 팀 16강 진출 실패를 제일 슬퍼하는 곳이 영국 펍들과 주류 회사들이었다. 월드컵 기간 영국 주류 회사의 판매고가 전주에 비해 무려 2770만 파운드가 늘었다. 1000만 리터의 맥주와 250만 리터의 사이다(사과주)가 더 팔렸다고 한다. 정말 술을 입에 달고 살았다는 뜻이다. 16강 진출 실패 후 사람들이 술을 사다놓고 잔을 기울이며 잉글랜드 축구팀의 경기를 보지 않으니 주류 회사나 펍들의 좋은 시절이 끝난 것이다.

잉글랜드의 조기 탈락을 좋아하는 사람들도 있었다. 바로 여행업계다. 16강 진출이 좌절되자 그동안 부진했던 휴가 예약이 50퍼센트 가량 늘 것이라는 예상이 나왔다. 4년마다 하필 여름휴가철에 열리는 월드컵 악몽에 시달리는 여행업계는 기대에 부풀었다. 잉글랜드 축구팀의 16강 진출 탈락을 기뻐하는 사람들은 여행업계 말고도 또 있었다. 바로 윔블던 테니스 대회 관련

인사들이다. 2014년 6월 23일부터 시작된 윔블던 테니스 경기는 만일 잉글랜드 축구팀이 16강에 올라 계속 시합을 했다면 세인들의 관심에서 밀릴 수밖에 없는 운명이었다. 다행히 잉글랜드가 빨리 떨어져 영국인들이 윔블던 테니스에 관심을 쏟을 수 있게 됐다. 2013년 자신들의 안방에서 열리는 윔블던 테니스 왕관을 '영국의 아들' 앤디 머레이가 차지했는데 2014년에도 이를 지킬 수 있도록 응원했다. 하지만 이 꿈마저도 좌절되고 만다. 영국은 테니스가 처음으로 시작된 나라이고 세계 4대 테니스 시합(US 오픈, 프랑스 오픈, 호주 오픈, 윔블던) 중 가장 권위 있다는 윔블던이 영국에서 열린다. 사실 영국이 종주국이라고 주장하는 또 하나의 운동인 테니스도 말이 종주국이지 그동안 영국인들은 안방에서 벌어지는 윔블던 시합에서 '손님'들끼리 경기하는 것만 지켜봐왔다. 특히 윔블던 시합의 꽃인 남자단식 결승전에서 우승하는 영국 선수를 보기까지, 영국 테니스 전설 프레드 페리가 1934부터 1936년까지 3년 연속 우승한 이후 무려 77년을 기다려야 했다. 앤디 머레이가 2013년 윔

2014 월드컵에서 잉글랜드를 응원하는 팬들.

블던에서 우승한 순간 영국 전체가 환호를 하고 드디어 영국인은 오랜 염원을 풀었다.

한 코미디언이 "월드컵에서 잉글랜드가 우승할 수 있는 방법은?"이라는 퀴즈를 내서 사람들을 웃겼다. 정답은 '우루과이 국적의 루이스 수아레스를 귀화시키면 된다'와 '영국에서 월드컵을 개최한다'였다. 악동 수아레스가 국적을 바꿀 리는 만무하니 결국 영국이 우승할 방법은 자국 개최밖에 없다. 그래서인지 16강 진출이 좌절된 뒤 《선데이타임스》는 몇 주째 카타르에서 열리는 2022 월드컵을 비판하는 데 열을 올렸다. 카타르가 FIFA 위원들을 돈과 향응으로 매수해 월드컵 개최권을 땄다는 둥, 날씨가 너무 더워 경기가 불가능하다는 둥, 월드컵 경기장 건설 현장에 노예 노동력을 쓴다는 식으로 문제를 삼으며 시비를 걸었다.

> 🔍 **Keyword 14 : 소치 동계올림픽**　　　　　　　Search

2014년 러시아 소치에서 열린 동계올림픽으로 88개 국가, 약 3만여 명이 참여했다.

점잖은 BBC도 춤추게 한
값진 메달

영국인에게 겨울 스포츠는 별로 실감 나는 운동이 아니다. 북위 50도인 런던은 위도상 만주 벌판의 위치인데도 겨울에 거의 영하로 내려가지 않는다. 눈도 한 해에 한두 차례 가볍게 올 정도이다. 런던에서 차로 8시간 이상 북으로 올라가는 스코틀랜드의 수도 에든버러도, 북위 48도의 울란바토르보다 더 높은 북위 56도의 위치에도 불구하고 겨울 평균 온도가 영상이다. 기후가 이렇다 보니 영국인들은 스케이트나 스키를 즐겨본 적이 별로 없다. 중고등학교 때 스위스나 프랑스로 스키 여행을 다녀오기도 하지만 그마저도 돈이 좀 있는 집에서나 보내는 고급 운동이다. 그래서인지 BBC2 채널에서만 동계올림픽 경기 시간에 중계할 뿐, 다른 채널들은 정상 프로그램을 내보내다가 뉴스 시간에만 잠시 소식을 전한다.

무관심할 수밖에 없는 이유

역대 영국 동계올림픽 팀의 성적도 영국인의 무관심을 부추긴 이유 중 하나다. 영국은 1924년 샤모니 동계올림픽에 처음 참가해 컬링 종목에서 금메달 하나를 비롯해 봅슬레이와 피겨스케이팅에서 은메달 각각 2개, 아이스하키에서 동메달을 획득해 총 4개의 메달을 땄다. 이것이 지금까지 최고의 성적이다. 그 이후로는 성적이 형편없어 21회나 열린 동계올림픽 대회 역사에서 금 9개, 은 3개, 동 10개 등 도합 22개의 메달을 획득했을 뿐이다. 그나마 1988년 캘거리 대회 이전에는 10위 안에 자주 들지는 못해도 10위권 밖을 많이 벗어나지는 않았는데 1994년 릴레함메르 대회부터는 20위권 밖으로 확 밀려나 동계올림픽의 변방으로 만족할 수밖에 없었다. 심지어는 동계올림픽 21번의 역사상 메달을 하나도 못 딴 노 메달 대회만도 7번이나 된다. 지난 12년간 3번의 대회에서 겨우 4개 메달만을 땄으니 이런 성적으로 영국인들에게 관심을 가져 달라고 할 형편도 아니었다.

그나마 내가 처음 영국에 왔던 때는 동계올림픽에 대한 관심이 한창 높았다. 동계올림픽 꽃 중 하나인 페어 아이스스케이팅에서 영국 팀이 우승해서 난리가 난 것이다. '토빌과 딘'이라고 불렸던 제인 토빌과 크리스토퍼 딘 커플은 1984년 사라예보 동계올림픽에서 금메달을 따서 영국을 환각 상태로 몰아넣었다. 이들은 이후 프로로 전향해서 세계 투어쇼를 다녔다. 1994년 다시 올림픽으로 돌아와 금메달을 딸 뻔했지만 경기 중 규정에 어긋나는 점프를 했다고 벌칙을 받아 동메달에 그치고 말았다. 그 뒤 영국인들 사이에서 동계올림픽에 대한 관심은 거의 사라지다시피 했다.

2010년 밴쿠버 동계올림픽에서는 겨우 금메달 하나로 그쳤고 그전 토리노에서는 은메달 하나로 만족해야 했다. 그런데 우연찮게 그 2개의 메달이 모두 '엎드려서' 트랙을 내려가는 여성 스켈레톤 종목이었다. '영국인은 게

을러서 앉거나 눕거나 엎드리거나 하는 운동을 제일 잘한다'는 말이 있다. 과거 하계올림픽 경기 결과를 살펴보면 정말 영국은 '앉아서 하는' 승마, 조정, 세일링, 카누, 사이클링에서 좋은 성적을 냈으니 놀려도 할 말이 없긴 하다. 메달을 3개 이상 딴 13명의 메달리스트 중에서 8명이 앉아서 하는 운동선수이다. 이들 8명은 41개의 메달을 땄다.

90년 동계올림픽 참가 역사를 새로 쓴 제니 존스

소치 대회에서 영국은 7개의 메달을 노렸는데 그 종목 중 하나가 스켈레톤이다. 스켈레톤 세계 랭킹 1위 리치 야놀드와 3위 셸리 루드만이 영국 선수이다. '앉아서 하는 것'보다 더 게으른 '엎드려' 하는 스켈레톤으로 메달을 노리는 셈이어서 오명을 벗기는 더 힘들게 되었다고 영국인들은 투덜댄다. 결국 리치가 예상대로 유일하게 금메달을 땄다.

소치 대회에서 메달을 예상하는 종목은 스켈레톤 말고도 컬링, 슬로프스타일 스노보드 종목이 있었다. 그중에서 컬링 남자 팀이 은메달, 컬링 여자 팀이 동메달 그리고 스노보딩의 제니 존스가 동메달을 땄다. 특히 제니 존스는 90년 영국 동계올림픽 참가 역사상 처음으로 빙상이 아닌 설상 경기에서 메달을 안겨주었다. 제니 존스는 결승에 진출한 선수 중 가장 나이가 많은 33세였다. 존스는 16세라는 늦은 나이에 스노보드를 시작했다. 소치올림픽에서 처음으로 슬로프스타일 경기가 도입된 것이 영국으로서는 더할 나위 없는 행운이었다. 이 종목은 눈 덮인 언덕이 없어도 실내에서 연습할 수 있기에 다른 종목보다 유리했던 것이다. 존스는 이미 세계 스노보드 경기에서 서너 차례의 금메달을 땄다. 그래서 메달이 아주 유력하다고 했는데 예상대로 결과가 나온 셈이다.

영국 동계올림픽 역사상 90년 만에 첫 설상 종목 메달을 선사한 제니 존스.

다음 메달 후보는 남녀 컬링이었는데 모두 메달을 땄다. 영국 여자 컬링팀과 남자팀이 2013년 월드 챔피언십 경기에서 각각 1, 3위를 했었기에 어느 정도 예상한 결과다. 컬링은 또한 16세기 중반 스코틀랜드에서 시합을 한 기록이 나와 동계올림픽 종목 중 유일하게 종주국을 주장할 수 있는 종목이다. 컬링은 처음으로 참가한 샤모니 동계올림픽에서 영국에 금메달을 안겨주었고 그 뒤 영국이 항상 우위를 점하는 종목이기도 하다. 게다가 영국 컬링 여자 선수단은 모두 뛰어난 미모에 스톤을 바라보는 날카로운 눈매 때문에 팬들로부터 인기가 높다. 특히 스코티시 강세로 질러대는 카리스마 넘치는 고함은 경기장을 더욱 흥분의 도가니로 몰아넣는다.

경기 중계도 영국인다워야

영국 BBC 소치 동계올림픽 중계팀의 대표 아나운서는 중견의 클레어 볼딩이었다. 그는 게이라고 해서 선정되었을 때부터 화제가 되었는데(영국에는 레즈비언이란 말을 쓰지 않는다. 거의 다 게이로 통일되었다. 굳이 이런 용어에서마저 성을 구분할 필요가 없다는 데 사회적 합의가 된 듯하다) 말썽 많았던 러시아 당국의 동성애에 대한 악법 제정에 항의하는 BBC의 정책 중 하나라는 의견이 대다수이다. BBC는 애써 설명하지 않으나 볼딩은 "우리 영국 사회만큼 개방적이지 못한 사회를 계몽하는 방법은 위협에 겁을 먹지 않는 것밖에는 없다"라는 말로 세간의 해석을 넌지시 뒷받침하기도 했다.

그런데 역사적인 스노보드 메달에 BBC 중계팀이 너무 흥분한 나머지 국가적인 경사에 자그만 흠집이 생겨 조금 시끄러웠다. 사연은 이렇다. 먼저 시합을 마친 존스는 그때까지 성적이 3위였다. 마지막의 오스트리아 선수가 시합 중 실수를 해서 존스의 동메달이 확정되었다. 이에 중계팀 3명은 흥분을 못 참고 일어서서 고함을 지르고 손을 흔들며 난리를 쳤다. 이 일로 시청자 중 무려 300여 명이 BBC에 정식 항의를 했다. 그들은 중계팀의 행동이 BBC답지 않은 저급한 태도였다고 준엄하게 타일렀다. '기뻐하거나 슬퍼할 때도 영국인다워야 한다'라는 말이 있다. 아르헨티나와 전쟁을 하던 포클랜드 전쟁에서도 BBC는 끝까지 중립적인 보도를 했다. 영국 해군이 아르헨티나 거함을 침몰시켜 아르헨티나 해병이 많이 죽자 해병들 집에 찾아가 유족들의 울부짖는 모습을 보여주고 양측의 입장을 중간에서 공정하게 보도했다. 보다 못한 당시 수상 마거릿 대처 총리는 국회에서 이를 언급하는 발언을 하던 중 치를 떨면서 순간적인 격앙으로 말을 잇지 못했다. 철의 여인을 이렇게 만들던 BBC라면 그렇게 가볍게, 그것도 상대방 실수를 틈 타 동메달을 딴 것을 가지고 좋아하는 비신사적인 방정을 떨어서는 안 된다는 훈계였다. 결국

BBC 대변인이 유감의 뜻을 보였다. "정말 이런 역사적인 시합 결과에 대한 방송팀의 흥분을 충분히 이해할 수 있다. 하지만 그런 흥분을 이겼어야 했고 앞으로는 그런 일이 다시 일어나지 않게 하기 위해 우리는 더욱 노력해야 한다"라고 자신의 방송팀을 옹호하면서도 점잖게 자성했다.

재미있는 일은 BBC 웹사이트에서 이런 항의를 아주 상세하게 올려주었다는 점이다. 자신들의 잘못을 숨기지 않고 보여준다는 뜻인 듯하다. 한편 이런 해프닝이 의도된 것이라는 말도 있다. 당시 BBC 중계팀의 반응을 보면 너무 과장된 행동을 해서 진정성을 전혀 엿볼 수 없었다고 한다. 문제가 일어날 것을 예상하면서 그것을 바라고 연기하듯이 일부러 과장한 것 같다고 했다. 평소 BBC 아나운서들의 태도를 봐서는 그런 일이 일어날 수 없는데, 자신들이 화제의 중심이 되기 위한 의도적인 행동이었다는 믿거나 말거나 한 추측이다.

소치 동계올림픽의 화려했던 개막식.

냉철한 실용주의자들이
만드는 사회

> 🔍 **Keyword 15 : 선진국**　　　　　　　　　　　Search

다른 나라보다 정치·경제·문화 따위의 발달이 앞선 나라.

영광은 거저 주어지지 않는다
—영국이 선진국인 까닭

한국에서 국격國格이란 말이 유행한 때가 있었다. 오래전에 유행했던 국위國威·國位라는 단어의 형제 같기도 하지만 자세히 보면 용도가 전혀 다르고 국위보다는 한 수 높은 단어다. 국위는 '국위 선양'에서 볼 수 있듯 단순히 국가의 '위세威勢'를 높이는 데 치중되어 힘의 과시만을 목적으로 하는 듯하나, 국격은 '국가의 품격'을 높이는 데 중점을 둔 듯하다. 영어로는 'national prestige'가 국격에 해당하고, 'national status'가 국위일 듯한데 영어권 언론에서는 찾아보기 힘든 단어들이다. 아마 그들에게 국격은 이미 다 이루어 놓은 것이라서 굳이 국격 제고니 국위 선양을 외칠 필요도, 논할 이유도 없기 때문이 아닐까.

올림픽 순위보다 인권이 우선

선진국을 '국격이 제고된 국가'라고 보고, 그 평가 기준으로 2014년에 화제가 되었던 유엔의 '세계 각국 행복지수'를 원용해보자. 행복도 조사 기준으로는 국가총생산, 수명, 사회적 지원social support, 삶의 선택권freedom to make life choices, 부패 인식도 등을 비롯해 통치governance의 질, 교육, 건강, 환경친화, 개인의 시간 사용, 문화 다양성, 사회 역동성, 정신적 건강, 삶의 질 같은 요인이 사용되었다. '삶의 질' 항목만 해도 '재산, 주택, 각 가정의 수입' 등의 세부 항목이 있다. '사회 역동성' 항목에는 '기부(금액·시간), 공동체 연관, 가족관계, 안전'이 들어 있다. 이런 다양한 기준에 부합하는 수준을 이룬 국가라면 선진국이라고 판단하는 데 문제가 없을 듯하다.

행복도 상위 10위권 국가들은 캐나다(6위)와 오스트레일리아(10위)를 빼고 나면 덴마크를 선두로 노르웨이, 스위스, 네덜란드, 스웨덴, 핀란드, 오스트리아, 아이슬란드 순으로 모두 유럽 국가, 그것도 대다수가 북유럽 국가다. 그다음은 미국(17위), 아일랜드(18위), 룩셈부르크(19위), 벨기에(21위), 영국(22위), 프랑스(25위), 독일(26위) 등의 구미국가가 차지한다. 30위 중 17개가 구미국가다. 행복순은 역시 선진국순이라는 말이 나올 법하다. 참고로 한국은 55위로, 43위인 일본보다 낮고, 93위인 중국보다는 높았다.

유럽 일류 국가들은 드러내고 말은 안 해도 정부 통치의 질이나 사회의 부패 정도 말고도 이것저것 따지는 것이 많다. 예를 들면 그들은 문화 수준, 인권 보호, 해외 원조, 자선 제도, 법질서, 사회 청렴도를 중요시한다. 올림픽을 다른 나라보다 더 성공적으로 주최하고 금메달을 몇 개 땄는지, 축구 월드컵 순위 등은 고려 대상이 아니다. 눈이 휘둥그레지는 초호화판 건물이나 입이 딱 벌어지는 대형 공장보다는 차라리 보육원 시설이 얼마나 잘되어 있는지를 중시한다. 인권을 얼마나 존중하는지, 법체계가 잘되어 있어서 억울하게 피해를 당하지 않는지, 사회적 약자에 대한 처우가 어떤지, 정치적 망명을 구하러 오는 제3국인들을 어떻게 보호하는지, 문화적 수준이 얼마나 높은지가 더 중요하다. 이런 기준으로 보면 싱가포르처럼 길거리에 걸인과 쓰레기가 없는 것도 사회가 자유스럽지 못하다는 방증이라는 판단이 나온다. 노숙자는 경제가 나빠서만이 생기는 것이 아니라고 보기 때문이다. 그들은 이조차 개인의 선택 문제로 봐야 한다는 관점이다.

일류 국가가 갖춰야 할 것들

유럽인 사이에서도 일류, 이류, 삼류 국가 등급 근거가 있다. 우선 '부패'에서 출발해보면 자신들이 일류라고 생각하는 유럽 국가들에서는 정치인이나 공무원들의 부패를 찾아보기 힘들다. 영국의 경우 2009년 일간지《텔레그라프Telegraph》의 특종으로 시작된 의회의원들의 경비 부정 사용이 거의 유일한 돈과 관련된 부정이었다. 이것도 그전부터 관행으로 오랫동안 행해지던 것들이 세상이 바뀌면서 문제가 되었던 사건이다. 금액도 수십만 원부터 수천만 원이 가장 큰 금액이라 어찌 보면 웃음이 나올 법하다.

거기에 비하면 이탈리아는 공무원과 정치인의 부정이 대단하다. 또 마피아와 관련한 사회적 부정이나 기업의 조세포탈은 다른 유럽 국가가 고개를 흔들 정도다. 사회 공정성도 문제이다. 다른 삼류 유럽 국가들은 말할 것도 없지만 이탈리아를 비롯한 지중해 국가들은 아직도 사회적으로 공정한 규칙이 철저하게 지켜지지 않고 있다. 외국 기업이 들어가서 사업할 때는 알게 모르게 차별하고 외국인을 다룰 때도 자국민과는 다른 기준으로 판단하고 처우한다. 노동 허가를 비롯해 사업 허가를 받으려면 머리가 다 빠질 정도라고 한국 기업인들은 비명을 지른다.

'사회적 지원'을 살펴보자. 영국인은 재해나 남에게 받은 부당한 취급을 누구에게 의지하지 않고 자신들 손으로 해결한다. 난관에 부딪혀도 굴하지 않고 정말 놀라울 정도로 꾸준하게 추진해서 진실을 밝혀낸다. 본인이나 주위 사람이 부당한 일을 당해 희생이 될 때는 분연히 나서서 조직을 만드는 데 앞장선다. 뒤에 앉아서 불평불만만 하면서 세상을 한탄하지도 않는다. 혹은 굳이 내가 안 나서더라도 누군가가 하겠지 하는 '나 몰라' 식의 방관자는 더욱 아니다. 영국인은 일반적으로 이런 시민운동을 접하면 적극적으로 호응해준다. 자신이 직접 참여하거나 개인 사정상 못하면 기금이라도 내고 심정적 도움을 준다.

영국인은 이렇게 자신의 권리는 참여해서 쟁취하는 것이고 방관은 비난받아 마땅한 일이라고 여긴다. 영국에서 가장 오랫동안 진상규명 운동을 벌여 진실을 밝혀낸 힐스버러 축구장 압사 사건이 대표적이다. 앞 (본서 33쪽)에서도 소개한 이 사건은 1989년 발생한 사고를 23년간 조사한 끝에 진실을 알아냈다.

영국인의 이런 시민정신은 자신이 부당한 취급을 받지 않고 스스로의 권리를 찾겠다는 의식뿐 아니라 타인들이 이런 경우를 겪게 하지 않겠다는 사회적 책무에서도 비롯된다. 그렇게 하기 위해 영국인이 택하는 방법은 냉철하고 현실적이다. 감정에 휩쓸려 거리로 몰려 나가지도 않고 자신을 해치는 단식을 택하지도 않는다. 대신 그들은 정상적 경로를 밟아서 차근차근 여론을 몰아가는 방법을 택한다. 제도적으로 문제를 해결할 수 있는 방법이 없어 결국 막다른 골목에 몰리면 극단의 방법을 택하기 마련인데, 영국에는 정상적인 해결 방법이 수도 없이 많다. 자신의 지역구 의회의원을 통해 의회에서 문제를 제기하는 방법도 있고, 자신이 속한 정당을 통하는 방법이 가장 일반적이다.

이렇게 해서 문제를 해결하다 보니 영국인에게는 한恨이 없다. 부당한 취급을 받거나 불공정한 일을 당하면 어딘가에 가서 하소연하고 해결할 길이 있기 때문이다. 이런 것들이 유엔 행복도 보고서의 조사 항목인 '사회적 지원'에 해당하는 것이다. 특이한 점은 영국에서 시민운동을 하는 사람들은 자신의 활동을 먹고사는 일과 연관시키지 않는다는 점이다. 영국에는 이런 자선단체들을 감독하는 기관 Charity Commission이 있다. 개인들로부터 받은 기부금이나 회비 등은 물론 각종 경비 지불 등을 제대로 보고해야 자선단체 등록을 유지할 수 있다. 만일 부정한 사용이 발각되면 공금횡령으로 형을 살게 된다.

또 영국의 시민운동은 정치와 연관이 없다. 정치인이 근처에 오지도 못하게 하고 정치인도 근처에 가서 점수를 딸 생각조차 않는다. 시민운동은 언제나 민간 활동으로 남아 있고 순수한 활동이 오염되지 않도록 사회가 감시한다. 이런 사회구성원 각자의 노력이 합쳐져서 '한이 없는 사회'를 만든 것이고, 이것이 영국을 행복한 나라로 만들었다.

이제 '통치의 질'을 보자. 영국 사회에서는 어디서나 다수결의 원칙이 지켜진다. 특히 의회에서 소수 야당이 할 일은 표결 전에 충분한 근거를 바탕으로, 다수당의 정책에 대한 반대 여론을 끌어내 저지하는 것이다. 영국은 여당 의원이 행정부의 장관을 맡는 내각책임제여서, 여당과 정부가 결심하면 야당이 막을 방법이 별로 없다. 그러나 야당이라고 그냥 손 놓고 있는 것도 아니고 맹렬하게 반대하고 저지하기 위해 노력한다. 각계각층을 상대로 공청회도 열고 언론을 통해 여당 정책을 비판하고 반대한다. 그러다가 표결로 들어가면 다수결의 결과에 승복하고 다음 의회 일정으로 넘어간다. 표결로 통과된 정책의 성공 여부로 다음 선거에서 승부를 내겠다는 뜻이다. 야당의 여론 몰이가 성공해서 궁지에 몰린 여당이 가끔 소속 의원들에게 자유표결을 허용해 정부 정책이 부결되는 경우도 있다. 2013년 여름의 데이비드 캐머런 정부의 시리아 파병 여부가 285 대 257로 부결된 것이 그중 하나다. 연합정부를 구성하는 보수당의 의석수가 305석, 자민당이 56석이니 전체 여당표

런던에 위치한 국회의사당.

361표 중 무려 104표가 이탈했다는 뜻이다. 그 일로 캐머런 총리의 지도력 논란이 한참 동안 불거졌고 위기라는 설이 분분했다. 그래도 국정은 문제없이 돌아갔다. 감정으로 한풀이를 하기 위한 장외투쟁이 국민들의 지지를 받을 수 없고 가시적 성과를 못 거둘 것을 알면서도 장외로 쏟아져나가는 일은 최소한 영국 정치에서는 볼 수 없다.

원칙 고수는 공평히, 공정히

영국인은 한국전쟁에서 미국 다음으로 많은 사상자를 냈다. 6만3000명이 참전해 1109명이 전사했고 2674명이 부상했다. 한국이 어딘지도 모르는 젊은이들이 나라의 명령만 받고 달려와 꽃다운 청춘을 바친 것이다. 그러나 영국은 한국을 향해 혈맹을 강조하며 교역상의 이득을 취하려 한 적이 없다.

유럽 국가 중 가장 늦게 북한과 수교했으며 프랑스처럼 자신의 국익을 위해 북한 카드를 쓴 적도 없다. 한국과의 수교 역사상 한국에 특혜를 요구한 일도 없다. 영국은 누구에게나 공평한 규칙을 적용한다. 자신들이 누구에게 특혜를 요구하지도 않고 누구에게 특혜를 주지도 않는다. 즉 혈맹이라는 응석을 자신들도 부리지 않고 받아주지도 않는다.

우리나라는 외국과 통상협상을 하면서 한국이 분단국가여서 국방력 부담이 많고 혈맹국임을 강조해 협상을 유리하게 이끌려고 한 적이 많았다. 응석을 부렸다는 뜻이다. 영국은 유치원생에게도 교복을 입히고 넥타이를 매게 한다. 특히 사립학교에서는 학생들을 부를 때도 반드시 '젠틀맨'이라는 용어를 쓰면서 존중해준다. 가정에서도 자식을 하나의 인격체로 존중하되 응석을 받아주지 않고 엄격한 책임을 묻는다. 이런 사례는 영국 사회 여러 곳에서 발견된다. 영국 사회는 결코 규칙에 어긋나는 특혜를 들어주지 않고 또 누구도 요구하지 않는다. 영국은 원칙을 어기고 상황에 따라 응석을 받아주는 사회가 아니다. 누구에게나 공평한, 공정한 규칙을 가지고 경쟁해야 함을 영국사회 일원들 모두 알고 거기에 따른다. 아무리 참혹한 사고를 당해도 모든 이에게 같은 규정이 적용되어야 한다. 천재지변을 당했다고 정부가 농부들에게 보상해주는 특혜는 당연히 없다. 목소리 큰 사람이 이기는 법도 없다. 차라리 목소리가 크면 진다. 차분하게 목소리를 낮추어 차근차근 따지면 훨씬 유리한 결과를 얻는다.

자국 작가 살만 루시디를 보호하는 걸 보면 영국의 원칙 고수에 혀를 내두를 수밖에 없다. 1989년 작품 〈악마의 시〉에서 마호메트와 무슬림을 모욕했다는 이유로 당시 이란의 지도자 호메이니는 무슬림이라면 누구나 루시디를 죽이라고 하며 현상금 300만 달러를 걸었다. 이런 살해 위협에 영국 정부는 매년 100만 파운드를 들여 루시디의 신변을 보호했다. 이후 지금까지 26년 넘게 영국 정부는 2500만 파운드(450억 원)의 국민 세금을 여기에 지출했다. 인권보호와 언론자유 수호를 위해 영국을 비롯한 서구국가들은 어떤 희생과 고통도 감수하겠다는 의지를 밝혔고 실제로 이를 지켜왔다.

선진국이 짊어져야 할 짐과 영광

영국이 아닌 유럽 선진국의 사례 하나를 더 들어보자. 덴마크 신문《율란츠 포스텐Jyllands-Posten》이 2005년 시한폭탄을 머리에 장착한 터번을 쓴 이슬람 예언자 무함마드를 그린 만평을 연재한 사건으로 나라가 혼란에 빠진 적이 있다. 덴마크 무슬림을 비롯한 세계의 무슬림이 이를 무함마드에 대한 신성모독이라며 맹렬히 반발했다. 사우디아라비아, 요르단, 시리아, 이집트가 자국의 덴마크 주재 대사를 소환했고 리비아는 대사관을 폐쇄했다. 알제리, 바레인, 요르단, 쿠웨이트, 모로코, 카타르 같은 무슬림 국가들이 덴마크 유제품의 불매운동을 벌였다. 유럽연합EU은 불매운동을 벌이는 모든 국가를 세계무역기구에 제소하겠다고 나섰다. 결국 덴마크 법정은 덴마크 무슬림 종단의 고소로 시작된 재판에서 표현의 자유는 공공의 이익에 중요하다는 점을 강조하면서 만평이 범죄의 요건을 갖추지 않았다는 판결을 내고 끝맺었다. 워낙 유럽 전체가 강력하게 나가자 무슬림들도 더 이상의 확전은 바라지 않았는지 이내 조용해졌다.

또한 말레이시아 항공기가 우크라이나 상공에서 친러시아 반군에 의해 격추되어 네덜란드 국민이 154명이나 사망했을 때다. 러시아의 블라디미르 푸틴 대통령의 딸 마리아가 네덜란드에 살고 있었는데, 푸틴에 대한 비등하는 여론에도 불구하고 네덜란드 사회는 마리아에게 놀라울 정도로 성숙한 태도를 취했다. 시골 마을의 시장이 마리아를 네덜란드에서 추방해야 한다고 주장했다가 "현명한 발언이 아니었다"라고 바로 뒷걸음치게 만든 것은 역시 네덜란드 국민의 성숙한 여론이었다. 이른바 '브레이빅 사건'이 벌어진 노르웨이도 마찬가지다. 청소년을 망원총으로 조준 사격하는 등 하루에 76명을 살해한 참사가 벌어졌음에도 불구하고 노르웨이 사회는 슬픔과 격분으로 마비되지 않았다. 조사를 마치기 전에 당장 어떤 조치를 요구하면서 사회를 마비시키지도 않았다. 성숙한 여론으로 무장한 나라들은 결코 쉽게 감정에 휩싸이지 않는다.

유럽 각국으로 쏟아져 들어오는 아프리카를 비롯한 제3세계의 정치적 망명객이나 난민들에 대한 배려는 납세자 입장에서는 화가 날 만한 일이다. 정치적 혹은 종교적 이유로 망명을 신청하는 난민들이 워낙 많아, 그 적격 여부를 확인하기 위해서는 보통 3~4년이 걸린다. 그동안 유럽 각국 정부는 주택과 생활비를 전부 지불해야 한다. 싫어도 해야 한다. 그렇지 않으면 국제적 여론은 고사하고 유럽 내에서부터 비난의 화살이 쏟아진다. 유럽 각국 사이에서는 국제사회에 대한 기여도가 존경의 기준이 되는 것이다. 선진 유럽인은 자신들만이 잘살고 풍족하게 산다고 절대 존경하지 않는다. 한반도의 이웃 중국·일본·러시아가 국력에 비해 존경을 받지 못하는 게 바로 이런 이유들 때문일 것이다. 이런 부담은 선진국이 짊어져야 할 짐이자 영광이다. 이렇게 선진국이라는 영예는 그냥 얻어지는 것이 아니다. 고달프고 비싸고 힘들다. 과연 한국이 이런 고달프고 비싼 짐을 질 준비나 각오가 되어 있는지 궁금하다.

> 🔍 **Keyword 16 : 신장 옵트아웃**

살아생전 특별히 장기기증을 안 하겠다는 의사를 미리 밝히지 않았다면, 사후에 장기를 기증하는 것으로 추정하는 제도이다. 영국 정부가 세계 최초로 도입을 추진이다.

차원 다른 신장기증이 전하는 감동

살아가다 보면 전혀 예상치 않은 순간에 '헉' 하는 소리가 나올 정도로 감동을 받을 때가 있다. 얼마 전 영국 신문 《가디언》의 일요판 《옵서버The Observer》의 '순수 신장기증Living altruistic kidney donation' 기사를 보았을 때가 바로 그랬다. 순수 장기기증은 문자 그대로 자신의 신체 장기를 얼굴도 모르는 사람에게 조건 없이 기증하는 행위이다. 가족이나 친지를 위해 기증하는 경우는 듣고 보았지만 생면부지의 사람에게 기증하는 사람이 있다는 사실이 놀라웠다. '전혀 얼굴도 모르는 사람에게 자신의 콩팥을 떼 줘?'라는 의문이 들었다. 그전에 들어보지 못한 제도였기 때문이다. 물론 신문이나 방송에서 급하게 특수 혈액형을 가진 사람의 피를 구한다는 경우나 사후 장기기증 얘기는 들었어도, 생체를 그것도 전혀 모르는 사람을 위해 기증하는 일은 금시초문이었다.

장기의 사후 기증은 많이 알려진 일이다. 하지만 살아 있는 사람이 자신의 신체 일부를 줄 수 있다는 사실과, 그런 사람이 있다는 게 놀라웠다. 영국에서는 2006년 순수 신장기증을 합법화했고, 기증은 계속 증가하고 있다. 2007~2008 회계연도(영국에서는 회계연도가 4월 1일부터 다음해 3월 말까지다)에 첫 순수 신장기증 6건이 이루어진 후 2008~2009년 15건, 2010~2011년 16건, 2011~2012년 34건, 2012~2013년 76건, 2013~2014년 118건으로 매년 늘어나는 추세다. 처음 시작될 때는 어느 정도 기증이 있다가 얼마 지나지 않아 유행처럼 지나가버릴 것으로 예상했다. 그런데 위에서 보듯 매년 기증자가 늘고 있다. 영국의 NHS(국가의료제도)는 "이런 식의 비율로 증가한다면 10년 뒤에는 신장투석을 하면서 신장이식 수술을 기다리는 환자가 없어질 수도 있다"라고 내다본다.

순수 장기기증자가 늘고 있다

순수 장기기증을 한 사람들은 자신들의 기증이 사실 따지고 보면 특별할 것도 없다고 말한다. 헌혈과 같다는 말이다. 신장이 하나만 있다고 신장병에 더 걸리는 것도 아니고 2개가 있다고 건강이 더 좋아지는 것도 아니라고 한다. 사람들 중에는 태어날 때부터 신장을 하나만 가지고 태어나는 사람도 상당히 많다. 이를 전혀 모르고 있다가, 신장기증을 하려던 참에 하나밖에 없는 걸 발견한 경우도 있다. 그만큼 신장은 특별나서 2개 중 하나를 기증해도 될 뿐만 아니라 "그렇게 하라고 신이 우리 몸을 만들 때 2개를 주었다"라고 순수 기증자들은 말한다. 여분으로 달린 신장 하나를 잘 보관하고 있다가 때가 되면 필요로 하는 다른 사람에게 기증해야 한다는 뜻이다. 조금 극단적으로 말하는 사람은 "하나 더 달린 신장은 당신 것이 아니고 다른 사람에게 갈 것

영국의 신장기증운동 단체 '신장 하나를 주자'의 로고.

을 임시 보관하고 있는 것"이라고까지 말한다. 또한 "신이 2개를 인간에게 주고 그것으로 인간성을 시험하고 있다"라고도 말한다. 하나만 있어도 충분한 신장을 기증하지 않고 있는 것은 신장 원래의 존재 목적을 부정하는 일이라고까지 말한다. 그래서 영국 순수 신장기증 운동을 주도하고 있는 '신장 하나를 주자Give a Kidney'라는 민간 자선단체의 구호는 '신장 하나를 주자. 하나면 충분하다Give a Kidney-One is Enough'이다. 어떤 신장기증자는 "나는 내가 필요한 이상의 신장을 가지고 있다. 이제 그중 하나를 내려놓을 시간이 왔다"라고 고백했다.

신장기증 결심은 대단하지만 막상 기증하는 게 쉽지만은 않다. 아무나 기증할 수도 없다. 가족 중 신장질환이 있었던 사람은 제외된다. 기증자는 건강은 기본이고 각종 검사를 여러 번 거쳐야 한다. 신체검사뿐만 아니라 정신적인 검사도 한다. 검사 과정에서 계속해서 심리상담도 받는다. 나쁜 의도를 가지고 기증하는 사람은 없지만 그래도 일단은 기증 의도를 분석 파악하고자 한다. 그렇게 해서 일단 기증을 해도 좋다는 판정이 나면 그때부터 최소 1개월은 흡연과 피임약과 호르몬제도 금해야 한다. 요즘은 의술의 발달로 수술 자체는 생각보다 간단하고 수술 자국도 크지 않으나 수술 후가 상당히 번거롭다. 1~2주까지는 피로를 느끼니 자주 자야 한다. 2~3주 뒤에는 일상으로 복귀해도 되지만 최소한 4주간은 무거운 것을 들지 않는 것이 좋다. 1~2주 뒤에 검진을 시작으로 6, 12, 24개월의 기간을 두고 진찰한 뒤 이후에는 1년에 한 번씩만 진찰하면 된다. 이런 번거로움뿐 아니라 경제적 희생도 만만치 않다. 여러 번에 걸친 검사, 수술, 회복 기간 동안 생업을 포기해야 한다는 점을 감안하면 기증은 헌혈처럼 간단하게 끝나는 헌신이 아니다.

과연 신장기증을 하는 사람들은 누구인가

자신의 신체 일부를 얼굴도 모르는 사람에게 갖가지 번거로움을 감수하면서 기증하는 사람은 도대체 누구인가? 대개 50세 이상, 장기간 헌혈자, 경제적으로 안정된 중산층, 강한 시민정신 등이 기증자의 주요한 특징들로 꼽힌다. 또한 자녀가 없거나 독신인 경우가 많다. 남성이 조금 더 많고 중년이나 노년이 상대적으로 더 많은데 평균 연령은 52세이다. 놀라운 것은 의외로 많은 젊은이가 기증한다는 점이다. 지금까지 영국에서 가장 젊은 기증자는 20세였고 가장 고령은 83세였다. 의사와 간호사도 많이 기증한다.

사람들이 신장기증을 꺼리는 이유 중 하나가 기증한 뒤 하나 남은 신장에 문제가 생기면 어떻게 하나 하는 걱정 때문이다. 그러나 신장이 고장 날 때는 2개가 동시에 고장 나므로 하나가 있으나 2개가 있으나 별 차이가 없다. 신장 하나가 고장 나서 다른 것으로 대체할 수는 없다는 뜻이다. 신장기증을 꺼리는 또 하나의 이유는 만일 누군가에게 내 신장을 주고 나서 정작 내 가족이 필요로 하면 어떻게 하느냐는 걱정이다. 현재까지는 혈족을 위한 기증이 제일 많다. 친구나 친척에 의한 기증도 많으나 늘 충분하지 못하다. 사실은 피로 연결되지 않은 배우자, 친구들로부터 기증된 신장이 아주 가까운 직계 가족이나 친척 것보다 더 잘 맞았다고 한다.

물론 산 사람의 신장이 죽은 사람 것보다 훨씬 더 좋다. 지금까지는 사후 기증으로 오는 신장이식 수술이 과반수 이상이었지만 이걸로는 신장 수요를 다 충당하지 못한다. 또 죽은 사람의 신장 수명은 대개 10년이라 이식 수술을 한 뒤 10년이 지나면 다시 이식을 받아야 하는데 비해 산 사람의 신장은 20~30년 정도 쓸 수 있다고 한다. 몇 주일의 불편이 한 인간에게 20~30년의 정상적인 삶을 줄 수 있다면 한번 고려해볼 가치가 있지 않으냐는 것이 생체 신장기증자들의 논지이다.

내 신장으로 누군가 건강하게 살 수만 있다면

그런데 사람들은 도대체 왜 이런 복잡하고 어려운 일을 겪으면서까지 장기를 기증하는가? 좀 길기는 하지만 일요신문《옵서버》가 소개한 사례를 보자. 63세의 여자 수의사 클라라 볼리토는 알코올중독에서 벗어난 지 20년이 되는 기념으로 뭔가 의미 있는 일을 하고 싶었다. 20년 동안 맨 정신으로 온전하게 산 것이 자신이 생각해도 신기하고 대견했다. 그전에는 정말 엉망으로 살았다. 음주 때문에 2번이나 운전면허증을 박탈당하기도 했고 거식증도 걸리고 방종한 성생활도 했으며 담배도 피웠다. 그러다가 애인의 죽음에 충격을 받아 술을 끊고 지금까지 잘 지내왔다. 그동안 NHS로부터 받은 보살핌이 제일 큰 힘이 되었다. 또 20년간 가정의와 심리치료사로부터도 꼼꼼한 관리를 받아 오늘날까지 맑은 정신으로 버틸 수 있었다. 알코올중독자 모임 '알코홀릭스 어나니머스Alcoholics Anonymous'의 역할도 컸다고 했다. 클라라는 건강하고 돈도 있고 좋은 직장도 있는 내가 어떻게 해야 20주년을 기념하고 자신이 받은 혜택을 갚을 수 있을지 고민했다. 친구들은 적당한 자선기관을 찾아 기부하면 되지 않겠느냐고 했지만 그녀는 그렇게 간단하게 자신이 받은 것을 돌려주고 싶지 않았다. 그러던 어느 날 우연히 순수 신장기증에 대해 들었다. 그 순간 그녀의 머릿속에는 '바로 이것이다'라는 말이 섬광처럼 스쳤다. 그렇게 해서 자신의 신장 중 하나를 기증하겠다고 결심했다. 이미 사후 장기기증을 약속한 상태였지만 생체 기증도 하기로 한 것이다.

클라라는 기증을 결심한 뒤 가까운 사람들의 반응에 더 놀랐다고 한다. 아주 친한 친구로부터 알코올중독자 모임의 멘토까지 극렬하게 반대했고 의사 친구는 화까지 냈다. 하지만 그녀의 결심은 흔들리지 않았다. 클라라가 기증을 결심하고 나서 실제 이식 수술이 이루어지기까지는 3년이 걸렸다. 모든 검사를 마치니 2년이 흘렀고 그제야 실제 수술이 이루어졌다. 검사 후 1년이 더 걸린 이유는 일을 6주간 쉴 수 있는 기간을 찾기가 어려워서였다. 오랜 기간 수도 없는 검사를 위해 시간을 내야 하고 게다가 수술 후 6주를 쉬어야 하는 희생이 따랐다는 말이다. "기증하고 나서 후회한 적 없었느냐"라는 물음에 클라라는 "한 번도 없었다"라고 했다.

인터뷰 기사를 읽으며 "이런 것이 내 삶을 지탱해주는 하나의 방식"이라는 그녀의 말이 제일 인상적이었다. 이것이 평소 크고 작은 자선을 하는 영국인의 마음속에 깔린 생각이다.

다른 순수 신장기증자는 《옵서버》에 이렇게 말했다. "나는 정말 멋진 삶을 살았다. 딸도 잘 자라주었고 내 기증 의사를 전적으로 지지했으며 지금은 딸도 기증하려고 절차를 밟고 있다. 내가 죽었을 때 내 장기가 유용하게 쓰인다는 보장이 없고 지금 기증하면 누군가의 생명을 제대로 구할 수 있음을 안다. 한 생명을 구할 수 있는 이 일은 내 일생을 가치 있게 만드는 기회다. 내가 세상에 태어나서 누군가에게 좋은 일을 할 수 있는 기회를 놓칠 수는 없지 않은가? 내가 사후 기증한 장기로는 누군가를 도울 수 없을 수도 있는데 지금은 확실하게 도울 수 있다는 사실에 망설이지 않았다. 신장을 기다리다가 죽는 사람들이 얼마나 많은지를 아는 순간 나는 바로 실행하기로 마음먹었다. 그렇게 해서 한 사람의 생명을 구했고 나는 거기에 보람을 느낀다. 처음부터 그 신장은 내 것이 아니었고 지금은 더욱 아니기에 그 사람이 누구인지 알려고 노력하지도 않고 알 필요도 없다. 그가 어디선가 그 신장으로 건강하게 살 수만 있다면 나는 그것으로 만족이다." 성인聖人이 아닌 인간이 이 이상 더 어떻게 숭고해질 수 있는가?

고귀한 일에 앞장서는 사람들

영국에는 4만 명의 신장 문제를 안고 있는 환자가 있다. 그중 반이 투석을 한다. 일주일에 3번을 투석해야 하는데 1회에 5시간이 걸리는 경우도 있다. 그렇게 해도 피의 25퍼센트밖에는 맑게 하지 못한다. 그들은 늘 피곤하고 목이 마르고 지쳐 있다. 대개는 정상적인 생활을 하기 어렵다. 그런데 신장이식 수술을 받고 나면 신체가 바로 정상적으로 돌아온 것 같은 기분이 든다. 느낌만이 아니라 실제 정상이라 할 수 있을 정도까지 회복된다. 나중에 영화로까지 만들어진 인기 소설 《호스 휘스퍼러The Horse Whisperer》의 작가 니콜라스 에반스도 신장을 기증받고 정상으로 돌아온 경우다. 그는 수술 후 앞에서 말한 '신장 하나를 주자'라는 영국 신장기증 운동의 중심 단체를 설립했다. 현재 영국에서 순수 신장기증이 늘어나고 있는 가장 큰 요인이 이 단체 덕이다. 이 단체의 주요 인물들은 거의 신장기증자다. 그중 한 사람은 "내가 나보다 못한 누군가를 도울 수 있는 힘이 있다면 바로 실행해야 한다"라고 했다.

영국에서 첫 순수 신장기증은 2007년 6월 케이 메이슨에 의해 이뤄졌다. 63세로 4자녀의 엄마였던 메이슨은 고귀한 일을 하기 위해 상당한 투쟁을 했다고 고백했다. 혈족 간 혹은 친지 간 기증은 있었지만 전혀 모르는 사람에게 자신의 몸의 일부를 기증하는 일은 당시만 해도 아주 이상한 짓으로 여겨져 정신 감정까지 받았다. 영국 보건부는 훨씬 더 무지했다. 2002년 메이슨이 처음으로 자신의 신장을 순수 기증하겠다고 했을 때 "안 된다"라고 단호히 말했다. 메이슨은 3번이나 편지를 보냈다가 결국 포기하고 말았다. 이상한 사람으로 취급받을까 겁이 났기 때문이었다. 그때 그는 4년 뒤에 결실을 맺을 씨를 심었다는 사실을 자각하지 못했다. 영국 의회가 2006년 관련 법을 제정하자마자 그는 바로 기증을 신청해서 2007년 6월 첫 순수 신장기증자가 되었다. 그는 "만일 어떤 사람이 물에 빠져 도움을 청하는 것을 보면 자신의 목숨이 위험함에도 불구하고 구하는 것이 자연스러운 일 아닌가. 나는 그런 일보다 훨씬 가벼운 일을 했을 뿐이다. 내 목숨을 내놓는 일도 아닌데…. 그렇게 큰일도 아니었고…"라며 쑥스러워했다.

사후 기증 장기는 대개 장기를 쓸 수 없는 경우가 많다. 수천 명이 기증해도 여러 가지 이유로 사용하지 못한다. 어떤 이유로 사망했는지도 중요하다. 장기도 이미 수명을 다한 경우가 대부분이기 때문이다. 그래서 생전에 기증하는 것이 중요하다. 실제 신장기증은 환자에게 새 삶을 주는 의미도 크지만 영국 NHS의 경제적 부담을 줄이는 데도 큰 도움을 준다. 영국에서 신장투석을 하면서 버티는 사람이 약 2만 명인데 1인당 경비가 1년에 3만 파운드(5100만 원) 정도다. 영국은 병원비가 전액 무료라서 본인 부담은 전혀 없다. 만일 전체 투석 환자 2만 명이 모두 신장이식 수술을 한다면 NHS는 1년에 신장투석 비용으로만 무려 6억 파운드(1조200억 원)를 절약할 수 있다. 이는 NHS 전체 1년 예산(1100억 파운드, 187조 원)의 0.5퍼센트에 해당하는 큰 금액이다.

생명을 살리는 옵트아웃

영국에는 매년 300명이 신장을 기다리다가 죽어간다. 평균 6000명이 대기 상태인데 매년 2500건의 신장이식 수술만이 이루어진다. 결국 3500명은 이식을 못 받고 마냥 기다려야 한다는 말이다. 보통 2~3년 기다린다. 2014

년 3월 기준으로 영국 인구 6500만 명 중 2023만9715명이 NHS에 사후 장기 기증을 약속했다. 실제 사후 기증은 2007~2008년 777건에서 2012~2013년 1155건으로 48.6퍼센트 증가했다. 많이 늘어나고는 있지만 아직 충분하지는 않다. 국민의 31퍼센트가 기증을 약속했지만 아직 본격적인 사후 장기기증이 유족들에 의해 이루어지지 않고 있기 때문이다. 고인이 생전에 원한 줄 모르는 유족이 기증을 거부하는 것이다. 사후 기증 약속자의 40퍼센트가 여기에 해당한다. NHS의 조사에 의하면 54퍼센트의 국민이 최근 장기기증에 대한 홍보를 본 적이 없고 3분의 1은 이런 주제로 대화한 적이 없다고 했다. 그래서 NHS의 목표는 장기기증이 특별한 일이 아닌 평범한 일이 되도록 하겠다는 것이다. 긍정적인 것은 사후 장기기증 의사가 있느냐는 질문을 받은 응답자의 82퍼센트가 기증하겠다고 답했다는 점이다. 사후 기증만으로도 영국에서 신장 이식 대기 제로(0)의 밝은 미래가 보인다는 게 NHS의 말이다.

이런 목표 달성을 더욱 가속화하기 위해 영국 정부는 옵트아웃opt-out제도를 추진 중이다. 특별히 기증을 안 하겠다는 의사를 밝히지 않는 한 기증하는 것으로 추정하는 제도이다. 2013년 웨일스 지방이 이 제도를 처음 도입했다. 유럽에서는 스페인, 오스트리아, 벨기에가 옵트아웃 제도를 시행 중이다. 독일은 그 반대로 생전에 장기기증 의사를 밝혔거나 유족이 동의한 경우에만 장기기증이 가능한 옵트인opt-in 제도를 쓰는데, 사후 기증 의사 동의 비율이 12퍼센트밖에 안 된다. 거기에 비해 같은 문화권인 오스트리아는 99.98퍼센트 동의율을 보이고 있다. 좋은 제도가 생명을 구한다는 실례다.

순수 장기기증 관련 글에서 '생명의 선물Gift of Life'이라는 구절을 보았다. 누군가에게 생명을 선사한다는 말로도 볼 수 있고 자신이 가진 생명을 누군가에게 선물할 수 있다는 말로도 해석된다. 보통 사람들의 자선을 베풀 때 자신에게 불필요한 것이나 남는 것을 준다고 한다. 그래서 자선이 별것 아니라는 사람들도 있다. 여유가 있고, 없어도 될 것, 혹은 자신에게 크게 피해가 안 가는 만큼만 주는 것이니 그 마음을 크게 여기지 않아도 된다는 말이다. 하지만 생체 기증은 다르다. 사람 몸에 있는 어떤 장기도 불필요한 것은 없다. 맹장이나 쓸개는 없어도 산다고 하지만 분명 하는 일이 있을 것이다. 그러니 신장 하나를 아무런 조건 없이 얼굴도 모르는 누군가에게 준다는 것은 보통 일이 아니다.

    나도 과연 그렇게 할 수 있을까? 솔직히 말해 언젠가는 몰라도 지금은 자신이 없다. 신은 선택권을 주었고 인간은 그 기회를 놓치지 않고 이용해야 한다. 순수 신장기증이라는 것은 사람이 얼마나 선해질 수 있는지에 대한 시험 같기도 하다.

> 🔍 **Keyword 17 : 영어**   Search
>
> 현재 여러 나라에서 사용되어 세계어 역할을 하는 영국의 언어.

각 나라에 맞게
옷을 바꾸는 영어 발음

　영어권 나라에 다 커서 이민 온 사람들 중에는 한국에서 온 친구나 친지 옆에서 원어민과 영어로 대화하다가 버벅거리는 경험을 한 경우가 적지 않다. "해외에서 오래 살았는데 발음이 저것밖에 안 돼?"라는 힐난이 들리는 것 같아서 주눅이 들기 때문이다. 태어나서 최소한 10세 이전에 배우지 않으면 어려운 것이 원어민 발음이다. 어떤 노력을 해도 원어민의 말을 완벽하게 따라잡긴 어렵다. 언제 처음으로 영어를 익히기 시작했느냐에 따라 발음은 천차만별이다.

　그런데 해외에 오래 살다 보면 영어 발음 때문에 주눅들 필요가 없다는 사실을 깨닫게 된다. 이런 주눅이 사실 정통 영어 발음이나 문법에 대한 한국인들의 유난스러운 열등감 때문이라는 점을 깨닫고 나면 참 편해진다. 고급영어 구사니, 유창한 회화니 하는 부담에서 벗어나면 차라리 영어가 더 잘

된다. 물론 잘 읽고 잘 쓰는 것은 다른 차원의 문제지만 일단 발음에 대해서만 논해보자. 실제 해외에서 살아가는 데는 원어민 발음을 하면 좋지만 그렇다고 원어민 발음이 모든 것을 결정할 만큼 치명적으로 중요하지는 않다.

영국인 3퍼센트만 표준영어를 쓴다고?

영어의 본토인이라 할 수 있는 영국인 중 사전에 나오는 표준영어 발음을 쓰는 사람들이 인구의 3퍼센트밖에 안 된다는 점이 놀랍기는 하지만 사실이다. 영국에도 지방 사투리로 말하면 다른 지방 사람들이 못 알아듣던 시절이 있었다. 그것도 지금으로부터 얼마 되지 않은 일이다. 라디오와 TV 같은 대중 매체의 발달로 다른 지방 사투리의 억양과 발음에 익숙해지고, 교통수단의 보급으로 전 국민의 교류가 빈번해지기 전까지 지방 사투리는 요즘 외국인이 하는 영어만큼 못 알아듣는 말이었다. 그래서 영국인들끼리도 다른 지방에 가면 주눅이 들고 어려워했다는 얘기가 영국 소설이나 글에 많이 나온다. 그런 이유로 BBC 라디오 방송이 처음 시작되던 1920년에는 지금처럼 방송에서 지방 사투리를 장려할 수가 없었다. BBC는 사투리 때문에 생긴 영국인 사이의 벽을 허물기 위해 표준영어를 방송 언어의 기준으로 삼았다. 그러나 전국 각지의 사투리 억양에 익숙해진 지금은 굳이 표준영어를 고집할 이유가 없어졌다. 지방 사투리에 대한 편견도 없어지고 오히려 자신들의 정체성 유지를 위해 사투리를 장려하게 되었다. 듣는 사람이 상대방의 발음이나 억양을 이해할 수 있으면 소통이 되니 굳이 대화에 표준말을 고집할 필요가 없다는 의미다.

유럽 최대 한인타운이 있는 런던 근교의 뉴몰던이나 킹스턴에서는 한국인 발음인 콩글리시가 잘 통해 영어 발음이 시원찮아도 불편을 못 느끼고 산다. 이곳에만 오래 살다 보면 심지어는 '영국인들이 내 말을 아주 잘 알아듣는데 그사이에 발음이 좋아졌나' 하는 착각을 하게 된다. 결국 원어민들도 자신들이 필요하면 어설픈 외국인 발음조차 다 알아듣는다. 영국인 중 3퍼센트만 표준영어를 하니 영국 지방 사투리를 쓰는 나머지 97퍼센트의 영국인 발음이나 한국에서 와서 콩글리시 악센트가 섞인 영어 발음이나 별 다를 것이 없다. 한국인이 죽어도 못하는 L, R, P, F, V, Th 같은 발음은 리버풀이나 글래스고 사람들도 못한다. 그래도 리버풀이나 글래스고 사람들은 런던에 와서 기죽지 않고 사투리 쓰면서 잘 산다. 이것이 바로 어떤 발음도 서로 익숙해지면 다 소통이 되니 원어민 발음에 굳이 연연해서 기죽지 말아야 하는 이유다. 당황하거나 기가 죽으면 들릴 말도 더 안 들리고 잘 나오던 말도 잘 안 나오기 마련이다.

영어 발음이 나쁜 게 아니라 다를 뿐

영국인이 쓰는 영어가 표준영어만이 아니라 지방 사투리가 훨씬 더 많듯 세상에는 원어민 영어 발음보다 엉터리 영어 발음을 쓰면서 살아가는 준영어권과 비영어권 사람들이 몇십 배나 더 많다. 그들이 쓰는 영어 발음은 결코 한국인들보다 낫지 않다. 그런데도 그들은 전혀 자신의 발음을 부끄러워하지 않고 떳떳하게 살아간다.

누구나 외국에 나오면 비영어권 사람들의 발음을 더 많이 듣고 그들과 대화하면서 살아갈 수밖에 없다. 그러므로 영어권 사람들의 영어도 중요하지만 비영어권 현지인들의 영어 발음을 잘 알아듣는 것 역시 중요하다. 심지어 영국에 살아도 비영어권에서 온 사람들과 이야기할 기회가 의외로 많다. 특히 인구 중 외국 출신이 50퍼센트가 넘는다는 런던에서는 외국인 억양 없는 영어를 듣기가 어려울 정도다. 그래서 해외에 오래 산 교민들은 영어 발음은 비록 시원찮아도 비영어권 사람들이 하는 이상한 발음의 영어는 귀신같이 알아듣는다.

한국에서 온 여행객이나 출장자들이 제일 먼저 부닥치는 어려움은 영어로 말을 못해서가 아니다. 영어권 사람들이 하는 영어는 그런 대로 귀에 들어오는데 비영어권 사람들이 하는 영어를 못 알아들어 어려움이 생긴다. 한국에서 표준영어만 들으며 공부해왔으니 구멍가게 인도 주인, 이탈리안 레스토랑의 종업원, 파리의 명품가게 판매원의 영어를 알아들을 방법이 없다. 영미권 사람들의 발음만 듣고 흉내 내서는 반쪽이 아니라 3분의 1, 혹은 5분의 1밖에 영어로 소통을 하지 못하게 된다.

인도인의 동글동글 말리는 영어 발음은 처음에는 아무리 들으려 애써도 무슨 말인지 알 수 없다. 아랍 사람들의 영어는 또 어떤가? 탁하게 나오는 발

러시아 중학교의 영어 수업. 전 세계적으로 영어 교육 열기가 뜨겁다.

음과 함께 속으로 기어 들어가는 듯한 끝 발음은 처음 들으면 거의 암호 수준이다. 멋쟁이 프랑스 여인과 영어로 대화를 나누고 싶어도 그녀가 하는 콩콩거리는 발음에 익숙해지지 않으면 안타깝지만 무슨 소린지 도저히 알 수 없다.

이렇게 세상의 모든 나라 사람들과 영어로 소통할 때는 실전이 최고다. 원어민 영어를 아주 잘하는 사람도 이런 비영어권 실전 경험이 없으면 원활한 소통이 이루어지지 않아 당황한다. 선수들도 처음에는 소통하기 힘든데 하물며 힘겹게 영어가 입 밖으로 나온 당신이 어려움을 겪는 일은 당연한 것 아닌가? 결코 의기소침하지 말라는 뜻이다.

당신에게 말을 거는 현지인이나 당신이 말을 건네는 그들도 당신의 발음을 알아들으려고 갖은 애를 쓰는 중이다. 둘 다 비영어권이니 굳이 표준발음에 신경 쓸 일도 없다. 서로의 말을 이해하면 그만이다. 영어권 사람들이 보면 기가 막혀 웃을 노릇이지만 언어란 소통을 위해 존재하는 것이지 다른 이유는 없지 않은가?

사실 영어를 쓰는 본토인들도 외국에 가서는 현지인의 영어를 못 알아들어 헤맨다. 비영어권 사람들과 소통하기 위해서는 원어민이나 비원어민이나 같은 출발선에서 시작하는 셈이다. 누가 실전 경험이 더 많은지가 관건이다.

세상에는 당신보다 훨씬 나쁜 영어 발음으로도 매일 영어로 소통하고 사는 사람들이 엄청나게 많다. 그들은 그러면서도 자신의 영어 발음을 부끄러워하지 않고 살아간다. 당신의 영어는 세계 평균으로 보면 상위권에 속한다.

영어책에 안 나오는 영어가 더 많아

'영어를 가장 많이 쓰는 나라?'라는 우문에 대한 현답은 '당연히 영어권 국가 중 인구가 가장 많은 미국이겠지'가 아니다. 정답은 인도다. 영어는 인도의 22개 공용어 중 하나인데, 인도 인구 12억 중 30퍼센트인 3억6000만 명이 통상 영어를 쓴다. 파키스탄, 나이지리아, 필리핀, 남아프리카, 케냐, 우간다, 가나, 스리랑카 등도 공용어로 영어를 사용한다. 세계 어디를 가도 현지어를 모르면 영어로 소통할 수밖에 없다.

세계에는 점점 영어 인구가 늘어나고 있다. 영어는 이제 더 이상 영국과 미국에서만 쓰는 언어가 아니다. 세계적으로 15억 명 정도가 통상적인 소통을 불편 없이 할 정도의 영어를 구사하고 약 7억 명이 모국어로 혹은 제1외국어로 유창한 영어를 한다는 통계가 있다. 이렇게 따지고 보면 영어를 모국어로 쓰는 나라보다 훨씬 더 많은 인구가 영어를 매일 쓰고 사는 셈이다. 그런 사람들은 모두 나름대로 자신들 특유의 영어를 쓴다. 유창하게 영어를 한다고 해도 표준영어 발음이 아니다. 인도인의 경우 각기 다른 지방에서 온 인도인들끼리 고유 언어로 소통이 안 되면 영어로 이야기한다. 그들끼리 하는 영어에 익숙하지 않은 사람들이 들으면 거의 인도어를 하는가 싶을 정도로 억양이 특이하다. 그런데도 인도인은 자신들의 인도식 영어 발음을 부끄러워하지 않는다.

이렇게 해서 영어를 모국어로 삼은 나라가 아니면서도 영어를 공용어로 쓰는 준영어권 국가들이 생겨났다. 인도인이 쓰는 인글리시Inglish부터 맹글리시Manglish(말레이시아 영어), 싱글리시Singlish(싱가포르 영어), 힌글리시Hinglish(힌디 영어)가 바로 그런 준영어권 국가들의 영어이다. 이들의 발음도 영국 본토 내 지방 사투리처럼 하나의 영어 발음으로 자리 잡은 지 오래다. 한국인들이 하는 발음도 언젠가는 콩글리시라는 이름의 영어 발음 중 하나로 인정받을 수 있지 않을까?

한국인 중에서 세계인들이 가장 많이 접하는 반기문 유엔 사무총장의 영어는 영국인 사이에서 인기다. 특히 젊은이들(우리 집 아이들과 그들의 영국 친구들을 포함해서)이 반 총장의 영어를 무척 좋아한다. 반 총장의 영어 발음은 분명 원어민 발음과는 거리가 멀다. 그런데 뭔가 어색하지만 편하고, 고급스럽게 들리면서도 소위 영국 상류층의 거만한 영어 발음과는 다른 아주 친근한 영어다. 담백하게 단어를 또박또박 말하는 반 총장의 영어가 어색하게 굴리는 발음보다 더 매력적이라는 말이다. 그러니 외국인이 굳이 되지도 않는 발음을 원어민처럼 하려고 어렵게 노력할 필요가 없다.

영어권 사람들보다 훨씬 더 많은 비영어권 혹은 준영어권 사람들이 영어를 일상적으로 사용하다 보니 이들의 영어가 본토 영어에 끼치는 영향도 상당하다. 이런 국가들에서는 본토 영어에는 없는, 진짜 영어 같으나 영어사전에는 없는 단어를 만들어서 쓴다. 그런 단어들이 워낙 사용 빈도가 많아져서 이제는 본토 언론에도 등장하는 사태까지 벌어지고 있다. 예를 들면 인도에서 'airdash'는 항공편으로 급하게 여행하는 것을 말한다. 특히 긴급한 사건

인도는 세계에서 영어를 가장 많이 쓰는 나라다.

이 생겨 부랴부랴 떠나는 항공편 출장이 이 경우에 해당한다. 'matrimonial'은 신문에 신부나 애인 구하는 광고를 말하고, 'press person'은 언론인 특히 기자를 뜻한다. 영국 사전에는 아직 수록되지 않은 단어지만 인도인들이 워낙 많이 사용하다 보니 영국 언론에도 가끔 등장한다. 이런 단어들이 가장 권위 있다는《옥스퍼드 영어사전OED》에 등재되는 일은 시간문제일 듯하다.

일본에서 먼저 쓰이다가 한국에 들어온 'nighter game(야간에 조명을 켜고 하는 운동경기)'이나 사무실 여직원을 말하는 'OLoffice lady'도 마찬가지다. 한국인들이 하루에도 몇 번씩 쓰는 파이팅fighting, 핸드폰handphone도 이런 종류의 비영어권 영어다. 이런 단어들을 영어권 사람들이 안 쓰고 영어사전에 안 나온다는 이유로 틀린 단어라고 할 수 있을까? 결국 많은 사람이 쓰다 보면 언젠가는 이런 단어들도 사전에 등록되지 않을 수 없다. '파이팅은 운동경기나 실생활에서 사기를 고무시키는 한국에서 만들어진 말이다'라는 해석을 곁들여서 말이다.

끊임없이 변화하는 영어의 현주소

영어 발음뿐 아니라 절대 변할 것 같지 않던 전통 영어문법도 어쩔 수 없이 파괴의 과정을 겪고 있다. 예를 들면 '그 사람과 나는 아주 잘 지낸다'를 'Me and him gets on great'라고 표현해도 이제는 누구도 눈살을 찌푸리지 않는다. 그런데 알다시피 제대로 된 영어는 'He and I get on great'가 맞다. 문제는 이런 용법이 기존의 문법에 왜 어긋나는지를 잘 모르는 영국 사람이 많다는 사실이다. 놀랍지 않은가? 실제 언론 보도를 보면 이런 걱정이 기우가 아님을 알 수 있다. 예를 들면 'come quick'이 왜 틀렸는지 모르는 사람들이 41퍼센트나 된다는 통계가 나온 적이 있다. 부사 quickly가 와야 할 자리에 형용사 quick이 왔는데 그 차이를 모른다는 조사다. 한국 중학교 영어시험에 나와도 모두 맞힐 문제를 영국인 거의 반이 모른다는 사실은 참 놀랍다. 영국 언론은 이렇게 된 이유를 대중문화에서 찾는다. 문법에 맞지 않는 말이 10대들이 많이 접하는 노래 가사나 영화에서 많이 쓰였기 때문이라고도 했다.

다른 의견도 있다. 문법에 무지한 일부 10대들이 아무런 생각 없이 이런 영어를 쓰자 이를 본 작가들이 영화나 드라마를 더 현실적으로 표현하기 위해 쓴 결과라는 해석이다. 또 미국 영화에서 슬럼가 흑인들이 많이 쓰던 이중부정을 이제는 영국인도 자주 쓴다. 이중부정은 긍정을 뜻하는데도 말이다. 예를 들면 'I did not kill no man'이 '나는 사람을 죽였다'라는 뜻인데도 '안 죽였다'는 뜻을 강조하기 위해 거리낌 없이 사용한다.

이런 예는 많다. 'I did not killed the man'이 왜 틀렸는지를 모른다고 하는 한탄까지 나온다. 영국인조차 조동사 뒤에 동사 원형이 반드시 와야 하는지를 모른다는 뜻이다. 뿐만 아니다. 라디오 전화 대담 프로그램을 듣다 보면 발음으로 봐서는 분명 영국 태생이 분명한 사람의 입에서 'He don't, She have'라는 말이 거리낌 없이 나온다. 또 he, she 뒤에 오는 동사 끝에 s를 붙일 줄 모르는 영국인도 부지기수다. 그래서 얼마 지나지 않으면 have, has와 shall, will과 who, whom 혹은 do, does의 차이는 없어질 듯하다.

그런데 이상한 현상은 영국 언론에서 이런 영어의 변화를 두고 '영어의 위기'니 '대책 마련'이니 하는 식의 반응을 보이지 않는다는 점이다. 일찍이 찰스 디킨스나 조지 오웰 같은 사람들은 영어의 오염을 한탄했지만 이제는 그럴 필요가 없어서인지 아니면 도저히 막을 수 없다고 판단해서인지 그런 한탄하는 사람들마저도 없다. 영국에는 프랑스의 아카데미 프랑세즈나 스페인의 로열 아카데미처럼 자국어를 지키려는 목적으로 세워진 기구도 없다. 가만히 놔두어도 영어는 자생력이 강해서 살아남는다는 영국인의 자신감 때문인지, 변할 수밖에 없는 영어를 굳이 못 변하게 막는다고 되는 일도 아니라는 영국인 특유의 지혜 때문인지는 몰라도 여유가 만만한 듯하다.

사실 영국인 사이에서는 영어가 세계의 언어가 된 힘의 원천은 외래어와 신조어에 대한 반감과 저항이 적은 데서 나온다라는 말이 나온다. 언젠가 영어에 섞여 들어오는 외래어의 영향에 대한 TV 대담을 본 적이 있다. 그런데 참석 패널 과반수와 방청객 대다수가 '외래어의 침입'을 경고하는 전통 영어학자의 말에 동의하지 않았다. 그들 모두 언어는 살아 있는 생물이라고 보는 듯했다. 그중 한 패널의 말이 기억에 남는다. "자연을 보호하지 않고 가만히 놔두면 외부의 위협이나 변화로부터 가장 약해 보이지만 결국 외부로부터 들어오는 모든 요소를 흡수해서 좋은 것들만 자신의 것으로 만들어 더욱 강해진다. 영어도 역사적으로 그런 단계를 거쳐 세계 언어가 되었다." 외래어가 들어오는 이유는 자신들의 언어에 없는 단어나 표현법이나 어법 때문인데 그건 결국 자신이 가진 약점을 다른 사람의 것을 이용해 보완하니 인위적으로 막을 일이 아니라 좋은 현상이라는 뜻이다. 그럼으로써 영어는 다른 언어에 없는 단어나 표현법을 갖게 되고 그만큼 모든 경우에 완벽한 표현을 할 수 있는 풍부한 언어가 된다는 요지다. 1989년 증보 출간된 《옥스퍼드 영어사전》 2판에는 현재 사용하는 단어 17만1476개와 사용하지 않는 단어 4만 7156개가 들어 있는데 그중 74퍼센트가 외래어이다.

한국에서 배우는 영어는 영어책에만 나오는 영어지만 사실 영어는 이렇게 부단하게 변하고 있다. 세상에는 영어책에 안 나오는 영어가 더 많다. 영어권이 아닌 사람들과 소통하고 살려면 비영어권 혹은 준영어권 영어도 배워야 한다. 만일 영국 리버풀 지방으로 세일즈를 간 한국 상사원이 리버풀 사투리인 '스카우스Scouse' 발음으로 상담을 시작한다면 얼마나 효과가 클 것인가. 인도에 귀한 자원을 사러 갔을 때 인도식의 돌돌 말리는 발음으로 사정한다면 더 쉽게 거래가 이뤄지지 않을까?

🔍 **Keyword 18 : 표준어**

한 나라에서 공용어로 쓰는 규범으로서의 언어.

BBC 아나운서가 사투리를 쓴다고?

 영국에 와서 한동안 한국에서 '주워듣고 배워서 아는 것'과 다른 것이 너무 많아서 놀랐다. 런던 하면 생각나는 것이 비와 안개였다. 비가 하도 많이 와서 영국 신사들이 우산 없이는 외출을 안 할 정도이고, 워낙 안개가 많이 끼여 '런던 포그fog' 또는 공해와 합쳐진 '런던 스모그smog'가 런던을 표현하는 단어라는 선입관과 통념이 있었다. 그런데 살아보니 겨울을 제외하고는 거의 비나 안개를 볼 수 없을 뿐만 아니라 4월부터 10월 말까지의 날씨는 정말 환상적이다. 특히 최근에는 지구온난화 때문인지 겨울에도 거의 안개를 볼 수 없으며 비마저 별로 안 오고 따뜻하다. 날씨에 대한 불만이 하나도 없다. '영국 신사'라는 말 때문에 영국인은 모두 신사인 줄 알았는데 문자 그대로의 영국 신사는, 특히 런던 같은 대도시에서는 정말 찾기 어려웠다.
 영어도 마찬가지다. 영국인은 모두 '퀸스 잉글리시Queen's English'를 쓰고 특히 BBC 아나운서는 모두 표준영어를 쓴다고 듣고 왔는데, 웬걸 실제 길거리에서 만나는 영국인 중에 표준영어를 쓰는 사람들은 정말 드물었다. 대부분이 사투리를 섞어 썼다. 특히 놀란 점은 BBC 아나운서들 중 사투리 억양이 들어간 사람이 상당하다는 사실이다. 각종 프로그램 사회자들 중에는 사투리가 하도 심해 짧은 듣기 실력으로 이해하지 못해 입만 쳐다볼 정도였다.

영국의 표준영어는 '런던 부근 잉글랜드 남동부 지방인 홈카운티의 고급 교육을 받은 중산층이 쓰는 영어'라는 규정이 있다는 걸 어디선가 본 적이 있다. 하지만 이는 사실이 아니다. 영국에는 표준영어라는 정의가 공식적으로 존재하지 않는다. 이들은 이 지방의 말이 저 지방에 가면 사투리가 되는데 왜 표준말이 있어야 하느냐고 생각한다. 맞춤법은 존재해야겠지만 그것도 강제해서는 안 되는 일이라고 여긴다.

공식적으로 존재하지 않는 표준어

물론 영국에서 학교, 공문서, 언론에서 쓰는 문법, 단어, 철자, 구두점 규칙은 분명 있다. 그러나 이도 일종의 불문법같이 옛날부터 내려온 전통에 의해 쓰이는 것이지, 누가 혹은 어느 기관이 정해주는 것이 아니다. 영국의 법체계가 불문법이라서 그런지 영어마저도 그렇다. 영어는 "관습에 의해 만들어지지 공식 규정으로 다스려지지는 않는다"라는 말이 영어를 잘 나타낸다. 영어에도 수많은 사전이 있지만 이는 존재했거나 존재하는 단어를 수록할 목적이지 이런 단어를 이런 규칙 내에서 사용하라는 목적이 아니라는 점에서 다른 나라 사전들과 다르다.

2015년 3월 한국의 언론 기사를 보고 깜짝 놀랐다. 제목부터가 거슬렸다. '표준말 쓰던 아이들이'라는 소제목으로 시작된 기사는 혁신도시로 내려간 공공기관 직원 아이들이 사투리를 쓴다고 엄마들이 난리를 친 사건을 다루었다. 흡사 지방 사투리가 완전히 불가촉不可觸 천민이나 쓰는 말처럼 취급받는다는 사실에 조금 과장하면 기가 막혔다. 왜 이렇게 표준말에 강박관념이 생겼는지, 어쩌다 지방 말이 그렇게 천시당하는 신세가 되었는가.

표준말과 맞춤법에 대해 시비를 걸면 많은 사람이 "아니 그러면 표준말과 맞춤법이 없어도 된다는 말이냐"라고 질문하겠지만 내 대답은 "네! 굳이 있을 필요가 없는데요"이다. 영국 영어에는 한국말처럼 대놓고 이 말은 맞는 말이고 저 용법은 틀리다는 공식 규정이 없다. 그렇다면 영국인이 비꼬듯이 말하는, 그러나 아주 정확하게 표현한 표준영어의 정의를 하나 소개해보자. '표준영어는 비록 원어민들이 읽고 쓰기 위해 배우기는 하나 그들 대부분이 실제 쓰지 않는 종류의 영어를 말한다.'

이상하지 않은가? 표준영어가 공식적으로 존재하지도 않는다는 사실도 믿기 어렵지만 어떤 형태로든 있다는 표준어마저 거의 대부분의 사람이 사용하지 않는다니. 무슨 말인지 이해가 가지 않아 고개가 갸우뚱해진다면 다음 답을 들어보라. "분명 표준영어는 있다. 학교에서 배우고 공문서에 사용되는, 쓰고 읽기 위한 표준영어는 있다. 그런데 표준발음은 없다." 이렇게 이해하면 가장 진실에 근접한 답이다.

"표준발음이라고 볼 수 있는 발음은 있느냐"라고 물으면 이것도 물론 "있다"라고 답할 수 있다. 일반적으로 알려진 '영국 표준발음BRP: British Received Pronunciation, 비비시 영어BBC English, 퀸스 영어the Queen's English, 사립기숙학교 영어Public School English, 옥스퍼드 영어Oxford English'를 표준발음이라고 보면 된다. 모두 같은 말이다. 표준발음은 사투리가 전혀 들어 있지 않아 '중립적이며 neutral · general', 영국 일반인들이 보통 '고급 발음posh accent'이라고 부르는 발음이다. 표준발음은 '또박또박 끊어서 분명하게 힘주어 말하듯이clipped accent' 한다. 잘못 들으면 독일어 같은 발음의 영어가 영국인이 말하는 고급 영어다.

미국식 발음에 익숙한 한국인들이 처음 접하면 중학생 영어 같다는 느낌을 많이 받는다.

그런데 문제는 영국인의 겨우 3퍼센트만 이러한 발음으로 말한다는 사실이다. 나머지 97퍼센트는 자기 지방 억양으로 말한다. 한국에서 '표준말 쓰는 서울 사람'들이 멸시하듯 말하는 '시골 사투리 영어'로 말을 한다. 지방으로 가면 일정이라는 단어 'schedule'의 발음을 [스케쥴]이 아니라 [셰듈]이라고 발음하는 사람이 더 많다. '수요일Wednesday'을 [웨든스데이]로 발음하는 것도 마찬가지다. 이건 지방 사투리가 아니다. 하나의 영국식 발음이다. 성castle, 사과apple가 [캐슬], [애플]이 아니고 [카아슬], [아아플]이다. 다시 한번 강조하지만 이런 발음들을 사투리가 아니고 하나의 영국 발음이다.

계급별로 달랐던 발음조차 경계 희미해져

그렇다면 왜 영국인 3퍼센트만 쓰는 말이 영국 영어를 대표하는 발음이 되었을까. 표준발음은 200년 전인 18세기 말에서 19세기 초에 생겼다. 대영제국이 시작되는 시점에서 왕족과 귀족을 비롯한 상류층과 사립기숙학교 학생, 정부 관리들의 발음이 영국 식민지로 퍼져나가 결국 대영제국의 말이 되어버렸다. 게다가 1920년 BBC가 첫 방송을 시작할 때 이 표준발음을 BBC 공용어로 쓰기 시작해서 더욱 그렇게 알려졌다. 1950년대까지 중산층 사람들은 가능하면 이 표준발음을 하려고 노력했고, BBC 아나운서들도 거의 표준발음을 사용했다. 그래서 아직도 BBC 방송을 제대로 안 들어본 다른 나라 사람들은 BBC 아나운서는 모두 표준발음만 쓴다고 생각한다.

그러나 이런 경향은 1970년대 들어와서 바뀌기 시작했다. 당시 물결을 일으키던 사회주의와 자유, 민권 같은 정치·문화 시류의 영향으로 "지방 말이

영국 공영방송 BBC 본사.

왜 문제가 되느냐"라는 논란이 일었다. 그러자 BBC가 지방 발음을 많이 사용하라고 정책을 과감히 바꾸면서 영국인의 영어가 '원래대로' 돌아가기 시작했다. 2010년 BBC 사장은 "BBC 방송에서 지방 영어가 아직도 귀하므로 더 많이 사용하자"라고 권고하기도 했다. 사실 1900년대에 들어와서부터는 이미 영국 인구의 겨우 3퍼센트만이 표준발음을 사용하고 있었으니 BBC의 발음 개혁은 뒤늦었던 셈이다.

물론 아직도 전국에 산재한 기숙사립학교를 가면 모든 학생이 그 지방 말이 아닌 표준발음으로 말한다. 결국 표준어가 사립학교 출신들이 쓰는 말이라는 정의가 틀린 것이 아니다. 그런데 재미난 사실은 영국에서 기숙사립학교 학생들 숫자가 학생 전체 비율로 보면 딱 3퍼센트라는 점이다. 3퍼센트만이 쓰는 영어가 표준영어라는 말이 딱 들어맞는다.

영국은 계급사회이다. 그런데 계급을 가르는 가장 큰 척도가 바로 이 영어다. 길거리에서나 상점에서 전혀 그렇게 보이지 않는 사람이 표준발음으로 말하면 상대방이 다시 살펴보기까지 한다. 그만큼 영어는 계급에 맞게 써야 한다는 뜻이다. 고위 정치인 중에도 아직 많은 사람이 표준어를 쓰고 있는데 요즘은 이를 바꾸려는 사람들도 많다. 그중 하나가 데이비드 캐머런 총리에 의해 차차기 총리감으로 언급된 내각 실세 서열 2위 재무장관 조지 오스본이다. 그는 괜히 발음을 바꾸려고 했다가 방송의 코미디 프로그램이나 언론 만평에서 놀림감이 되었다. 하지만 이 행동은 표를 가진 대다수의 유권자들과 눈높이를 맞추겠다는 그만의 피나는 노력의 일환이었다.

요즘 나온 신조어로 '머머세트murmer-set'가 있다. 일반인과 친근해지려고 시골 사투리로 말하는데 제대로 안 되어 티가 확 나는 경우를 나타내는 말로, '중얼거리다murmur'에 영국의 시골 이름인 '서머세트Somerset'를 합쳐서 만든 조어이다. '모크니Mockney'도 마찬가지다. 런던 동부 부두 노동자들이 쓰던, 범죄세계의 은어 같아 런더너들도 전혀 못 알아듣는 런던 사투리 '코크니Cockney'를 '흉내mock 낸다'는 조어이다. 영국 중산층이 멋으로, 혹은 정치인이 인기를 얻으려고 하는 시도를 놀리는 말이다. 자신의 계급인 상급 중산층을 벗어나 서민적으로 보이기 원하는 오스본 장관의 노력이 성과를 낼지는 모르지만 아직은 국가적 놀림감이다.

이런 추세는 여왕의 손자이자고 다이애나 왕세자비의 아들 윌리엄과 해리 왕자에게도 영향을 미쳤다. 현재 그들이 쓰는 말은 전통 왕실 영어와 상당히 달라

전략적으로 서민 영어를 쓰는 조지 오스본 영국 재무장관.

국민에게 훨씬 인기가 있다. 여왕, 필립공이나 찰스 왕세자가 쓰는 거만한 영어가 아닌 서민들이 쓰는 발음을 사용해 친근감을 느끼는 것이다. 이들은 어머니 다이애나의 뜻에 따라 일반 학교를 다녔고 일반인과 어울리면서 자연스럽게 그런 영어를 배웠다. 전통적으로 왕족은 어릴 때는 집에서 개인교습을 받고 고등교육만 밖에서 받았다. 다이애나 왕세자비의 선견지명이 당시는 전통을 깨는 철없는 짓이라고 난리가 났지만 이제 빛을 발휘하는 셈이다.

보통 영국 학생들은 집에서는 사투리를 쓰다가도 학교에 오면 표준발음을 썼는데 이제 이런 경향도 사라지고 있다. 유명인사나 TV 사회자나 연예인들이 사투리를 거리낌 없이 쓰기 시작하자 학생들이 사투리를 쓰는 것이 부끄럽지 않다는 사실을 깨달은 것이다. 더욱 놀라운 것은 중산층 사립학교 학생들마저 그런 경향이 있다는 사실이다. 사립학교는 럭비나 크리켓을 하고 공립학교는 축구를 한다는 말이 있었다. 좋아하는 운동만 봐도 계급을 알 수 있다는 뜻이다. 하지만 이제 영국에서는 축구를 좋아하지 않고는 사람 취급을 못 받을 정도가 되었다. 고위 정치인들도 축구를 좋아하든 말든 팬으로 지지하는 축구클럽을 하나둘쯤은 가지고 있어야 할 정도가 되었다. 그만큼 영국인을 가르던 계급이 서서히 무너지고 있는데 가장 바꾸기 어렵고 자랑스러운 계급의 표상으로 통하던 표준영어마저 대중문화 물결에 밀려 사라져가고 있다.

연예인이나 정치인들도 사투리로 말하면 인간적으로 보여 인기가 치솟으니 어쩔 수 없다. 스포츠 스타들이 사투리로 거침없이 말하니 젊은이들이 그들을 따르는 것은 당연하다.

보통 사람들의 세상, 평범한 말이 인기

전문가들은 표준발음 혹은 고급 발음이 줄어드는 이유가 '누릴 자격 없는 특혜undeserved privilege'에 대한 반감이 대중들 사이에 팽배했기 때문이라고도 진단한다. 과거에는 정치 사회 지도층이 나라를 잡고 흔드는 것을 인정하고 그들의 별난 발음도 묵인하는 분위기였으나 지금은 좀 다르다고 한다. 그들이 부모 잘 만난 덕에 그들만의 교육을 받아 저런 영어를 한다는 인식이 대중들 사이에 만연하다. 이런 정서는 대중의 인기를 먹고사는 연예인을 비롯해 특히 정치인에게는 치명적이기 때문에 과거와 달리 상당히 조심하는 편이다. 이제는 영국도 자신과 같은 보통 사람이 끌고 가야 한다는 분위기이다. 그러다 보니 평범한 말을 써야 동질감을 느낀다. 이러한 이유들로 영국인 사이에서 표준발음 비율은 더욱더 줄어들 전망이다.

물론 아직도 표준발음을 쓰면 굳이 이력서를 들춰보지 않더라도 출신계급과 학력을 짐작할 수 있어 출세에 도움이 된다. 또 그런 출신 사람들끼리 자신들의 이익을 보호하고 일을 쉽게 하기 위해 같은 출신을 선호하고 보호하는 경향도 있다. 그래서 대기업, 은행, 고급 공무원, 법조계 같은 고급 직장에서는 아직도 '자신들만의 발음'을 쓰는 직원을 선호한다. 또 이런 직장에 취직하기 위해 인터뷰할 때 발음과 억양을 바꾸는 경우도 있다. 하지만 일반 기업에서는 더 이상 아니다. 다니엘 크레그의 뒤를 이어 영화 〈007〉 시리즈의 주인공 제임스 본드 역으로 언급되는 3명의 영국 배우가 모두 이튼스쿨 출신인데 그들을 쓰면 안 된다는 여론도 강하다. 역대 제임스 본드 중에서 가장 인기가 높은 크레그가 서민적인 노동자 유형의 터프가이 이미지라는 이유에서다. 이런 여론이 팽배한 데서도 보통 사람, 보통 언어를 중시하는 현상을 볼 수 있다.

그런데 재미있는 현상은 영국인이 자신들은 안 쓰는 표준발음을 영어를 배우려는 외국인에게는 권한다는 사실이다. 영어사전에 나오는 발음은 바로 표준발음이다. 케임브리지대학교의 《발음 사전》은 출간 목적을 '영어를 외국어로 배우는 사람들을 위한 사전'이라고 밝혀 이 사전이 영국인을 위한 게 아니라는 것을 강조하고 있다. 자신들이 쓰는 발음은 자기들끼리만 쓰고 외부인인 너희들은 이런 우스운 발음만 쓰라는 게 영국인의 심보인 듯도 하다. 나중에는 진짜 영국인은 사투리로만 말하고 외국인은 표준발음만 쓰는 상황도 발생할 수 있을 듯하다. 하긴 한자의 본고장인 중국에서는 간체를 쓰고 인근 3국인 한국, 대만, 일본은 아직도 정자를 쓰는 것을 보면 생길 법한 일이다.

영국은 영어를 모국어로 쓰는 나라 중에는 단위 면적당 가장 많은 사투리를 가지고 있다. 영국은 이런 사투리를 자랑스러워하고 지키려고 노력한다. 일부 상류층이나 고급교육을 받은 사람이 쓰는 중산층 영어가 모든 영국인을 대표하는 영어가 될 수는 없다는 뜻이다. 또 영국에는 영어만 있는 것이 아니다. 잉글랜드, 웨일스, 스코틀랜드, 북아일랜드에는 화폐도 다르고 법도 다르고 공휴일도 다르듯 말도 원래 달랐다. 영어에 밀려 인구의 5퍼센트 미만이 사용하던 웨일스어의 경우 되살리려는 노력을 꾸준히 펼쳐 이제는 20퍼센트 이상의 인구가 사용한다. 1퍼센트도 안 되는 인구가 알고(사용이 아니다) 있던 코니시어를 살리려고 노력하는 영국 남서부 지방 콘월의 노력도 그런 것이다. 심지어는 표준영어가 잉글랜드 남동부 사투리라는 말도 있다. 발음, 억양, 단어, 문체까지 어떤 경우에도 표준말은 없다는 뜻이다.

한 지방의 언어를 표준말로 내세워 너무 강조하는 일은 또 하나의 줄 세우기다. 맞춤법은 분명 있어야 하지만 전 국민이 똑같은 억양이나 발음으로 말한다면 정말 끔찍할 것 같다. 사투리에 대한 열등감을 가질 이유도, 표준말이라는 서울 사투리를 쓴다고 우월감을 가질 이유도 없다. 자라는 세대에게까지 그런 고정관념을 심어줄 이유는 더더욱 없다. 영국의 주요 정부기관이나 대기업 본사가 대부분 지방에 있다는 사실도 사투리 중시 경향에 영향을 미칠지도 모른다는 생각이 든다.

> 🔍 **Keyword 19 : 인간 존엄성**

사람은 그 존재 가치가 있으며, 그 인격은 존중받아야 한다는 이념.

영국에는 갑을 관계가 없다

민족마다 나라마다 살아가는 방식이 다르다. 자기 나라 밖으로 나가 다른 나라에서 살 때 그곳만의 방식을 이해하지 못하면 피곤하고 고단해진다. 영국에 갓 온 한국인이 많이 쓰는 말 중 하나가 "이 나라 사람들은 도대체 장사를 하고 싶어하나 안 하고 싶어하나"이다. 물건이 팔리면 좋고 아니면 말고 식의 영국 장사꾼들의 고객 응대 태도에 처음에는 놀라고 절망하기까지 한다. 요즘은 경기가 워낙 나빠 콧대가 많이 낮아지긴 했지만 아직도 영국의 많은 가게에서는 애써 물건을 팔려고 하는 모습을 찾아볼 수 없다. 손님이 들어가도 친절하게 응대해주지 않고 뭘 물으면 마지못해 대답하는 투가 확연하다. 문 닫고 있는 가게 문을 두드리며 "간단한 것 하나만 사자"라고 애걸해도 손을 흔들면서 거절한다. 문을 닫았으니 내일 오라는 뜻이다. 자기 물건을 팔아주고자 하는 손님을 대하는 태도나, 애걸하는 인간에 대한 예의로라도 문을 열어줄 만한데 완고하다. 매정하다고 해야 할지 단호하다고 해야 할지 모를 영국인의 태도다.

한국에서 영국으로 살러 온 어떤 주재원 가족이 가구가 비치되어 있지 않은 아파트 세를 얻었다. 영국 임대 주택들은 대부분 가구를 갖추고 있는데 남이 쓰던 가구가 싫어 굳이 새 것으로 갖춰 살겠다며 가구 없는 주택을 고른 것이다. 그들은 동네 가구점에서 당장 필요한 침대, 소파, 식탁 등을 주문하고는 당연히 당일이나 그다음 날은 물건을 받을 수 있으리라 여기며 "언제 오느냐"라고 물었다. 그런데 점원의 대답이 주재원 가족을 바닥에 주저앉게 했다. 소파와 식탁은 공장에 주문해야 하기에 한 달 반 뒤에 오고, 침대는 그나마 반품된 것이 있어서 일주일 뒤에 인도하겠다고 하는 게 아닌가. "아니? 그럼 우리는 한 달 반 동안 바닥에 앉아 TV를 보고 밥을 먹고 잠은 어떻게 자야 하느냐"라는 주재원의 미국식 발음의 영어를 알아들었는지 못 알아들었는지, 점원은 그게 나와 무슨 관련이 있느냐는 태도로 멀거니 그들을 쳐다보았다. 그나마 전날 가전제품 가게에서 주문한 TV, 냉장고, 세탁기, 마이크로오븐이 이튿날 배달된다는 것으로 위안을 삼긴 했지만 주재원 가족은 당시의 절망감과 일종의 배신감을 두고두고 얘기했다. 그들은 할 수 없이 동네 중고가게에서 임시로 구한 식탁으로 한 달을, 주위의 주재원들에게서 빌린 손님용 공기 매트에서 자며 일주일을 때웠다고 한다. 소파는 결국 못 구해 식탁 의자에 앉아 TV를 보았다. 그나마 가구점 주인의 특별 부탁으로 공장에서 2주일을 앞당겨준 특혜 덕에 한 달 만에 배달된 식탁, 소파, 침대를 붙잡고 울었다는 '믿거나 말거나' 같은 이 이야기는 실화다.

아직도 이야기는 끝이 아니다. 절정이 더 남아 있다. 가구들을 배달하겠다는 운송회사 전화를 받고 싸우다가 열이 나서 다시 쓰러질 뻔한 얘기 말이다. 한 달을 기다린 끝에 물건이 드디어 온다는 전화를 운송회사로부터 받을 때는 기뻐서 펄쩍 뛰었다. 그런데 "배달이 내일 몇 시에 오느냐"라고 물으니

"내일 중으로 도착한다"라는 말뿐이었다. 그래서 "몇 시에 올지를 확실하게 해주어야 나도 일을 볼 것이 아니냐"라고 하자 운송회사 직원은 "아침 10시부터 오후 5시 사이에 배달이 된다"라고 기계적으로 대답했다. "그래도 언제쯤인지 대충은 알려줄 수 있지 않느냐"라는 물음에 "배달이 당신네 것만 있는 것이 아니고 차례로 배달하기 때문에 얼마나 걸릴지는 모르지만 아무튼 5시 전에는 분명히 간다"라는 답이 돌아왔다. 그래서 "그럼 내가 가구를 받기 위해 하루 종일 기다려야 하느냐"라고 강력하게 항의하자 "그러면 공장에 물건을 돌려주겠으니 공장하고 다시 협의를 하라"라고 했다는 것이다. 결국 목마른 놈이 샘물 판다고 이튿날 하루 종일을 집 밖으로도 못 나가고 씩씩거리면서 기다리다 5시를 꽉 채워서 가구를 받았다는 얘기가 이 오디세이의 끝이다.

손님은 왕이 아니고 상점 주인은 하인이 아니다

이 길고 긴 에피소드는 영국에서는 절대 '소비자는 왕이 아니다'라는 교훈을 준다. 가구점이나 공장 입장에서는 이런 식의 제도가 더없이 좋다. 공장은 주문 없이 물건을 만들지 않으니 만들어놓고 못 파는 위험부담 없고, 재고가 없으니 창고가 크지 않아서 좋고, 그 결과 공장 운영비가 훨씬 준다. 상점은 팔릴지 안 팔릴지도 모르는 물건을 사두지 않으니 재고나 자금이 안 들고 가게도 클 필요가 없으니 좋다. 주요 샘플 몇 개와 상품 안내서만 달랑 가지고 손님을 맞으니, 장사하는 입장에서 이보다 더 좋은 일이 없다. 단 하나 조건이 있다. 손님이 자신이 실제 필요한 시기 한두 달 전에 주문하거나, 주문하고 한두 달만 기다려주면 모든 거래 당사자가 행복해지는 합리적인 제도다. 공장이나 상점 그리고 마지막으로는 운송회사에까지 소비자는 그냥 또 하나의 거래 손님 중 하나에 불과할 뿐이다. 그래서 손님이 왕도 아니고 장사하는 사람도 을이 아니다.

이런 풍토는 식당에서도 마찬가지다. 영국 식당에 들어가서 마음대로 자리를 골라 앉다가는 "자리를 옮기라"라는 요구를 듣거나 종업원으로부터 주의를 들을 수도 있다. 이때 말 한마디 잘못하면 자리에 앉지도 못하고 쫓겨나는 봉변을 당할지도 모른다. 게다가 자리에 앉은 지 5분도 되지 않아 주문한다고 종업원을 부르거나, 주문한 지 30분도 안 되어 음식이 안 나온다며 불평했다가는 점점 음식이 늦어진다. 인내심을 배워야 영국에서 살면서 오른 혈압 때문에 심신의 건강을 해치는 일이 없어진다.

식당에서 지켜야 할 예의는 유독 영국에서만 해당하는 것이 아니며 유럽 어디를 가든 지켜야 하는 관습이다. 유럽에서는 식당 아니 고상한 말로 레스토랑은 밥집이 아니다. 일종의 격식을 갖춘 밥 먹는 클럽이라고 봐야 한다. 그래서 손님은 비록 돈을 내고 서비스를 받지만 그래도 식당 종업원에게 예를 갖추어야 하고, 식당 주인이 여는 돈 받는 파티에 온 손님이라는 개념으로 자신의 위치를 파악해야 한다. 그래서 식당 주인에 대한 사회적인 지위는 남다르다. 식당 주인은 사교 파티를 여는 호스트로 본다. 그래서 레스토랑에서 무례하게 말하거나 부당한 요구를 하다가 쫓겨난 경험을 한 사람의 얘기를 심심치 않게 듣는다.

요즘은 워낙 새로 유명해진 식당이 많아서 명성이 옛날 같진 않지만 그래도 한때는 세계 최고 레스토랑하면 누구나 서슴없이 '파리의 맥심 레스토랑'을 들었다. 그 맥심 식당의 주방장이 죽으면 프랑스 최고 신문《르몽드》1면, 그것도 전직 대통령이 죽어도 안 나는 머리기사에 실린다. 유명 레스토랑에서 제일 좋은 자리는 어디일까? 입구에서 마주 보이는 창문 쪽 자리? 아니면 제일 중심 자리? 아니다. 주방 구석에 있는 식탁이다. 이것은 소위 말하는 주방장 식탁으로 주방장이 평소에 거기 앉아 식사하거나 보조들이 만든 요리를 맛보는 곳이다. 거기에 주방장의 초대를 받아 주방장이 직접 만들어주는 요리를 먹는 일은 프랑스 요리를 아는 사람들에게 꿈에나 그리던 엄청난 영광이다.

만일 유럽인이 프랑스 대통령관저인 엘리제궁전에서 프랑스 대통령과 단독 정찬을 하자는 초대와 맥심 주방장 테이블 초대가 같이 온다면 조금도 서슴지 않고 맥심 주방장 초대에 응할 것이다. 이는 가문의 영광이고 두고두고 자랑해도 전혀 잘난 척하거나 자기 자랑하는 사람이 아니다. 만일 그런 초대를 받아 간 적이 있다는 얘기를 유럽인들에게 하면 당장 그들의 태도가 달라질 것이고 의자를 바싹 앞으로 당기고 귀를 쫑긋해서 그다음 얘기를 더 자세하게 듣고 싶어할 것이다. 어떤 계기로 초대받았는지, 주방장은 어떤 사람이었는지, 주방은 어떤 곳이었는지, 뭘 먹었는지, 요리 모양은 어떤 것인지, 요리 맛은 어땠는지, 아마 별별 것을 물을 것이다. 그다음에 만나면 두고두고 그 얘기를 할 것이고 자기 친구들에게까지 신나서 얘기할 것이다. 이런 얘기는 내가 프랑스 대통령 초대를 받아 대통령 관저에서 대통령과 저녁을 먹었는데 하는 얘기와는 차원이 다르다. 유럽에서 유명 식당을 책임지는 주방장은 지위가 높으며, 아무나 초대받지 못한다는 희소성을 지니며, 주방장이 직접 만들어준 요리를 먹어본 경험 그 자체가 대단하기 때문이다.

승차 거부가 정당한 사회

한국에서는 택시 운전기사들이 절대 해서는 안 되는 반사회적인 행위가 '승차 거부'다. 그런데 영국에서는 이 말 자체가 없다. 택시를 타려면 타기 전 반드시 창문을 통해 먼저 운전기사에게 행선지를 말한 뒤 허락이 나야 탈 수 있다. 서로 조건이 맞아 일종의 구두계약이라도 이루어져야 승차가 가능해진다. 한국에서는 택시가 공적 수송기관이라는 개념 때문에 승차거부를 못 하게 되어 있는데 사실 따지고 보면 이상한 개념이다. 정기노선 버스는 승객 개개인을 차별해서 타라, 타지 마라 할 수 없겠지만 엄연히 자신의 재산인 택시를 가지고 영업하는데 자신의 의사는 접어두고 무조건 손님이 가자는 곳으로 가야 한다? 과연 그것이 공정한 개념인지는 따져봐야 할 듯하다.

영국에서 일단 택시에 타고 난 뒤 내릴 때는 미터기에 나오는 요금 이외에 적당한 팁(10퍼센트 정도)을 주고 "고맙다"라는 말을 반드시 해야 한다. 상점에서 물건을 살 때도 손님은 판매원에게 최소한 2번 감사의 말을 해야 한다. 돈을 주면서 감사, 물건을 받으면서 감사를 표하는 것이 상식이다. 물론 판매원도 돈을 받을 때, 물건을 건네줄 때 등 최소한 2회 이상의 감사 표시를 한다. 결국 여기서도 손님과 판매원은 갑을의 관계가 아닌 동등한 입장이다. 손님과 주인이 왕과 하인의 관계가 되기 위해서는 식당이나 가게 주인이 한 푼이라도 더 벌기 위해 손님의 부당한 요구를 다 들어주어야 한다는 전제가 있어야 한다. 그런데 영국인은 '공손과 비굴의 차이'와 '친절과 아부의 차이'를 잘 안다.

영국인은 자식에게 매를 들기는커녕 함부로 험한 말도 잘 하지 않는다. 언젠가 '맞아보지도 않았고 때려보지도 않았다'는 영국인이 80퍼센트가 넘는다는 통계를 본 적이 있다. 한국은 어떨까? '자식은 매로서 키워야 한다' 혹은 '스승의 매는 사랑의 매다'라는 이유로 한번쯤은 체벌을 경험했을 것이다. 물론 영국에도 가정폭력은 있다. 그런 경우는 대개 때리는 사람의 정신병적인 문제로 시작되는 것이지 한국 같은 사회구조적인 이유는 아니다. 그래서 영국에서는 가정 밖에서 누구를 때리거나 맞거나 하는 일은 어떠한 경우라도 무조건 범법 행위다. 일부 전통적인 학교에서 교장 선생이 교칙에 따라 공개적으로 가볍게 때리던 관습마저 없어졌다. 그런 영국에서 폭력은 물론 말이나 행동으로도 인간의 존엄성이 손상될 일을 당하기도 쉽지 않지만, 당하더라도 쉽게 굴하지 않는다.

그래서 손님이 자신에게 무례하게 대하거나 과한 요구를 하면 단호히 거절한다. 자신의 인간적인 존엄성과 살아가는 방식을 돈 몇 푼과 바꾸지 않겠다는 철학이 영국 가게 주인이나 종업원들을 무례한 손님의 종이 안 되게 만드는 셈이다. 자신의 삶과 원칙을 손상하고 굽히면서(영국인들은 이때 compromise라는 단어를 쓴다)까지 금전적인 소득을 더 늘리고 싶지는 않는다는 말이다. 돈이 더 많다고 더 행복해지지 않는다는 것을 대부분의 영국인은 선천적으로 알고 있는 것 같다. 그래서 물건 하나 더 팔기 위해 닫았던 상점 문을 열지는 않는다. 또 내 식당에 들어왔으면 내 원칙을 지키고, 내 허락 안 받고 자기 마음대로 자리에 앉거나 종업원에게 무례하게 대하는 손님에게는 음식을 안 팔겠다는 자세를 견지한다. 아무리 손님이 무례하고 오만해도 하나라도 더 파는 것이 옳은 일 아니냐고 하겠지만 영국인들은 그렇게 해서 돈 벌면 뭐하느냐는 자세이다. 더 좋은 차에 더 큰 집에 산다고 인생이 달라지지도 않고 더 행복하지도 않다는 뜻이다. 오만한 건지 배가 덜 고픈 건지 모르지만 영국인은 그렇게 살아간다.

드라마 〈오피스〉가 보여준 영국 직장의 민낯

직장에서도 마찬가지다. 2001년에 영국 BBC2에서 방영된 〈오피스〉라는 드라마는 영국 직장 생활의 민낯을 보여줬다 해서 폭발적 인기를 끌었다. 영국 보통 회사 모습을 현실감 있고 적나라하게 표현해 직장 내에서 자신을 엿보는 듯하다는 평이 나돌았다. 드라마는 극중 카메라를 가까이 들이대고 촬영하는 형식을 가끔 취해 시청자로 하여금 실제 사무실에 들어가서 직접 보는 듯한 착각을 일으키게 했다. 배우의 옷차림이나 말투 심지어 화장도 거의

하지 않아 피부의 흠은 물론 여드름까지 다 보인 얼굴 등이 실감났다. 어떤 배우는 그 전날 과음해서 부은 모습이 그대로 방영되어 논란이 된 적도 있었다. 영국 내의 직장에서 실제 일어나고 있는 일들이 그대로 묘사됐으니 다큐멘터리라고 해도 무방했다.

그래서 이를 두고 '목큐멘터리mockumentary'라고까지 했다. '목큐멘터리'는 '조롱하다mock'와 '기록물documentary'이 합쳐진 신조어다. 그런데 한국인의 시각으로 보면 도저히 이해할 수 없는 장면이 수도 없이 나왔다. 특히 주인공인 지점장regional manager 데이비드 브랜트의 직장 내 처지는 지켜보기가 애처로울 정도였다. 지점장과 직원들의 관계는 갑을이 바뀐 듯한 모습이었다. 브랜트는 상관으로서의 독단이나 횡포는커녕 권한도 권력도 위엄도 없었다. 그냥 직원들을 통솔해 지점 일을 잘 처리해나가야 할 책임만 지워져 있는 듯했다. 그를 통해 그러지 않으면 지도력이 없다는 이유로 살아남지 못하는 영국 회사의 중간관리층의 비애를 잘 묘사했다.

보통의 영국인 평직원들은 승진이나 급여 인상에 관심을 가지지 않는다. 노력한다고 회사 내에서 자신의 위치가 크게 변할 가능성이 거의 없다는 걸 잘 알기 때문이다. 그냥 아침에 아무 생각 없이 출근해서 하루 종일 맡은 바 임무만 열심히 하다가 퇴근 시간 되면 칼같이 뒤도 안 돌아보고 퇴근한다. 전 직원 월급이 오를 때면 자신의 월급도 자동으로 오르는 것이고 그렇지 않으면 그냥 자신에게 주어진 일과 월급에 만족하며 살아간다. 기계에 장착된 부품처럼 자신의 일만 정해진 대로 자기 위치에서 제시간에 '해내면' 되었다. '잘 해내는 것'이 아니라 그냥 '해내면' 되었다. 나머지는 기계 엔진 동력에 의해 돌아가니까 말이다. 만일 누군가가 더 잘해보려고 괜한 행동을 하면 전체 기계가 서버리고 말기에 부품의 개성이고 품질이고 창의성이 필요 없다. 실제 영국 기업은 성과급도 잘 없다. 그러니 묵묵히 자신에게 맡겨진 일만 하면 된다.

그러나 중간관리층은 이야기가 다르다. 경영진 눈치도 봐야 하고 실적도 올려야 하는데 직원들은 잘 따라주지 않으니 죽을 맛이다. 승진이나 장래에 대해 관심이 없는 부하들을 효과적으로 통솔할 방법이 마땅치 않아서이다. 결국 달래는 수밖에는 다른 방법이 없다. 그래서 브랜트 지점장은 괜히 직원들은 듣지도 않는 잡담을 계속한다. 또 직원들의 환심을 사기 위해 별의별 눈물 나는 노력을 한다. 10대들이나 쓰는 속어를 연발하고 보기에도 안 어울리는 춤도 추고 썰렁한 농담도 하는 모습에 마음이 짠할 지경이다. 매수(퇴근 후 펍에서 맥주를 사기도 하고, 선물 공세도 하고, 맘에 없는 칭찬도 하고)도 하고 직원들이 하지도 않는 회사에 대한 불만을 도맡아 인심을 얻으려 한다. 경영층의 방침이나 의견을 대변하는 듯한 모습은 전혀 보이지 않는다. 그럴수록 직원들은 지점장의 약점을 파고든다. 아니 말을 더 안 듣고 심지어는 서로 짜고 브랜트를 왕따시켜 괴롭히고 골탕 먹이기까지 한다.

영국인들은 〈오피스〉의 사무실 분위기가 영국의 대다수 직장 실제와 별

영국 BBC2가 방영한 드라마 〈오피스〉.

로 다르지 않다고 인정했다. 이렇게 영국 직장 내의 상사와 직원의 관계는 우리가 아는 전형적인 상사와 부하의 관계가 아니다. 상사는 어쩌다가 궂은 책임을 맡은 동아리 선배 정도라고 보면 적당하다. 이는 회사 소유주와 종업원의 관계에서도 크게 다르지 않다. 영국 직장인들에게는 아침에 사장이 출근하는데 인사를 잘하는가가 직원 평가 기준이 아니라는 확신이 서 있다. 직원들은 회사 사주의 판단이나 중간관리층의 평가에 의해서가 아니라 자신과 회사가 맺은 고용계약에 의해 회사 내 자신의 입지가 결정됨을 누구보다 잘 안다. 동료보다 더 많은 월급을 받고 동료보다 더 일찍 진급하고자 하는 욕심이 있어야 당근이나 채찍이 효력을 발휘하는데 영국의 직장인들은 도道에 통달한 도인들인지 그런 것에 관심이 없다. 결국 남보다 더 빨리, 남보다 더 많은 월급을 받고 싶어하는 성공의 욕망이 자신을 굴욕적인 갑을의 주종관계로 몰아넣고 만다는 말이다.

존엄성이 우선인 인간관계가 원칙

영국에도 부당한 대접을 하는 주인이나 상사가 있긴 하다. 영국에는 그럴 경우를 대비한 수많은 사회적 제도가 갖춰져 있다. 노사쟁의위원회를 비롯해 노동조합, 지방자치기구, 사회봉사단체, 심지어는 정당을 비롯해 국회의원까지 부당한 해고나 취급을 당했을 때 찾아가서 도움을 받을 수 있는 곳이 가까이에 널렸다. 부당해고의 경우 소송비용까지도 국가에서 대주고 해당 소송 기간 동안의 실업수당이 나온다. 이렇게 안전한 퇴로가 활짝 열려 있으니 자신이 부당한 취급을 받는다 싶으면 결코 주저앉아 자신의 신세를 한탄하면서 한을 품지 않는다.

소송을 당하는 회사나 주인은 정반대로 전전긍긍한다. 패소하면 소송비용을 자신들이 내야 하기 때문에 특히 중소기업들은 골머리를 앓는다. 이런 연유로 주인은 주인대로 상사는 상사대로 조심하고 직원으로부터 소송을 당하지 않도록 평소에 면밀하게 대비한다. 그래서인지 〈오피스〉에 나오는 사무실 분위기처럼 영국은 갑과 을이 바뀐 나라이다. 물론 영국도 경쟁이 심하고 성과에 따라 월급이나 대우가 확연하게 차이가 나는 엘리트들이 주로 근무하는 직장이 있다. 거기서는 동료를 밟고 출세하기 위해, 혹은 월급을 더 받기 위해 누가 뭐라고 하지 않아도 밤낮을 가리지 않고 일하고 동료 등에 칼을 꽂는 일이 벌어지기도 한다. 그런 회사의 사주나 상사는 직원들을 험하게 다루는 경우도 있다. 하지만 워낙 성과에 따라 월급을 받으니 불만이 크게 없고 오히려 그런 회사에 입사하기 위해 줄을 선다.

그러나 이런 직장의 얘기는 정말 일반 영국인에게는 먼 세상의 이야기이다. 그래서 사장과 직원들은 단순한 주종 관계나 갑을 관계가 아닌 서로를 보완하고 돕는 사이라는 인식이 상식으로 통한다.

런던의 택시는 운전기사의 허락을 받아야 승차할 수 있다.

봉건시대부터 존재한 상호의존 관계

이런 예는 역사적 사실에서도 찾아볼 수 있다. 특히 영국 봉건시대에서는 이런 관계가 확실하게 존재했다. 봉건시대의 주종관계는 우리가 아는 것과는 달리 왕이 귀족에게, 영주가 소작농에게 반드시 절대 권한을 갖고 있지 않았다. 귀족인 봉건영주는 왕이 자신에게 준 봉토를 소작인이나 농노들을 이용해 소출이 나와야 왕에게 세금도 바치고 자신도 생활을 유지할 수 있었다. 왕도 귀족들이 봉토를 잘 운영해서 세금을 바쳐야 왕권을 유지할 수 있었다. 영국 왕은 프랑스와는 달리 절대 군주가 아니어서 직할군을 가지고 있지 않았다. 그래서 외적이 침입하면 귀족들이 농군을 몰고 와서 자신을 지켜주어야 나라가 망하지 않았다. 결국 왕은 귀족으로부터 충성서약을 받고 봉토와 작위를 내려주고, 귀족은 충성과 세금과 종군의 의무를 바치는 공동의 이익을 위한 상호보완의 관계였다.

농노들이나 자유민으로 구성된 소작농들과 봉건영주의 관계도 마찬가지였다. 소작농은 봉건영주가 자신에게 나누어준 토지를 경작해서 소작료를 바치고 영주는 도적떼나 이웃 영주들로부터 소작농을 보호해주는 호혜의 관계였다. 결국 왕과 귀족, 귀족과 농부의 계급들이 상부상조하는 관계였다는 말이다. 물론 밑으로 내려갈수록 힘이 균형이 기울어지긴 했지만 말이다. 그러다가 흑사병이 돌아 노동 인구의 3분의 1이 줄어든 14세기 이후부터는 농부들은 계약농으로 많이 바뀌어 봉건영주와의 세력이 어느 정도 팽팽하게 맞서게 되었다. 영주로 봐서는 누군가가 자기 땅을 대신 경작해 소출을 내주어야 세금도 바치고 세력도 유지를 하니 마냥 농부들에게 권력 행세만을 할 수는 없었다. 물론 당시는 농부 숫자에 비해 쓸 만한 땅이 모자라 농부가 늘 남는 입장이었는데 페스트로 이런 세력 판도가 무너져버렸다. 이렇게 해서 계약농과 자유농이 늘어나고 그 결과 민권이 차츰 발달했다. 프랑스와 달리

피 흘리는 혁명 없이 봉건시대에서 근대시대를 지나 현대사회로 올 수 있게 된 것이다.

물론 봉건영주도 계약농들을 다루기도 힘들고 인건비도 많이 들다 보니 자구책을 구하게 되었다. 인력도 많이 안 들고 노력에 비해 소득도 많이 나오는 목축으로 눈을 돌려 양을 키운 것이다. 그러면서 가축들이 멀리가지 못하도록 하고, 자신의 땅에 다른 목장 가축들이 들어와 함부로 풀을 뜯어먹지 못하게 하려고 담을 치게 되었다. 이런 종획운동enclosure movement 때문에 영국 시골에서 장원제도manorial system가 사라지고 경작할 땅이 없어진 농민들이 도시로 쏟아져나왔다. 그들은 마침 발달하기 시작하던 대형 공장에 취직하면서 근대사회를 앞당겼다.

비록 계약농, 자유농인 농부들의 입김은 세졌지만 어쨌든 영주와 농부들은 변함없이 서로 의존했다. 그런 사회적 전통은 지금까지도 영국 사회에 남아 있다. 지금도 영국인은 귀족들에게 큰 반감을 가지지 않고 군인을 존경한다. 물론 주된 직업이 자선이라고 할 정도로 영국 귀족들이 자선에 많은 노력을 기울이기도 하지만 역사적으로 장군들이었던 귀족들이 자신들에게 땅을 나누어주어 먹고살 수 있는 기회를 주고 보호해주었다는 의식이 남아 있기 때문이기도 하다.

봉건사회에서도 영주가 자신의 농노나 소작인들에게 인색하게 굴거나 악독하게 하면 평이 나빠져 귀족으로서의 행세에 문제가 생겼다. 귀족들은 이런 평에 상당히 민감했다. 흉년이 들어 소출이 준 탓에 소작료는커녕 농부들이 겨울을 날 식량마저 없는 경우 당연히 영주는 자신의 곳간을 열어 구휼했다. 역병이 돌아 일할 인력이 줄어들면 소작료를 감해주기도 했다. 이런 온정주의가 중세 영국을 지탱한 봉건관계에서 중요한 요인 중 하나였다. 봉건사회는 오래전 끝을 맺었지만 당시 존재하던 상호보완의 계약관계와 온정주의가 합쳐져 영국 사회는 갑을 사이에 별다른 사회적 마찰이 존재하지 않는다.

최근 한국 영화를 좋아하는 한 영국인이 한국 영화에는 복수를 주제로 한 영화가 왜 그렇게 많으냐고 물었다. 그러고 보니 〈올드 보이〉, 〈친절한 금자씨〉같이 영국에서 인기를 끌었던 한국 영화는 거의 다 복수를 다루었다. 대답이 궁해서 한참을 생각하다가 결국 '한恨' 때문이라고 했다. 영어에 적합한 단어가 없는 '한'에 대해 갑을의 관계를 예로 들면서 그 한은 한국의 역사 속에서 점철된 갑을 관계 때문일 거라고 한참을 설명했지만 그 영국 친구가 잘 알아들은 것 같지는 않았다. 인간 존엄을 침해받는 굴욕의 상황에서 영국과 같은 '안전한 퇴로'가 보장되어 있지 않은 한국 사회가 한국인의 한을 더 깊게 하는 것은 아닌가 하는 생각을 떨칠 수가 없었다.

> 🔍 **Keyword 20 : 계급제도**　　　　　　　　　Search

요람에서 무덤까지 21세기에도 이어지는 유연한 영국식 카스트제도.

평민 게이트에 드리워진 계급제도의 그림자

때로는 현실이 소설보다 더 기이하다. 2012년부터 영국에서는 소설보다 더 기이한 일련의 사건이 시차를 두고 정기적으로 흥미진진한 반전을 거듭하면서 벌어져 관심을 모으다가 2014년 말 대단원의 막을 내렸다. '플레브게이트Plebgate(평민 또는 천민 게이트)', '게이트게이트Gategate(정문 게이트)', '플로드게이트Plodgate(경관 게이트)'로 불리던 사건이 바로 그것이다. 여당 중진 의원이 경관에게 실언한 것이 정치적 스캔들로 번졌다. 잊을 만하면 다시 뉴스가 터져 나오던 이번 사건은 오만, 권력, 특권, 과욕, 위선, 배신, 위증, 음모, 탐욕, 계급, 의리, 외압 그리고 기가 막힌 반전까지 정말 드라마가 갖추어야 할 모든 요건을 지녔다. 마치 〈하우스 오브 카드〉, 〈웨스트 윙〉을 능가하는 정치 드라마 한 편을 보는 듯하다.

단어 하나에 발목이 잡히다

2012년 9월 19일 저녁 7시39분. 영국 권력 3위인 집권 보수당 원내대표 앤드루 미첼 하원의원이 외출하기 위해 총리관저 바로 옆의 다우닝 가 9번지 자기 사무실을 나와 자전거를 타고 총리관저 단지 정문으로 향했다. 그런데 정문을 지키던 로랜드 경관은 미첼 의원에게 자전거에서 내려 정문이 아닌 도보 출입구로 나가라고 말했다. 여기서 시비가 생겼다. 미첼 의원은 자동차나 오토바이크를 타면 정문으로 바로 나가게 하면서 자전거를 타는 경우만 유독 내려서 끌고 도보 출입문으로 걸어 나가게 하는 게 부당하다고 여겼다. 그러나 로랜드 경관 입장에서는 원내대표 아니라 누구라도 자동차 전용 정문을 자동차가 아닌 것으로 통과하게 할 수는 없었다. 미첼 의원이 정문 출입을 주장한 것은 이날이 처음이 아니었다. 계속해서 시비를 일으키자 전날 다른 경비 경관이 상관에게 이메일로 방침을 문의했고 회답은 '수칙대로 하라'는 것이었다. 당일 미첼 의원과 직접적으로 논쟁을 벌인 로랜드 경관은 미첼 의원이 정확하게 누군지도 몰랐다. 내각 각료들은 사진이 붙은 출입증이나 신분증이 없고 경비실에도 각료들의 사진이 없었다. 논쟁 후 해당 경관이 총리관저 경비 경관에게 가서 사진을 보고서야 그가 원내 대표임을 알았다.

사실 따지고 보면 양쪽의 입장에 다 일리가 있다. 미첼 의원은 왜 자동차나 오토바이는 그냥 지나가게 하면서 친환경 이동수단인 자전거만 차별하느냐는 것이었고 로랜드 경관의 입장은 상관의 지시대로 하는 것이었으니 말이다. 그런데 사건이 커지고 나중에 밝혀진 놀라운 사실은 경비 수칙에 그런 원칙도 없었고 로랜드 경관에게 그런 지시를 한 상관도 찾아낼 수가 없었다. 로랜드 경관의 당시 상황에 대한 기억은 왔다 갔다 했다.

바로 여기서 나중에 엄청난 폭풍을 몰고 올 '45초의 평민plebs 논쟁'이 벌어진다. 미첼 의원은 정문 앞에 버티고 서서 문을 열어 달라고 요구했고 로랜드 경관은 거절했다. 결국 미첼 의원이 화가 북받쳐 고함을 질렀다. 로랜드 경관은 자신의 현장기록log에 미첼 의원이 "너는 너의 'X할 자리fucking place'가 무엇인지 제대로 알아야 한다. 네가 이 'X할 놈의 정부fucking government'를 끌고 가는 것도 아니지 않는가? 'X할 평민fucking plebs' 놈아!"라고 욕했다고 적었다. 그 기록에 의하면 로랜드 경관은 자신에게 욕하지 말라고 계속 요구했고(이 요구를 주위에 있던 3명의 다른 경관들이 들었다고 증언했다), 만일 더 이상 욕하면 공공질서파괴범으로 현장체포하겠다고 경고했다. 그러자 미첼 의원은 자전거에서 내려 "네가 이 말을 듣는 것이 이번이 마지막이 아닐 거다"라고 중얼거리면서 도보 출입구를 나갔다고 했다. 자신의 요구를 계속하겠다는 뜻이었다. 미첼 의원이 자전거를 탄 채 정문에 접근한 후 논쟁을 벌이다 결국 도보 출입구로 나간 시간이 감시카메라를 돌려 보니 딱 45초였다.

그런데 이 45초간의 논쟁에서 문제가 된 것은 'funcking'이라는 쌍욕이 아니었다. 2년간 영국을 뒤집어놓고 원내대표 자리를 내려놓은 뒤로는 권력

평민 게이트 재판에서 패소한 앤드루 미첼 전 보수당 원내총무(가운데).

의 중심 근처에 가지 못하는 평의원이 되고, 게다가 명예훼손 소송의 법정비용 50만 파운드와 해당 경관에게 8만 파운드를 물어주는 드라마의 발단은 바로 'pleb(평민)'이란 단어 하나였다. 'pleb'은 그리스어 'plethos'에서 나온 말로 로마시대 때 특권을 가진 귀족계급 'noble'과 반대되는 평민계급을 가리키는 단어다. 평소에는 영국인들도 잘 안 쓰는 단어이다. 실제 논쟁을 한 현장 경관은 법정에서 자신은 모르던 단어였다고 증언했다.

누군가는 거짓말을 하고 있다

집권 여당 실세가 업무를 수행하는 경관에게 쌍욕을 한 것도 용서 못할 일이지만 그것보다 집권 여당 원내대표가 '나는 특권계급인데 너 같은 평민이 감히!'라는 뜻으로 '평민'이라는 단어를 썼으니 정치적으로 민감한 사건이 터진 것이다. 한마디로 영국인들의 아킬레스건을 건드린 셈이다. 만일 미첼 의원이 정말 특권계급이 아니었다면 전혀 문제가 안 될 수도 있었다. 그런데 어딜 봐도 미첼 의원은 영국인이 말하는 '은수저를 물고 태어난 특권계급'이었다. 영국 최고의 사립기숙학교이며 영국의 전통 스포츠인 럭비가 시작된 럭비스쿨 출신에 케임브리지대학교를 나온 인재인데다 영국 총리가 되려면 반드시 거쳐야 하는 케임브리지 학생회Cambridge Union 회장도 역임했다. 게다가 나이 31세에 하원의원이 되었다. 그의 아버지도 하원의원으로 보수당 정부시절 장관을 지낸 명문 집안 출신이다.

2015년 5월 총선을 앞두고 자신들의 기반을 위협하는 극우 영국 독립당의 추격을 떨쳐버리고 '기득권 계급 이익 보호당'이라는 이미지를 벗기 위해 피나는 노력을 하던 보수당으로서는 정부 서열 3위의 당 핵심 구성원이 한 실언에 매우 곤혹스러웠을 것이다. 그래서인지 미첼 의원도 쌍욕을 한 것은 인정하고 사과하면서도 절대 문제의 '평민'이라는 단어는 쓰지 않았다고 애처로울 정도로 주장했다. 이 정도의 언쟁은 런던 어디선가 매일 일어나는 소동으로 넘어갈 수 있었는데 그다음 날 아침 바로 큰 문제가 생겼다.

2012년 9월 20일, 영국 대표적 대중 일간지이며 주로 노동자 계층이 독자인 영국 최대 부수를 자랑하는 신문《선》은 표제기사로 '내각 각료가 경관을 평민이라고 불렀다'라는 대문짝만 한 제목을 붙인 선정적 기사를 미첼 의원 사진과 함께 실었다. 여기까지는 하나의 가십기사로 넘어갈 수 있었다. 그런데 기사가 나오기도 전에 보수당 원내부총무는 지역구민이라고 자처하는 사람으로부터 '조카와 어제 저녁 총리관저 앞을 지나가면서 소동을 보았다'라고 적힌 이메일을 받았다.《선》에 난 기사와 거의 같은 내용이니 완벽한 증거까지 갖춘 셈이다.

다음 날 미첼 의원은 "경관을 모욕한 것은 인정하지만 평민이란 단어를 쓴 적은 없다"라고 주장하고 나섰다. 9월 24일 미첼 의원은 이 정도에서 "사건을 마무리 짓고 싶다"라고 기자들에게 말하면서 자신은 '평민'이란 단어는 쓰지 않았다고 다시 한 번 강조했다. 만일 여기서 미첼 의원이 문제의 단어를 썼다고 사과하고 넘어갔으면 사실이야 어쨌든 특권의식에 사로잡힌 전형적인 보수당 중진 중 한 사람의 또 다른 실언이라고 욕먹고 끝날 수도 있었다. 그러나 때는 이미 늦었다. 논쟁이 오가는 사이 미첼 의원이 했다는 말보다 더 심한 말이 있다는 소문이 정가에 돌기 시작했다. 그래서 보수당의 파트너인 연합정부 부총리 닉 클렉 자민당 대표가 '완전하고 자세한 사실'을 밝히라고 요구했다. 경찰협회와 그림자 내각 내무장관도 미첼 의원의 원내대표직 사임이나 면직을 요구했다. 야당과 언론들도 보통 영국인들과의 괴리 현상을 빚는 보수당 지도자들에 대한 공격 빌미를 잡았다.

9월 25일《텔레그라프》가 해당 경관의 현장기록을 자세하게 보도하면서《선》의 보도가 정확하고 미첼 의원은 진실을 숨기고 있다고 주장했다. 경찰협회장은 "이제 사태의 핵심은 문제의 단어가 아니라 미첼 의원이 경관을 거짓말쟁이라고 몰아가는 데 있다"라고 했다. 그는 "경찰은 '얼굴이 두꺼워서 police officers are quite thick skinned' 그런 단어나 욕 정도는 별로 문제 삼지 않으나 거짓말의 경우는 다르다"라고 주장했다. 이제 누군가가 거짓말을 하고 있고 반드시 희생양이 밝혀져야 끝날 상황이 되어버린 것이다. 영국의 공인들이 가장 무서워하는 '거짓말 싸움'으로 사태가 변질된 것이다.

서열 3위 실세 의원과 평범한 경관의 그칠 줄 모르는 싸움

10월 12일 미첼 의원 지역구 인근 경찰협회 지부 간부 3명이 미첼 의원과 그의 지역구 사무실에서 45분간 만남을 가졌다. 대화로 사태를 잘 풀어보자는 뜻이었다. 회의를 마친 뒤 협회 지부 경관들은 아직도 미첼 의원이 자세한 얘기를 하지 않는다면서 원내대표직 사임 말고는 다른 선택이 있을 수 없다고 기다리고 있던 기자들에게 말했다. 나중에 밝혀지지만 이는 사실이 아니었다.

10월 19일 결국 미첼 의원은 사고일로부터 정확하게 한 달 뒤 원내대표에서 사임했다. "무엇이 옳고 그른지와 상관없이 더 이상 내 업무를 계속하기 어렵다는 것이 분명해져서 사임한다"라는 것이 그의 말이었다. 그러나 그런 단어를 쓴 적은 절대 없다는 입장을 또 강조했다. 경찰협회도 사임을 계기로 더 이상 문제를 삼지 않겠다면서 사건은 덮어지는 듯했다.

몇 달 뒤인 12월 16일 총리관저 경비 경관 중 한 명이 직무남용으로 체포되었다. 나중에 알려진 바로는 이 경관이 《선》에 언쟁을 제보했다. 경찰은 《선》의 정치부장 휴대전화 내용을 2010년에 제정된 '경찰조사권법'을 이용해서 확보했고 그렇게 해서 내부 누설자를 찾아냈다. 영국 언론은 언론자유를 침해한 중대한 사태라고 비판하면서 또 난리가 났다.

2012년 12월 18일 영국 TV 채널4의 〈디스패치〉라는 프로그램이 '그동안 경찰이 발표한 사건 내용을 믿을 수 없다'라는 내용을 방영하면서 잠잠하던 사태에 다시 불이 붙기 시작한다. 현장 경관의 기록에는 미첼 의원이 욕하는 현장 바로 앞에 수명의 일반인이 있어 언쟁 내용을 들었고 그들의 얼굴에서 놀라는 표정을 볼 수 있었다고 적혔는데, 경찰이 공개한 감시카메라 녹화 장면을 보면 현장에는 일반인이 보이지도 않는다는 보도였다. 특히 〈디스패치〉가 사고 당일 밤 보수당 원내부총무에게 현장을 보았다고 주장한 이메일을 보낸 사람이 문제의 다우닝 가 경비 경관 중 하나라고 밝혀냈다. 그 경관은 당일 현장에 없었지만 누군가로부터 얘기를 듣고 바로 이메일을 보낸 것으로 밝혀졌다. 문제는 경관들이 작정하고 미첼 의원, 더 나아가서는 보수당 정부를 손보려고 사건을 조직적으로 조작했다는 점이다.

이 사건은 이제 미첼 의원에게 유리한 방향으로 흐르기 시작했다. 사건 바로 다음 날 현장 경관 중 한 명이 《선》에 사건을 누설한 것, 사건 6일 뒤 현장 경관의 기록이 《텔레그라프》에 보도된 것과 함께 현장 경관들이 기록을 조작해서 미첼 의원을 곤경에 빠뜨렸을 가능성이 제기되기 시작했다. 심지어는 경찰예산 삭감으로 경찰을 어렵게 하는 보수당을 곤경에 빠뜨리게 하기 위해 경찰이 사건을 기획했다는 설까지 나왔다. 사건을 꾸미는 과정에서 평소 성격이 불 같은 미첼 의원이 가장 좋은 대상이 되었다는 뜻이다. 이제 자신들이 의심을 받게 되자 런던 경찰청장은 30명의 요원을 투입해 '엘리스 작전'이라는 팀을 만들어 '어떤 결과가 나오든 진실을 밝히기 위한 무자비한 조사 a ruthless search for the truth'를 약속하게 된다.

해가 바뀌어 2013년 3월 24일, 10명의 경관과 1명의 시민이 사건에 개입되었다는 경찰 조사보고서 내용이 언론에 보도되었다. 경찰 조사보고서가 공식 발표되기 전이었다. 그러자 경찰이 여론 조작을 위해 조사보고서를 먼저 흘렸다는 논란이 일었다. 보고서는 언론에 현장보고서가 누설된 경위, 경관들이 미첼 의원이 한 말에 대해 위증했다는 증거가 없다는 사실을 포함하고 있었다. 3월 28일 경찰은 보고서를 검찰에 정식으로 넘겼다. 그러나 검찰은 14만 파운드가 든 경찰 보고서를 초기 서류에 불과해 만족할 수 없다며 영국 경찰비리민원 독립조사위원회IPCC: Independent Police Complaints Commission의 최종 조사보고서를 기다리겠다고 밝혔다.

이러는 사이 자신에게 유리하게 상황이 돌아가는 것을 간파한 미첼 의원은 사건을 처음 보도한《선》을 상대로 명예훼손 민사소송을 제기한다. 또 미첼 의원은 경찰 공식 발표 전 보고서 내용을 언론에 누설한 점을 들어 "경찰은 계속해서 나를 해치기 위한 위계를 하고 있다"라고 항의했다. 하원 내무위원회도 "경찰이 자체 조사를 할 일이 아니라 IPCC가 전적으로 맡아서 조사해야 한다고 처음부터 주장하지 않았느냐"라며 목소리를 높였다.

결국 이런 소동 끝에 외교관 보호대 소속 총리관저 경비 경관 3명이 체포되었다. 1명은 직권남용죄, 다른 1명은 위법적인 정보 공개, 또 다른 1명은 2가지 모두 해당한다는 혐의였다. 이밖에 또 일반인 1명이 고의로 공권력 남용을 조장하고 도와주었다는 죄로, 외교관 보호대 소속 다른 경관 4명은 고의적인 업무태만, 그리고 다른 경관 3명은 언론에 부정확한 정보를 흘린 직권남용죄로 기소되었다. 체포 3명, 입건 8명 도합 11명이 현장 증거 조작 등을 이유로 기소되었다. 얼마 뒤인 2013년 6월 1명의 현직 경관을 비롯해 3명이 더 체포되었다. 결국 2014년 1월 10일 체포되었던 현직 경관이 자신이 지역구 의원에게 거짓 정보 이메일을 보냈다고 자백했다. 결국 런던경찰청장은 정식으로 미첼 의원에게 사과했다. 그는 경찰에 대한 국민의 신뢰가 훼손되었음도 경찰의 수장으로서 사과한다고 했다. 2월 말 거짓 메일을 보낸 경관은 1년형을 받았다. 나머지 6명의 경관 중 3명은 주요직권남용으로 파면되었고, 3명은 직권남용으로 경고를 받았으나 파면되지는 않았다.

2013년 10월 15일, IPCC는 거의 1년 전인 2012년 10월 12일 미첼 의원과 만난 경찰협회 지방지부 간부들이 회의 결과를 언론에 발표하는 과정에서도 부정확한 내용을 고의로 발표했다고 선언해 경찰은 더욱 곤경에 빠졌다. 회의 현장에 참석했던 미첼 의원 부인이 당시 녹음한 발언을 공개했기 때문이다. 녹음 내용을 들어보면 경찰 대표들은 경비대 소속 경관들의 잘못을 인정하는 듯한 발언도 했고 자신들은 충분히 미첼 의원을 이해한다는 발언도 했다. 그랬으면서도 이들은 현장에서 나와서는 다른 소리를 했다. 미첼 의원과 만나기 전에 이미 자신들끼리 미첼 의원을 사임하게 만들기로 입을 맞추고 간 것이다. 미첼 의원 부인이 현명하게 녹음을 하지 않았으면 절대 밝혀지지 않았을 일이었다.

2013년 10월 23일, 결국 이들은 의회에까지 불려갔다. 의회에서도 자신들은 잘못이 없다고 버티다가 증거를 듣고 위증하면 수감될 수 있다는 위협을 받고서야 사실을 밝히고 미첼 의원에게 공개 사과했다. 이번 사태로 정직과 친절의 귀감이어서 영국인들의 존경과 사랑을 받던 영국 경찰은 완전히 만신창이가 되었다.

해가 바뀌어 2014년 2월 5일, 런던경찰청장이 미첼 의원을 직접 방문해서 경관 중 1명이 거짓 메일을 보낸 점을 사과했다. 비록 자신이 입 밖에 내지 않았다고 주장한 '평민'에 대한 진실 공방은 끝이 안 났지만 이쯤에서 미첼 의원이 명예훼손 소송을 취하하고 합의를 봤으면 해피엔드가 되었을 것이고 지금쯤은 내각에 복귀했을 것이다. 그러나 자신이 이길 것이라는 확신에 찬 미첼 의원은 끝까지 명예훼손 소송을 끌고 갔고, 거기에 더해 로랜드 경관이 진실을 말하지 않았다라고까지 주장했다.

2014년 4월 27일, 결국 참다못한 로랜드 경관은 자신을 거짓말쟁이라고 주장하는 미첼 의원을 상대로 명예훼손 소송을 제기하며 반격에 나섰다. 영국에서 명예훼손 소송은 복잡하고 시간이 오래 걸려 비용이 만만치 않다. 로랜드 경관의 소송비는 경찰협회가 댔다.

2년 줄다리기 끝에 평민 경찰이 승리하다

2014년 11월 17일, 드디어 미첼 의원과 《선》과의 소송과 해당 경관과의 소송 병합 재판이 열렸다. 재판과정에서 미첼 의원은 2005년 이후 이번 사건이 터질 때까지 총리관저 경비 경찰들과 16번이나 시비가 붙은 적이 있음이 밝혀졌다. 미첼 의원의 외국 방문 시 그를 수행했던 경호 경관들도 미첼 의원의 불같은 성격과 무례함을 증언했다. 이들은 미첼 의원이 원하는 것을 얻을 때까지 상대방을 괴롭힌다고 증언했다. 미첼 의원은 순방 중 "나는 매우 중요한 인물이라 일개 경비원의 정지 요구를 들을 수 없다"라고 말했다는 호텔 경비 요원의 증언까지 나왔다. 또 미첼 의원의 동료의원 2명은 미첼 의원 자신이 그날 너무 흥분해서 무슨 말을 했는지 기억이 안 난다고 말하는 것을 들었다고 증언했다. 영국 언론은 동료의원이 굳이 이런 증언을 한 이유를 보수당 내에서 잘나가는 미첼 의원에 대한 권력 투쟁이었다고 보도했다. 결국 미첼 의원도 자신이 평민이라는 말을 했는지 안 했는지를 기억하지 못한다는 말이다. 미첼 의원에게 불리한 모든 증언은 명예훼손 소송에 이력이 난 《선》의 전문변호사들이 찾아낸 것이다.

2014년 11월 27일 영국 고등법원은 2개의 재판에서 모두 미첼 의원이 패소했다고 판결했다. 해당 경관이 거짓으로 기록을 조작했다기보다는 모든 정황 증거로 보아 미첼 의원이 '평민이라는 문제의 단어를 썼을 가능성'이 더 있다고 보면서 패소를 결정했다. 미첼 의원이 문제의 '평민' 단어를 안 썼다는 증거도 불충분하고 그렇다고 해당 경관이 그것을 조작했다는 증거도 없고 더욱 증인들의 원고 성격 증언에서 경관은 그럴 만한 인물도 못 된다는 판단이었다. 그래서 결국 경관이 들었다는 평민이라는 단어를 미첼 의원이 썼다는 주장에 심증이 간다는 뜻이었다. 더군다나 미첼 의원 자신이 그날 무슨 말을 했는지 기억이 안 난다고 했으니 말이다. 판결에서 판사는 평민이란 단어를 '정치적으로 유독한 단어politically toxic word'라고 언급했다.

최종 판결은 났지만 판사의 판단이 틀렸을 수 있다는 말도 계속 나온다. 재판관이 우직한 경관이라고 판단한 로랜드 경관의 증언에 의심할 정황이 상당히 많다는 것이다. 구경꾼이 1명밖에 없는 녹화 기록이 나왔는데 로랜드 경관은 구경꾼이 여러 명 있었다고 했고, 감시카메라 녹화에 보면 언쟁이 끝나고 바로 어디론가 전화했는데 전혀 통화한 기억이 안 난다고 했다. 또 어떤 통화 기록도 안 나온다. 그가 3명의 상관에게 한 사건 보고가 각각 다르다는 지적도 나온다. 자신은 '평민'이라는 단어를 몰랐다고 법정에서 증언했는데, 당시 현장근무 기록에 바로 해당 단어를 쓴 것도 의문이다. 미첼 의원이

플레브게이트 사건을 풍자한 신문 만평.

누군지 몰라 총리 관저 내 경비 경관 사무실에 가서 사진으로 확인했다고 했지만 거기에는 그런 사진도 없었다. 미첼 의원 입장에서는 기가 막히고 분할 수도 있다. 그래도 미첼 의원은 캐머런 총리의 충고를 받아들여 판결에 수긍하고 더 이상 항고하지 않겠다고 했다. 과거를 잊고 미래를 보겠다면서 다음 총선 준비나 하겠다고 했다. 그러나 영국 언론은 만일 미첼 의원이 항고하면 지금까지 나온 증거로 보아 반드시 승산이 있다고 했다.

영국 언론은 미첼 의원이《선》을 상대로 한 소송은 애초부터 승산이 없었다고 보았다. 영국 법원은 경찰은 거짓말을 하지 않는다고 믿는다는 것이다. 즉 증거로 제출된 로랜드 경관의 현장 기록이 정확하다고 믿었다는 말이다. 그 믿음을 뒤집기에는 미첼 의원 변호사들이 약했고《선》의 변호사들은 강했다는 점도 강조했다. 그런데도 미첼 의원은 자신 같은 사람은 틀릴 수 없다는 오만과, 그래서 반드시 이긴다는 오판, 그리고 완벽하게 체면을 살리려는 과욕 때문에 자신의 소송비용은 물론 상대방의 소송비용을 비롯해 300만 파운드(53억 원)를 배상해야 했다. 누구도 확정적으로 미첼 의원이 '평민'이라는 단어를 썼다고 단정 지은 적이 없었는데도 불구하고 법원이 그렇게 판결을 해버려서 미첼 의원은 평생 오명을 안고 살아가게 되었다. 더 억울한 일은 '평민'이라는 단어를 쓴 거만한 정치인이 돼 권력 핵심부로의 복귀도 힘들어진 점이다.

특권층의 오만이 빚은 패배

지금도 영국인들이 제일 궁금해하는 것은 영국인은 기분과 감정을 숨기는 데는 달인인데 왜 공인, 특히 장래가 창창한 고위 정치인이 그런 경솔한 언행을 했느냐는 점이다. 따지고 보면 미첼 의원은 영국인들이 싫어하는 모든 일을 골라서 다 했다. 자신이 매우 중요한 인사라서 규칙을 지킬 수 없다는 발언부터 원내대표라며 특별대우까지 요구했다. 또 경관에게 모욕적인 말과 함께 자신은 특권층이고 너는 하찮은 평민이라고 내뱉은 사람이 되어버렸다. 사람들은 미첼 의원이 왜 정문으로 나가길 그렇게 원했는지도 궁금해한다. 수칙에 어긋나는 일은 직속상관이 아니라 총리가 와도 꿈쩍 안 하는 영국 경관들의 경직성을 알 만도 한데 왜 계속해서 문제를 일으켰는지 말이다. 사람들은 그가 유복한 환경에서 자랐으며 남보다 늘 앞서 살아왔기에 자신을 가로막는 어떤 제약도 적이라고 보고 자신을 가로막는 '하찮은 평민'에 대해 영국 언론 표현대로 '폭발 직전의 요동치는 분노simmering, throbbing anger'를 표출하며 인생을 망쳤다고 분석한다. 한마디로 과신과 오만이 인생을 망쳤다는 말이다.

영국 경찰도 이 사건으로 깊은 상처를 받았다. 자신들의 동료를 보호하고자 하는 잘못된 의리와 자신들에게 유리하게 진상을 조작한 부도덕성, 자신들에게 불리한 정책을 펴는 보수당 중진을 음해하기 위한 거짓 발언 등으로 공신력을 잃었다.

이 사건에서 가장 유쾌했던 일은 혼동의 와중에서 약간 여유를 찾은 미첼 의원이 2014년 5월 소동의 원인이 된 자신의 자전거를 이베이에 1만600파운드에 팔아 평소에 후원해오던 아프리카 케냐 에이즈 자선단체에 전액 기부한 사실이다. 판사가 우직하다고 칭찬한 로랜드 경관은 은퇴연금과 함께 미첼 의원에게 30만 파운드의 손해배상까지 받아 편안한 노후를 즐기게 되었다.

뒷말 무성한 평민 게이트

그런데 그 뒷얘기도 계속 나온다. 경찰 예산 삭감에 앞장선 미첼 의원을 곤궁에 빠뜨리기 위해 경찰이 꾸민 짓이라는 말이다. 일련의 과정을 살펴보면 자신이 직접 겪은 일도 아니고 일반인도 정말 엔간해서는 거짓말을 하지 않는데 10여 명의 경관들이 입을 모아 거짓말을 하고 다음 날 아침 바로 보수당 원내부대표에게 이메일을 보내고 언론에도 흘렸다는 것은 누군가가 사전에 주도면밀한 각본을 짜고 중앙통제를 하지 않고는 일어날 수 없는 음모가 가득한 일이라는 말이다. 그래서 아직도 이 사건은 끝이 난 것이 아니고 더 두고 봐야 한다는 말까지 나온다.

이렇게 영국에서는 다른 나라 사람들이 보면 정말 우스운 것으로 나라가 뒤집어진다. 계급 말이다. 하지만 영국인에게는 우스운 일이 아니다. 정말 목숨을 걸 일이다. 미첼 의원은 불행하게도 이 영국인들의 아킬레스건을 잘못 건드려 자신의 신세를 망쳤다.

영국인은 누군가를 만난 지 5초 만에 상대방의 계급을 반드시 파악한다고 한다. 어떻게 무엇을 보고 그렇게 정확하게 아는지 물어보면 금방 대답을 못한다. 말씨? 직업? 부? 옷차림? 행동? 품격? 꼬치꼬치 물으면 당황하면서도 선뜻 왜 자기가 상대방의 계급을 알아챌 수 있었는지 설득력 있게 설명하지 못한다. 결국 한마디로 말해 그냥 알아챈다는 말이다. 만나는 순간 '아! 이 사람은 상류층이구나!', '이 사람은 중산층', '이 사람은 노동계급'이라는 판단이 선다는 뜻이다. 아무리 멋진 옷을 입고 아주 품위 있게 행동해도 영국인의 계급 탐지 촉감을 속일 수는 없다. 결국 영국인 모두는 이 탐지 촉감을 타고난다. 그래서 쉽게 설명을 못하는 것이다. 그러나 가장 쉽게 구분할 수 있는 방법은 역시 말투이다. 억양, 발음, 단어 등으로 외국인도 조그만 관심을 가지면 충분히 구분이 가고 영국에 좀 살다 보면 어느 순간부터 판단력이 생긴다. 그렇다면 말씨를 바꾸면 되지 않는가 하지만 그것이 쉽지 않다. 물론 금방 만났다가 헤어지는 사람은 못 알아채겠지만 영국인들은 서로 30분만 대화하다 보면 분명 어딘가에서 알아챈다. 차라리 얼굴 색깔을 속이지 말은 못 속인다는 말이 있는 것처럼. 신세를 바꿀 수는 있어도 신분을 못 바꾼다는 말이 그래서 나왔다.

  택시를 탔는데 운전기사가 아주 고급 상류층 말을 쓰는 경우가 있어 놀랐다는 영국인의 말을 들은 적이 있다. 상류층이라고 모두 잘사는 것도 아니고 노동계급이라고 모두 못사는 것이 아니다. 그래서 영국인들은 서로의 계급을 부러워하지 않는다.

  영국인은 자신의 계급을 굳이 속이려하거나 감추려하지 않는다. 어차피 드러날 것인데 괜히 어쭙잖은 짓하다가 사람들로부터 웃음거리가 되지 않겠다는 뜻이다. 또 상류층이 된다고 더 존경받는 것도 아니고 하류층이라고 특별나게 멸시받지도 않으니 말이다. 그래서 하류층은 "그런데 뭐?So What?"란 식이다. 내가 노동계급이라서 "너희가 뭐 준 것 있어?" 식으로 살아간다. 누구한테도 기죽지 않고 부러워하지 않고 말이다. 굳이 신분을 세탁하려 하지도 않고 개천에서 난 용이 되고자 노력하지도 않는다. 그냥 잘나가는 개천 출신으로 살아간다.

> 🔍 **Keyword 21 : 영국 의료제도**   Search

많은 영국인이 병에 대해 운명론적 태도를 취한다. 또한 의사에 대한 신뢰가 대단해서 진단 결과에 대한 이견을 내는 경우는 거의 없다. 이런 사회적 분위기 속에 영국 의료제도는 사후 치료에 좀 더 강점을 갖게 되었다.

암환자들이 말하는 영국 의료제도의 명암

영국에 사는 동포들의 암 투병 경험을 들어보면 영국 의료제도에 대한 평가는 극과 극으로 갈린다. 전 국민을 전액 완전 무상으로 치료하는 국가의료제도NHS 환자의 경우를 들어보자. 교민 A 씨는 위암 진단을 받았다. 진단·수술은 물론 회복 기간 동안 공립 병원의 전적인 보호와 치료를 받았다. 퇴원 후에도 매일 간호사가 집으로 방문했고 의사는 사흘마다 와서 환자의 경과를 보살폈다. 물론 항암치료 기간 동안 구토를 동반한 고통을 덜어주는 조치와 완화치료 프로그램은 완벽했다. 구청에서 복지와 관련된 모든 특혜를 주기 때문에 발병 이전보다 경제적 형편이 더 좋아진 환자와 가족들은 행복해한다.

이번에는 사립의료보험Private Health Insurance의 경우이다. 교민 B 씨는 자가진단으로 유방암을 발견하고 보험서류에 나오는 전문 병원에 가서 바로 진찰을 받았다. 월요일에 병원에서 조직을 채취한 뒤 수요일에 검사 결과가 나왔으며, 토요일에 수술한 뒤 다음 주 수요일 퇴원했다. NHS 환자에 비하면 거의 전광석화 같은 진단과 수술이었다. 암을 운 좋게 자신이 조기에 발견, 수술을 해서 별다른 후유증 없이 회복됐다. 이후 한 달간 병원을 매일 방문, 의사의 진찰과 함께 사후 진료를 받았다. 6개월마다 방사선 치료를 받고 5년 간 복약하고 회복하는 동안 각종 치료를 받았다. 수술까지만 사립보험이고 그 이후는 전부 NHS를 통한 사후 치료이다.

마지막 사례인 C 씨는 방광암으로 세상을 떠났다. 혈뇨가 나와서 가정의에게 갔으나 간단한 검사를 한 뒤 방광 감염이라고 항생제만 처방받고 돌아왔다. 4년 후 다시 혈뇨가 나와 같은 가정의에게 갔으나 또 같은 진단을 해서 한국에 가 정밀검사를 통해 암 판정을 받았다. 암도 그사이에 이미 거의 말기에 가까운 상태로 진행이 되어버렸다. 서울에서 수술을 받고 바로 영국에 돌아와 가정의를 찾아가서 경과보고를 하고 항암치료를 요구했다. 가정의는 그때부터 조속한 사후 조치를 약속했다. 그 이후부터는 지속적인 치료와 완화치료가 임종 때까지 뒤따랐다. 진통제 주사와 치료 투약은 물론 그림과 음악을 통해 환자의 고통을 줄여주는 치료까지도 병행했다. 그래도 고인은 상당한 고통을 받았고 유족들은 3년 뒤에도 영국 의료제도에 대한 실망과 원망을 토로한다. 이런 사후약방문 같은 완화치료나 투병 마지막 단계에 가서 쏟는 관심보다는 병의 조속 발견과 정확한 수술이 앞서야 한다는 뜻이다. 무엇이 더 환자를 더 위하는 길인지 영국 의료제도는 모르는 듯하다고 고인의 가족들은 불만이 가득하다.

신뢰를 기반으로 하는 의료제도

이렇게 내 주위 암환자들의 영국 암 치료에 대한 의견은 의료보험 지역,

개개인의 상황에 따라 판이하게 다르다. 그러나 이들 모두 환자를 대하는 영국 의사들과 간호사들 혹은 병원 종사자들의 태도에는 매우 만족한다. 특히 영국 의사들의 태도가 한국 병원을 경험하고 온 환자들을 감동시킨다. 환자가 원하는 만큼의 시간을 내 대화하고 진료에 대한 자신의 생각을 말해주어 많은 위안을 받았다고 했다. 그리고 수술 후 환자나 환자 가족들이 겪는 신체적·정신적인 고통에 대한 완화치료를 통한 배려도 놀라웠다고 얘기한다. 수술 후 치유 과정은 분명 영국 제도가 한국보다 낫다고 했다. 한국의 효과적인 검사와 신속한 수술은 중병이 난 영국 교민들이 한국으로 날아가는 이유이다. 그러나 수술 후 치유와 회복은 하나같이 영국에 와서 하기를 원한다. 그만큼 장기적인 환자 회복이나 완화 치유 프로그램은 영국이 앞서 있다.

내가 영국 의료제도를 말하면서 영국인 환자가 아니고 한국 동포의 경우만 예로 든 이유는 양국 제도를 다 겪어본 영국 교민들이 제대로 된 판단을 내릴 수 있다고 봤기 때문이다. 영국에서 살다 보면 영국인이 병을 대하는 운명론적 태도에 적잖이 당황한다. 우선 영국 의료진은 어떤 방법을 써서라도 환자를 살려놓겠다는 의지가 안 보인다. 환자 역시 다른 제도를 겪어보지 않았으니 그러려니 하고 의사를 믿고 맡겨버린다. 사실 개인의료보험이 없으면 별 다른 방법이 없긴 하지만 그래도 영국인들의 수동적인 혹은 운명론적인 태도는 놀라울 정도이다. 영국 의사들은 일부 개업 전문의를 제외하고는 모두 공무

영국 햄프셔에 있는 호스피스 시설.

원이라 환자 치료에 의욕이 없고 태만하다는 얘기가 아니다. 더욱 놀라운 것은 환자 자신이나 가족의 태도이다. 어떻게 해서라도 제대로 된 치료를 받아 병을 낫게 해야겠다는 악착같은 투지가 안 보인다. 전문의가 내린 결론에 대해 이견을 내는 환자 또한 거의 없다. 다른 전문의의 제2, 3의 의견을 구하기가 완전히 불가능한 것은 아니지만 그렇게 하는 것이 아주 특이한 일로 여겨진다. 영국인의 사회제도에 대한 무의식적 복종과 의료진에 대한 무조건적 신뢰가 곁들여져서인 것 같다. 영국인은 영국 시스템이 자신이 아는 전부이고 어디 가서 비교해볼 수도 없으니 별다른 이견 없이 따른다고도 볼 수 있다. 그러나 한국에서 의료제도를 경험해본 교포 환자들은 기가 막히고 분통이 터질 노릇이다. 그래서 기다리다가 혹은 뜨뜻미지근한 치료에 화가 나서 한국으로 달려가는 동포 환자가 늘어나는 추세다.

사후 치료에 더 힘을 쏟다

영국인은 평소 건강검진을 잘 하지 않는다. 워낙 건강검진비가 고가라 경제적 여유가 없는 일반 시민은 하려야 할 수도 없다. 직원 복지가 좋은 기관이나 회사들도 전 직원이 정기적으로 건강검진을 받는 관행은 거의 찾아볼 수 없다. NHS에서 정기적으로 건강검진을 하게 하지도 않는다. 한국에서는 60세 넘으면 2년마다 국민의료보험에서 실시하는 건강검진을 받는데 영국에는 이마저도 없다. 겨우 채변검사 안내가 1년에 1번씩 그것도 우편으로 온다. 여성들의 경우는 유방과 자궁 검사는 정기적으로 한다. 만일 엄청나게 불안하다면 담당 가정의에게 가서 거의 투쟁과 같은 요구를 해야 할까 말까이다. 그것도 이상하다는 그 부분만이지 전체적인 검사는 언감생심이다. 결국 어딘가 탈이 나고 나서야 검사를 진행한다. 별 이상 없으면 그러려니 하고 지내지 굳이 먼저 걱정하거나 근심하지 않는다. '병이란 운명적으로 발병하는 것이지 안달한다고 안 생기는 것은 아니다'라는 달관의 인생관 때문인 듯하다.

그러나 일단 병이 나면 그다음의 조치는 놀라울 정도이다. 중병은 운명의 문제라 조기 발견이나 수술의 성공 여부도 어쩔 수 없다 치더라도 사람이 할 수 있는 사후 치유에는 최선을 다해야 한다는 철학 같기도 하다. 그래서 대개의 영국 종합병원들은 완화치료 병동을 따로 갖추고 있다. 호스피스도 원하면 입원이 가능하다. 재택 치유를 원하는 환자에게는 매일 의사가 간호사와 왕진해 호스피스 이상의 치유를 해준다. 의료보험 입장에서는 재택 치유가 비용이 덜 들기 때문이다. 물론 환자에게도 정신적 안정을 주어 더 좋은 효과를 낸다고 한다. 대개의 호스피스는 일반인의 봉사로 운영되고 완전 무료 시설이다. 그중에도 찰스 왕세자의 적극적 후원으로 설립된 프린스 오브 웨일스 호스피스는 운영비의 70퍼센트를 일반인의 기부로 충당하고 기부금의 85퍼센트가 직접 환자를 돕는 데 사용된다. 기부금에서 직원들의 월급과 재단 운영비는 15퍼센트를 넘지 않게 사용한다는 말이다. 영국에서 병상이 100개 이상인 병원은 대다수가 완화치료 프로그램을 운영하고 있다. 지역 병원들도 20퍼센트가 같은 프로그램을 운영 중이다.

세계에서 제일 먼저 전 국민 무료치료 제도를 만든 영국의 국가의료보험 제도는 뒤를 따르는 국가들의 귀감이 되었다. 그러나 세월이 흐르면서 비판의 대상이 되고 있다. 세상의 어느 제도가 완벽할까마는 영국의 국가의료보험제도는 엄청난 개혁의 강을 건너가고 있다.

> 🔍 **Keyword 22 : 영국 간호제도**　　　　　　　　　Search

영국의 병원에서는 전문가들만이 의료 활동에 참여할 수 있기 때문에 간병은 환자 가족의 일이 아니라 병원의 일이다.

영국에서 간병은 병원 몫

외국에서 살다 보면 종종 문화충격을 받을 때가 있다. 내가 영국에 와서 처음 병원 신세를 지면서 겪은 충격은 문화충격의 단계를 넘어서 사고思考의 혼동을 불러일으켰다. 둘째 아이가 겨우 말을 할 때쯤 영국 풍토병인 뇌막염에 걸렸다. 영국 병원의 신속한 조치로 후유증 없이 회복되어서 NHS 신세를 단단히 졌다. 두고두고 고마움을 느낀다. 그래서 누가 뭐래도 NHS의 옹호자이다.

당시 겪은 충격은 여러 가지였다. 시간을 다투는 병을 바로 진단해 병의 진행을 효과적으로 막은 가정의의 진단, 병원 입원 절차가 신속간결한 점 등은 매우 만족스러웠다. 특히 생사를 오가는 아이를 두고 "집에 가서 쉬다 오라"라는 간호사의 말은 절정이었다. 치료비가 전액 무료라는 것은 알고 있었지만 퇴원 과정에서 막상 서류에 서명 하나 요구하지 않고 "그냥 가라"라는 퇴원 절차를 접한 것도 감동이었다.

당시 병원에서 몇 명의 의료진이 아이를 돌보는 사이 부모로서 할 일은 발을 동동 구르는 일밖에 없었다. 그러나 그다음부터가 문제였다. 할 일 없이 그냥 지켜보기만 하는 것도 쉬운 일은 아니기 때문이다. 뇌막염은 가벼운 접촉으로, 심지어는 환자가 기침할 때 튀는 침으로도 전염되기 때문에 부모라 해도 아이가 입원한 방에 들어갈 수 없었다. 아이를 위해 해줄 일이 아무것도 없는 상황은 한국인 부모 정서로는 참기 힘들었다. 문자 그대로 좌불안석이었다.

그런데 저녁이 되자 간호사가 내게 "집으로 가라"고 하는 게 아닌가. 그 간호사는 "여기서 부모는 더 이상 할 일이 없고, 병은 일단 잡혔으니 안심하고 집에 가서 쉬다 내일 아침에 다시 오라"고 했다. 어안이 벙벙해서 "아니, 말도 못하는 혼수상태의 아이를 병원에 맡겨놓고 집으로 가라고요?"하고 반문하자 간호사는 이상하게 쳐다봤다. 당시 내 상식으로는 '병상 옆에서 환자 수발은 부모가 들어야 한다'였다.

병원에서 받은 불편한 문화충격

한국 경험으로 볼 때 보호자는 환자 근처에 대기하고 있다가 간호사를 비롯한 의료진의 부름에 즉각 대응해야 했다. 각종 검사 수발은 물론 수술 동의서나 본인 부담의 검사, 약 사용에 대한 동의를 제때 해주어야 했다. 그런데 생사를 오가며 말도 제대로 못하는 아이를 두고 집으로 가라니? 도저히 말도 안 되는 처사였고 문화충격이었다. 병실 앞에서 발만 동동 구르고 있어 봐야 도움이 안 되는 상황에서 부모 등을 밀어 집으로 보내는 영국 의료진의 냉철한 합리주의는 그때나 지금이나 정서상으로는 받아들일 수가 없다. 하지만 그렇지 않으면 뭘 하겠는가?

하긴 병원에서 삶을 마감한 후배의 경우를 봐도 그렇다. 한국에서는 어찌

되었건 환자가 숨이 넘어가면 바로 병원 내 영안실에서 빈소를 차리고 장례 절차를 시작한다. 비록 고인이 가족과 있지는 못해도 같은 건물 어딘가에 있을 것이라는 안도감은 분명 있다. 그러나 영국은 일단 사망진단이 쉽게 나오지 않는다. 장의사 예약 또한 쉽지 않다. 순서가 밀리기라도 하면 부지하세월이다. 동네 공동묘지에 붙은 장례식장과 화장장 예약도 또 하나 남은 난관이다. 보통 일주일은 지나야 장례 절차가 끝이 난다. 심하면 한 달도 간다. 이럴 때 고인의 유해는 병원 냉동보관소에 있을 수밖에 없다. 병원에서 환자가 숨을 거두고 나서 냉동보관소에 모셔놓고 집에 돌아와 있는 유가족들의 심정도 나와 비슷했을 듯하다.

당시에는 몰랐지만 내 아이 같은 중환자의 경우 환자 1명당 간호사 1명이 배당되어 24시간 밀착 간호를 한다. 결국 환자 1명에게 하루에 3명이 배당되는 셈이다. 부모나 간병인이 옆에서 수발드는 것보다는 전문가인 간호사들에게 환자를 맡겨놓은 것은 누가 봐도 합당한 일이다. 사실 영국 병원의 경우 병실 근처에는 앉아 있을 의자도 없고 환자 보호자들이 쉴 공간은 더더욱 없다. 간단하게 얘기하면 영국에서는 환자의 모든 치료나 간호를 병원이 맡는다. 당연히 병실 내에는 보호자나 간병인이 없다. 물론 개인적인 이유로 자비를 들여 간병인을 두기도 하지만 부자들이 가는 사립병원이나 1인용 병실에서 극히 예외적으로 벌어지는 일일 뿐이다.

한국 간병인과 영국 건강간호보조사는 다르다

영국 병실에서는 한국 병원의 다인실에서 환자와 간병인들이 얽혀서 일으키는 혼란을 볼 수 없다. 최근 한국에 가서 한 달간 노쇠한 아버님 간병하고 돌아온 교민 수간호사 A 씨는 한국 병실의 혼란을 보고 고개를 절레절

레 흔들었다고 한다. 6인실의 좁은 공간에 환자를 포함해 보호자까지 12인이 밤낮으로 주거하는 상황은 환자의 휴식이 불가능하다는 문제는 차치하고라도 위생문제가 심각했다는 것이다. 특히 "외부에서 온 보호자나 간병인들이 병실을 출입할 때 손을 소독하지도 않고 환자를 만지거나 음식물을 취급하는 게 이해가 되지 않았다"라고 했다. A 씨는 현직 수간호사이니 더 걱정했을 듯하다. 영국 병원은 10여 개 병실이 하나의 단위로 존재하는 병동ward에서 밖으로 나가지 않고 병실 사이를 옮겨갈 때도 반드시 손을 소독하고 환자를 치료해야 한다. 자신이 간호하는 환자는 그렇다 쳐도 같은 병실에 있는 다른 환자들에 대한 배려 차원에라도 최소한 병실에 출입할 때는 손을 소독해야 하는데 한국에서는 전혀 그런 고려가 없어 충격적이었다고 했다. 더군다나 보호자나 간병인들이 거주해야 할 상황이라면 이들에게 간단한 위생교육은 시켜야 하는 것이 아니냐고 말했다. 간병인이 엄연히 정식 직업의 하나로 존재한다면 자격증은 몰라도 병원 상주를 위한 위생교육 정도는 받아야

영국에서는 중환자 환자 1명당 1명의 간호사가 배정된다.

하는 것이 당연한 일 아니냐는 의문도 표시했다. 평소에는 아무 생각 없이 지나쳤지만 듣고 보니 지나친 요구가 아니었다.

영국에도 정식 교육을 받고 자격증을 취득해야 하는 정규 간호사 말고 '건강간호보조사HCA: Health Care Assistant'가 있다. 간호보조사는 직업훈련이나 자격증을 사전에 취득해서 병원에 취업하는 것이 아니다. 일반 고등학교를 졸업하고 일단 병원에 취직하면 병원이 자체 프로그램으로 훈련을 시키고 외부 간호 학교 등에 위탁교육을 시켜서 인력을 양성한다. 정해진 단계를 거쳐 교육하고 나면 급료와 직급이 올라간다. 결국 이들이 간호사들을 도와 보호자를 대신해 간병인의 역할을 하는 셈이다. 물론 정규 간호사들도 정기적으로 보완보수교육을 받아야 한다. 위생·안전 교육을 포함해 응급구조 훈련을 게을리 하면 경고 대상이고 승급 승진 누락에 결국 해고로까지 이어진다. 이렇게 철저하게 의료훈련과 위생교육을 받은 전문 인력들만이 근무하는 영국 병원 내에서도 교차감염cross infection을 통해 웬만한 항생제는 듣지도 않는 수퍼버그super bug가 퍼진다고 난리다.

A 씨는 한국에서 간병인, 보호자, 환자가 같이 뒤섞여 있는 모습을 참을 수 없어 본인 경제 사정이 넉넉하진 않지만 아버님을 1인실로 모셨다고 했다. 교차 감염의 위험은 환자뿐아니라 간병인, 보호자 심지어는 문병을 오는 환자 가족이나 친지들도 해당된다.

믿고 맡기는 영국 병원

영국의 한국인 역사도 거의 40년에 가까워지는 관계로 한국인 중 영국 의료 시스템에 정식으로 진입해서 자리를 잡은 의료인들이 생겨난다. 영국에서 태어난 교민 2세 중에서 의사가 나온 지는 꽤 오래되었다. A 씨는 성인이 되어 건너온 1세대 교민 중에서 한국에서 경험 없이 영국에 와서 교육을 받고 간호사 자격증을 따서 중책을 맡고 있는 경우다. 한국에서 간호사를 하다가 영국으로 와서 다시 교육을 받고 정규 간호사가 된 분도 있다. 현재 영국 한인촌 킹스턴 병원 수술실에서 근무하는 B 씨가 그런 경우이다. 이런 분들로부터 양국 병원 체계에 대해 들으면 문화충격을 해소하는 데 상당한 도움이 된다.

B 씨는 한국에서는 의사가 해야 하는 일을 간호사가 많이 한다고 지적했다. 한국 간호사들의 수준이 높아서 그렇다고 볼 수도 있지만 반드시 그런 것은 아니라는 뜻이었다. 의사가 해야 할 일을 의사가 너무 바빠서, 아니면 일을 쉽게 생각해서 무책임하게 간호사에게 맡기는 것이 아니냐고 했다. 이로 인해 한국 간호사들이 본연의 업무를 소홀하게 되는지도 모르겠다고 했다. B 씨는 "간호사에 대한 한국 사회의 인식이 내가 한국을 떠나오던 당시보다는 엄청 좋아졌지만 아직도 간호사들이 제대로 자신들의 일을 하지 못하고 있어 환자나 가족들로부터 호평을 못 받는 듯하다"라고 했다.

B 씨는 자신이 일하는 영국 병원의 경우 병상이 남더라도 환자를 더 이상 안 받는 경우가 많다고 했다. 어떤 환자는 전적으로 간호사 1명이 매달려야 하는 경우가 있는데 이런 환자가 연거푸 생기면 방법이 없다고 한다. 해당 병동 간호사들의 수용 능력을 넘어서는 환자를 받지 않는다는 말이다. 그런 결정은 순전히 '병동 매니저ward manager'의 권한이다. 법적으로 몇 명의 환자에 간호사 1명이라는 규정은 없지만 현재 입원 중인 환자의 상태를 보아 입원 환자 수를 결정한다.

법적으로 영국 의료 양로원의 경우 노인 4명당 간호사 1명을 고용해야 하지만 킹스턴 한인촌 인근 병원들은 평균적으로 4명에서 최대 7명의 환자를 간호사 1명이 돌보도록 내부 규정으로 정하고 있다. 중환자실의 경우는 환자 1명에 간호사 1명이다. 한 병원에서 환자가 넘쳐서 못 받으면 지역을 관장하는 응급센터에서 입원이 가능한 인근 병원을 찾아 구급차로 환자를 이동시킨다.

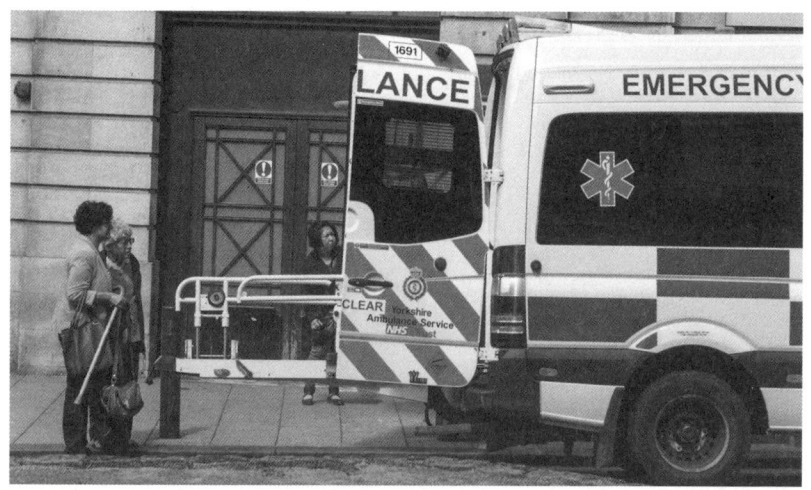

영국의 구급차.

B 씨는 "영국인은 기대 수준 이상으로 병원이 해줄 것이라고 믿고 자신이나 가족을 맡긴다"라고 자신 있게 얘기했다. 영국 병원은 불필요하게 환자를 잡아놓지도 않고 필요 없는 검사를 남발하는 일도 없단다. 수술을 받더라도 주사나 수액을 계속 맞아야 하는 경우가 아니고 약으로 치료할 수 있는 상황이면 바로 퇴원시킨다고 했다. "한국 병원에서는 수액을 남용하는 것 같다"라는 지적도 했다. B 씨는 "비전문가인 보호자나 간병인이 환자를 돌보다가 문제라도 생기면 병원이 책임을 져야 하므로 병원은 가족이 환자를 돌보는 일을 선호하지 않을 것"이라고 했다.

수술대에 오른 간호제도

영국에서도 가족이 환자를 돌보는 문제에 대한 논의가 최근 활발하다. 2005년과 2008년 사이 간호사 부족과 병원제도의 잘못으로 환자가 400명에서 최대 1200명까지 불필요하게 사망한 스탠퍼드 병원 사건에서도 볼 수 있듯 세계 최고의 국민 의료보험 제도라는 영국 NHS도 역사가 60년이 된 탓에 관료화에 따른 문제가 많다. 경제난과 노인 인구 증가로 인한 사회복지제도 개혁에서 NHS가 맨 처음 수술대에 올랐다. 경제적으로 어려운 상황에서 개혁은 결국 줄인다는 말이다. 그래서 NHS 의료진의 숫자가 줄지 않을까 하는 걱정도 많다. 영국에서 의료직 종사자는 근무 조건에 비해 저임금이라 안 그래도 영국인 의사나 간호사를 구하기 힘들다. 영국 대학이 배출한 의사들이나 간호사들은 연봉이 2~3배는 되는 해외로, 주로 미국이나 중동으로 많이 간다. 그 동공을 의료교육이 거의 같은 영연방 출신 의사들이 메운다. 영어를 모국어로 하는 캐나다, 오스트레일리아, 뉴질랜드에서 오는 경우는 문제가 없지만 대개 영어가 제1외국어인 동남아에서 많이 온다. 그래서 병원에서 영어가 안 통한다는 게 영국 할머니들의 단골 불평인데, 앞으로 더더욱 외국 의료진이 영국 병원에 가득 찰 것이라며 영국인 모두가 걱정이 태산이다.

 이 같은 배경에서 나온 의견이 가족들이 환자를 돌보는 것은 어떠냐는 논의다. 본격적으로 논의되는 추세는 아니나 언론이나 온라인에서 과거보다 자주 보인다. 결국 환자 가족들이 자구책을 강구해야 하는 것이 아니냐는 뜻이다. 물론 가족 간병에 대한 호불호는 분명하게 갈린다. 간호사들은 대개 가족의 간병을 찬성하는 편이다. 어떤 간호사는 언론에 "내가 14개 병상을 책임지고 있는데 어떻게 모든 환자를 제대로 먹이고 입히고 씻기고 화장실 데려가고 약을 챙겨 먹일 수 있느냐"라고 호소한다. 결국 환자 중 누군가는 피해를 볼 수밖에 없는 실정이라고 실토한다. 간단한 일상적인 간호는 환자를 가장 잘 알고 정서적으로 통하는 직계 가족들이 하도록 하면 환자의 정서안정에 도움이 될 수도 있다는 취지다. 또 간호사들의 일을 줄여줘야 전문적인 본연의 일에 시간을 쓸 수 있을 것이라는 말이다. 그러나 전문적인 지식과 훈련을 받은 간호사들이 간호와 간병을 해야 문제가 발생하지 않는다는 이유로 현재는 가족 간호를 반대하는 목소리가 더 크다.

한 환자 가족은 치매 환자의 예를 들며 가족 간호를 찬성했다. 치매 환자나 중풍으로 인한 마비 환자들의 식사는 거의 고문에 가깝다고 한다. 음식을 삼키기가 어렵기도 하지만 시간도 많이 걸린다. 누가 옆에서 찬찬히 돌봐주지 않으면 건강을 해치고 만다. 아무리 간호사가 많아도 환자 1명에게 오래 시간을 할애하는 일은 불가능하다. 이럴 경우 환자 가족이나 개인 간병인의 도움이 필요하다. 그렇지 않으면 환자는 음식을 먹으려 하지 않고 결국 건강을 해친다는 말이다. 뿐만 아니라 환자를 일으켜서 걷게 하고 말을 걸어서 지각과 자각을 불러일으키고 재활 연습을 꾸준하게 시켜야 회복이 빠를 텐데 이를 일손이 부족한 간호사들에게 맡겨서는 환자에게 절대 도움이 되지 않는다는 주장이다. 일반 환자는 큰 문제가 없겠지만 특수 환자는 가족이나 간병인의 도움이 필수적이라는 것이다.

반대 측에서는 전혀 다른 의견을 낸다. 그런 일들을 가족이 하면 전문가들이 일관성 있게 하는 수준과는 분명 차이가 난다고 비판한다. 만일 가족 간병을 제도적으로 허용하기 시작하면 지역의료공단은 옳다구나 하고 간호사를 줄일 것인데 그렇게 되면 결국 환자를 더 방치하게 되는 결과를 낳을 수 있다는 논지다. 급기야 가족이 없는 환자는 제대로 간호를 못 받아 걷잡을 수 없는 사태가 발생할지 모른다는 걱정이다.

집안에 환자가 발생했다고 생계가 걸린 일을 중단하거나 산적한 가사를 팽개치고 집에서 3~4시간 걸리는 병원으로 가서 NHS가 하던 일을 가족이 대신하는 것은 말도 안 된다는 한 환자 아들의 반박이 영국에선 중론이다. 다른 의견을 내는 이들도 그런 반박을 이기적이라고 비난하지는 않는다. 영국인의 생각에 이것은 가족으로서의 사랑과 의무와 이기심과는 다른 문제라는 뜻이다. 당연히 국가가 보살펴주어야지 개인 생활이 있는 가족이 어떻게 전적으로 돌보느냐는 논지다. 만일 이 논의가 여론조사에 붙여진다면 가족 간호

반대가 90퍼센트 이상이 나올 듯하다는 언론의 예상이다. 이런 영국인의 일반적인 정서로 보아 영국에서 가족 간병이 전반적으로 이루어질 가능성은 희박하지만 영국 의료제도가 처한 어려움을 단적으로 보여주는 논쟁이다.

누가 간병할 것인가

영국에서는 사회복지 대상이냐 아니냐를 따질 때 수혜자 본인의 상황만 고려하지 한국처럼 부양가족이 있는지 그 가족의 수입이 얼마나 되는지는 따지지 않는다. 그래서 백만장자의 부모가 각종 복지혜택을 받고 사는 것이 전혀 이상하지 않다. 자식이나 가족이 다른 가족을 보살피고 안 보살피고는 개인들 사이의 문제이지 국가가 이래라저래라 할 일은 아니라는 뜻이다. 부모가 병원에 입원해 있는데 자식들이 간병하지 않는다고 영국인은 비난하지 않는다. 이 같은 사회적 인식 때문에 국가가 당분간 계속해서 환자 간병을 책임지겠지만 열악한 재정 상태에서 얼마나 제대로 된 간호가 이루어질지 걱정의 목소리가 높아질 것으로 보인다.

그나마 영국 고령인구가 독일 같은 다른 나라에 비해 낮고 인구도 늘고 있어 당장은 그렇게 심각한 문제는 아니지만 정부는 일이 커지기 전에 손을 써 준비하겠다고 나서고 있다. 국민들의 추가 부담이 없으면 무한정한 복지가 더 이상 불가능한 시점에 와 있다는 주장이 사회 전반적으로 호응을 얻고 있다. 그 결과 개혁으로 서민들을 다 죽인다는 아우성에도 불구하고 보수당은 2015년 5월 총선에서 단독 재집권에 성공하는 쾌거를 이뤘다. 언젠가 영국 병원 병실에서도 가족 보호자나 간병인을 볼 날이 올 거라고 생각하니 영국에 처음 와 겪었던 오래전의 충격이 새로워진다.

선거로 읽는 영국 정치

🔍 **Keyword 23 : 정치인**　　　　　　　　　　　Search

영국 정치는 '바람의 정치'가 아니라 '확신의 정치'이다. 영국 정치인은 뼈에서 살까지 지역구에서 차근차근 만들어진다.

어떻게 하면
영국 의회의원이 될 수 있나?

월드컵의 흥분이 가라앉던 2014년 하반기 무렵, 영국은 2015년 5월 7일 총선을 앞두고 슬슬 총선 모드로 돌입하고 있었다. 내각책임제인 영국은 의회가 3분의 2로 정부를 불신임하면 언제든지 조기 총선이 가능하며 총선으로부터 5년 안에 또 다른 선거가 치러져야 한다는 규정도 있다. 2010년 5월에 총선을 치렀으니 2015년 5월 중에는 총선이 있어야 했다.

영국 총선 투표율은 1992년의 77퍼센트를 정점으로 계속 하강해서 2001년에는 59퍼센트에 불과했다. 다행히 2005년 61퍼센트, 2010년 65퍼센트로 늘어났고 2015년 총선에서는 박빙이 예상되어서인지 2010년보다 조금은 더 늘어난 66.1퍼센트를 기록했다. 그래도 1992년의 77퍼센트 투표율까지 도달하려면 아직은 멀었다. 분석가들은 투표율이 낮아진 이유를 '각 당 정책의 차이점 희박, 당에 대한 충성심 약화, 각 당 지도자들의 인기 하락, 공공서비스 · 교육 · 건강 같은 피부에 바로 와닿는 정책 부재, 선거운동 열기가 없는 데서 비롯된 흥미 부재, 투표를 통한 국민들의 정치 참여가 현실정치에서 큰 영향을 못 미치는 데서 오는 실망감' 때문이라고는 하지만 어느 누구도 뚜렷한 대답을 못 내놓고 있다.

사실 2014년 시점에서 2015년 총선은 조금 다를 것이라고 예상을 했었다. 2014년 유럽의회 의원 선거에서 나타난 반反유럽연합 정서와 함께 등장한 영국 독립당 열풍과 반反이민정책을 둘러싼 각 당의 정책들이 국민의 관심을 끌어들이고 있어서였다. 당시 집권여당이었던 보수당과 자민당의 인기가 워낙 낮아 야당인 노동당으로 정권교체가 거의 확실시되는 상황이었지만, 2010년 13년 만에 정권을 다시 잡은 보수당으로서도 단임만 하고 곱게 물러나려고 하지 않아 열전이 치러질 전망이기도 했다. 총선 4~5개월 전만 해도 노동당의 승리라는 예측이 지배적이었는데 스코틀랜드 독립투표라는 예상치 못했던 태풍을 만나 노동당은 41석의 하원의석을 40석이나 잃고 스코틀랜드에서 완전히 가라앉았고 잉글랜드와 웨일즈에서는 보수당이 승세를 잡아 결국 보수당의 승리로 끝나버렸다.

의원내각제의 정당 공천

영국은 의원내각제라 의회의원을 뽑는 총선만 있을 뿐 행정부의 수장인 총리를 국민이 직접 뽑는 선거가 없다. 의회에서 과반수를 넘는 의석을 차지한 정당이 집권여당이 되고 당대표가 총리가 되어 행정부를 구성한다. 그래서 자신의 선거구 의회의원을 뽑는 것이 얼마나 중요한 일인지 영국인은 잘 안다. 자신의 지역구 의원이 어떤 인물인지는 물론 따지지만 인물이 훌륭하다고 그 사람이 속한 당에 상관없이 투표를 하지는 않는다. 특히 2015년 총선에서 오랫동안 지역구에서 착실하게 기반을 쌓고 선전했던 노동당과 자민당이 서리를 만난 것은 그 때문이다. 그 의원이 속한 정당이 어느 당이고 그 당의 지도자가 누구고 정책이 무엇인지를 따지지, 지역구 의원 개인에 대한 호불호로 투표를 하지는 않는다는 말이다.

그래서 의원후보들은 가능하면 정당의 공천을 받으려고 한다. 2015년 총선에서 당선된 650명의 영국 하원의원 중 무소속 의원은 단 1명뿐이었다. 2010년 총선에서도 100표 이상의 유효표를 받은 무소속 후보가 전국에서 4명에 불과했다. 물론 자신과 가족들만 당원인 무늬만 정당도 있고 농담 같은 정당도 있다. '누구도 내 표를 가질 자격이 없다 당No Candidate Deserves My vote', '해적당Pirate Party', '무장 엘비스 교회당Church of the Militant Elvis', '가장무도복 당Fancy Dress Party', '광란하는 미치광이 괴물 공식 당Official Monster Raving Loony Party' 같은 것들이 그런 당이다.

그동안 영국 하원에 단 1명이라도 의원을 배출한 정당은 11곳이다. 2015년 총선에서도 같이 11개 당이 의원을 하원에 진출시켰다. 그러나 그중에서 보수당, 노동당, 자민당 같은 3개의 전국 정당과 스코틀랜드, 북아일랜드, 웨일스 같은 6개의 자치지역 정당을 빼고 나면 진정한 군소정당은 그나마 하원의원 1석이라도 획득한 '녹색당Green Party'과 반유럽연합정책을 내세우는 '영국 독립당 UKIP: UK Independent Party'뿐이다.

2010년 총선 당시, 보수당 대표 데이비드 캐머런이 연설하는 모습.

영국 하원의원 후보가 되려면 일단 10명의 유권자 서명과 500파운드의 등록비를 선거관리위원회에 내야 한다. 등록비는 유효표의 최소 5퍼센트를 얻어야만 돌려받을 수 있다. 물론 정당의 공천을 받아 의원후보가 되기 위한 절차는 각 당마다 조금씩 다르긴 해도 큰 그림으로 보면 거의 비슷하다.

보수당은 지구당원 투표로

우선 현 집권당인 보수당은 중앙당에서 의원후보 지원자들의 신청을 집중관리한다. 지원자들에게 각종 서류 제출을 요구하고 그를 근거로 1차 심사를 한다. 지원자들은 아주 자세한 내용의 각종 질문이 적힌 조사서에 답을 해서 제출해야 한다. 그간 살아온 여정, 경험, 경력뿐만 아니라 의원이 되었을 때 이해가 충돌할 만한 지인들에 대한 사항을 자세하게 적도록 되어 있다. 이런 조사서를 바탕으로 철저하게 1차 단계에서 걸러내는 작업을 한다.

서류심사를 통과한 뒤 후보로서 적정하다고 평가되면 인터뷰에 오라고 초청한다. 그다음에는 의회의원과 당 중진급 위원들로 구성된 심사위원회에서 인터뷰와 연설 등의 테스트를 거쳐 의원후보 지원자로 선정된다. 일단 선정되면 정치인으로서 자질이나 가치가 있다고 인정받는 셈이 된다. 이 모든 절차를 밟기 위해서는 최소한 지난 3개월간 당원이었어야 하고 250파운드의 회비를 내야 한다. 환불이 안 되는 이 금액은 면접 장소 대여비와 면접 경비이다. 일종의 수혜자 부담 원칙에 의거한 경비 부담인 셈인데 집권여당인 공당이 지원자들에게 이런 금액을 걷는다는 것도 참 이채롭다. 면접은 대개 5시간 정도 걸린다. 면접관은 오랜 경험이 있는 전문가들로 구성된다. 이렇게 보수당은 의원후보 지원자 선정을 중앙당에서 거의 결정한다. 이런 과정을 통해 선정되면 의원후보 지원자 명단에 이름이 올라가게 된다. 첫 시도에 안 되는 사람도 많다. 3, 4수를 해서 합격한 경우도 많다. 일단 의원후보 지원자가 되면 당 차원에서 훈련의 기회도 주고 각종 당 활동에 참여해서 경험을 쌓을 기회도 생긴다.

중요한 것은 후보 지원자들이 결정돼도 중앙당이 특정 후보를 특정 지역구에 지명 공천하지 않는다는 점이다. 보수당 후보로 선거에 나가고 싶어하는 인재들을 중앙당이 일괄 선정한 다음, 각종 훈련으로 부족한 부분을 보완해 하원의원 후보로 바로 투입할 수 있는 인재풀을 만들어놓을 뿐이다. 이렇게 후보 지원자 명단에 오른 인재 수가 때로는 의석수의 몇 배가 되기도 한다. 후보 지원자가 지원할 때에는 아예 처음부터 어느 선거구 후보가 되기를 원하는지 밝힐 수도 있고 아닐 수도 있다. 지구당마다 거의 자동으로 다시 후보가 되는 현역의원이 있지만 결원이 생긴 지역구는 중앙당이 후보 지원자 명단에서 대상자를 추려 인터뷰 등을 통해 시험한 뒤 지구당으로 내려보내면 지구당원들이 이 지원자를 받아들일지를 최종 결정한다. 따라서 후보 지원자는 처음부터 원하는 지역구로 가기 위해 지원을 하고 훈련받아 지역구로 다시 돌아오는 경우가 거의 대부분이다.

완전한 신인이 검증을 마치고 의원후보 지원자로 등록된 후 지구당에 '간택'돼 갑자기 신데렐라가 되는 일도 가끔 일어난다. 하지만 보통은 지원자들이 지역구에서 초청이 오기를 기다리거나 자신이 원하는 지역구에 먼저 접근해 활동하면서 당원들에게 자신을 알린다. 대개 은퇴할 나이가 된 의원이 있는 지역구에 이런 후보들이 기웃거리기 마련이다. 후보 지원자들은 자연스럽게 지역구 당원들과 친교를 맺는다. 지역구 의원후보 선정의 최종 결정권은 지구당원들이 갖고 있기 때문이다. 아무리 중진당원이라고 해도 낙하산으로 특정 지역구에 와서 의원을 하겠다고 할 수는 없다. 지구당원 전원을 개인적으로 만나서 대화를 통해 자신을 지지하게 만들어야 한다. 영국 의회 의원이 되기 위해서는 2번의 선거를 거쳐야 한다는 말이 그래서 나온다. 중앙당에서 뽑아놓은 의원후보 지원자들을 지구당이 다시 면접도 하고 각종 심사를 한 뒤 결정하기 때문이다. 이 모든 과정이 상당히 힘들고 시간도 오래 걸리며 비용도 많이 든다.

이런 과정을 거쳐 선정된 어떤 후보는 지구당원들을 "아주 까다롭고 요구가 많은 고용자"라고 표현했다. 자신들을 대표할 후보를 고르는 지구당원들이 그만큼 진지하게 후보를 골랐다는 뜻이다. 그 과정은 아주 전문적이기도 하다. 한 후보가 언론에 "일종의 적성검사도 있었는데 합격·불합격의 테스트가 아니고 내 적성이나 강점이 무엇인지 찾아내는 과정 같았다"라고 말한 것을 보면 아주 유효한 심사임이 틀림없는 듯하다. 그는 또 "내가 우리 당의 가치가 무엇인지를 잘 설명하는 강점이 있다는 걸 그들과 내가 동시에 발견하기도 했다"라고 말했다.

지역구 현역 의원은 은퇴 혹은 사임해야 하는 사유가 생기면 제일 먼저 지역구에 알린다. 그러면 지구당은 중앙당에 통보한다. 이때 지구당은 자신들이 직접 선정을 하겠다든지 혹은 중앙당에 후보를 추천해 달라는 요청을 한다. 중앙당은 자신들이 명단을 갖고 있는 후보 지원자 전원에게 특정 지구당이 의원후보를 선정하려고 한다는 통보를 한다. 그러면 선정을 원하는 후보들이 직접 지구당에 지원서를 보낸다. 지구당의 후보선정위원회는 서류를 심사해 면접자를 가린 뒤 면접으로 3~5명의 '최종 예비후보short list'를 정한다. 그러고는 지구당원 모두에게 최종 예비후보 명단을 통보한다. 이후 당원 총회에서 예비후보는 자신의 의견을 밝히고 당원들의 질문에 답한다. 모든 지구당원들은 최종 예비후보를 대상으로 한 투표에 표를 행사할 권리를 갖는다. 이런 과정을 거쳐 지구당은 자신들 선거구의 후보를 선정한다. 완전한 상향식 후보 선정이다.

노동당은 공개후보선출제 채택

노동당은 지구당에서 완전히 자체적인 방법으로 후보를 선정한다. 그러나 후보 선정 과정은 노동당 전국상임위원회 National Executive Committee의 승인을 받아야 한다. 노동당 후보 지원자는 보수당 같은 중앙당의 심사를 거칠 필요가 없다. 노동당 당규에 따르면 의원후보가 되기 위해서는 반드시 노동조합원이어야 한다. 그러나 노동조합으로부터 추천을 받아야 하는 것은 아니다. 물론 노동조합의 지원을 받으면 후보가 될 확률이 높기 때문에 대개 노동조합의 추천을 받으려 노력한다. 노동조합이 자신들의 의사를 잘 전달하고 협조가 원활할 의원을 후보로 선정하기 위해 일부 지역구에 본인도 모르게 당원으로 조합원을 등록해 말썽이 된 적도 있다. 원래 영국의 노동조합원들은 조합원이 되면 자신이 원하든 원하지 않든 자동으로 노동당원이 되어 조합비에서 노동당비를 내는 제도가 아주 오래전부터 있었다. 2014년 노동당은 자신이 원하는 경우에만 당원이 되도록 제도를 바꾸었다. 어떻게 보면 좀 이해가 가지 않을, 거의 자살 행위를 하는 것 같지만 노동당은 진심이 없는 수백만 명의 당원보다 자발적이고 열성적인 수십만 명의 당원이 더 낫다고 판단한 것이다.

노동당은 과거에 후보 선정이 거의 알음알음의 추천이나, 신청을 하고 내부자들끼리 모여 선정하는 전근대적 방식을 써서 문제가 많았으나 최근 들어서는 공개후보선출제 open primary 방식을 쓰는 등 제도를 개선하고 있다. 오래된 폐쇄적 후보 선출 방식이 바뀌고 있는 것이다. 각종 홍보를 통해 지금까지 입후보를 생각해보지 않았던 당원들의 참여가 활발해져서 후보들이 과거에 비해 많이 다양해지고 있다는 중평이다. 중앙당에서 거의 강제로 여성 후보만을 내세워야 한다고 지구당에 요구하기도 한다. 보수당을 비롯해 각 당도 여성 후보를 많이 내겠다는 방침을 밝혀 2015년 총선에서는 여성 의원

영국에는 보수당, 노동당 등 주류 정당 외에도 여러 자치지역 정당과 군소정당이 있다.

의 수가 대폭 늘 것이라는 예측이었는데 실제 그렇게 되었다. 총선 전 영국 하원의원 중 23퍼센트인 147명만이 여성이었는데 총선 때 191명의 여성의원이 당선되어 29퍼센트에 달하고 있다. 각 당별로 보면 노동당이 당선의원 232명 중 99명(43퍼센트), 보수당이 68명(22퍼센트), 스코틀랜드 국민당Scotland National Party: SNP이 20명(36퍼센트)을 기록했다.

낙하산이 사라지고, 후보 선정 문턱도 낮추고

노동당이 공개 입후보를 권장한다고 해도 신인 후보들이 자신을 알릴 기회가 없다면 아무런 의미가 없다. 지구당원들에게 잘 알려진 인물만 유리할 수밖에 없는 것이다. 능력으로 뽑는 것이 아니라 자신들이 아는 범위 내에서만 후보가 선정될 수 있다는 뜻이다. 그렇게 해서는 공개입후보제도가 성공할 수 없다. 그래서 각 당은 신인 후보들이 해당 지구당원들에게 자신을 알릴 효과적인 방법을 마련하는 데 부심하고 있다. 특히 갑자기 결원이 된 지역구의 보궐선거는 더욱 시간이 없을 수밖에 없다.

이런 맥락에서 최근 노동당의 공개 후보 선정 과정은 칭찬받아 마땅하다고 언론은 평하고 있다. 과거 노동당의 후보자 선정 과정은 다른 당에 비해 비공개적이고 비밀스러웠는데 2015년 총선 후보 선정과정에는 많이 개선되었다. 소위 말하는 '중진의원 특별보좌관의 낙하산parachute(영국 언론에서도 낙하산이라는 표현을 쓴다)'이 노동당에서 후보만 내면 무조건 당선되는 노동당 텃밭 지역구에 내려오는 일이 거의 없어지고 있다. 특히 이런 개혁을 통해 노동당에서는 지난 회기 동안 보궐선거로만 여성 의원이 5명이나 웨스트민스터로 입성했다. 뿐만 아니라 아프가니스탄 귀환군인, 아동호스피스 운영자, 비즈니스 컨설턴트 등 이채로운 경력의 신인들이 노동당 의원이 되었다. 또 제대 사병, 시영 임대아파트의 전업주부, 상점 점원, 전직 공군조종사 등 다양한 직업군의 사람들이 2015년 총선 후보로 선정되어 대거 당선되었다.

영국 정치의 기본은 상향식

영국의 각 당들은 시대 변화에 맞추어 미래 정치인 양성에 힘을 쏟고 있다. 예를 들면 노동당은 '미래후보계획'이란 프로그램을 통해 신인 정치인을 훈련하고 후원한다. 또 자민당도 비슷한 프로그램을 운영하고 있다. 보수당은 장학금제도를 운영하려는 계획까지 세웠다. 그런데 보수당 내에서는 신중을 기하자는 의견도 만만찮게 있다. 지난 회기 때는 공을 들여 당선시켰던 신진 의원들이 지나치게 독립적이어서 당 노선을 따르지 않아 골칫거리였기 때문이다.

영국 보수당 홈페이지의 '어떻게 하면 의원이 될 수 있나' 항목에 나오는 문장이 참 인상적이다. '의회의원은 우리 국가의 역사가 만들어지는 현장을 링사이드 바로 옆에서 지켜볼 수 있고 자신이 영향을 끼칠 수 있는, 다른 어떤 것과도 비교할 수 없는 천직이다.' 그런 일을 하는 의원 선출에 의원 자신은 물론 지구당원들까지 갖은 노력을 하는 것이 영국의 정치가 바로 가게 하는 비결임은 깊이 생각하지 않아도 알 수 있다. 또 '모든 민주주의에서 국민은 자신의 수준에 맞는 정부를 갖는다'는 말을 굳이 들먹이지 않더라도, 영국인이 높은 수준의 정치제도를 유지할 수 있는 이유가 바로 이렇게 지구당의 평당원들이 평소에 부단히 노력하고 직접 참여하기 때문이라는 사실도 알 수 있다.

> 🔍 **Keyword 24 : 정치자금**　　　　　　　　　　**Search**

영국에서 정치자금은 엄격히 통제되고 관리된다. 정당 살림은 선거관리위원회 웹사이트에서 클릭 몇 번만으로 누구나 확인할 수 있을 만큼 투명하게 운영된다.

풀뿌리 정치가 투명한 정당 살림을 일군다

언젠가 한국 언론에 '한국 정당의 살림은 투명한가?'라는 기사가 실려서 재미있게 봤다. 이를 계기로 나는 영국 정당의 회계를 관심 있게 들여다보기 시작했다. 결론부터 말하면 영국 정당 살림은 투명했고 공개도 잘돼 있다. 또 한국 정당이 영국 정당에 비해 엄청난 금액의 국고보조를 받고 있다는 점을 알 수 있었다. 한국 상위 2개 당의 국고보조금 총액(331억 원)은 영국 상위 2개 당의 국고보조금 총액(127억 원)에 비해 무려 3배가 넘는다. 물론 양국의 정치체계가 다르기 때문에 단순한 국고보조금 금액 비교만으로 뭐라 평하긴 어렵다는 의견이 있을 수 있다. 하지만 영국 정당의 자금 공개가 한국보다 투명하다는 건 인정할 수밖에 없을 듯하다.

선관위 주요 임무는 정치자금 감독

영국 선거관리위원회Electoral Commission에 등록된 모든 정당은 결산서를 반드시 제출해야 한다. 선관위에 제출하는 각 정당의 자금 결산서는 당연히 공인회계사의 회계감사 결산서여야 한다. 제출된 결산서는 선관위 웹사이트(www.electoralcommission.org.uk)에 올려놓는다. 2001년부터의 각 당 결산서를 클릭 몇 번이면 다 볼 수 있고 다운로드도 가능하다. 결산서에는 수입과 지출 내역이 자세하게 나와 있으며 더욱 상세한 내용은 각 정당에 요청하면 보내준다. 각 당의 전국 지구당 결산은 총액으로만 나오고 내역은 웹사이트에 없다. 하지만 해당 지구당에 요청하면 당원이 아니더라도 보내준다. 정당과 지역구에 따라 실비(1~2파운드)를 받고 보내주는 곳도 있고 그냥 이메일로 보내주기도 한다. 선관위 웹사이트를 보면 지난 3년간 연속으로 각 당들이 모두 법정 기한 내에 결산서를 제출했음을 알 수 있다.

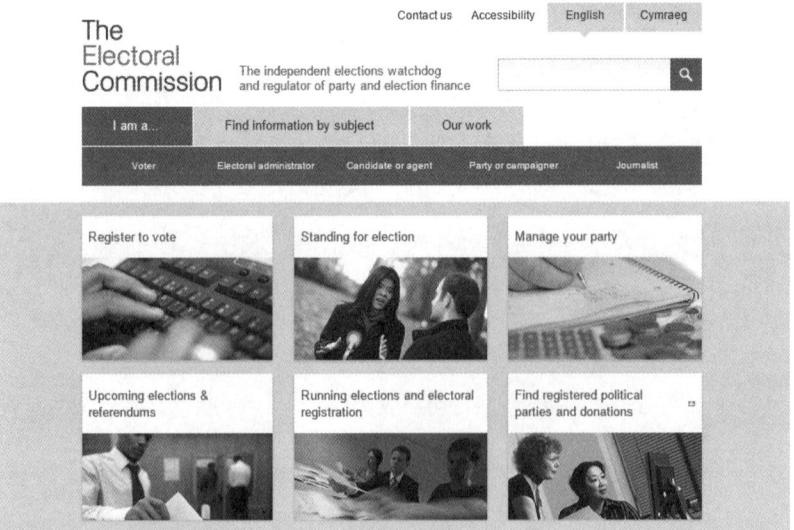

영국 선거관리위원회 웹사이트.

영국 선관위는 의회에 의해 설립되었으나 독립기관이다. 선관위는 설립 목적을 '정당의 정치자금을 감독하고 공정한 선거를 주관하여 건강한 민주주의를 유지해가는 데 목적이 있다'고 했다. 설립 목적이 이름과는 달리 선거 주관이 아니라 정치자금 감독에 두는 점이 이채롭다. 선관위는 정당이 규정을 어기면 벌금 부과를 비롯해 명령, 정지 및 활동재개를 결정할 수 있다.

선관위 웹사이트에 올라 있는 결산서를 보면 정당들이 어디서 자금을 조달하는지가 한눈에 보인다. 이는 크게 5가지로 나눌 수 있다. 당원 당비, 기부, 차입, 국고보조, 모금과 기타 상업 활동 같은 수입이다. 선관위 웹사이트에 올라온 주요 2개 당의 2013년 결산서를 보자. 보수당의 수입은 2532만 파운드(439억5000만 원)로 기부금 1558만 파운드(전체의 62퍼센트), 당원 당비 75만 파운드(2.9퍼센트), 모금 45만 파운드(1.8퍼센트), 국고보조 66만 파운드(2.6퍼센트) 등이다. 야당인 노동당의 수입이 훨씬 크다. 3333만 파운드(566억6000만 원)로 기부금 514만 파운드(15.4퍼센트), 당비 568만 파운드(17퍼센트), 수익활동 308만 파운드(9.2퍼센트), 국고보조 691만 파운드(20.7퍼센트), 연관단체 회비 802만 파운드(24퍼센트) 등이다. 당비는 소액이고 기부가 수입의 대부분을 차지하는 보수당과는 달리, 노동당은 당원의 당비와 연관단체(노동조합 등) 회비로 당을 운영하는 것을 알 수 있다.

클릭 몇 번으로 알 수 있는 정치 기부금

영국에서 정치자금 기부는 철저하게 통제되고 있고 이 역시 투명하게 등록, 공개되고 있다. 법에 의해 등록된 정당만 법이 인정하는 기부자permissible donor, 즉 선거인 명부에 등록된 개인과 정치단체, 회사, 노동조합, 유사단체 등으로부터 연간 500파운드 이상의 기부를 받을 수 있다. 각 정당 중앙당의 경우 7500파운드 이상, 지구당은 1500파운드 이상 기부를 받았을 때 모두 보고해야 한다. 선관위 웹사이트에는 2001년부터 기부자 명단이 모두 등록되어 있는데, 그 분량이 1797쪽에 달한다. 한 쪽당 대개 25개 이름이 등록되어 있는 것으로 보아 2001년부터 지금까지 14년간 무려 4만4925개의 단체와 개인이 공개적으로 기부했다는 걸 알 수 있다. 기부 명단에는 기부자 이름, 금액, 날짜, 정당과 지구당 이름 등이 나와 있다. 선관위 웹사이트는 이 기부자 명단 때문에 영국 언론과 정치단체들 사이에서 인기가 높다. 누가 어떤 정당에 얼마를 기부했는지가 큰 도움이 되기 때문이다.

2014년 영국 11개의 정당이 3분기까지 1491만4487파운드(253억5400만 원)를 기부받았다. 역시 보수당이 674만 파운드로 제일 많고 노동당 318만 파운드, 자민당 275만 파운드, 스코틀랜드 국민당 157만 파운드 등이다. 상위 7개 정당이 거의 다 차지했다. 기부자 명단은 상위 10위까지 따로 게재했다. 1위는 자민당 고위직을 지낸 조지 왓슨. 그가 유산 일부를 자민당에 내놓은 85만 파운드가 최고액이다. 2위는 노동당에 상점조합이 내놓은 52만 파운드, 3위가 보수당에 존 그리핀이라는 사람이 내놓은 50만 파운드이다.

기부자 명단을 살펴보면 예상대로 보수당은 기업인과 상류층으로부터, 노동당은 노동조합으로부터 상대적으로 많이 기부받았다. 기부자들이 정당 성격에 따라 확연하게 한정되어 있기 때문에 영국 정당들이 후원자들로부터 자유롭지 못하고 대중의 이익에 반하는 결정을 자주 할 수밖에 없다고 믿는 영국인들이 있다. 그래서 정치자금 기부 상한선을 1만 파운드로 하자거나 기부금의 용도를 제한하자는 말까지 나온다. 심지어 거액 기부자들에게 작위를 주는, 밖으로 드러나지 않았으나 누구나 알던 그동안의 관례가 말썽이 되어 2006년 당시 현직 총리이던 토니 블레어가 관저에서 경찰 조사를 받은 일도 있었다. '작위를 위한 현금 기부 스캔들cash for honour scandle'이라고 불린 이 사건은 사전에 작위를 주기로 합의한 상태에서 기부가 이뤄진 것은 아니지만 결과적으로 그렇게 된 것이 아니냐는 의심을 받았다. 그 이후에도 작위 명단이 발표될 때마다 계속 정치 기부의 대가가 아니냐는 논란이 일어났다. 그래서 개인과 기업 그리고 노동조합 같은 이해당사자들의 기부에 의존할 수밖에 없는 영국 정치의 본질을 바꾸자는 논의가 아직도 계속되고 있다.

이러한 논의는 결국 정당에 대한 국고보조를 늘리자는 데로 귀결된다. 구체적으로 총선은 한 표당 3파운드, 유럽의회 투표는 한 표당 1파운드50펜스로 정해서 보조하자는 안까지 나온다. 그러나 안 그래도 국가재정이 어려운 상황에서 국민들에게 정당운영 자금까지 내놓으라는 말을 꺼낼 정치인은 별로 없다. 고양이 목에 방울을 누가 다느냐는 말이 그래서 나온다.

사실 지금도 국고보조가 없는 것은 아니다. 선관위 웹사이트에 나오는 각 당 결산보고서 중 국고보조 금액을 살펴보면 야당인 노동당이 여당인 보수당에 비해 훨씬 많은 국고보조를 받았다. 보수당은 정책개발비로 65만 파운드를 받은 데 비해, 노동당은 정책개발비 45만 파운드에 야당에만 지불되는 '쇼트 머니Short Money'라는 국고보조 691만 파운드를 추가로 받았기 때문이다. 쇼트 머니는 하원의장이었던 에드워드 쇼트 경이 발의해서 1974년부터 시행하는 국고보조다. 야당이 갖는 여러 가지 애로를 극복하고 국정 파트너로서 원활한 정치활동을 도울 목적으로 책정되었다. 상원에는 같은 용도로 '크랜본 자금Cranborne Money'이 있다. 의회에 2석 이상을 가진 야당에 직전 총선에서 얻은 득표율로 계산해서 지급한다. 선관위 웹사이트에는 각 정당들이 이런 국고보조를 어떻게 사용했는지도 나와 있다. 전체 통계를 보면 월급으로 40퍼센트, 연구조사에 55퍼센트, 사무실 임대료로 4퍼센트, 여행경비 등 기타에 1퍼센트 등을 썼다.

평당원의 자발적인 무보수 활동이 원칙

이제 영국 정치의 자금 문제에서 가장 경이로운 부분을 들여다보자. 영국의 정치자금은 기본적으로 조직 유지를 위한 것이 아니다. 영국의 정당 지역구에는 조직관리비가 전혀 안 든다. 지역구 당원들이 자발적으로 하는 활동이 모여서 지역구 정치가 이뤄지기 때문이다. 예를 들면 내가 사는 킹스턴시에는 '워드ward'라고 불리는 16개 동洞이 있다. 동에는 각 당마다 동 조직이 있다. 동 조직이 바로 영국 정치의 가장 작은 단위이다. 동시에 이 조직이 영국 정치에서 가장 큰 역할을 한다. 이 조직이 제대로 돌아가지 않으면 영국 정치는 멈춰버린다고 해도 과언이 아니다. 이들이 있어서 당 홍보물도 각 가정으로 전달되고 유권자 성향 조사canvassing도 이뤄진다. 모든 동 조직 당원들의 활동이 자발적인 무보수 활동이다. 게다가 조직당원들이 돈까지 내며 활동한다. 제일 중요한 정치 조직을 움직이는 데 중앙당은 전혀 돈이 들지 않는다는 얘기다.

해당 지역구 하원의원들은 동 단위 당원들의 힘에 의해 국회의원직을 유

총선을 앞두고 생방송 TV 토론을 벌이는 각 당 대표들.

지한다고 봐도 과언이 아니다. 평당원들이 각자 추렴한 돈으로 유권자들에게 나눠줄 인쇄물을 만들어 가가호호 자기 손으로 돌린다. 누가 자금을 주는 것이 아니다. 지역구 본부에서 후보자 홍보를 위한 인쇄물이 내려오면 배포 비용까지 당원들이 지불한다. 지역구 본부에서 정한 형식에 동 시의원 입후보자 얼굴과 약력을 넣어 인쇄물을 만들었을 때에도 그 인쇄물 경비를 동 조직에서 지불해야 한다.

평당원들의 당을 향한 눈물겨운 사랑

하원의원의 경우도 마찬가지다. 지역구 본부는 하원의원의 지역구 사무실을 겸하고 있으니 당연히 인쇄물을 만들어줘야 하지 않느냐고 생각할 수 있지만 그렇지도 않다. 영국 당원들은 동에서 일어나는 일은 자신들 책임이라고 본다. 또 동에서는 당의 후보가 시의원에 당선돼야 한다고 믿는다. 따라서 지역구에서 자기 당 후보가 하원의원이 되게 하기 위해 열정과 돈을 써가면서 당 활동을 한다. 문자 그대로 이런 풀뿌리 정치 활동에 대한 대가를 받으려고 하거나 자신의 활동에 대한 반대급부를 노리고 일하는 사람은 아무도 없다. 자신이 옳다고 믿는 일을 당이 하니, 그것이 제대로 이루어지도록 돕는 활동하는 것일 뿐 다른 목적은 아무것도 없다는 태도다. 자신이 옳다고 믿는 바를 위해 인쇄물을 돌리고, 선거철이 되면 여론조사도 하고, 투표일에는 평소에 투표 참여율이 낮은 당 지지자(유권자 성향조사로 파악한) 집을 방문해 독려하고 필요하면 차에 태워 투표장까지 데려간다. 이런 활동을 이들은 봉사라 하지 않는다. '자원'은 맞는데 봉사는 아니다. 영어의 'volunteer'를 '자원봉사자'로 번역하면 영국 정당원들 입장에서는 분명히 틀린 번역이다. 이들은 자원해서 '후원support'할 뿐이지 자신들이 하는 일을 '봉사serve'라고 생각하지 않기 때문이다. 누구를 위해서 뭔가를 해야 봉사인데 자신이 해야 할 일을 하는 것이니 봉사라고 여기지 않는다. 동 조직당원들은 당 지역구 의원 후보가 바뀌면 그 후보를 위해 일한다. 하원의원 후보는 바뀌어도 당은 안 바뀌고 자신들 또한 그대로 있기 때문에 자신들이 지구당의 주인이라고 생각한다. 내가 사는 킹스턴 지역구 자민당 사무실 건물은 킹스턴 자민당 소유 건물이어서 큰 힘이 된다.(나는 자민당원이다.) 오래전 어떤 당원이 유산으로 지구당에 남긴 건물이기 때문이다. 이렇게 영국 당원들의 당 사랑은 옆에서 보면 '눈물겨울 때'가 많다. 바로 이것이 영국 정치의 힘이다. 이 힘 때문에 영국 하원의원들은 조직관리를 한다며 정치자금 문제로 손을 더럽힐 일이 없다.

그래도 영국의 일반 유권자들은 정당이 왜 그렇게 많은 자금을 필요로 하는지 이해 못한다. 특히 영국식 풀뿌리 정치를 현장에서 해나가는 각 당의 평당원들은 더욱 이해를 못한다. 영국 정치는 정치자금으로 움직이지 않음을 잘 알기 때문이다. 그들은 영국 정당에 거액의 자금이 필요한 이유는 모두 중앙당의 '홍보 위주의 사치' 때문이라고 생각한다. 현대는 이미지 홍보의 시대이다. 영국 정치도 홍보를 위해 거액 연봉의 홍보전문가를 불러들이고 홍보대행사에 엄청난 돈을 지불한다. 그래서 돈이 필요하다는 게 중앙당의 주장인데 평당원들은 이에 동의하지 않는다. 선거철이 되면 당원들에게 중앙당 모금과에서 전화가 많이 온다. 특별 모금 편지도 자주 온다. 내 주위 당원들 중에는 중앙당에 낼 돈 있으면 우리 지구당에 기부하겠다면서 대놓고 중앙당 전화에 응대하지 말라는 사람들도 많이 있다. 기본적으로 영국 정치는 전국 동네 평당원들의 잔돈푼을 모아 만든 인쇄물과 발로 뛰는 노력이 합쳐져 국회의원을 당선시키고, 그것들이 전국적으로 모여 여당이 되고 야당이 되는 것이다.

의원과의 저녁식사로 본 영국 풀뿌리 정치

영국의 정당 조직은 3단계로 봐야 한다. 중앙당과 지역구 본부, 그리고 각 동마다 있는 동 조직이다. 그런데 이 조직들은 높고 낮음이 없다. 서로 도울 일은 있어도 서로 신세 질 일이 없기 때문이다. 중앙당이 의원 후보를 공천하지도 않고 선거자금을 내려주지도 않는다. 당원이 직접 중앙당에 낸 당비 중 일부를 해당 지역구에 돌려주긴 하지만 워낙 소액이라 별로 도움이 안 된다. 엄밀히 얘기하면 중앙당이 더 신세 질 일이 많다.

그래서 영국 지역구 하원의원은 선거운동을 하기 위한 자금을 스스로 모아야 한다. 주로 모금은 '의원과의 저녁식사dinner with MP'를 통해 만들어진다. 열성당원이나 지역유지 들이 티켓을 사서 친지를 초대하는 방식으로 이루어진다. 지역구 본부의 경비 조달에 이보다 더 큰 방법은 없다.

내가 속한 자민당 킹스턴 지역구의 2014년 16개 동 단위 합계 회계 감사 결산서(지구당도 회계사가 만든 감사 보고서여야 한다)에 의하면 수입 총액은 9만6787.01파운드(약 1억7970만 원)이고 지출은 8만2086.65파운드이다. 그중 지역구 본부 예산이 전체의 86.4퍼센트에 달한다. 지역구 본부 수입의 대부분은 개인적인 기부금과 '의원과의 저녁식사 모임'을 통한 모금으로 만들어낸 금액이다. 본부는 이를 사용해서 유인물도 만들고 인건비도 충당한다. 지역구 본부 예산을 뺀 나머지 금액 1만2962.01파운드(2203만 원)가 16개 동 조직의 수입이다. 당원 450명이 모은 정말 '눈물겨운 돈'이다.

내가 속한 올드몰던과 센트제임스 동 조직(워낙 당원 수가 적어서 2개 동을 합쳐서 운영한다)의 2013년 수입은 겨우 365파운드(62만500원)였다. 그중에서 314.18파운드를 쓰고 50.82파운드가 남았다. 365파운드 중에는 2013년 킹스턴 지역구 하원의원이자 당시 현직 에너지기후변화 장관인 에드 데이비가 자신의 부인을 데리고 와서 당원들과 같이 보낸 한식韓食 저녁파티 티켓을 판 대금 120파운드도 들어 있었다. 현직 장관이 자신의 정치자금 모금도 아니고 동 조직 운영자금 모금을 위해 주말 저녁 때 부인과 같이 와서 참석해주었다. 그렇게 모인 돈이 한화로 20만 원도 안 되는 겨우 120파운드라서 '눈물겨운 돈'이라는 표현을 썼다.

그 돈으로 우리 동 조직은 킹스턴 자민당과 에드 데이비 의원이 얼마나 킹스턴을 위해 일했는지를 소개한 지역구 본부에서 내려오는 홍보물 대금을 냈다. 국회의원 자신의 홍보물인데도 동 조직 당원들이 낸 당비와 어렵게 모금한 돈으로 지불했다. 한국의 정서로 보면 정말 기가 막힌 일이 아닌가? 120파운드가 현직 장관 부부를 주말 저녁에 불러서 모은 돈이라니.

구질구질한 잔돈푼 이야기를 하는 이유는 이렇게 해서 영국 정치가 굴러가기 때문에 영국 정계는 정치자금 문제로 시끄러울 일이 없고 정당자금 문제가 투명하다는 말을 하기 위해서다. 자민당 킹스턴 지역구에는 당원이 450명 등록되어 있다. 이들이 2010년 총선에서 킹스턴 투표자 5만7111명 중 2만8428명을 설득해 에드 데이비를 4선 의원으로 당선시킨 주역들이다. 당원 1명이 63명을 설득했다면 너무 수사적인가. 그러나 분명 평당원의 조건 없는 활동으로 영국 정치는 돌아간다. 세계 민주주의의 고향이라고 해서 영국 정치가 완벽하다는 뜻은 아니다. 영국에서도 계속해서 제도를 개혁하고자 하는 논의가 있는 것을 보면 보완할 사항이 많음이 확실하다. 그런데 영국 정치, 특히 풀뿌리 정치 단계만큼은 정말 배울 만하다는 생각을 지울 수 없다. 이름 없는 평당원의 아무 조건 없는, 어떻게 보면 일종의 소명감이 아니고는 불가능한 희생이 밑받침된 '봉사' 말이다. 결국 나도 봉사 말고는 다른 적당한 단어를 찾을 수 없었다.

🔍 **Keyword 25 : 영국 하원**　　　　　　　　　　Search

영국 의회는 국왕, 하원, 상원으로 구성된다. 그중 하원은 각각의 선거구에서 국민들이 선출한 650명의 의원들로 구성되며 실질적으로 영국 정치를 이끌고 있다.

출범 750주년 맞은 영국 의회에 대한 모든 것

　2015년은 영국 의회 출범 750주년이고 총선의 해였다. 5월 7일에는 55대 하원의원 650명을 뽑는 총선이 실시되었다. 특히 2015년 총선은 의회 사상 처음 보는 지각변동이 예상되고 있었다. 영국 정치를 지배해왔던 보수·노동 양당 구조가 완전히 깨지고 최소한 6당 구조로 갈 것이 거의 분명했다. 영국 언론이 말하는 소위 '주변정당fringe party'들의 약진이 보고 있기 어지러울 정도로 대단했기 때문이다. 그런데 막상 뚜껑을 열고 보니 예상과는 달리 스코틀랜드 국민당SNP이 제3당이 되고 그전까지 제3당이었던 자민당은 57석에서 8석밖에 못 얻어 완전히 존재 없는 당이 되어버렸다. 최소한 7석은 얻어 처음으로 의회에 의석을 차지함을 떠나 돌풍을 일으킬 것 같았던 영국 독립당은 겨우 1석으로 정말 태산명동 서일필이 되어버렸다.

돌풍의 주역이 된 국민당, 속 빈 강정이 된 독립당

우선 노동당의 텃밭인 스코틀랜드 하원 의석 59석 중 50석 이상이 2014년 스코틀랜드 독립운동의 주역이었던 스코틀랜드 국민당 차지가 될 전망이었는데 실제로 56석을 차지해 기염을 토했다. 여론조사에 의하면 스코틀랜드 국민당은 스코틀랜드 유권자 거의 절반의 지지를 확보하고 있었다. 당시 스코틀랜드 의석 59석은 노동당 40석, 자민당 11석, 스코틀랜드 국민당 6석, 보수당 1석, 무소속 1석 순이었다. 그런데 스코틀랜드 국민당이 56석, 노동당이 41석에서 1석, 자민당이 11석에서 1석, 보수당이 원래 숫자대로 1석에서 1석을 차지했다. 스코틀랜드 국민당은 노동당과 자민당으로부터 의석을 빼앗아 영국 하원의 제3당으로 등장했다. 스코틀랜드 독립투표로 불거진 스코틀랜드 민족주의가 정말 대단한 힘을 발휘한 셈이다. 그래서 스코틀랜드 국민당은 작은 선거에 지고 큰 선거에서 이겼다는 말이 나왔다. 노동당은 자신들의 전통적인 텃밭이었던 스코틀랜드에서 의석을 대거 뺏기는 바람에 2번의 총선 패배로 권력에서 10년간 멀어져버렸다. 사실 노동당은 2014년의 스코틀랜드 독립투표가 있기 전까지 여론 조사에서는 지난 2015년 총선에서 집권이 확실시되었었다. 그러나 노동당은 안정적인 텃밭이었던 스코틀랜드는 물론 잉글랜드와 웨일즈에서마저 의석을 보수당에 잃었다. 게다가 보수당은 자민당으로부터도 의석을 뺏어와 2005년 총선 때보다 무려 28석을 더 얻어 2기 정권을 단독정부로 수립할 수 있는 과반수(325석)를 확보했다. 2014년 스코틀랜드 독립투표가 비록 실패로 끝났지만 시작 때 10퍼센트도 안 되던 독립 찬성률을 거의 50퍼센트까지 끌어올린 성공적인 캠페인 덕분에 스코틀랜드 국민당은 스코틀랜드 유권자로부터 대단한 신임을 받고 런던의 웨스트민스터 하원의회에서 주류 정당으로 등장해 돌풍을 일으키고 있다.

자민당과 연립 여당이었던 보수당은 유럽연합 탈퇴와 이민자 제한 정책으로 유권자들의 인기를 얻기 시작한 극우정당 영국 독립당 때문에 괴로운 처지였다. 독립당이 자신들의 전통적 지지자를 뺏어가고 있어서였다. 쥐들의 이유 없는 탈출은 배의 침몰을 암시한다고 했는데 보수당에서 그런 현상이 나타나고 있기도 했다. 아무 문제없던 의원 2명이 총선 전 탈당해, 독립당으로 당적을 옮겼다. 다음 총선을 각각 9개월, 6개월밖에 안 남긴 상황에서 이들은 굳이 의원직을 사퇴를 했다. 그러고는 보궐선거에 당적을 바꿔 출마하더니 압도적 표 차로 당선돼 다시 의회에 입성했다. 두 의원은 2015년 총선에서 선거를 또 치러 그중 한 사람은 되고 한 사람은 떨어졌다. 사실 이들은 굳이 사퇴하고 보궐선거를 치르지 않아도 됐다. 그냥 조금 있다가 총선에서 심판을 받으면 되었다. 결국 자신을 뽑아준 선거구민들의 의견을 묻지도 않고 당적을 옮긴 데 대해 깨끗하게 심판을 받은 셈이다. 두 의원의 입성으로 독립당은 선거로 당선된 하원의원을 보유하는 오랜 염원을 풀고 제대로 된 정당으로 등록하는 쾌거를 이룰 줄 알았다. 그렇게 2015년 총선에서 제3당이나 최소한 제4당은 되리라는 희망으로 들떴는데 막상 열어보니 정말 찻잔 속의 태풍으로 끝나고 말았다. 물론 영국 하원의원 선거제도 때문에 비록 1석밖에는 확보를 못했지만 실제 득표율로 보면 총선 전 여론조사 결과(보수당 31퍼센트, 노동당 30퍼센트, 독립당 23퍼센트)만큼은 아니더라도 보수당(36.8퍼센트), 노동당(30.5퍼센트)의 뒤를 이어 12.7퍼센트로 제3당의 지지를 얻어 여전히 영국 정치에서는 무시 못할 영향력을 발휘하고 있다.

실용 철학이 깃든 의사당 본회의장

영국 의사당 내 본회의장은 영국 의회의 특성을 잘 나타내고 있다. 한국에서 국회를 '여의도'라 부르듯 '웨스트민스터'라고 불리는 템스 강가의 영국 의회 건물은 1834년 대화재로 전소된 뒤 다시 지어졌다. 2차 세계대전 때 14번에 걸친 독일군 공습으로 하원 본회의장을 비롯한 여러 곳이 부서져 다시 복원했다. 매일 TV 생중계에 나오는, 여야 하원의원들이 토론을 벌이는 하원 본회의장도 그때 부서져 복원된 건물 중 하나다. 공습으로 파괴된 본회의장을 복원한 뒤에 윈스턴 처칠이 1950년 하원에서 한 연설이 참 인상적이다. 그의 말에는 영국인의 철학과 하원의 특성이 잘 드러나 있다.

"의회정치를 하는 세계 각국들은 우리가 하원 본회의장을 새롭게 지으면서 굳이 다시 의원 정원의 3분의 2만 앉을 수 있게 한 이유에 대해 궁금해하고 놀라워하고 있다. 우리의 생각을 이해하지 못하는 그들이 알아듣게 설명하기란 쉽지 않다. 본회의 중 우리 의원들이 벌이는 집중도 높고 열정적이고 친밀하고 격식 없는 자발적 토론은 우리 하원의 초점과 힘을 만들어낸다. 이러한 개성을 그들에게 쉽게 이해시키기는 불가능하다. 나는 이 하원이 단순하게 개인들의 집합체가 아니라 하나의 마을 그 자체이고 의회정부의 정신이라고 보기 때문에 본 회의장을 옛날 것과 최대한 가깝게 만든 결정이 옳았다고 여긴다. 여기는 민주주의의 공방이다. 그러기 위해서는 새 회의장은 옛것과 모양과 크기가 최대한 같아야 했다. 내용을 모르는 사람들은 이왕 새 회의장을 만들면서 왜 의원 전원에게 좌석을 제공할 수 있게 짓지 않았느냐고 자주 묻는다. 각자 책상도 만들어주고 회의장 모양과 배치도 새롭게 바꾸어 젊은 의원들의 취향에 맞게 하지 않았느냐고 묻는다. 나는 영국이 세상 모든 나라들보다 우월한 점은 새 포도주를 오래된 병에 담아도 부서지지 않게 담는 데 있다고 생각한다. 그래도 새 본회의장의 환기시설은 정말 좋아졌다. 정말로 이건 필요했던 것이다. 특히 프런트벤처frontbencher에서 풍겨오던 템스강의 냄새는 정말 고약했다. 그리고 회의실 내의 음향도 정말 좋아졌다."

보통 영국인은 격식을 숭상하다시피 하고 전통을 무엇보다 중요시한다고 알려져 있다. 그러나 실제로 영국인은 형식적인 면보다는 실질적인 면을 훨씬 더 중요시한다. 영국 하원의원은 650명이다. 그런데 하원 본회의장 의자는 총 인원의 3분의 2에 해당하는 427개뿐이다. 물론 그런 일은 절대 없지만 만일 하원의원 전원이 참석하면 223여 명이 서 있어야 한다. 하원은 늘어났는데 크기를 더 늘리지 않은 탓이다. 실제 여왕이 참석해서 시정 연설을 하는 연례행사 때는 하원의원들은 예의로 거의 참석을 한다. 이때는 정말 영국 하원의회 총회의장이 발 디딜 틈도 없다. 의원 개인 의자도 없고 명패도 없다. 그냥 기차역 대합실 의자처럼 길게 이어져 있다. 팔걸이도 없어 의원들은 거의 어깨가 붙을 정도로 다닥다닥 가까이 앉아야 한다.

영국인은 하원의원 전원이 한곳에 모일 일도 없고 모두 모이지도 않는다는 걸 알고 있다. 또 전원이 참석해 토론을 벌이는 시간이 꼭 필요하다고 생각하지 않는다. 실제 일은 각자가 소속된 분과위원회에서 토론하고 그곳에서 결정하면 된다고 본다. 전원이 참석해야 하는 중요한 표결이 있을 때만 모두 참석하면 되는 일이다.

휴대전화 같은 무선통신 수단이 없던 시절 중요한 표결이 있으면 의원들은 '회초리Whip'라는 별명이 붙은 각 당 원내 대표가 누르는 '디비전 벨Division Bell'을 듣고 8분 내로 달려올 수 있는 거리에만 있으면 되었다.('디비전 벨'은 여야가 표결 합의가 안 되면 다같이 본회의장에 모여 표결하지 않고 각 당별로 따로 모여 표결하는 데서 비롯된 용어다. 이를 '가른다'는 뜻으로 '디비전'이라고 부른다. 굳이 같이 모여 고함지르고 욕하면서 표결을 막는 행동을 하지 않기 위해 나온 제도이다.) 디비전 벨을 듣고 달려올 수 있는 거리 이내 지역을 일러 '웨스트민스터 거품Westminster Bubble'이라고 불렀다. 빅토리아 시절에 의원들이 많이 가던 유명한 '알버트 펍'에는 디비전 벨이 지금도 달려 있다. 의원들은 한잔하고 있다가도 이 벨소리가 나면 무조건 달려가야 했다. 그 거리가 1킬로미터도 채 안 되니 빠르게 걸으면 8분 안에 도달할 수 있었다. 만일 제시간에 도착을 못해 표결에 참여하지 못하면 원내 대표로부터 거의 '채찍질'에 가까운 잔소리를 들어야 했다.

결국 영국 하원의원들에게 가장 중요한 일은 회의실에 앉아 여야 수뇌부의 토론을 듣고 있는 게 아니라는 뜻이다. 각 당의 내각 요원에 속하지 않는 보통 '백벤처backbencher'라고 불리는 평의원들은 거의 600명에 달하기 때문에 임기 5년 중 본회의에서 발언 기회 한 번 잡기도 엄청 힘들다. 앞에 앉은 수뇌부인 '프런트벤처' 20여 명을 제외하고는 비효율적으로 여야 수뇌부의 토론을 듣고 있을 이유가 없다. 의원이 어디에 있든 국민의 소리에 귀 기울여 듣고 국정에 잘 반영하면 되지 본회의장에 앉아만 있는 것이 최선은 아니다. 그래서 본회의실 의자가 모자라고 불편해도 아무 문제가 되지 않는 것이다. 영국 총리관저 다우닝 가 10번지 건물이 일반 여염집 크기밖에 되지 않고 좁고 군색한 것도 모두 그런 철학에서 시작된 것이다. 왕이 국가수반이고 총리는 그냥 왕을 모시는 집사장인데 왜 집이 커야 하느냐는 논리다.

또한 현재 본회의장 의자만이 갖는 장점과 특징이 있다. 처칠은 연설에서 영국 하원의 개성을 '높은 집중도의 열정적이고 친밀하고 격식 없는 자발적인 토론 분위기'라고 했다. 그런데 바로 이 옹색한 의자가 그러한 개성을 살려주는 역할을 한다. 처칠의 표현대로 영국 하원 회의 분위기는 대학생 동아리 모임이나 시골 고등학교 동기회 분위기다. 긴 의자에 삐딱하게 다닥다닥 앉아서 토론을 듣다가 발언자의 말에 강하게 동의하면 "아이에Aye"라고 길게 소리를 지르고 아니면 "노No"라고 야유를 보낸다. 그 웅성거리는 소리가 전혀 고압적이거나 위협적이지 않다. 분위기가 소란스러워지면 발언하던 의원이 야유하는 쪽을 보고 웃기도 하고 손가락질을 한다. 그래도 조용해지지 않으면 의장이 "오더! 오더!order(질서)"하면 금방 차분해진다. 실내 흡연이 금지되기 전까지는 연기가 자욱해 맥주잔만 안 들었다 뿐이지 거의 동네 펍 분위기였다. 물론 동료의원을 향해 욕non-parliamentary language('의회적이지 않은 언어'라고 한다)을 한다거나 모욕을 주는 고함은 들리지 않는다. 영국 정치에서 가장 중요한 '총리 질문 시간PMQ: Prime Minister's Question Time'을 보면 특히 그런 모습을 많이 발견할 수 있다. 총리는 매주 수요일 낮 12시에 약 30분간 질의를 받는다. 제1야당 대표와 주로 토론을 하는데 분위기가 흡사 펍 카운터 근처에 모여 떠드는 동네 사람들과 같다. 이때 제일 앞줄 의자의 총리 옆에는 총리의 측근 장관들이 앉는다. 야당도 마찬가지로 그림자 내각 회원들이 야당 대표 주변에 앉아 토론을 거든다.

하원 본회의장은 타원형이다. 영국 의회 의사당 건물은 원래 웨스트민스터 궁이었고 본회의장은 궁궐의 성당이었으며 의원들이 앉는 의자는 성가대 자리였다. 서로 마주 보면서 건너편 교우의 표정과 목소리를 들으며 성가를 부르면 화음이 더 잘 맞추어지기 마련이다. 영국 의회는 여야가 마주 보고 앉아서 토론을 벌인다. 상대방을 보고 말하면 대화가 되지만 정면을 바라보고 얼굴을 보지 않고 발언하면 발표하는 셈이 된다. 서로 얼굴을 마주 봐야 험한 얘기도 덜 나오고 분위기도 훨씬 비공식적이 되지 않겠는가? 가장 공

영국 하원.

식적이 되어야 할 의회 분위기를 이렇게 비공식적으로 만들어 부드럽게 하는 것이 바로 영국인 특유의 지혜와 여유가 아닐까?

의원은 생업이 따로 있었다

원래 영국 의회는 오후에 회의를 했으며 아직도 이 전통은 거의 지켜지고 있다. 영국 의회가 생성될 때부터 의원들은 직업을 가진 생활인이었다. 의원이 된 이유가 생업의 이익을 보호하기 위해서였다. 오전에는 생업에 종사하고 오후에 의회에 와서 국정을 다루었다. 영국 의원 중에는 아직도 생업을 갖고 있는 의원도 많다. 근대에 들어선 19세기 중반 빅토리아시대부터는 의원직이 더 이상 생업 보호 수단이 되지 않았지만 세비만으로는 생활이 되지 않았다. 1911년 들어 의원의 세비를 현실화(400파운드로 인상. 2015년 5월부터는 7만4000파운드를 받는다)하기 전에는 생활에 도움이 안 되는 거마비 정도의 금액만 의원에게 지급되었다. 당연히 다른 직업이나 부모로부터 물려받은 재산이 없는 사람은 의원을 하기 힘들었다. 그런 이유로 하원의원은 특권계급이나 자신의 직업을 보호하기 위한 사람들이 할 수밖에 없었다. 소위 말하는 전업정치인이 없었던 셈이다.

빅토리아시대에 와서 의원은 생업의 이익을 보호한다는 목적보다는 숭고한 애국심과 소명감, 봉사정신과 천직의식이 필요한 자리라는 인식이 자리 잡았다. 정치는 그래서 '모든 조건(좋은 집안, 고학력, 경제력)을 갖춘 집안의 아들들이 고상한 취미로 해야 하는 일'로 여겨졌다. 겸업 정치가 장려된 이유도 정치를 생업수단으로 삼는 전업정치인은 반드시 부패한다는 믿음 때문이기도 했다. 아직도 이런 믿음이 영국 정계에 펄펄 살아 있는데, 예를 들면 총선 전 공개된 데이비드 캐머런 정부 내각 29명의 재산 총액이 무려 7000

만 파운드(1225억 원)에 이른다. 1인당 평균 42억 원 수준을 보유하고 있는 것이다. 그중 18명이 백만장자였다. 또 17명이 세계적인 명문대 '옥스브리지' 출신이다. 노동자의 이익을 대변한다는 에드 밀리밴드 직전 야당 노동당 대표도 백만장자에 옥스퍼드를 나왔다. 영국 고위 정치인 중 소위 '개천에서 용이 난 경우'는 정말 드물다. 그래서인지 영국에는 'Common에 common 이 없다'는 말이 있다. 영국 정치의 본 무대인 하원The House of Commons에 진정한 평민common 출신이 없다는 뜻이다. 이 말은 영국 하원의 '원죄'는 영국 의회의 시초라는 '드 몬포트De Montfort 의회' 혹은 '일월January 의회'부터 시작되었다. 1265년 1월 시몬 드 몬포트 백작이 소집한 의회에서 전국의 성직자, 귀족, 기사 들이 귀족원The Church and Nobles을 만들어 지금의 상원The House of Lords이 되었고, 마을 상인 대표들은 평민원The Common, 즉 지금의 하원The House of Commons을 만들었다. 여기서 common은 귀족이나 기사가 아닌 그냥 '평민' 대표라는 뜻이다. 물론 지금과 같은 일반 국민은 아니었다. 현재 고위층 하원의원들이 평민이 아니라 '모든 것을 갖춘 집안 아들'인 것은 그래서 이상한 일이 아니다.

시민들의 감시가 민주주의를 지켜

영국은 의회 독재 정치 국가이다. 의회를 지배하는 정당이 정부를 구성하기 때문에 여당은 마음만 먹으면 할 수 있는 일이 정말 많다. 게다가 영국 장관은 하원의원이기 때문에 청문회도 없다. 총리가 임명하면 끝이다. 여론이 나쁘면 조기 총선을 해서 국민 신임을 다시 받던 영국도 2011년 의원 임기를 법으로 5년이라고 정하고 나서는 그럴 염려도 없어졌다. 물론 의회가 정부 불신임안을 재적 의원의 3분의 2로 결의하면 조기 총선을 해야 하지만 하원 과반수를 차지해야 집권을 하는 여당에서 대거 반란이 일어나기 전에는 있을 수 없는 일이다. 그래서 임기 중 통제가 안 되는 강력한 대통령제의 폐단 못지않게 의회와 정부를 모두 장악하는 내각책임제도 자칫하면 많은 문제를 일으킬 수 있다. 물론 야당과 언론이 감시 역할을 하지만 영국에서는 시민들이 직접 나서서 수많은 감시단체를 만들고 참여해서 민주주의를 지켜 나간다. 정말 민주주의는 그냥 얻어지는 것이 아니라 국민들의 열렬한 관심과 참여, 그리고 지속적인 감시가 있음으로 인해 얻어진다는 말이 실감난다. 인터넷으로 쉽게 찾을 수 있는 의회 감시기관이나 단체만 해도 수도 없다. 우선 'mySociety.org'에 소속된 단체들의 웹사이트만 해도 여러 개 있다. 'theyworkforyou.com, writetothem.com, whatdotheyknow.com, fixmystreet.com, fixmytransport.com, alaveteli.org' 등이 대표적이다.

이 중에서도 'writetothem.com'은 영국 내의 모든 선출 공직자들의 연락처와 주소를 수록해놓고 국민들이 그들에게 의견을 제출하고 그 회답을 받도록 한 웹사이트다. 자신의 집 주소와 우편번호를 넣고 클릭하면 자기 선

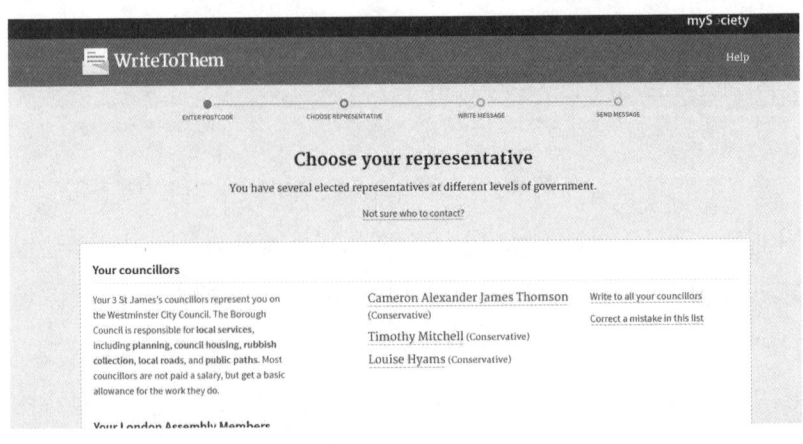

국민들이 국회의원에게 자유롭게 탄원할 수 있는 웹사이트.

거구에 속한 하원의원에서부터 지방의회 의원, 유럽의회 의원까지 모두 나온다. 내 경우에는 집주소와 우편번호를 넣어보니 3명의 시의원, 11명의 런던의회 의원, 하원의원, 8명의 유럽의회 의원의 웹사이트가 같은 화면에 다 나온다. 심지어는 내 지역구 하원의원의 과거 발언, 의회 발언록까지 연결되어 있어 그가 어떤 성향의 의원인지도 알 수 있다.

2014년 이 웹사이트를 통해 20만여 통의 메시지가 전달되었다. 이렇게 전달된 편지를 의원들이 무시하는 경우는 거의 없다. 하원의원 개인 웹사이트를 통해 직접 보낼 수도 있지만 여기를 통하면 쉽게 접속이 되고 회답에 대한 통계도 나오기 때문에 인기가 있다.

> 🔍 **Keyword 26 : 하원의원**　　　　　　　　　Search
>
> 국민의 선거에 의해 선출되는 의회의원. 이 밖에도 영국에는 성직귀족, 세습귀족 등으로 구성된 상원의원이 있다.

4선의원 에드 데이비 장관이 사는 법

2015년 5월 총선 전 당시 영국의 보수자민연립정부에서 에너지기후변화 장관을 맡고 있는 에드 데이비(49세) 의원에게 전화를 걸었다. 같은 자민당 소속으로 10년간 함께 당 활동을 해왔지만 데이비 의원의 개인 휴대전화에 전화를 걸기는 처음이었다. 그는 전화를 받자마자 내가 이름을 밝히기도 전에 내 이름을 부르며 반가워했다. 통화한 적이 없는 평당원이지만 내 번호도 그의 휴대전화에 저장돼 있다는 뜻이다. '이런 남다른 노력이 있어서 4선을 했구나' 하는 감탄이 절로 나왔다.

그와 통화한 건 인터뷰용 사진을 다시 찍기 위해서였다. 원래 영국의 총선을 즈음해서 하원의원들의 삶에 대한 글을 한번 쓰고 싶어 일전에 데이비 장관 지역구 사무실에서 그를 인터뷰한 적이 있었다. 총선에 임박해 한국 매체로부터 원고 청탁을 받고 인터뷰와 준비한 자료를 바탕으로 글을 쓰려고 보니 당시 찍은 사진 중 중요한 몇 장이 초점이 흐려서 쓸 수가 없었다. 그래서 부랴부랴 전화를 건 것이었다.

사실 나는 데이비 장관을 오랫동안 가까이서 지켜봐왔다. 그는 유럽 유일의 한인촌이라는 말을 듣는 뉴몰든이 속한 영국 런던 근교의 킹스턴·서비턴 지역구 의원이었고, 나는 그의 지역구에서 사는 한인 이민자다. 더욱이 나는 데이비 장관의 지역구 당원이기도 하다. 그것도 명부상만의 당원이 아니라 실제 활동을 하고 있는 핵심 당원 100명 중 1명이다. 10년 이상을 데이비 장관이 주재하는 당 모임에 참석했고 정기적으로 발행되는 당과 데이비 장관 의정활동 홍보물을 가가호호 돌리는 역할도 해왔다. 더군다나 5월 총선을 대비해서 2015년 연초부터는 거의 매주 1번 이상, 3월부터는 매주 2번씩 300여 가구에 데이비 장관 선거 홍보물을 돌려왔다. 맨체스터 유나이티드 축구클럽 선수인 웨인 루니를 닮은 그의 얼굴 사진을 지겹도록 봐왔다.

소탈한 하원의원의 삶

데이비 장관을 가까이서 지켜봐왔지만 이번에 인터뷰 사진을 찍기 위해 다시 그를 만나면서 솔직히 충격에 가까운 감동을 받았다. 시작은 전화통화부터였다. 당시 영국은 5월 7일 치러지는 총선 유세가 한창이었다. 총선 날까지 장관직은 유지하지만 데이비 장관도 이미 하원이 해산됐기 때문에 후보자로서 정신없이 지역구를 누벼야 할 처지였다. 총선이 한 달도 안 남은 시점이고 게다가 국정까지 챙겨야 할 입장이기에 쉽게 시간을 내기 어려울 거라고 예상했다. 정 안 되면 지구당 사무실 직원을 통해 홍보용 사진이라도 받으리라 각오하고 전화를 걸었다. 그런데 놀랍게도 데이비 장관은 "오늘 오후에 당장 시간을 낼 테니 만나자"면서 "시내에서 (집으로 오는) 전철을 타면서 문자를 넣어주겠다"라고 했다. '4선의 현직 장관이 기사가 딸린 관용차로 퇴근하지 않고 수행비서도 없이 혼자서 전철을 타고 집으로 오다니.' 그의 검소함을 어느 정도 알고 있었지만 실제 접하니 신선하고 놀라웠다. 그런데 알고 보니 데이비 장관의 대중교통 퇴근은 특별한 일이 아니었다. 거의 모든 공직자들이 특별한 경우가 아니면 퇴근할 때 기사가 달린 관용차를 이용하지 않는다는 사실을 데이비 장관의 인터뷰 때 알았다. 하긴 퇴근길을 퇴근 교통난을 뚫고 차로 오는 것보다는 정시에 출발해 정시에 도착하는 대중교통 수단이 더 나을 수도 있을 것이다.

더 큰 놀라움은 그의 집에서 기다리고 있었다. 데이비 장관은 통화 후 좀 있다 문자로 "지금 집에 돌아왔으니 집으로 오라"라며 주소를 알려주었다. 시내에서 TV 인터뷰 때문에 입은 양복을 편한 옷으로 갈아입고 지역구민 집을 일일이 돌아다닐 예정이라고 했다. 주소를 보면서 찾아간 그의 집은 자동차 2대가 교행하지 못할 정도의 작은 골목길 안에 있었다. 그런데 집 앞에서 번지가 정확한지 몇 번씩 확인을 해야만 했다. 그의 집이 예상 밖의 모습이었기 때문이다. 데이비 장관은 진짜 영국의 서민층이 사는 '테라스하우스 terraced house'에 살고 있었다. 영국에서는 가격에 따라 집의 형태가 몇 개로 나뉜다. 우선 중산층 이상이 사는 '단독주택 detached house'이 있고, 그다음 계층이 사는 '반단독주택 semi-detached house'이 있다. 반단독주택은 2채의 집이 붙어 있는 형태다. 그리고 마지막으로 서민층이 사는 테라스하우스가 있다. 주택 수십 채가 골목 양쪽에 다닥다닥 줄지어 있는 형태로, 중산층은 이런 집에서 살지 않는다.

현역 장관이자 집권당 4선의원의 집이 가난한 서민들이 사는 테라스하우스라니 정말 꿈에도 상상할 수 없었다. 그것도 테라스하우스 중 가장 저렴한 슬래브 지붕 형태의 연립주택이었다. 갑자기 무엇인가에 머리를 한 방 맞은 듯한 충격에 한참을 허둥댔다.

어떻게 데이비 장관 같은 사람이 이런 곳에 살 수 있는가 하는 의문에 대한 답은 끝내 듣지 못했다. 사진 촬영을 끝내고 헤어질 때까지 그에게 이유를 물어보지 못했다. 대답이 뻔했기도 했지만 조금 참혹하다는 느낌 때문이었다. 아주 한국식 사고방식이라고 욕해도 할 수 없지만 내가 만일 그에게 그런 질문을 하면 얼마나 주변머리가 없으면 아직도 이런 집에서 사나라는 힐난이 아닌가 하는 생각이 내 마음속에 있었던 것 같다. 또 지난번 사무실에서 인터뷰할 때와 비슷한 답이 나올 게 분명했었기도 했다. 그때도 직접 몰고 온 '남루하다'라는 단어가 딱 맞을 자동차를 보고 놀라서 "현역 장관이 이런 차를 몰고 다니리라고는 생각 못했다"라고 하자 그는 "영국 하원의원은 부유하지 않아 이 정도가 적당하다"라고 답했다. 이번에 '남루한 집'에 대해 물었어도 아마 비슷한 대답을 들었을 것이다.

데이비 장관이 지역구에서 몰고 다니는 '문제의 차'가 집 앞에 세워져 있었다. 영국 자동차 중에서 가장 서민적이고 싼 브랜드인 포드 자동차 포커스 모델(1600시시)이다. 그런데 그 자동차 번호 연도가 정말 놀라웠다. 영국 자동차는 번호판을 보면 등록 연도를 알 수 있다. 그런데 데이비 장관의 포드 차는 무려 14년이 되었다. 나중에 집에 와서 주행거리를 물어보지 못했다는 생각이

런던 근교 자택에서 만난 에드 데이비 장관.

나서 문자로 물어보니 '12만8821마일(20만6113킬로미터)'이라고 가르쳐주었다. 말문이 막혔다. 정말 이래도 되는 건가는 내 생각일 뿐이다. 사실 자동차나 집 외관은 시작에 불과했다.

그의 집에 들어가봤다. 테라스하우스들이 좀 좁기는 하지만 이 집은 유별나게 좁았다. 13제곱미터밖에 안 되는 좁은 거실에는 기저귀(돌을 갓 지난 딸 엘리너의 것)를 너는 빨래 걸이부터 7살 된 아들 존의 보행보조기구(아들 존은 지체부자유자여서 서지 못하고 말도 못한다)가 있었고, 바닥은 아이들 장난감과 동화책으로 발 디딜 틈이 없었다. 옆에 바로 붙은 부엌도 마찬가지였다. 거의 이사 가는 집의 모습이었다. 안 그래도 좁은 집이 더 좁아 보였다. 벽에는 싸구려 인쇄 그림이 든 액자가 걸려 있었고 가구도 이케아IKEA 수준이었다. 한마디로 영국 중산층 수준의 우아한 실내장식과는 거리가 멀었다.

더욱 놀라운 건 거실이고 부엌이고 어디에도 데이비 장관이 일을 할 만한 장소는커녕 책상마저 없다는 점이었다. 가만히 보니 부엌 구석에 놓인 식탁이 현직 장관이 집에 일을 들고 와 서류를 만지는 공간 같았다. 2층에는 아래층의 크기로 보아 방이 2개밖에 없을 것 같았다.

56표 차로 하원의원이 된 청년이 5선에 도전하기까지

데이비 장관은 진짜 바쁘게 살고 있었다. 그가 직접 밝힌 자신의 일주일은 이렇다. "한 주일이 어떻게 가는지 모른다. 월요일은 3분의 2를 지역구에서, 3분의 1은 의회에서 보낸다.(아침부터 오후 2~3시까지 지역구 사무실에서 지역구민들을 만나 민원을 받는다. 주로 각종 고충을 듣고 해결방안을 강구하는데 이를 외과수술과 같은 단어인 서저리surgery라고 부른다.) 그리고 화요일은 의회, 수요일은 정부와 의회, 목요일은 정부, 금요일과 토요일은 서저리를 또 한다.

일요일은 가족들과 지내는 것으로 되어 있지만 아이들과 놀아주는 사이에 짬짬이 서류 검토를 해야 한다."

그는 "매일 5~6시간은 자려고 하는데 딸아이가 태어나고 나서는 그보다 더 못 잔다"라며 "밤중에 일어나면 어쩔 수 없이 놀아줘야 한다"라고 했다. 그는 인터뷰에서 아이들에 대한 무한 애정을 내보였다. "나이 50이 다 되어 딸이 태어났다. 나는 지체장애자 아들도 있다. 이들을 제대로 보살피고 돌보는 것이 최우선이다."

아직 50세도 안 돼 벌써 5선에 도전하는 데이비 장관은 지역구 활동도 열심이었다. 이는 그가 기록한 성적으로 증명된다. 데이비 장관이 1997년 초선에 당선될 때 5만5565명이 투표한 선거에서 2만422표를 얻어 단 56표의 근소한 차로 승리해 유명해졌다. 그러나 4년 뒤 2001년 선거에서는 4만9093명 투표에서 2만9542표를 얻어 무려 1만5676표 차로 재선에 성공했다. 단 4년 동안 유권자 23.5퍼센트의 마음을 돌려놓은 셈이다.

그는 그 비결에 대해 이렇게 말했다. "내 전임 보수당 의원은 한 달에 1번 하던 서저리를 나는 1주일에 2번씩 한 달에 8번을 했다. 그렇게 해결해준 민원이 모두 내 표가 되었다고는 할 수 없어도 결국 도움이 되지 않았겠나. 진심이 통한 것이기도 하고. 나는 '쉽게 언제든지 만날 수 있게' 되려고 노력했다. 킹스턴·서비턴 지역은 원래 보수당 지역이라 노동당은 거의 힘을 못 쓴다. 그래서 선거 때 노동당 지지자들에게 '어차피 사표가 되는 노동당 표를 찍지 마라. 잘못 찍으면 보수당이 들어온다'고 설득한 것이 주효했다."

영국 정치에는 돈이 들지 않는다

데이비 장관이 이렇게 열심히 지역구 활동을 한다면 한국의 독자들은 돈이 많이 들 것이라고 지레짐작할 것이다. 하지만 그렇지 않다는 데 영국 정치의 우수함과 묘미가 있다. 일단 데이비 장관은 자기 지역구 사무실에 따로 방이 없다. 워낙 사무실이 협소해 공간이 없기도 하지만 직원이나 당원들이 나누어 쓰기도 힘든데 잠깐 들렀다 나가는 의원이 따로 방을 가지고 있을 필요가 없다는 점이 첫째 이유다. 하지만 그보다 더 근본적인 이유가 있다. 지역구 사무실은 데이비 장관이 장만한 게 아니다. 데이비 장관도 여기서는 '나그네'에 불과하다. 데이비 장관 개인 소유가 아닐 뿐더러 임대료도 그가 내는 게 아니라는 말이다. 사무실이 있는 건물은 자민당 지구당 소유로, 열성 당원이 유산으로 받은 건물을 기증한 것이다. 비록 데이비 장관이 의원활동의 근거지로 사용하기는 하지만 총선에서 낙선하고 나면 그날로 이 지역구 사무실과는 직접적인 연관이 없어진다. 물론 다음 총선에 임박해서 후보로 지명을 받으면 다시 인연을 맺지만 그전에는 평당원으로서 이 건물에 출입할 뿐이다.

바로 여기서 영국 정치에 돈이 필요 없는 이유를 엿볼 수 있다. 영국 정당의 지구당은 지구당원들이 주인이지, 지역구 현역의원이나 지구당 위원장을 위해 존재하는 조직이 아니다. 지구당를 끌고 가면서 다음 총선을 준비하는 것도, 총선에 임박해서 의원 후보를 선출하는 것도 다 지구당원들이다.

이 말은 영국 하원의원은 지구당의 선출에 의해 지역 유권자들로부터 표를 받아 지역구를 대표해 의회로 가긴 하지만, 실질적으로 지역구에서는 일개 당원에 불과하다는 뜻이다. 언뜻 이해가 쉽지 않을 수 있는데 주식회사에서 주식을 가지지 않은 대표이사라 보면 제일 정확하다. 언제든지 이사회에서 대표를 갈아 치울 수 있다는 뜻이다.

당원들도 당의 정신이 좋아 당 활동을 하는 것뿐이지 의원 개인의 조직원이 아니다. 심지어 현역의원이 지구당원들의 불신임에 의해 다음 총선에서 후보가 되지 못하고 교체되는 일도 비일비재하다. 물론 현역의원은 지구당 사무실 직원에 드는 경비를 하원의원 자격으로 국고에서 지원받으니 지분을 주장할 수 있다. 그래도 지구당원들이 하원의원이 뽑은 지구당 사무실에서 일하는 직원들이 싫다면 그들은 바로 짐을 싸서 사무실을 나가야 한다. 이는 지구당과 하원의원의 역학관계를 단적으로 말해준다.

검은돈을 원천봉쇄하는 강력하고 투명한 법

이렇게 되니 영국에서는 정치하는 데 돈이 들지 않고, 정치인은 검은돈의 유혹에서 초연할 수 있다. 사실 돈을 쓰려야 쓸 돈도 없지만 워낙 선거법이 엄격해서 돈이 있어도 쓸 수가 없다. 총선경비는 총선을 선언하고 하원이 해산한 날 100일 전부터 카운트된다. 이때부터 각 지역구가 쓸 수 있는 활동경비에 제한이 생긴다. 2015년 총선의 경우 2014년 12월 20일부터 2015년 3월 30일까지의 경비 총액이 3만700파운드(4950만 원)를 넘으면 안 되었다. 3월

에드 데이비 장관의 지구당 사무실.

30일부터 5월 7일 총선일까지는 법정 선거경비 8700파운드(1402만 원)에다가 추가로 유권자 1명당 시골은 9펜스(145원), 도시는 6펜스(97원)를 더 쓸 수 있었다. 영국 총선 유권자가 4610만 명이라니 이를 영국 하원의원 650개 지역구로 나누면 평균 7만 명이다. 그러면 하원의원 해산일부터 총선일까지 한 지구당 총선경비로 쓸 수 있는 금액은 기본 8700파운드에다가 1인당으로 계산한 4200파운드(7만 명×0.06파운드)를 더하면 겨우 1만2900파운드(2820만 원)꼴이다. 이 금액으로 무엇을 할 수 있을까.

영국 하원의원은 650명, 영국 인구는 6320만 명이니 하원의원 1명이 국민 9만7000명을 대변한다. 하원의원 숫자가 이렇게 많다 보니 정말 큰 벼슬이 아니다. 실제 하원의원의 영향력은 미약하다. 하원의원과 밥을 먹는다고 사업에 도움될 일도 없고, 의원과 가깝다고 사법기관에서 봐주지도 않는다. 의원과 자주 만나 밥 먹는다고 사람들이 우러러보지도 않는다. 의원 만나기가 그렇게 어렵지 않으니 굳이 돈 써가면서 만나려고 노력하지도 않는다.

영국도 상하원 의원들의 돈 문제로 나라가 들썩인 적이 있긴 하다. 바로 의원들이 자신들에게 허용된 경비청구 규정의 허점을 이용해 경비를 과다청구한 사건이다. 이 사건은 2009년 《텔레그라프》의 기사로 촉발됐다. 당시 하원의원 650명 중 389명이 문제가 되어 결국 많은 의원이 일부 경비를 반환했다. 현역 장관 6명이 사임하고 그중 악질 7명은 감옥에 갔다. 그런데 그 금액이 참 어처구니없다. 2~3만 파운드가 고작이고 제일 큰 금액이 18만 파운드(2억9000만 원)였다. 이때 데이비 장관은 경비 추문 사건에 연루되지 않았다. 그에게 "당신은 경비 문제에 연관 안 된 의원 중 하나인데 어떻게 그렇게 되었나"라고 묻자 그의 답이 걸작이었다.

"나는 초선 때부터 경비를 적게 신청하기로 결심했다. 예를 들면 지역구를 돌아다니기 위해 드는 각종 자동차 유류대 같은 경비는 모두 청구할 수 있다. 그리고 지역구에서 의회로 가는 기차비도 청구가 가능하다. 그런데 나는 그것을 전혀 청구하지 않았다. 지난 18년간 (그렇게 경비를 청구했으면) 총액만 해도 엄청난 금액이 됐을 것이나 그렇게 하지 않았다. 어떻게 보면 바보 같은 짓이라고 하겠지만 나는 그렇게 하면 떳떳할 것이라고 생각했다. 법정금액만큼만 청구했어도 사람들은 색안경을 쓰고 볼 수 있기 때문에 아예 처음부터 적게 신청했다."

놀라울 정도의 선견지명이다. 32세 초선 청년 의원의 머리에서 어떻게 그런 현명한 결정이 나올 수 있었는지 놀랍다. 경비 추문 사건이 벌어지기 전까지는 법이 허용하는 범위 내에서 경비청구를 하는 것이 관행이었다. 그런데도 데이비 장관은 관행을 따르지 않았다. 그는 이렇게 말했다. "사실 이런 돈(경비 청구)은 검은돈 중에서는 적은 돈이다. 실제 큰돈은 법과 규정을 바꾸어주기 위해 오고 가는 로비 자금이다. 그래도 영국 의원들은 어느 나라 의원들보다 깨끗하고 열심히 일한다. 우리 같은 장관들은 어디 가서 누구를, 무엇 때문에 만나는지 다 보고해야 한다. 선거자금도 무조건 다 선명하게 신고해야 한다."

I'm OK!

데이비 장관은 한국에도 5번이나 온 경험이 있다. 2번은 의원이 되기 전 경영컨설턴트 일을 얻어보려고 왔는데 실패했다고 한다. 그리고 야당 의원으로 1번, 2012년 장관이 되고 나서 2번 한국에 왔었다고 한다. 그는 "한국이 아주 멋진 나라라는 인상을 받았고 방한이 유익했다"라면서 자신의 지역구 한인들에 대해서도 정치적인 발언을 했다. "영국 국적을 취득했건 안 했건 한인들은 다 내 지역구 주민이다. 내가 할 수 있는 모든 힘을 다해 한인 커뮤니티와 가깝게 지내려 노력하고 있다."

학교 다닐 때부터 환경문제를 전공했고, 정치인으로서도 환경이 주된 관심사라는 그는 "자민당은 보수당보다는 노동당과 더 가깝다. 보수당과 연립정부를 해서 잃은 것도 상당히 많은 것 같다"라면서도 "우리가 연립정부의 일원이 아니었으면 하지 못했을 일들을 정말 많이 했다"라고 현 보수자민연립 내각을 자평했다. "밖에 있으면서 소리만 지르며 반대했다면 못 막았을 보수당의 나쁜 정책을 우리가 (내각에) 있으면서 막았다. 물론 우리 자민당이 지키려던 전통적 가치를 양보해서 지지자들이 많이 이탈하고 다음 선거에서 고전을 면치 못하리라 예상되지만 그래도 우리는 잘한 일이라고 생각한다. 57석의 우리가 306석의 보수당을 이길 수는 없다. 양보하고 타협하지 않을 수 없다"라고 했다.

그는 최고 학력(명문사립 중고등학교와 옥스퍼드대학교)의 엘리트지만 개인적으로는 아픔도 겪었다고 한다. 그는 4살에 아버지, 15살에 어머니를 잃고 외조부모 손에서 자랐다고 자기의 과거를 소개했다. 그는 인터뷰 말미에 "내 아들은 지체부자유자다. 나는 그늘진 곳에 있는 사람들로부터 어려운 상황에 처한 사람들까지 다양한 상황의 사람들을 만난다. 나는 그들에게서 삶을 배우고 있다"라며 "나는 부자는 아니지만 그래도 괜찮은 편 I am OK"이라고 말했다.

에드 데이비 의원은 2015년 총선에서 낙선했다. 2010년 총선에서는 2만8428표를 얻어 2만868표를 얻은 보수당 후보에게 이겼었는데 2015년에는 2만416표를 얻어 2만3249표를 얻은 보수당 후보에게 져서 5선의 꿈을 접어야 했다. 2015년 총선에 분 보수당 바람과 함께 노동당이 과반수가 안 될 경우 독립당과 연립정권을 만드는 사태를 두려워한 잉글랜드 웨일즈 유권자들의 선택에 깨끗하고 유능한 정치인이 희생되었다. 이렇게 영국 유권자는 개인을 보고 투표를 하지 않고 당을 보고 투표한다.

> 🔍 **Keyword 27 : 총선**

국회의원 전부를 한꺼번에 선출하는 선거. 2015년 5월 7일에 치러진 영국 총선에서 보수당이 대승을 거두었다.

한 편의 드라마 같았던 2015 총선

2015년 5월 7일 끝난 영국 총선은 한 편의 드라마였다. 영국 데이비드 캐머런 총리는 대처 이후 최고의 보수당 총리로 등극하는 개인적인 영광을, 보수당은 1992년 이후 23년 만에 제대로 된 승리를 거뒀다. 정말 아무도 예상하지 못하던, 과반수에서 5석이나 넘는 331석을 차지하는 대승이었다.

승리 연설을 준비하던 노동당의 에드 밀리밴드 대표가 투표 결과를 중계하는 TV를 쏘아보면서 "사실이 아니다"라고 고함을 질렀다고 할 정도로 모든 사람의 예상을 뒤집은 결과였다. 5년 전인 2010년 보수당이 총선에서 13년 만에 노동당으로부터 정권을 탈환할 때는 과반수에서 19석이나 모자라는 절반의 승리였다. 이로 인해 자유민주당과 굴욕적인 연정을 해서 한 지붕 두 가족 신세를 면하지 못했다.

5월 7일 투표일 밤 10시를 조금 넘어 첫 출구 여론조사 결과가 나오자마자 세상이 뒤집어졌다. 보수당이든 노동당이든 어느 당도 300석을 넘으리라는 여론조사는 한 번도 나온 적이 없었다. 여론조사 결과는 보수당과 노동당 양당이 270~290석을 왔다 갔다 하면서 노동당이 제1당이 되기는 하나 과반수를 차지하기에는 40~50석이 모자라 누군가와 연정을 해야 한다는 전망이었다. 그런데 노동당은 연정할 만한 당이 마땅찮아서 고민을 하고 있었다. 보수당의 연정 파트너였던 자유민주당은 모든 여론조사에서 30석 이하로 예측되었기에 보수·노동 어느 당이 제1당이 되더라도 2010년 총선처럼 자유민주당의 킹메이커 역할은 불가능했다. 결국 노동당이 300석에서 훨씬 모자라는 숫자로라도 제1당이 되면, 스코틀랜드 59석 중 50석을 석권할 스코틀랜드 국민당과 울며 겨자 먹기로 어떻게든 연정을 해야 할 것이라는 게 선거 전문가들의 한결같은 분석이었다.

보수당 승리는 포스터 한 장으로부터?

노동당으로서는 그것이 영 마땅치 않았다. 스코틀랜드 독립을 팔아먹고 사는 당에 연정의 신세를 지면 5년 동안 어떤 협박을 받고 무엇을 양보해야 할지 모르는 곤혹한 상황이 예측되었기 때문이다. 그래서 보수당은 스코틀랜드 독립투표 당시 스코틀랜드 자치정부 수석장관(총리)이던 알렉스 새먼드 양복 상의 가슴주머니 안에 노동당의 에드 밀리밴드 대표가 들어가 머리만 내놓고 있는 손수건 모양의 포스터를 만들어 노동당을 조롱했다. 노동당에 표를 주면 저렇게 노동당이 스코틀랜드에 볼모로 잡혀 나라를 망친다는 뜻이었다. 지나고 보니 바로 이 포스터가 보수당 승리에 대단한 역할을 했다. 심지어는 포스터가 불러일으킨 '스코틀랜드 국민당 공포'가 보수당에 50석은 더 안겨주어 보수당 승리의 제일 큰 공신이라고 분석하는 사람도 있다.

보수당 집권 3년이 되던 2013년만 해도 이번 총선에서 야당인 노동당의 승리를 의심하는 사람은 없었다. 여론조사에서 잠시 엎치락뒤치락한 2014년 7월 전후 몇 개월을 제외하고는 한 번도 보수당에 뒤진 적이 없었기 때문이다. 2013년 2월에는 보수당 29퍼센트, 노동당 41퍼센트로 지지율 격차가 커지기도 했다. 2015년 1월을 분기점으로 보수당이 다시 노동당을 넘어서기 전까지 2년간 노동당이 우위를 지켰다.

세계적 경제불황으로 인한 경제난국을 헤쳐 나가기 위해 보수·자민 연립정권은 '내핍 정책'을 밀어붙였다. 연금수령연령 상향조정, 실업수당을 비롯한 각종 복지혜택 축소, 대대적인 공무원 감축, 국가의료보험인 NHS의 법인화 등 누구도 좋아하지 않을 정책을 여론과는 담을 쌓은 듯 추진해나갔다.

얼마를 늘렸다는 말이 자랑이 아니라 얼마를 줄였다는 말이 자랑인 이상한 정치였다. 한 나라의 내무장관이란 사람이 지난 분기에는 외국이민자를 전년의 같은 분기에 비해 30퍼센트나 줄였다고 자랑하는 꼴사나운 일이 벌어지기도 했다. 표 떨어지는 소리가 요란해도 보수당 정권은 오불관언吳不關焉이었다. 보수당 내에서도 불만이 많았다. 급기야는 연정 파트너인 자유민주당 중진인 현직 상무장관 입에서 보수당은 '악마 같은 정당'이라는 막말이 나올 정도였다.

보수당 승리로 끝난 영국 총선 감상법

2015년 들어서자 분위기가 바뀌기 시작했다. 여론조사에서 보수당과 노동당의 접전이 예상되었기 때문이다. 여기서부터 캐머런 총리와, 그가 이끄는 보수당의 대역전극이 시작됐다. 2015년 영국 총선을 돌이켜보면 '악당이 마지막 장면에 가보니 아주 선한 사람이었다는 극적 반전과, 어제까지 한솥

밥을 먹던 전우가 동지의 밥그릇을 뺏고 집에서 쫓아내기까지 한다는 치 떨리는 배반의 스토리'를 보는 재미가 있다.

악당인가 했는데 마지막에 좋은 사람으로 드러난 이는 누구인가. 스코틀랜드 국민당과 영국 독립당이다. 보수당으로 봐서는 노동당의 표를 잠식해서 보수당의 과반 승리를 만들어준 공로자가 이 두 정당이다. 스코틀랜드 국민당은 스코틀랜드 독립을 외치고 나오니 잉글랜드인에게는 공적公敵이고 보수당 지지자들로 봐서는 악당이다. 그런데 이들이 지금까지 노동당의 텃밭이었던 스코틀랜드에서 노동당 의석을 50석이나 뺏어 노동당이 정권을 다시 잡지 못하게 했으니 고마울 수밖에 없다.

게다가 노동당이 제1당이 되면 노동당은 스코틀랜드 국민당의 볼모로 잡힐 수밖에 없고, 그렇게 되면 영국이 어디로 갈지 모른다는 두려움이 잉글랜드인을 보수당의 깃발 밑으로 모이게 했다. 결국 스코틀랜드 국민당은 자신들이 의도한 것은 아니지만 보수당을 아주 크게 도와준 셈이다. 노동당의 의석을 빼앗아 직접적으로 도와줬고 잉글랜드인의 공포를 자극해 보수당을 찍게 만들어 간접적으로도 도움을 주었다.

이제 2015년 총선의 치 떨리는 배반의 스토리가 등장할 차례다. 어제까지 한솥밥을 먹던 동지 보수당에 밥그릇 뺏기고 쫓겨나기까지 한 최대의 피해자 자민당의 이야기 말이다. 자민당은 49석을 잃고 8석만 남은 이번 총

노동당을 지지하는 캠브리지 지역의 한 가정집.

선의 최대 피해자다. 영국 정치 제3당은 물론 집권 연정 여당에서 당의 존립까지 의심이 될 정도로까지 처량한 신세가 되었다.

자유민주당은 런던과 잉글랜드 남서부 지역이 텃밭이었다. 이 텃밭을 어제의 연립정부 동지였던 보수당에 다 뺏기고 말았다. 보수당은 자민당 지구를 전적으로 공략 대상으로 잡고 총력을 기울여 성공했다. 자유민주당으로 봐서는 기가 막힐 노릇이다. 어제의 동지가 오늘의 원수가 된 셈이다.

한 가지 더 있다. 총선이 6개월 남짓 남은 상태에서 현역의원을 2명이나 빼가는 짓을 한 악한이 보수당을 도울 천사가 될지는 아무도 몰랐다. 총선 결과가 나오기 전까지는, 영국 독립당은 보수당 지지자들로 이루어졌으니 보수당 표를 잠식할 것이라 보고 걱정을 많이 했다. 그런데 막상 뚜껑을 열고 보니 영국 독립당은 보수당 표를 가지고 간 것이 아니었다. 전통적인 노동당 지지자들이 영국 독립당을 지지한 것이다. 이것이 여론조사의 우세에도 불구하고 노동당이 대패한 제일 큰 이유다. 동유럽 이민노동자들이 자신들의 일자리를 뺏는 것부터 시작해 영국 독립당이 내건 여러 정책이 노동당 지지자들의 구미에 맞은 것이다. 게다가 다른 기존 정치인과는 달리 펍에서 맥주잔 들고 눈치 보지 않고 담배를 피우면서 호탕하게 너털웃음을 짓는 나이젤 파라지 영국 독립당 대표의 모습에서 친구 같은 인상을 받은 것도 상당히 많이 작용했다. 결국 자신을 배반하고 딴살림 차려 나간 배반자가 알고 보니 나를 도와주려고 만든 일처럼 되어버렸다. 이렇게 해서 캐머런 총리가 속한 보수당은 2015년 총선 승리라는 드라마를 3년에 걸쳐 만들어냈다.

공포 투표의 씁쓸한 결과

잉글랜드인이 보수당에 던진 '공포 투표scare votes'의 최대 피해자는 내가 속한 자민당이다. 앞에서 소개한 한인촌 지역구의 에드 데이비 의원도 '자민당 대학살'에서 살아남지 못했다. 보수당 출신의 당선자는 이번에 처음 도전하고 지역구에서 한 달도 산 적이 없는, 킹스턴 주민 입장에서는 정말 듣도 보도 못한 사람이다. 그의 득표수가 2만8428표이니 9936표, 무려 35퍼센트가 옮겨간 것이다. 정말 무서운 전이다.

킹스턴 선거구는 옆의 두 선거구와 합쳐 런던 서부의 자민당 벨트라고 불리던 전통적으로 중산층 지식인들의 주거지이다. 데이비 장관이 32살에 1997년 56표 차로 당선한 이후 지금까지 자민당의 철옹성이었다. 그런데 앞에서 말한 '공포' 때문에 전통적인 자민당 지지자들이 마음을 바꿨다. 평시에는 민권, 자유주의에 가치를 두던 영국 중산층 지식인들이 상황이 급하게 되자 보수당으로 돌아서버렸다. 자칫하면 노동당과 스코틀랜드 국민당의 연립정권이 들어서고 그렇게 되면 그나마 회복되던 경제마저 가라앉을 것을 염려했을 뿐 아니라 스코틀랜드 국민당이 설쳐대는 꼴을 볼 수 없었나 보다.

2015년 총선 당시 런던 웨스트민스터 투표소의 풍경.

한편 자민당의 몰락을 두고 1900년대 초반의 자민당 전신인 자유당 몰락과 같은 시각으로 분석하는 건 맞지 않다. 과거 자유당은 '참정권을 새로 얻고 조직화되기 시작한 노동자층의 등장을 간과한 시대부적응의 조직'이라는 비판을 받았다. 자민당은 중산층의 정당으로 다시 태어나 나름대로 의석수를 착실하게 늘려왔다. 그러다가 비록 연정이긴 하지만 드디어 자민당 최대의 약점이던 집권 경험까지 얻어 도약의 기회를 노리던 중, 얼토당토않은 스코틀랜드라는 파편에 결딴이 났다. "이와 같이 보수당은 자신들이 잘해서 승리했다기보다는 야당들이 이전투구를 벌이는 바람에 어부지리한 셈이다. 노동당, 영국독립당, 스코틀랜드 국민당 SNP 그리고 자민당 등이 각자는 최선을 다한다고 했지만 결과적으로 보면 서로의 표를 깎아 보수당에게 가져다 바친 형세이다."

미래를 이야기한 선거 패배 보고회

마지막으로 선거 일주일 뒤인 5월 13일 저녁 에드 데이비 전 장관의 '선거 패배 보고회' 광경을 소개하고자 한다. 나는 영국 정치인이 왜 정치를 하는지에 대한 뚜렷한 증거를 보았다. 낙선한 의원을 만나기 위해 평소 모임보다 2배나 넘는 200여 명이 모인 장소는 초등학교 강당이었다. 서너 개 테이블에는 감자튀김과 땅콩비스켓을 담은 접시가, 음료수를 제공하는 테이블에는 음료 값 모금통이 놓여 있었다. 데이비 전 장관이 의자 위에 올라서서 열정적인 연설을 하자 장내는 패배가 아니라 흡사 당선 보고회 분위기로 바뀌었다. 데이비 전 장관은 "간단하게 공포와 위기의식이 지배한 선거였다"라고 하면서 "투쟁은 앞으로 계속된다"라고 했다. 또 그는 "동성결혼, 환경문제, 시민자유, 민권문제등에 대한 자민당의 신념을 해치려는 보수당의 시도가 시작됨을 보고 있다"라며 "특히 2년 뒤에 있을 유럽연합 탈퇴 여부 투표에 대한 견해와 함께 투쟁을 중단하지 말자"라고 역설했다.

그러고는 지역구 간부들의 기쁜 소식 보고가 있었다. 총선 때 같이 치러진 지방 시의원 보궐선거에서 자민당 후보 2명이 다 당선된 것과 총선 패배 이후 신입당원이 수십 명이나 늘었다는 보고를 해서 장내를 온통 환호의 도가니로 몰아넣었다. 낙선 위로 자리가 아니라 파티 장소 같았다. 6월 중순에 있었던 선거운동원 위로 및 감사 모임은 더 분위기가 좋았다. 전국적으로 자민당의 당원이 40퍼센트가 늘었다는 보고와 함께 젊은 신입당원들이 참석해서였다. 마침 신입당원이 늘어난 이유를 한 원로당원은 "자민당의 몰락을 보고 그나마 자민당이 지키고 있던 자유와 민주주의의 가치가 갑자기 귀중하다고 느낀 때문이 아니겠느냐"라고 해석했다.

'패배 보고회'를 보고, 총선 결과가 발표되자마자 바로 사퇴하면서 닉 클레그 자민당 전 대표가 했던 "우리 당은 반드시 돌아온다. 우리는 다시 이긴다. 그것을 이루기 위해서는 이를 꽉 문 인내와 다시 일어설 수 있는 힘이 필요하다. 그것으로 우리는 우리 당을 만들었고 다시 만들 것이다"라는 말이 헛말이 아님을 알 수 있었다. 낙선한 경황 중에도 자신이 지키려던 가치의 위기를 얘기하고, 거의 괴멸을 한 상태에서도 미래를 얘기하는 영국 정당의 복원력이 참 놀랍고 감동적이었다. 이후 에드 데이비 전 장관은 지역구 당에서 선거대책 본부장을 맡아 착실하게 차기를 준비하고 있다.

| 🔍 **Keyword 28 : 영국 노동당** | Search |

1900년 설립. 사회민주주의를 추구하며, 현 집권당인 보수당과 정치적 양대 산맥을 이루는 주요 당이다.

100년 전통의 노동당에
부는 변화의 바람

정치에서 일주일은 참 긴 시간이다. 2015년 5월 7일에 있었던 총선이 끝난 지 4주가 지났다. 그런데도 언론의 표현을 빌리면 영국 정계는 총선의 '먼지가 아직도 가라앉지 않았다'. 충격적인 예상 밖 결과의 후유증에서 모두들 헤어나지 못하고 있다. 보수당, 스코틀랜드 국민당 같은 승자는 승자대로, 노동당·자민당·영국 독립당 같은 패자는 패자대로 말이다.

그런가 하면 정당들은 2020년 총선을 위한 장정의 시동을 발 빠르게 걸고 있다. '푸른Blue'이라는 단어를 보수·노동 양당이 동시에 정책의 화두로 삼아 상대방의 표밭을 향해 구애하고 있는 점이 흥미롭다. 보수당은 '노동자 보수주의Blue Collar Conservatism'란 단어로 '블루칼라'로 지칭되는 노동자 계층

※ 이 원고는 2015년 6월에 작성했다. 2015년 영국 총선 직후의 정국을 현장감 있게 보여주기 위해, 출간 시 예외적으로 시점 등을 손보지 않고 그대로 두었다.

을 겨냥한다. 반면 노동당은 '블루 레이버Blue Labour(푸른 노동당)'라는 토니 블레어 총리 시절의 구호를 다시 꺼냈다. 노동당의 통상적 색깔인 적색과 대치되는 보수의 상징 청색으로 중산층을 향해 미소 짓고 있다.

특히 보수당은 '빈자와 부자의 투쟁'에서 부자만을 위한 당이라는 누명을 피하고 서민층을 위해 일하는 정당이라는 점을 각인시키기 위해 16세기 등장해 찰스 디킨스 시대에 유행하던 용어인 '자격 있는 빈자deserving poor'와 '자격 없는 빈자undeserving poor'를 사용하고 있다. '자격 있는 빈자'는 열심히 일하는 근로자hard working people이고, '자격 없는 빈자'는 일 안 하고 복지혜택 위에 잠자는 계층sleeping on welfare을 말한다. 한마디로 분할통치divide and rule 전략이다. 그들은 "우리는 열심히 일하는 근로자 여러분 편이다. 노동당이나 자민당은 보수당이 서민들 복지를 줄인다고 난리를 치는데 사실이 아니다. 열심히 일하는 사람에 대한 복지혜택 축소는 없다. 여러분이 열심히 일해서 납부한 세금을 복지에만 매달려 사는 자격 없는 빈자들이 다 가져가는 게 현실이다. 이걸 고치겠다"라고 노동자들을 설득한다. 보수당이 펼치는 재정적자 절감을 위한 복지혜택 축소를 정당화시키면서 동시에 노동당 텃밭인 서민층을 흔들어놓으려 한다. 노동자, 서민까지 끌어들여 보수당을 전 계급을 위한 국민정당으로 만들고, 5년 뒤에도 재집권하겠다는 전략이다.

참패한 노동당의 새로운 지도자 찾기

노동당은 이번 총선에서 패한 정당이다. 총선 패배 후 움직임을 보면 보수당에 비해 한 발이 아니라 서너 발 늦고 있다는 느낌이다. 총선 결과 발표 직후인 5월 8일 새벽 사임한 에드 밀리밴드 대표의 후임을 무려 4개월 후인 9월 12일이 되어서야 알 수 있도록 대표 선출 일정을 짰다. 새 당대표가 선출

될 때까지 노동당은 문자 그대로 개점휴업이다. 그렇다고 아주 노는 휴업이 아니다. 문을 걸어 잠그고 그 안에서는 신장개업을 위한 철저한 준비가 이루어지고 있는 의미 있는 휴업이다. 지금부터 4개월간에 걸쳐 당내에서 치열하고 깊은 논쟁을 통해 당이 나갈 방향과 추진할 정책에 대해 합의할 예정이고 그 결과에 따라 새 대표가 선출된다.

사실 노동당이 이번 총선 패배 원인을 책임 있게 분석할 시간은 아직 충분하지 않다. 차기 대표 선출까지의 4개월이 지나면 총선 패인 분석을 통한 반성도 충분히 이루어질 터이고 패인 분석이 당의 향후 방향에 큰 영향을 끼칠 전망이다. 현재까지 당 안팎의 중론은 에드 밀리밴드의 노동당이 너무 좌로 가버려서 나라 경제를 걱정하는 중산층의 지지를 얻지 못한 점을 패인으로 본다. 2014년 연말 토니 블레어는 "전통적 좌파 정당이 전통적 우파 정당과 싸우면 항상 전통적인 결과가 나온다"라며 노동당의 패배를 경고해서 논란이 일었다. 블레어가 발언의 본의가 왜곡되었다고 물러서긴 했지만 메시지가 남긴 여진은 오래갔다. 당시 여론조사는 노동당의 우세를 나타내고 있었으니 블레어의 혜안이 정말 놀랍다.

영국 언론이 보도하는 현 노동당 내의 분위기는 재집권을 위해서는 전통 좌파인 밀리밴드 전 대표의 노선에서 다시 중도의 길로 가야 하지 않느냐는 중론들과 함께 '블레어라이트Blairite'라고 지칭되는 '블레어 노선 추종자'가 '브라우니트Brownite(블레어 전 총리 다음으로 들어선 고든 브라운 전 총리 노선의 좌파)'를 이기고 득세하지 않겠느냐는 예측이 우세하다. 새로 바뀐 노동당 대표 선거 방식도 블레어라이트의 승리에 도움을 줄 전망이다. 좌파인 밀리밴드 전 대표가 자신들 정파의 불이익이 분명 눈에 보임에도 불구하고 노동당의 미래를 위한 사명감을 가지고 노동당의 대주주인 노동조합의 극렬한 반대를 무릅쓰고 당대표 선거 개혁을 밀어붙였다. 그 결과 과거 100년간 노동당 대표 선거를 장악했던 노동조합의 영향이 줄어들었다. 노동당의 대표 선출은 우편 투표와 인터넷 투표로 이뤄진다. 과거에는 노동조합원이라면 무조건 노동조합이 투표용지를 보내면서 봉투에 누구를 찍으라는 명령조의 문구까지 인쇄해 보냈다. 하지만 이번에는 노동조합원이 각자 개인 자격으로 당비를 내고 당원이 되거나, 지지자로 3파운드를 내고 등록을 해야 한다. 투표용지도 노동당에서 개인에게 직접 보내준다. 결국 노동조합의 입김이 현저하게 줄어들었다. 전통적으로 노동조합은 자신들에게 유리한 좌파 후보를 지지하는 경향이 있었는데 노동조합의 영향력 행사가 줄어들었고 이번에는 좌파의 총선 실패에 대한 책임도 있고 해서 블레어 노선 후보의 당선이 점쳐지는 것이다.

노동당 대표 선출이 중요한 이유

노동당 대표 투표가 주목받는 건 그만큼 노동당이 영국인에게 중요하다는 걸 보여준다. 이는 당파들 간의 권력투쟁의 결과로 당대표가 선출되는 것이 아니라 앞으로 당이 나갈 방향을 대표 선거를 통해 결정 짓는다는 의미이기도 하다.

선거 개혁을 통한 새로운 대표 선거 방식이 일반에게 상세하게 소개되면서 노동당에 애정을 가진 사람들 사이에서는 만시지탄이 나온다. '형제의 난'이라고 불렸던 2010년 노동당 대표 선거가 이번처럼 제대로 이루어졌다면 금년 총선에서 이런 참패를 했을까 하는 것이다. "지금 돌이켜보면 노동당과 밀리밴드 대표는 이번 총선에 이길 생각이 없었던 것처럼 보인다"라는 비난도 나온다. 그 이유로 당시 대표 후보로 나섰던 2명(동생 에드 밀리밴드와 형 데이비드 밀리밴드는 친형제이다) 중 노동당은 영국 일반인이 좋아한 데이비드를 안 뽑고 노동조합이 지지하는 에드를 뽑았다.

뿐만 아니다. 영국 언론에 나왔던 에드 밀리밴드의 노동당에 대한 비판들을 종합해 인용해본다. "캐머런 총리는 당선되자마자 경험을 갖춘 전문가들로 내각을 꾸린 데 비해 에드 밀리밴드는 자신의 철학에 동조하는 측근들로만, 그것도 순수 좌파이론가들로 자신의 주변을 채웠다. 그 결과 굳이 중간에 있던 노동당을 좌로 다시 몰아가 구석에 밀어넣었다. 유권자들의 폭넓은 지지를 받아야 선거에서 이긴다는 원칙을 잊고 당내의, 혹은 소수 지지자의 칭찬에만 연연했다. 그렇게 해서 토니 블레어가 끌어다 놓은 중산층의 지지도 잃고 은행, 에너지 회사, 대기업, 심지어는 언론까지 공격해서 적으로 만들었다. 에너지 회사를 공격하면 환경문제에 민감한 중산층 유권자들의 표를 얻으리라 생각했지만 유권자들은 살기에 바빠서 혹은 녹색당에 투표하느라 노동당이 그런 정책을 가진 줄도 몰랐다. 대기업을 비판하면 노동자가 동의를

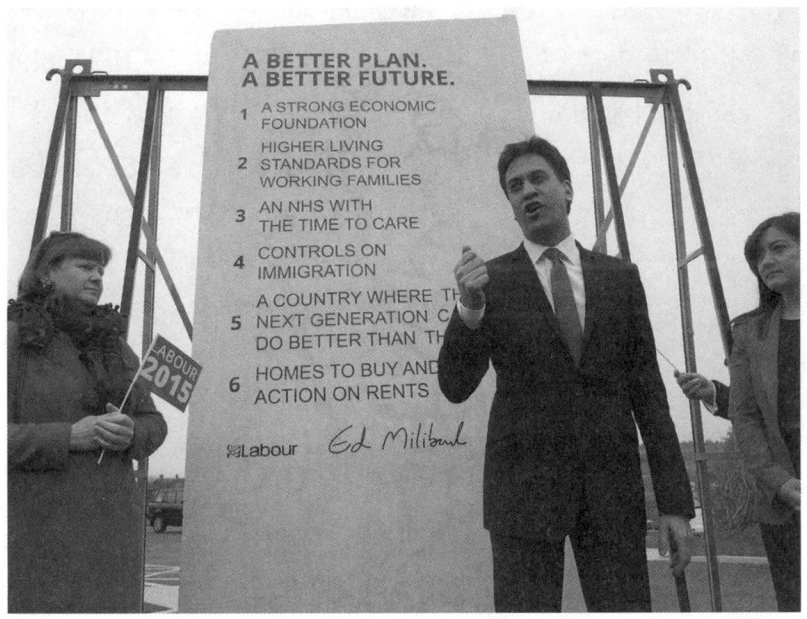

2015년 총선에서 참패한 뒤 노동당 대표직에서 물러난 에드 밀리밴드.

해줄 줄 알지만 대기업에 근무하는, 보수당에서 얘기하는 '열심히 일하는 근로자 가족'을 적으로 만들었다. 대기업의 근로자들은 자신이 근무하는 대기업의 손발을 묶는 노동당의 정책은 자신에게도 손해임을 잘 알고 있기 때문이다. 이렇게 노동당은 국민의 의견에는 아랑곳없이 주변의 소수 과격 좌파 당원이나 동조자들의 목소리에만 귀를 기울였다."

결국 "자신들의 전통적 지지자('tribe[종족]'라는 단어를 썼다)들만이 늘 던지는 35퍼센트 지지의 벽에 갇혀서 지평을 전혀 넓히지 못하고 자신의 지지자와 동조자 사이에서의 호평에만 빠져 자만하고 있었다"라는 비판이다.

일부 노동당원들은 4월 29일을 토니 블레어의 '신노동당New Labour Party 창당일이라고 부른다. 노동당의 십계명과 같았던 신성불가침 당헌 4조 '대기업 국유화'를 폐기한 날이기 때문이다. 2015년이 폐지한 지 20주년이다. 당시 폐기를 결정한 장소도 공교롭다. 그곳은 1918년 국유화 강령을 처음 제정한 웨스트민스터사원 옆의 감리교회 중앙홀이기 때문이다. 토니 블레어는 1997년 총선을 앞두고 중산층 표를 겨냥해서 시의적절하게 폐지를 결정한 것이다. 토니 블레어의 '신노동당'은, 당시 마거릿 대처 총리가 이끄는 보수당이 집중적으로 밀어붙인 정책 덕분에 공공임대주택을 불하받아 처음으로 내 집을 갖고 공공기관들의 국민주식을 사서 중산층이 된 듯 뿌듯해하던 노동자 계급 출신 '신중산층'과 기존의 중산층을 안심시켜 집권을 했다. 당시 골수 노동당원들은 심한 불만을 표출하면서 만일 총선에서 이긴다면 블레어를 용서해주겠다는 전제조건으로 백지수표를 던졌다. 블레어는 2년 뒤인 1997년 노동당을 20년 만에 집권당으로 만들면서 당원들과의 약속을 지켰다. 심지어 블레어는 노동당이라는 당명이 중산층에 반감을 불러일으킨다는 이유로 100년 전통의 이름을 개명하려고까지 했다. 이렇게까지 블레어의 노동당은 자신의 아집에 빠지지 않고 시대의 변화를 재빠르게 수용해 말 그대로 환골탈태해 노동당을 국민이 안심하고 지지하게 만들었다. 그리고 마거릿 대처의 보수당으로부터 18년 만에 정권을 빼앗아 왔다. 그러고는 3번 내리 총선에서 승리해서 13년간 집권했다. 그러나 블레어는 대처처럼 임기 중 일어난 당내 의원들의 반란으로 인해 물러나고 뒤를 이은 좌파 고든 브라운 총리는 3년 뒤 총선에서 보수당의 데이비드 캐머런 현 총리에게 정권을 뺏겼다.

하늘에서 내려온 정당이 어쩌다가

영국인에게 노동당은 어떤 당인가? 영국인 특히 20세기 초반 산업현장에서 일하던 노동자에게는 '하늘에서 내려온 정당'이었다. 노동자들은 노동당을 자신들의 맏형으로 알았고 클럽으로 여겼다. 문제가 있으면 고용자와 야합한 노동조합보다는 노동당으로 뛰어가 상의했고 노동조합이 없는 회사에서 부당해고를 당하면 노동당에 호소해서 억울함을 해결할 정도였다. 그런 정당이 어쩌다가 이런 지경에 이르렀는지에 대한 한탄이 《가디언》, 《데일리스타》 같은 언론의 독자 투고란에 가득하다. 노동당이 등장하기 전 영국에는 서민을 위한 정당이 존재하지 않았다. 왕과 귀족들의 이익을 위해 존재하던 '토리Tory', 보수당을 견제하기 위해 존재하던 '휘그Whigs', 즉 자유당Liberal Party은 소자본가, 중소상공인, 변호

영국의 노동당 지지자들.

사 같은 전문가 계급을 위한 당이었다. 그래서 노동당만이 진정 노동자들을 위한 정당이었다. 노동당이 있어 8시간 노동법안, 노령연금법, 실업자법, 국민보험법, 탄광법, 노동조합법 같은 금과옥조의 법 제정이 가능했다.

그런데 지금 노동당은 겨우 연명이나 하는 신세가 되었다. 당헌 제4조를 폐기할 정도로 재창당 수준의 비상한 변화가 있기 전까지 향후 10년간, 즉 앞으로 2번의 총선에서는 집권 가능성이 전혀 안 보인다는 전망도 나온다. 심지어는 노동당이 집권할 기회는 영원히 없으리라는 악담까지 돈다. 실제 향후 영국 정치판에 노동당으로서는 악재만이 가득하다. 스코틀랜드 국민당에 잃어버린 40석은 다시는 돌아오지 않는다. 그만큼을 어디선가 뺏어 와야 하는데 도저히 길이 안 보인다. 게다가 보수당은 지난 정권에서 자민당의 반대로 이루지 못한, 노동당 정권 시절 자신들에게 불리하게 조정된 선거구 재조정을 할 계획이고 의원 수도 50석 줄일 계획인데 둘 다 노동당에 불리하다. 난파 지경에 몰린 노동당이 앞으로 항해해야 할 바다에는 태풍을 암시하는 검은 구름만이 가득한 셈이다. 한 치 앞도 볼 수 없는 태풍 속에서 난파선인 노동당을 끌고 갈 차기 대표가 누가 될 것인지가 초미의 관심사인 이유가 바로 이 때문이다.

🔍 **Keyword 29 : 제러미 코빈**　　　　　　　　　　　Search

극좌파 성향의 영국의 정치인이다. 하원의원 생활 32년을 평의원으로만 지내 인지도가 무척 낮았던 그는 2015년 영국 노동당 대표 선거에서 극적으로 당 대표로 선출됐다.

노동당의 새 선장, 야생마 정치인 코빈

2015년 9월 12일 영국 노동당 대표 선거에서 예상대로 제러미 코빈(66세) 하원의원이 59퍼센트 득표라는 압도적 지지로 당선되었다. 노동당이 드디어 돌아오지 못할 루비콘 강을 건넜고, 그 결과 노동당은 물론 영국 정치에 새로운 장이 열렸다는 평이 쏟아진다. 이날 이후 영국 정치는 '코빈 이전과 이후'로 나눠야 한다는 말까지 나온다. 예상치 않은 일이 거의 일어나지 않던 영국 정계에 4개월 전 총선 때는 전혀 생각할 수도 없었던 일이 일어났다.

국가를 부르지 않은 사고뭉치

코빈이 당 대표가 된 후 영국 정치에는 지각변동이 일고 있다. 노동당 내

부부터 그렇다. 코빈의 승리 발표가 나자마자 당 대표 후보인 이베브 쿠퍼 그림자 내각 내무부 장관이 사임했다. 코빈의 승리 연설이 채 끝나기도 전에 그림자 내각 각료들의 사퇴가 줄줄이 이어졌다. 리즈 캔들 공중보건장관을 비롯해 재무장관, 고용연금장관, 교육장관, 사회장관, 보건장관 등 7명이 사임했다. 다른 중진들도 분명하게 "코빈의 내각에서는 일을 하기 힘들다"라는 의사를 표시했다.

다른 분열의 징조가 표면상으로는 뚜렷하게 드러나지 않고 있지만 문제는 분명 내재해 있다. 코빈이 당원들의 압도적 지지를 받으며 당선된 점 때문에 반대자들이 일단 숨을 죽이고 있겠지만 머지않아 파열음을 일으킬 것으로 예상하는 당내 인사들이 많다. '코빈이 1년을 버티면 최고로 오래간 것'이라는 예상부터 심지어는 분당 가능성에 대한 언급도 나온다. 지금 당장은 아니지만 머지않아 분당될 수 있다는 언급이다. 정책에 관계되는 문제가 본격적으로 등장하면 어쩔 수 없이 코빈도 타협을 해야 하는데 지금까지 코빈의 행적으로는 그것이 쉬울 것 같지 않다는 이유에서다.

코빈이 당 대표 확정 후 그림자 내각 재무장관으로 뽑은 존 맥도넬의 성향 때문에도 특히 그렇다. 맥도넬은 코빈보다 많이 당 지도부의 방침에 항명한 인사다. 코빈보다 더 강직한 인물이라는 평도 있다. 그가 야당에서 2인자 역할을 하는 그림자 내각 재무장관에 임명되었으니 분란은 불문가지란 말이다. 맥도넬의 임명은 오래전부터 예상되었으나 그가 임명되기 직전까지도 논란이 있었다. 심지어 내각 동료들은 물론, 코빈을 지지하는 노동조합들도 반대를 했다.

어찌되었건 코빈의 항해는 시작되었다. 그가 향할 바다에 어떤 난관이 있을지는 두고 봐야 하겠지만 당선만큼이나 드라마틱한 일이 기다리고 있을 듯하다. 코빈은 당 대표 첫날부터 일반의 예상을 뒤엎었고, 이어 '사고'까지 쳤다. 코빈은 웨스트민스터의사당 바로 옆 엘리자베스컨퍼런스홀에서 당선 결과 발표와 함께 아주 격정적인 사자후를 토할 것이라는 예상부터 뒤집었다. 별로 인상적이지 못한 평범한 연설을 한 뒤 바로 홀을 떠나 기다리고 있던 소수의 지지자들과 축배를 들었다. 철저한 채식주의자이며 금주주의자인 코빈은 소다수를 마시면서 탁자 위에 올라 승리를 만끽했다. 그러면서 영국 사회주의자들의 노래인 〈적기가 Red Flag〉를 불렀다. 그러고는 1시간 뒤 바로 옆 광장에서 열린 '영국 정부 난민 대책에 항의하는 모임'에 참석해서 "난민들을 더 많이 수용하자"라는 평소의 논지를 펴며 연설하는 것으로 첫 대외 활동을 시작했다.

그가 사고를 친 건 지난 9월 15일 런던 세인트폴성당에서 열린 영국 본토 항공전 75주년 기념식에서였다. 데이비드 캐머런 총리 등 참석자들이 영국 국가 〈신이여, 여왕을 지켜주소서 God Save the Queen〉를 부르는 동안 침묵을 지킨 것이다. 영국 본토 항공전 기념식은 1940년 영국이 독일과 벌였던 치열한 공중전 희생자를 추도하는 행사다. 엘리자베스 여왕까지 참석한 행사에서 국가를 안 부르고 입을 다물고 있자 보수 쪽에서는 난리가 났다. 하지만 정작 본인은 아무 말도 하지 않고 있다. 일부 언론은 "코빈이 국가를 모르는 것 아니냐"라고도 한다. 노동당에서는 공식적으로 "전몰자에 대한 존경의 표시로 침묵을 지키고 있었다"라고 정당성을 내세웠다.

그가 당 대표가 된 후 넥타이를 맬지 안 맬지도 세간의 관심거리였다. 당 대표 선거 전 기자들은 평소에 넥타이를 매지 않는 코빈이 의회에 출석할 때는 넥타이를 맬지 의문을 표시했고 펍에서 내기까지 했다. 하지만 당 대표로서 출근 첫날 그는 넥타이를 매고 나왔다. 그런데 이날 보수, 노동 양당의 넥타이가 인상적이었다. 코빈은 붉은 넥타이를 매고 나왔는데 캐머런을 비롯해 의석 앞줄에 앉은 보수당 각료들은 모두 똑같이 무늬가 없는 푸른색 넥타이를 매고 나왔다. 코빈의 넥타이 색깔 비밀이 어딘가에서 샜다는 가십까지 등장했다.

영국 노동당의 새로운 대표, 제러미 코빈.

코빈이 정부가 제공하는 운전기사가 모는 차를 탈 것인지에 대해서도 의견이 분분했다. 첫날 등원 때는 누군가가 운전해주는, 평소에 타던 복스홀 웨건을 타고 등원했다. 영국 야당 당수의 공식 명칭은 '영국 여왕 폐하의 충성스러운 야당 대표'다. 단순한 정치단체가 아니라 공식적인 국가기관인 것이다. 그래서 정부가 제공하는 운전기사가 모는 승용차도 받고 의원 세비에 더해 총리와 같은 금액의 수당(7만3617파운드)도 받는다. 그뿐 아니라 야당 당수는 영국 왕의 정치문제 자문단인 '추밀원Privy Council'의 정식 위원이 되고 국가의 안전에 관계되는 일급기밀 자료도 공유한다.

재야 의원처럼 행동하던 야생마 코빈이 제도권에 들어와서 얼마나 큰 폭풍을 일으킬지는 정말 흥미롭다. 보수언론이 얘기하듯 그들만의 잔치인 '찻잔 속의 태풍'이 될지, 혹은 영국을 바꾸고 유럽을 바꾸고 결국 세상을 바꿀 폭풍이 될지 모두 궁금해한다. 앞으로의 5년이 정말 흥미로울 듯하다. 영국 정치에 이만큼 흥미로운 일이 일어나는 것은 대처 이후 처음이다.

100 대 1의 가능성을 뚫고

사실 코빈의 이번 당 대표 당선부터가 거의 한 편의 드라마였다. 언론의 표현을 빌리면 '영화 대본을 능가하는 승리overwhelming movie script victory'였다. 하원의원 생활 32년을 평의원으로만 지낸 무명의, 그것도 당명을 단골로 어기던 반골 중의 반골인 극좌파 의원이 모두의 예상을 뒤집고 세상의 기류를 거슬러 대표가 됐으니 말이다. 게다가 당 대표 입후보도 코빈 본인이 당선될 생각으로 한 것도 아니었다. 당내에서 거의 30여 년을 숨죽여 있던 사회주의자들의 대표로 주위의 강권에 떠밀려 입후보한 것뿐이었다.

코빈은 당직이나 정부관직을 맡아본 적이 없다. 자신의 지역구에서 묵묵히 일하고 당내 정치보다는 당 밖의 사회운동 활동에만 열중했다. 상식적으로는 믿기 어렵겠지만 의원들 사이에서도 대화를 해본 의원보다 안 해본 동료가 더 많을 정도였다. 코빈 당선 후 그림자 내각에 입각한 동료의원 몇 명은 전화로 처음 인사를 나누고 입각 권유를 받았다고 했다.

더욱이 코빈은 당 대표 입후보 마감일(6월 15일 12시) 전까지 동료의원 추천 수인 35개에서 7개가 모자라는 28개밖에 받지 못했다. 마감 10분 전이 되어도 3개가 모자랐다. 코빈을 지지하는 동료의원과 참모들이 아직도 다른 의원을 당 대표로 추천하지 않은 의원을 찾아 하원 사무실들을 거의 달리다시피 돌아다녔다. 그러다가 "지지는 하지 않더라도 민주정당이라면 다른 의견을 제시하는 토론의 장도 열어주어야 하지 않느냐"라는 코빈 측의 그럴듯한 꼬임(?)에 넘어간 의원 3명이 지지를 해주었다. 겨우 시간에 맞추어 코빈 자신의 자천 1표를 더해 36명의 추천이 담긴 서류를 제출할 수 있었다. 마지막 35번째 동의를 해준 옥스퍼드 동부지구 의원은 지금도 추천을 후회하며 동료 노동당 의원들로부터 '멍청이moron'라는 농담 반 진담 반의 별명까지 얻었다고 한다. "순진하게 꼬임에 넘어가 당을 구렁텅이로 몰아넣었다"라고 코빈의 당 대표 입후보 서류에 서명을 해준 35명의 의원 중 반이 코빈을 당 대표로 원하지 않았고 공개적으로도 그렇게 말했다.

노동당 대표 후보 등록을 위한 동료의원 추천은 사실 요식행위가 아니다. 이번에 그림자 내각 재무장관이 된 존 맥도넬 의원의 경우를 보자. 코빈보다 더 반골 의원인 그는 2010년 당수 선거 때 입후보하고자 했으나 동료의원 추천을 반밖에 못 받아서 포기하고 말았다. 그만큼 추천이 까다롭다는 얘기다. 그런데 코빈의 경우 지지하지 않으면서도 추천에 동의한 의원들이 거의 반이라는 사실은 운명이라고밖에 설명이 불가능하다. 코빈을 진정으로 지지해서 등록 추천에 서명한 의원은 20명에 불과했다. 노동당 의원 232명 중 10퍼센트도 안 되는 숫자이다.

등록은 가까스로 마쳤지만 본인은 물론 영국 언론, 노동당, 보수당까지 코빈의 당선을 예상한 사람은 아무도 없었다. 코빈의 측근까지 포함해서 말이다. 오죽했으면 코빈의 가장 주요한 측근 1명이 공식 도박업장을 찾아가 20파운드를 걸고 코빈이 당 대표가 되는 승률을 따져봤는데 100 대 1이었다고 한다. 그 뒤 승률은 200 대 1까지 올라가기도 했다.

선거 초반 코빈 바람이 폭풍으로 바뀌기 전 4명의 후보 중 가장 선두를 달리던 인물은 앤디 버넘 의원이었다. 그에게 영국 최대 노동조합 유나이트가 접근했다. 자신들 조합이 지지를 표명하고자 하는데 의향이 어떠냐는 것이었다. 버넘 후보는 노동당 정부에서 각종 장관직을 역임했고 그림자 내각 현직 장관이었으니 노동조합으로는 적합한 후보였다고 여겨졌다. 그런데 제법 장고를 한 버넘 후보는 노동조합 지지를 받으면 자신이 좌파적인 이미지로 비칠까봐 거절했다. 그 결과 노조는 코빈을 선택했다. 물론 대중적인 지지가 코빈 당선의 결정적 이유라고는 하지만, 만일 노조가 버넘을 지지했다면 코빈이 그렇게 압도적으로 당선되지는 않았을 것이라는 게 일반적인 언론의 논평이다. 승리는 했겠지만 박빙의 승부였을 것이라는 분석이다.

그다음에 벌어진 선거운동도 코빈의 승리 드라마에 재미를 더해줄 좋은 소재다. 《가디언》은 이렇게 설명했다. "코빈의 선거운동은 지난 30년간 영국 정치 이론을 뒤집는 정반대이론antithesis의 실험장이었다. 그의 용맹담은 앞으로 책으로 나올 듯도 하다. 그의 선거운동은 블레어 팀들의 아주 철저한 선거운동(간단한 메시지 전달, 정교한 안무를 하듯 사전에 연단 연설과 행동을 기획, 현장에서 바로 상대방이나 기자들이 제기하는 문제에 대해 대응하는 팀 운영, BBC 주요 뉴스 시간과 맞춰 연설하는 것 등)과는 완전히 달랐다. 코빈의 행동은 그런 것과는 아무런 관련이 없었다. 연설 시간은 그냥 코빈이 저녁 기차를 타고 런던으로 돌아가는 시간에 맞췄다. BBC 6시 뉴스와는 상관없이 연설은 거의 6시 30분이나 7시에 시작했다." 거의 무계획의 선거운동이었다는 말이다.

코빈의 선거운동을 한 주요인물들이 공통적으로 하는 말은 "처음에는 전혀 희망 없는 후보였고 경험이나 하자고 시작했는데 결국 기적이 일어났다"라는 것이다. 초라하게 시작한 그의 선거운동이 끝날 때는 무려 1만6241명의 자원봉사자가 나서는 규모로 커버린 것이 대표적 기적이다.

그를 위해 뛰었던 자원봉사자들은 13세에서 92세까지 다양했다. 자원봉사자들은 다른 자원봉사자가 만든 앱과 프로그램으로 각자 집에서 전화를 걸고 받고 듣고 기록했다. 소셜미디어를 이용한 대규모의 자원봉사자 선거운동은 타 후보가 따라올 수가 없었다. 가장 나이 많은 코빈이 가장 디지털한 선거운동을 했다는 것도 참 역설적이다. 그래서 코빈은 인터뷰에서 이렇게 얘기했다.

"노동당 의원들 중에도 유권자들과 괴리되어 있는 경우가 많다. 2020년 총선에는 소셜미디어가 아주 큰 역할을 할 것이다. 소셜미디어와 온라인의 영향력은 엄청나게 크다. 현재 정치가 이루어지는 모습은 현실과 상당한 괴리가 있다. 의원들은 격리되어 있어 현실을 잘 모른다. 정론지 언론의 데스크는 더더욱 현실을 모른다. 그들은 지금 현장에서 어떤 일이 벌어지고 있는지를 모른다. 그들은 완전히 현실파악을 못하고 있다. 이제 대다수의 사람들은 더 이상 신문을 사지 않는다. 그들은 온라인으로 조금 읽고 온라인 뉴스 맞춤 서비스로 좀 더 읽는다. 그래서 우리는 완전히 다른 방법으로 유권자들에게 접근해야 한다. 나는 소셜미디어 중심으로 움직였다. 내 개인 트위터는 10만4000명의 팔로워가 있고 페이스북에는 12만4000개의 '좋아요'가 있다. 이런 숫자는 엄청난 것이다. 물론 리트윗과 리샌딩까지 치면 정말 대단하다."

> **Keyword 30 : 영국 독립당**

유럽연합의 비현실적인 규정과 규제에 유럽인들의 불만이 커져가는 가운데, 유럽의회의원선거에서 극우 성향의 영국 독립당이 크게 선전해 영국인들을 충격에 빠뜨렸다.

유럽의회의원 선거의 속사정

유럽은 우회전을 하는 모양이다. 2014년 5월 22일을 즈음해서 치러진 유럽의회의원MEP: Member of European Parliament 선거에서 영국과 프랑스의 극우정당이 기존 정당을 밀어내고 1위를 차지, 유럽의회에 대거 진출했다. 그동안 목소리를 못 내던 각국의 극우정파가 130석을 차지해 751석의 유럽연합의회에서 파란을 일으키고 있다. 극우정당들은 유럽연합 내의 자유로운 이민을 반대하며 심지어 인종차별적 정책도 지지한다. 동시에 유럽연합의 폐지를 목표로 하고 있다.

이변이 일어나다

프랑스는 자국 MEP 74석 중 24석이 극우정당인 국민전선 소속이고, 영국은 73명 중 24석이 극우정당인 영국 독립당 소속이다. 프랑스 국민전선의 선전善戰은 예견돼 놀랍지 않지만 영국 독립당의 약진은 놀랍다. 물론 2013년 지방선거 결과로부터 시작된 독립당의 선전은 여론조사를 통해 예상되었으나 막상 결과로 나타나자 영국 전체가 충격에 빠졌었다. BBC는 기사 제목을 '영국 독립당 지진, 1차 충격'이라고 달아 이번 충격이 일회성이 아닐 것임을 넌지시 암시하고 있다. 실제 각 당의 득표율과 의석수(괄호 안은 2009년 선거결과)를 살펴보면 놀랄 수밖에 없다. 독립당 24석(13석) 27.5퍼센트(16.5퍼센트), 노동당 20석(13석) 25.4퍼센트(15.7퍼센트), 보수당 19석(26석) 23.9퍼센트(27.7퍼센트), 녹색당 3석(2석) 7.87퍼센트(8.62퍼센트), 스코틀랜드 국민당 2석(2석) 2.46퍼센트(2.03퍼센트), 자민당 1석(11석) 6.87퍼센트(13.74퍼센트)로, 경천동지할 일이 영국 정치에서 일어난 셈이다.

언론들은 독립당 같은 군소정당이 선거에서 1위에 오른 것은 1906년 이후 108년 만에 처음이라고 야단법석이다. 영국 정치는 1924년 노동당이 집권하기 이전까지는 거의 보수·민주, 그 이후는 보수·노동당의 양당 체제였다. 그러다 2010년 선거에서 보수당이 과반을 차지하지 못해 56석의 자민당과 연립정부를 구성하면서 3당 체제라는 말이 등장했고, 요즘은 보수·노동·자민의 독립당까지 합쳐 4당 체제로 부르는 사람들도 있다.

영국 정계의 풍운아 나이젤 파라지가 당수인 독립당은 현재 하원에 의원 1명만 진출시킨 정말 군소정당이다. 그런데도 불구하고 유럽연합 의원 선거에서는 집권 여당은 물론 노동당마저 제치고 1위로 올라섰다. 그런데 같은 날 치러진 지방의회의원 선거에서는 전혀 다른 결과가 나왔다. 노동당이 31퍼센트로 1등을 했고, 보수당은 29퍼센트를 차지했다. 독립당의 유럽의원 선

나이젤 파라지 영국 독립당 대표.

거 돌풍이 지방의회의원 선거로는 이어지지 않은 것이다. 독립당은 2013년 지방선거 23퍼센트보다 오히려 6퍼센트 떨어진 17퍼센트로 그쳐 3위에 머물렀다. 이렇게 보면 영국인들은 아주 교묘한 선택을 했다고 볼 수 있다. 유럽의원 투표용지에는 독립당에 표를 몰아주어 유럽연합을 향한 자신들의 불만을 유럽의회에 가서 터뜨리라고 하면서도 그 자리에서 다시 찍는 지방의회의원은 보수·노동 양당 중 하나를 선택한 셈이다. 진지하고 심각한 '진짜 정치'에서는 아직 독립당을 믿지 못한 것이다. 그래서 2014년 독립당의 돌풍이 찻잔 속의 폭풍이라는 평도 있었는데 실제 2015년 총선에서 결과로 나타났다. 겨우 1석을 건지고 파라지 당수는 낙선하고 말았다. 찻잔 속의 돌풍은커녕 찻잔 속의 미풍이 된 셈이다.

이유 있는 지지

결국 독립당은 영국인들에게 이용당하고 있다는 뜻이다. 더 나아가 영국 언론은 2014년 지방의원 선거 결과를 보고 2015년에 벌어질 의회의원 총선에 대입해보며 승리에 한창 도취해 있는 독립당의 약을 올렸다. 2015년 5월 7일에 있을 총선에서 노동당이 과반(325석)에서 조금 모자라는 322석을 차지하고, 보수당 255석, 자민당 45석, 영국 독립당을 비롯한 기타가 28석을 차지할 것이라고 전망했기 때문이다. 물론 이 예측은 결과적으로 완벽하게 엉터리로 나타났지만 어찌 되었건 영국 독립당의 약을 올렸는데 그것 하나는 제대로 맞았다. 당시는 28석에 해당하는 기타 의석 중 과연 독립당이 몇 석을 차지할 수 있느냐에 관심이 집중되고 있었다. 하원의원 선거는 각 당에서 여러 후보자가 나와 득표 순서에 따라 서너 명이 선출되는 대선거구 제도의 유럽의회의원과는 달리 최종적으로 유효표를 가장 많이 획득한 후보 1명만 당선되는 비교다수득표 당선 소선거구 제도여서 몰표가 한 곳에서 나올 수 없는 독립당으로서는 단 1석이라도 건지면 대성공이라고 할 수 있었는데 진짜 단 1석을 건졌으니 대성공이 맞긴 하다. 2015년 총선 후 파라지 당수는 특유의 너털웃음은커녕 화난 표정으로 영국 총선제도를 개혁해야 한다고 고함을 질렀다. 무려 3,881,000표를 얻어 총 유효표의 12.6퍼센트를 얻고도 자당 후보 624명 중 단 1명이 당선되었으니 화도 날만 하다.

영국인들은 결국 독립당을 믿고 그들에게 국내 정치를 하라고 밀어준 것이 아니다. 영국과 유럽연합과의 관계에 문제가 있다고 보고 제도권 정당 대신 유럽의회에서만 영국의 이익을 위해 싸워 달라고 힘을 실어준 것이다. 당시 그래서 독립당을 유럽연합에 '자객으로 파견했다'라는 해석이 나왔었다. 그래서 2014년 선거 결과는 보수당이나 영국 정부가 조작orchestrated한 듯한 감이 들 정도로 기가 막히다는 탄복이 나왔었다. 언뜻 보수당으로서는 발밑에서 땅이 무너지는 듯한 충격을 받았을 수 있다. 독립당의 지지자들이 거의 보수당 지지자였기 때문이다.

하지만 유럽연합에 불만을 가진 보수당 지지자들이 캐머런 총리 정부에 유럽연합과의 재협상 요구 메시지를 전달했다는 것이 정확한 분석이다. 캐머런 총리도 지지자들의 불만을 감지하고 선거 전부터 영국과 유럽연합의 관계가 개선되어야 하며 유럽연합과 재협상해야 한다고 외쳐댔다. 캐머런 총리는 평소에도 유럽연합을 "너무 크고, 너무 거만하고, 너무 간섭이 많다too big, too bossy, too interfering"라고 비난해서 재협상을 요구하고 있었는데, 울고 싶은데 뺨 때려주는 격이 된 것이다. 이제는 더 이상 영국이 유럽연합과의 관계를 기존대로 끌고 가서는 안 된다는 명령을 유권자로부터 받았다고 말할 근거가 생겼기 때문이다. 더군다나 2015년 총선에서 단독정권을 만들 수 있는 과반수 안정선을 넘는 결과가 나오자 독일 및 프랑스 등도 그전에는 유럽연합 개혁 재협상은 말도 꺼내지 말라는 입장에서 가능성을 언급할 정도로 한발 물러서고 있다. 겉으로 보기에는 독립당 같은 군소정당에도 밀리면서 집권여당이 유럽연합 의회에서 제3당의 위치로 떨어져 곤혹스러운 입장에 빠진 상태이지만 유럽연합과 재협상을 해야 하는 캐머런 총리로서는 아주 좋은 무기를 얻은 격이었다. 협상 때 국민들이 원해서 어쩔 수 없다는 식의 핑계를 댈 수 있게 된 것이다.

실제 캐머런은 선거 결과를 유럽연합 변혁의 기회로 삼고자 한다고 대놓고 말했었다. 개혁을 해서 2017년 국민투표를 통해 유럽연합 잔류 여부에 대한 승인을 국민으로부터 받겠다고 했는데 나라 분위기로는 2016년 조기 국민투표가 이루어질 것 같다. 만일 유럽연합이 영국과의 재협상을 거부하거나 개혁을 거부한다면 국민투표에서 유럽연합을 탈퇴하라는 결과가 나올 것이므로 강경협상 이외에는 다른 방도가 없다는 것이 캐머런의 배수진이다. 독일과 프랑스와의 협상이 결코 쉽지는 않으리라는 전망도 많지만, 여러 언론이 유럽의회의원 투표 결과에서 드러난 영국민의 반유럽연합 정서를 이용한 재협상과 유럽연합 개혁은 상당한 성공을 거둘 수 있을 것으로 예측하고 있다. 캐머런의 배수진 전략에는 유럽의회에 포진하고 목소리를 높일 영국 독립당이 상당한 역할을 할 전망이다.

그렇게 보면 독립당의 유럽의회의원 선거에서의 약진은 정말 시의적절하다. 지방의원과 유럽의회의원 선거를 같이 치르면서 각각 다른 당을 찍은 영국인들의 지혜는 정말 얄미울 정도로 놀랍다. 캐머런 수상으로서는 이런 위기를 호기로 바꾸어 유럽연합과의 재협상과 유럽연합의 개혁을 2015년 총선에 치적으로 내놓았었다. 이런 조치의 서막으로 캐머런 수상은 아주 공개적으로 전 룩셈부르크 총리 장 클로드 융커의 유럽연합 집행위원장 선임을 반대했다. 융커가 영국 주도로 시작하는 유럽연합 개혁에 전혀 도움이 안 되고 방해할 주요 인물로 보는 것이다. 융커가 연방주의자여서 반대한다고는 하나 너무 독일 주도로 움직여지는 유럽연합에 대한 본격적인 견제를 시도하겠다는 숨은 의도가 있다고 언론은 본다. 결국 장 클로드 융커기 당선되긴 했지만 한풀이 꺾여 영국에게도 고분고분하다는 평까지 돌고 있다. 캐머런 총리의 작전이 또 맞아떨어진 셈이다.

이상주의에 빠진 유럽연합

사실 유럽연합에 대한 반감은 결코 영국인만의 것은 아니다. 유럽인도 유럽연합, 특히 유럽 관료Eurocrat라 불리는 유럽연합의 비현실적 규정이나 규제에 넌덜머리를 내고 있다. 그만큼 유럽연합의 전횡은 크고 깊다. 유럽인이 평소 유럽연합은 자신들의 삶과는 직접적 연관이 없다고 생각했는데 어느 날 보니까 일상생활에 지대한 영향을 미치고 있음을 발견한 것이다. 현지 사정을 전혀 모르는 선출되지 않은 권력들이 엄청난 월급을 받으면서 브뤼셀에 앉아 말도 안 되는 결정을 내리고 있다는 사실에 분노하고 있다. 이런 분노가 평소 영국의 유럽연합 탈퇴를 정강의 제1조로 삼고 있는 영국 독립당을 비롯한 유럽 극우정당이 2014년 유럽연합 선거에서 대승한 원인이다.

유럽 관료들이 내리는 결정을 보고 유럽인들은 그들을 몽상적이고 비현실적인 이상주의자이며 좌파적인 환경보호론자이고 고액의 월급을 받는 철없는 여피족에 불과하다고 비판한다. 그런 비판이 근거가 없는 것이 아니다. 그동안 수도 없는 비현실적 탁상정책이 유럽연합 정책 혹은 규제·규정이라는 이름을 달고 나와 유럽인을 경악케 했다. 그중 가장 유명한 것이 '굽은 오이와 바나나 규제 사건'이다. 정책을 내놓자마자 2009년에 폐지되고 말았지만 바나나와 오이의 만곡彎曲 기준을 놓고 벌어진 코미디는 웃을 수도 울 수도 없을 정도이다. 그들이 내놓은 유럽집행위원회 규정 1677/88에 따르면 '오이는 10센티미터 중 10밀리미터의 곡선은 허용된다. 2급 오이는 2번 굽어

프랑스 스트라스부르에 있는 유럽의회 건물.

도 된다. 그러나 그것보다 더 굽은 오이는 판매도 못하고 구매해서도 안 된다. 특등급 오이는 모양뿐 아니라 모든 면에서 최상의 상태여야 하고, 1등급은 모양이 조금만 삐뚤어져야 하고, 2등급은 심하게 구부러진 것을 말한다.'

뿐만 아니다. 유럽연합 규정 2257/94에 따르면 유럽 내에서 판매될 수 있는 바나나는 모양이 기형이면 안 되고 심하게 굽어 있어도 안 된다. 바나나 등급에 대해 밀리미터로 따진 크기와 부피, 동시에 '가로로 수직 절단했을 때 바깥쪽에서 중심까지의 횡단면의 두께에 따른다'라는 무슨 암호 같은 조항을 두어 놀림감의 대상이 됐다. 여론의 질타를 받은 유럽연합은 결국 규정의 적용을 중단하면서(폐지하지 않고) 당근, 체리, 마늘 등에 대한 적용도 중단했다. 과연 흠이 없는 채소들을 모양이 이상하다고 버리는 규정을 만드는 유럽 관료들을 어떻게 설명해야 할까.

또 유럽연합은 에너지를 아무 생각 없이 마구 낭비하는 소비자들을 '교육시키기' 위해 대형 진공청소기의 생산 금지를 휴가철인 2013년 8월 '조용하게' 발표했다. 독일 신문 《프랑크푸르트 알게마이너 자이퉁FAZ》이 10월 24일 보도하기 전까지는 아무도 몰랐다. 2014년 9월부터는 1600와트만 판매되고, 2017년부터는 900와트만 가능하다. 동시에 상표에는 전력소비 등급을 표시해야 한다. '녹색 바탕에 A 표시는 가장 낮은 전력 사용이고 붉은 바탕에 G 표시는 가장 높은 전력 사용을 뜻한다'라고까지 규정하고 있다. 비판자들은 이렇게 와트를 줄이면 청소기 성능이 떨어져 사용시간이 길어지므로 전력 사용은 더 늘어날 수밖에 없다고 지적한다. 또 성능이 약한 진공청소기는 청소 중 바닥에 떨어진 먼지를 빨아들이지 못하고 옆으로 밀어내 공기 중에 먼지를 더욱 퍼뜨려 천식과 알레르기에 해롭다고 비판한다. 결국 이 규제는 2014년 9월부터 시행되었는데 시행 직전 유럽에는 강력한 청소기 구매 붐이 일어나 난리도 아니었다. 이런 비현실인 이상주의에 경도된 유럽관리들은 수천 종의 소비재에 대해서도 금지 혹은 제한했다. 예를 들면 의류건조기, 화장품, 과일잼, 노트북컴퓨터, 세정제, 전구, 비닐봉지, 냉장고, 샤워꼭지, TV, 담배, 변기, 장난감, 와인냉장고 같은 소비재에 대한 규제는 해당 제조업체도 제대로 숙지하지 못할 정도이다.

   2014년 유럽 신문들에 유럽연합이 유럽 내의 화장실 변기 크기와 기능을 통일하려 한다는 기사가 나서 또 난리가 난 적이 있다. 알고 봤더니 그냥 환경을 고려해 화장실에 관한 어떤 기준을 만들려고 한다는 것이 잘못 전해진 소동이었다. 그러나 유럽인들은 유럽연합의 해명에도 불구하고 유럽연합이 이제는 개인 집의 화장실까지 통제하려고 한다는 의심을 거두지 못하고 있다. 실제 유럽연합은 몇 년 전 대변기 물은 5리터, 소변기 물은 1리터가 적당하다는 결론을 내기 위해 2년간 8만9000유로를 들여 조사한 전력이 있다. 당시 유럽연합은 화장실 물 소비량도 병행 조사했는데, 독일이 인구가 가장 많은데도 불구하고 영국과 이탈리아에 이어 3번째 물소비국이었다. 그만큼 환경에 대한 고려가 부족한 영국인과 이탈리아인이 물 소비가 많다는 뜻이었다. 폴란드는 스페인보다 조금 적은 인구에도 불구하고 물 소비량은 3분의 1밖에 안 된다는 친절한 조사까지 했다. 이 조사에 대한 유럽연합 측의 변명은 만일 유럽인 전체가 합심해서 1990년에 도입한 에코라벨Ecolabel 원칙에 따른 에코디자인Ecodesign으로 변기들을 개선해서 화장실 물을 10퍼센트만 줄이면 유럽에서 연간 3억9000만 유로를 절약할 수 있다는 것이었다.

   올리브오일을 사제 접시나 그릇에 담아내면 불법이라는 규정 때문에 유럽이 시끄러웠던 적도 있다. 전통적으로 유럽의 식당에서는 올리브오일을 공장에서 찍어낸 병에 담지 않는다. 손님들이 알아서 적셔 먹게 손잡이가 달린 도기 항아리나 별도의 용기에 담아 식탁 위에 내놓는다. 그걸 유럽연합이 불법으로 규정하겠다는 것이었다. 유럽연합의 기준이 적혀 있고 원래 상표가 붙은 공장 용기에 담아서 내놓아야 소비자가 혼동하지 않고 올리브가 오염되지 않아 위생적으로 좋다는 것이었다. 그렇게 되면 식당들이 시골 농장에서 만든 신선한 올리브오일을 직접 사서 사용할 수 없게 된다는 뜻이다. 소규모의 가족 농장이 대기업 공장의 원료공급처로 전락할 수밖에 없을 게 뻔하다. 유럽의 모든 올리브농장에서 생산된 오일을 공장에 원료로 납품해야 하고 소비자들은 집에서건 식당에서건 공장에서 나온 병에 담긴 오일만 먹을 수밖에 없게 되는 것이다. 이 기막힌 소식을 접한 언론과 유럽인들이 벌떼처럼 항의했고, 결국 조제 마누엘 바호주 유럽 위원회 집행위원장의 개입으로 이 조치 역시 중단되고 말았다. 역설적이게도 바호주 위원장의 아버지는 포르투갈 시골에서 올리브오일을 생산하는 농부였다.

잼도 마찬가지이다. 유럽연합 규정에 따르면 잼 안에 설탕이 60퍼센트 이상 함유되어야 잼이라 부를 수 있다고 돼 있다. 설탕 소비를 줄이려는 영국 정부의 제안으로 이 비율은 50퍼센트로 떨어질 전망이다. 현재는 설탕 50퍼센트 이하의 잼은 그냥 '과일 저장conserve'이라고 부르고 60퍼센트 이하는 '과일 스프레드spread'라고 불러야 한다고 규정하고 있다. 이렇게 유럽연합은 회원국 각국에 맡겨도 될 세세한 사안에도 개입하고 있다. 결국 회원국을 못 믿고 이상론에 빠져 있는 자기네들만이 유럽을 구할 수 있다고 믿는다는 오만한 독선이라고 유럽인들은 생각한다.

유럽에 새로운 환자가 발생하다

이런 유럽 관료들의 어처구니없는 짓에 대한 비난은 유독 영국 독립당만의 전유물이 아니다. 유럽의 모든 언론과 정당들이 모두 비판하지만 쉽게 고쳐지지 않는다. 그래서 결국 유럽인들이 극우정당에 표를 던지면서 불만을 나타낸 것이다. 2012년에는 유럽인 60퍼센트가 유럽연합에 호감을 나타냈는데 2013년 들어서는 이 비율이 45퍼센트로 떨어졌다는 통계도 있다.

1960~1970년대에는 영국을 유럽의 병자라고 했는데 이제는 유럽연합이 유럽의 새로운 환자로 등장했다고 비꼬는 사람도 있다. "유럽 관료들은 하루 종일 산 같은 종이를 아무런 생산적인 목적 없이 여기저기로 옮기기 위해 우리 돈을 허비하고 있다"라며 끝도 없이 제재를 가하는 유럽관료들은 "환경보호를 핑계로 사사건건 걱정하고 혼내주는 가부장적인 아버지eco-related concerns-smacks of paternalism 같은 정신상태라고밖에는 설명이 안 된다"라는 비판의 목소리도 있다.

문제는 유럽 관료들이 어처구니없는 짓들을 하면서 자신들이 세상을 더 좋게 만들고 있다고 생각한다는 점이다. 이런 유럽 관료들로 인해 일어난 영국 독립당 지진의 충격이 얼마나 이어질지는 아무도 모른다.

지금 영국은 제도 개혁 중

> 🔍 **Keyword 31 : 레드테이프**   **Search**
>
> 영국에서 불필요한 형식 절차를 칭하는 말. 규제 천국이란 오명을 갖고 있는 영국 정부는 신문고 '레드테이프 챌린지' 사이트 운영으로 변화를 꾀하는 중이다.

규제와의 전쟁을 선포하다

2014년 3월 20일 청와대에서 박근혜 대통령 주재로 열린 규제개혁 '끝짱 대토론회'에 스코트 와이트먼 주한 영국 대사가 참석해서 영국의 규제개혁 사례를 소개했다는 언론 보도를 접했다. 따지고 보면 세상 어디에도 문자 그대로의 이상향은 없다. 사람 사는 곳은 조금씩 낫고 못할 뿐 다 거기가 거기다. 영국 공무원도 다른 나라보다 조금 나을지는 몰라도 천사는 아니다. 사업하는 사람들을 상대로 각종 규제의 칼을 휘두르는 것은 영국 공무원이라고 별다를 바가 없다. 영어에 '만다린mandarin'과 '레드테이프red tape'라는 단어가 있다. 만다린은 거만하고 관료적이던 중국 관리들을 가리키는 단어에서 비롯되었고, 레드테이프는 불필요한 형식 절차를 칭할 때 사용하는 단어로, 공문서를 붉은 띠로 묶어두는 옛 정부 관행에서 연유됐다. 두 단어는 영국의 관료제도와 행정편의주의를 얘기할 때 단골로 등장한다.

만다린과 레드테이프 행정

영국도 관료주의와 각종 규제가 만만치 않다. 영국은 역사적으로도 '규제의 천국'으로 불릴 만하다. 각 지방과 마을마다 중세 때부터 시행되던 시대착오적인 수많은 조례와 규정이 남아 있다. 지금은 사문화되어 적용되지 않지만 지방자치단체들이 필요하면 언제든지 꺼내 사용할 수 있다. 예를 들면 웨일스의 한 마을에서는 일요일에 모자를 쓰지 않고 집 밖으로 나오면 처벌받을 수도 있다. 스코틀랜드 지방에서는 행인이 문을 두드리고 화장실 사용을 요청했을 때 거절하면 불법이다. 영국 내 어디서든 영국 여왕의 초상화가 들어간 우표를 거꾸로 붙이면 반역죄에 해당한다. 영국의 모든 우표에 엘리자베스 여왕의 실루엣이라도 들어가는 상황에서 우표를 잘못 붙이면 반역자가 된다고 하니 영국에는 수많은 반역자들이 매일 생겨나고 있다.

지방자치제도가 절정을 이룬 영국에서는 지방자치단체가 중앙정부보다 강력한 권한을 행사하는 것처럼 보일 때가 많다. 대기업들은 지방자치단체들이 임의로 정한 지방조례를 따르기 위해 골머리를 앓는다. 영국 공무원의 권한은 강력해 담당자가 안 해주려고 마음만 먹으면 민원인은 애를 먹을 수밖에 없다. 영국에서 사업을 하는 기업인들이 겪은 규제에 얽힌 사연을 풀어놓으면 각자 책 한 권을 만들 정도다.

규제개혁으로 예산 절감을 꾀하다

이런 사정 때문인지 2010년부터 데이비드 캐머런 총리가 이끄는 보수·자민 연립 정부는 집권하자마자 규제개혁을 시작했다. 과거 정부들도 시도했지만 별로 성과를 거두지 못했으나 캐머런 정부는 악화된 경제 사정을 타개하는 동시에 바닥난 재정 상태를 개선할 수단으로 규제개혁에 매달렸다. 필사적인 노력 끝에 집권 하반기인 2014년에 들어오면서부터는 차차 성과를 보였다.

규제개혁의 시동은 정부 내의 각종 규제 개선 위원회와 조직을 통해서 시작되기도 했지만 국민의 참여를 통해서도 개선된다. 법에 의해 규제를 받고 있는 이해 당사자가 제도의 폐단과 불합리성을 잘 알기 때문이다. 특히 '관료주의에 대한 도전'이라는 웹사이트(www.redtapechallenge.cabinetoffice.gov.uk)가 대표적이다. 영국 정부의 핵심인 내각사무국cabinet office에 속한 이 웹사이트가 영국 정부가 치르고 있는 규제와의 전쟁 본부이자 신문고申聞鼓이다.

영국인은 이 웹사이트에 규제에 대한 자신의 의견을 올리고 처리 과정을 지켜볼 수 있다. 영국 정부도 자신들이 하고 있는 규제개혁을 국민에게 알리

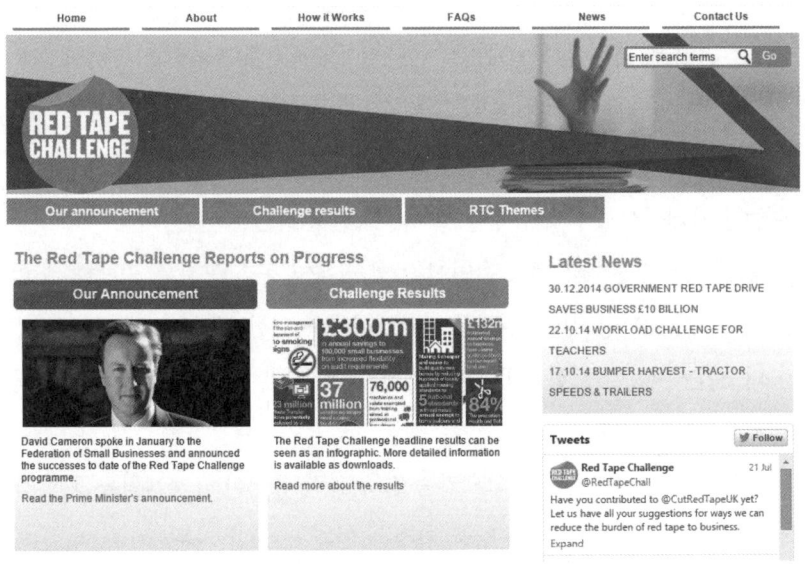

레드테이프 챌린지 웹사이트.

는 도구로 이 웹사이트를 쓴다. '레드테이프 챌린지'를 통해 제안되어 이루어진 규제개혁이 전체 개혁 성과의 4분의 1을 차지해 금액상으로 3억 파운드(5400억 원)의 절약 효과를 냈다고 이 웹사이트는 전한다. 정부의 정책은 국민의 참여와 관심이 있을 때 효과가 나타난다는 사실을 증명하는 것이다. '레드테이프 챌린지' 웹사이트에 따르면 5662개의 규제가 심의 대상이 되어 그중 1142개(20퍼센트)가 폐지되었고 1953개(35퍼센트)가 개선되었다.

과거 영국 정부가 주도했던 'one-in, one-out'에서 더 나아가 'one-in, two-out이다' 정책이 시행되고 있다. 한국의 끝장토론에서 스코트 와이트먼 대사가 소개했듯 규제 하나가 신설되면 그와 관련한 기존 규제 2개를 없앤다는 뜻이다. 영국 정부는 2010년부터 시작된 규제개혁을 통해 2013년 12월까지만 해도 12억 파운드(2조1600억 원)를 절감했다고 주장한다.

영국 정부는 건축 관련 규제개혁을 가장 큰 성과로 내세운다. 중복되고 혼선을 이루던 건축 관련 규제 100개를 10개로 줄였다는 것이다. 집을 짓거나 개증축할 때 건축법 때문에 겪은 악몽은 영국인 사이에서는 더 이상 화젯거리도 아니다. 가정집의 증개축은 '뭐 이런 것까지 건축허가를 받아야 하는가?' 할 정도로 사소한 것까지 모두 허가 대상이었다. 하루 이틀이면 끝날 간단한 공사도 정식 건축사들의 검토와 설계도면이 요구된다. 공사 시작은 물론 중간 단계에서도 담당 공무원이 나와서 현장 확인을 한다.

문제는 그 담당자의 현장 확인이 언제 있을지 몰라 공사를 중단한 채 마냥 기다려야 한다는 점이다. 그렇게 단계마다 확인한 공사도 최종 준공허가가 나오기까지는 최소한 3개월 이상을 더 기다려야 한다. 이래서 앓느니 죽는다는 말이 나왔다.

이렇게 복잡하고 혼선을 일으키는 건축 관련 규정이 규제개혁을 통해 대폭 줄였다. 이 개혁만으로도 영국 가정은 연간 6000만 파운드(1080억 원)의 경비를 절약할 수 있게 됐다고 한다. 개증축하는 한 집당 최소 500파운드(90

만 원)의 금전은 물론 돈으로 환산이 안 되는 값진 시간도 절약할 수 있게 됐다. 공사 지연으로 인한 스트레스까지 해소되었다. 아마 규제개혁의 효과를 영국인이 피부로 실감할 수 있는 좋은 실례가 될 듯하다. 영국 정부는 규제개혁을 통해 국민의 지지도 제고, 경기 활성화, 고용 증대 등 3마리 토끼를 잡을 수 있다고 보고 총력을 기울이고 있다.

사업을 어렵게 하는 깐깐한 규제

영국에서 식당을 운영하는 내 경험에 의하면 영국의 법적 규제는 쓸데없이 까다롭고 엄격하고 철저하다. 그에 비해 영국 공무원들은 합리적이고 인간적이고 융통성이 있다. 그래서 영국 정부가 결사적으로 추진하고 있는 규제 개혁만 잘하면 지금보다 훨씬 더 좋은 사업 환경을 만들 수 있을 것으로 보인다.

영국은 식당에서 술을 팔려면 개인 주류취급 면허personal license와 영업장 면허premises license를 받아야 한다. 24시간 영업하는 대형 슈퍼마켓들도 밤 11시 이후에는 주류 판매 구역에 따로 칸막이를 해 판매 시간이 지나면 살 수 없도록 관리한다.

개인 주류취급 면허는 고액의 수업료를 내고 반나절 교육을 받고 그 자리에서 필기시험을 쳐 합격해야 받을 수 있다. 미성년자에게 술을 팔면 안 되고 취객에게는 술 판매를 거절해야 한다는 판매 자세부터, 손님이 안전을 위협받는 긴급 상황이 발생하면 담당자로서 어떤 조치를 취해야 하는지까지 교육받는다.

영업장 면허도 만만치 않다. 건축사가 그린 설계도면을 제출하면 담당 공무원이 실사를 나와 모든 것을 확인한다. 현장 실사 때는 무엇보다도 비상구

확보와 비상등 설치 같은 비상시 손님의 안전 확보 여부가 주안점이다. 일정 길이 이상의 식당은 입구 반대 방향에 비상구가 있어야 한다. 뿐만 아니라 주류 판매 시간도 지켜야 한다. 주류 판매 허가가 완화되기 전까지 밤 11시가 가까워 영국 펍 카운터에서 울리는 종소리나 바텐더의 '마지막 주문last order'이라는 고함소리는 주당들에겐 야속한 소리였다. 지금은 지역 상황에 따라 철야 판매도 허락하지만 전에는 예외 없었다. 주당들은 카운터로 달려가서 몇 잔의 맥주를 한꺼번에 주문해 와 천천히 마시기도 했지만 일단 분위기는 썰렁해질 수밖에 없었다.

주류 판매에 따른 이런저런 요구 사항을 지키려면 식당 주인은 머리가 지끈거린다. 면허 검사관이 나올 때쯤 되면 이번에는 어떤 지적을 받을지 무섭기만 하다. 그래서 영국에서 주류 판매 관련 규정을 지키기 귀찮은 식당은 '당신이 마실 술을 가지고 오세요BYOD: Bring Your Own Drink'라는 표지판을 식당 입구에 붙여놓기도 한다. 물론 이것은 '우리 집은 식당 이문이 붙지 않은 술을 마실 수 있으니 저렴하게 식사할 수 있다'는 영업 전략이기도 하다.

식당 위생에 대한 검사는 또 얼마나 엄격하고 까다로운지 정기 검사나 불시 점검 때 지적을 받지 않고 넘어가기가 불가능하다. 주방 종업원들의 복장 상태부터 주방 바닥 청소는 물론 환풍기의 기름때까지 검사한다. 냉장고나 냉동고 안의 식자재 입고 기일은 필수 점검사항이다. 식자재 입고 날짜가 외부 포장에 기재되어 있어야 한다. 식품 보관 기간도 확인한다. 냉장고와 냉동고 온도 확인은 물론이고 채소의 신선도까지도 그냥 안 넘어간다. 이런 모든 사항을 식당 담당자가 매일 점검 대장에 기재했는지도 확인한다. 손 씻는 따뜻한 물이 나오는 것까지 점검 사항이다.

뭐니 뭐니 해도 런던 식당에서 제일 어려운 문제는 쥐다. 런던의 지하는 도저히 파악 안 되는 어마어마한 수의 쥐들이 노니는 공간이다. 이는 150년도 더 넘은 720킬로미터의 대형 하수도와 2만1000킬로미터에 달하는 동네 하수도, 402킬로미터에 이르는 지하철을 떠올리면 납득이 간다. 런던 지하의 50개에 달하는 사용이 중단된 지하철 역사도 쥐들의 주요 서식처다. 런던 지하를 점령하고 있는 이 쥐들이 하수도를 타고 식당 주방 안으로 먹이를 찾아온다. 그래서 런던 식당들은 쥐와의 전쟁을 매일 치른다. 런더너가 핵폭탄보다 더 겁내는 것은 어느 날 런던 지하에 문제가 생겨 쥐들이 한꺼번에 지상으로 몰려나오는 사태다. 그런데 위생검사원은 이런 사정을 감안하지 않는다. 주방 구석구석 후미진 곳에 검사기구를 들이밀었다 꺼낼 때 쥐똥이 한 톨이라도 나오면 비상이 걸린다. 그날은 완벽한 점검을 각오해야 한다. 냉장고를 비롯해 벽에 붙은 가구를 다 들어내고 검사를 치러야 한다. 다른 지적 사항이 나올 경우 당장 영업정지로 들어가지 않고 적절한 개선 기간을 주지만 쥐똥에 관해서는 융통성이 없다. 심하면 그 자리에서 영업정지에 들어가고 전문기관으로부터 방제를 다했다는 증명이 있기 전까지는 영업을 못 한다.

융통성이 주는 감동

깐깐하고 엄격한 규제와는 전혀 다른 면도 겪어봤다. 합리적이고 융통성 있는 영국 공무원들과 관련된 것이다. 내가 관여하다가 최근 운영권을 넘긴 업체에서 내 이름으로 된 주류 판매 허가 명의를 변경하지 않아 공무원으로부터 지적을 받았다. 운영권을 넘겨받은 업체에서는 담당 공무원에게 "명의 이전을 하는 중인데 여러 요건의 미비로 진행이 늦어지고 있다"라는 설명을 한 모양이다. 설명을 들은 공무원은 명의 이전을 할 때까지 내가 업무에 책임을 진다는 각서를 받아온다는 조건으로 영업할 수 있도록 해줬다. 새 업체에서 내게로 각서 요청이 왔는데 남의 일이라 미안하게도 잊어버리고 있었다. 그런데 상당 기간이 지난 후 놀랍게도 구청 주류면허 담당자가 내 사무실로 전화를 했다. 기다리다 못해 전화를 한 모양이다. 담당자는 이런저런 설명을 하면서 내게 각서를 요구했다. 그러면서 내 이메일 주소를 묻고 우리가 전화로 나눈 사항을 이메일로 보낼 터이니 동의하면 각서를 만들어 자신에게 스캔해서 보내라고 했다. 새 업체에 명의 이전이 될 때까지 주류 판매를 정지시키면 그만이었다. 그렇게 하는 것이 더 규정에 맞았다. 그런데 담당 공무원은 업체가 고의나 악의로 즉시 명의이전 규정을 지키지 않았다는 사정을 이해하면서 기다려줄 뿐 아니라 내게 전화까지 하면서 독촉을 한 것이다.

처음 영국에 와서 주민 주차증과 관련해서 겪은 일에서도 이런 경험을 했다. 식구들이 오기 전 시내 독신자 아파트에 혼자 살 때였다. 차를 구입한 뒤 구청에 주민 전용 주차증을 발급받으러 갔다. 담당자 말이 자동차 주소와 명의 이전이 안 된 상태라 발급이 불가능하다고 했다. 주소와 명의 이전은 담당 기관에 서류만 보내면 처리해서 우편으로 보내온다. 하지만 적어도 2주일

런던 템스강변에 위치한 런던 시청.

은 걸린다. 그 기간 동안 엄청나게 비싼 런던 시내 유료주차장에 주차할 생각을 하니 기가 막혔다. 망연해하는 내 얼굴 표정을 살피던 담당자는 제안을 하나 했다. 자동차 등록 서류에 변경 내용을 기재하고 서명해주면 자기가 책임지고 발송할 터이니 그런 조건으로 지금 주차증을 발급해주겠다는 것이다. 자신이 서류를 보내면 분명 자동차 등록이 변경될 터이니 현재는 발급 요건이 미비하지만 며칠 내로 보완될 것이라는 말이었다. 일의 순서를 조금 바꾸는 것이긴 해도 규정을 어기는 것은 아니라는 게 담당자의 생각이었다. 굳이 그렇게 하지 않아도 누구한테 욕먹을 일이 아닌데도 불구하고 민원인의 편리를 생각해 한 제안이었다. 사소한 일이었지만 내가 영국에서 처음 겪은 공무원의 융통성 있는 업무 자세는 30여 년이 지나도 잊히지 않는다.

수년 전 런던 중심가 한국 식당을 대상으로 런던의 몇 개 구청이 공동으로 공청회를 한 적이 있다. 주안점은 식당 내에서 일상적으로 쓰던 '가스 부스터'라 불리는 휴대용 가스렌지 때문이었다. 탁자 위에 올려놓고 손님들 앞에서 불고기나 갈비를 굽고 각종 찌개를 끓이기 위해 한국에서 가지고 온 가스버너가 구청 안전점검원들에게 지적받은 것이다. 지적 이유는 폭발의 위험 때문이 아니었다. 휴대용 가스렌지들이 유럽연합가스 안전마크를 획득하지 않은 것도 문제였지만 그것보다는 종업원들의 건강 때문이었다. 휴대용 가스렌지는 야외용이라 가스통에서 나온 가스가 완전연소 되지 않는다는 지적이었다. 손님은 일정 시간 지나면 가기 때문에 문제가 없지만 장시간 가스에 노출되는 종업원들의 건강을 위해서 사용을 불허할 수밖에 없다는 뜻이었다. 그냥 사용 중단을 통보하면 그만이었는데 구청들은 공청회를 열어 설명하고 식당들과 같이 대책을 협의했다. 그러고는 일정 기간을 줄 테니 개선하라고 했다. 결국 런던 시내 한식당들은 휴대용 가스렌지를 모두 전기그릴이나 도시가스 구이판으로 바꾸었다. 무조건 규제하는 것이 아니라 설명하고 대책을 같이 마련하고 그를 위해 충분한 시간을 주는 점은 놀라웠다.

규제에 도전장을 내밀다

이 이야기는 내가 겪은 가장 나쁜 경험이다. 내가 십수 년 전에 인수해서 운영하는 식당은 10년 이상 잘 영업하고 있었다. 그런데 갑자기 2013년 가을 구청의 주방 안전 담당이 점검을 나와서 가스레인지에 부착되어 가스가 공급되는 파이프가 규정보다 작다면서 전체 교체를 요구했다. 지금까지 수많은 검사에서도 문제가 없었는데 왜 그러느냐고 항의해도 요지부동이었다. 결국 파이프를 울며 겨자 먹기로 바꾸기로 하고 견적을 받아보고는 깜짝 놀라서 뒤로 넘어질 뻔했다. 영업용 기술자들은 가정용 파이프 공사비의 딱 3배를 제시했다. 혹시 하는 마음에 다른 업체 2군데에 더 견적을 받아도 동일했다. 이런 식당 가스파이프는 가스 취급 자격증을 가진 사람이라고 아무나 하는 것이 아니라 반드시 영업용 가스 취급 자격증을 가지고 해당 구청에 등록된 소수의 기술자만 하게 되어 있었다. 선택의 여지가 없는 정말 '공급자 시장' 가격이었다. 구청과 기술자들 간 대단한 짬짜미가 작용했다고 볼 수밖에 없었다. 영업용 기술자만이 해야 하는 복잡한 일도, 특별한 기술을 필요로 하는 일도 아님은 누가 봐도 알 수 있었다. 억울했지만 어쩔 수 없이 거액 7200파운드(1300만 원)를 들여 수리했다.

그런데 그 공사 내역이라는 게 초라하기 그지없다. 3미터의 가스파이프 교체와 가스레인지 몇 개와의 연결부위 부품과 밸브, 마개 등의 교체가 전부였다. 겨우 이틀 작업에 1000만 원이 넘는 돈을 들인 것을 정상적인 사고를 가진 사람들이 이해할 수 있을지 모르겠다.

🔍 **Keyword 32 : 국가의료보험제도**   Search

고도의 무상 치료로 유명한 영국의 의료보험제도는 시대의 흐름에 따라 변하고 있다. 영국인 성인 인구의 63퍼센트가 비정상 체중이며 비만 치료 목적의 공짜 위 수술이 재정을 약화시켰다는 분석이 최근 발표되었다.

과체중에 짓눌린 의료 재정

'비만과의 전쟁'. 영국은 아무리 급해도 이런 자극적인 문구를 쓰진 않는다. 하지만 요즘 영국 언론의 비만Obersity 문제에 대한 논조와 정부 정책을 보면 이런 자극적인 문구가 자연스레 떠오른다.

2014년 11월 말 영국의 주요 언론들은 맥킨지 조사보고서를 인용해 영국민의 비만이 심각함을 대대적으로 보도했다. 《가디언》은 '비만으로 인한 사회비용이 470억 파운드(82조2500억 원)로 전쟁과 테러방지 비용을 넘어섰다'라는 제목으로 그 내용을 상세하게 다루었다. 《가디언》에 따르면 NHS에서 비만으로 부담하는 의료 직접비용이 연간 60억 파운드이고 당뇨가 100억 파운드라고 했다. 비만이 흡연으로 인한 경제력 상실 다음으로 영국 국내총생산GDP 감소에 큰 영향을 끼친다는 것이다. 비만으로 인한 손실액은 GDP의 3퍼센트에 이른다고 한다. 흡연의 경우는 2012년 영국 경제에 570억 파운드의 손해를 끼쳤고 이는 영국 GDP의 3.6퍼센트에 해당한다. 한편 테러리즘과의 전쟁은 GDP의 2.5퍼센트에 해당하는 손해를 끼친 것으로 추산됐다.

맥킨지는 44개의 방지 대책을 통해서만 앞으로 10년간 전체 인구의 20퍼센트나 되는 비만 인구를 정상으로 돌려놓을 수 있다고 했다. 그렇게 하면 매년 160억 파운드를 절약하고 7억6600만 파운드의 NHS 예산을 줄일 수 있다고 강조했다. 비만으로 인한 NHS 의료경비는 2014년 60억 파운드에서 점점 늘어나 2030년이 되면 120억 파운드가 될 전망이다. 현재 영국인의 25퍼센트가 고도비만이고 38퍼센트가 비만이어서 성인 인구의 63퍼센트가 정상체중이 아니다. 특히 여성의 비만은 심각할 정도이다. 한때 《프랑스 여인은 왜 비만하지 않은가》라는 책이 베스트셀러가 된 적도 있다. 1993년에는 15퍼센트만 비만이었으니 20년 사이에 4배도 넘게 증가했다. 영국 10세에

영국인들 63퍼센트가 정상체중이 아니라는 조사가 발표됐다.

서 11세 사이 어린이 중 20퍼센트가 비만으로 2014년 기준, 10년간 아동 비만이 4배나 늘었다. 이런 식으로 가면 2050년쯤 영국 성인 남성의 60퍼센트, 여성의 50퍼센트, 영국 소년 55퍼센트와 소녀 70퍼센트, 어린이들의 25퍼센트가 비만이 된다는 끔찍한 통계도 나온다. 지금도 영국 어린이가 유럽 어린이 중에서 가장 뚱뚱하다. 1950년대에는 영국인의 평균 체중이 51킬로그램이었으나 지금은 67킬로그램이라는 수치도 있다. 60여 년 만에 32퍼센트가 는 셈이다.

의료 재정을 악화시킨 공짜 위 수술

물론 이는 영국만의 문제는 아니다. 전 세계에 21억 명, 즉 30퍼센트가 비만이거나 고도비만이다. 그 비율은 2030년이 되면 거의 50퍼센트에 이를 것이라는 전망이다. 멕시코의 경우는 인구의 4분의 3이 비만이거나 고도비만이다. 2001년 9·11 테러가 발생한 지 한 달 뒤 미국 보건복지부 장관은 '애국의 표시as a patriotic gesture'로 모두 10파운드(4.5킬로그램)씩 체중 감량을 하자고 호소한 적이 있다. 당시는 9·11 테러로 미국이 시끄러울 때였는데 미국 공중위생국장은 "미국은 현재 2개의 전쟁을 치르는 중인데 테러와의 전쟁이 하나요, 다른 하나는 '우리 안의 테러the terror within', 즉 '비만과의 전쟁'"이라고 선포할 정도였다. 테러리스트만 사람을 살상하는 것이 아니라 비만이 매일 보이지 않는 곳에서 더 실질적으로 국민을 살상하는 살인자라는 취지였다.

영국도 비만 문제가 경고의 정도를 넘어 위기로 치닫고 있는 형편이다. 그래서 영국 언론은 지금부터라도 이 문제에 심각하고 진지하게 대처해야지 그냥 놔두면 국민 건강 위협과 NHS 파산이라는 엄청난 재앙을 막을 수 없다고 강조하고 나섰다. 더불어 비만 문제는 시한폭탄 같아 위험성이 매일 증가한다며 긴박성도 강조했다. 그러면서 영국 정부의 비만방지대책은 너무 소홀하고 단편적이라고 비판하고 나섰다. 비만방지대책에 겨우 6억3800만 파운드를 사용하고 있는데 이는 '사회적 비용(social cost: 사회 전체가 안고 있는 당면한 문제를 해결하는 데 드는 비용)'의 겨우 1퍼센트에 지나지 않는다는 것이다. 또 비만 치료에 쓰이는 연간 60억 파운드와 당뇨 치료에 쓰이는 100억 파운드의 의료비와 비교하더라도 비만방지대책 비용이 너무 적다는 말이다. 이런 비판에 직면해 영국 정부도 고지방세fat tax와 설탕세금을 신설해서 비만방지대책 자금으로 쓰겠다는 정책을 추진 중이다. 설탕과 지방의 상품 함유량에 따라 부가세 같은 방식으로 세금을 매기겠다는 것이다.

사실 에볼라와 에이즈에 관한 보도가 끊임없이 나오는 영국에서 '조용한 살인자' 비만은 자주 다루어지지 않는다. 보통 '조용한 살인자 질환silent killer disease'을 거론할 때도 고혈압, 당뇨, 혈관질환, 암 등을 지칭할 뿐이지 이런 병들의 제일 중요한 원인이 비만이라는 점은 간과하고 지나간다. 그래서 전문가들은 정부가 특별대책 조직을 만들어 비만에 대처하라고 충고한다.

최근 영국 정부가 취한 비만과 관련한 중요한 조치 중 하나는 비만으로 인한 건강상의 이유로 위축소수술을 받을 자격을 완화하는 규정을 발표한 것이다. 구체적으로 당뇨병을 앓고 있으며 체질량지수BMI: Body Mass Index 30을 넘는 사람들에게 위축소수술을 해주게 기준을 낮추었다. 이렇게 되면 새로 88만 명이 위축소수술을 받을 자격이 생긴다. 제2형 당뇨로 인한 비만 인구 300만 명도 새로운 위축소수술 대상이 될 수 있도록 했다. 그러자 NHS에 비상이 걸렸다. 위축소수술에 돈을 쓰다가 안 그래도 부족한 재원이 더 빠르게 고갈될 수 있다는 우려 때문이다. 《가디언》은 영국 정부가 위축소수술로 비만 인구를 줄이려 하기 전에 비만방지대책에 돈을 들이는 것이 장기적으로 훨씬 이득이라고 했다. 그러나 영국 정부는 제2형 당뇨·비만 환자의 체중조절은 매우 중요하기에 더 이상 시간을 지체하지 않고 이들에 대한 위축소수술을 시행하겠다는 입장이다.

비만에 관한 맥킨지 보고서와 연관해《데일리메일》은 영국에서 2014년 기준으로 10년간 체중조절 목적의 위축소수술 건수가 연간 기준 16배나 늘어났다고 보도했다. NHS의 발표에 의하면 2003년의 경우 509명이 의료적 이유로 각종 '체중조절 목적 수술'을 받았다. 그런데 2011~2013년 3년 동안 이 수치가 2만4440건으로 늘어났다. 이런 식으로 고도비만자의 위축소수술이 늘어나면 실제 NHS가 파산할 수 있다는 전망까지 나온다. 위축소수술 기본 수술비는 6000파운드 정도이며 경우에 따라 1만5000파운드까지 늘기도 한다. 특히 위축소수술의 일종인 위밴드수술은 지난 30년간 10배가 늘었다. 1년에 NHS에서만 8000건의 수술이 이루어지고 사립병원에서는 그보다 더 많은 수술이 이루어진다. 심지어 13세 소년을 비롯 2011년부터 3년 사이 영국에서 62명의 청소년이 고도비만으로 위밴드수술을 받았다. 또 70세에서 80세 사이의 고령은퇴자 233명도 수술을 받았다.

이렇게 경비가 많이 드는 위축소수술을 왜 NHS에서 해주어야 하느냐에 대한 국민적 합의는 아직 이루어지지 않았다. 운동과 절식 등의 자기절제로 충분히 체중조절이 가능한데도 고액의 경비가 드는 수술을 해줄 이유가 없다는 의견이 많다. 그래도 영국 정부가 수술 기준을 완화한 이유는 '그렇게 밖에 할 수 없는 이유'가 있기 때문이다. 첫째는 고도비만자들이 자신의 체중을 줄여 건강을 회복하겠다는 의지가 없다고 해서 이들의 건강상 위험을 방치할 수는 없다는 인간적인 이유다. 모든 사람이 자기제어를 잘할 수 있는 것은 아니라는 점을 인정한다면 수술을 해주지 않을 수 없다는 뜻이다. 현실적인 이유도 있다. 고도비만 환자를 방치해서 나중에 합병증과 함께 상태가 악화되었을 때 드는 경비 부담은 지금의 위축소수술 경비보다 훨씬 더 크다는 것이다. 결국 호미로 막을 것을 가래로도 못 막는 사태로 키우지 않겠다는 정책이다. 항구적인 비만 대책이 세워지기 전 우선 시급하게나마 비만으로 인한 더 큰 비극적 사태를 거액이 들더라도 막아보겠다는 게 영국 정부의 심산이다. 영국 정부의 화급한 심정이 보인다.

위 수술이 어떻게 비만을 치료하나

가수 고 신해철 씨의 의료사고로 한국에도 관심이 높아진 체중조절을 위한 위축소수술에는 몇 가지 종류가 있다. 위축소수술의 기본 목적은 대부분 위장 크기를 줄여 적은 음식량에도 포만감을 느끼게 만들자는 것이다. 더 이상 먹을 수 없다는 신호를 위가 뇌에 보내어 과다 섭취를 막게 하는 데 그 목적이 있다. 위 크기의 75퍼센트는 음식물 저장용이기 때문에 크기를 줄여도 문제가 있는 것은 아니다. 이런 수술은 방법에 따라 위밴드gastric bands, 위우회gastric bypass, 위절제stomach staples, 위풍선gastric balloons, bubbles수술 등이 있다. 이 중 가장 선호되는 방식이 위밴드수술인데 위와 식도가 이어지는 부분에 위밴드를 둘러 위아래 위장을 20 대 80 정도로 나눈다. 음식이 위의 작은 윗부분에 들어와 차면 더 이상 먹을 수 없게 된다. 그러고 나면 윗부분의 음식이 밴드로 인해 좁아진 통로를 통해 천천히 아랫부분 위로 내려가서 소화가 되므로 음식 섭취량이 준다. 그렇게 해서 체중은 점차 줄어든다. 신해철 씨가 했다고 알려진 수술 방식이다.

다음이 위소매절제술이다. 위의 크기를 아예 80퍼센트 정도 잘라내버리는 방식이다. 일단 수술 후에는 복원이 안 되고 수술이 오래 걸리고 위험 요인이 많으나 체중조절 효과가 가장 높다. 위우회수술도 있다. 식도와의 연결 부위와 가까운 쪽의 위를 조금 남기고 분리해 소장과 바로 연결하는 방식이다. 음식 섭취와 흡수를 동시에 줄일 수 있다.

위풍선수술도 있다. 풍선을 입으로 집어넣어 위에서 위장 크기의 70퍼센트 정도로 부풀려 사실상 위 크기를 줄이는 방법이다. 풍선을 집어넣는 시간도 10분에 불과하고 전체 수술 시간도 한두 시간이면 충분하다. 필요 없다고 생각하면 바로 풍선을 빼낼 수 있다는 장점도 있다. 삽입 후 위장이 불편할 수 있으나 투약으로 진정시킬 수 있다. 이 방식은 풍선을 영구적으로 위 안에 넣어두는 것이 아니라 적절한 양의 음식을 섭취하는 습관을 들이도록 도와주기 위한 방식이다. 경비도 적게 들고 위험부담도 적어 많은 영국인이 이 방식을 따르게 될 것이라는 전망도 나온다.

위축소수술은 보통 수술 후 3년간 체중을 반으로 줄이는 것을 목표로 한다. 결국 천천히 체중을 줄인다는 뜻이다. 대개의 경우 주당 1킬로그램에서 500그램이 빠진다. 12~18개월 동안 줄어들고 나면 더 이상 잘 줄지 않는다. 주당 1킬로그램이 줄었다면 1년간 50킬로그램이 줄어든다는 뜻인데 고도비만 환자들의 체중이 대개 150킬로그램 이상임을 감안하면 이 수술 후에도 여전히 100킬로그램이나 나가는 거구라는 뜻이 된다. 그래도 그 정도면 생명 위험의 단계는 벗어났다고 봐야 한다. 이때부터가 자신의 노력, 즉 운동이 필요한 시기이다. 위축소수술을 했다고 아무런 노력 없이 만족할 만한 체중 절감 효과를 이룰 수 있는 건 아니다. 그래서 수술 후 자기 절제가 아주 중요한 역할을 한다.

위장 수술을 해서 음식을 조금만 먹어도 포만감을 느끼는 신체구조가 되었지만 신경호르몬 배출 구조나 정신적인 포만감 충족의 체재에 변화가 있는 것은 아니다. 수술 후 분명 신체적으로는 포만감을 느낌에도 불구하고 음식에 대한 욕구가 줄어들지 않는 경우도 많다. 한 번에 적게 먹을 수밖에 없으니 조금씩 하루 종일 음식을 달고 살거나, 양은 적으나 고칼로리 음식을 계속 섭취하는, 의학 용어로 '속임수cheating'라고 부르는 방법을 쓰면 고비용의 수술도 아무런 효과가 없다. 그래서 고도비만의 경우는 수술과 심리적인 조치를 같이 진행해야 한다. 수술 전 비만으로 인한 우울증이나 스트레스를 갖고 있던 경우 수술 후 체중이 많이 줄었다고 바로 증상이 고쳐지지 않는 경우도 많다. 결국 위축소수술이 기적을 낳는 것은 아니고 최종적으로는 자신의 의지에 모든 것이 달렸다는 말이다. 실제 영국에서는 이런 어려운 수술을 하고도 체중조절에 실패한 사례가 상당히 많다.

제도를 악용하는 도둑 환자들

NHS는 체중 관련 위축소수술과 관련해 또 다른 골칫거리에 직면해 있다. 비만을 줄이기 위한 위축소수술은 비만이 개인의 건강을 위협하는 경우에만 NHS가 비용을 부담하게 되어 있다. 물론 여기에는 엄격한 기준이 있다. 그런데 문제는 이 기준에 해당하지 않는 사람들도 수술을 요구하는 상황이 벌어지고 있다는 점이다. 크게 비만도 아니어서 건강을 해칠 수준도 아니고 자신이 운동하고 음식조절만 잘하면 체중을 줄일 수 있는 사람들이 수술을 요구하기 때문이다. 굳이 힘들게 노력해서 체중을 뺄 게 아니라 위축소수술로 쉽게 날씬해지려는 속셈이다. 이들은 의학적으로 문제가 없다는 판정이 나와도 자신의 외모가 다른 사람보다 뚱뚱해서 위축감을 느껴 사회생활이 어렵다는 이유부터 시작해 자신감 상실로 인한 우울증, 스트레스, 대인기피증 같은 온갖 이유를 들먹이며 자신도 수술을 받아야 한다고 고집한다. 뿐만 아니다. 미용을 위한 각종 성형 요구까지 한다. 많은 경우가 거의 실소를 금할 수 없을 정도의 이유지만 이들은 신체 각 부위를 NHS가 공짜로 수술해주어야 마땅하다고 주장한다.

아름다워지기 위한 공짜 수술 희망자들은 자신의 목적을 이루기 위해 수단과 방법을 가리지 않고 첫 공략 대상인 자신의 담당 가정의를 괴롭힌다.

전형적 방법인 읍소부터 시작해서 뇌물성 선물공세, 행복추구권까지 들먹이며 소송도 불사하겠다고 나온다. 자살 협박까지 한다. 가정의들로서는 오래된 고객의 요청을 거절할 수 없고 워낙 설득 방법이 다양하고 집요해 거의 포기 상태로 전문의에게 바통을 넘기고 만다. 일단 가정의의 추천이 들어온 경우는 전문의도 승인할 수밖에 없다는 맹점을 이용하는 셈이다. 영국 전역의 가정의들은 이런 공짜 요구 성형 환자들 때문에 몸살을 앓는다. 의사들은 저렴한 경비로 쉽게 시술되는 사마귀 제거수술 같은 경우는 거의 환자의 요청을 받아들인다. 체지방흡입, 코수술, 유방축소 요청도 반 이상이 승인되어 수술이 행해진다. 그나마 유방확대수술은 전체 환자 요청의 20퍼센트 정도만 승인되었다. 아름다워지기 위해 수단과 방법을 안 가리는 것은 정말 영국인답지 않은 모습이다. 학자들은 이를 TV가 만들어낸 새로운 유형의 영국인이라고 평한다.

2009년부터 5년간 18세 이상 성인을 대상으로 NHS가 부담해 시행한 성

영국의 국가의료보험제도 NHS는 고도의 무상 치료를 지원해왔다.

형수술이 1394건이다. 이 중 유방확대수술이 24퍼센트로 제일 많았고 유방축소수술도 11퍼센트나 되었다. 공짜 성형수술 중 3분의 1이 넘는 35퍼센트가 유방과 관련한 수술이었다. 영국인들의 미에 대한 기준에서 유방이 차지하는 비중을 그대로 보여주는 수치다. 그다음이 사마귀 제거(18퍼센트), 코 성형(7퍼센트), 귀 성형(5퍼센트) 순이었다. 이렇게 보면 영국인의 성형수술은 얼굴뿐만이 아니라 거의 몸매 성형임을 알 수 있다. 수술자 중 24퍼센트는 조건이 되지 않았는데도 정신적 이유를 들어 수술이 가능하게 되었다고 한다. 정신적 이유 중 41퍼센트는 자신의 외모로 인한 심리적 문제를 내세운 거짓말이 통했다는 고백도 나온다.

제도 악용이 분명한 이 같은 성형으로 NHS의 부담은 기하급수적으로 늘었다. 나이 들어 처진 눈꺼풀 수술도 지난 10년간 39퍼센트가 늘어 2012~2013 회계연도에만 4966건의 수술이 이뤄졌다. 여기에 든 돈만 1990만 파운드(348억 원)나 된다. 이건 어떤가? '페이스리프트facelift'라고 불리는, 얼굴에 생긴 주름을 당겨 펴주는 노안 주름 성형도 1137건(10년 전에 비해 111퍼센트가 증가)이 이뤄졌고 850만 파운드가 쓰였다. 또 유방확대수술 1만504건(145퍼센트 증가)에 5250만 파운드, 지방흡입술에 1000만 파운드의 NHS 예산이 들었다. 이런 수술 모두가 자신의 행복추구권을 앞세워 '내가 아름다워야 행복하고 국가는 개인의 행복추구를 도와주어야 한다'라는 이해할 듯하면서도 이해 못할 이유를 들먹인 똑똑한 사람들만 혜택을 받았다. 영국의 보건복지부 장관은 성형 기준을 더욱 엄격하게 정해 시행하겠다고는 하지만 영국 언론은 현실성이 별로 없는 장관의 희망사항에 불과하다고 지적한다. 지키는 사람이 아무리 많아도 도둑 한 명은 못 잡는다는 말이다.

> 🔍 **Keyword 33 : 복지개혁**　　　　　　　　　　　Search

국가 재정에 악영향을 끼친 지나친 사회복지에 대해 캐머런 총리는 2010년부터 개혁을 시작했다.

영원한 복지 천국의 종말

2015년 단독 과반수로 재집권에 성공한 영국 보수당 정부가 내놓은 120억 파운드 절감의 야심 찬 복지개혁법안이 7월 20일 하원 제2독회에서 승인을 받으면서 개혁의 첫걸음을 뗐다. 찬성 308표, 반대 124표의 압도적인 표차로 통과했으니 보수당은 축배를 들 만하다. 그러나 실상을 들여다보면 그렇지만은 않다.

영국 하원 의석 650석에서 이번 투표에 참여한 숫자가 찬반 합쳐서 432표이니 의원 3분의 1이 불참석했거나 기권했다. 영국 의회 의원들은 특별한 경우가 아니면 기권을 하지 않는 것으로 유명하다. 영국 야당 의원들이 자주 쓰는 "반대를 등록한다register the opposition"라는 말도 비록 자신의 반대가 과반수에 밀린다 하더라도 확실하게 반대를 표명하고 투표해서 유권자들에게 자신이 어떤 결정을 했는지를 분명하게 알려야 할 의무를 다한다는 뜻이다. 이런 전통은 노동당 의원의 20퍼센트에 해당하는 48명이 당의 정책인 기권에 항명해서 반대표를 던진 데서도 확인된다. 당시 당 대표 선거가 2개월이나 남은 시점에서 당을 혼란에 빠뜨린 반란표 의원 중 하나가 "유권자들은 우리를 기권하라고 의회로 보내지 않았다"라고 한 말에서도 알 수 있다. 보수당 입장에서도 기분이 그리 좋지 않은 승리라는 말이다.

보수당이 축배를 들지 않는 또 다른 이유는 제2독회 통과는 일차 관문에 불과하기 때문이다. 최종 확정되어 실행에 들어가기까지는 길고도 까다로운 절차를 거쳐야 한다. 이렇게 영국의 입법절차는 복잡하고 불필요한 듯한 절차를 너무 많이 거친다.

오래 걸리고 복잡한 영국 입법절차들

제2독회는 법안의 상세한 내용을 검토하는 것이 아니다. 그냥 전체적인 법안 개요와 제정 취지만 치열하게 검토하고 논의한다. 이 단계에서 일단 투표를 하긴 하지만, 상징적인 절차에 불과하다.

이후 '공공법사위원회'에서 여야가 머리를 맞댄 채 조항 하나하나를 검토, 수정, 합의한 다음 법안으로 다시 완성하여 위원회 '보고 단계 reporting stage'로 넘긴다. 여기서 대다수의 의원이 발언을 하고 의견을 내서 다시 수정을 거친다. 이 단계가 가장 오래 걸린다. 그다음이 최종단계인 제3독회다. 보고단계에서 수정 합의된 법안을 다시 토의 심의한다. 그러고선 재차 하원 전체회의에서 투표를 한 다음 통과되면 상원으로 넘긴다. 상원에서도 하원과 똑같은 절차를 거친다. 그렇게 해서 상원을 통과한 법안은 하원으로 돌아오고 여기서 최종적으로 '수정고려 consideration of amendments' 절차를 밟아야 한다. 만일 이때 조그만 수정이라도 가해지면 법안은 다시 상원으로 돌아가고 상원이 그 조항을 다시 수정하면 하원으로 돌아오고 하는 탁구공 절차가 계속될 수 있다. 그렇게 해서 상하원이 모든 법 조항 문구 하나까지 완벽하게 동의하면 왕에게 보내져서 '국왕의 재가Royal Assent'를 거친 뒤 법이 완성된다.

이런 절차를 거치는 과정에서 여야 간에 소위 토론, 반박, 협상, 양보, 타협이 수도 없이 이루어지므로 시간도 많이 걸리고 지루하다. 이런 절차를 거치면서 어느 정도는 합의된 법안을 만들어내는 것이 영국 의회의 법 제정 절차이다. 그렇게 해서 다수의 횡포로 법안을 밀어붙여 정국을 냉각시키는 일이 일어나지 않게 하는 합리적 절차이다. 이런 절차는 민주주의의 가장 취약점인 다수에 의한 일방적 결정의 오류를 막을 수 있다. 오랫동안 인내를 가지고 충분히 토의해서 가능하면 소수의 의견이 포함된 법안을 만들어내려는 의도를 품은 제도다. 과반수의 여당도 일방적으로 밀어붙이지 못하고 절차를 안 밟을 도리도 없다. 결국 민주주의는 인내와 타협과 양보의 산물임을 보여주는 셈이다.

그런데 법 제정의 마지막 단계인 왕의 재가도 쉽지 않는다. '영국 왕은 군림하되 통치하지 않는다' 하여 국왕의 재가도 그냥 요식행위라고 알려져 있지만 그렇지 않은 경우도 많다. 정보공개법에 의한 요청에 따라 2013년 1월에 총리실이 공개한 문서를 보면 엘리자베스 여왕은 법안 36개를 거부했고 심지어는 1999년 토니 블레어 정부의 이라크 참전법안에 반대해서 정부가 상당 기간 애를 먹은 적도 있다. 찰스 왕세자 또한 자신의 이해와 관련이 있는 법 20건을 거부해 자신의 의견을 관철시키기도 했다.

복지를 바라보는 서로 다른 시각

이처럼 제2독회라는 첫 관문을 통과해도 복지개혁법이 실제 법으로 시행되기까지는 오랜 기간이 걸리므로, 복지개혁법 개혁안 통과에 반대한 야당들이 분노하거나 한탄하지 않는다. 앞으로 얼마든지 바꿀 시간이 있다고 보기 때문이다. 당시는 노동당의 신임 당수 선거가 9월에 치뤄질 예정이었는데 좌파 성향의 당 대표가 선출될 전망이어서 보수당으로서도 많은 타협과 양보가 예상되었다. 더군다나 2015년 총선에서 새로 선출된 노동당 초선의원들 절반 이상이 좌파이고 이들이 복지개혁법 항명에 대거 참여해 앞으로 노동당의 정책 방향은 토니 블레어 전 총리의 희망과는 달리 좌향좌 할 것임이 거의 확실시되었다. 한편 지금까지 영국을 지탱해오던 가장 큰 가치인 복지국가에 대한 개념을 통째로 바꾸는 복지개혁안을 국민과 정부 혹은 국민과 사회와의 관계를 정립하는 '신계약New Contract'이라고까지 부른다.

제2독회의 투표과정에서 일어난 노동당 의원들의 항명 사태를 살펴보면 향후 5년간의 정치가 보인다. 노동당 임시지도부는 분명 이 개혁안이 노동당의 역사적인 전통 가치에 반할 뿐만 아니라 자신들의 지지기반인 서민 노동자 계급의 복지를 해치는 것이라 그대로 받아들일 수가 없었다. 그렇다고 무작정 반대만 할 수도 없었다. 현재의 복지제도는 지속 불가능해서 개혁이 불가피하다기 때문이다.

더군다나 복지축소라는 비인기 정책을 지난 5년 동안 줄기차게 밀어붙이고도 영국의 장래를 위해 이를 지속해야 하니 자신들에게 다시 집권의 기회를 달라는 보수당의 명분을 국민이 압도적으로 지지했다. 지난번 총선에서 드러난 이런 국민 의사를 무시하고 무조건 반대표를 던질 수 없었다는 것이 당시 노동당 임시지도부의 고민이었다. 그렇지 않으면 보수당 표현대로 '지속 불가능한 퍼주는 복지에만 신경 쓰고 인기에만 관심 있는 무책임한 정당'이라는 누명을 쓸 수밖에 없었다.

보수당은 노동당이 대다수 국민에 반하는 정당이라고 몰아붙였다. 보수당은 '가진 자와 못 가진 자'로 가르지 않고 '일하는 자와 일하지 않는 자'로 가르며 노동당을 공략했다. 보수당의 전략은 아주 주효했다. '노동당은 아직도 더 많은 복지, 더 많은 공공채무, 더 높은 세금을 원하는 정당'이라고 몰아붙여 총선에 승리했고 그런 이유로 자신들이 패배했다고 인정한 노동당 임시지도부의 정책이 기권을 권한 게 되었다. 결국 복지개혁 중 일부는 노동당도 찬성하는 의견이 있으니 일단 기권으로 의사만 표현하자는 쪽으로 당론이 모아졌다.

캐머런 총리가 '영국은 일하는 사람에게 보상한다'라는 취지의 복지개혁안에 대해 연설하고 있다.

그럼에도 대규모 항명 사태는 예견됐다. 과연 몇 명이 항명을 하고 반대 투표를 할 것인지가 관심 사항이었다. 나름대로 책임 있는 정당으로서의 체모 때문에 정한 기권 당론에 232명의 소속 의원 중 20퍼센트에 해당하는 48명만이 항명을 했다. 다음 런던 시장 노동당 후보로 확실시되는 당 중진부터 9월에 돌풍을 일으키며 당 대표로 당선된 제러미 코빈도 당명을 어기고 투표에 참여해 반대표를 던지는 대규모 항명사태를 유발했다.

복지개혁으로 깊은 고민에 빠진 노동당

어찌되었건 이번 복지개혁법안을 대하는 노동당의 고민은 2가지다. 지난 노동당 정권에서 사회복지 혜택을 과하게 퍼주어서 현재 어려움에 처했다는 보수당 정권의 주장에 언론과 여론이 동조하고 있다는 사실이 지난 총선을 통해 드러났다. 폭발적 속도로 늘어나는 고령인구나 세계적 경제 불황으로 인한 실업자의 증가와 세수 감소가 노동당의 잘못만은 아니다. 그러나 보수당은 이 모든 사태의 원인이 노동당에 있다며, '이런 걷잡을 수 없고, 유지불가능하고 불공정한 복지제도를 물려받은' 보수당 자신들은 어쩔 수 없이 뼈아픈 개혁을 감행해야 한다는 이유를 댄다. 문제는 노동당이 이를 정면으로 반박하기 어렵다는 것이다.

뒤늦은 자성론도 나온다. 노동당 대표 후보 중 1명은 이런 주장을 했다. "유권자들에게 우리가 변했음을 보여주어야 한다. 유권자들은 노동당은 돈에 관해서는 못 믿겠고 복지개혁도 할 수 없을 거라고 말한다. 만일 우리가 지금도 복지개혁에 대해 눈을 감고 무조건 반대만 하면서 지난 5년간 지속해온 논쟁만 계속한다면 또다시 같은 결과(총선 패배)를 만날 것이다. 보수당과 다른 믿을 만한 복지개혁안을 내놓아서 국민의 신뢰를 회복해야 한다."

그동안 영국의 복지제도는 보수당 표현에 의하면 "거의 퍼주다시피 했고 국민들은 거기에 익숙해져서 복지의 덫에서 헤어나지 못했다"라고 해도 과언이 아니었다. 보수당이 주장하는 영국 복지개혁의 이유를 전부 들 필요는 없지만 하나만 본다면 2003년 5000억 파운드도 안 되던 복지 관련 금액이 2012~2013년 회계연도에는 1조1850억 파운드에 도달했다. 10년 만에 2배도 넘게 늘어났다. 이런 복지 금액의 증가에는 노령인구의 급격한 증가도 큰 영향을 미친다. 2020년이 되면 70세 이상 인구가 2015년보다 140만 명 더 는다. 이 연령대는 NHS에 가장 부담을 많이 준다. 뿐만 아니라 연금을 비롯한 각종 사회복지 혜택에도 돈이 많이 든다. 노령인구의 증가는 지금부터가 시작이다. 현재 영국의 70세 이상 인구는 2015년 12.5퍼센트, 2020년 14퍼센트, 2025년 15퍼센트, 2030년 16.5퍼센트에 달할 전망이다.

또한 노동 가능한 연령의 가족을 가진 가구가 받는 복지혜택이 1980년에는 전체 공공예산의 8퍼센트였는데 2010년에는 거의 13퍼센트에 도달했다. 결국 여기에 든 총액이 20억 파운드이고 25만 가구 한 집당 8000파운드의 혜택을 받는 셈이다. 영국 인구는 세계 인구의 1퍼센트에 불과한데 세계 부의 4퍼센트를 가지고 있고 세계 복지예산 총액 중 7퍼센트를 쓰고 있다. 세계 평균으로 볼 때 7배는 많은 복지혜택을 누리고 있다는 뜻이고 동시에 개혁하지 않으면 도저히 지속할 수 없는 제도라고 보수당은 말한다. 2010년에는 영국의 20퍼센트의 가정에 아무도 일하는 사람이 없었다. 140만 명이 지난 10년간 일해본 적이 없고 공공임대주택 단지에 사는 가구의 거의 반이 아무도 일을 안 하고 있었다.

런던 워털루 기차역의 한 노숙자. 영국의 노숙자는 10만 명으로 추산된다.

더군다나 런던 밖의 가구 중 40퍼센트는 연수입이 2만 파운드가 안 된다. 그래서 영국 가정 20퍼센트에 해당하는 가정에 연간 지급되는 복지혜택 총액을 런던 내는 2만3000파운드, 런던 밖은 2만 파운드로 줄였다. 일하는 사람들보다 복지혜택을 더 줄 수는 없으니 생활비가 모자라면 나가서 일을 하라는 뜻이다. 이런 식으로 일하는 가정보다 복지혜택에 기대어 잠자는 가정을 일깨워 일자리로 보내겠다는 보수당의 생각이 담긴 게 복지혜택 개혁 법안이다. '복지의존의 악순환에 갇힌' 영국을 어떤 반대를 무릅쓰고라도 구해내겠다는 사명감과 확신에 가득 찬 정책이다. 보수당 골수분자들은 인간은 누구나 자신의 힘으로 살아야지 누군가에게 기대어 산다는 것은 신의 뜻을 거스르는 일이라고까지 말한다.

그러나 최근 선출된 자민당 당수는 이 법안을 "불공정하고 현명하지도 않고 비인간적이기까지 하다"라고 비난했다. 심지어는 보수당의 이번 개혁을 '새로운 얼굴을 한 계급투쟁'으로까지 보고 있다. '정의가 아닌 이념이 만들어낸 복지축소'라고도 한다. 그해 9월에 당선된 노동당 대표 코빈은 복지개혁은 비인간적이고 비도덕적이므로 반드시 개혁을 저지하겠다고 공약하고 실제 그런 행보를 옮기고 있어 영국 정계에 먹구름이 돌고 있다. 이렇게 보수당의 복지개혁안에 반대하는 측의 말도 들어볼 만하다. 이들은 보수당의 개혁안은 자신들의 지지기반이 아닌 계급을 공격하고 있다고 주장한다. 사회의 그늘지고 허약한 사람들에게 돌아가는 직접적 혜택을 줄여 재정 적자를 메우겠다는 것이 말이 되느냐고 항변한다.

보수당의 정책을 상세히 보면 주로 각종 장애인과 빈곤층에 돌아가는 복지를 20퍼센트, 노령인구 간호에 필요한 지방정부 예산을 40퍼센트 줄이겠다는 방침이다. 그런데 이번 축소 금액 120억 파운드 중 39퍼센트가 영국 인구 중 20퍼센트에 해당하는 빈곤층에게, 29퍼센트가 인구의 7.7퍼센트인 각종 장애자에게, 15퍼센트가 2퍼센트에 불과한 중증장애자에게 돌아갈 혜택에서 줄인 금액이다. 그래서 이번 개혁으로 보통 사람들은 1년에 467파운드의 복지혜택이 감소되는 데 비해 빈곤층은 2195파운드, 장애인이 4410파운드, 중증장애인인 8832파운드를 잃는다. 이는 보통 사람들에 비해 빈곤층이 5배, 장애인이 9배, 중증장애인이 19배나 더 손해를 본다는 뜻이다. 이 말이 바로 자민당 새 당수가 말한 "불공정하고 현명하지도 않고 비인간적이기까지 하다"에 해당한다.

게다가 복지혜택 부당청구는 조세 범죄의 6퍼센트, 탈세금액의 1퍼센트에 불과함에도 불구하고 복지혜택 축소 금액은 복지부당청구 금액 총액의 22배나 된다. 복지 위에서 잠자는 사람들을 구제하고 일하는 사람들이 더 정당하게 사는 세상을 만들겠다는 이유와 상반되는 정책이다. 결국 지금까지 복지혜택은 받을 만한 사람들이 받았고 보수당이 소위 말하는 부당한 복지 수령자는 정말 적다는 통계이다. 또 매년 복지수당 미청구 금액이 170억 파운드나 된다. 제도가 복잡하고 청구절차가 어려워서 찾아갈 사람들이 못 찾아가는 실정이다. 이는 조세범죄 금액의 17배이다. 세상 모든 일이 그렇지만, 이것저것을 찬찬히 살펴보다 보면 영국 정부의 복지개혁 문제도 한눈에 파악되지 않는다.

| 🔍 Keyword 34 : 복지개혁법 | Search |

국가 재정에 위기를 가져다준 사회복지법을 개혁하기 위해 2012년 제정되고, 2013년부터 전면 시행된 법.

복지 위에서 잠자는 게으름뱅이를 깨워라

'요람에서 무덤까지'란 구호를 내걸고 1905년 전 국민을 대상으로 보편적 복지를 시작했던 영국도 경제가 어려워지자 2013년부터 역사상 가장 과감한 복지개혁을 시작했다. 영국으로서는 다른 선택이 없었다. 1950~1951년 회계연도 기간 총 예산(47억 파운드) 중 4억 파운드가 안 되던 복지예산(8퍼센트)이 2011~2012년에는 1596억 파운드(총 예산 6940억 파운드 중 23퍼센트)로 늘었다. 60년 만에 금액상으로는 거의 400배, 비율로도 3배나 는 것이다.

더욱이 '복지 시한폭탄'의 위험이 시작 단계에 불과하다는 평가가 나왔다. 누가 집권해도 복지제도를 그대로 끌고 가는 것은 불가능하다는 진단이 내려졌다. 그야말로 절체절명의 상황이었다.

보수당의 데이비드 캐머런 총리는 2010년 집권하자마자 복지에 대한 수술 작업에 들어가 2012년 복지개혁법을 제정했고 2013년 이를 전면 시행했다. 2015년 5월에 전국적으로 확대 시행한 개혁의 핵심은, 일을 해야 받을 수 있는 '일괄수당universal credit'과 온갖 명목을 붙여 퍼주던 복지수당 총액을 제한하는 '복지수당 총액 제한benefit cap' 제도이다. 이 개혁을 앞세워 2017년에는 개혁을 완료한다는 일정이다.

아직 제대로 진행되지 않는데도 불구하고 보수당은 자신들의 복지개혁 덕분에 2010년부터 2014년까지 복지부문에서 500억 파운드의 예산을 절감했다고 주장하고 나섰다. 구체적 숫자를 보면 보수당 정부의 복지개혁은 일단 성공적이다. 우선 정부 예산에서 복지 예산 비율이 과거보다 대폭 줄었다. 2011~2012년 정부 총 예산(6940억 파운드) 중 복지 비율이 23퍼센트였는데 2014~2015 총 예산(7310억 파운드)에서는 15퍼센트로 낮아졌다. 금액으로도 1596억 파운드에서 1096억 파운드로 494억 파운드가 줄었다. 참고로 다른 예산을 비교해보면 연금은 24퍼센트에서 20퍼센트, 건강은 15퍼센트에서 18퍼센트로, 교육은 8퍼센트에서 12퍼센트로 바뀌었다. 그들은 소위 말하는 '퍼주는 예산'(복지, 연금)은 줄고 '미래투자 예산'(교육, 건강)은 늘었다고 자랑한다.

특히 흥미로운 것은 이번 개혁 중 가장 중요한 조항 중 하나가 '예산으로 정한 복지 예산 총액은 무조건 지켜야 한다'라는 점이다. 2015~2016년에는 복지예산이 1195억 파운드만 집행 가능한데 어떠한 이유로도 이 금액 이상을 집행하려면 의회에 타당한 이유를 설명하고 사전 승인을 받아야 한다는 것이다. 자신들의 손을 스스로 묶어 대내외적으로 마지노선을 지키겠다는 비장한 각오를 선포한 셈이다.

복지 시한폭탄 해체에 들어간 보수당

유권자의 표를 먹고살아야 하는 보수당이 긴축재정이니 복지축소니 하는 자살행위 같은 정책을 밀어붙이는 이유는 자명하다. 이대로 가다가는 나라가 파멸로 갈 게 뻔히 보인다는 이유 때문이다. 2015년 총선 전 보수당 일부 중진들 사이에서는 야당에 패배한다는 전제하에 자신들의 개혁을 노동당이 이어 가게 하는 대못을 박는 방법까지 논의되었다. 불 보듯 뻔한 선거결과를 낳을 인기 없는 정책이라도 국가의 장래를 위해 수행해나가야 한다는 집권당의 고민이 묻어났었다. 그런 보수당 정부의 충정을 유권자들이 인정해주었는지 국민들이 노동당의 집권을 막았다.

당시 보수당 정부는 밀려날 때는 밀려나더라도 이번 기회에 '의존과 권리의 문화'에 젖은 국민에게 '더 일하면 더 나아진다'는 진리를 영국 복지 100년 역사상 처음으로 일깨워주겠다고 단단한 각오를 한 듯했다. 물론 국민이 자신들의 노력과 열정을 인정해주어 2번째로 정권을 주면 좋지만 그렇지 않더라도 제도를 확실하게 정착시켜 노동당이 집권해도 쉽게 못 고치게 하겠다는 뜻이기도 했다. 노동당도 비록 복지개혁법 제정 때는 일부 조항을 개정하기 위한 협상 수단으로 전체 기권도 하고 했지만 일단 복지개혁법이 제정되고 나서는 협조적이다. 자신들이 집권하면 정책을 전면 수정하겠다는 식으로는 안 나왔다. 노동당 그림자 내각 일원 중에는 보수당보다 더 적극적으로 개혁 얘기를 한 사람도 있었다. 복지개혁에 전면적으로 반대하는 노동당 제러미 코빈 대표는 보수당의 그런 말도 안 되는 논리에 노동당 중진마저 세뇌되어 자신들의 과오를 자인하는 식으로 처신했으니 총선에서 필패했다며 반박했다. 만일 개혁의 이유가 있다면 지난 5년간 집권한 보수당의 잘못이지 왜 그 책임을 노동당이 지느냐는 말인 것이다. 게다가 노동당은 결코 그런 식의 줄이고 자르고 없애는 식의 개혁이 아니라 적극적으로 대처해서 늘이고 살리고 만드는 식으로 복지 난국을 헤쳐 나가자고 했다.

보수당의 복지에 관한 철학은 대처 전 총리의 말에서도 잘 나타난다. 앞서 언급한 '의존과 권리의 문화' 역시 대처 전 총리가 한 유명한 말이다. 대처는 '국가와 사회에 의존하는 자세와 누구나 복지혜택을 받을 당연한 권리'가 있다는 생각이 틀리다는 것을 강조하기 위해 이 말을 자주 사용했다. 또 대처는 일하지 않는 '자격 없는 가난한 자 undeserved poor'는 국가가 돕지 말아야 한다고 매몰차게 얘기했다. 열심히 일해도 가난한 '자격 있는 가난한 자 deserved poor'는 도와야 마땅하지만 일하지 않고 도움만, 그것도 미안함 없이 당연한 듯 도움을 받으려 하는 계층은 도와서는 안 된다고 했다. 캐머런 정부는 이런 대처의 철학을 이어받아 자신도 모르게 '복지의 덫'에 걸려 '복지 위에서 잠자는 삶의 게으름뱅이들 skivers who are sleeping off a life on benefits'에게 '아침 기상 종'을 울려주어 따뜻한 침대에서 끄집어내 일터로 내보내기 위해 복지개혁을 한다고 했다.

복지의 덫에 빠진 실태

영국에서 이런 보수당이 말하는 소위 '복지의 덫'에 걸려 사는 사람들의 통계를 보면 얼마나 병이 깊게 들었는지를 실감할 수 있다. 영국 2640만 가구 중 현재 일하는 사람이 한 명도 없는 가정이 376만 가구(14퍼센트)이다. 즉 영국 총 인구(6419만 명)의 9.4퍼센트인 600만여 명이 전혀 일을 하지 않은 채 살아간다는 뜻이다. 문제는 이런 가정에 175만 명의 16세 이하 자녀들이 자라고 있다는 사실이다. 그들은 부모가 일을 안 하고도 먹고사는 모습을 보고 컸으니 그런 일상이 당연하다고 생각할 수밖에 없고 그것이 비정상적이라고도 여기지 않는다. 더 놀라운 일은 이 중 34만 가구는 가족 전원이 평생 한 번도 일해본 적이 없다는 사실이다. 정말 문자 그대로 '평생을 복지 위에 잠을 자고 살았다'는 말이다.

'가족 구성원 중 1명도 일을 안 하는 가정 workless household' 비율은 지역에 따라 크게 차이가 난다. 잉글랜드 남동부는 14퍼센트대인 데 비해 동북부는 24퍼센트에 이른다. 북아일랜드, 웨일스 지방은 20퍼센트가 넘는다. 인구의 4분의 1 내지 5분의 1이 놀고먹는 셈이다. 이들은 제대로 일할 만한 직장도 없고, 직장이 있어도 워낙 시원찮아서 일을 해도 가난을 벗어날 수도 없다고 하소연한다. 그래서 복지에 얹혀 살아가는 것이 경제적으로 정당하다고 변명한다. 이들의 변명이 전혀 일리가 없는 것은 아니다. 실제 2013년 신규 채용인원 중 63퍼센트가 비정규직이다. 이들 신규 채용 일자리 중 4분의 3이 유럽연합 국가, 특히 동유럽 노동자 혹은 외국 이민자들로 채워졌다.

그러나 이번 개혁은 임시직이든 계약직이든 무슨 일이라도 해왔던 사람과 일을 전혀 하지 않은 사람의 실업수당까지도 차별을 둘 정도로 무엇이든 하라고 부추기다 못해 무자비하게 강요한다. 지난 12개월 동안 고정적으로 일했으면 전액의 실업수당을 받지만 그렇지 않으면 일한 기간에 맞추어 수

영국 복지개혁에 반대하는 시위대.

당을 지급할 정도이다.

바뀐 제도의 핵심은 일을 안 하고 있으면 불리하고, 무슨 일이든 일단 하면 지금까지 받던 복지수당보다 적어지는 부족분은 새로 생긴 '일괄수당' 제도를 통해 채워주겠다는 것이다. 단순하게 부족분을 채워주는 정도가 아니고 일정 기간 동안은 현재 받고 있는 복지수당보다 훨씬 낫게 주겠다는 제도다. 이 제도의 시작 단계에서는 210억 파운드의 추가 예산이 들지만 보수당 정권은 장기적으로 분명 모두에게 이득이 되는 제도라고 본다. 보수당 정부는 일하지 않고 살았던 이들에게 일을 하라고 권하면서 그러지 않으면 안 되는 이유를 '총선 정강정책manifesto'에서 밝히고 있다. "일은 반드시 돈의 문제만이 아니다. 우리들을 지탱하는 중요한 철학이다. 일을 해서 건전한 가정을 유지하고 그렇게 해서 우리 공동체를 다시 일으키는 방법으로 사용되어야 한다."

무직으로 시작된 인생 악순환의 고리와 복지 의존의 철학을 과감하게 깨겠다는 뜻이다. 보수당 정부는 복지개혁을 통해 이런 사람들 중 최소한 30만 명은 일을 하게 만들 계획이다. 지금까지 수많은 정부가 노력했지만 크게 성공하지 못했는데 더 이상 이런 식으로 끌고 가지 않겠다는 보수당 정부의 각오는 매섭다 못해 섬뜩할 정도다.

복지개혁 속살 들여다보기

보수당 정권이 시행하는 복지개혁의 적극적인 방법은 다음의 3가지다. 즉 복지 대상을 엄격히 선정하고 절차를 강화해 복지혜택 숫자를 줄이고, 복지혜택 수당 금액을 일괄적으로 줄여 금액을 절감하고, 복잡하고 다양했던 복지수당 지급 제도를 단순화해 행정 오류로 인한 중복 지불을 줄이고 관리 비용도 절감한다는 것이다. 소극적인 방법은 국민건강보험 제도 개선, 가연금 수령기간 상향 조정, 부정 수령과 과다 수령자를 적발해 금액 절감, 탈세 억제로 세수 증대 등이다.

캐머런 정부의 복지개혁을 보면 말이 개혁이지 실제로는 '무지막지한 복지 축소'다. 결국 '덜 주고, 안 주고, 줄이는less, not, save' 방법일 뿐 하늘에서 떨어진 기막힌 비법이 아니다. 복지 수혜 조건을 까다롭게 하고, 국가연금 수령 연령을 60세에서 65세로 올리고, 아동 수당 지급액을 3년간 고정하면서, 1년에 가구당 5만 파운드의 수입을 올리는 240만 명의 고소득층 부모에게는 지급 안 하고, 신체부자유자 수당 자격조건도 강화하고 전체 수령 금액도 일괄적으로 줄이는 등 마른 수건까지 쥐어짜는 식의 궁여지책의 개혁이다.

개혁 조치 중 제일 중요한 것은 한 가정이 받을 수 있는 모든 '복지수당 총액 제한benefit cap'이다. 이 총액은 영국인 평균 연봉인 2만6000파운드와 같은 금액이다. 결국 일 안 하고 사는 사람들이 일하는 사람들보다 복지를 더 받아서는 안 된다는 뜻이다. 지금까지 따로 계산해 받던 주택보조·장애 수장·실업 등 모든 수당이 여기에 포함된다. 현재 시행되고 있는 복지수당은 종류가 30개가 넘고 신청 건수도 연간 1300만 건 이상이라 관리비도 엄청나고 복잡했다. 그래서 행정착오나 오류로 과다 지불되는 금액이 부당청구 금액의 4배라는 통계도 있을 정도이다. 제대로 몰라 못 찾아가는 금액도 2014년에만 120~160억 파운드나 되었다. 더군다나 지불하는 공기관도 달라 개인이 비슷한 수당을 이중으로 청구해도 감독할 방법도 없었다. 그래서 일을 전혀 안 하고도 제도를 잘만 이용하면 일하는 사람들보다 훨씬 더 잘살 수 있는 어불성설의 제도였다. 그동안 영국인 사이에는 복지수당은 주인 없는 돈이라 먼저 타 먹는 사람이 임자라는 식의 인식이 있었음도 부정할 수 없다. 언론에는 복지수당 부당수령자가 해외여행을 간다는 이야기부터 고급 스포츠카를 타는 사례까지 수도 없이 나왔다. 인터넷에 '복지수당 사기benefit cheats'라는 단어를 치면 엄청난 사례가 뜬다. 특히 'benefitfraud.blogspot.co.uk'를 보면 끝도 없이 새로운 사례가 매일 올라오는데 기가 막힌 사건도 많다. 이제 이런 악습이 제도 개선으로 없어진다는 뜻이다.

특히 과거의 주택수당은 영국인의 반발을 불러일으켰다. 식구가 일을 하든 안 하든 식구만 많으면 무조건 큰 집에 살 수 있었다. 뚜렷한 이유 없이 엄청나게 비싼 집에 살던 사람들까지, 언론에는 어처구니없는 주택수당 사례가 쏟아져 나왔다. 특히 자녀가 적게는 4~5명, 많게는 10명도 넘는 해외에서 온 이민자 가족이나 정치적 탄압을 피해 왔다는 망명자 가족 또는 난민가족이 세금은 한 푼도 안 내면서 200~300만 파운드짜리 집에서 사는 혜택을 누렸다. 특히 영국의 대표적 극우파신문《데일리메일》은 정기적으로 이런 사례를 들춰내 영국인 사이에 이민자에 대한 반감을 부추기고 무분별한 복지혜택을 개혁해야 한다는 정서를 불러일으켰다.

이런 일들이 이제는 있을 수 없게 되었다. 식구가 몇 명이든 2만6000파운드 안에서 살아야 한다. 그러면 결국 일을 할 수밖에 없다. 진보 언론들은 무차별한 복지수당 총액 제한으로 일어난 가족의 불행에 대해 집중적으로 보도해 정부를 곤경에 빠뜨리기도 했다. 특히 공영방송 BBC가 그런 비판에 앞장서자 캐머런 총리는 "복지개혁의 제일 큰 적은 노동당이 아니라 BBC"라고 불평하기도 했다.

일하는 사람은 복지혜택을 받을 자격이 있다

그러나 분명 효과는 있는 모양이다. 2014년 말 조사에 의하면 복지수당 총액 제한 조치 이후 실업자 중 일을 찾겠다고 나선 비율이 41퍼센트나 늘었고 그중 38퍼센트가 실제 일을 찾았다는 정부 보고가 있었다. 구직센터에는 구직 신청서가 3분의 1 늘었고 구직 인터뷰에 응하는 사람도 5분의 1이 늘었다고 했다. 영국 전체로는 가족이 많아서 큰 집에 살던 3만6471가구가 주택보조비 제한에 걸렸는데 그중 반 이상인 1만7102가구가 런던에 살고 있었다. 제도가 시행된 지 1년이 채 안 된 2013년 연말 기준으로 주택보조비 제한에 걸린 가구 중 9퍼센트에서 가족 중 일부가 일을 하기 시작했다. 진보 언론은 이런 제도를 도입해 이민자 대가족이 작은 집으로 쫓겨날 수밖에 없도록 하는 것은 인종차별이라고 목소리를 높였다. 그러나 우파 언론은 이를 '인정의 문제'가 아니라 '공정의 문제'라며 제도 도입의 정당성을 옹호했다. '열심히 일한 사람들이 어렵게 낸 세금hard earned money'이 제대로 사용되어야 한다는 것이다.

결국 역대 영국 정부가 번번이 실패한 제도 개혁을 현 정권은 성공하고 있다는 얘기지만 현실은 BBC 말마따나 그렇게 간단하지 않다. 이번 개혁 중에서 가장 논란이 많은 주택수당, 특히 가족 수에 따른 주택보조 문제는 아주 복잡하다. 바뀐 주택보조비 조건에는 16세 이하 동성 가족 2명은 같은 방을 쓰고 10세 이하는 성별에 관계없이 무조건 한 방을 써야 한다. 그렇게 가족 수와 방 수를 계산해서 빈방이 있으면 작은 집으로 옮겨 가든지 그동안 혜택받던 금액을 적게 받든지 해야 한다. 빈방이 하나 있으면 14퍼센트, 2개 있으면 25퍼센트가 줄어든다. 이런 개혁을 통해 4억9000만 파운드를 줄였다. 주택보조를 받는 가구 중 약 3분의 1인 66만 가구가 이런 조치 때문에 피해를 봤다. 스코틀랜드만 해도 독신이나 무자녀 부부 가족 7만8000가구가 벌금을 물지 않으려면 방 하나짜리로 옮겨 가야 하는데 현재 그런 집이 2만여 채밖에 안 된다. 설사 옮겨 갈 집이 있다고 해도 영국인 특유의 정서 때문에 심각한 문제가 야기된다. 이사 가는 것을 인생의 4대 비극(이혼·질병·실직 포함) 중 하나로 치는 영국인에게 오랫동안 살아왔던 고향에서 타의에 의해 다른 도시로 가는 일은 '자살 충동을 느낄 정도의 심각한 사태'다. 53년을 방 2개짜리 집에서 혼자 살아온 65세 여인이 그런 이유로 유서를 써놓고 자살하는 일도 실제 벌어졌다. 특히 자식 1명을 둔 편부모 가정의 50퍼센트가 이런 문제에 직면했다. 이를 영국 언론은 '빈방 세금bedroom tax'이라고 부른다. 낯가림이 심한 영국인에게 지금까지 살던 집과 동네를 떠나 낯선 곳으로, 그것도 집을 줄여서 이사 가라는 것은 그렇게 간단한 문제가 아니다. 이런 문제를 새로 당선된 코빈 노동당 대표가 바로 잡겠다고 나서며 선풍적인 인기를 끌었다.

게다가 비록 '복지 위에서 잠자는 삶의 게으름뱅이들'을 끌어내 일을 하게 만든다는 정책이 정당하다고 해도 평생을 그렇게 살아온 게으름뱅이들이 당할 정신적 충격도 진지하게 고려해야 한다는 말도 적지 않게 나온다. 그들이 지금까지 살아온 방식을 단번에, 그것도 준비도 안 된 상태에서 갑자기 바꾸라는 말은 삶의 뿌리를 송두리째 뽑아버리는 일이라는 뜻이다. 정부 인

영국 정부에서 운영하는 웨스턴슈퍼메어 지역의 취업정보센터.

사들이 '가장 취약한 계층most vulnerable class'을 건드리는 일은 '자신들이 옳다는 믿음The belief that they are right'에서 나온 탁상공론적 이상론이라는 비판도 나온다.

지난 선거 때 캐머런 총리는 물류회사 창고에서 회사 직원들 수백 명을 모아놓고 연설하는 장면을 선거 방송으로 썼다. 거기서 그는 "이제 일하지 않는 사람들 때문에 우리가 지던 부담을 걷어내야 할 때"라고 강조했다. 과거의 정치 투쟁이 '가진 자와 못 가진 자의 투쟁'이었다면 언제부턴가 보수당은 '일하는 자와 일하지 않는 자의 전쟁'으로 방향을 틀었다. 과거에는 상류층과 중산층이 보수당의 지지층이었고 노동자는 노동당 지지자였는데 이제 보수당은 그런 구분을 넘어서 열심히 일하는 노동자를 자신들의 지지자로 끌어들이려 하고 있다.

🔍 **Keyword 35 : 노조개혁**　　　　　　　　　　Search

보수당이 집권하고 있는 영국 정부는 복지개혁에 이어 노동조합을 대대적으로 개혁하고 있다.

캐머런 총리의
노동조합 길들이기

　2015년 5월 총선에서 압승한 영국 보수당이 재집권 이후 각종 정책들을 추진하는 속도는 현기증이 날 정도였다. 데이비드 캐머런 총리는, 지난 5년간 연립정부를 구성했던 좌파 성향의 자민당에 잡혀 있던 족쇄가 풀리자 각종 개혁을 보란 듯이 밀어붙였다. 캐머런 총리는 "영국 복지제도 100여 년 역사상 최대의 개혁"이라고 평가받은 복지개혁을 시작으로 사회 각 부문에 개혁을 감행했다. 특히 영국 사회를 지탱하는 3대 권력 기둥인 노동당·노동조합·국영방송 BBC까지 개혁한다고 나서서 영국을 시끄럽게 했다. 이 집단들은 보수당에는 눈엣가시 같은 존재였다. 이로 인해 명분 있는 개혁이라기보다 '복수와 보복의 칼날'이고, 2020년 보수당 3기 정권 창출을 위한 걸림돌을 치우는 작업이라는 의심의 눈초리도 많다.

　보수당 내 상당수도 캐머런 총리가 하필 왜 그 시점에 굳이 노동조합 개혁에 나서는지 의문을 품었다. 노동당의 대주주인 노동조합을 곤경에 몰아넣어 반발이 일어나면 노동당도 수수방관할 수만은 없기 때문이다. 결국 '노조 반발→노동당의 대여對與 투쟁→정국경색→보수당 개혁 난항'으로 이어질 것이 뻔했다. 그래서 표면으로는 노동조합 개혁이지만 숨은 칼날은 노동당을 향하고 있는 게 아니냐는 말도 나왔다. 일부 영국 언론은 노동당과 노동조합의 태생적인 연계를 법적으로 절단해 노동당을 재기불능으로 만들어 놓고 향후 20년간 집권하겠다는 음모 아니냐고 분석했다.

보수당 정부가 개혁 대상으로 삼은 노동조합은 영국 언론의 표현을 빌리면 사실상 이미 '빈사moribund이거나 고사withered 상태'다. 1867년 '비범죄화'되고 4년 뒤인 1871년 합법화된 이후 지난 150년 동안 영국 노조가 지금처럼 위기를 맞은 적은 없었다. 영국 노동조합의 총 연합체인 영국 노동조합총연맹TUC: The Union Congress의 회원 수는 1940년 500만으로 시작해서 최전성기인 1980년에는 1220만 명이 넘었다. 당시 영국 인구가 5600만 명이었으니 인구의 거의 20퍼센트가 꼬박꼬박 회비를 내는 정식 노조원이었다. 노조원 가구당 가족 수를 4명으로 잡으면 인구의 거의 87퍼센트가 노동조합원 혹은 노동당 당원의 가족이라는 말이었다. 물론 가족 모두가 노동당의 정책에 호응하는 것도 아니고 자동으로 노동당원이 된 노조원이 다 노동당 정책을 지지하는 것은 아니지만 어찌 되었건 당시 노조의 힘은 하늘을 찔렀다. 그런데 역설적이게도 그 절정을 기점으로 영국 노조는 지금까지 계속해서 내리막길을 걷고 있다. 추락에는 날개가 없다는 말이 실감 난다. 노조원 수만 봐도 알 수 있다. TUC 노조원 숫자가 2014년 기준 620만을 조금 넘을 정도이니 35년 만에 숫자가 반으로 줄었다.

노조 활동의 위축은 조합원 숫자의 감소만이 아니다. 2015년 4월 기준, 지난 12개월 동안 영국 내 전 산업에서 노조의 파업으로 잃어버린 노동시간은 70만 시간이다. 이는 1970년대의 연간 1300만 시간에 비하면 조족지혈이다.

이제 영국에 노조가 파업을 하기는 하느냐는 의문이 들 정도다. 마거릿 대처 전 총리의 표현대로 영국 노동조합은 '길이 들었다tamed'. 그런데도 캐머런 정부는 노조를 더 길들이겠다고 한다.

대처가 시작한 노조개혁

영국 노조는 파업으로 점철된 1978~1979년, 소위 '불만의 겨울Winter of Discontent' 당시에는 정부를 무너뜨릴 정도로 강력했다. 노조가 무너뜨린 정권은 바로 자신들의 이익을 대변한다는 제임스 캘러헌 총리 노동당 정부였다. 당시 캘러헌 정부는 임금 인상 상한선을 5퍼센트로 정했다. 이 이상은 당시 영국 경제로 볼 때 불가능했다. 그런데도 노조는 불복했고, 노조 파업이 영국 전역을 사상 최악의 혼란으로 몰아넣었다.

'신도 못 고친다'는 '영국병The British Disease'이 절정이었던 때다. '불만의 겨울' 바로 전인 1978년 10월 말 여론조사에서는 노동당이 5퍼센트 우세였으나 4개월 후인 1979년 2월이 되면서 보수당 지지율이 20퍼센트를 앞설 정도가 되었다. 거의 4분의 1의 유권자가 무정부 상태를 자아낸 노조의 파업에 염증을 내고 등을 돌렸다. 이는 중산층뿐만 아니라 파업의 주체였던 노동자 계급까지 가세해야만 나타날 수 있는 거대한 표의 이동이었다. 바로 2달 뒤에 치러진 1979년 5월 총선에서 마거릿 대처 당 대표가 이끄는 보수당이 과반수보다 43석이나 더 차지하며 실권 9년 만에 집권했다. 역사가들은 '노동당과 노조의 공동 자살행위'가 당시 보수당 정권의 최대 승인이었다고 해석하고 있다. 이런 과정을 거치며 노조는 무너지기 시작했는데 결국 자만이 불러온 자멸이었다. 대처 총리는 "노조를 길들이겠다"라는 자극적인 용어를 쓰면서 파업에 넌더리가 난 유권자들을 설득해 집권했고 바로 개혁을 시작했다.

대처 총리와 노조의 대결은 정말 대단했다. 내가 처음 영국에 온 1982년은 그 대결이 절정으로 치닫던 시점이었다. 대처 정부는 1983년 총선에서 1979년 첫 집권 때보다 무려 101석을 더 얻는 압승을 거두며 집권 2기를 맞았다. 유권자들이 보수당의 개혁을 전폭 지지해준 셈이라 보수당의 개혁은 날개를 달고 훨훨 날았다. 그들은 노조를 탄압이라는 말이 무색할 정도로 몰아붙였다. 그에 반발해 전국에서 크고 작은 파업이 일어났지만 대처 총리는 눈도 깜짝하지 않았다. 그중 가장 큰 노조와의 대결이 재집권 1년 뒤인 1984년 대처 정부가 적자가 계속되던 석탄 탄광 200개(20세기 초 영국에는 1000여 개의 탄광이 있었다. 그러다가 경제적 이유로 계속 문을 닫아 200개만 남았다) 중 20개를 폐쇄하기로 한 탄광노조와의 '전쟁'이었다. 당시 영국산 석탄은 국제시가보다 25퍼센트 더 비쌌다. 영국 정부로서는 적자 탄광을 계속 보조해야 할 이유를 찾지 못했다. 하지만 20개 탄광 폐쇄는 2만 명의 광부가 일터를 잃는 일이라 1984년 3월 탄광노조는 파업을 시작했다. 탄광노조는 당시 영국 노조 중 가장 크고 강성했으니 쉽게 물러날 리가 없었다. 더군다나 당시 탄광노조는 아서 스카길이라는 전형적인 노동귀족이자 극좌파 인물이 이끌고 있었다. 탄광노조의 파업을 시작으로 영국의 많은 노조가 동참했다. 런던 시내 지하철과 버스가 동시에 파업해서 런던이 완전히 서버리는가 하면 항만노조의 파업으로 해외 수입이 중단되기도 했다. 슈퍼마켓에 생필품이 떨어지는 일까지 벌어졌다. 거의 전국이 마비되는 상황이었다. 그런데 일반인들은 전혀 불평하지 않았다. 당연한 것이라기보다는 어쩔 수 없는 일 아니냐는 태도와 함께 자신도 노동자이니 이해한다는 식으로 말하는 사람들도 아주 많았다. 언론의 태도도 놀라웠다. 우파 신문들도 파업의 불편을 보도하기보다는 논쟁의 정당성을 이야기했다. 시민들이 불편을 받아들이는 자세와 안정된 여론을 보고 영국 노조가 힘이 있는 이유를 실감했다.

정부와 노조의 힘겨루기는 어느 쪽도 양보할 수 없는 절체절명의 전투였다. 선거 압승에 힘입어 개혁에 속도를 내던 대처 정부는 여기서 물러서면 결국 노조 손에 놀아날 수밖에 없어 개혁은 물 건너간다는 사실을 잘 알고 있었다. 탄광노조도 자신들의 생명이나 마찬가지인 탄광 폐쇄를 어떤 경우에도 받아들일 리가 없었다. 양쪽 다 자신만만했다. 대처 정부는 집권 이후 거의 5년을 아주 주도면밀하게 석탄 비축과 대체연료 대책을 세우고 당시 최대 노조인 탄광노조와의 전쟁을 준비했다. 물론 탄광노조도 역대로부터 내려오던 비축된 파업준비자금strike funds 혹은 war chest, fighting funds이 있어 자신만만했다. 광부들이 임금을 못 받더라도 노조에서 6개월간 임금을 줄 수 있는 자금이 있었다. 이때 탄광노조 지도자 아서 스카길이 한 말이 "자금이야말로 전쟁의 힘줄이다Finance is the sinews of wars"라는 블라디미르 레닌의 명구였다.

탄광노조는 자신만만하게 전투를 시작했다. 자금이 고갈되기 전에 대처

노조개혁에 앞장섰던 마거릿 대처 전 영국 총리.

정부를 무릎 꿇릴 자신이 있었다. 그러나 탄광노조는 대처 정부의 적수가 될 수 없었다. 대처 정부는 1년은 버틸 각오로 준비를 했고 실제 1년간 협상을 끌었다. 결국 딱 1년 만에 탄광노조의 무릎을 꿇렸다. 노조원들이 지도부의 지시를 거스르고 자체적으로 파업을 끝내겠다고 투표했다. 사실 대처 정부의 준비와 각오도 대단했지만 이미 그때는 석탄이 영국의 주요 에너지원에서 밀려나던 시점이었다. 하지만 노조는 시대의 변화를 인식하지 못한 채 과거의 힘만 믿고 파업을 시작했다가 결국 수요자들로 하여금 대체에너지원을 더 급히 찾게 만들었다. 자신들의 사망 날짜를 앞당긴 셈이 되어버렸다. 한때 20만 명의 조합원을 가지고 있던 탄광노조는 지금은 있는지 없는지 모를 정도로 쇠약해져 2015년 현재 겨우 1300명의 노조원을 가지고 있다. 영국에서는 석탄노조가 파업을 중단하겠다고 투표한 1985년 3월 3일을 영국 전통 노조의 사망일로 친다. 그 이후 영국 노조는 지금까지 한 번도 옛 영광을 찾지 못했으며 앞으로도 절대 찾을 전망도 없다.

대처 정부는 영국 역사상 어느 정권도 못했던 노조개혁법을 탄광노조 파업이 극에 달해 있던 시점에 기어코 통과시키며 노동조합과의 전면전을 선언했다. 영국 여야는 대처 정부의 단호한 의지에 등골이 서늘할 정도로 아연했다. 이 법으로 대처 정부의 노조개혁은 날개를 달았다. 그런 승리를 바탕으로 대처 정부는 1987년 총선 때 과반수에서 무려 102석 넘는 대승으로 다시 3기 정권을 잡았다. 영국인들이 대처 정부를 믿고 지지한 것이다.

노조 길들이기, 캐머런이 끝낸다

이번에 캐머런 정부가 개정하려는 노조법은 대처가 1984년 만든 법에서 한 걸음 더 나간 것이다. 노조법 개정의 명분은 노조의 민주화와 현대화다.

지금까지 노조가 행하던 파업 결정은 파업 투표에 몇 명이 참여하든지 그냥 펍이나 운동장 구석에서 모여 결의를 하면 그만이었다. 제대로 된 기록도 안 남겼고 누가 파업 결의에 참석했는지, 얼마가 반대하고 찬성했는지 기록을 남길 이유도 없었다. 실제 그런 기록이 거의 남아 있지도 않다. 이런 파업 결의 같은 사항들에 대한 규정을 법으로 정하겠다는 게 캐머런 총리의 개혁의 취지다.

특히 국민 편의와 관련이 있는 공공기관 노조의 파업은 최소한 등록 노조원 50퍼센트 이상이 참여한 투표에 등록 노조원 40퍼센트(유효표 40퍼센트가 아니다) 이상이 찬성해야 적법하다고 규정한다. 예를 들면 100명의 노조원 중 최소한 50명은 투표에 참여하고 그중 40명이 찬성을 해야 파업이 승인된다는 뜻이다. 투표지에는 파업하는 이유를 명확하게 명시해야 한다. 노조들은 새 법처럼 엄격하게 파업 조건을 만들면 결국 노동자들의 유일하고 가장 강력한 생존수단인 파업을 사실상 불가능하게 만든다고 난리다. 이렇게 되면 고용주는 노동자의 의견을 무시하게 되어 결국 노사관계를 악화시켜 누구에게도 유리하지 않다는 주장도 한다. 사실 지금까지 아무리 대규모 노조 파업 결의라도 노조원 50퍼센트 참여도를 기록한 적은 거의 없다. 게다가 참여 노조원의 80퍼센트가 찬성을 해야 한다니 노조로서는 기가 막힐 노릇이다. 노조원이 전적으로 지지하지 않으면 파업하지 말라는 뜻이다.

직장의 노조 간부가 노조 업무에 할애하는 시간도 법으로 제한하고 있다. 지금까지는 고용자와 '적절한 수준에서reasonable paid time off' 합의가 되면 얼마든지 노조 업무가 가능했다. 물론 입법과정에서 노조 업무 할애 시간을 얼마로 하겠다는 협상이 이루어지겠지만 일단 노조들은 비상이다. 또 피케팅picketting을 비롯한 모든 쟁의 활동에 소요된 각종 경비를 확실하게 회계사로부터 검증받아서 제출해야 한다. 이를 어기면 최고 2만 파운드까지 벌금을 매길 수 있다고 명시하고 있다. 지금도 노조 경비를 검증받지 않는 것은 위법이지만 관련법이 제대로 지켜지지 않아 거의 유명무실한 법 조항이었는데 이제는 벌금 액수까지 분명하게 정해버렸다.

영국 노동법의 부속조례 비슷한 '피케팅 규정Code of Picketting'도 앞으로는 엄격하게 적용할 방침이다. 기존의 피케팅 규정을 보면 '회사 밖(대개 정문 인근)에서 피케팅으로 일어나는 모든 문제는 민법상의 문제'라고 분명하게 명시돼 있다. 피케팅이 규정대로 이루어지면 고용주가 손해배상을 청구해도 노조는 면책을 받는다. 피케팅이 불법으로 이루어져도 민사소송만 할 수 있다. 파업에 참여하지 않는 동료 근로자를 위협하거나 모욕하는 행위를 비롯해 고용주나 일반 시민이 위협을 느낄 시위를 금지하고는 있지만 이도 민사상의 문제이지 형법의 문제는 아니다. '동정sympathy' 혹은 '연대solidarity' 피케팅도 합법은 아니지만 형사상의 처벌을 받지 않는다. 그런데 앞으로는 피케팅 규정도 엄격하게 적용해 규정을 어길 시 범죄화해서 제대로 다루겠다고 칼을 빼들었다.

새 법은 또 노조가 파업 결의 후 14일이 지나서야 파업에 들어갈 수 있다

캐머런 총리는 후보자들을 제치고 2015년 총선에서 압승한 뒤, 강한 개혁을 펼치고 있다.

고 정했고, 기업체에는 파업 기간 중 외부 대체인력을 고용할 수 있고 이런 일을 해줄 대행업체를 선임할 수 있도록 허용했다. 파업 결의 후 14일간 고용주가 대체 인력을 투입할 준비를 할 수 있도록 배려한 것이다. 이렇게 되면 사실상 노조 파업은 무력화되는 셈이어서 이 법 조항에 노조가 가장 민감한 반응을 보이고 있다.

노동당과 노조의 강제 결별을 앞두고

영국 노동당의 활동자금은 거의 노동조합에서 나온다. 노동당과 직접 연계된 노조가 노동당에 내는 자금은 연간 2500만 파운드에 이른다. 이는 노동당 연 예산 3300만 파운드(2013년) 중 76퍼센트에 해당한다. 1983년 총선의 경우에는 노조에서 노동당 총선 경비 중 98.4퍼센트를 부담했다. 2001~2011년 노동당이 쓴 경비의 63퍼센트 또한 노조에서 나왔다. 노동조합이 기부하지 않으면 노동당은 돌아갈 수가 없다.

그런데 캐머런 정부의 노조개혁은 노조뿐만 아니라 노동당이 그동안 받고 있던 제도상의 특혜까지 모두 없애버리겠다고 선언했다. 노동당과 연계된 450만 명의 공공노동조합 노조원의 월급에서 노조비가 매달 해당 노조 계좌로 자동이체되는데, 보수당 정부는 이것이 전근대적인 제도라며 각자가 알아서 노조비를 내도록 하겠다고 나선 것이다. 이렇게 해서 매년 국민의 세금에서 나가는 650만 파운드의 자동이체 경비를 줄이겠다는 방침이다. 이러한 제도가 시행되면 몇 퍼센트의 노조원이 조합비를 낼지 의문이다. 언론들은 10퍼센트를 넘으면 많지 않을까 예상한다. 결국 조합비 수입이 10분의 1로 줄어드는 상황이 올 수 있는 것이다. 게다가 조합비를 내지 않는 사람은 사실상 노조원이라고 할 수도 없다. 노조로서는 돈과 함께 노조원을 동시에 잃는, 거의 하늘이 무너지는 상황이다.

뿐만 아니다. 노조와 노동당의 태생적인 특수 관계도 법적으로 결별을 시키겠다는 게 캐머런 정부의 계획이다. 정부가 강제이혼을 시키겠다는 뜻이다. 노동당과 연계된 노조는 지금까지 조합원 의사와는 상관없이 각 노조원이 낸 조합비 중 일부를 노동당에 정치자금으로 냈고 그래서 해당 노조원은 자동으로 노동당 후원자가 되었다. 그런데 여론조사에 의하면 이렇게 노조비가 관행적으로 자동이체되는 노조원 중 노동당이 아닌 다른 당을 지지하는 노조원이 49퍼센트에 달한다. 만일 자동이체를 없애는 제도가 시행되면 노조가 노동당에 내는 자금의 반이 준다.

이러한 개혁이 시행되면 노조는 노동자의 10퍼센트만을 대표하는 조직이 되고 노동당도 더 이상 노조와 특수한 관계가 아닌 것이 된다. 노동당이 노동자를 대표하는 정당이라는 명분이 위협받는 상황까지 올 수 있다. 노동당의 존재 이유가 뿌리부터 흔들리는 셈이다. 노조개혁의 파편이 노동당까지 빈사 상태로 끌고 가고 있는 것이다. 지금까지 영국 정계에는 묵계가 있었다. 어떤 집권당도 여야의 충분한 합의 없이는 정당의 정치자금은 개혁하지 않는다는 것이었다. 보수·자민 연정 때 자민당이 정치자금법을 제정하자고 했을 때 보수당은 자신들이 대기업으로부터 받는 정치자금에 불똥이 튈까 싶어 반대를 했다. 그런데 이제 와서 자신들의 정치자금은 손대지 않고 노조와 노동당의 정치자금줄만 말리는 일석이조의 교묘한 법을 노조개혁법이라는 이름으로 내놓았다는 평이다. 더군다나 보수당이 내놓은 개혁안은 사실 노동당도 오래전부터 자체적으로 개정한 제도들이다. 그런데 보수당이 법제화까지 해서 확인 사살하겠다는 식으로 나오니 노동당과 노조는 '보복성 partisan, 앙심 품은spiteful'이라는 단어까지 동원해 아우성이다.

노동당과 노조의 항변을 들어보면 분명 일리가 있다. 전前 노동당 대표 에드 밀리밴드는 2013년 7월 "노동당은 자신이 낸 노조비 중 일부가 노동당으로 들어가는 데 분명하게 동의하는 노조원에게서만 돈을 받자"라고 했다. 노조원이 되면 자동으로 노동당원이 되는 제도도 없애자고 했다. 또 노동당 대표 선출에서 노조가 3분의 1, 하원의원과 유럽의회 의원이 3분의 1, 당원이 3분의 1씩 행사하는 투표권을 당원 모두가 동일하게 한 표씩 행사하게 하여 노조의 입김을 줄이자고도 제안했다. 2014년 9월 노동당 전당대회에서는 노동당원 86.29퍼센트가 이 혁명 같은 개혁을 압도적으로 지지했다. 노동당으로 봐서는 역사적인 결정이고 아주 용감하고 위험한 결단이었다. 역사적으로 보수당이 항상 주장해왔던 '노동당은 노조의 꼭두각시'라는 비난을 불식하려는 시도였다. 이것은 노동당 115년 역사 중 가장 큰 결단이라고 평가받는다.

사실 영국 노동당과 노조·노조원과의 특수하고도 비상식적인 연관 관계는 역사적으로 이유가 있다. 약자인 노동자를 보호하기 위해서는 노조가 존재해야 하고 노조의 정치적 입장을 대변하기 위해서는 노동당이 존재해야 하기에 그동안 영국 사회가 셋의 특수 관계를 양해해왔다고 정치학자들은 분석한다. 그래서 역대 보수당 정권도 분명 자신들에게 불리한 이 문제에는 전혀 손을 대지 않고 묵인하고 있었다. 노동당은 창당 후 첫 100년(1900~2000) 동안 집권 기간이 23년에 불과했으니 보수당은 승자로서의 여유와 아량을 부릴 만했다. 그러나 이번 캐머런 정부의 개혁은 '이제는 노동자 노조나 노동당이 더 이상 약자가 아니므로 셋의 관계를 객관화해서 정상화시켜야 한다'는 보수당의 철학을 밑바닥에 깔고 있는 듯하다. 오랫동안 관습적으로 내려온 노동당과 노동조합과 노동조합원들의 응석을 더 이상 받아주지 않겠다는 선언인 셈이다. 그래서인지 노동당도 2년 전 자체적으로 개혁을 서두르고 조치를 했는데도 이제 와서 보수당이 법으로 다시 대못을 박고 나오니 치사하다는 입장이다.

나도 문화해설사 조합에 가입되어 있어 노동조합원이고 동시에 노동당원이다. 물론 나는 개인사업을 하니 월급에서 자동으로 노동당 당비가 이체되는 일은 없지만 내가 낸 조합비 중 일부가 노동당으로 들어간다. 그런데 나는 실제 자민당 당원이고 활동도 열심히 하고 당비도 내 손으로 낸다. 이런 사실을 따지고 보면 노동당과 노동조합의 연계에 대한 보수당의 개혁은 확실하게 대의명분이 있다. 그런데 이런 보수당의 개혁이 코빈 노동당 대표의 당선으로 암초를 맞았다. 코빈 대표는 이를 절대 용납할 수 없고 반드시 저지하겠다는 의지를 대표 당선 다음 날 열린 영국 노동 총연맹 정기총회에서 천명했다.

노동자가 없는 노동당의 위기

노동당과 노조가 강제로 이혼 수순을 밟고 있지만 문제는 아이들 격인 노동자다. 이제 아이들이 다 커서 양쪽 부모 어느 쪽도 따라가지 않으려고 하는 데에 노조와 노동당의 고민이 있다. 이렇게 되면 부모 모두 존재 이유를 잃게 된다. 지금까지 영국 노동자들은 월급에서 조합비를 자동으로 냈고 노조원이 되면 당연히 노동당원이 되는 것이라 여겼고 그것을 전혀 이상하게 생각하지 않았다. 그러나 이제 인식이 바뀌었다. 대처 총리 정부의 공공주택 불하로 주택을 소유하고, 국영기업 사유화로 해당 기업 노동자들이 주식을 보유하고, 전에는 감히 생각도 못하던 개인연금을 내면서 자식이 대학교육도 받는 것을 보니 노동자들은 자신들을 과거의 노동자라고 여기지 않고 기술자라고 생각하기 시작했다. 아버지가 노동자였음에도 불구하고 노조원이 아니었고 아들도 노동자이지만 더 이상 노조원이 아닌 경우가 많다. 노동조합에 속하지 않는 노동자는 더 이상 전형적인 노동자가 아니다. 영국 노동자들의 절반은 자신을 더 이상 노동자로 부르는 것도 싫어하고 자신이 노동자인 것도 인정하지 않는다. 이들은 자신을 중산층이라고 믿는다. 공공주택에 사는 약 500만의 서민들은 그래도 자신들을 노동자라고 생각할 만한데 이들은 일하지 않으니 사실 노동자도 아니다. 보수당의 표현을 빌리면 '복지 위에 누워서 잠만 자는' 사람들이다. 노동당과 노동조합은 이제 모든 추종자를 잃을 판이다.

그래서 "영국 노동조합은 엔지니어 클럽으로 변신하라"라는 말이 나온다. 영국 노동당도 당명을 바꾸어야 한다는 여론도 다시 고개를 든다. 노동당 당명 변경은 당초 토니 블레어 전 총리가 '제3의 길'을 추진할 때 했던 말이었다. 좌파적인 이미지가 묻어나는 노동자라는 단어를 버리고 엔지니어 혹은 직장인 같은 단어를 넣어 개명하면 훨씬 현대적으로 보이고 또 자신을 중산층이라고 생각하는 노동자들을 더 잘 끌어들일 수 있을 것이다. 더군다나 계급의식이 철저하다 못해 핏속에까지 흐른다는 영국인들 사이에서 자신을 노동자라고 생각하지 않으려 하는 노동자 계급이 급격히 늘고 있다는 연구보고서도 나오는 마당에 말이다. 자신을 더 이상 노동자라고 생각하지 않는 노동자들을 향해 노동조합이나 노동당이 아무리 짝사랑을 구걸해본들 '가신 님이 다시 돌아올 일'이 없으니 고려해볼 일이다.

영국이 사랑한 영국인들

Q Keyword 36 : 엘리자베스 2세 여왕　　　　Search

1926년 4월 21일생. 본명은 엘리자베스 알렉산드라 메리 윈저. 즉위 60주년 기념 설문조사에서 '영국의 가장 위대한 왕' 1위에 꼽혔으며, 2015년 9월 9일 최장 기간 재위한 영국 왕으로 등극했다.

나라 운명을 바꾼 여왕의 한마디

2014년 영국에서 가장 큰 사건은 스코틀랜드 분리독립 투표였다. 스코틀랜드를 제외한 나머지 지역에 사는 영국인의 입장에서는 결국 분리독립이 좌절되어 '해피엔드'로 끝났지만 등골이 오싹한 일이었다. 1년여가 지난 뒤 독립투표 당시 엘리자베스 2세 영국 여왕의 영향력을 논하는 기사 몇 건이 영국 언론에 등장했다. 지금껏 여왕은 영국 정치나 사회문제에 대해 절대 개입하거나 의견을 내놓지 않았는데, 이번에는 한마디 해서 큰일을 했다는 논지다.

내용은 이렇다. 투표 하루 전 여왕이 여름 휴가지인 스코틀랜드 발모랄 성 앞에서 동네 주민들과 얘기를 하는 중, 한 주민이 여왕에게 내일 투표에 대해 어떻게 생각하느냐고 물었다. 여왕은 종전처럼 "그것은 스코틀랜드인이 결정할 문제"라고 말하는 대신 "나는 유권자들이 스코틀랜드 독립에 관해 아주 신중하게 생각하길 바랍니다"라고 했다. 아주 정치적인, 그러나 조심스럽게 중립적으로 '조각彫刻'된 발언이었음에도 불구하고 영국 언론이 난리가 났다. 영국에서는 여왕의 가장 중요한 치적을 62년 재위 중 현실 정치에 영향을 끼치는 발언을 하지 않은 것으로 쳤는데, 아주 완곡하기는 하지만 분명하게 스코틀랜드 독립 반대의사를 밝혔으니 말이다. 아마 두고두고 여왕의 어록에 남을 발언이었다. 여왕 발언의 진의를 대해 언론의 평은 조금씩 달랐지만 결국 '경솔하게 독립에 찬성하는 투표를 하지 않았으면 좋겠다'란 의미라는 데 모두들 동의했다.

이 발언은 국민투표에 엄청난 영향을 끼쳤다. 독립 반대 쪽에서는 "여왕이 독립을 반대하라는 뜻을 넌지시 표한 것"이라며 반겼다. 독립 찬성 측은 "그런 뜻이 아니고 그냥 신중하게 투표하라는 뜻이었다"라고 눈 가리고 아웅 하는 식으로 여왕을 옹호하는 해석을 했다. 어떻게 봐도 책잡히지 않게 돌려서 교묘하게 말하면서도 하고 싶은 말을 다하는 것이 영국 사람이다. 그런데 여왕의 이번 발언은 정말 작품이었다. 아무리 완곡하게 말해도 듣는 사람이 그 말뜻을 정확하게 알아듣지 못한다면 영국 사람이 아니다. 결국 여왕은 할 말을 다 했고 소동은 일어났지만 누구도 여왕을 야단칠 수가 없었다. 이번 일로 영국인들은 여왕의 진정한 영향력을 다시 한 번 피부로 느끼게 되었다.

여왕의 힘은 국민들의 존경심과 사랑에서

여왕의 진정한 힘은 사실 영국인의 여왕을 향한 사랑에서 나온다. 그 사랑은 여왕이 만들어내는 것이다. 만일 그 사랑을 잃어버린다면 그것은 여왕 잘못이다. 여왕은 자신의 운명을 스스로 만들어야 한다는 말이다. 영국인이 핏속에 타고나는 왕위를 향한 존경심으로 보아 당분간 아니 상당히 오랫동안은 왕권이 유지될 것임이 분명하다. 영국인은 영국을 '우리 나라our country'라고 말하지 않고 거의 남의 나라 얘기하듯이 '영국U.K. 또는 Britain'이라고 칭한다. 그러나 여왕을 말할 때는 '우리 여왕our queen'이라고 부른다. 여왕을 자신의 어머니나 되는 것처럼 친근하게 표현하는 어법이다. 여왕이 국민의 사랑을 받을 수밖에 없는 예를 한번 살펴보자.

2012년 런던올림픽의 가장 극적인 장면으로 개막식에서 여왕이 속옷을 보이면서 헬리콥터에서 낙하산을 타고 내려온 것을 꼽는 영국인이 많다. 가장 전통적이고 권위적이어야 할 여왕이 제임스 본드의 에스코트를 받으며 왕궁 복도를 애견 몬티와 같이 걸어 나와 헬리콥터를 타는 장면을 나도 개막식 현장에서 초대형 스크린으로 봤다. 그때만 해도 여왕 대역이 헬리콥터에서 스타디움으로 뛰어내릴 줄은 정말 상상조차 하지 못했다. 스타디움을 메운 7만1000명의 관객을 비롯해 세계인이 경악하면서 즐거워했다. 감히 누가 여왕을 이렇게까지 동원할 아이디어를 냈을까?

그런데 그 아이디어를 낸 사람보다 더 대단한 사람은 바로 여왕 자신이었다. 그런 '무엄한' 제안을 받고도 여왕은 "못할 게 뭐 있어!Why not!"라고 흔쾌히 승낙했을 뿐 아니라 상당히 즐기기까지 했다고 한다. 개막식까지 비밀을 지켜야 하는데도 주위에 자꾸 말하고 싶어해서 측근들이 말리느라 혼이 났다는 후일담이 나올 정도였다. 그런데 평소 표정이 없이 엄숙한 모습과는 달리 장난꾸러기 소녀 같은 여왕의 성품을 아는 사람들은 여왕에게 딱 맞는 역할이 주어졌다고 평했다. 평범한 세상 사람들 속에 있을 때 가장 행복하다는 여왕은 이렇게 해서 자신의 국민은 물론 세계인의 마음까지 훔쳤다. 덕분에 여왕은 2013년 4월 영국 필름페스티벌BAFTA의 '가장 기억에 남는 본드걸' 부문에서 수상을 했다. 물론 현장에서 상을 직접 받지는 않았지만 나중에 영국 영화계 인사들을 초대해 치하하는 윈저 성 리셉션에서 직접 전달되었다. 유머가 영국인의 최고의 덕목이라지만 본드걸 역할을 기꺼이 한 여왕이나 그렇다고 상을 만들어 수여하는 영국 영화인들이나 참 영국인답다. 물론 여왕에게 주어진 수상의 공식 명칭은 영국의 영화 산업을 후원한 공로라고 하지만 당시 페스티벌 발언자들이 계속 거론한 것은 올림픽 개막식의 본드걸이었다.

여왕의 유머러스하고 장난스러운 면모는 여왕을 아는 사람들 사이에서는 잘 알려져 있다. 여왕 참석 행사를 준비하는 측은 의외의 일이 일어날까 노심초사한다. 그런데 여왕은 오히려 돌발 상황이 벌어지길 항상 기다린다고 한다. 그런 일이 벌어지면 순발력을 발휘해 상황을 유머러스하게 정리하는 능력을 발휘해서 주위를 당황하지 않게 하고 더욱 즐겁게 해준다. 그러고는 측근에게 이를 얘기하면서 재미있어 한다. 심지어는 엄숙한 의식 중에도 앞에 앉았던 신사가 빨간 양말을 신었다는 것을 찾아내고는 나중에 측근들에게 얘기하면서 웃는다고 한다. 여왕은 어떤 사람을 만나도 지루해하지 않고 그 사람으로부터 재미있는 점을 찾는다. 예상치 못한 상황이 벌어져 불편을 겪어도 좀체 불평도 잘 하지 않기로도 유명하다.

토니 블레어 전 총리는 여왕이 왕궁에 있으면서도 시중의 일을 너무 잘 알고 있다고 했다. 여론이 어떻게 돌아가고 있는지를 자신보다 더 잘 알고 있어서 놀라웠다고 고백했다. 존 메이저 전 총리도 놀랐다고 했다. 그녀가 세상일에 대해 모르고 있는 것을 찾기 어려웠고 어떤 일도 여왕을 놀라게 할 수 없었다고 했다. 그 이유를 측근들은 여왕이 언론에 오르내리는 세상사를 워낙 관심 깊게 보기 때문이라고 말한다. 여왕 남편 필립 공은 여왕이 '너무 많은 빌어먹을 신문'을 읽는다고 투덜댔다고 하지만 궁에 갇혀 사는 여왕으로서는 시중의 여론과 일반인의 감정을 파악하기 위해서 언론이 최선의 방법이었을 터이다. 또 여왕은 언론의 기사와 보좌관들이 올리는 수많은 보고서 중에서도 정확하게 문제의 핵심을 가려낼 줄 알기 때문에 결코 한쪽으로 치우치는 판단을 하지 않는다는 평이다.

여왕의 파티는 중요한 소통 창구

이렇게 해서 여왕은 시대에 뒤떨어진 뒷방 노인네가 되지 않고 시대에 맞추어 자신의 삶도 바꿀 줄 알았다. 그 예로 시대의 요구에 따라 왕실이 과다하게 화려한 파티를 연다는 말을 듣지 않게 전통적으로 내려오는 허례허식을 줄였다. 국민은 어려운 시기를 지나고 있는데 왕실은 관례라고 화려한 행사를 하고 있다는 인식을 심어주지 않으려는 배려였다. 2010년부터는 경제적 어려움과 국민의 고통에 동참한다는 의미로 600명의 왕실 직원을 위해 베풀던 파티를 취소했다. 《데일리메일》 신문은 '이건 스크루지의 행동인가?Is one a Scrooge?'라면서 여왕마저 인색해지나 하는 뜻이 담긴 한탄을 했다. 그러나 기사 어디에서도 비난조는 볼 수 없었다. 그냥 그렇게밖에 할 수 없었던 상황과, 여왕이 어떤 파티보다도 더 자랑스러워하고 애정을 보이는 왕실 직원의 위로 파티를 취소하는 여왕을 동정하는 투였다. 이를 보고 경제불황과 복지축소 등으로 각종 어려움을 겪는 영국인들은 여왕이 자신들과 같이 있다는 느낌을 받았을 것이 분명하다.

그러나 반드시 해야 하는 파티를 줄인 것은 아니다. 여왕은 파티 참석이 일상이라고 할 정도로 수많은 파티에 참석한다. 주로 외국 수반을 접대하는 자리를 비롯해 자신이 후원하는 600여 개 각종 자선단체의 모금 파티들이다. 그중 여왕이 가장 즐기는 파티는 영국에서 날씨가 특히 좋은 5~6월 버킹엄 궁 가든에서 3회에 걸쳐 여는 파티이다. 영국 전국에서 한 번에 8000여 명이 초대되는데 주로 일반인이다. 지금까지 110만 명의 일반인이 여왕의 가든파티에 초대되었다. 이들의 공통점은 거의 모두가 전국에서 봉사 자선단체 또는 그늘진 곳에서 공공 업무에 종사하는 이름 없는 사람들이라는 점이다. 길거리 청소부로부터, 초등학교 통학 건널목에서 평생을 봉사한 롤리팝 레이디(lollipop lady: 손에 들고 자동차를 통제하는 표지판이 막대사탕을 닮왔다 해서 붙인 별명)까지 다양한 이들을 초대한다. 평소에 여왕은커녕 비슷한 파티에도 초대받아 볼 엄두도 못 내는 정말 평범한 사람들이다. 여왕은 이 파티를 가장 좋아하고 즐긴다. 아무런 조건 없이 보통 사람들과 어울려서 웃고 이야기하는 모습은 그 어느 때보다 즐거워 보인다.

왕실 가족 행사를 빼고는 왕실 전체가 참석하는 행사가 별로 없는데 이 가든파티에는 찰스 왕세자 부부부터 윌리엄 왕세손 부부까지 3대가 모두 참석한다. 곧 있으면 왕세증손까지 4대가 참석할 판이다. 손님들로서는 평소에는 근처에도 못 가보는 왕족들을 가까이서 보고 얘기도 할 수 있는 일생에 한 번 있는 기회이다. 여왕을 만나러 가니 영국 전통에 따라 여자들은 화려한 드레스에 각종 모양을 낸 모자를 쓰고, 남자들은 군인 정복이나 연미복에 중산모를 반드시 써야 했는데 이제는 예법이 많이 완화되어 평상복으로도 참석한다. 하지만 대개의 경우 연미복은 몰라도 정장을 하고 간다. 영국 드레스와 모자 업체는 버킹엄 궁 가든파티가 먹여 살린다는 말이 그래서 나왔다.

2015년 6월 13일, 엘리자베스 2세 여왕의 공식 생일축하 행사.

명색이 여왕이 여는 파티라는데 워낙 손님이 많으니 제공되는 음식은 별 것이 아니다. 2만7000잔의 홍차, 2만 개의 샌드위치, 그리고 2만 개의 케이크가 전부다. 그래도 손님들은 행복하다. 자신의 노고를 나라의 어머니인 여왕이 알아주고 초대해주니 더할 나위 없이 기쁠 뿐이다. 여왕이 휴가를 가는 8~9월 버킹엄 궁을 유료로 개방해도 가든은 멀리서 볼 수밖에 없는데 그 가든에서 파티를 하니 사람들은 '여왕의 손님' 자격으로 여기저기에서 사진도 찍고 한가롭게 구경도 할 수 있는 보너스까지 받는다.(버킹엄 궁 가든은 17만 제곱미터 규모로 런던 시내 한가운데에 있음에도 평소 워낙 인적이 없어 아주 보기 드문 곰팡이가 살 정도로 출입이 제한된 곳이다.) 파티에 갔다 온 사람들은 기념사진과 함께 여왕의 초청장을 액자에 넣어 벽에 걸어놓고 주변에 자랑하다가 가보로 남긴다.

국가의 어른 노릇

여왕은 국민들로 하여금 여왕이 자신들 편이라고 느끼게 한다. 실질적인 일을 통해서도 이 같은 여론을 만들어낸다. 그중 하나가 2010년 왕실 재산 중 1230채의 가정집을 민간 부동산 개발회사에 2억500만 파운드에 팔려는 정부 계획을 여왕이 막은 일이다. 주민들은 여왕에게 '왜 주택들을 팔려고 하느냐'는 편지를 썼고 정부는 '매각대금으로 런던 시내 중심 쇼핑거리 리젠트 스트리트의 건물들을 재개발하려고 한다'고 입장을 밝혔다. 여왕은 정부에 왜 하필 어려운 시기에 그런 일을 벌이느냐고 정부에 계속 질문을 했다.(여왕이 직접적으로 의사를 나타내지 않으면서 반대를 표현하는 방식이다.) 결국 그 주택들은 평판이 아주 훌륭한 공공주택조합에 거의 반값인 1억5000만 파운드에 팔렸다. 물론 주택들이 훼손되지 않고 살아나 주민들은 만족했고 정부도 그 돈으로 충분하진 않지만 용도대로 사용했다. 리젠트 스트리트를 개발하는 데 쓸 거액을 손해 봤지만 정부는 원래 소유주인 왕실의 의견을 무시할 수 없었고, 여왕은 여왕대로 주민들의 사정을 생각 안 할 수가 없었다. 결국 정부가 양보해서 모두 만족할 결과가 나왔고 여왕이 집안 어른으로서의 역할을 제대로 해냈다. 여론이 여왕과 서민 편이기도 했지만 여왕의 숨어 있는, 그리고 밖으로 드러나지 않는 권력(여왕과 찰스 왕세자는 정보공개법 대상이 아니기 때문에 구체적으로 정부의 어떤 정책에 영향을 끼치는지를 파악할 수 없다)이 작용했음도 감안해야 한다.

왕족을 보수당 편이라고 생각하기 쉽다. 그런데 과거 사례를 보면 여왕과 찰스 왕세자는 노동당 쪽과 훨씬 가깝다. 노동당 정부일 때 정부와 왕실 사이에 별로 잡음이 없었다. 보수당 마거릿 대처 총리는 여왕이 투표를 한다면 아마도 사회민주당에 할 것이라고 진담 반 농담 반의 발언을 하기도 했다. 왕실은 언제나 서민들 편이었기 때문이다. 노동당과 좋은 관계인 여왕은 예외적으로 보수당보다 더 보수당 같다는 평가를 받던 노동당 토니 블레어 전 총리를 상당히 불편해했다.

1952년 왕위에 올라 무려 60여 년의 세월 동안 윈스턴 처칠을 비롯해 마거릿 대처 등 12명이 총리의 자리를 거쳐갔다. 그중 토니 블레어 총리 이후 지금의 데이비드 캐머런까지 3명의 총리는 여왕이 왕위에 있을 때 태어났다. 대부분의 영국인도 여왕보다 나이가 적기 때문에 영국에 다른 왕이 있었다고 생각하지 못하는 듯하다. 그래서 영국인의 마음속에는 여왕이 국가의 가장 큰 어른으로, 국가수반으로 자리 잡고 있다. 아직 영국인은 일반인 출신의 정치인을 국가수반으로 받아들일 준비가 되어 있지 않다. 이 때문에 영국인의 핏속에는 군주국의 신민으로 살아가야 할 유전자가 들어 있다고 평하는 외국인도 있다.

보통 사람과 너무나도 다른 삶

사실 여왕은 서민들의 삶을 이해하기에는 너무나 다른 삶을 살고 있다. 영국 여왕은 하지 않고, 가지지 않고, 없는 것도 참 많다. 우선 여권이 없다. 외국 방문 때도 여권을 가지고 가는 법이 없다. 여왕의 벤틀리 자동차는 번호판이 없다. 그냥 여왕의 문장만 있다. 여왕은 개인적으로 세금을 내지 않는다. 여론에 따라 여왕 개인이 아니라 여왕 재단이 세금을 낸다. 인터뷰를 하지 않는다. 투표를 하지 않고 어떤 형태로든 입후보도 하지 않는다. 여하한 일이 있어도 법에 의해 체포되지 않고 개인적으로 소송을 당하지 않는다. 공개적으로 음식을 먹지 않는다. 물론 공식만찬에서는 식사를 하지만 촬영이 금지되어 국민들은 여왕이 음식을 먹는 것을 본 적이 없다. 1999년 여왕이 한국 하회마을에 갔을 때 마침 생일이라 풍산 류씨 종가의 종부가 며칠을 준비한 푸짐한 생일상 음식을 내놓았는데도 이를 전혀 먹지 않아 종부가 상당히 섭섭해했다는 말이 지금도 돈다. 이것도 아마 공개적으로 음식을 먹지 않는다는 원칙 때문이 아니었을까 한다.

여왕은 신체적 접촉을 거의 하지 않는다. 껴안는다든지 하는 여왕의 몸을 만지는 행동은 금기다. 여왕이 청하기 전에는 악수하기 위해 먼저 손을 내밀면 안 된다. 이 예절은 지금까지 몇 명에 의해서 깨지긴 했지만 그래도 아주 엄격하게 지켜진다. 예전에 오바마 미국 대통령 부인 미셸 오바마가 여왕 허리 뒤에 손을 대서 영국 언론이 난리가 난 적이 있다. 통상 외국 방문을 할 때는 그 나라 관습을 숙지할 터이고 여왕에 대한 외교적인 예법을 백악관 의전팀이 브리핑 안 했을 리가 없는데 미셸이 일부러 장난치거나 모욕을 주려고 그런 것 아니냐고 영국 언론이 의심을 했다. 그런데 놀라운 일은 여왕이 같이 미셸의 허리를 잡았다는 사실이다. 미셸의 엄청난 결례를 무마시키기 위한 행동이 아니었을까 하는 추측도 있었다. 여왕은 머리 스타일을 한 번도 바꾸지 않았다. 공식석상에서는 항상 모자를 쓰고 핸드백을 든다. 옷은 보수적으로 입고 자신만의 스타일이 있다. 언제나 원색의 옷과 거기에 맞춘 모자를 써서 군중 속에 있어도 눈에 띈다. 마거릿 대처 전 총리의 패션 스타일이 비슷해서 상당히 서로 불편해했다. 그래서 총리는 여왕에게 국정을 보고하러 매주 수요일 오후 6시 30분에 버킹엄 궁을 방문할 때나 둘이 같이 참석하는 공식 행사 때는 여왕과 같은 색깔이나 스타일의 옷을 입지 않으려 신경을 곤두세웠다.

그중에서 여왕이 인터뷰를 하지 않는 것은 세상의 이해관계에 얽히지 않으려는 노력의 일환이기도 하고 정치적 중립을 지키기 위한 사전 장치이기도 하다. 여왕은 절대 직접적으로 의견을 표시하지 않는 것으로 유명하다. 간접적으로, 그러나 상대편이 알 수 있게 자신의 의사를 표현한다. 예를 들면 아니라는 말은 안 하지만 반드시 반대를 표현하고자 하면 '정말 그런가요? 확실한가요?'라고 계속해서 묻는다. 정말 가끔 친구, 친지, 측근들의 입을 통해 개인적 의견이 밖으로 새어나오는 경우가 있다. 의도적으로 흘리는지는 모르지만 여왕이 반드시 한마디 해야 할 때는 그런 방식을 택한다고 영국인은 알고 있다. 광우병이 한창일 때 전국 농부협회장이 여왕을 만난 자리에서 "블레어 총리가 농촌 현실을 너무 모르는 것 같다"고 하자 놀랍게도 여왕이 한마디 했다. "예! 압니다. 매주 총리에게 강조를 하는데도 잘 안 되는군요" 라고 정말 귀한 발언을 했다고 언론은 보도했다.

보이지 않지만 대단한 정치적 영향력

사람들은 대개 영국 여왕의 정치적 지위를 논할 때 '군림하되 통치하지 않는다'라는 말을 한다. 영국 여왕은 전혀 정치적인 힘이 없는 것으로 생각하지만, 2014년 스코틀랜드 독립투표에서 나타난 여왕의 '보이지 않는 힘'

말고도 영국 여왕이 가진 정치적 힘은 아주 크다. 영국 여왕을 칭할 때 '입헌 군주'라는 말도 많이 쓴다. 그 말은 여왕이 '헌법에 의거한 왕'이라는 뜻이다. 그냥 단순하게 옛날부터 내려오는 왕위가 아니고 헌법에 의해 국민들로부터도 인정을 받은 자리라는 뜻이 내포되어 있는 말이다.

그런데 사실 생사여탈권을 포함해 군주의 절대권력 어느 것도 영국 왕이 공식적으로 포기한 적은 11년간의 올리버 크롬웰의 공화정 때 말고 한 번도 없다. 엄밀하게 모든 권력을 영국 왕은 아직도 가지고 있다고 해석해도 된다. 영국 각지에 있는 고문서의 각종 법이 적용이 안 될 뿐이지 폐기된 적이 없다는 사실과 같다. 그래서 영국에 독재정권이 들어서면 영국 정부는 그 살아 있는 법으로 아주 합법적인 독재를 할 수 있다는 글을 언젠가 보았다. 같은 맥락에서 아직도 영국 정부는 엄격하게 따지면 왕으로부터 위임받아 투표를 통해 국민동의를 얻어 국가를 통치하고 있다. 이는 영국 정부기관의 각종 이름에서 찾아볼 수 있다. 영국 정부는 '여왕 폐하의 정부Her majesty's government' 이며, 내각의 정식 명칭은 '여왕 폐하의 내각Her majesty's cabinet'이다. 국세청의 이름도 '여왕 폐하의 국세청HMRC: Her majesty's revenue and custom'이다. 공군Royal Air Force, 해군Royal Navy, 육군British Army, 해병Royal Marines, 학술원Royal Society, 예술원 Royal Academy 등 일일이 열거할 수 없는 이름들을 보면 이 나라가 아직 왕정국가가 아닌가 싶다.

물론 내용을 잘 모르는 사람들은 그냥 이름으로만 그러려니 하지만 글자 하나도 허술하게 취급하지 않는 영국인들이 그렇게 부를 때는 이유가 있는 법이다. '형식이 모든 것을 좌우하고 그러다 보면 내용이 따라간다'는 영국말도 괜한 소리가 아니다. 뿐만 아니다. 모든 기관의 고위직 고관, 의원, 판사, 순회판사, 경찰, 성직자, 군인들은 여왕에게 충성 맹세를 해야 한다. 외국인이 영국 시민이 되기 위해서도 여왕에게 충성 맹세를 해야 한다. 첫 선서는 다음과 같다. '나는 영국 시민이 되는 조건으로 엘리자베스 2세 여왕폐하

영국 화폐에 그려진 엘리자베스 2세 여왕의 젊은 날 초상.

와 그의 후계자에게 법에 따라 헌신적이고 진정한 충성을 바칠 것을 전지전능한 신에게 맹세한다.' 그다음이 '영국에 충성하고 권리와 자유를 존중하고 법을 따르고 민주주의 가치를 보호하고 내 의무와 책무를 다한다'는 내용이다. 왕정시대나 통할 법한 충성 선서가 있는 곳은 아마도 영국과 캐나다, 오스트레일리아, 뉴질랜드처럼 국가수반이 영국 왕인 영연방 국가 일부뿐이 아닐까 한다. 만일 영국 국적을 취득한 이민자가 반왕정주의자가 된다면 이 선서를 지키지 않았다는 이유로 국적을 박탈할 수도 있을 것이다.

영국 법에 여왕의 지위는 '입헌군주의 자격으로 여왕은 정부로부터 상의를 받고 to consulted 고무하고 to encourage 경고할 to warn 권리가 있다'고 돼 있다. 사실 영국 왕이 현실 정치에 참여하지 못할 법적 이유는 전혀 없다. 단지 문제를 일으키지 않으려는 노력의 일환으로 전통적으로 관례상 안 하는 것뿐이다.

이제 실질적 권한을 한번 살펴보자. 제일 중요한 권력으로는 '국회에서 의결된 법안이 여왕의 동의 royal assent를 받아야 법이 된다'라는 조항을 들 수 있다. 물론 영국 왕실은 1707년 이후 공식적으로 의회가 통과한 법안을 거부한 적이 없다고 하지만 그건 밖으로 나타난 사실일 뿐이다. 2013년 언론에 새어 나온 내각 비밀서류에 의하면 상당히 많은 법안이 왕실(여왕과 그의 법적 후계자 찰스 왕세자)에 의해 중단되거나 수정되었다. 그래서 영국 정계나 학계에서 나오는 말이 '세습 군주'가 '국민이 선출하고 국민이 책임을 물을 수 있는 내각'에 영향을 끼치는 것이 과연 옳은 일이냐는 것이다. 그런데 앞에서도 얘기했지만 영국 군주는 한 번도 자신의 권한을 국민에게나 정치인에게 완벽하게 문서로 넘겨준 적이 없다. 그냥 언제부턴가(대개 영어를 못해서 신하들과 프랑스어로만 소통을 하고 정사를 보기 귀찮아 하고 독일에서 주로 시간을 많이 보낸 조지 1세 때부터라고 한다) 정치인들에게 국사를 맡기게 되었는데 그것이 관습이 되었을 뿐이다.

그다음으로 여왕의 중요한 권한은 '국회의 해산과 소집, 그리고 총선 선언'이다. 총선에서 다수당의 확보의석 숫자가 과반수가 안 되더라도 다수당의 대표를 총리로 임명하고 그에게 조각을 요청할 권한이 있다는 것이다. 실제 1956년 수에즈운하 침공 후유증으로 앤서니 이든 총리가 사임하고 나서 보수당이 혼란에 빠져 후임 당 대표를 정하지 못하자 여왕이 직접 총리 윈스턴 처칠을 비롯해 국가원로들과 상의해서 헤럴드 맥밀란을 총리로 지명해 내각을 구성하게 한 적도 있다. 6년 뒤 맥밀란 총리가 사임하면서 후임을 여왕에게 천거하고 여왕은 그의 추천에 따라 후임을 더글라스 홈으로 다시 임명했다. 1965년 보수당이 자신들의 당 대표를 뽑는 제도를 만들고 나서야 공식적으로 여왕은 정치적인 일에서 해방된다. 그런데 1974년 2월 에드워드 히스 보수당 총리가 자신의 승리를 자만한 나머지 조기 총선을 실행했다가 의외로 노동당이 최다 득표를 해서 과반수 확보를 못했다. 당 간에 합의가 안 되어 연립정부도 세울 상황이 안 되자 결국 여왕이 나서서 해럴드 윌슨의 노동당이 집권 소수정부를 구성하도록 했다. 노동당은 8개월 후 재선거를 실시해서 겨우 3석 과반수를 차지해 사태를 수습한 적이 있다.

뿐만 아니다. 비록 여왕이 사용은 안 하지만 장관의 임명과 해임도 여왕의 권한이다. 총리가 조각을 해오더라도 여왕이 고개를 흔들면 원칙상 다시 천거를 해야만 한다. 다른 나라 같으면 당연히 의회가 가질 법한 전쟁선포권,

외국과의 조약체결권, 국가인정, 외국대사 신임장 제정(그래서 영국에 파견되는 외국 대사들은 재임 중 여왕이 보내준 여왕 마차를 타고 궁에 들어가 여왕과 차 한잔할 수 있는 기회가 반드시 있다) 등을 비롯해 여권과 화폐 발행, 죄인사면, 해외파병(1999년 여왕이 이라크 파병을 막은 적이 있다고 최근에 밝혀졌다) 권한이 법적으로 있다. 심지어 국민을 해군에 강제로 입대시킬 권한도 있다. 뿐만 아니라 작위와 각종 사훈도 여왕이 수여한다.

할머니 여왕의 최근 변화

요즘 여왕이 부드러워지고 있다는 평이다. 특히 동생 마거릿 공주와 어머니 엘리자베스 왕비가 죽고 나서부터 변했다고 한다. 웃는 모습도 자주 보이고 폭소를 터트리기도 하고 올해의 1차 세계대전 발발 100주년 기념식, 노르망디상륙작전 기념일에서는 눈물을 보이기도 했다. 전과 달리 시간에 맞추어 엄격하게 일정을 지키려 하지도 않고 젊은 사람들과 보통 사람들을 많이 만나고 싶어한다. 손주들과 가능하면 많은 시간을 보내려 하고, 공적인 일보다는 집에서 자신이 하고 싶은 일을 하는 인간적인 모습의 할머니가 되어 가고 있다고 한다. 영국인에게 여왕은 젊을 때는 총명하고 명쾌한 이미지였고 중년에 들어서는 엄숙하고 권위적인 모습이었다가 이제는 인자한 어머니 혹은 할머니로 보이는 듯하다.

영국인은 성탄절 하면 어릴 때 고향에서 가족이 모두 모여 듣던 여왕의 성탄절 메시지를 많이 떠올린다. 성탄절 메시지는 여왕의 일 가운데 아주 전통적인 일로 직접 여왕이 읽는다. 영국인은 나라의 어머니, 할머니인 여왕의 카랑카랑하고 또록또록한 발음의 성탄절 메시지를 들으면 드디어 한 해가 다 갔음을 느끼면서 '올해도 변함이 없었음에 안도한다'고 한다.

🔍 **Keyword 37 : 셜록 홈스**　　　　　　　　　　　　　Search

영국 작가 아서 코난 도일이 창조한 탐정 캐릭터로 전 세계적으로 큰 사랑을 받고 있다.

홈스 열풍의 정체를 밝혀라

　　세기를 걸쳐 세계 독자들을 매료시키고 있는 영국 추리작가 양대 산맥은 애거사 크리스티(1890~1976)와 아서 코난 도일(1859~1930)이다. 그런데 두 작가 중 한 명은 작가 이름으로 유명하고, 다른 한 명은 작품 속 주인공의 이름이 더 유명하다. 애거사 크리스티는 작가 이름은 잘 알려져 있지만, 사람들은 그녀의 소설 속 할머니 탐정인 제인 마플을 쉽게 기억하지 못한다. 반대로 셜록 홈스라는 주인공 이름만큼 그 작가인 아서 코난 도일은 유명하지 않다. 그만큼 소설 속 주인공으로 등장한 지 100년이 넘은 셜록 홈스의 인기는 대단하다. 수년 전부터 영국 BBC가 현대판 셜록 홈스의 이야기를 드라마로 제작해 공전의 히트를 치면서 더욱 화제가 되고 있다.

BBC 드라마가 다시 지핀 홈스 열풍

〈셜록〉이라 이름 붙여진 BBC 드라마 시리즈는 지금까지의 셜록 홈스를 다룬 영화나 드라마와는 달리 현재를 배경으로 만들어졌다. 현대판 셜록 홈스는 과거에 나오던 셜록 홈스와 다르다. 성격도 현대적이고 하는 행동도 아주 튄다. 옛날 셜록 홈스는 어른들이 좋아했다면, 드라마 속 셜록 홈스는 젊은이들 특히 여성 팬들 사이에 선풍적인 인기를 끌고 있다. 그 덕분에 주인공으로 분한 베네딕트 컴버배치는 거의 무명배우였다가 완전히 스타가 되었다. 이 드라마는 2010년에 90분짜리 드라마 3편이 첫 시리즈로 제작 방영된 뒤 2014년 1월 초에 끝난 시즌 3까지 3년 동안 딱 9편이 제작 방영되었다. 현재 시즌 4에 대한 팬들의 궁금증은 날이 갈수록 높아지고 있다. 최근 뉴스에 따르면 시즌 4는 19세기 빅토리아시대가 배경이 된다. 그리고 홈스는 '젠체하지도 무례하지도 버르장머리 없게 행동하지도 않으며, 세련된 빅토리안 영국 신사처럼 행동한다'고 한다. 홈스의 조수 존 왓슨은 조금 더 딱딱할 것이라 한다.

주인공 홈스는 베네딕트 컴버배치가, 왓슨 박사는 마틴 프리먼이 맡고 있는데, 전혀 미남형이 아닌 컴버배치의 묘한 매력이 여성들에게 인기라는 평이다. 작가 마크 게티스(게티스는 원래 배우여서 이 드라마에서 홈스의 형 마이크로프트로 등장한다)와 스티븐 모팻이 코난 도일의 원작을 기반으로 극본을 썼다. 유감스럽게도 현대의 홈스는 홈스의 트레이드마크인 양쪽 귀마개를 모자 위로 올려 묶은 디어스토커 deerstalker 모자와 인버네스 케이프 Inverness cape라 불리는 망토를 입지 않는다. 사실 작가 코난 도일도 소설에서 특별히 모자나 복장에 대해 설명한 적이 없다. 삽화가 시드니 파제트가 1891년작 《보즈콤브 사건》에서 처음으로 선보인 복장이 이후 여러 매체에서 굳어졌다. 이제 홈스는 금연 시대에 맞춰 니코틴 패치를 하고 영국인에게 눈에 익은 런던 시내 곳곳을 종횡무진한다. 현대의 홈스는 문자 메세지와 블로그를 이용해 사건을 해결한다. 그래서인지 지금까지 홈스 소설에 흥미를 보이지 않던 젊은 세대들까지 이 드라마에 열광하고 있다.

코난 도일 작품의 세계적 인기 비결

기네스 기록에 의하면 홈스는 영화로 가장 많이 만들어진 인물이다. 무려 70여 명의 배우가 200편이 넘는 영화에서 홈스 역을 했다. 뻔한 줄거리, 뻔한 성격의 인물이 등장하고 그동안 그렇게 많이 제작되었는데도 셜록 홈스에 대한 영화나 드라마는 왜 여전히 인기를 끌까.

셜록 홈스라는 인물과 스토리 라인이 워낙 흥미롭게 잘 만들어졌기 때문일 것이다. 셜록 홈스가 등장하던 시기(1887~1927)의 영국은 대영제국의 최고 전성기에서 조금씩 내려오던 시점이었다. 그러나 여전히 세계 각지의 식민지로부터 영국을 살찌우던 재화뿐만 아니라 한 번도 보지 못한 물건도 많이 들어왔다. 전혀 알려지지 않던 세계에 대한 정보도 넘쳐나서 영국인들은 거의 매일 놀라움과 흥분에 빠져서 지냈다. 그 시기는 이탈리아의 르네상스 시대와 비교할 수 있을 것이다. 당시 영국인은 새로운 세상에 대한 호기심으로 모험, 탐구, 과학, 지리, 기술, 기계에 대한 얘기들을 하며 밤새곤 했다. 이런 욕구를 충족시키기 위해 1851년에는 세계 최초로 만국박람회가 런던의 하이드파크에서 열렸다. 그때 만들어진 것이 빅토리아 여왕의 남편 이름을 따서 '알버트 공의 과학단지'라 불리는 만국박람회장 앞의 임페리얼대학교, 과학박물관, 자연사박물관, 빅토리아알버트박물관, 알버트홀 등이다. 또 상류사회의 주요한 사교 장소 중 하나가 아프리카 탐험가 데이비드 리빙스턴의 동상이 있는 알버트 공의 과학단지 옆 왕립지리학회였다. 탐험을 마치고 돌아온 탐험가는 영웅으로 대접받았고 탐험가 보고회에 온 영국이 들썩였다. 사람들의 기대를 안고 떠난 탐험대의 중간보고서가 들어오면 영국인들은 TV 시리즈를 보듯 지리학회로 몰려들었다. 그러고는 다음 보고가 들어올 때까지 목을 빼고 기다렸다. 흡사 찰스 디킨스의 다음 소설이 연재된 잡지가 실린 배를 기다리던 미국인들과 같았다. 찰스 다윈이 5년간 비글호를 타고 탐사 항해한 결과로 1839년에 발표한 《비글호 항해기》 같은 학술저널이 공전의 대히트를 치던 시절이었다. 당시는 호기심의 시대였다. 마침 그때 나타난 셜록 홈스는 영국인의 구미에 안성맞춤이었다. 뛰어난 탐구심과 창의력으로 어려운 사건을 척척 해결해내는 홈스는 폭발적 인기를 끌 수밖에 없었다. 그냥 탐정소설이 아니라 연구와 조리와 합리가 합쳐진 수사기법들은 당시 막연한 탐정소설과는 차원을 달리한 것이었다. 빅토리아인들을 매료시켰던 인기는 지금까지 영국인은 물론 전 세계적으로 식을 줄 모른다.

코난 도일의 56개 단편과 4권의 소설은 독자가 그냥 줄거리를 수동적으로 따라가면서 읽는 소설이 아니다. 범인이 누구인지 계속해서 추리하면서 읽는 소설이다. 범인임이 분명한 상황에서 기막힌 반전이 일어나 엉뚱한 범인이 나타난다. 그래서 독자는 작가가 늘어놓는 증거나 힌트를 통해 작가가 숨겨놓은 범인을 찾아내는 기쁨을 맛보려고 눈에 불을 켠 채 소설을 읽는다. 소위 말하는 다음 전개가 궁금해서 끝까지 읽지 못하면 잠을 못 자게 만드는 '페이지 터너page turner'의 소설이다. 그러다가 자신이 지목한 범인이 아닌 다른 인물이 범인으로 나타나면 실망하고 자신이 진범을 찾아내면 짜릿한 기쁨을 맛보게 된다. 결국 소설을 재미로만 읽는 것이 아니라 지적 탐험심을 자극하고 동시에 자기만족도 할 수 있다. 그래서 다음 장을 서둘러 넘기지 않고는 못 배기게 만든다. 독자로서 소설을 읽는 것만이 아니라 자신이 탐정이 되어 과학적 추리력과 논리적 사고를 통해 범인을 가려내는 능력을 탐색하는 작업도 겸하게 된다. 이 같은 지적 사치와 허영을 불러일으키는 매력이 대중 독자들을 끌어들였다.

셜록 홈스라는 소설 캐릭터 탐구

셜록 홈스는 누구인가. 소설 속에서 그려진 홈스를 살펴보면 그는 가장 빅토리아시대적인 인간상이었음을 알 수 있다. 바로 전 조지안시대 때 청교도적인 이유로 눌려 있던 인간의 욕구가 마구 터져 나오던 시절이었다. 그래서 퇴폐적이고 탐미적인 인간상이 인기였다. 소설에서 홈스의 조수로 등장하는 존 왓슨 박사는 홈스를 '방랑자 기질이 있는 보헤미안 스타일의 인간'이라고 묘사한다.《바스커빌 가문의 개》에서는 홈스를 고양이처럼 청결함을 좋아하는 성격이라고 했다가도 세상이 중요시하는 청결과 질서의 기준에 무심한 괴짜라고 평하기도 했다. 홈스의 수사법을 보면 그는 가장 체계적인 인간 같지만, 시가를 석탄 바구니에 보관하는가 하면 담배를 페르시안 슬리퍼 발가락 부분에 넣기도 한다. 그리고 무작정 회답을 미룬 편지들을 나무 벽난로 중간에 잭나이프로 아무렇게나 꽂아둔다. 그는 서류를 버리는 것에 극심한 공포감을 가지고 있어서 몇 달이 지나면 온 방이 서류로 꽉 차버릴 정도였다. 그럼에도 자신이 필요하면 놀랍게도 해당 서류나 물건들을 단번에 찾아내곤 했다. 한번 일에 집중하면 영양실조로 쓰러질 때까지 식음을 전폐했다. 홈스는 아침을 먹지 않고도 강철 같은 체력을 유지했다. 독자들은 홈스가 하루 종일 혹은 며칠씩 입을 다물고 말을 않거나 사소한 것에 대한 극도의 관심과 아주 긴 독백을 즐기는 것 등을 이유로 들어 아스퍼거 증후군을 의심하기도 한다.

파이프를 주로 피웠고 가끔 담배나 시가를 피우기도 한 홈스의 흡연 습관을 두고 왓슨은 "독으로 공기를 가득 채운다"라고 악평을 하기도 했지만 실제는 그렇게 나쁘게 보지 않은 것으로 소설에 나온다. 홈스는 가끔 추리가 잘 안 풀릴 때 아편이나 코카인 같은 습관성 마약을 사용했다. 그는 마약이 자신의 생각을 활발하게 해준다고 믿었다. 자신은 아편 사용자이면서도 아편굴 같은 곳에 가는 것은 반대했다. 이런 종류의 마약들은 19세기 후반까지 합법이었다. 왓슨은 홈스의 마약 사용을 강하게 비판했다. 이것을 홈스의 유일한 나쁜 버릇이라고 비판하면서 마약 후유증이나 부작용을 걱정했다. 특히 홈스의 정신건강과 지적능력에 손상을 주진 않을까 염려했다. 결국 왓슨은 홈스의 마약 사용을 끊게 만드는 데 성공하나 홈스의 담당의사는 "완전히 끊은 것이 아니고 그냥 잠재운 것에 불과하다"고 했다. 홈스는 사건을 제대로 파악하지 못해 허둥대는 경찰을 가지고 놀며 자신의 추리능력을 과시하면서도 수사결과를 경찰에게로 돌리는 미덕도 보였다. 이런 보통 사람 같지 않은 홈스의 인간상이 독자들로 하여금 더 매력을 느끼게 만든다.

홈스가 흥미를 보인 많은 사건은 사실 경찰로부터 온 것이다. 당시 영국 경찰은 아마추어 수준을 못 벗어나고 있었다. 영국의 경찰 시스템은 로버트 필 총리(1841~1846 재임) 때 제대로 만들어졌기에 홈스가 활동하던 시절에는 사립탐정보다 더 경험이 적을 수밖에 없었다. 그래서 고급 의뢰인은 경찰로 가지 않고 사립탐정에게 사건을 맡기는 것이 당연시되던 시대였다. 소설에서 보면 영국 총리나 보헤미아 국왕까지 베이커 스트리트를 찾아와 도움을 청했다. 프랑스 정부는 홈스에게 레지옹 도뇌르 훈장을 주기도 했다. 스칸디나비아의 왕도 의뢰인이었고 심지어는 바티칸도 2번이나 홈스의 도움을 받았다.

홈스의 성격을 냉철하고 차다고 표현할 수 있지만 수사에는 아주 열정적이었다. 불필요하게 거창한 덫을 놓아 범인이 백일천하에 검거되게 함으로써 왓슨이나 경찰을 감동시키기도 한다. 홈스는 왓슨을 비롯해 주위의 사람들을 귀하게 여기긴 했지만 친구를 쉽게 사귀진 못했다. 그가 고독하게 사는 이유는 침울한 성격 탓이다. 그는 대학에서 2년 동안 친구를 딱 1명 사귀었다고 왓슨에게 고백한다. 방에 처박혀서 좋아하는 일을 하거나 생각하는 데 익숙하지 누구를 사귀지는 못한다.

홈스의 수입은 결코 밝혀진 적은 없지만 집세를 못 낼 정도는 아니어서 자신을 하우스메이트로 들인 것은 아니라고 왓슨은 말했다. 왓슨은 홈스의 수입이 상당한 수준이었다고 했다. 홈스도 프랑스 정부와 스칸디나비아 왕의 의뢰 수가가 아주 높아 은퇴해도 좋을 만큼 벌었다고 말했다. 아무리 돈을 많이 준다고 해도 자신의 흥미를 못 불러일으키면 사건을 맡지 않았다. 홈스의 여자에 대한 관심은 거의 '제로'라고 해도 과언이 아닐 정도로 거의 언급이 되어있지 않다. 약혼을 한 적이 있지만 그것도 사건 해결을 위한 정보를 얻기 위한 수단에 불과했다. 그래서 홈스는 게이가 아닌가하는 의심마저 받았다.

홈스는 지구가 움직인다는 사실을 몰랐다. 왓슨으로부터 처음 그 사실을 듣고 바로 잊어버리겠다고 했다. 자신의 일에 불필요한 지식을 머리에 담으면 유한한 두뇌가 정말 필요한 지식을 기억하지 못하기 때문이라는 핑계를 들었다. 그래서 홈스는 문학·천체학에 대해서는 무지한 수준이고 정치·식물학도 몰랐지만 범죄 문학에 대해서는 아주 놀랄 정도의 지식을 가지고 있었다.

근대 과학수사에 홈스가 끼친 영향은 아무리 강조해도 과함이 없다. 증거 추적을 통한 추리는 아무도 따라갈 사람이 없었다. 타이어와 신발 자국, 지문, 탄도학 등을 통한 추리는 당시에 초기 단계에 불과했던 과학수사를 확 끌어올리는 계기가 됐다. 아직까지도 실제 범죄과학 수사법에서 홈스가 쓴 이론이 사용되고 있다. 담뱃재, 머리카락, 지문을 찾기 위해 확대경과 현미경을 사용하고 화학약품을 써서 독극물을 밝혀내고 탄환을 찾아내어 구경을 비교함으로써 사건에 사용된 권총인지를 가려낼 만큼 발달한 추리 기법을 사용했다. 홈스는 용의자의 옷, 표정, 심지어는 신발에 묻은 진흙까지 추리의 도구로 활용할 줄 알았다.

셜록 홈스에 대한 이모저모

런던의 베이커 스트리트에 있는 '셜록 홈스 박물관' 입구 문에는 '221번지 B호'라고 되어 있지만 실제 주소는 239번지이다. 원래 1887년 코난 도일이 작품을 쓸 때 베이커 스트리트는 거리 주소가 100번까지밖에 없어서 221B라는 가공의 주소를 썼다. 1930년대 들어서 건물이 늘어나자 221B를 포함하는 주소가 애비내셔널이라는 영국 금융회사 본부의 일부로 바뀌었다. 그래서 이 주소로 오는 세계 팬들의 편지를 금융회사 직원이 '셜록 홈스의 비서' 이름으로 회답을 해주곤 했다. 셜록 홈스 박물관 측이 금융회사에 그 임무를 넘겨줄 것을 요청했으나 거절당하다 2010년 금융회사가 이전함으로

런던 지하철의 베이커 역 풍경.

써 문제가 해결되었다. 세계 팬들이 221B로 보내는 편지는 이제 239번지 박물관으로 배달되어 박물관 측이 회답을 하고 있다. 아직도 수많은 홈스 팬들이 홈스가 소설 속의 주인공임을 알면서도 베이커 스트리트에 와보고 사무실 주소가 가짜라는 사실에 실망해서 돌아간다. 홈스 박물관이 가공의 장소에 있고 심지어는 소설의 그 자리가 아님을 독자들은 너무나 잘 알면서도 박물관에 온다. 관광철에는 하도 사람들이 많아서 최소 30분 이상 줄을 서면서도 사람들은 다녀간다. 너무 좁아 많은 사람을 받을 수가 없기 때문이다. 흡사 로미오와 줄리엣이 이야기를 나누었다는 이탈리아 베로나의 '전설의 발코니' 앞처럼 세계에서 온 사람들이 인산인해이다. 정말 사람들은 왜들 이러는 걸까? 하긴 나만 해도 그런 곳을 찾아다니니 말이다. 나는 그래도 찾아다니는 목적이 있다고 자기합리화를 하긴 하지만 사실 현대인들만이 그랬던 것은 아니다.

빅토리아시대 사람들은 홈스가 실제 인물이라고 진짜 믿었다. 홈스 소설의 삽화가였던 시드니 파제트의 형으로 알려지기도 했다. 시드니가 실제 자신의 형의 모습을 바탕으로 홈스를 그렸기 때문이다. 코난 도일이 자신의 일에 싫증을 느껴 연재를 중단하려고 소설 속 홈스를 죽이자 영국인들은 팔에 검은 완장을 차고 조문 편지를 보냈다. 심지어 홈스를 '죽인' 코난 도일에게 살해위협을 하기도 했다. 당시 에드워드 7세 왕은 코난 도일에게 아프리카 보어전쟁에 기여한 공로로 경Sir 칭호를 하사했는데 실제는 홈스 소설을 다시 써주기를 바라는 의도가 있었다는 설도 있다.

프랑스 작가 모리스 르블랑(1864~1941)은 코난 도일과는 달리 도둑을 주인공으로 한 《괴도 뤼팽》이란 소설을 썼다. '신사 도둑'이라 불리는 뤼팽은 홈스와 같은 시기에 프랑스어권을 휩쓴 영웅이다. 뤼팽이 홈스와 조우해서 사건 대결을 벌인 소설을 르블랑이 코난 도일의 허락을 받지 않고 썼다. 홈스와 뤼팽의 첫 조우는 르블랑이 1905년에 쓴《셜록 홈스, 한발 늦다》라는 소설에서다. 여기서 홈스는 철저하게 망가진다. 분노한 코난 도일이 항의하고 법적 조치를 취하기도 한다. 르블랑은 셜록 홈스 대신 '헐록 숌즈' 혹은 '헴록 쉐어즈'라는 이름을 쓰기도 했으며, 홈스와 루팽의 조우는 1906년의 《금발의 여인》, 1907년의 《유대인의 등불》, 그리고 마지막 1909년의 《기암성》까지 계속된다. 기암성은 프랑스 서해안 노르만디 해변 마을 '에트르타' 앞 바다에 있는 촛대 바위를 말한다. 이 촛대바위를 비롯해 코끼리 모양의 바위를 클로드 모네는 그림으로 많이 그렸다.

BBC〈셜록〉드라마 속 베이커 스트리트 221B 아래층에 있는 샌드위치 바 스피디스는 실제로는 베이커 스트리트에서 약 2킬로미터 떨어진 노스 가워 스트리트에 있다. 현재 드라마에서 볼 수 있는 샌드위치 바는 드라마의 성공으로 홈스 팬들의 성지가 됐다. 제대로 된 주소는 187 North Gower Street, Camden, London, NW1 2NJ이다. 홈페이지(www.speedyscafe.co.uk)에 카페가 드라마 촬영 장소라고 밝히고 있다. 상당히 좋은 품질의 샌

런던 베이커가 221B에 위치한 셜록 홈스 박물관.

드위치를 판매하고 있다고 하니 셜록 팬들은 베이커 스트리트의 셜록 홈스 박물관을 간 김에 한번 들러서 아픈 다리도 쉬고 커피 한잔하는 것도 나쁘지 않을 듯하다. 〈셜록〉 시리즈가 처음 방영되었던 2010년 8월 《데일리메일》 기자가 취재할 때는 카페 2층에 33세의 한국인 유학생 Tae Kim이 살고 있었다고 기사에 나온다.

한편, 최근 BBC가 정보공개법을 사용해 얻은 자료에 의하면 영국 외무부는 287.33파운드(51만7194원)를 BBC에 지불하고 〈셜록〉 시리즈를 2012년 평양국제영화제 기간 동안 문화교류 프로그램의 하나로 평양에서 상영했다. 외무부 대변인은 "대다수의 북한인은 소련이나 중국에서 만들어진 영화나 TV 시리즈를 보았을 뿐 이런 드라마는 처음 보았을 것"으로 짐작하고 "2년마다 개최되는 이 영화제를 통해 북한인들은 아주 면밀하게 선정된 외부 영화를 볼 수 있다"고 전했다. BBC 자료는 북한인들의 반응이 어떠했는지에 대한 언급 없이 34편의 교육적이고 외교적이고 인간적인 영화들이 선정되어 평양국제영화제에서 상영되었다고 전했다.

> 🔍 **Keyword 38 : 윈스턴 처칠**　　　　　　　　　　Search

1874. 11. 30~1965. 1. 24. 영국의 정치가로 총리를 역임했다. 노벨문학상을 수상한 작가, 화가, 종군기자이기도 했다.

가장 위대한
영국인 1위

　영국에는 매년 정초가 되면 총리였던 윈스턴 처칠(1874~1965)에 관한 기사들이 자주 보인다. 1월 24일이 처칠의 서거일이기 때문이다. 2015년은 50주년이라 유독 처칠에 대한 기사가 쏟아졌고 행사도 많았다. 2014년 우크라이나 사태 때 '만일 처칠이라면 어떻게 했을까'라는 글을 적어도 3군데의 매체 지면에서 본 적이 있다. 영국인들에게 아직도 처칠은 국가 위기 때 의지하는 지도자라는 뜻이다.

　그런 영국인의 심정은 2002년 영국 공영방송 BBC가 시청자들을 상대로 벌인 '위대한 영국인' 투표에서도 엿볼 수 있다. '위대한 영국인' 1위가 놀랍게도 처칠이었다. 세계인 누구나가 다 아는 윌리엄 셰익스피어나 엘리자베스 1세 여왕 같은 역사적 인물이 아닌 현대의 정치인이 어떻게 1등을 할 수 있었는지는 좀 과장하면 불가사의다. 어느 나라나 정치인 혐오가 제일가는 소일거리이다. 또 아무리 세상을 구한 위대한 정치인이라 해도 공과가 있을 터인데 이제 세상을 뜬 지 50년밖에 안 된 현실 정치인이 역사의 평가를 받지도 않고 어떻게 1등을 차지할 수 있었을까? 그러고 보면 영국인들은 자신들의 영웅을 평가할 때만은 굳이 허물을 따지지 않는가 보다. 세기의 악마라는 아돌프 히틀러로부터 자신들을 구한 공로가 하도 커서 처칠을 평가할 때만큼은 그의 숱한 허물을 덮어두고 싶은 것인가?

참고로 당시 BBC 여론조사에서 2위는 우리에겐 좀 낯선 빅토리아시대의 위대한 과학자 이삼바드 킹덤 브루넬이 차지했고 이어 3위가 다이애나 왕세자비였다. 이어 과학자 찰스 다윈, 대문호 셰익스피어, 과학자 아이작 뉴턴, 비틀즈 멤버 존 레넌, 엘리자베스 1세 여왕, 해군제독 호레이쇼 넬슨, 혁명가 올리버 크롬웰이 차례대로 10위를 채웠다.

영국인도, 미국인도 좋아하는 처칠

미국에서도 미국인들이 가장 좋아하는 유럽 정치인을 뽑으면 항상 1등이 처칠이다. 자기들과 함께 2차 세계대전을 승리로 이끌기도 했지만 사실은 미국인들이 처칠을 좋아하는 이유는 따로 있다. 처칠의 영어 발음에는 미국 발음이 알게 모르게 섞여 있다. 처칠의 어머니가 미국인이기 때문이다.

처칠의 어머니는 당대 최고의 미인으로 유명했다. 그리고 미모를 이용해 전 생애를 거쳐 영국이 떠들썩한 화려한 사교계 생활을 했다. '제니'라는 애칭으로 불리던 처칠의 어머니는 실력 있는 아마추어 피아니스트였다. 당시 왕세자(나중에 에드워드 7세 영국 왕)의 소개로 영국 귀족 중에서도 가장 서열이 높은 말보로 7대 공작의 셋째 아들인 랜돌프와 레가타 보트 경기의 파티에서 만났다. 만난 지 사흘 만에 약혼을 하고 2달 뒤 결혼해 영국 사교계를 충격으로 몰아넣었다. 당시 랜돌프는 영국 사교계에서 가장 인기 있는 신랑감이어서 뭇 여성들의 선망의 대상이었다. 그런데 어느 날 갑자기 미국에서 온 여인과 단 사흘 만에 약혼을 했으니 말이다. 반대로 대서양 건너 미국 젊은 여성들 사이에서는 영국 귀족 가문으로 시집간 신데렐라로 떠올랐다.

처칠 아버지인 랜돌프는 45세에 죽었다. 그때 40세였던 제니는 5년 뒤 26세의 군인과 재혼해서 영국 사교계에 센세이션을 일으켰다. 그리고 9년 뒤 이혼했다. 그로부터 4년 뒤인 64세에는 23세 연하의 공무원과 다시 결혼했다. 당시 처칠은 44세의 18년차 하원의원이자 군수장관이었는데, 어머니의 결혼 상대는 41세였다. 처칠의 어머니는 67세 되던 해 새 하이힐을 신은 채 친구집 이층 계단을 내려오다 미끄러져 발목이 부러졌다. 그녀는 이 사고로 무릎까지 잘라냈고 그 후유증으로 사망한다. 당대를 풍미한 대단한 여인이었다. 그래도 처칠은 어머니를 너무 사랑했고 유서에 자신의 장지로 영광의 웨스트민스터를 마다하고 어머니 곁에 묻히길 원했다.

처칠이라면 지금 어떻게 했을까?

영국인들은 위기상황에서 앞이 잘 안 보일 때는 혜안을 가졌던 역사적인 지도자들로부터 교훈을 얻으려 한다. 국가 재정문제로 사회복지를 줄이려 할 때는 일찍이 서민들의 복지를 외쳤던 찰스 디킨스를 불러와 '당신이라면 이럴 때 어떻게 할 건가?'라는 질문을 던져 문제를 풀려 한다. 미묘한 가족, 애정 문제가 터져 나왔을 때는 인간 갈등의 전문가인 셰익스피어에게 질문을 던진다. 그러니 2014년 5월 우크라이나 사태가 터졌을 때 '만일 처칠이라면 이럴 때 어떻게 했을까?' 하는 질문이 나온 게 당연하다. 특히 처칠은 러시아 관련 문제에서 누구보다도 전문가였으니 말이다.

구체적으로 '처칠이라면 푸틴의 군대가 크림반도를 병합할 때 영국군을 파병했을까?'라는 질문이 나왔다. 처칠 지지자들은 2차 세계대전 때 나치에 대해 단호한 행동을 취할 만큼 러시아인들의 끝없는 야심을 아는 처칠이라면 분명 파병을 해서 초기에 막는 식으로 대처했을 거라고 주장했다. 그러나 다른 논자들은 1938년의 처칠(2차 세계대전 발발 전)이 아닌, 1919년의 처칠(러시아혁명이 진행 중일 때)을 보라고 반박했다. 1차 세계대전 이후 러시아가 10월혁명에 휘말렸을 때 처칠은 볼셰비키가 이기기를 진정으로 원하지 않으면서도 각종 무력 개입 아이디어를 만지작거리기만 했다는 것이다. 그러는 바람에 결국 백계러시아인White Russian이 이겼고 레닌의 볼셰비키들이 승리해 오랜 세월 서부유럽을 비롯해 수많은 국가들이 그 대가를 치르게 했다는 비판이다.

대다수의 논자들은 처칠이었다고 해도 아마 서방이 펼쳤던 경제제재 이상의 조치는 하지 않았을 것이라고 단정했다. 그 이유로 처칠은 재무장관 출신이고 승부가 확실치 않을 경우 함부로 개입하지 않았다는 점을 들었다. 실제 처칠은 결코 모험을 하는 정치인이 아니었다. 오히려 손익을 철저히 계산해서 움직였다. 이는 젊은 시절 터키를 상대로 벌인 갈리폴리전투의 쓰라린 경험 때문이라는 분석이 있다. 갈리폴리전투의 패배로 처칠은 자신의 첫 고위직인 해군장관직을 사임할 수밖에 없었다.

처칠은 2차 세계대전 중에도 프랑스·소련을 비롯한 연합국 모두가 유럽 북부전선 작전을 시작하자고 난리를 쳤지만 끝까지 버텼다. 일단 지중해와 아프리카에서 승기를 잡은 후 작전을 벌여도 늦지 않다고 주장했다. 결국 처칠은 지중해와 아프리카에서 독일군을 완전히 몰아내고 난 뒤에야 북부전선에서 전투를 펼쳤다. 보기보다는 신중한 정치인이라 할 수 있다.

'나토군이 우크라이나 사태에 개입한다면 처칠이 반대했을까'라는 질문에는 상당수 논자들이 "반대하지 않았을 것"이라고 말한다. 1919년 10월혁

영국 수상 시리즈 우표에 실린 처칠.

명 당시에도 처칠은 공산주의자들을 철저히 미워하면서도 영국 정부가 볼셰비키 러시아를 국가로 빨리 승인하라고 설득하는 입장이었고 결국 10월 혁명 성공에 서방국가로는 가장 큰 도움을 주었다고 평가된다. 결국 영국은 가장 먼저 소련을 국가로서 승인했다. 그래서 러시아의 영국대사관 차량 번호는 1번이다. 러시아는 자신들을 승인한 순서대로 외교관 앞자리 숫자를 줬기 때문이다. (참고로 북한이 87번이고 한국이 124번이다.) 무역으로 실리를 먼저 취하기 위함이었다.

영국은 명분도 중요시하지만 영국의 행보를 가만히 따지고 보면 실리를 훨씬 챙기는 나라이다. 이런 면에서는 처칠이 대표적인 지도자이다. 그래서 처칠은 비록 푸틴을 곤경에 빠뜨리기 위해 최선을 다하겠지만 절대 무력을 사용하지는 않으리라는 것이 '우크라이나 사태에 처칠이라면 어떻게 했을까?'에 대한 결론이었다.

심지어 영국에서는 유럽연합 탈퇴 문제에서도 처칠의 혜안을 빌리려는 시도가 나온다. '이런 세기적 위기를 처칠 같은 지도자 없이 헤쳐 나갈 생각을 하니 무섭다'는 한 논자의 말처럼 영국인들은 어디로 가야 할지 몰라 두리번두리번하는 아이 같은 심정인 모양이다. 영국 독립당은 처칠의 반유럽 발언을 들먹이면서 유럽연합 탈퇴 결정을 주장하고, 유럽연합 잔류 지지파들은 유럽합중국 United States of Europe을 창시한 사람이 바로 처칠인데 뭔 소리냐고 목소리를 높인다.

세계대전에서 더욱 빛난 처칠의 혜안

지금도 칭찬받고 있는 처칠의 대표적 혜안은 러시아에 관한 것이다. 2차 세계대전이 채 끝나기도 전부터 처칠은 공산주의를 세계에 수출하려고 하는 소련의 야심을 줄기차게 경고했다. 그때 나온 유명한 말이 바로 '철의 장막'이다. 처칠은 제정러시아 피터 대제의 서진西進 정책부터 시작된 욕심을 막지 않으면 나중에 비싼 대가를 치른다고 경고했다.

2014년 11월 영국 언론들은 처칠이 냉전 중인 1947년 러시아에 원자탄 투하를 심각하게 고려한 적이 있다는 내용의 미국 정부 서류가 공개되었다고 보도했다. 처칠은 당시 소련의 야심을 가만히 두면 더욱 커질 것을 염려해 아예 싹부터 자르자고 미국 방문 중 우파 공화당 중견 정치인에게 심각하게 제안했다는 것이다. 그냥 두면 골칫거리가 될 것이니 원자탄을 사용해서 소련을 약화시키자며 트루먼 대통령을 설득해 달라고 부탁했다는 것이다.

당시 소련은 원자탄을 개발하지 못했고 1949년에야 시험에 성공했다. 영국의 야당 당수 자격으로 미국을 방문한 처칠은 미국이 놀랄 정도로 진지하게 이런 제의를 했다. 2차 세계대전의 우방국 소련이 수십만 명이 사망하는 희생을 치르더라도 소련을 약화시켜야 한다고 주장했다. 구체적으로 모스크바 한복판의 크렘린 궁이 목표였다. 처칠은 2~3년 내 소련이 원자탄을 개발해 미국을 공격할 것이며, 그렇게 되면 세계는 공산주의자 손안에 다 들어간다고 설파했다. 그러나 처칠의 제안을 받은 미국은 상당히 조소하면서 무시했다. 심지어 세계대전이 끝난 지 얼마 안 된 시점에서 3차 세계대전에 말려들 수도 있는 소련 공격을 주장하느냐며 처칠의 판단력마저 심각하게 의심했다.

처칠은 1951년 다시 집권을 하고 나서는 소련에 대한 원자탄 공격을 전혀 언급하지 않았다. 결국 처칠이 예견한 철의 장막은 '발트해의 슈체친에서 아드리아해의 트리에스테까지' 설치되어 구소련이 해체되는 날까지 존재했다. 이렇게 처칠은 러시아를 처음부터 끝까지 경계했다. 1939년 러시아가 독일과 리벤트로프 몰로토프 평화협정을 맺었을 때 처칠이 했던 말은 그가 러시아에 대해 남긴 어록 중 가장 유명하다. "나는 러시아의 행동을 전혀 미리 짐작할 수 없다. 그들은 불가사의 속의 신비에 싸인 수수께끼A riddle wrapped in a mystery inside an enigma이기 때문이다." 그럼에도 처칠은 러시아를 제대로 이해한 유일한 유럽 지도자였다는 평가를 받는다. 그래서 지금의 영국인들은 러시아에 관해 뭔가 헷갈릴 때는 역사책에서 처칠이 어떻게 했는지를 찾아보며 답을 얻는다.

처칠의 혜안은 1차 세계대전이 끝나고 유럽이 평화 무드에 젖어 있을 때 혼자서 독일의 재무장을 경계하면서 공군 창설을 비롯해 영국군의 군비강화를 외친 점에서도 빛난다. 당시 세상은 그를 호전주의자로 취급했다. 하지만 정확하게 말하면, 처칠은 외로운 전쟁준비주의자였다. 1차 세계대전에 지친 사람들은 더 이상 전쟁 이야기를 듣고 싶어하지 않았다. 더더욱 군비 재무장에 대한 처칠의 주장은 인기가 없었다. 그래서 세계를 비극으로 몰아넣은 2차 세계대전을 못 막는 실수를 저지른 것이다.

처칠은 2차 세계대전을 '불필요했던 전쟁'이라고 불렀다. 만일 유럽이 일찍부터 독일의 위험을 감지하고 군비를 강화해 독일의 재무장을 공동으로 저지했었다면 히틀러가 감히 전쟁을 일으킬 야심을 품지 못했을 것이라는 이유에서다. 처칠은 유럽이 불필요한 전쟁을 막을 수 있었고 7300만 명의 군인과 민간인이 사망하고 엄청난 재화를 낭비한 인류 최고의 비극을 막을 수 있었을 것이라고 기회 있을 때마다 역설했다. 평화를 이루는 최선의 방법은 전쟁을 대비하는 것이라는 모순된 처칠의 말은 바로 이런 맥락에서 나온 것이다.

최대 위기에서 영국 총리가 되어 승리하다

2차 세계대전과 관련해서도 처칠의 선견지명과 그가 미래를 보는 위대한 정치인임이 결국 증명되었다. 1939년 독일이 폴란드를 점령하고 나서야 사람들은 처칠이 옳았음을 알았고 결국 영국인들은 그를 1940년 총리로 만들었다. 그때 처칠은 운명을 이야기했다. 자신은 이런 일을 위해 지금까지의 삶을 준비했었다면서 총리 취임을 했다.

개전 초기 영국은 혼자였다. 프랑스, 네덜란드, 벨기에, 룩셈부르크 모두가 함락되고 홀로 독일과의 전투를 감당해야 했다. 유럽 대륙에서는 연합군의 항전이 아직 시작되지 않았고 영국 본토로 쏟아져 들어오는 독일 공군의 공격, 이른바 '영국 본토 공중전(영국 상공에서의 독일 공군과의 공중전)', '영국 본토 공습'을 앉아서 당해야 했다. 영국 혼자서 거의 전쟁을 짊어져야 하는 상황이어서 전황은 암담했다. 바로 이때 지도자로서 처칠의 능력이 발휘되었다. 처칠의 단호한 결전 의지를 다지는 연설은 영국인들에게는 유일한 위안과 안심의 메시지였다. 공습 중 런던 시내 세인트폴성당이 독일군 공습으로 인한 포연 속에서 몸 성하게 우뚝 솟은 흑백사진은 당시 영국인들의 사기를 진작시켰고 영국인의 저항의 상징으로 받아들여졌다. 영국인들은 처칠을 파시스트 독일로부터 자신들을 지켜줄 파수꾼으로 여겼다. 처칠은 서유럽의 생존 전망이 어두울 때 오로지 혼자서 밝은 내일에 대한 희망을 말했다.

처칠의 소통 능력은 천재적이었다. 전시 동안 처칠은 '항상 보이는 지도자 visible leader'였다. 군수공장, 폭격 맞은 집, 군인 막사 등 어디나 방문해 국민들과 대화를 나누었고 이는 신문 기사로 났다. 국민은 자신들의 지도자가 항상 자신들과 같은 보통 사람들 가까이 있음에 안심하고 친근감을 느꼈다. 당시 처칠은 하루에 18시간을 일했다. 수도 없이 많은 전선과 공장을 방문했고 해외방문도 이어졌다.

처칠은 초인적인 체력을 발휘했다. 총리가 될 때 그는 66세였다. 당시 기준으로는 고령의 나이인데도 불구하고 젊은이들보다 더 열심히 일했다. 전쟁 중인 1940년 7월부터 1945년 7월 사이에 처칠의 지지도는 한 번도 78퍼센트 이하로 내려간 적이 없었다. 거의 주간 행사처럼 폭격을 당하고 자신과 이웃의 자식들이 죽어 나가고 식품을 배급받아 겨우 연명하고 심지어는 현직 장관이 소시지를 한번 먹기 위해 호주대사관 파티에 갈 정도였는데도 국민들은 처칠을 무조건 믿고 지지했다.

당시 처칠은 자신의 목표는 승전이라고 항상 얘기했다. 처칠은 항상 간단하고 짧은 내용의 말을 반복했다. 그래서 국민들은 그의 말을 쉽게 이해했고 기억했다. 국민을 세뇌시킨 셈이다. 처칠은 지도자는 다른 사람보다 더 높은 이상을 가지고 있어야 한다고 강조했다. 처칠은 자신이 그런 이상을 가졌다고 확신했다. 확실하고 명백한 미래에 대한 이상은 국민들을 새로운 방향으로 향하게 하는 힘을 발휘한다.

전쟁 중 처칠의 이상은 전쟁에서의 승리 말고는 없었다. 승전이 처칠의 최상의 이상이었다. 그래서 처칠이 "나는 당신들에게 피와 고통과 눈물과 땀 밖에는 드릴 것이 없다"고 했을 때도 그를 이해하고 모두들 따랐다. 오랜 세월이 지난 지금도 처칠의 유명한 연설 녹음을 다시 들을 때면 머리카락이 쭈뼛 서는 느낌을 받는다고 말하는 영국인이 많다. 불안에 떠는 국민들을 다시 한 번 강철처럼 뭉치게 해서 조국을 위해 희생할 수 있다는 각오를 하게 만들었다고 영국인들은 믿는다.

국민과 가까웠던 인간적인 리더

전쟁영웅이라는 것 말고도 지금까지 처칠이 영국인의 존경을 받는 이유는 여러 가지가 있다. 예를 들면 귀족 집안 출신인데도 결코 귀족 티를 내지 않고 일생을 통틀어 평민들 속에서 평민들처럼 살고 싶어했다는 것도 한 가지다. 그는 상원으로 갈 수 있는 런던 공작이라는 귀족 칭호를 수여하겠다는 여왕의 제안을 사양하고 은퇴하는 날까지 하원에 남았다. 무덤도 그렇다. 웨스트민스터사원에 묻힐 수도 있었지만 그는 자신의 고향 마을 조그만 교회의 가족묘지 부모 옆에 묻히길 원했다. (그래도 웨스트민스터사원에 가면 서쪽 정문 안 바닥에 처칠을 기리는 큼지막한 기념판이 붙어 있다.) 게다가 34세의 처칠은 사려 깊게 결혼도 웨스트민스터사원이 아닌 바로 옆의 평민 교회 세인트 마거릿에서 했다. 이런 소소한 일들이 영국인들로 하여금 처칠을 더욱 가깝게 느끼게 하고 존경하게 만들었다.

영국인이 처칠을 더욱 가깝게 느끼는 이유에는 그의 인간적인 약점도 있다. 하루에 18시간을 일한 처칠은 슈퍼맨처럼 알려져 있지만 사실은 온갖 어려움을 극복한 '거인'이었다. 난독증을 비롯해 말더듬증에 혀짤배기 증상까지 겪었다. 특히 그가 평생을 못 고친 것이 우울증이다. 처칠은 정신적 압박을 코냑과 시가로 다스렸다. 처칠은 자신의 우울증을 '검은개'라고 불렀다. 우울증은 유전

런던 국회의사당 광장의 처칠 동상.

이었는지 자녀들도 알코올중독과 자살 등의 불행을 겪었다. 그래도 후손들 중에는 처칠을 닮아 정계로 진출한 인물도 나왔다. 처칠의 장남 란돌프도 하원의원을 지냈고 할아버지와 이름이 같은 손자도 하원의원을 역임했다. 막내딸 메리의 아들이자 처칠의 외손자인 니콜라스 소아미스는 1983년부터 하원의원으로 외할아버지만큼은 아니지만 장수 하원의원의 전통을 이어가고 있다.

2010년 처칠의 의치가 1만5200파운드에 팔린 적이 있다. 이 의치는 혀짤배기여서 S 발음에 어려움을 겪은 처칠이 발음을 고치기 위해 특별히 제작한 의치이다. 처칠은 의치를 서너 개 만들어 항상 지참하고 다녔다. 2010년 팔린 것은 의치 제작자의 아들이 갖고 있던 것이었다. 처칠의 의치 제작자는 덕분에 2차 세계대전 중 군에 징집당하지 않는 특혜를 받아 처칠의 의치를 돌보는 일을 했다. 처칠은 자신의 아들딸과 손자는 참전시키고 의치 기술자는 군 징집을 면하게 해주었다. 처칠은 화가 났을 때 의치를 빼서 집어던지는 버릇이 있어 의치 기술자가 항상 근처에 대기하고 있어야 했기 때문이기도 했다.

처칠의 이색적인 모습들

사실 따지고 보면 처칠은 슈퍼맨이 맞다. 처칠은 군인, 작가, 학자, 화가, 언론인, 종군기자 그리고 정치인이었다. 작가로서는 1953년 노벨 문학상을 받았으니 세계 최고 수준이고, 화가로는 영국 왕립예술원 회원이니 또 최고이다. 처칠이 우울증을 이기기 위해 시작한 것이 그림이다. 그는 1915년 갈리폴리전투 패전의 책임을 지고 자신의 표현대로 "무자비하게cruelly 정치 현장에서 밀려났을 때 그림의 여신이 나를 구하기 위해 나타났다"고 했다. 그는 "내가 죽어서 천국을 가게 되면 첫 100만 년은 그림만 그려서 그림의 밑바닥까지 다 알아보고 싶다"고 할 정도로 그림 그리기를 좋아했으며 죽을 때까지 500여 점의 작품을 남겼다. 하지만 처칠은 자신을 그림에 재능이 있다고 여기지 않았고, 화가라고도 생각하지 않았다. 그래서 자신의 작품에 서명을 하지 않았다. 작품을 친구들이나 신세 진 사람들에게 그냥 기념품처럼 선물했다. 처칠의 그림을 선물받은 친지들의 후손이 가끔 다락방 등에서 화가의 서명이 없는 처칠의 그림을 찾아내 세상을 놀라게 한다.

처칠은 친지들의 설득으로 1947년 영국 왕립예술원 여름 전시회에 데이비드 윈터라는 가명으로 그림 2점을 보냈는데 모두 전시작으로 선정됐다. 이러한 경력 때문에 처칠의 이름 뒤에는 영국 왕립예술원 회원이라는 약자 RA Royal Academy of Art가 붙어 다닌다. 처칠의 그림은 경매에도 잘 안 나온다. 소장자들이 팔지 않고 가지고 있으려 하기 때문이다. 금전적인 이유라기보다는 일종의 처칠 그림을 개인적으로 선물받았다는 영예를 간직하고 싶고 큰 인물과의 개인적인 추억을 간직하고 싶다는 뜻이기도 하다. 그래서인지 처칠의 그림 가격은 계속 올랐다. 가장 마지막으로 경매에 나온 작품이 120만 파운드에 팔렸다. 처칠의 자녀 메리가 2014년 5월 사망하고 나서 12월 처칠 유품 256점이 경매에 나왔는데 모두 1540만 파운드에 팔렸다. 원래 경매 예상금액 550만 파운드를 3배나 뛰어넘었다. 경매에 나온 유품 중에는 15점의 유화도 있었는데 특히 〈금붕어 연못〉이란 작품은 180만 파운드에 팔렸다.

처칠은 작가로서도 대단한 저작물을 남겼다. 24세였던 1898년에 북서부 인도에서 일어난 소요 사태를 주제로 첫 책을 썼다. 소위로 참전한 자신의 경험을 책으로 엮어냈다. 이 책에서 처칠은 탄환을 처음으로 뒤에서 넣는 후장식 무기의 위력을 실감했다고 썼다. 수십 배에 달하는 적 병력을 간단하게 살상하는 무기를 보고 탱크 등 현대무기 개발에 국가가 총력을 기울여야 한다는 경험을 얻었다고 기술했다. 이후 그는 91세의 생애를 통해 43종 72권의 책을 출판했다. 그의 유일한 소설《사브롤라》를 빼고는 모두 역사서를 비롯한 기록물들이다.

슈퍼맨 처칠도 결국 은퇴하고 10년간은 그림 그리고 저술하고 연설하면서 보냈다. 그러다가 자신이 태어나고 아내 클레멘타인에게 청혼한 장소가 있는 블레넘 궁 근처 교회 가족묘지에 묻혔다. 생전에 처칠은 "여기서 나는 일생에서 가장 중요한 2가지 결정을 했다. 태어나고 결혼하기로 하는 결정이 모두 여기 블레넘 궁에서 이루어졌다"고 말했다. 런던에서 1시간 거리의 블레넘 궁에는 처칠이 클레멘타인에게 청혼한 장소에 '다이애나의 신전'이라는 예쁜 정자가 있다. 로맨틱한 분위기이고 스토리도 서린 곳이라 지금도 젊은이들이 여기서 청혼을 많이 한다. 처칠 부부는 좋은 관계를 유지했고 헤어져 있을 때는 항상 서로 편지를 썼다. 클레멘타인은 처칠을 강하게 비평하는 유일한 사람이었다. 자신이 보기에 처칠이 무언가 잘못한다 싶으면 절대 참지 않고 비평을 해댔다. 다른 사람들의 비평은 도저히 못 견디면서도 클레멘타인의 비평은 귀담아 들었고 그런 이유로 둘의 결혼은 끝까지 유지되었다. 처칠에게 클레멘타인은 평생 동안 정치적 조언자였다. 둘의 편지는 항상 서로의 애완동물을 그린 만화로 끝을 맺었다. 처칠은 퍼그 종 개였고 클레멘타인은 고양이였다. 그래서 사람들은 클레멘타인을 처칠의 고양이였다고도 한다.

처칠의 묘지가 있는 블라돈 교회에는 지난 50년간 처칠을 기념할 수 있는 게 아무것도 없었는데 드디어 최근 처칠을 기념하는 스테인드글라스 창이 설치되기로 결정됐다. 그 유리에는 처칠의 유명한 문구들이 들어갈 예정이다. 2016년에는 처칠 얼굴이 들어간 5파운드짜리 화폐가 발행된다. 뭔가를 기념하길 좋아하는 영국인들이 자신들의 최고의 영웅이라 생각하는 처칠을 지난 50년 동안 잊고 있었던 셈인데, 조금 이해가 안 간다.

Keyword 39 : 토니 벤

1925. 4. 3~2014. 3. 14. 명문가에서 태어났으나 신분을 앞세우지 않고 국민의 편에서 정치에 참여해 두루 사랑을 받은 정치가.

우파도 존경한 좌파의 거목

2014년 3월 27일 영국 런던의 웨스트민스터사원 옆에 있는 세인트마거릿교회에서 좌파 정치인 토니 벤Tony Benn의 장례식이 열렸다. 벤의 사망일로부터 장례식까지 2주간은 물론이고, 장례식이 끝난 뒤에도 영국 언론에는 관련 기사가 끊이지 않았다. 기사의 문구 중 '좌우 모두로부터 동급의 사랑과 질시를 받은 인물'이라는 것도 흥미롭지만 '영국의 가장 신랄한 국보most trenchant national treasure'라는 것이 제일 인상적이었다. 중도우파 신문《텔레그라프》의 논평에서 나온 문구라 더욱 놀랍다. 결국 영국의 지식인 중에서 우파든 좌파든 '영국정치의 성자'라 불리던 벤을 심정적으로 존경했거나 존경할 수밖에 없었거나 아니면 최소한 감히 비판할 만한 용기가 없었다고 할 수밖에 없다. 토니 벤을 표현하는 가장 간략한 묘사가 오스트레일리아 신문에서 나왔다. '영국 20세기 후반 정치인 중 가장 카리스마가 있었고, 가장 논쟁

런던 세인트마거릿교회에서 열린 토니 벤의 장례식.

의 대상이 된 인물이었고, 가장 영감적이고, 가장 불화를 초래하는 20세기 후반의 대중적인 인물이었다.'

전국에서 몰려든 조문객은 길가에서 고인의 마지막을 보았다. 대처의 장례식이 거의 국장급에 달했다면 벤의 장례식은 가족장이었는데도 엄청난 숫자의 조문객이 전국 각지에서 자발적으로 모였다. 총리를 역임한 것도 노동당 대표를 해본 것도 아니다. 노동당 집권 시절 별 무게 없는 장관 몇 번 한 것이 전부다. 그럼에도 토니 벤은 영국에서 전설적인 대중 정치인이었다.

토니 벤을 설명하는 말말말

그를 표현한 말들을 보자. 좀 길다. '영원한 좌파의 상징, 마지막 진정한 사회주의자, 마지막 낭만주의 사회주의자, 샴페인 사회주의자, 네오 리버럴리스트, 연성좌파로 시작해서 나이가 들어갈수록 강경좌파로 변한 유일한 인물, 내각에 들어가서 더 강경좌파가 된 드문 정치인, 50년간 하원의원을 해서 노동당에서 2번째로 길게 의원 역임, 2003년 2월 주도한 이라크 반전 런던 시위에 75만 명이 참가해 영국 역사상 최대 시위로 기록, 2006년 BBC의 시청자들이 뽑은 '나의 정치 영웅' 투표에서 대처 전 총리를 3퍼센트 포인트의 차로 누르고 38퍼센트로 1등을 차지, 완벽한 계급의 배반자, 완강한 좌파.'

더 보자. '저서 《사회주의를 위한 논쟁》을 써서 수많은 젊은이를 노동당으로 끌어들인 공신, 평생 일기를 써서 1600만 단어의 일기 10권 출간, 나이가 들었으나 영원히 청춘인 듯 늙지 않는 노인(해럴드 윌슨 전 총리의 평), 벤자민 버튼처럼 시간을 거슬러 사는 기인, 반이스라엘주의자, 정치에 더 열중하기 위해 50년간의 하원의원 생활을 그만둔 뒤 길거리에서 반핵운동·반전운동·반유럽연합·반신분증을 전개한 전직 정치인, 자신의 뜻에 따라 내부인으로부터 좌파 외부인으로 바뀐 유일한 정치인, 도덕적이고 소박하고 그리고 상식적인 사람, 중상층 출신의 지치지 않는 열정을 가진 개혁주의자, 비국교도 극단주의자, 사생활로 한 번도 언론에 문제가 된 적이 없는 정치인, 절대 흔들리지 않는 신념, 자신의 당과 대치를 하면서도 당 동료들로부터 존경을 받은 드문 존재, 영국 정치에서 가장 위험한 인물, 기득권 세력에 대한 항구적인 가시 즉 비판가, 전후 영국 주류 정치인 중에서 가장 최면적이고 논쟁적인 인물, 나이 들어 길거리로 나서도 국보적인 존재로 바뀐 인물, 에드워드 히스 전 총리 이후 유일하게 의회도서관과 의원휴게실을 영구히 사용할 수 있는 특권을 받은 전직의원, 부자가 2년간이나 동시에 하원의원으로 일한 유일한 사람, 세계적으로 유명한 글라스턴버리 페스티벌에 매년 초대받아 젊은이들에게 정치적 영감을 준 유일한 정치인….'

대쪽 같은 원칙주의자

이제 그가 영국 대중들에게 인기 있는 이유를 들어보자. 영국 언론에 나온 벤을 칭송하는 글들을 소개해본다. '벤 같은 인물이 주위에 있는 한 결코 나쁜 일이 일어날 것 같지 않다', '인간애라는 지도에 꽂힌 핀처럼, 우리를 안전하게 땅에 붙어 있게 하고 바른 방향으로 이끌어주는 사람', '88세인데도 불구하고 현 정부 각료 전원보다 더 배짱 있는 사람', '절대 자신의 말을 취소하거나 속내와 다른 말을 하지 않는 사람이었다. 한번 말하면 그것으로 끝이었다. 결코 듣지 않으면서 동의하는 척 고개를 끄덕이지도 않았고 거짓으로 동정을 표현하는 사람도 아니었다', '자신이 왜 의원이 되었는지와 자신이 대표하는 사람들을 결코 잊지 않는, 내가 일생을 통해 본 가장 위대한 정치인이었다'….

그에게는 영원한 친구가 없었고 영원한 적도 없었다. 대중의 입장에 서서 발언했을 뿐이다. 분명히 정치적으로 자신에게 불리할 것이 뻔한데도 결코 목소리를 낮추지 않았다. 부당하다 생각될 경우엔 노동당 지도자들 누구에게라도 대들었고 언론에 노동당의 잘못을 지적해서 해당 행위라고 당내에서 난리가 난 적도 한두 번이 아니었다. 그래도 당에서 어쩔 수 없었던 것은 그가 자신이나 정파의 이익이 아닌 국민의 이익을 위해 발언했음을 알았고, 그래서 언론과 여론으로부터 전폭적인 지지를 받았기 때문이다.

그의 원칙주의적 성격은 성장환경과 관련이 있다. 어릴 때 그는 아버지의 비서로부터 용돈을 받으려면 용돈의 용처를 모두 기록해야 했다. 뿐만 아니라 행동시간표도 작성해야 했다. 그는 인간의 향락적인 면에 관한 모든 것은 의심해야 한다고 배웠다. 그래서 음악, 미술, 문학에 대한 교육은 받지 않았다. 책을 읽으라고 독려받은 적도 없다. 이렇게 하고도 어떻게 옥스퍼드대학교를 들어가고 졸업했는지 신기할 정도이다. 영국의 대표적인 사회주의자인 그는 51세 때 부인이 크리스마스 선물로 마르크스와 엥겔스 책을 주기 전까지는 그들의 책을 읽어본 적이 없었다. TV도 노년이 되기 전까지는 본 적이 별로 없었다. 영화에 관심이 조금 있을 뿐 그것도 해피엔드여야 좋아했다. 스포츠, 건축, 요리는 물론 술, 옷, 자연에 대해서도 전혀 관심이 없었다.

그의 일기 쓰기는 집착에 가까웠다. 자신의 삶에 대한 기록을 남겨야 한다는 일종의 책임감 같은 것에서 비롯되었다. 어떻게 공개를 전제로 일기를 자기 심정 그대로, 생각 그대로 솔직하게 쓸 수 있는지는 큰 의문이다. 벤 같은 사회적 공인이라면 자신의 일상과 생각 그리고 다른 사람에 대한 평을 숨김없이 자세히 남기기란 정말 힘든 일이다. 더군다나 그의 일기는 사후도 아니고 생전에 차곡차곡 발간되었다. 만일 그가 진실과 다른 사실을 자기에게 유리하게만 적어놓았다든지 변명으로 일관했다면 금방 들통이 났을 것이다. 그의 일기는 한 번도 논란의 대상이나 진위를 의심받은 적이 없다. 오히려 사람들은 그의 일기를 읽고 그가 얼마나 훌륭하고 용감한 사람인지를 느낀다. 그의 일기는 아예 세상에 공개를 목적으로 쓰였고, 편집자가 필요에 따라 원본을 고친 적이 결코 없다고 한다. 분명 그의 생각이 공개되면 상처받을 사람도 있고 그를 미워할 사람도 있는데도 그는 개의치 않고 사실을 적었다. 이것이 그를 가장 신랄한 비평가라 하는 이유이다.

벤을 매일 잠자리 들기 전에 일기와 그날 한 인터뷰, 발언의 기록을 다 끝냈다. 원칙주의자에다가, 틀리면 틀리다고 바로 그 자리에서 얘기하는 사람, 잘못하면 그의 일기에 등장해 두고두고 역사에 남을지 모른다고 생각만 해도 모골이 송연할 것 같다. 그는 일기를 쓰는 이유를 '이렇게 기록하다 보면 3번의 자기 성찰을 하게 된다'고 했다.

벤은 살아생전 모든 남자의 부러움의 대상이었다. 영화배우가 되어도 충분할 만큼 잘생긴 인물인데 나이가 들면서 더욱 멋있어졌다. 노년에는 구레나룻을 길러 멋을 더했다. 평생을 피운 파이프 담배도 그의 트레이드마크였

토니 벤의 노년 모습.

다. 흑백으로 잡힌 그의 사진에서 멋지게 넘긴 흰머리와 허공으로 흩어지는 파이프의 흰 연기는 허무한 분위기와 함께 신비스러운 기운마저 자아냈다. 세월과 더불어 연륜이 쌓인 지식인의 모습이었다.

엄친아 타이틀을 버리다

토니 벤이 영국인으로부터 사랑을 받는 또 하나의 이유는 자신의 신분을 버리고 대중 편에 섰다는 점이다. 영국인의 지도자에 대한 생각은 상당히 이율배반적이다. 지도자는 자신들과 호흡을 같이하면서도 동시에 뭔가 달라야 한다고 생각한다. 영국 대중은 뭔가 신비롭고 특수한 신분의 사람을 지도자로 좋아하는 경향도 있다. 먹고살기 위해 정치하는 것이 아니고 공공의 이익을 위한 숭고한 신념에서 정치를 한다는 아마추어적인 지도자형을 말이다.

토니 벤은 학벌, 경제적 배경 등 모든 것을 갖춘 '엄친아'였다. 벤은 자신의 출신을 싫어했다. 자신이 평생을 바친 노동계급과 서민들과 다르게 자랐다는 것을 못 견뎌 했다. 벤의 조부와 외조부 둘 다 자유당 하원의원이었다. 아버지는 자유당 의원으로 시작했으나 나중에 노동당으로 당적을 옮겼다. 벤의 둘째 아들도 4선의 현직 의원이고 토니 블레어, 고든 브라운 정부에서 장관으로 일하고 지금은 그림자 내각의 사회 지방정부 장관이다. 이렇게 해서 벤의 가문은 4대째 의원을 배출했고, 3대째 내각 각료를 역임한 집안이다. 이제 5대째 의원 배출의 가능성마저 보이는 판이다.

벤의 모친 마거릿은 여권운동가였고 목사였다. 부인 캐롤라인도 교육운동가로 영국 교육제도 개선에 평생을 바쳤다. 토니 벤은 이렇게 자유주의적이고 진보적인 집안에서 태어나 자랐고 생활했다. 할아버지는 성공적인 출판사를 세웠다. 지금도 출판사는 활발하게 운영되어 벤을 비롯해 모든 자손이 경제적 어려움 없이 자신들의 뜻대로 살 수 있게 해주는 기반이 되었다. 뿐만 아니다. 벤은 웨스트민스터스쿨을 나와 옥스퍼드대학교 철학정치경제과PPE에서 공부했다. 대학생 때는 출세의 보증수표인 옥스퍼드 학생회Oxford Union 회장을 했다. 다른 사람들에게는 자랑이 되고 정치적 자산이 되어 은근히 내세울 만한 것들을 벤은 평생 족쇄라고 여겨 숨기려고 노력했다. 우선 안소니 닐 웨지우드 벤이라는 이름에서 안소니를 토니(안소니의 애칭)로 바꿨고, 귀족 냄새가 나는 웨지우드(웨지우드차이나를 개발한 영국의 부유한 귀족 가문)와 닐을 뺐다.

1950년 25세에 하원의원이 되어 당시 하원에서 '베이비 의원'이라 불리던 벤은 이후 연속 4선에 성공했다. 1960년 아버지의 사망으로 본인의 의사와 관계없이 남작 작위를 물려받아 상원으로 가야 했다. 그다음 해 1961년 선거에서는 당선되어도 하원 활동을 못할 가능성을 알고도 브리스톨 남동구 선거구민들은 벤을 당선시켰다. 하원에서 활동하기를 원한 벤은 상원으로 가기를 거부하고 귀족 칭호도 본인이 원하면 거부할 수 있도록 법 개정운동을 펼쳤다. 벤의 시도는 여러 번 실패했다. 3년 뒤 결국 당시 의회 내 다수당이던 보수당이 협조해서 귀족법 개정이 성공했다. 법이 통과된 22분 뒤에 벤은 영국 역사상 처음으로 귀족 칭호를 거부하는 인물이 된다.

결국 벤은 16번 선거에서 당선되고도 15번 하원에 들어가는 이상한 기록을 세운다. 토니 벤이 서민에 헌신하기 위해 상원으로 가지 않고 하원에서 머문 것은 윈스턴 처칠이 끝까지 상원으로 가지 않고 하원에서 의원 생활을 한 것과 일맥상통한다. 그러고 보면 토니 벤과 윈스턴 처칠은 비슷한 점이 많다. 국회의원(처칠: 64년, 벤: 50년)을 오래했고, 귀족 출신(처칠 공작 가문, 벤 남작 가문)인데 상원으로 안 가고 하원에서 머물렀고, 담배(처칠 시가, 벤 파이프)를 많이 피우고도 장수했고, 세인트마거릿교회(처칠 결혼식, 벤 장례식)와 관련이 있는 점 등이 그렇다.

의회 밖에서 찾은 진짜 권력

토니 벤이 1970년대 들어서 강성좌파로 돌아서기 시작한 것과 의회 정치를 그만두고 대중운동가로 나서기 시작한 것은 연관이 있다. 그 이유를 그는 내각 경험에서 비롯됐다고 설명했다. 벤은 집권해서 각료가 된 이후 더 급진적이 된 유일한 경우이다. 벤은 영국이 표면적으로만 국민이 선출한 의회에 의해 통치되고 있다고 보았다. 거기에 비해 노동조합의 힘은 너무나 미약하다고 생각했다. 이런 정황은 1976년 IMF(국제통화기금)에 의해 공공지출이 감축될 때 명확하게 드러났다. 대의민주주의의 실체는 시스템은 변하지 않고 있음에도 시스템 관리팀만 주기적으로 바뀌는 것이 분명하며 만일 이런 사실을 영국인이 제대로 알고 있다면 세상은 분명히 달라질 수 있다고 했다.

벤은 진정한 권력은 의회 바깥에 있다고 생각했다. 의회 밖의 기득권 세력과 국민이 진정한 권력이라고 본 것이다. 그래서 벤은 의회를 뛰쳐나와 거리와 강당에서 국민을 상대로 직접 목소리를 높였다. 벤은 전국을 돌아다니며 각종 운동을 조직했고 강연을 통해 사람들에게 자신감을 심어주었다.

의원 재직 시절 3번의 총선에서 노동당이 연거푸 지자 토니 벤은 자신의 정당이 잘못 가고 있다고 판단했다. 노동당 개혁을 기치로 대표 자리에 도전했지만 참패한다. 노동당은 기존의 노선을 오른쪽으로 돌려 중도노선을 택하게 된다. 역사적으로 노동당 정책의 거의 제1조에 해당했던, 기간산업의 재再국유화 완전 포기를 선언하고 만다.

보수당은 만성적자이던 국영기업을 민영화해서 국민에게 주식을 평가액 이하로 살 수 있게 한다. 이렇게 민영화된 국영기업의 주식을 사서 국민주주가 된 국민과 노동당원들마저 이제는 기간산업 국유화를 반대하게 된다. 또 보수당은 국가가 소유하고 있던 서민임대주택을 저가와 저리 융자를 통해 지금까지 살아온 서민에게 소유권을 넘겨 사유화했다. 전통적 노동당 지지자였던 서민임대주택의 주민들을, 주택을 소유한 중산층이라고 착각을 일으키게 해서 보수당 지지자로 끌어들인다. 좌파들은 대처 정부가 이렇게 국민을 돈으로 사버렸다고 한탄했다. 결국 노동당으로서도 어쩔 수 없이 중도노선을 택하지 않을 수 없게 된다. 제3의 길이라는 기치를 건 토니 블레어의 신노동당New Labour의 지도하에 노동당은 정권을 잡는다. 이렇게 해서 토니 벤은 시대에 뒤떨어진 '노땅' 좌파 정치인이 되고 만다.

벤은 마침내 블레어 정부가 들어선 지 4년 뒤인 2001년 총선에 출마하지 않는다. 의원 활동은 정치가 아니라고 본 것이다. 게다가 그는 평생을 바쳐온 노동당이 토니 블레어라는 '대처의 아이들Thatcher's Kids'에 의해 능욕당하는 것을 보고 있을 수가 없었다.

결국 한때 앞자리(front bencher: 내각 각료)에 있던 노정객은 뒷자리(Back

Bencher: 평의원)에서도 밀려나 거리로 마이크를 들고 나서게 됐다. 보통 거리의 정치인이 총선 승리를 통해 제도권 정치로 진입하는 것과는 다른 방향으로 나아간 것이다. 그는 피츠제럴드의 소설 속 인물 벤자민 버튼처럼 시간을 거꾸로 살았다. 나이가 들수록 더 과격해진 셈이다. 반전연합Stop the War Coalition의 의장이 되어 반전운동에 매진하게 된다. 벤은 2차 세계대전 때 공군 조종사였다. 전투기는 몰아보지 못하고 제대했다. 그는 나중에 "나는 총검, 권총, 장총 모든 것을 다룰 줄 알았다. 만일 내가 그때 독일군이 식사를 하는 것을 보았다면 주저하지 않고 창문 안으로 수류탄을 던져 넣었을 것이다. 나는 자유의 투사인가 테러리스트인가?"라고 스스로에게 물었다. 이런 본인의 경험을 통해 세상이 다 테러분자라거나 무슬림 독재자라는 평을 한 사담 후세인(전 이라크 대통령)이나 야세르 아라파트(전 팔레스타인 자치정부 수반)와 같은 인물들을 선입견 없이 만났다. 더 나아가 이라크, 아프가니스탄, 코소보 같은 어떤 명분의 전쟁도 반대했다. 결국 2001년 의회에서 은퇴하고 나서 죽을 때까지 반전연합의 회장을 맡아 영국 전역으로 강연을 하고 다녔고 자신이 50년간 의원으로 머물렀던 웨스트민스터사원 앞에서 휴대용 확성기를 들고 구호를 외치며 시위대를 인솔하기도 했다.

평생 붉은 피로 살다

그러던 2009년 뇌졸중이 그의 모든 장정에 브레이크를 건다. 건강은 급속도로 악화된다. 사자후를 터뜨리던 벤이 피골이 상접한 모습으로 변하자 그의 지지자들은 가슴 아파했다. 2014년 여름 마지막 인터뷰에서 "나는 왠지 모르지만 죽음이 두렵지 않다. 나는 그냥 어느 순간에 스위치가 꺼지면 그만이라고 생각한다. 거기에 대해 내 힘으로 할 수 있는 일이 없지 않은가"

라고 했다.

그는 부인에 대해서도 얘기했다. 옥스퍼드대학교에서 만났는데 만난 순간 운명적인 사랑을 느꼈고 9일 만에 공원 벤치에서 프러포즈를 했다. 그러고는 50년을 거의 떨어지지 않고 같이 살았다. 나중에 그 벤치를 사서 노팅힐 집 정원에 두었는데 그녀가 죽은 후 에섹스에 있는 집으로 옮겼다. 그 벤치에 벤과 캐롤라인의 이름이 같이 새겨져 있고 그 옆에 묻힐 거라고 했다. 벤은 부인과 다시 만날 것을 기대하고 있는 듯했고, 결국 벤은 그녀의 죽음이 남긴 상처로부터 결코 해방되지 못한 듯 보였다고 기자는 썼다. 벤은 "남겨진 빈 공간을 결코 채울 수는 없지만 기억의 꽃으로 장식할 수는 있다"고 말했다고 기사는 전한다.

장례식에서 토니 벤의 자녀 네 명의 이름으로 발표된 조사는 참 인상적이었다. "우리 넷은 무엇보다도 우리의 삶을 지탱해준 그의 사랑을 그리워할 것이다. 그러나 우리는 그의 보람되고 영감으로 가득 찬 오랜 삶과, 세상을 좀 더 낫게 바꾸어 타인들을 돕기 위한 그의 헌신의 기억을 오래 간직하는 것으로 위안을 삼으려 한다. 사람들은 그의 피가 푸르다고 여겼지만 그의 피는 평생을 통해 붉은색, 그중에서도 가장 붉은색이었다."

인터뷰에서 어떻게 사람들에게 기억되고 싶으냐는 질문에는 "항상 사람들을 격려하고 영감을 갖게 해 사람마다 옳다고 생각하는 바를 위해 일어나게 한 사람으로 기억되고 싶다"고 했다. 그래서 묘비는 '여기 토니 벤이 누워 있다. 그는 우리를 부추겼다He encouraged us'라고 써 달라고 했다. 언젠가 그의 무덤에 한번 가보려고 한다. 분명 그의 묘비에는 그렇게 쓰여 있을 것 같다.

| 🔍 **Keyword 40 : 캔살그린 공동묘지** | Search |

제도권 밖에서 모든 것을 바쳐 영국의 개혁에 앞장선 이들을 기리는 기념비가 있는 서부 런던의 묘지.

현대 영국의 기틀을 세운 개혁가 70인

나는 처음 가보는 나라에서는 가능하면 오래된 전통시장과 공동묘지 방문을 일정에 포함하려 한다. 삶이 살아 숨 쉬는 곳이 시장이고, 그 삶이 끝나는 곳이 무덤이다. 모두 사람들의 삶을 엿볼 수 있는 최고의 장소들이다. 영국에는 유감스럽게도 전통시장이 없다. 각 동네마다 주말에 열리는 벼룩시장 정도가 비슷하다고나 할까? 그러나 벼룩시장은 정기적으로 열리지 않아 찾기 어렵다. 이에 비해 영국의 공동묘지는 시내 중심이나 주택가에 있어 굳이 멀리 갈 필요도 없다. 공동묘지에서는 지나간 삶들의 각기 다른 사연들과 마주치게 된다. 별별 사연을 담은 묘비와 장식물들을 살피며 한동안 돌아다니다 보면 마음이 정리가 되고 머리가 깨끗해진다. 평소에도 삶의 방향을 잃을 때면 가끔 근처 공동묘지를 간다. 그러다가 묘비에서 때때로 우연하게 유명한 사람의 아는 이름을 발견하곤 한다.

로버트 오언의 기념비를 찾아서

서부 런던 캔살그린 공동묘지Kensal Green Cemetery에서 내가 좋아하는 영국의 공상적 사회개혁가 로버트 오언(1771~1858)의 기념비를 우연히 발견하는 즐거움을 맛본 적이 있다. 오언은 스코틀랜드 뉴래너크에서 19세 초 당시 열악한 노동자들의 작업환경과 생활환경을 동시에 획기적으로 개선시킨 선구자이다. 공동묘지 중간에 붉은 화강암으로 만든 이집트 오벨리스크 모양의 오언의 기념비가 빅토리아 여왕 시절의 영국 개혁가 70명을 기리는 기념비와 함께 나란히 있었다. 당시 오언의 값진 삶을 알게 된 지 얼마 안 되어 아직 감동의 여운이 있던 시점이라 더욱 반가웠다.

오언의 기념비는 비국교도非國敎徒 지역 묘지 한가운데에 '생뚱맞게 우뚝 솟아' 있었다. '생뚱맞다'라고 한 이유는 기념비가 주위의 다른 무덤과는 아무런 관련이 없는 장소에 서 있어서다. '우뚝 솟았다'고 표현하는 이유는 주위의 나지막한 묘비와 장식물에 비해 두 기념비만 특별히 높기 때문이다. 흡사 주위의 무덤들을 대표로 기리는 모습이다. 캔살그린 공동묘지는 런던의 '7대 공동묘지Magnificent Seven' 중 하나답게 묘비나 장식물이 대부분 예술품처럼 만들어져 런던의 주요 관광코스이기도 하다. 이곳은 영국이 가장 잘살던 빅토리아 여왕 시절인 19세기 중엽의 탐미적인 사회 분위기와 유행을 반영하고 있다.

오언의 기념비는 빅토리아시대 제본업자이자 제지업자인 조셉 코필드가 오언이 사망한 21년 뒤인 1879년에 그의 빛나는 평생의 업적을 기리기 위해 세웠다. 그 옆에 있는 개혁자들의 기념비도 코필드가 8년 뒤에 건립했다. 코필드는 빅토리아 급진개혁가들의 '멸사봉공滅私奉公'의 삶에 매료되어 사재를 털어 기념비를 세웠다. 기념비에 새겨진 개혁가들의 노력으로 당시 영국 사회가 상당히 개혁된 것은 분명하지만, 기념비를 사람들이 다니는 큰길가나 광장 같은 공공장소에 세울 수 있을 정도는 아니었던 듯하다. 빛나는 업적을 쌓은 사람들을 기리는 기념비를 후미진 공동묘지 한구석에 세웠으니 말이다.

캔살그린 공동묘지는 기념비에 이름이 새겨진 개혁가들과 특별히 관련 있는 곳은 아니다. 기념비의 중심인물인 로버트 오언의 무덤은 그의 고향 웨일스 뉴타운에 있고, 그가 세운 이상향은 스코틀랜드 글래스고 근처의 뉴래너크에 있다. 그 외의 개혁가들 모두 시대를 거슬러 환영받지 못한 인물들이라, 공공장소에는 기념비를 세울 수 없어서 당시의 첫 사립 묘지인 이곳에 돈을 주고 터를 사서 세운 것이다. 그런데 이런 종류의 기념비를 영국의 다른 곳에서는 본 적이 없다. 영국인들이 이름은 물론, 무엇을 했는지조차 전혀 기억하지 못하는 별별 고위 관리 혹은 장군의 거대한 동상조차 런던 시내의 중심가 한복판에 서 있는데 말이다. 영국에도 아직 진보적인 사고와 행동을 한 인사들에 대한 사회적 냉대가 있는 모양이다.

오언의 기념비에는 그의 업적이 간단하게 적혀 있다. 처음으로 아동교육을 위한 유아원을 발상해 설립했고, 여성과 아동의 노동시간을 줄이고 국가적 규모의 국민교육을 주

영국 개혁가들을 기린 런던 캔살그린 공동묘지의 기념비.

장했다고 밝혀져 있다. 또 노사 조정을 통한 교육으로 노동자들의 사회적 지위 향상의 갈망을 드높였다고 새겨져 있다. '그의 생애는 인간애와 고상한 노력으로 성화되었다'라는 코필드의 글이 한쪽에 있다. 다른 면에는 오언의 중요한 활동상도 적어놓았다.

시대를 앞선 다양한 활동

오언의 기념비 옆에는 빅토리아시대 개혁가 70명의 이름이 아래와 같은 헌사와 함께 새겨져 있다.

"사회의 모든 계급 사람들의 생활과 행복을 향상시키기 위해 자신의 시간과 재산을 기꺼이 바친 용감한 남녀들의 영광을 위해 이 비를 세운다. 이들은 모든 사람이 같이할 때 보다 더 행복하고 부유하게 됨을 느끼고, 이를 성취하기 위해 진정으로 노력했다. 언론의 자유를 압박하던 무자비한 오랜 악법이 사라짐과, 우리들의 대표를 선출하는 권리는 이들의 노력으로 주로 이루어졌다. 이런 권리행사의 경험은 사람들로 하여금 자신들을 규제하는 법에 대한 관심을 더욱 높이게 만들었고 그 결과로 그들을 보다 나은 인간과 시민으로 다시 태어나게 했다."

유감스럽게도 이 기념비가 세워진 지 한 세기가 훨씬 넘었는데도 불구하고, 기념비에 새겨진 이들이 꿈꾸고 이 감동적인 문구가 바라던 세상은 아직 다 이루어지지 않았다.

기념비에는 빅토리아시대의 거의 모든 사회개혁가들의 이름이 총망라되어 있다. 그런데 기념비 70명의 이름 중에는 비록 당시 사회지도층이나 명문가 출신이 몇 명밖에 보이지 않는다. 물론 상류층 출신 중에도 세상을 바꾸려 한 사람들이 많이 있었지만, 기념비에서 알 만한 이름은 역사학자 아널드

토인비, 정치철학자 존 스튜어트 밀, 화가 겸 저술가 윌리엄 모리스 등을 포함해 서너 명이다. 당시 열악했던 하류층의 삶을 개선시키기 위해 자신을 바친 사람들은 대개가 중산층과 제화공 혹은 탄광 노동자 출신의 하류층이었다. 그들은 평범하고 무명에 가까운 개혁가들이다. 그래서 더욱 감동적이다.

인터넷상으로 경력이나 생애가 전혀 조사가 안 되는 인물도 10명이나 된다. 활동 내용이 후세에 비록 안 알려져도 이런 기념비 덕분에 이름은 전해지니 그래도 다행이다. 활동이 알려진 이들의 생을 살펴보다 보면 옷깃을 여밀 수밖에 없다. 제혁공 출신 아브람 콤브, 탄광 노동자 알렉산더 맥도날, 제화공 조지 오저, 봉제공 사라 마틴처럼 자신의 삶도 가누기가 힘들던 빅토리아 시절, 이름도 모르고 한 번도 만나본 적 없는 동료 노동자들의 권익을 위해 온갖 어려움을 무릅쓰고 생애를 바친 인물들이 존재했기 때문이다.

여성 개혁가도 영국 유명작가 바이런의 부인 노엘 바이런을 포함해 10명이나 된다. 여성의 사회참여를 상상할 수도 없던 시절이어서 여성 개혁가들의 활동은 더욱 힘들었다. 당시는 여성 이름으로 문학작품마저 발표할 수 없었다. 그래서 《폭풍의 언덕》의 에밀리 브론테를 비롯해 언니 샬롯, 동생 앤의 세 자매들은 이상한 남자 이름으로 각각 작품을 발표할 수밖에 없었다. 제인 오스틴이 남성 이름이 아닌 '한 숙녀a Lady'라는 이름으로 《이성과 감성》이란 작품을 발표해 처음으로 관습을 깨긴 했지만 자신의 이름을 제대로 밝힐 수는

로버트 오언.

없었다. 뿐만 아니다. 여성 관객이 극장에 오기 힘들었던 빅토리아 시절에 지어진 런던 시내 극장들은 여성 화장실이 아주 적어 지금도 휴식시간에는 줄이 길다. 따라서 기념비의 여성 개혁가들은 남자 개혁가들에 비해 이중고를 넘어서서 여성 평등권, 참정권 획득을 위해 노력했다. 그중에는 창녀들의 권익개선에 힘쓴 조세핀 버틀러 같은, 당시로서는 대단한 용기를 필요로 하는 개혁에 몸 바친 여성 개혁가도 있다. 개혁가들의 활동 내용도 다양하다. 사회의 온갖 부조리를 개선하고 제도를 개혁하고자 이들이 관여하지 않은 곳이 거의 없을 정도다. 노동자 권익개선, 선거권, 참정권, 언론자유, 교도소 개혁, 노예제도 폐지, 교육제도 개선, 정치개혁 등의 분야가 주로 많다.

개혁가들의 가장 큰 공통점

기념비의 개혁가들의 면면을 살피다 보면 몇 가지 공통된 특성이 발견된다. 첫째, 거의가 제도권 밖 출신이다. 기성 정치인이나 성직자 같은 제도권 운동가는 없다. 그래서 기존 사회의 권위와 제도에 도전하다시피 하면서 투쟁과 같은 헌신으로 개혁을 이끌었다. 다음으로 이들은 비非생계형 비非전문 운동가들이다. 당시 국회의원과 마찬가지로 이들은 개혁운동을 생계수단으로 이용하지 않았다. 자신의 활동을 통해 개인적 이득을 취하지 않았을 뿐만 아니라 더 나아가 생업을 포기하거나 감옥에 갇히면서까지 개혁활동에 임했다. 이런 운동에는 자금이 필요할 수밖에 없었는데 당시는 지금처럼 대중적인 모금이란 것이 존재하지 않던 시절이니 정말 '자신의 시간과 재산을 바쳤다.'

둘째, 퀘이커Quaker 신도가 다수라는 점이다. 당시 진보 지식인 사이에는 퀘이커 신도가 많았다. 여러 퀘이커 신도들이 노예를 소유하지 않았던 데서 알 수 있듯이 퀘이커들은 시류에 비해 대단히 진보적이었다. 뿐만 아니라 죄수 인권과 복지, 노동자 권익, 정신병원 제도 개선, 여성 참정권, 공민교육, 빈민 구호사업 등과 같이 영국 국교에서는 별로 신경을 안 쓰던 사회문제 개혁이 퀘이커들이 추구하는 공동선이었으니 개혁가들과 행동반경이 같을 수밖에 없었다. 또 찰스 다윈의《종의 기원》발간으로 불붙은 진화론 때문에 더욱 늘어난 여러 가지 형태의 무신론자 중에도 개혁가가 많았다.

마지막으로 개혁가 기념비의 인물들 대부분은 오언의 추종자나 동조자들이다. 그래서인지 개혁가 기념비 명단에 제일 먼저 등장하는 것이 오언의 이름이다. 2개의 기념비는 결국 로버트 오언을 중심으로 만들어진 셈이다. 로버트 오언의 개혁이 얼마나 영국 사회에 큰 영향을 끼쳤는지를 알려주는 대목이다.

빅토리아시대 개혁가들의 불꽃같은 삶

거의 200년 전의 빅토리아 사회는 현재로서 도저히 상상할 수 없는 제도가 존재하던 시절이었다. 당시 사회를 지배하던 기독교 사상과 완벽하게 배치되는 노예제도가 상당히 많은 지도층 인사들의 주요 사업이었을 정도니 말이다. 사회개혁가가 주장하는 노예제도 폐지는 그런 사람들의 삶의 기반을 흔드는 일이었다. 당연히 노예제도 폐지를 주장하는 개혁가들은 그들의 적이었다. 뿐만 아니다. 결사의 자유가 없던 시절 노동자들을 꼬드겨 노동자 권익 쟁취를 위해 노동조합 결성을 추진하던 개혁가들 또한 당시 사업가들의 밥그릇을 뺏어가는 사람이었다. 지금도 완전히 보장된다고 보기 힘든 언론의 자유나 양심의 자유를 그 시절에 주장한 개혁가들의 삶이 얼마나 힘들었으리라는 것은 상상만 해도 알 수 있을 듯하다.

개혁가들은 사회개혁운동을 자신들의 사회적 책무의 하나로 봤다. 이들을 정신적으로 무장시킨 사상은 당시 유럽을 휩쓸고 있던 계몽주의였다. 우매한 민중을 교육하지 않고는 보다 나은 세상을 만들 방법이 없다는 사상을 담고 있는 계몽주의는 기독교 사상을 대치할 또 하나의 종교였다. 개혁가들은 사명감에 불타 자신들의 사재를 쏟아부으면서 개혁에 매진했다. 예를 들면 저술가, 화가, 디자이너, 사업가, 발명가인 빅토리아시대의 대표적인 르네상스맨 윌리엄 모리스는 열렬한 사회주의자였다. 그는 사회주의자 단체의 결성 취지가 국민교육에 있어야 한다고 봤다. 그래서 《코몬윌》이라는 월간지를 1885년에 만든다. 그는 이를 위해 매달 1만5000파운드를 부담했다. 현재의 화폐 가치로 환산하면 72만4650파운드, 한화로는 12억7000만 원에 달하는 거액이다. 모리스는 부자 금융인 아버지를 둔 덕분에 은수저를 물고 태어났다. 그런데도 하류층의 삶을 개선하기 위해 자신의 재산을 털어넣고 친지들로부터 절연도 당했다.

당시 개혁가들은 순수한 인간애로 수많은 단체를 만들고 신문, 잡지, 팸플릿을 만들어 개혁운동을 했다. 그중에도 특히 노동자 권익과 관련한 차티스트운동이 사회개혁에 끼친 영향은 실로 대단하다. 차티스트운동은 노동자의 처우개선을 외치는 다른 노동운동과는 달리 노동자의 참정권 획득이 운동의 주요 목적이었다. 참정권이 없으면 아무리 노력해도 합법적인 제도 개선이 불가능하다고 본 것이다. 그래서 모든 역량을 참정권 획득에 두었다. 차티스트운동에도 윌리엄 모리스를 비롯해 수많은 개혁가가 참여했다.

영국의 사회개혁 선구자들은 불타는 사명감을 가진 개인들이었다. 또 이런 개혁자들을 기리는 기념비를 세운 조셉 코필드도 바로 이 기념비 말고는 별로 알려진 바가 없다. 코필드가 누구였는지, 어떤 과정을 거쳐 무슨 이유로 기념비를 세웠는지에 대한 자료는 찾을 수 없다. 그냥 빅토리아시대의 한 개인이 민중의 삶을 개선한 개혁가들에 대한 고마움에 그들의 이름을 역사에 남기고자 했다는 정도가 찾을 수 있는 자료의 전부이다.

개혁가들을 기리는 또 다른 곳

런던 시내에는 수많은 인물의 동상과 기념비가 있다. 영국 역사에 등장하는 주요 인물은 거의 빠짐없이 있다고 봐야 한다. 2차 세계대전 중에 군수물자를 생산한 여성 노동자들을 위한 기념탑도 있고 군인의 경우는 포병, 기마병, 전폭기 조종사같이 병과별로 따로 기념비가 있다. 참전한 말을 기리는 동상도 있다. 그런데 아직 이 개혁가들에 대한 기념비는 런던 시내에 없다. 캔살그린 공동묘지의 개혁가 기념비에 등장하는 주요 인물들은 개인별 연고에 따라 지방에나 한두 개의 기념비가 있는 정도다. 이들 제도권 밖 개혁가들은 아직도 제대로 대접을 못 받고 있는 셈이다.

사회개혁가를 기리는 기념비를 다시 본 곳은 스위스 제네바이다. 기독교 개혁가 요한 칼뱅이 세운 제네바대학교 교정에 '개혁가의 벽Mur de la Rformation'이라 칭해진 기념물이 있다. 주로 유럽 개혁가들의 인물부조가 새겨져 있었다. 캔살그린의 개혁가 기념비에는 비제도권 인물들이 적혀 있는 데 비해 제네바 개혁가 벽에는 제도권을 기반으로 한 세계적으로 유명한 종교계와 정치개혁가 10명이 들어 있다. 요한 칼뱅, 존 녹스 같은 주요 종교 개혁가와 왕권신수설을 주장한 영국의 찰스 왕을 처형한 올리버 크롬웰 장군과 스페인에 맞서 네덜란드 독립을 이끈 '오렌지 왕' 같은 정치적 인물이 새겨져 있다.

영국인들에게 무덤의 의미란

30만 제곱미터 규모의 캔살그린 공동묘지는 주택가 한가운데 있다. 1833년에 개장된 이후 지금까지 6만5000개의 묘지에 25만 명이 묻혀 있다. 캔살그린 공동묘지에 가보면 빅토리아시대로 돌아간 듯하다. 이런 이유로 런던의 공동묘지들은 실내 묘지로 가득 찬 웨스트민스터사원과 함께 주요 관광코스 중의 하나이다. 거기에는 캔살그린 공동묘지처럼 진정이 담긴 각기 다른 사연의 묘비와 흥미로운 조각품 같은 묘비 장식물이 많다. 수십 명이 들어가서 예배를 드릴 수 있는 크기의 기념물을 가진 개인 무덤도 있다. 런던에는 크고 작은 공동묘지가 51개나 있다. 그중에는 화장터가 있는 곳이 7군데나 된다.

영국인을 비롯해 기독교 유럽인에게 무덤은 특별한 의미를 갖는다. 무덤은 천국으로 가는 정거장이라는 말이 있다. 천국으로 가기 위해서는 '제대로 된 기독교식 장례식 절차'를 반드시 거쳐야 한다고 믿는다. 종교가 삶의 구석구석을 관장하던 시절 아무리 죄 없는 갓난아기도 영세를 받지 않고 죽으면 천당에 못 간다고 여겨서 모든 아기가 태어난 지 2, 3일, 늦어도 일주일 내에는 반드시 영세를 받았다. 유럽인들에게 제대로 된 장례는 성직자 주례의 진혼곡이 울려 퍼지는 미사를 통해서 치르는 장례식이다. 아기가 태어나도 영세를 하지 않고, 결혼식도 성당에서 하지 않는 요즘도 굳이 장례식은 성당에서 하고 교회 묘지에 묻힌다. 빅토리아시대에는 국교회 신도가 아니거나 범죄자, 자살자 같은 교리에 어긋나는 사람은 교회 묘지에 매장될 수가 없었다. 공동묘지마저도 국교도와 비국교도 지역이 구분돼 있었다. 기독교도들은 죽음을 끝이 아니라 다른 시작으로 본다. 부활을 준비해야 하기 때문이다. 그래서 최근에 화장이 일반화되기 전까지는 매장이 기본이었다.

그런 의미에서 영국인들은 묘지를 주거 공간 근처에 두었다. 영국에서 주택지 한복판에는 화장터가 있는 공동묘지가 드물지 않다. 영국인들에게 묘지는 주택가와 멀리 두어야 할 기피의 장소가 아니다. 차라리 사랑하는 사람을 묻은 유가족들은 자신들 근처에 사랑하는 가족을 묻고 자주 가서 꽃도 놓고 보살피려고 한다. 최근 들어 기독교의 쇠퇴로 문을 닫은 성당을 주택업자가 구입해서 내부를 아파트로 개조해 분양하는 경우가 종종 있다. 이때에도 교회 묘지를 그대로 두어 아파트의 앞 정원이 아직도 묘지인 것은 영국에서 이색적인 모습이 아니다. 아파트 지하에 유골이 수두룩한 교회 지하묘지crypt를 그대로 남겨놓는 곳도 있다.

　죽은 자와 산 자가 같은 지붕 밑에서 존재하는 묘지는 주택가에서 멀리 두어야 한다는 생각을 하는 우리로서는 상상할 수도 없는 일이다. 기독교인들에게 죽음은 무서운 것도 아니고 멀리 두어야 할 것도 아닌가 보다. 영국인들에게 가족의 묘지는 자주 가서 돌볼 뿐만 아니라 자신의 마음도 내려놓고 오는 그런 곳이다. 그래서인지 영국 묘지에는 생화가 많다. 가족의 무덤이 잊히지 않는 모습을 보면서 영국인의 효심이나 가족애는 꽤 진하지 않은가 하는 생각을 종종 한다.

🔍 **Keyword 41 : 진화론**　　　　　　　　　　　Search

생물은 환경에 적응하면서 단순한 것에서 복잡한 것으로 진화하고, 생존 경쟁에 적합한 생명체만 살아남는다는 학설.

진화론의 공동 주창자, 다윈과 월리스

　세상은 언제나 1등만 기억한다. 1969년 7월 21일 닐 암스트롱이 인류 최초로 달에 발을 디뎠다. 정확하게 19분 후 에드윈 버즈 올드린이 달에 내렸으나 아무도 그의 이름을 기억하지 않는다. 올드린은 확실한 2등을 했으니 그렇다 쳐도, 동반 1등을 했는데도 한 사람만 기억되고 또 한 사람은 완전히 잊힌 억울한 사연도 있다. 진화론을 주창한 앨프리드 러셀 월리스 (1823~1913) 이야기이다.

　'아니, 진화론이라니? 찰스 다윈(1809~1882)이 아니고?'라고 생각하는 사람이 많을 것 같다. 지구상 생명의 신비의 비밀을 최초로 풀었다고 해서 근대과학 역사상 가장 중요한 학설이라는 진화론이 학계에 처음 발표될 때 논문 작성자는 분명 다윈 혼자만이 아니었다. 정확히 얘기하면 1858년 7월 1일 〈진화론 소론小論〉이 두 사람의 공동명의로 세계에서 가장 오래된 생물·자연박물학회인 '런던 린네협회'에서 공식 발표되었다. 그런데도 세상은 진화론 하면 찰스 다윈의 이름만 기억하지 월리스를 떠올리지 않는다. 오죽 했으면 잘 알려져 있지 않은 놀라운 사실을 찾아 방영해주는 MBC TV 프로그램 〈서프라이즈〉에서 '다윈 혼자서 진화론을 주창한 것이 아니다'라는, 조금만 조사해보면 금방 알 수 있는 사실을 대단한 것처럼 방영했을까?

다윈을 놀라게 한 곤충채집가의 편지

다윈은 1858년 6월 18일 인도네시아 테르나트 섬에서 월리스가 3월 9일에 발송한 편지를 받는다. 편지에는 다윈이 읽다가 거의 의자에서 떨어질 뻔할 정도로 놀라운 내용이 있었다. 지난 20년간 자신이 연구해 오던 진화론의 이론이 고스란히 써 있는 것이 아닌가. 다윈이 진화론 연구를 한다는 사실은 그를 아는 사람들 사이에서 비밀이 아니었다. 그래도 자세한 이론은 가까운 친구들에게나 보여줬을 뿐 자신도 아직 제대로 체계화하지 않은 상태였다. 그런데 1만 6000킬로미터 떨어진 외딴섬에 있는 무명의 젊은이가 자신과 거의 같은 내용의 이론을 적어보냈으니 방심하고 있던 다윈으로서는 기절초풍할 일이었다.

다윈은 월리스의 편지를 즉시 친구 지질학자 찰스 라이엘과 식물학자 조셉 후커에게 보내면서 뒷수습을 부탁했다. 자신은 자식의 병구완을 하러 떠나야 했기 때문이다. 그 편지에서 다윈은 '나는 이런 우연의 일치를 정말 난생처음 보네!'라고 쓰면서 '이 친구는 정말 간단명료하게 정리했어. 내 논문 서문으로 사용해도 될 정도일세. 비록 그가 발표를 원한 것은 아니지만 학술지에 보내라는 권유의 편지를 쓸 생각이네!'라고 했다. 편지를 받은 다윈의 두 친구는 사태의 심각성을 깨닫는다. 자신들의 친구가 오랫동안 연구한 결과가 순식간에 수포로 돌아갈 지경임은 깊이 생각하지 않아도 알 만했다. 둘은 주저하지 않고 바로 학회에 두 사람의 공동명의로 진화론 논문을 발표하기로 결정한다. 물론 다윈의 '과학적인 발견 우선권scientific priority'을 전제로 해서 말이다. 다윈이 편지를 받은 지난 2주 뒤에 짧은 논문이 런던의 린네협회에서 발표되었다. 이때 다윈의 논문에는 1847년 후커에게 개인적으로 공개한 내용과 1857년 미국 식물학자 아사 그레이에게 보낸 편지도 포함되어 있었다. 다윈이 먼저 이론을 만들었다는 증빙이다. 발표장에는 정작 당사자인 다윈도 월리스도 참석하지 않았다. 다윈은 아들 병구완을 하느라 돌아올 수가 없었고 워낙 급하게 발표를 준비하느라 먼 거리에 있는 월리스에게는 연락을 할 엄두도 못 냈다.

앨프리드 러셀 월리스.

월리스는 다윈에게 발표를 부탁하지도 않았으니 자신의 편지가 학회에 보고된다는 사실조차도 몰랐다. 당시는 이런 일은 별 문제가 되지 않던 시절이었다. 이렇게 해서 제대로 정규교육도 못 받고 곤충채집으로 생계를 유지하던 무명의 월리스는 당대 최고의 학자 다윈과 함께 현대과학 역사상 가장 중요한 진화론의 공동 주창자가 되었다.

진화론을 둘러싼 불편한 진실

문제는 그 이후 150년이 넘은 지금까지도 다윈이 계속 음모설에 휘말리고 있다는 점이다. 다윈이 월리스의 이론을 낚아채서 진화론의 공동 주창자로 끼어들었고, 월리스는 억울하게 다윈의 그늘에 묻혀버렸다는 얘기이다. 정황상 세상이 좋아할 음모설이 생겨날 조건들이 많기는 하다. 그래서 다윈과 월리스와 진화론은 '불편한 진실'의 단골 메뉴이기도 하다.

아직도 영국에서는 다윈이 《종의 기원》이란 책을 먼저 쓰고 있었는지는 몰라도 진화론 이론을 종이에 정리해서 처음으로 쓴 사람은 월리스라고 주장하는 사람이 많다. 영국 자연사박물관 큐레이터 조디 베카로니 박사도 그 중 하나다. 또한 인도네시아를 여행하다 우연히 월리스를 재발견하고 월리스의 열렬한 지지자가 되어 '월리스 재평가 운동'의 중심 역할을 하는 영국의 유명 코미디언 겸 가수 빌 베일리도 있다. 베일리는 "그는 분명 도둑을 맞은 겁니다. 어떻게 상황을 돌려보아도…"라고 진화론 이야기만 나오면 흥분을 한다.

이렇게 누가 먼저 진화론을 주창했느냐는 논쟁이 2013년 11월 월리스 사망 100년을 맞아 다시 달아올랐었다. 그러고 나서 다시 진화론은 다윈이라는 것만 세인들의 뇌리에 남고 결국 조용해졌다. 다행히 2013년 1월 자연사박물관에 월리스의 대형 초상화가 빌 베일리에 의해 헌정되어, 2층으로 올라가는 중앙계단 중심에 놓인 아주 인상적인 다윈의 대리석상 위 오른쪽 벽에 걸렸다. 게다가 자연사박물관과 함께 빌 베일리가 동상 건립 모금운동을 열심히 벌여 드디어 월리스 기일 100주년인 11월 7일 반신상을 자연사박물관에 기증했다. 베일리와 자연사박물관이 주관이 되어 월리스 편지의 수집과 온라인화도 완료되었다. 월리스의 편지는 무려 4500편에 이른다. 개인적이거나 학술적인 편지들이다. 2년에 걸쳐 세계 100여 개 기관에 흩어져 있던 편지를 찾아내 모아서 디지털화한 것이다. 이렇게 헌신적인 사람들의 힘에 의해 세월 속에 잊힌 역사 속 영웅을 다시 살려내는 일은 감동적이다.

13세에 가세가 기울어 학업을 중단한 이후 제대로 된 교육을 못 받고 남미 아마존과 동남아 정글을 헤매고 다니면서 동식물을 채집해 겨우 생계를 유지하던 월리스와 달리, 다윈은 출발부터가 달랐다. 다윈은 영국의 전형적인 부유한 중상층 집안 출신이었다. 할아버지와 아버지가 모두 물리학자, 자연철학자, 의사였다. 가업을 잇기 위해 당시 최고의 의과대학이 있는 에든버러대학교에 입학했으나 의학에 관심이 없어 공부를 중단했다가 아버지의 성화로 성공회 신부가 되기 위해 케임브리지대학교에서 예술사 공부를 할 정도로 엘리트였다. 외할아버지는 지금도 생산되고 있는 세계 최고의 영국 본차이나 웨지우드를 창업한 조사이어 웨지우드였으니, 월리스와는 신분이 도저히 비교될 수 없었다. 계급으로 보나 영향력으로 보나 다윈이 월리스를 누르고 올라섰을 만한 개연성이 충분히 있었다. 더군다나 힘센 다윈은 진화론의 아버지가 되었고 약한 월리스는 세인들 기억에서 완전히 사라져버렸으니, 사람들이 다윈 측의 음모라는 색안경을 끼고 보는 것은 당연하다.

월리스의 진화론에 대한 우선권을 주장하고 다윈을 비난하는 사람들은 다윈이 월리스로부터 편지 받은 날짜를 속이고 2주간을 고민했고 급기야는 월리스 편지 내용의 일부를 자기 것으로 만들었다고까지 비난하고 있다. 이런 음모론을 담은 책은 그동안 많이 나왔다. 그중에는 영국 BBC 기자 로이 데이비스, 미국 언론인 아놀드 브레크만, 미국 인류학자 로렌 아이슬리 등의 책이 유명하다. 실제 다윈 생존 시절에도 이런 비난은 엄청 많았던 모양이다. 그래서 다윈은 《종의 기원》 3판부터 자기 이전에 진화론 비슷한 이론을 거론한 과학자들의 이름을 기록하기 시작했다. 최종판에는 무려 34명의 학자들 이름이 나온다. 그래도 비평가들은 이름만 간단하게 기록할 뿐 어떤 내용인지에 대한 각주 정도의 언급도 없다고 빈정댄다.

다윈은 억울하다

다윈의 억울함을 풀어주기 위한 사람들의 연구도 그에 못지않다. 예를 들면 미국 피츠버그대학교 과학·철학·역사학자 제임스 레녹스는 진화론의 기초적인 아이디어는 다윈의 1838년 노트에서 발견할 수 있고 《종의 기원》의 전반적인 초고는 월리스로부터 편지를 받기 12년 전인 1844년에 이미 완성되었다고 주장한다. 또한 1858년 공동발표 소론을 면밀하게 검토한 학자들은 두 논문이 많은 부분에서 차이가 있음에 상당히 놀란다. 뿐만 아니라 미국 미네소타대학교 유전학과 교수 말콤 제이 코틀러는 월리스가 진화론에 대해 첫 실마리를 잡은 계기는 1842년에 발표된 다윈의 비글호 탐사보고서를 읽으면서였다는 것이다. 다윈의 그 글은 월리스로 하여금 토머스 맬서스의 《인구론 Essay on Population》을 1838년에 읽게 만들었고, 인구론은 결국 월리스 자신에게 20년 뒤 진화론의 영감을 주었다고 월리스 스스로 고백했음을 지적했다. 말레이군도에서 곤충채집을 해오던 월리스는 1858년 2월 말라리아에 걸려 병석에 누워서 '인구론'의 주요 논리를 생각하던 중 문득 '변형과 적자생존 variation and the survival of the fittest'에 대한 '유레카 Eureka'적 영감을 받았다고 했다.

런던 자연사박물관의 다윈 석상.

다윈의 '진화evolution'와 '자연선택natural selection'이라는 단어는 안 썼지만 이 영감으로부터 월리스는 '환경에 적응하기 위해 재빠르게 진화하는 종이 생존할 가능성이 많아져 신종의 기원으로 이어진다'라는 나름대로의 진화 이론의 체계를 잡는다. 그런 뒤 사흘 밤을 새워 자신의 생각을 정리해서 다윈에게 편지로 보낸다.

2011년 연구가들의 치밀한 조사에 의해 월리스의 편지가 77일간 어떻게 다윈에게 배달됐는지도 상세하게 밝혀졌다. 조사에 의하면 월리스의 편지는 4월 5일 이전에는 인도네시아 항구를 벗어나지 못했다. 월리스의 편지가 자카르타, 싱가포르, 스리랑카, 수에즈, 알렉산드리아를 거치고 급기야는 이틀 동안 낙타 등에 실려 이집트 사막을 건넜다. 편지가 6월 18일 이전에 도착하지 않았다는 중요한 사실이 드러난 것이다. 다윈이 월리스의 편지를 받고 친구 라이엘에게 편지를 쓸 때까지 2주 동안 편지를 부여잡고 고민하지 않았다는 뜻이다. 이 정도만 해도 다윈의 선의는 충분히 해명될 만도 하다.

실제 다윈도 처음 월리스의 편지를 받고 자신의 저서 서문으로 써도 되겠다고 극찬하면서 바로 학술지에 보내서 게재되도록 월리스에게 편지를 쓰겠다고 했을 만큼 신사였다. 하지만 친구들이 말리고 바로 공동발표를 하게 했다. 사실 공동발표로 다윈이 얻을 수 있는 것은 별로 없었다. 이미 아는 사람들 사이에서 다윈이 진화론을 연구하고 있음은 비밀이 아니었고 그는 그 발표로 더 얻을 학문적 명성도 없었다. 게다가 공동발표자는 거의 무명의 상업적인 수집가였으니 말이다. 차라리 누가 되었으면 되었지 도움은 되지 않을 형편이었다. 다윈을 변호하는 사람들은 다윈이 그 편지 자체를 무시하거나 없애고 자신의 소론을 발표하거나 아니면 그대로《종의 기원》을 계속 써서 출판했어도 아무런 문제가 되지 않았을 것이라는 얘기까지 한다. 당시의 우편 서비스는 지금 같지 않았고 편지를 받으면 서명하는 제도도 없었다. 특히 오지에서 보내는 편지는 제대로 전달되는 경우보다 없어지는 경우가 더 많았다. 받고도 안 받았다 해도 증명할 방법이 없었다. 다윈이 편지를 받고 굳이 회답을 해야 할 의무도 없었고 윌리스도 회답을 추궁할 입장도 아니었다. 다윈에 비해 윌리스는 하찮은 채집꾼에 불과했을 터였다. 만일 다윈이 무시해버려도 윌리스는 전혀 항의할 생각도 없었고 했다고 해도 세상은 전혀 신경도 안 썼을 듯하다. 결국 다윈이 신사적으로 일을 처리한 것이고 다윈의 이런 선의의 신사적 행동이 지금 와서 도리어 다윈의 발목을 잡는 셈이다.

폭풍 같은 파장을 일으킨 《종의 기원》

사실 1858년 7월 1일의 공동발표는 큰 관심을 끌지 못했다. 오로지 다음 해의 《종의 기원》 출판만이 폭풍 같은 사태를 몰고 왔다. 초판 1250부는 첫 날 매진이 되었다. 무디스라는 회원제 도서관에서 500권을 매점할 정도였다. 한 달여 만인 이듬해 1월에 2쇄 3000부를 찍었는데도 주문을 다 소화하지 못했다. 그 후 10년간 거의 2만 부 이상이 팔렸다. 지금으로 따지면 200만 권에 해당하는 수치다. 이렇게 해서 《종의 기원》은 진화론의 바이블이 됐고 다윈은 국제적 인물이 되었다. 당시 빅토리아시대는 지식에 대한 갈증이 엄청났다. 그래서 엔간한 과학저널도 수만 부의 판매를 보증받는 정도였다. 그런데 자신들이 믿고 있는 기독교 기본정신 '창조론'을 정면에서 반박하는 다윈의 '종의 기원'은 거의 15세기 말의 니콜라우스 코페르니쿠스의 지동설만큼의 경천동지할 이론이었으니 말이다. 그래서 당시 상류층은 특히 다윈의 진화론을 아주 못마땅하게 여겨서 한번쯤은 진화론에 대해 반박하는 것이 지식인의 의무처럼 받아들여졌다. 특히 당시 영국 빅토리아 여왕은 다윈을 아주 못마땅해했다. 그래서인지 위대한 업적을 남긴 다윈이지만 웨스터민스터사원의 과학자 코너에는 벽에도 별다른 표시 없이 바닥에만 조그만하게 표시되어 있을 뿐이다. 다윈과 함께 영국의 최고의 과학자 아이작 뉴턴은 성가대석과 신도석을 가르는 장막screen 왼쪽 벽에 추모판이 있고 바로 그 앞에 무덤이 있는데 말이다.

사이좋게 서로를 존중한 다윈과 월리스

월리스가 세인들에게 잊힌 데는 여러 가지 이유가 있다. 월리스는 생전에 자신보다 항상 다윈을 먼저 내세웠고 앞장서서 다윈을 선전했다. 하긴 자신의 편지를 무시해도 되었을 대과학자인 다윈이 자신을 공동발표자로 넣어 유명하게 해주었으니 그럴 법도 하다. 월리스는 1889년 《다위니즘》이라는 책까지 직접 내면서 다윈을 진화론의 유일한 아버지로 만들었다. 월리스가 잊힌 또 하나의 이유는 창조론에 대한 반발로 진화론이 인기를 반짝 끌었으나 얼마 지나지 않아 라마르크의 용불용설, 정향진화orthogenesis, 돌연변이mutation 같은 새로운 학설들이 잇따라 등장하면서 진화론 자체가 세인들에게서 멀어졌기 때문이다. 20세기 들어와 유전학에 의해 진화론이 다시 해석되기 시작하면서 다윈의 진화론의 가치가 되살아났지만 이미 월리스는 다윈의 '종의 기원' 그늘에 가려져 진화론의 영광에서는 완전히 사라지고 만 뒤였다.

월리스는 생전에 다윈에 대해 전혀 유감이 없었고 공·사석을 비롯해 한 번도 다윈에 대해 나쁜 말을 한 적이 없다. 다윈이 자신보다 먼저 진화론을 만들었고 단지 발표를 안 했을 뿐이라는 점을 늘 인정했다. 다윈과의 공동발표가 아니었다면 도저히 학계로부터 진지한 인정을 받기 힘들었을 것이라고 얘기했다. 비록 자신의 허락을 받지 않은 공동발표라 해도 자신의 이름이 포함된 것만도 영광이라고 여겼다. 사람들은 월리스에게 소론을 왜 직접 학술

잡지사로 안 보내고 다윈에게 보냈느냐고 안타까워했다. 그런데 정작 월리스 본인은 "나처럼 학력도 없는 일개 곤충채집 장사꾼의 논문을 누가 제대로 보기나 했을까요? 어설프게 쓴 추론 정도로나 보지 않았을까요? 저는 다윈의 공동발표자로서 만족합니다"라고 했다. 또 "그런 기회가 주어지지 않았다면 나중에 내가 어떻게 영국 사회에서 이렇게 활동할 수 있었겠느냐"고 되묻기까지 했다. 다윈이 진화론에 대해 더 많은 공을 인정을 받는 것이 당연하다는 변호였다. 심지어 다윈과 자신이 비교되는 것마저 영광이라고 했다. 지금 세상 사람들이 자신을 위해 다윈을 폄하하는 말을 듣는다면 무덤에서 당장 뛰어나와 열변을 토할 것이 틀림없을 정도의 대단한 다윈론자가 월리스였다.

다윈과 월리스의 관계는 둘 다 인정하듯이 끝까지 아주 좋았다. 아버지 재산을 전혀 물려받지 못한 월리스는 평생 고정 수입이 없어 고통받았다. 자신의 수집품을 판 수입과 학술지 고료와 책 인세로 살아갈 수밖에 없어 경제적인 곤경에서 헤어나지 못했다. 1881년에 가서야 다윈과 라이엘의 지대한 노력 덕분에 과학 발전에 이바지했다는 명분으로 정부로부터 어렵게 연 200파운드의 연금을 받게 되었다. 당시의 200파운드라면 현재의 약 1만 파운드(1800만 원)에 해당하는 돈이다. 아주 많은 금액은 아니나 기본적인 생활의 어려움은 없을 만큼의 돈이다. 저술 수입까지 보태면 큰 문제없이 살아갈 만큼의 수입은 보장된 셈이다.

이렇게 다윈은 끝까지 월리스를 보살피려 했고 월리스 자신도 세간의 어떤 이간질에도 불구하고 다윈의 변호에 열을 올렸다. 다윈은 또 학벌이나 집안, 경제력, 명성 모두 자신에 비해 형편없이 떨어지는 월리스를 진정한 동반자나 친구로 끝까지 생각했다. 다윈은 자서전에서 월리스가 평생에 걸쳐 진화론과 관련해 한 처신이 얼마나 너그럽고 고상했었는지 모르겠다고 기술하기도 했다. 다윈의 월리스에 대한 행동은 다윈의 신분이나 인품으로 보아 충분히 그럴 수 있다고 쳐도, 월리스의 다윈에 대한 맹목적인 존경에 대해서는 이해하기가 좀 어렵기도 하다. 그러나 월리스는 동식물 채집을 통해 돈을 벌어서 겨우 먹고사는 자신에 비해 명예로운 취미로 숭고한 과학적 업적을 남기기 위해 매진하는 다윈을 진심으로 존경했다. 먹고살기 위해 수입에 연연해 학문을 파는 자신에 대한 자기비하가 다윈에 대한 비상식적인 변호로 발전했을 수도 있다.

속으로 자신을 어떻게 생각했는지는 몰라도 월리스의 성공은 사실 당시 기준으로 보면 놀랍다. 아무런 정규 학력이나 연구 경력이 없는데도 독학과 독서만으로 20권의 책과 700여 편의 논문을 남겼으니 말이다. 천민 출신에다 백면서생인 그가 학자들에게 최고의 영예인 영국 학술회 회원까지 되었다. 이 말은 콧대 높은 학자들 사이에서조차 정식 학자로서 명실상부한 인정을 받았다는 뜻이다. 월리스는 1868년에는 학술원 회원으로는 최고명예인 영국 학술회 메달을 받기도 했다. 게다가 왕이 일반 시민에게 주는 최고의 훈장인 '메리트 오부 오다'까지 받았으니 귀족의 작위만 못 받았을 뿐이지 더 이상 받을 영광도 없었다. 이런 두 과학자 사이의 애틋한 사이를 사정도 모르는 후세인들이 자기네들 기준으로 이간질을 시키니 두 과학자는 무덤 속에서 돌아누울 판이다.

> 🔍 **Keyword 42 : 셰익스피어**　　　　　　　　　**Search**

1564. 4. 26~1616. 4. 23. 《로미오와 줄리엣》, 《햄릿》, 《맥베스》 등 40여 편에 가까운 희곡을 써 영국이 낳은 최고의 극작가로 불리며 영국인들이 가장 존경하는 인물 중 하나이다.

우리가 아는 셰익스피어가 그 셰익스피어일까?

　영국의 문호 윌리엄 셰익스피어의 전 세계 팬들은 2014년을 시작으로 2016년까지 3년간은 바쁘다. 2014년 셰익스피어 탄생 450주년과 2016년 사망 400주년이 연이어 있어 아예 3년간 축제 기간으로 정해졌기 때문이다. 축제는 2014년 셰익스피어의 생일이자 사망일인 4월 23일, 영국 수호성인 조지 성인 축일을 즈음해서 시작되었다. 영어를 모국어나 공식어로 쓰는 60여 개국은 물론 그 외의 여러 나라에서도 축제가 준비 중이다. 영국문화원British Council과 로열셰익스피어극단RSC의 조사에 따르면 전 세계 학교의 반 이상에서 셰익스피어를 가르친다. 영어가 제일의 국제 언어가 된 지금 셰익스피어의 중요성과 영향력은 나날이 커져가고 있다.

　영국인에게 셰익스피어는 그냥 문호가 아니다. 가장 존경하는 인물 중 하나이다. 19세기 소설가 찰스 디킨스를 사랑한다면 셰익스피어는 존경한다.

영국인이라면 누구나 한번쯤 학창 시절 그의 작품이 한 학기 수업 과제가 되어 골머리를 앓은 경험이 있다. 영어를 모국어로 하는 영국인마저도 해설서를 놓고 봐야 할 정도로 셰익스피어의 영어는 넓고 깊다. 괴테에 의해 독일어가 비로소 언어로 만들어졌다면, 셰익스피어는 영어를 그냥 언어가 아닌 세계 최고의 언어로 만들었다고 한다.

3만 단어를 자유자재로 갖고 논 언어 천재

셰익스피어 작품에는 2만8829개의 단어가 사용되었다. 현대인은 6만 단어를 사용하고 있으며, 이는 셰익스피어 시대에 비해 2배가 넘는 수치이다. 셰익스피어는 작품에서 그전까지는 한 번도 영어에 등장하지 않던 단어를 1700여 개나 소개했다. 《햄릿》에만도 600여 단어를 새로 선보였다. 그가 도입한 단어 중에는 오늘날 매일 사용하는 'critical(중대한·비판적인·위급한), extract(추출하다), excellent(훌륭한), assassination(암살), lonely(외로운), accommodation(숙소), amazement(경악), bloody(유혈의·빌어먹을), hurry(서둘러), eyeball(눈알), skimed milk(탈지 우유), road(길), advertising(광고), bedroom(침실), birthplace(생가), gossip(소문), hint(귀띔), countless(무수한), label(상표), luggage(가방)' 등이 있다. 이렇듯 만일 없었으면 어떻게 말을 이어갈지 모를 중요한 단어들까지 그의 손을 거쳐 세상에 태어났다. 만일 셰익스피어가 없었다면 영국인들은 어떻게 말하고 살 수 있었을까?

셰익스피어는 기존 단어에 부정접두사 'un'을 붙여 신조어도 많이 만들었다. 이런 종류의 단어가 314개나 된다. 명사를 동사로, 동사를 부사로, 부사를 형용사로 사용하여 단어에 새 생명도 불어넣었다. 이전에는 조합하여 사용해본 적이 없는 단어들을 묶어 새로운 의미로 썼다. 접두사와 접미사를 붙여 새로운 단어로 탈바꿈시켰고 완전히 새 단어를 탄생시키기도 했다. 몇몇 말을 조합해 신선한 표현을 만들어내는 것이 그의 장기였다.

셰익스피어가 만든 새로운 영어들

영어에 대한 셰익스피어의 더 중요한 업적은 단어들을 조합해 짧은 구절을 만들어 단어 대신 쓸 수 있게 했다는 것이다. 오늘날 영국인들이 매일 쓰는 구절들도 허다하다. 《템페스트》의 'Brave new world(멋진 신세계) · Fair Play(공정한 행위) · sea change(엄청난 변화)', 《헨리 4세》의 'breathed his last(마지막 숨을 몰아쉬다) · send him packing(내쫓아버리다)', 《말괄량이 길들이기》의 'break the ice(실마리를 찾다) · All of sudden(청천벽력같이)', 《심벨린》의 'the game is up(속임수가 끝났다)', 《윈저의 즐거운 아낙네들》의 'The Queen's English(공식 영어)', 《햄릿》의 'What a piece of work is man(정말 형편없는 인간)', 《오텔로》의 'vanish into thin air(흔적도 없이 사라지다)', 《맥베스》의 'Sorry sight(슬픈 광경)', 《헛소동》의 'lie low(숨죽여 있기)' 등이 바로 그런 예이다.

자주 쓰이는 다음의 긴 구절도 셰익스피어 작품에 나오는 것들이다. 《끝이 좋으면 다 좋다》의 제목인 'All's well that ends well(끝이 좋으면 다 좋다), 《심벨린》의 'All corners of the world(세상 방방곡곡에서)', 《맥베스》의 'Come what come may(어차피 올 것은 온다)', 《오텔로》의 'I will wear my heart upon my sleeve(내 마음을 솔직히 말하면)', 《한여름 밤의 꿈》의 'The course of true love never did run smooth(사랑은 결코 쉽게 이루어지지 않는다)'….

영국인들은 남을 모욕해도 문학적으로 고상하게 한다. 'Your brain is as dry as the remainder biscuits after voyage!(너는 생각이 하도 없어서 긴 항해를 끝내고 남아 말라비틀어진 비스킷 같다!)', 'I do desire we may be better strangers(우리 이제 다시 만나면 모르는 척하자)'는 《뜻대로 하세요》에 나오는 구절을, 'More of your conversation would infect my brain(너와 더 이상 말하다가는 내 머리마저 이상해질 것 같다)'는 《햄릿》에 나오는 구절을 활용한 말이다. 이처럼 셰익스피어 작품에 나오는 구절을 유효적절하게 대화에 사용하는 방식을 '셰익스피어식 모욕 주기Shakespeare Insult'라고 한다. 셰익스피어 작품에 나오는 단어들을 모아서 상황에 맞게 조합해서 쓸 수 있게 만든 '욕설 조합표insult kit'마저 있다.

이런 구절들 중에서 일상생활에 자주 쓰이는 것들만 해도 800여 개가 된다. 언어학자들은 셰익스피어의 천재적인 언어 재능은 신조어가 아니라 단어를 조합해 새로운 의미나 용도의 구절을 만드는 데 있다고 한다. 단어 몇 개로 간단히 조합된 이런 짧은 구절의 촌철살인 대사가 배우의 입에서 나오면 관객들은 비록 처음 들어도 금방 의미를 알아챌 수 있다. 상황에 너무 적절하게 맞아 감탄과 함께 무릎을 치게 만드는 것이 셰익스피어의 천재성이다. 셰익스피어의 모든 작품이 단시를 빼면 모두가 연극 극본이니, 이런 무릎을 치게 만드는 구절은 필수이다.

그런 예 중에서 내가 좋아하

윌리엄 셰익스피어.

는 구절은 셰익스피어의 작품에서 가장 비극적 사랑이면서도 세상의 수많은 연인들을 행복하게 만드는 최고의 걸작《로미오와 줄리엣》에 나오는 'sweet sorrow'이다. 두 연인이 유명한 발코니 장면에서 헤어져야 할 시간이 오자 줄리엣이 "Good night! Good night! Parting is such sweet sorrow that I'll say good night until tonight becomes tomorrow(잘 자요! 잘 자요! 이별이 이렇게 달콤한 슬픔일 줄이야! 나는 오늘 저녁이 내일이 되도록 굿나잇이라고 말할래요)"라면서 헤어지길 못내 아쉬워한다. 내일 만나기를 약속하면서도 지금 당장 헤어지기 싫어하는 젊은 연인들의 안타까운 애타는 사랑의 심정을 기막히게 표현한《로미오와 줄리엣》의 절정의 장면 중 하나이다.

여기서 두 연인들의 애틋한 마음을 'sweet sorrow'라는 말 말고는 더 어떻게 표현하는가? 더 보태고 말고 할 것 하나 없는 단 두 단어 안에 둘의 모든 감정이 들어 있다. 더군다나 발음이 비슷한 압운押韻의 묘미를 보여준 전형이다. 이렇게 영국인들은 셰익스피어의 작품에 나오는 구절들을 잘 찾아 일상에서 적절하게 사용하면서 쾌감을 느낀다. 흡사 우리가 사자성어를 적절할 때 쓰면서 느끼는 기분과 같다. 영화에서 보면 대화 중 한 사람이 어떤 말을 하면 다른 사람이 금방 알아채고는 "셰익스피어의 한여름 밤 꿈에서!"라고 받는다. 한시漢詩에서 상대방이 낸 운을 받아 대구對句로 답하는 식이다. 상대방의 유식을 인정하면서 동시에 자신도 알아챘다는 자랑을 하는 셈이다. 영국인들이 즐기는 일종의 지식게임이다.

파파라치보다 더 끈질긴 셰익스피어 연구자

셰익스피어의 작품이 단순히 고전에 머무르지 않고 일상생활에서 살아 움직이게 되기까지 전문가들의 끊임없는 연구가 큰 몫을 했다. 셰익스피어 전문가들은 파파라치같이 매일 어딘가에서 셰익스피어의 시시콜콜한 사생활을 파고들어 새로운 사실을 찾아내 자료화하고 있다. 최근에는 셰익스피어가 무엇을 했는지 전혀 기록에 남지 않아 세인들의 관심을 자아내는 '잃어버린 시절(1585~1592)'에 셰익스피어가 영국 남부 시골 마을에서 2년간 교사로 지냈다는 주장도 나왔다. 이렇게 쌓인 셰익스피어에 관한 자료는 상상을 초월한다. 아마 한 인간에 대한 연구가 이렇게 방대하게 이루어진 경우는 예수 말고는 없을 듯하다.

영국 국립도서관의 소장도서나 자료 목록부터 보자. 셰익스피어와 관련된 색인이 3만6065개나 된다. 도서는 물론 연구기록, 각종 미디어 자료, 고문서 등 없는 게 없다. 미국 국회 도서관에도 3107편의 자료가 등록되어 있다. 셰익스피어 연구에 관해 최고의 권위를 자랑하는 학술지 《셰익스피어 쿼터리》에 따르면 매년 세계적으로 평균 4000여 편의 논문이 발표되고 있다고 한다.

연구를 통해 밝혀진 자료들을 보면 과연 이런 자료를 누가 사용할까 하는 회의가 감탄과 함께 교차된다. 예를 들면 셰익스피어 작품 전체에는 13만8198개의 쉼표, 2만6794개의 반점, 1만5785개의 의문부호가 사용되었다고 밝혀냈다. 뿐만 아니라 셰익스피어 자료를 담고 있는 웹사이트에 특정 단어를 입력하면 셰익스피어 작품 전체에서 그 단어가 몇 번 사용되었는지를 알려준다. 그래서 한번 흥미로 입력해보았다. 사랑love 2191회, 증오hate 184회, 저주curse 107, 죽임kill 220회, 왕king 1546회, 섹스sex 19회, 그리스도Christ 7회, 예수Jesus 4회, 살인murder 101회, 돈money 175회, 금gold 233회, 교황pope 19회, 악마devil 228회가 사용되었다고 나왔다. 특이하게도 성경bible, 삼위일체trinity, 성령spirit 같은 단어는 전혀 사용된 적이 없다. 셰익스피어는 종교적이지 않았음이 분명하다.

19세기의 셰익스피어 연구가들은 컴컴한 등불 밑에서 일일이 수작업으로 셰익스피어의 작품을 전부 해체해 조각들을 따로 모았다. 지금처럼 컴퓨터도 없던 시절, 분석을 통해 연구가들은 그의 희곡 38편이 2만8829개의 단어를 모두 88만4421번 사용해서 만들어졌고, 그중 반에 조금 못 미치는 1만2493개 단어(예: acceptable, actively)는 한 번만 등장했다는 결과를 내놓았다. 이것은 그 장면에 셰익스피어가 어떤 의도로 그 단어를 사용했는지를 밝혀내기 위한 연구의 일환이었다.

셰익스피어가 위대한 또 하나의 이유는 그가 결코 어려운 단어들로 작품을 쓰는 작가가 아니었다는 점에 있다. 그는 아주 평이하고 단순해서 사람들이 매일 쉽게 쓰는 단어들로 세기를 넘어 사람들의 가슴을 울리는 영원한 걸작을 만든 천재였다. 빈도 순위로 상위 10개의 단어(the, and, I, to, of, a, you, my, in, that)들이 작품 전체의 21.4퍼센트를 이루고, 100위까지의 단어들만으로도 작품 53.9퍼센트가 만들어지고, 상위 1퍼센트의 단어 288개가 작품 66.7퍼센트를 쓰였다니 놀랍다. 좋은 작품은 반드시 어려운 단어, 문학적인 단어, 희귀한 단어들을 이용해 유식한 글을 써야만 되는 것이 아님을 셰익스피어는 보여주고 있다. 또 1223명의 등장인물이 3만4895개의 대사를 말하는데도 그 많은 인물들의 성격이 제각각 작품 안에서 살아 움직인다. 놀랍지 않은가? 이 대사를 모두 기록하면 11만8406행에 이른다.

셰익스피어 시대와 연극

셰익스피어가 활동하던 당시는 별다른 오락이 없었다. 가장 인기 있던 오락 중 하나가 동물 괴롭히기였을 정도였다. 특히 인기 있는 것이 '곰 학대 놀이bear baiting'였는데 덩치 큰 곰을 개를 비롯해 갖은 방법으로 괴롭히면 고통에 어쩔 줄 모르는 모습을 보고 사람들은 웃으면서 즐거워했다. 오락에 굶주려 있던 튜더시대 사람들에게 연극은 큰 즐거움이었다. 1567년 영국의 첫 극장 레드 라이언의 개관으로부터 1642년 청교도혁명으로 런던 극장 전체가 문을 닫을 때까지 영국에서 연극은 75년간 무려 5000만 명의 유료 관객을 불러 모았다. 당시는 영국 전체 인구가 500만 명이었고 연극의 중심도시인 런던 인구도 20만 명에 불과할 때였다. 결국 극장이 문을 닫는 일요일, 축제 기간 등을 뺀 매일 런던 극장에 평균 3000명의 관객이 들어왔다는 뜻이다.

당시는 관객층이 얇아 같은 연극을 장기 공연할 수가 없었다. 거의 매일 새로운 연극을 올려야 했다. 그래서 작가들은 끝도 없이 새 작품을 써야 했다. 연극이 높은 평가를 받을 때도 아니었다. 요즘으로 얘기하면 야간업소의 공연물 정도로 취급받았다. 그래도 새로운 연극에 대한 수요는 뜨거울 때라 작가들은 기존 희곡의 줄거리와 대사만 조금 새롭게 다듬어 흥미 본위로 쉽게 써서 새로운 극이라고 포장해 무대에 마구잡이로 올렸다. 희곡 작가들은

셰익스피어 시대 극장 터에 복원한 런던 글로브 극장.

작품을 공들여 쓰지 않았다. 쉽게 작품을 쓰니 극본 공급이 수요를 넘쳐 작품가도 형편없어졌고 희곡을 써서는 생활이 안 될 정도였다. 판권이라는 개념이 없었기에 남의 희곡 표절이나 모작은 전혀 문제가 안 되던 시절이었다. 심지어는 자기 작품의 줄거리와 등장인물을 손봐 다른 작품인 것처럼 무대에 올리기도 했다. 워낙 작가들 사이에서 표절과 모작이 심하다 보니 극본 유출을 우려해 출연배우들에게 전체 극본이 주어지지 않았다. 대신 배우 개개인의 대사만 수록된 쪽대본을 주었다. 그래서 배우는 자기 대사만 외우고 들어가면 되었다. 연극이 끝나고 어느 정도 시간이 흐르면 해당 원고는 그냥 사라지고 말았다.

퍼스트 폴리오의 탄생

그런 와중에서 셰익스피어 작품은 유일하게 남았다. 존 헤밍과 헨리 콘델 두 사람 덕분이다. 헤밍과 콘델은 셰익스피어 연극 전문배우이자 셰익스피어의 동료였다. 당시는 저작권에 따른 수입도 없었고 이미 극장에서 극본에 대한 대가를 받았기 때문에 극본 소유권이 극장에 있었다. 셰익스피어마저도 자신의 작품 보존에 관심을 가지지 않았다. 하지만 셰익스피어 동료였던 벤 존슨이 생전에 자신의 희곡을 모아 책으로 엮는 것을 보아서인지 헤밍과 콘델은 셰익스피어가 죽은 뒤 여기저기 흩어져 있던 유고를 모으기 시작했다. 7년 뒤 '퍼스트 폴리오First Folio'라 불리는 희곡 모음집이 발간된다. 안쪽 표지에 셰익스피어의 초상화를 비롯해 36편의 극본이 수록되어 있다. 셰익스피어가 태어난 1564년부터 모든 극장이 문을 닫는 1642년까지 78년간 런던에서 무대에 올려진 3000여 편의 희곡 중 80퍼센트는 제목만 알려져 있다. 내용이 알려진 230편 가운데 38편이 셰익스피어 작품이고 그중 36편이 퍼스트 폴리오에 게재되어 있다.

퍼스트 폴리오 희곡 모음집의 정식 명칭은 《윌리엄 셰익스피어의 희극, 역사극, 비극William Shakespeare's Comedies, Histories, and Tragedies》이다. 책값이 당시로서는 고가인 1파운드, 현재 화폐 가치로 86파운드(15만 원)였음에도 금방 베스트셀러가 되었다. 출간 후 62년 동안 4판까지 나왔다. 몇 권이 인쇄되었는지는 아무도 모른다. 750~1000권이라고는 하는데 현재 228권이 남아 있다. 147권이 미국에 있으며 그중에서 헨리 클레이 폴저라는 유전으로 돈을 번 백만장자가 수집한 82권이 '셰익스피어 폴저 도서관'에 있다. 이밖에 일본 메이지대학교가 12권, 영국 국립도서관이 5권을 소유하고 있다. 폴저 도서관 소유 82권 중 79권은 짜깁기를 한 것들로 알려져 있어 실제는 13권만이 완벽하다. 퍼스트 폴리오는 오자도 많고 해서 제대로 된 책이 아니다. 전문가들은 이 책에 대한 얘기도 아직 끝나지 않았다고 말한다. 퍼스트 폴리오에 대한 연구가 아직 미진하다는 뜻이다. 그동안의 조사에 의하면 책은 9명의 식자공이 조판했고 3군데서 인쇄되었다. 인쇄 도중 수정된 것들도 많아 같은 책이 한 권도 없다.

한번은 영국 더함대학교에 있던 책이 도난당한 적이 있다. 도둑들은 책의 원 소유주가 누구인지 모르게 하려고 페이지도 찢고 표지도 없앴지만, 다시 세상에 나타난 책을 전문가들은 금방 알아봤다. 당시 인쇄된 책은 책마다 각각의 특징이 있었다. 일종의 DNA 같은 것이다. 어떤 부분에 잉크가 덜 묻었다든지 활자가 더 무뎌지는 등의 특징이 책마다 있다. 이런 특징을 분류해서 현존하는 책에 번호를 부여했다. 그래서 도둑들이 팔려고 들고 온 더함대학교 소유의 책을 본 폴저 도서관의 전문가는 금방 알아보고 경찰을 바로 불렀다.

퍼스트 폴리오는 거의 도서관이나 박물관들이 소장하고 있고 개인들이 가진 것이 없어 판매를 위해 시장에 나오면 가격이 엄청나게 높게 매겨진다. 가장 최근에 판매된 것은 2006년 경매회사 소더비에 나온 것이다. 예정가가

350만 파운드(61억 원)였으나 280만 파운드(49억 원)에 팔렸다. 지금까지 가장 비싸게 팔린 것은 학교 운영비에 쪼들린 옥스퍼드대학교 오리올칼리지가 석유 재벌 폴 게티에게 350만 파운드에 판 책이다. 참고로 역사상 가장 비싸게 팔린 책은 제프리 초서의 《캔터베리 이야기》 원본인데, 1998년 460만 파운드에 팔렸다.

연극판 촌뜨기 셰익스피어?

셰익스피어에 대한 얘기가 나오면 셰익스피어가 실제 그의 작품으로 알려져 있는 작품들을 썼느냐는 의문이 반드시 뒤따른다. 여기에 관해서는 지난 200년간 끊임없는 논쟁이 있어 왔다. 논쟁의 요지는 간단하다. 런던에서 서북쪽으로 160킬로미터 떨어져 도보로 4일, 말을 타고 2일이나 걸리던 스트랫퍼드 시골에서 교육도 제대로 못 받은 가죽장갑공의 아들이 어떻게 훌륭한 작품을 쓸 수 있었느냐는 것이다. 천한 신분의 사람이 궁중의 각종 섬세한 예법이라든지 정치적 음모나 사건 등을 잘 알기란 어렵다. 예를 들면 《헨리 4세》를 비롯한 10편의 역사극에 나오는 상세한 궁내 예절과 관습들은 궁 안에서 직접 생활해본 궁내 가신이거나 귀족이 아니면 도저히 알 수 없는데, 셰익스피어는 궁중 음모로 가득 찬 역사극을 썼다. 셰익스피어의 작품에는 고전, 예술, 역사, 관습, 정치, 종교, 수사학, 의학, 법학, 체육, 군사, 천문학 등의 광범위한 지식이 들어 있다. 유럽 각국에 대한 묘사도 직접 가보지 않고는 불가능할 정도로 풍부하다. 아무리 천재라도 상류 귀족사회, 특히 그중에도 궁정 생활에 대한 경험이나 지식도 없는 시골 평민 출신이 작가적인 상상력만으로 그런 작품들을 쓸 수는 없다고 하는 주장이 설득력을 갖는다.

그래서 파파라치 연구가들은 매일 같이 셰익스피어 신상 털기를 하고 있다. 디킨스의 경우는 주로 작품 속의 인물 올리버 트위스트나 《크리스마스 캐럴》의 구두쇠 스크루지가 어디에 살던 누구였다는 식의 작품과 관련된 것이 많은데 비해, 셰익스피어는 주로 개인적인 자질구레한 것들이 조사의 대상이다. 아버지 존 셰익스피어가 길거리에 짐을 잘못 쌓아놓아 벌금을 문 일 등등 정말 다양하다. 이렇게 파헤쳐진 개인사가 일반인들의 관심을 받는 이유는 작가 셰익스피어의 진정한 정체에 대한 의문으로부터 시작되었다.

부동산 투자가 셰익스피어?

천재 문호 셰익스피어의 존재에 대해서 첨예하게 대립하는 두 그룹이 있다. 의심하는 측을 옥스퍼드파라고 하고, 옹호하는 파를 스트랫퍼드파라고 부른다. 옥스퍼드파 이론은 흥미진진하고 아주 설득력이 있어 한번 믿기 시작하면 바로 빠져들 만큼 논리정연하다. 이에 동조하는 유명 지식인들은 지그문트 프로이트, 찰리 채플린, 마크 트웨인, 토머스 하디, 제임스 조이스, 찰스 디킨스, 샤를 드골까지 다양하다. 의심하는 이론이 등장한 시기는 19세기다. 그전까지는 아무도 의심을 하지 않았다. 그런데 셰익스피어에 대한 재평가로 시작되자, 찬사와 동시에 '과연 이처럼 엄청난 작품을 쓴 사람이 정말 초라한 출신 성분과 불명확한 일생의 기록을 가진 사람인가?' 하는 의문이 등장했다.

여기서 무시하고 넘어가서는 안 되는 분명한 사실이 있다. 윌리엄 셰익스피어라는 자연인은 공식기록에 엄연히 존재한다. 셰익스피어 무덤이 있는 스트랫퍼드 성삼위 성당에서 보관하는 영세기록부에 분명 윌리엄 셰익스피어라는 아기가 1564년 4월 26일에 유아영세를 받았다는 기록이 나온다. 아예 영세기록 사본을 성삼위 성당 셰익스피어 무덤 옆에 있는 전시판에 붙여놓았다. 그리고 스트랫퍼드 마을 공식 문서에는 사망 기록, 가옥구매 기록이 존재한다. 그런데 공식기록상의 셰익스피어와 작품의 저자 대문호 셰익스피어 사이를 연결하는 물증이 전혀 나오지 않는다. 두 윌리엄 셰익스피어라는 동명이인이 우연히 비슷한 시기에 살았을 수도 있다는 추정에서 옥스퍼드파 이론이 시작한다. 그동안 학자나 연구가들이 찾아낸 셰익스피어에 관한 기록 문건은 400편이 넘는다. 아주 세세한 기록까지 있다. 세금 안 내고 이사를 가서 추적을 당한 것부터, 남의 송사에 증인으로 불려간 기록, 직접 소송의 당사자가 된 것 등 소송에 관한 기록도 28건이나 된다. 특히 부동산에 관련된 소송 당사자로의 기록들이 많다.

이 기록들을 보면 분명 '윌리엄 셰익스피어라는 연극계에 종사하는 인물'이 존재했다. 학자들은 기록에 나오는 스트랫퍼드의 셰익스피어라는 사람은 런던에 진출해 연극배우로 활동하다가 극장을 소유했고 부동산 투자에 귀재여서 돈을 많이 벌어 고향으로 새집을 사서 은퇴한 사람으로 본다. 그런데 그 사람이 '위대한 극본을 쓴 우리가 아는 작가 윌리엄 셰익스피어'라는 확실한 물증은 지난 200년간 전문가들이 찾아낸 수많은 기록 중에서는 찾을 수 없다. 만일 누군가가 이 고리를 찾아낸다면 세기의 발견으로 두고두고 일컬어질 것이다. 원시의 직립 영장류와 인류 사이의 '잃어버린 고리'와 예수의 12세부터 30세까지 18년간의 행적과 관련한 '잃어버린 세월'과 함께, 셰익스피어 실존에 대한 '연결고리'는 세계 역사 3대 의문의 고리이다.

스트랫퍼드파들이 전력을 다해 찾아내 의기양양하게 내놓은 이런저런 400여 개의 공식문서마저도 옥스퍼드파들의 공격 빌미로 이용된다. 서류가 나오면 나올수록 셰익스피어는 작가라기보다는 극장 소유주, 부동산 투자가의 냄새가 더 짙어지기 때문이다. 특히 26건의 법정 기록은 모두가 부동산 송사와 관련된 것이다. 남아 있는 유서의 내용도 의심을 더욱 불러일으킨다. 유서의 내용에서 작가라고 인정할 만한 부분이 전혀 없다. 자신의 돈을 어떻게 나누어주는가 하는 내용뿐이다. 8살 연상의 아내에게는 겨우 침대 하나 그것도 2번째 좋은 것을 주고, 친구는 물론 동네 거지들에게도 돈을 나누어주라고 세세한 내용의 유서를 쓰면서 작가라면 당연히 있어야 할 소장 책에 대한 언급이 전혀 없다. 만일 소유했다면 당시 고가였던 책에 대한 언급이 없을 수 없다. 문장 내용도 영감이나 문학적인 수사가 없는 작가가 쓴 것이라 볼 수 없을 정도로 간단하고 무의건조하고 무의미하기까지 하다. 작가로서의 낭만적이고 감성적인 내용이 보이지 않는다는 말이다. 서명 철자마저 Willm Shaksp, William Shakespe, Wm Shakspe, William Shakspere, William Shakspeare 등으로 모두 같지 않아 의심에 불을 붙인다. 유서를 비롯해 공식 기록에서 발견된 셰익스피어의 6개의 자필서명도 모양이 다 다르고 '문맹자의 낙서 수준an illiterate scrawl'으로 쓴 것이 아니라 그린 것이다. 엄청난 거작을 쓴 지식인의 서명이라고 도저히 볼 수 없다.

또 당시 기록을 찾아보면 유명한 작가의 죽음을 애도하는 동료 연극인이나 일반인들의 글이 발견되지 않는다. 저명한 작가가 죽었다면 당연히 어떤 형태로든 조사가 나왔을 터인데 셰익스피어 사망 이후 상당 기간을 조사해도 찾을 수 없었다. 그 외에도 옥스퍼드파가 내세우는 의문의 근거는 수도 없이 많다.

지적인 귀족 셰익스피어?

셰익스피어가 활동하던 튜더시대 당시에는 귀족들은 통속적인 향락을 위한 글들을 쓰면 안 된다는 사회적 통념이 있었다. 공식기록에 나오는, 셰익스피어가 극장 사업에 본격적으로 개입하면서 이사 간 글로브극장이 있던 서덕Southwark 지역에는 300여 개의 여관과 창녀집이 있었다. 극장이 이런 곳에 있던 이유는 연극은 점잖은 신분들이 드러내고 즐길 공연물이 아니었다는 뜻이다. 찰스 디킨스의 《두 도시의 이야기》라는 소설 제목이 원래 파리와 런던의 두 도시를 말하는 것이긴 하지만, 런던을 이루고 있던 런던 시와 서덕 두 지역을 이야기할 때도 자주 이용된다. 원래의 런던은 지금도 세계적 금융의 중심지가 소재하고 있는 '런던시(City of London: 이때는 대문자로 City라고 쓴다)'이다. 로마군이 영국을 점령한 1000년 전부터 형성되기 시작한 면적 2.7킬로미터의 지역이다. 지금의 런던시(city of London: 이때는 소문자로 city라고 쓴다)와는 다른 소규모의 역사적인 런던시이다. 그런데 문제는 대문자를 쓰던 당시 런던시에는 어떠한 형태로도 향락적인 시설은 들어설 수가 없었다. 생업과 관련된 건물과 주택 그리고 교회만 가득 들어선 아주 근엄한 도시였다. 1666년 런던 대화재 전 이 좁은 지역에 87개의 성당이 있었을 정도이니 말이다.

그런데 당시 템스강의 유일한 다리였던 런던브리지를 건너면 전혀 다른 별천지가 펼쳐졌다. 소위 말하는 먹고 마시고 즐기는 향락산업이 즐비하게 있었다. 런던의 '먹자골목'이 서덕 지역였다. 여기가 바로 제프리 초서의 《켄터베리 이야기》에 나오는 성지순례가 시작되는 곳이다. 올드 런던시에서 일을 마친 사람들이 강을 건너와서 각종 향락을 즐긴 뒤 다리를 건너 다시 돌아갔다. 이 향락에 연극도 포함되어 있었다. 그래서 귀족들은 이런 향락산업의 기초가 되는 희곡을 쓸 수가 없었다. 셰익스피어 시대에는 귀족이 상업적인 공연을 목적으로 하는 작품 활동은 소위 '인쇄의 오명stigma of print'이라는 관습에 의해 금기시되었다. 옥스퍼드파의 주장은 셰익스피어의 작품들은 귀족 지식인 중에서 누군가가 쓰고 시골 촌뜨기 주정뱅이 셰익스피어를 얼굴마담으로 내세웠다는 추론이다. 그럴 가능성이 있는 인물로 그동안 여러 명의 연구가들이 거론한 인물은 80여 명이 넘는다. 그중에서도 저명한 철학자이자 정치가였던 프란시스 베이컨, 동료 극작가 크리스토퍼 말로우, 옥스퍼드 백작 에드워드 드 비어 등이 유력하다. 이들 셋 중에는 드 비어 백작설이 가장 많은 지지를 받고 있다.

 백작이 셰익스피어란 안성맞춤의 시골 출신 연극배우를 우연히 발견해 이름을 빌려 작품을 발표했거나, 그냥 자신과 관련된 사항들을 조합해 필명을 윌리엄 셰익스피어라고 썼는데 우연찮게도 마침 연극계에 동명이인이 있어 지금까지 혼선을 자아내고 있다는 주장이다. 더군다나 백작은 귀족이어서 역사극의 무대인 궁내의 생태와 관습에 익숙하고 캠브리지와 옥스퍼드 대학교에서 수학해 지식을 풍부하게 갖추고 있었다. 백작의 편지와 시 곳곳에 보이는 셰익스피어를 닮은 문체가 연구가들을 놀라게 한다. 엘리자베스 여왕이 가장 좋아한 시인이었던 백작은 이미 유명한 작가였다. 게다가 백작은 직접 극단을 소유했었기에 연극에 대한 이해가 깊어 수십 명의 인물이 출연하는 복잡한 희곡을 제대로 쓸 수 있었다. 해외여행을 한 번도 해보지 않았다는 스트랫퍼드의 셰익스피어와는 달리 백작은 《로미오와 줄리엣》의 주요 무대인 이탈리아를 비롯해 《햄릿》의 배경인 덴마크 등 유럽을 오래 여행했다. 뿐만 아니다. 윌리엄 셰익스피어라는 이름도 백작과 연관이 많다. 백작의 문장에 '창을 휘두르는shake-spear' 사자가 그려져 있고 그래서 당시 영국을 비롯해 유럽 기사들의 유행 스포츠였던 마상경기에서 백작 별명이 '창 휘두르는Spear Shaker 기사'였다.

 이런 추정에 근거해서 만들어진 영화가 2011년 토론토영화제에 나온 〈익명Annymouse〉이다. 영화를 보면 무대에서 연극이 진행되고 있는데 밑에서는 관객들이 배우를 모독하고 작가마저도 모독한다. 이런 야간업소의 공연이라 대본가인 귀족은 자신 대신 셰익스피어를 내세운다. 엘리자베스 여왕의 사생아가 셰익스피어 작품의 진짜 저자라는 '튜더 왕자Prince Tudor 설'에 근거를 둔 흥미 본위 영화였다. 서로가 모자지간인 줄 모르는 두 사람이 애인이 된다는 스토리가 괴상망측했다.

옥스퍼드파는 역사적으로 상당한 지지 세력도 있다. 지그문트 프로이트와 찰리 채플린을 비롯해 마크 트웨인, 헨리 제임스, 토머스 하디, 월트 휘트먼, 찰스 디킨스, 존 골즈워시, 랄프 월도 에머슨, 말콤 엑스, 샤를 드골, 제임스 조이스, 헬렌 켈러가 그들이었다. 셰익스피어 옥스퍼드 소사이어티 주관으로 1987년 미국에서는 대법원 판사 3명이, 1987년 영국에서는 대법원 판사 3명이 재판관이 된 심각한 모의재판이 각각 열리기도 했다. 두 재판 모두 문학 전문가들의 참석은 배제한 채 순수하게 법률적 견지에서 양쪽에서 제출한 증거들을 가지고 판단했다. 재판 결론은 스트랫퍼드파의 승리로 끝났다. 기존 통념으로 대작가 셰익스피어를 의심할 증거가 불충분하다는 이유에서였다. 스트랫퍼드의 셰익스피어가 대문호 셰익스피어가 맞다는 결론이 아니다. 판결은 힘이 빠지는 싱거운 결론이다. 법 논리로서는 증거 불충분일 때는 무죄추정하는 원칙이 있다. 살인자가 사람을 안 죽였다는 판결이 아니라 죽였다는 증거가 불충분하니 무죄라는 결론이다. 그래서 옥스퍼드파의 도전은 셰익스피어가 그 셰익스피어가 아니라는 증거를 발견하기 전까지는 끝나지 않을 것이다.

여전히 베일에 가려진 대문호

셰익스피어가 끝없이 진위 논쟁에 말려드는 이유는 그의 작품이 너무 훌륭하기 때문이다. 지난 200년간 수도 없이 많은 전문가들이 필생의 작업으로 그의 생애와 작품을 파고들었지만 그 누구도 완벽하게 증거를 내놓을 수가 없었다. 그의 희곡 작품이 몇 개인지에 대한 논쟁도 아직 끝을 못 냈다. 퍼스트 폴리오에 수록된 36편 외에도 셰익스피어 희곡 2~3편이 더 있다는 주장도 여전하다.

셰익스피어의 희곡은 오랫동안 세계 독자들에게 사랑받았을 뿐 아니라, 위대한 동료작가들이 셰익스피어의 작품성을 인정했기 때문에 더욱 위대하다. 수많은 작가들은 셰익스피어 작품의 인간형에 매료되어 자신의 작품에 사용했다. 고뇌하는 무기력한 햄릿형, 천성은 선하면서도 탐욕에 의해 파멸되어가는 맥베드형, 끝없는 의심으로 결국 자신이 가진 모든 것을 잃는 오셀로형, 특별한 동기나 이유도 없이 괜히 말로 사람들 사이의 갈등을 부추겨 혼란을 불러일으키는 천성이 악한 이아고형 등은 후세 작가들 작품 인물형의 모델이 되었다. 셰익스피어와 함께 영국문학 양대 산맥인 찰스 디킨스도 자신의 많은 소설 제목이 셰익스피어로부터 시작되었다고 고백하고 있다. 또 요절의 천재 시인 존 키츠도 저술할 때 영감을 받기 위해 셰익스피어의 책과 흉상을 책상 위에 올려두고 있었다. 찰스 디킨스, 존 키츠, 마크 트윈, 토마스 하디, 월터 스코트 같은 세계 유명작가들은 스트랫퍼드 마을 헨리가에 있는 셰익스피어 생가에 순례를 와서 유리창에 다이아몬드 반지로 자신의 이름을 새겨놓는 치기를 부렸다. 셰익스피어가 얼마나 위대한 작가였으면 수많은 세계의 독자들을 울고 웃기는 대작가들을 이렇게 철부지 행동을 하게 만들었을까?

영국 역사의 한 장면을 보다

🔍 Keyword 43 : 대헌장

1215년 나라를 제대로 다스리지 못한 영국 왕 존에게 귀족들이 받아낸 왕권 제한 문서. 영국의 헌정뿐만 아니라, 국민의 자유를 옹호하는 근대 헌법의 토대가 되었다.

신과 법 위에서
왕을 끌어내린 문서

영국의 위대한 3대 수출품이 '영어, 비틀즈, 대헌장'이라고 한다. 대헌장은 라틴어로 '마그나 카르타Magna Carta'라고 하며, 여기에서 인권 · 자유 · 평등 같은 민주주의의 기초이념과 사법제도, 대의정치 같은 현대인의 삶을 좌지우지하는 모든 것이 나왔다고 세계인은 평가한다. 1215년 러니미드라는 목초지에서 탄생했으니 2015년이 대헌장 800주년이었다. 러니미드는 영국 여왕의 주말 거처인 윈저 성과 런던의 관문인 히드로공항 중간에 있다.

셔우드 숲의 로빈후드와 존 왕

영국민화에 기초한 '로빈후드' 이야기가 대헌장과 직접적 관련이 있다면 흥미가 조금 더 생길지 모르겠다. 러니미드 목초지에서 귀족들의 위협에 못 이겨 대헌장에 날인한 존 왕(재위 1199~1216)은 영국 왕 중에서 가장 인기가 없었다. 존 왕은 로빈후드 이야기에서 형의 왕위를 탐내는 동생으로 나오는데, 로빈후드 일당들에게 늘 골탕을 먹는다. 존의 형인 사자왕 리처드 1세(재위 1189~1199)는 위험에 빠진 선량한 농민을 구하기 위해 마지막 순간에 나타나는 영웅으로 나온다. 이에 비해 존 왕은 악인이고 바보스럽고 탐욕으로 가득 찬 인간이다. 심지어 반란을 피해 도망가는 중에 강을 건너다 옥쇄마저 잃어버리는 멍청한 일을 저지르기도 한다. 그래서인지 그 이후 영국 왕 32명의 이름에는 존이 한 번도 나타나지 않는다.

대헌장과 로빈후드 이야기를 좀 더 해보자. 실제 존 왕은 재위 기간 동안

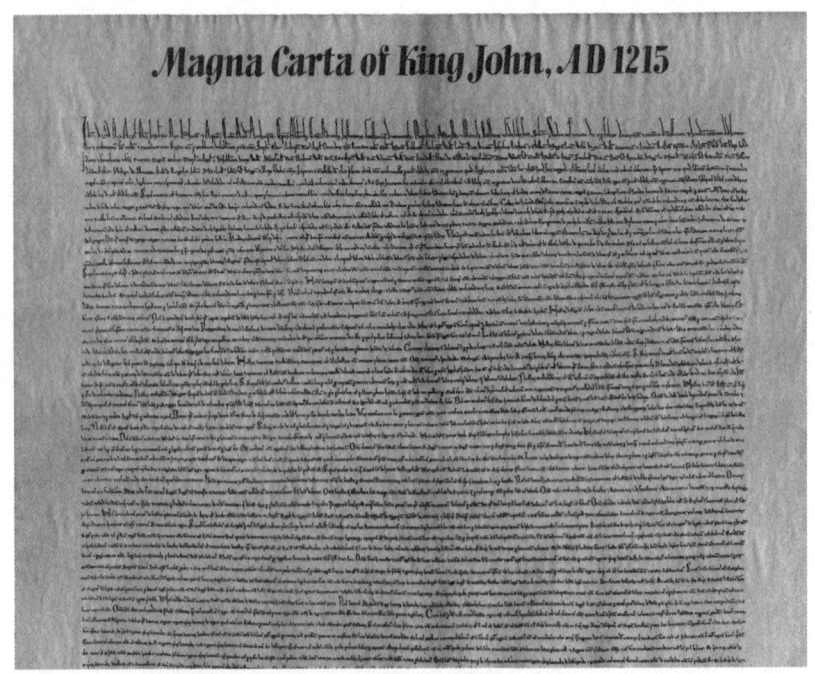

1215년 라틴어로 양피지에 쓰인 마그나 카르타.

귀족들과 상의하지 않고 왕의 삼림을 대폭 늘린다. 셔우드 숲이 그중 하나다. 당시 영국법상 왕의 산림이나 귀족 소유의 숲은 주인의 허락 없이는 들어갈 수 없었다. 그런데 소설 속 로빈후드의 식구들이나 서민들은 노팅엄의 셔우드 숲에서 살아간다. 숲은 왕의 소유였다. 로빈후드의 식구들과 서민들이 왕의 허락 없이 왕 소유의 숲에 들어와서 사니 왕의 신하들의 저지를 받을 수밖에 없다. 산림관리인이 나타나 이들을 괴롭히면서 문제가 발생한다. 당시 일반인은 숲에 의존해 살아갔는데 존 왕에 의해 갑자기 삶의 터전을 잃어버렸다. 그래서 로빈후드가 서민을 보호하고 왕과 귀족들을 골탕 먹이는 의적義敵 캐릭터로 등장하는 이야기가 사람들 사이에서 인기가 높았다. 과거에는 이런 식의 왕과 귀족 소유의 숲이 영국 전체에 산재해 있었다.

신과 법 위에 군림하던 왕

대헌장 이전, 많은 영국 왕은 신과 법 위에 있었다. 존 왕은 귀족들과 세금을 내는 상인들의 동의를 구하지 않고 세금을 올리려 했고, 반란이 일어났다. 궁지에 몰린 존 왕을 신과 법 밑으로 끌어내리기 위해 전국에서 소집된 귀족들과 상인들은 대헌장을 들이밀어 항복을 받아냈다. 존 왕은 날인하고 나서 측근들만 남자 나뭇가지를 씹으면서 자신 위에 25명의 왕이 생겼다고 분노했다. 그러고는 바로 로마 이노센트 3세 교황에게 칙사를 보내 무효를 간청한다. 교황은 자신의 의사와는 상관없이 강제로 동의했다는 존 왕의 말을 믿고 일단 대헌장을 파기하라는 칙령을 내렸다. 또한 상황을 제대로 파악한 뒤 러니미드 대헌장 협상 장소에 있었던 40명의 영국 귀족을 파문하고 자신이 임명한 스티븐 랭턴 캔터베리 대주교도 직무정지를 시켰다. 존 왕의 손을 들어준 것이다. 이후에는 왕과 교회와 의회의 역학관계에 따라, 왕 그리고 신과 법의 권력관계는 부침을 겪었다.

왕이 신과 법 위에 서려고 할 때는 항상 말썽이 생겼다. 세금 문제까지 더해지면 더 큰 문제가 발생했다. 왕권신수설을 믿고 의회를 무시한 채 세금을 올리려다가 올리버 크롬웰의 혁명이 일어나 목이 잘린 찰스 1세(재위 1625~1649)가 대표적인 경우다. 미국 독립의 불씨가 된 보스턴 차 사건도 결국 차에 붙는 세금을 무리하게 올리려다 일어났다.

영국인은 돈에 관련된 일이라면 자유니 대의니 하는 것보다 더 민감하게 반응한다. 영국에서 혁명이나 큰 사건과 관련해서 동기를 찬찬히 살펴보면 거의가 돈 때문에 발생했다고 보면 틀림없다. 헨리 8세(재위 1509~1547)의 종교개혁도 이혼을 위함이라고는 하지만 사실 돈 문제가 걸려 있었다. 헨리 8세는 당시 영국의 국부國富를 삼분하던 왕과 귀족과 교회 중에서 제일 만만한 교회를 이혼을 핑계로 탄압하고 교회 재산을 몰수했다. 자신이 반을 갖고 나머지 반을 귀족들에게 나누어주었다. 장물 배분이었다. 교회와 수도원 땅과 재산 분배를 받은 귀족들은 그 이후 가톨릭이라는 소리만 들어도 자다가 깰 정도로 과민하게 반응하면서 가톨릭교회의 부흥을 목숨 걸고 막았다. 헨리 8세는 가톨릭의 재산을 빼앗아 한몫을 잡아 장물을 귀족들에게 나누어줘 공범으로 만들고, 공범들로 하여금 가톨릭으로부터 왕권을 결사적으로 보호하는 수호대를 만드는 아주 기묘한 정치술수를 쓴 셈이다. 그런 뒤 가톨릭 신자는 영국 왕이 될 수 없다는 법을 제정했다. 이 법은 최근 유럽인권법에 어긋난다 해서 폐기하기 전까지 영국에서 가장 주요한 법 중의 하나였다.

명예혁명도 가톨릭교도인 제임스 2세(재위 1685~1688)를 귀족들이 폐위시키려고, 네덜란드의 오렌지 공에게 시집 가 있던 신교도인 메리를 여왕(재위 1688~1694)을 불러들여 공모해서 친부를 몰아내고 왕으로 내세운 것이다. 이 폐위사건은 무혈혁명이었다고 해서 딸이 아버지를 몰아낸 불효혁명임에도 '명예혁명'이란 이름이 붙었다. 귀족들은 이때도 자신들에게 정치적 부채를 갖고 있는 메리 여왕에게 대헌장을 재빨리 들이밀어 여왕이 승인, 선포하게 만들었다. 게다가 자신들에게 유리하게 대헌장의 일부 문구를 손보았다. 메리 여왕은 하는 수 없이 그대로 서명을 했다.

왕의 항복 문서

존 왕이 대헌장에 날인한 밀랍 인주가 굳기도 전에 합의를 어겨버린 뒤 근대 의회제도가 생기기 전까지 왕과 의회의 싸움은 계속 이어졌다. 왕이 인정을 하건 안 하건 대헌장은 의회가 왕과 싸울 때 가장 큰 무기였다. 존 왕 이후 역대 왕들에 의해서 44번이나 대헌장은 확인되었고 다시 선언되었다.

왕들은 뭔가 원하는 것이 있으면 대헌장을 다시 확인하고 선언해주었다. 조지왕조시대(1714~1830)의 거의 100년간 대헌장은 불온문서였다. 예를 들면 1762년 아서 베드모어라는 언론인은 아들에게 대헌장을 가르치다가 체포돼 세상의 영웅이 되었다.

대헌장을 승인하라고 존 왕에게 대들던 당시 귀족들이 오늘날 대헌장이 대단하고 근사한 대접을 받는 것을 보면 황당해하면서 기절할지도 모른다. 원래 대헌장은 귀족들과 일부 런던 중소상인들의 이익을 보호하기 위해 만들어졌다. 지금은 세계 인권과 자유에 큰 영향을 끼쳤다고는 하지만 당초 의도는 그것이 아니었다. 일종의 평화협정문서였다.

대헌장은 더 엄밀하게 말한다면 존 왕의 항복문서다. 사자왕이라고 불리던 용맹스러운 형과는 달리 결지왕缺地 혹은 실지왕失地王이라는 불명예스러운 이름으로 불리던 존 왕은 사실 프랑스 내의 실지를 되찾으려는 욕심 때문에 벌인 전쟁의 전비조달용 증세를 위해 대헌장을 받아들일 수밖에 없었다.

앞서 몇 번을 무리해서 증세하며 전쟁을 벌였는데, 1215년 패전 배상금

마그나 카르타를 승인하고 있는 존 왕의 모습.

4만 파운드(372억 원)까지 물어주게 되자 세금 때문에 고통받던 시민과 귀족이 반란을 일으켰다. 귀족들만 반란을 일으켰으면 몰라도 런던 시민까지 가세하자 더 이상 승산이 없다고 보고 존 왕이 항복문서에 동의를 했다. 일단 동의를 한 뒤 바로 로마 교황 이노센트 3세의 동조를 얻어 폐기시켰고, 다시 반란이 일어났을 때 존 왕은 식중독으로 숨진다. 식중독이라고는 하나 귀족 중 누군가가 왕의 측근을 매수해서 음식에 독약을 탔다는 말도 있다.

전제정치 사망증명서로 민주주의 기틀을 세우다

대헌장이 세계적으로 인권에 관한 최초의 문서라고 하는 이유는 대헌장 정신에 근거해 현대의 사법제도나 민주절차가 만들어져서이다. 전체 63조에 달하는 대헌장의 조항 대다수는 귀족들의 재산, 유산, 토지, 채무 처리 같은 실질적인 문제에 관한 것이다. 제1조가 영국 교회의 자유에 대한 것이다. 주교가 기안했음을 미루어 짐작할 수 있다. 제2조에서 제8조까지는 봉건영주들의 상속·결혼 등의 규정, 제9조는 채무자의 권리, 제10조와 제11조는 유대인 대금업자의 채무 관련 규정, 제12조는 납세자의 동의를 전제한 세금의 부과, 제13조는 런던과 지방의 자유 등 현재에는 크게 가치가 없는 사항들이다. 그중 제54조는 자신의 남편 살인 건 말고는 여자의 증언에 의해 남자가 체포되거나 구금될 수 없다는 조항인데, 어떤 이유로 역사적인 문서에 삽입되었는지 궁금하다. 이렇게 보면 대헌장이 융숭한 대접을 받을 근거가 사실 빈약하다. 귀족들의 권익을 위해서 만들어진 것이 분명하지 결코 인간의 보편적인 평등과 인권을 위해 만들어졌다는 거창한 평가를 받을 이유가 없다.

대헌장 중 그나마 가장 의의가 있다고 하는 건, 적법하고 공정한 재판을 받을 권리를 명시한 제39조와 제40조의 정신이다. 대헌장의 역사적 가치를 폄하하는 사람들도 두 조항이 가지는 뜻에는 동의한다. 이를 좀 더 확대해석하면 '왕까지 포함해 누구든 초법적인 존재는 없다'와 '정의의 지연은 정의의 부정이다'이다. 그리고 제21조의 '같은 계급에 의해서만 처벌될 수 있다'는 현대 배심원 제도의 기초가 되었다.

또 제61조의 '25명의 귀족이 왕이 대헌장을 지키는지를 지켜보겠다'는 조항은 대의정치의 기초를 만들었다고 해석된다. 결국 '귀족 특혜 보장'과 '왕의 권한 축소'를 위해 제정된 대헌장 조항들이 현대에 들어와 원용되어 현재의 인권을 위시한 사법제도와 대의정치를 통한 민주주의를 만들었다는 뜻이다.

영국 역사학자 사이먼 샤마에 의해 "대헌장은 자유의 출생증명서가 아니라 전제정치의 사망증명서"라는 멋진 말로 미화된 대헌장은 양피지에 깃털펜과 잉크로 작성되었다. 원본에는 조항별로 번호가 없었다. 참석했던 귀족들이 사전에 모여서 합의 사항을 적은 것이 아니라 귀족들의 요청 사항을 그냥 순서 없이 늘어놓았다. 라틴어로 쓴 데다, 옛날 펜글씨로 제대로 된 띄어 쓰기도 없이 다닥다닥 붙여 써서 자세히 살펴봐도 일반인은 요령부득이다.

40명의 봉건영주 귀족들이 참석해서 왕의 거처인 윈저 성과 반군들의 주둔지 스테인즈 중간의 러니미드라는 목초지에서 10일간 협상한 뒤에 랭턴 캔터베리 대주교가 작성해서 왕이 날인했다. 41장을 만들어 참석 귀족 40명이 하나씩 나누어 갖고 왕도 하나 가졌는데 현재 4장만 남아 있다.

처음에는 대헌장이라고 부르지 않고 '봉건영주들의 조항The Articles of the Barons'이라고 불렸다. 1215년 제정되었다가 바로 폐기되었고 1217년 런던의 템스강 건너 캔터베리 대주교(영국국교의 수장)의 런던 숙소인 램버스 궁(주교의 숙소는 궁이라 부른다)에서 존 왕의 아들 헨리 3세 왕이 다시 날인하고 나서야 이를 대헌장이라고 부르기 시작했다. 1297년 의회에서 통과된 뒤 법으로 제정되었다. 13세기와 17세기에 원본과 동일한 모양의 사본을 만들었는데 17장이 남아 그중 15장이 영국에 있고 오스트레일리아에 1장, 미국 상원에 1장이 보관되어 있다.

대헌장과 미국의 각별한 관계

대헌장과 미국과의 관계는 정말 각별하다. 2014년 링컨대성당의 대헌장 원본이 미국에서 전시되었을 때 미국인들은 록스타처럼 대헌장을 대했다. 미국인의 대헌장 사랑은 미국의 건국 과정을 생각해보면 이해가 가지 않는 것도 아니다. 지배계층의 박해를 피해 1620년 종교의 자유를 찾아 메이플라워호를 타고 잉글랜드 서남부 폴리머스항구를 떠날 때 '필그림 파더스Pilgrim Fathers'라 불리는 미국의 선조들은 '가슴에 대헌장을 안고' 갔다.

1687년 필라델피아에서 대헌장이 인쇄되어 배포되기 시작했다. 89년이 지난 1776년 미국은 독립선언을 했고, 2년 뒤 겨우 독립을 쟁취했다. 이런 역사적인 사실 뒤에 대헌장이 있다고 미국인은 믿는다. 그래서 미국인들의 대헌장 사랑은 거의 종교적이라고 할 만하다는 비아냥거림을 듣는다. 그들은 자신들의 독립의 근거를 대헌장에서 찾기를 좋아한다. 또 자신들의 헌법도 대헌장에서 비롯되었다고 자부한다.

따지고 보면 관습법이나 그전의 어떤 판례도 없이 시작한 미국은 대헌장을 국가 수립부터 지금까지 모든 법적 행위에 대한 근거로 삼았으니 숭앙을 할 수밖에 없다. 미국에서는 기본적으로 법적 논쟁에 부딪히면 항상 대헌장을 보자고 한다. 만약 자신의 이론에 맞는 근거를 찾으면 무조건 논쟁에서 이긴다. '미국인에게는 성경보다 대헌장이 더 중요하다'라는 말도 그래서 나왔다.

푸대접받는 대헌장의 현주소

이에 비하면 영국인들의 대헌장에 대한 관심은 놀랄 정도로 소홀하다. 오죽했으면 미국 최고의 대담 프로그램 〈데이비드 레터맨 쇼〉에 나온 데이비드 캐머런 영국 총리가 '마그나 카르타'의 영어 철자가 뭐냐는 질문에 대답을 못해서 세계적 망신을 당했다. 사회자 레터맨은 설마 현직 총리이자 세계 최고의 대학 옥스퍼드에서 그것도 PPE(철학·정치·경제 복수전공)를 공부한 캐머런이 '마그나 카르타'가 영어로 'Great Charter'라는 사실을 모르지 않을 것이라 생각하고 우연히 질문을 던졌다. 대헌장 800주년을 즈음해서 당시 미국 투어 중이던 링컨대성당 원본 얘기를 하면서 미국인들에게 대헌장 소개를 하려고 한 순수한 동기였는데 캐머런이 딱 걸려버린 것이다.

대헌장의 서명 장소를 찾아 러니미드를 찾은 사람들은 실망한다. 아무것도 없다. 나도 그중 한 명이다. 30년 전 마침 다니던 회사와 얼마 되지도 않고 해서 점심시간에 찾아가 보고 놀랐다. 세계에서 가장 중요한 사건 중의 하나가 벌어졌던 현장에는 기념관도, 관리사무소도 없었다. 기념품이나 안내서 같은 것을 파는 방문객 안내소도 없었다. 미국 변호사협회가 세워 놓은 조그만 정자 같은 기념물이 서 있을 뿐이었다. 지난 2014년 다시 가봤는데도 전혀 달라지지 않았다. 대헌장을 성경보다 더 귀중히 여긴다는 미국인들 입맛에 맞는 기념관도 짓고 자료 전시하면서 안내문도 배치하고 입장료도 받고 기념품이나 팔면 상당한 수입이 될 터인데 장사에는 귀재들이라는 영국인이 이를 놓치는 것을 참 이상하다고 여겼다.

하긴 미국이 얼마나 답답했으면 남의 나라에 기념물을 세워주었을까? 그런데 기념물에 새겨진 내용이 참 가관이다. 대헌장의 의의를 기리는 것이 아니라 자신들과 관련이 있는 사항만 있다. 메이플라워호를 타고 미국으로 건너간 청교도 이민선조들이 대헌장 사본을 안고 간 점, 미국 출신 낸시 아스토가 여성 참정권 운동에 대헌장을 이용한 점, 에이브러햄 링컨 대통령이 노예해방에 대헌장 정신을 이용한 점 등을 적고 체면치레로 영국인 윌리엄 윌버포스의 노예해방 기여에 대해 잠깐 언급했다. 남의 집에 와서 자기네 자랑을 잔뜩 늘어놓았다. 그뿐만이 아니다. 대헌장 기념물 옆 언덕 위에는 존 F 케네디 미국 대통령의 기념비가 세워져 있어서 미국인에게는 러니미드가 특별한 장소다. 2015년에도 미국 변호사협회가 대헌장 서명일에 대거로 성지순례처럼 왔다 갔다고 뉴스에 나왔었다.

영국은 대헌장 선포 700주년이던 1915년에는 1차 세계대전 중이라 경황이 없어 조용했다손 치더라도, 750주년인 1965년에도 그런 일이 있었는지 없었는지도 모르고 지나갔다. 그리고 2015년은 800주년이라 조금 움직임이 있었긴 하지만 그렇다고 가시적인 일은 없었다. 6월 15일을 '마그나 카르타 데이'로 지정해 임시 공휴일로 하자는 청원이 의회에 올라갔고 영국도서관에 남아 있는 원본 4장을 모두 모아 2월 3일부터 3일간 전시했던 정도다. 그것도 사전에 추첨된 2015명만 입장할 수 있었을 뿐이다.

평소에 영국도서관에 2장, 링컨대성당에 1장, 솔즈베리대성당에 1장씩 보관되어 각각 관람할 수 있으나 이렇게 한꺼번에 모두 모아서 한 장소에서 전시하는 것은 처음이다. 마그나 카르타 기념협회가 추진하고 있던 러니미드 방문객 안내소는 예산 확보를 못해 설립이 어렵다. 화급한 역사적 건축물이나 의의가 더 깊은 행사 지원 때문에 예산이 부족하다는 이유였다. 게다가 직접 러니미드를 관리하는 지역 군과 서리주는 현재 자신들의 예산은 병원, 학교 같은 곳에 사용해야 한다고 발뺌했다. 대헌장은 이렇게 고향에서는 정작 설움을 받고 있다. 오죽하면 BBC 기자가 "혹시 내셔널 트러스트가 교통량이 많아질까 봐 일부러 안 세우는 것이 아닐까" 하는 농담 같은 말을 했을까.

2015년 1월 초, 대헌장 800주년 2파운드짜리 기념주화가 나왔는데 큰 실수가 발견되었다. 존 왕이 깃털 펜을 들고 대헌장에 서명을 하고 있는 모습이 묘사되어 있었는데, 실제로 존 왕은 국새로 밀랍인주에 도장을 찍었다. 과거 1000년간 왕을 위해 주화를 만든 로열 민트 제작공사는 주화에 있는 존 왕의 모습은 그냥 상징일 뿐이라고 했다. 전문가들은 역사에 대한 무심함을 드러내는 것이라고 흥분했다.

🔍 **Keyword 44 : 거문도 사건**   Search

1885년부터 약 2년간 영국의 함대가 조선의 거문도를 불법적으로 점령한 사건.

왜 영국 해군은
조선의 거문도를 탐냈나?

역사에서는 아무리 작은 사건에서도 현재와 미래를 위해 배워야 할 교훈이 반드시 있는 법이다. 130년 전에 벌어졌던 거문도사건도 마찬가지다. 역사 교과서에 한두 줄 겨우 등장하고 지나가는 사건이지만 지금의 한반도 주변 정세나 한국의 처지가 그때와 별반 다를 바 없다는 생각이 들어서 하는 말이다. 거문도사건을 들여다볼 때마다 많은 교훈이 새록새록 되새겨진다.

거문도는 남해안 여수와 제주도 사이 중간쯤에 위치한 크기 12제곱킬로미터의 조그만 섬이다. 그런데 극동 바다 구석에 있는 이 낙도가 지금으로부터 약 130년 전인 1885년 세계 뉴스의 초점으로 등장한 적이 있다. 세계가 거문도는커녕 조선조차도 어디에 있는지도 모르던 시절에 말이다. 바로 우리가 '거문도사건'이라고 부르고 영어로는 'Port Hamilton Incident' 혹은 'The British Occupation of Komundo'라고 기록된 영국 해군의 조선령 거문도 점령사건 때문이다. 영국 해군은 1885년 4월 15일부터 1887년 2월 27일까지 거의 2년간 거문도를 자신들 멋대로 '해밀턴 항구'라고 부르면서 조선의 양해나 동의 없이 무력으로 강점해 주둔했었다.

130년 전 열강들이 노리던 중요한 섬

거문도는 당시 부동항不凍港을 찾아 남진하려던 러시아의 목줄을 쥘 수 있는 천혜의 위치에 있었다. 그래서 러시아를 견제하기 위해 영국은 거문도를 강점했다. 이미 1866년 프랑스와 병인양요로, 1871년 미국과 신미양요로 결전을 해본 조선 조정은 남해의 조그만 섬 때문에 당시 거의 누구도 대적이 불가능했던 영국 해군과 일전을 겨룰 능력도, 이유도, 의욕도 없었다. 그래서 자신의 땅에서 일어난 일을 구경꾼처럼 바라볼 수밖에 없었다. 조선은 이미 한반도에서 일어나는 주변 국가들의 싸움에 무감각해지고 익숙해졌을 뿐 아니라, 그냥 보고 있는 것 말고는 다른 수가 없던 처량한 신세였다.

거문도는 군사전략상 중요한 길목에 위치하고 있어서 열강들이 탐내는 섬이었다. 영국 해군은 거문도를 '동아시아의 주요 전쟁터The cockpit of Eastern Asia'로 칭했고, 조·미朝美수호통상조약을 체결한 미국 전권대사 하순 슈펠트는 거문도를 '동쪽의 지브롤터(이베리아반도 남단의, 지중해로 들어가는 해협 길목의 작은 영국 영토)'라는 별명으로 부르기도 했다. 영국은 1861년 러시아의 부동항 확보 1차 목표인 원산(당시 러시아는 원산을 라자레프 항port of Lazaref이라고 불렀다)을 주시하며, 한편으로는 대마도가 러시아의 손에 다시 떨어졌을 때를 걱정하고 있었다.(이미 러시아는 1861년 3월부터 6개월간 대마도 항구 사용을 요구하며 버티다가 영국의 개입으로 철수한 일이 있었다. 영국도 1859년 대마도 근처를 몇 주 동안 정밀조사하고 다녀서 일본을 자극했었다.)

이런 일련의 사태가 있기 훨씬 전인 1845년 영국은 사마랑Samarang함 선대船隊의 에드워드 벌처 제독에게 거문도 조사를 명한다. 선대는 바로 거문도와 인근을 샅샅이 조사했고 심지어는 거문도항에 정박하면서 주민 성향까지 파악해 보고했다. 물론 영국이 이를 조선 조정에 사전통보했다는 영국 측 기록도 없고, 조선 조정에 거문도로부터 보고가 있었다는 기록도 찾을 수 없다. 단지 영국 해군이 남긴 기록들에 의해 '조선 영토에 대한 외국 군대의 일방적인 첫 무단 순방'으로 역사에 기억될 뿐이다.

영국의 영토 확장 야욕에 희생되다

영국은 조사 이후 조선에서 이 작은 섬은 무엇으로 부르든지 상관하지 않고 당시 해군성 장관 조지 해밀턴의 이름을 따서 해밀턴 항이라고 명명하고 유사시 점령을 위한 작전계획까지 수립했다. 그러고는 정확하게 30년 뒤 거문도를 강점했다. 보통 영국 해군의 거문도 강점이 러시아와 중동에서 벌어진 사태에 따른 세력 균형을 맞추려고 갑작스럽게 이루어진 것처럼 이해하지만, 영국은 오래전부터 만일을 대비해 착실하게 거문도 강점을 준비해왔다. 실제 1877년 홍콩에 주둔한 영국 해군 중국본부China Station 본부장이었던 라이더 제독은 '러시아를 견제하고 중국과 일본을 상대로 하는 무역을 보호하기 위한 해군 거점으로 거문도 항구를 점령해야 한다'는 보고서를 올렸다. 거문도사건을 6개월도 안 남긴 1884년 12월 영국 해군은 메를린 함의 선장 레지날드 캐리-브랜톤 대위를 시켜 거문도를 다시 상세하게 조사했다. 당시 보고서에는 고도, 동도, 서도 등 거문도를 이루는 3개 섬의 지리적인 개요뿐 아니라 주민들의 성향까지도 기록돼 있다. 보고서는 '거문도에 사는 수백 명(당시 조선 기록에는 2000여 명)의 어부와 농부들은 아무런 정치적 견해도 갖고 있지 않고 자신들이 조용하고 평화롭게 생선을 잡고 쌀로 밥을 지으며 살 수만 있다면 (우리가 점령을 해도) 아마도 계속해서 그럴 것이다'라고 적고 있다.

거문도사건은 지금까지도 '더 그레이트 게임The Great Game'이라고 불리는 당시 열강 영국과 러시아의 식민지 영토 확장 야욕이 빚어낸 거의 한 세기에 걸친 다툼의 파편을, 조선이 지정학적으로 주요 위치에 존재했다는 이유만으로 맞은 사건이다. 영국은 도저히 잃을 수 없는 인도를 수호하기 위해서 남진해오는 러시아와의 일전을 미룰 수 없는 상황이었다. 영국이 거문도 강점을 결정하기까지는 몇 가지 요인도 작용했다. 1885년 1월 28일 영국 외무부는 러시아 주재 대사가 보내온 러시아 잡지 《노보스티》의 기사 번역문을 해군성에 전한다. 기사에 의하면 러시아는 조선 남부 해안의 섬 중 하나를 점령할 계획이라고 했다. 아마도 쿠엘파트Qualpart 섬(유럽에서 당시 제주도를 부르는 이름)일 가능성이 높다고 했다. 또 조선이 러시아와 기사 내용을 뒷받침하는 밀약을 맺었다는 일본 주재 영국대사관의 보고까지 전해졌다. 1884년부터 영국에서는 러시아의 야심을 경계하는 책이 수만 부씩 팔리며 러시아에 대한 공포가 극에 달해 있었다.

그러던 중 기름을 붓는 사건이 일어나고 말았다. 1885년 3월 30일 아프가니스탄의 조그만 오아시스 마을 펜제 소유권을 둘러싸고 충돌이 벌어져 영국군이 강군으로 육성한 아프가니스탄 군대가 러시아군에 의해 전멸되는 사건이 벌어졌다. 이 사건을 계기로 영국 내 여론은 걷잡을 수 없는 지경으로 치달았다. 당시 영국 총리 윌리엄 글래드스톤은 자신이 속한 자유당 당론이 전쟁을 지지하지 않는 것임에도 불구하고 어쩔 수 없이 여론에 밀려 러시아의 동방남진 정책을 견제하는 첫 단추를 거문도를 통해 끼울 것을 결정한다. 러시아와 아프가니스탄을 통한 간접적인 충돌이 일어난 지 2주 뒤이자 영국 해군이 거문도를 첫 조사한 지 정확하게 30년 뒤인 1885년 4월 14일, 드디어 영국 해군 중국본부에 정부의 거문도 강점 명령이 하달되었다. 일본 나가사키에 주둔하고 있던 윌리엄 다울 해군중장은 중국본부로부터 명령을 전달받자마자 기다렸다는 듯이 아가멤논, 메가수스, 파이어브랜드 3척의 전함을 거문도로 급파했다. 영국 해군은 4월 15일 하루 만에 거문도에 도착해 거문도를 점령하고 주둔하기 시작했다. 당장은 쓸모없으나 강대국다운 앞을 내다본 오랜 조사와 준비가 쌓여 있어서 가능했던 일이다.

영국은 거문도 점령 5일 뒤인 4월 20일에 중국과 일본 정부에 거문도 점령 사실을 통보했다. 그러면서도 정작 당사자인 조선 조정에는 5월 20일에야 통보했다. 영국은 1883년 11월 26일 조선과 우호통상조약을 맺어 1884년 4월 4일부터 영국 공사 해리 스미스 파키스Harry Smith Parkes가 주한 영국 총영사관을 열고 상주했음에도 불구하고 조선은 안중에도 없었다. 그것도 일본으로부터 조선에 정식으로 통보를 했느냐는 문의를 받고서야 영국의 북경 대사관을 통해 조선 조정에 간접적으로 통보했다. '예방 차원의 선점 점령 preventive, pre-emptive occupation'이라는, 조선의 입장으로서는 해괴망측한 이유를 달아서였다. 영국은 '예측할 수 없는 일을 예방코자 거문도를 잠시 거수居守한다'며 조선에 일방적으로 통보하고 강점을 시작한 후 거문도 점령에 따른 협상도 당사자인 조선은 제쳐두고 중국을 통해 러시아와 진행했다.

영국이 점령했던 2년간 이야기

이후 거의 2년간 거문도에 주둔한 영국 해군은 러시아 전함이 보이기 전까지는 영국 국기를 게양하지 말라는 정부의 지시를 그대로 실천한다. 자신들이 외국의 영토를 합당한 명분 없이 강점하고 있다는 인식과 함께 실효점령하고 있으니 굳이 조선을 비롯해 러시아, 일본, 중국을 자극할 이유는 없다고 여긴 듯하다. 영국은 거문도 강점 기간 동안 주둔이 '급박한 상황으로 인한 임시조치'임을 극구 강조했다. 영국은 조선에 1년에 5000파운드를 조차대금으로 지불하겠다는 금전적인 조건도 내걸었다. 현재 화폐 가치로 24만 1550파운드(4억1000만 원)에 해당하는 금액이다. 조선 조정은 중간 협상자인 중국이 이 조차대금을 받아들이기를 권했으나 거부했다. 러시아의 반응도 의식했고 동시에 잘못하면 영원히 거문도를 잃어버릴 수 있다는 현실적인 우려가 있었기 때문이었다. 당시로는 상당한 거액이었는데도 불구하고 거절한 것이 거문도 사태를 두고 유일하게 자존심을 지킨 일로 평가된다.

거문도에 도착한 영국 해군에 급했던 것은 우선 장병들이 묵을 막사였다. 거문도 주민 300명을 동원해 10여 채의 막사, 병원, 창고, 통신시설 등의 건물을 지었다. 한양 영국영사관에서 조선말을 할 줄 아는 외교관이 해군을 도우러 왔다. 영국군은 자신들이 무력으로 강점했음에도 불구하고 막사와 병원을 짓기 위한 토지를 대여하면서 대가를 지불하려고 섬 주민들과 협상에 들어갔다. 거문도 주민들은 영국군이 토지를 징발해 사용하지 않고 사용료를 지불하겠다는 전대미문의 우호적인 조치에 감격했다. 그래서 영국군에 아주 협조적이었고 가격도 좋게 해주었다. 영국군은 섬 주민들에게 자신들은 착취하러 온 것이 아니라고 설득했고 사용하려는 토지에 대한 보상은 물론 본토의 탐관오리로부터도 보호해주겠다는 약속을 했다. 그러고는 10에이커(4만 제곱킬로미터)를 1년에 174달러에 빌리기로 계약했다. 현재 가치로는 4420달러, 한화로 488만 원 정도의 금액이다. 거문도 주민으로서는 어차피 용도도 없던 땅이라 감지덕지했다. 급기야는 영국군의 호의를 이용하기까지 했다. 영국군이 대포를 쏴서 고기가 다 도망갔고 손해가 막심하다며 배상을 청구해 받아냈다. 영국군은 거문도 주민들이 너무 소액을 요구하자 문제를 일으키지 않으려고 이를 지불하고 말았다. 당시 영국 해군은 보고서에 '거문도 주민들이 바다에서 고기를 잡지 않는 사이에도 일본인들은 고기를 잡고 있음으로 미뤄 고기가 없어서 못 잡는 것이 아니라 게을러서 잡지 않는 것 같다'고 적었다. 알고서도 속아준 것이다. 고해절도의 '촌놈'들이 당시 세계 최강의 영국 해군을 등친 셈이다.

사실 거문도 주민들에게 영국 해군은 구세주였다. 영국 해군이 들어오던 4월은 거문도뿐만 아니라 조선 전체가 춘궁기春窮期였다. 거의 굶다시피 하고 있었는데 막사를 짓는 일을 해주면 그에 상응하는 임금을 지불하겠다니 영국 해군의 제안이 거문도 주민으로서는 하늘에서 내린 은혜 같았다. 거문도 주민들은 처음에는 쌀과 함께 곡식을 임금으로 요구했으나 곡식이 충분해져서 쌀값이 떨어지자 현금을 요구했다. 그러자 영국 해군은 조선 동전을 구해와 지급했다. 또한 영국 해군은 섬에서 조달할 수 없는 육류 공급을 위해 거의 모든 동물을 수입했다. 소, 돼지, 양, 염소 심지어는 오리를 비롯한 가금류까지 들여와서 키웠다. 동물들은 예상보다 거문도 환경에 잘 적응해서 영국군의 식량조달에 큰 보탬이 되었으나 그것만으로는 영국 해군의 물자조달이 부족해서 수송선이 동원되어야 했다. 자신들의 전함이 정박하고 있는 가까운 일본 나가사키로부터 물자를 들여오면 제일 쉬운데 일본은 영국의 요청을 거절했다. 러시아와의 사이에서 중립을 지키려 한 이유도 있었지만 거문도가 조선의 영해 안에 있어 조선과 외교적 마찰을 일으키고 싶어하지 않았기 때문이다.

당시 상황과 관련해 잘 알려져 있지 않은 놀라운 사실이 있다. 거문도와 홍콩의 영국 해군 중국본부 사이의 1800킬로미터에 통신선이 연결되어 있었다. 영국 해군은 거문도를 점령하자마자 거문도와 양쯔강 입구 상하이까지의 600킬로미터를 해저케이블 통신선으로 연결하는 공사를 시작했다. 그 결과 5월 28일 상하이와 거문도 간의 통신선이 설치됐고, 거문도와 홍콩과는 6월 2일에 연결됐다. 정말 대단한 속도였다. 조선에 전화가 들어온 것은 이로부터 11년 뒤인 1896년, 덕수궁과 인천 사이를 연결한 전화가 최초였다.

하긴 영국과 프랑스 간 43킬로미터의 도버해협 해저에 전화선이 연결된 것이 1879년이다. 그로부터 6년 뒤 거문도와 상하이를 통신선으로 연결한 것은 그렇게 어려운 일은 아니었을 것이다. 조선 조정은 영국 해군의 거문도 점령 보고를 받았을 때 인천 앞바다의 주문도와 거문도를 헷갈렸을 만큼 관심이 없었는데, 영국은 조선에는 아무런 의미가 없는 조그만 섬 하나를 관리하기 위해 최신 기술을 아낌없이 투하했다.

영국인의 눈에 비친 거문도

거문도에 주둔한 영국 해군은 영국의 단호한 태도에 겁먹은 러시아가 부동항을 확보하기 위한 남진을 포기하고 별다른 위협을 일으키지 않자 할 일이 없게 돼버렸다. 영국 해군은 시간을 보낼 여흥거리를 찾게 되었다. 그 바람에 거문도 주민들은 테니스, 당구 같은 색다른 색목문명色目文明과 함께 박래품舶來品의 신문물을 조선에서 제일 처음 접하는 기회를 누렸다. 신기하고 맛있는 비스킷 같은 양과자洋菓子와 통조림 같은 각종 생필품은 물론 전기도 한양보다 2년 먼저 체험하게 되었다. 당시 영국군은 흐트러지기 쉬운 기강을 바로잡아 대민 문제가 없도록 장병 단속도 확실하게 했다. 당시 영국군의 주둔 상황을 직접 목격했던 생존 주민은 1962년 한 인터뷰에서 "영국군은 부녀자가 지나가면 뒤돌아서고 우물물을 마시면 반드시 은화로 지불하고 갔다"고 칭찬했다. "어떤 수병이 술에 취해 주막 주모에게 키스를 했다가 부대에 잡혀가 바다에 수차례 던져지는 벌을 여러 번 받는 것을 봤다"고도 했다. 사실 영국군은 섬 여인들의 얼굴 보기가 아주 어려웠다. 같은 조선인 외간남자들에게도 얼굴 비추길 꺼리는데 하물며 색목금발백면色目金髮白面의 서양 남자들은 당연히 두려움의 대상이었다. 한 영국 장교는 보고서에 '여인들은 우연히 마주치게 되면 토끼들이 도망가듯이 휙 뛰어가버린다. 짧은 윗저고리와 발레리나 같은 긴치마를 걸친 예쁜 얼굴을 담 사이 구멍을 통해서라도 한 번 슬쩍 보게 되는 일은 정말 행운이 있어야 가능할 수 있다'고 적기도 했다.

영국군은 거문도 3개 섬 중에서도 무인도에 주로 주둔해 주민들과의 직접적인 접촉은 많이 없었다. 게다가 영국군은 '엄격한 교류금지 규칙strict non-intercourse system'을 시행하고 있었다. 이것은 직접적 교류로 인한 문제를 사전에 방지한다는 뜻과 함께 건강상의 문제도 고려한 조치였다. 영국인의 입장에서 조선인의 건강이나 위생 상태는 바람직하지 않았다고 판단한 것이다. 그런데 'intercourse'라는 영어 단어는 '교류'라는 의미는 물론 성적 접촉의 뜻도 있어서 당시 영국 장병들의 거문도 여인들과의 성적 접촉도 당연히 엄격하게 금지되었다. 그래도 어떻게든 있게 마련인 주둔 군인과 현지 여인들과의 '관계'가 전혀 발생하지 않아 다행이라고 하면서도 상당히 신기했다는 기록이 한 장교의 서류에 남아 있다.

주민들이 사는 섬에 어쩌다가 들어온 영국군이 거문도의 길거리 모습에 기겁을 했다는 기록도 있다. 길거리에는 쓰레기가 널려 썩어가고 있었다고 기술돼 있다. 저녁이 되면 거의 모든 주민들이 술에 취해 있었는데 다들 유쾌했고 영국인과의 사이에 아무런 문제가 발생하지 않았다고 했다. 대부분의 주민이 담배를 즐겼는데 심지어는 4~5살짜리 아이들도 끽연을 해 놀라웠다는 기록도 있다. 거문도 어린이들은 영국 군인들을 만나면 따라다니면서 겨우 한두 마디 하는 영어로 담배를 요구했다. 주지 않고 가면 어디선가 배운 영어로 욕을 해댔다. 흡사 다시 60여 년이 흐른 뒤 미군이 들어온 뒤 한국 어린이들이 미군 지프차를 따라 다니면서 '기브 미 츄잉검, 기브 미 초코렛!'이라고 하던 일이 그때 벌써 일어난 셈이니 정말 흥미롭다.

영국인은 조선인의 지적 수준에 상당히 놀라워했다. 낙도 주민이면서도 주변 국가와 세상 돌아가는 상황에 전혀 무지하지 않은 점에 놀랐다. 자신들과 계속해서 접촉하던 여러 명은 금방 영어를 익혀 소통에 전혀 문제가 없었다고 했다. 그럼에도 불구하고 영국 군인들의 거문도 주민에 대한 일반적인 인상은 '게으르고 더러워서 전함에 손님으로 부르고 싶지 않고 문화적인 소양은 전혀 없고 야만성만이 가득하다'였다. 주둔 장교의 한 보고서는 '만일 영국군이 장기적인 주둔을 계획한다면 모든 주민을 섬에서 내보내야 한다'고 권하기도 했다. 특히 위생 문제와 함께 콜레라와 천연두 문제는 너무 심각해서 '같이 살 수가 없다'고 했다.

역사에서 우리가 배워야 할 것

영국군은 거문도에서 철수하는 시점에도 계산에 밝은 영국인다운 발상을 한다. 자신들이 거문도에 세운 건물 인수자를 찾는 기상천외의 광고를 일본 나가사키와 중국 상하이 신문에 낸 것이다. 결국 인수자를 찾지 못해 옮길 수 있는 물건은 다 뜯어 배에 싣고 갔지만 벽돌 700여 장과 통신 전선은 남겨놓았다. 전선은 나중에 영국 통신회사가 인수해 상하이로 옮겼으나 벽돌은 유감스럽게도 버릴 수밖에 없었다고 애석해했다.

영국은 거문도 점령을 계기로 러시아와 협상을 해서 향후 10년간 러시아가 더 이상 대한해협을 위협하지 않는다는 확약을 받고 철수를 결정한 듯하지만 사실은 해군 내부에서 거문도 주둔에 대한 비판이 주둔 초기부터 있었다. 지형상 거문도의 해군기지로서의 취약성에 대한 비판이 제기되었고 막대한 유지비도 지적됐다. 그런 참에 러시아가 합의를 해주니 못 이기는 척 실리를 얻고 철수를 결정했다. 영국은 정말 꿩 먹고 알 먹고 다했고 러시아는 주저하다가 결국 모든 것을 잃고 말았다. 러시아는 영국의 거문도 강점을 자신들에 대한 강력한 결전 의지로 보고 대한해협에서의 활동이 위축되면서

거문도에 있는 영국군의 묘.

남진정책에 제동이 걸렸다. 결국 1905년 9월 러일전쟁 패배로 향후 50년간 한반도에 대한 야욕을 접게 됐다.

거문도는 영국만이 아니더라도 당시 열강 모두가 입맛을 다시던 곳임을 정작 당사자인 조선만 모르고 있어서 제대로 이용을 못해 먹었다. 러시아는 1857년에 이미 거문도의 전략적인 중요성을 인식해 석탄 수송항으로 이용하겠다는 핑계를 내세워 항구 사용 허락을 조선 조정으로부터 받았으나 실행에 옮기지 못하고 중단했다. 미국 해군성도 1884년 거문도에 해군 항구 설치 허가를 조선 조정으로부터 받고도 러시아와 마찬가지로 결단을 못하다가 결국 포기한다. 일본도 2차 세계대전 패전으로 만신창이가 된 1951년에 열린 샌프란시스코 강화조약 당시, 거문도를 자신의 영토로 할양해 달라고 요구했다가 거절당했다. 만일 그때 일본의 요구가 받아들여졌다면 우리 남해 중간에, 본토와 제주도 중간에 일본 땅이 들어서는 해괴망측한 일이 벌어질 뻔했다. 이렇게 거문도는 극동의 지정학적으로 중요한 곳이었다.

현재 거문도에는 영국군 12구의 사체가 묻힌 무덤이 있다. 일제강점기에 일본군이 이 영국군 무덤의 비석을 훼손해서 현재는 거문도 주둔 시 사망한 영국 해군 비석 2개와 1903년 거문도를 지나던 영국 알비온 전함에서 사망한 해군 1명을 기린 나무 십자가만 남아 있다. 서울 주재 영국대사관은 매년 이곳을 성묘하고 인근 초등학교 학생들에게 장학금을 전달하고 있다. 나는 30여 년 전 당시로는 잘 알려져 있지 않던 거문도 앞 절경의 무인도인 백도를 가려고 거문도에 묵은 적이 있다. 그때 머나먼 이국 섬 구석진 곳에 묻힌 외국 젊은 병사들의 무덤이 왠지 보고 싶어서 일부러 찾아보았다. 지금 돌아보면 이후에 내가 영국에 와서 살게 될 줄은 전혀 모르던 때였으니 보통 하는 말로 뭔가 쎈 듯하다. 그래서인지 거문도사건은 내가 살고 있는 영국과 태어나고 자란 한국의 제대로 된 첫 조우였다는 의미 이상으로 내 마음에 남아 있다.

사실 거문도사건은 그냥 가볍게 잊을 사건이 아니다. 열강의 다툼 속에서 살아남아야 할 한국이 거문도사건에 배울 교훈이 상당히 많기에 하는 말이다. 그런 의미에서 조선조 518년 역사에서 외국 군대가 우리 땅을 강점한 병자호란, 임진왜란과 함께 거문도사건을 '을유양란'이라고 칭하면 어떨까 하는 생각도 한다.

> 🔍 **Keyword 45 : 성탄절 휴전**　　　　　　　Search
>
> 1914년 1차 세계대전 중 성탄절을 맞아 영국, 프랑스를 비롯한 연합군과 독일군이 대치하던 벨기에와 프랑스 서부전선에서 있었던 비공식 휴전.

전쟁터에서 피어난 평화의 기적

영국에서는 성탄절이 가까워 오면 유독 '이웃, 자선, 화해'를 내건 일들이 많아진다. 이맘때쯤 영국 언론에 반드시 단골로 등장하는 역사적 사건이 하나 있다. 1차 세계대전 중인 1914년 12월 있었던 '성탄절 휴전'이다. 2014년은 1차 세계대전 발발 100주년이 되는 해여서 1차 세계대전 관련 행사가 정말 많았다. '성탄절 휴전 100주년 문화행사' 또는 '성탄절 휴전 축구시합 100주년 기념비 제막' 같은 행사도 있었다. '성탄절 휴전'은 1914년 1차 세계대전 중 성탄절을 맞아 영국군, 프랑스군을 비롯한 연합군과 독일군이 대치하던 벨기에와 프랑스 서부전선에서 있었던 비공식 휴전을 말한다.

당시 양측 병사들은 본부의 허락도 받지 않고 자발적으로 무기를 내려놓고 휴전을 했다. 총을 쏘지 않고 전투를 하지 않았을 뿐만 아니라 중간지대에서 만나 담배를 같이 피면서 대화와 농담을 하고 선물도 나누고 축구시합까지 했다. 역사학자들은 '2000년 유럽 역사상 처음인 기적'을 유사 이래 가장 참혹했던 전쟁 중에 이름 없는 병사들이 해냈다고 평한다. 전쟁의 참혹함과 인간의 잔인함을 얘기하면서도 그래도 인간에게 희망이 있다는 예로 유럽인들은 자주 성탄절 휴전을 든다.

연합군과 독일군이 대치하던 살벌한 전쟁터에서

1914년 7월 28일 시작된 1차 세계대전은 개전 초반에는 독일군의 파죽지세였다. 그해 8월 초 독일군은 룩셈부르크와 벨기에를 통과해 프랑스로 진격했다. 개전 초반 독일군의 작전에 지리멸렬하던 연합군도 항전을 하면서 전선이 고착되고 지구전에 돌입하게 된다. 동쪽으로는 로렌느부터 서쪽으로는 프랑스 서부해안과 영국 해협까지 500킬로미터의 서부전선에서 참호전이 벌어졌다. 이 참호전은 참혹했다. 어떤 곳에는 겨우 수 미터 사이를 두고 양측의 참호가 있었지만 누구도 쉽게 상대를 점령하지 못하고 장기 살상전이 벌어졌다. 전투가 계속될수록 참호가 더욱 튼튼하게 건설되면서 아무리 공격을 해도 누구도 한 치도 더 나아갈 수가 없는 상황이 벌어졌다.

거듭되는 공격과 수비에서 살상되는 병사들만 엄청나게 늘어났다. 어느 쪽 군인이 먼저 모두 죽느냐, 혹은 어느 쪽 탄환이 먼저 다 떨어지느냐 하는 소모전이 된 것이다. 누가 먼저 더 빨리 더 많이 죽이느냐 하는 지금까지 한 번도 겪어보지 못한 순수한 대량 살상전이 되었다고 전사자들은 적고 있다. 특히 이 지방의 토양은 진흙이라 우기인 겨울에는 걸을 수도 없을 만큼 진창이 된다. 1차 세계대전을 그린 영화를 보면 돌격 명령이 내려진 후 참호에서 일명 '무인지대(적군과 아군 진지 사이의 완충지대)'로 뛰쳐나간 병사가 진흙에 빠져 허덕이다가 총탄을 맞아 물구덩이에 머리를 처박고 쓰러지는 장면이 나오는데 이는 사실이었다. 이 대치전을 끝낼 목적으로 1915년 4월 독일군이 먼저 독가스를 사용하면서 전쟁은 더욱 살벌해졌지만 1914년 첫 성탄 때는 아직 그 정도까지는 참혹하지 않았다. 적이지만 근거리에서 오래 대치하다 보니 상대 병사들의 이름은 물론 아침식사 거리가 무엇인지도 알게 되었고, 양측 모두 고통받는 처지임을 이해하는 분위기였다. 고위 장성들은 이런 상황을 걱정했지만 어쩔 수 없었다. 그러던 중 성탄절이 돌아왔다. 후방에서 전국적으로 위문품 보내기 운동이 벌어져 엄청난 양의 위문품이 계속 도착하자 전선의 군인들도 성탄절 분위기에 푹 젖을 수밖에 없었다.

전쟁터에 퍼져나간 성탄절 무드

12월 19일 전선 일부에서 아침에 갑자기 아주 짧은 휴전이 이루어졌다. 양측이 중간 무인지대에 방치되어 있는 전사자들을 성탄절 전에 묻자는 데 합의를 했다. 이 사건이 바로 1주일 뒤에 있을 성탄절 휴전을 만들어내는 단초가 되었다. 또 다음 날은 다른 곳에서 더 이상한 일이 벌어졌다. 독일군이 돌격해 들어오다가 자신들 참호 근처에 쓰러진 영국군 부상병을 위험을 무릅쓰고 데려다가 치료를 해주기 시작했다. 처음 있는 일이었다. 성탄이 가까워져 병사들 마음에 자기도 모르게 인류애가 생겼을 거라고 역사가들은 해석한다. 전우의 시체를 거두어 같이 기도하면서 성탄절 휴전이 싹텄다고 볼 수 있다. 아래 인용이 그때 기도에 사용되었다고 전해지는 시편 23편이다.

주님은 나의 목자 아쉬울 것 없노라
파란 풀밭에 이 몸 뉘어주시고
고이 쉬라 물터로 나를 끌어주시니

내 영혼 새롭게 살리시고

주님 바른 지름길로 인도하시네

내 비록 죽음의 골짜기를 간다 해도

이 몸 주님 계시니 두렵지 않네

주님의 지팡이와 막대기가 나를 위로해주시니

내 원수 앞에서 상을 차려주시고

향기름을 머리에 발라주시고

내 잔이 넘치게 하시네

한평생 은총이 이 몸 따르오리니

오래오래 주님 궁에서 살으오리다.

좀 드라마틱하게 상상해보자! 유난히 낮은 잿빛 하늘 아래서 포탄으로 파인 물구덩이에 거꾸로 박혔던 전우 시체를 거두어 앞에 두고 머리 숙여 같이 기도하는 장면을. 그것도 조금 전까지 총을 겨누고 서로의 목숨을 노리던 양측 병사들이 말이다. 나무 한 그루 살아남지 않은 진흙 들판에 울려 퍼지는 기도. 1차 세계대전 영화 어디선가 본 듯한 장면이다. 정말 감동적이지 않은가?

사실 성탄절을 앞두고 공식적인 휴전의 기회는 있었다. 당시 교황이던 베네딕트 15세가 12월 초 "성탄절 며칠간이라도 휴전을 하자"고 양측에 권유를 했다. 독일은 연합군이 동의한다면 할 용의가 있다고 했지만 연합군 측이 거부했다. 독일은 원래 유럽 다른 나라들보다 성탄절을 기념한다. 그래서 독일군은 성탄절을 평화롭게 지내고 싶었을 것이라고 추측한다. 또 독일은 성탄절 전야를 기념하고 영국과 프랑스는 성탄절 당일을 기념한다. 그때 영국군 사병들이 고향으로 보낸 편지에 의하면 성탄절 전날 저녁에 독일군은 식사도 성대히 하고 참호 위로 크리스마스트리도 올리고 등불도 켜고 캐럴도 부르면서 분위기를 잡았다. AP뉴스는 '결국 연합군도 성탄절 무드에 젖었다'고 전했고 이 뉴스가 영국 신문에 크게 났다.

적은 악마가 아닌 사람이었다

지금은 〈고요한 밤Silent Night〉이 성탄절 성가로 세계적으로 알려져 있지만 그 시절 영국에서는 잘 모르는 노래였다. 한 영국군 병사는 이 노래를 독일군이 부를 때 처음 들었다고 했다. 성탄절 휴전을 하고 나서부터는 이 노래가 영국에도 널리 퍼지기 시작했다. 양쪽 군인들이 같이 불렀던 성가 중 하나는 〈참 반가운 신도여 O Come, all ye Faithful〉였다. 그 노래를 같이 부를 때는 정말 성탄절이구나 하는 느낌과 함께 독일군이 적군이 아니라 전우 같다는 착각까지 들 정도였다고 했다. 노래가 주는 놀라운 마력이었.

당시 양측이 함께 부른 노래 중에는 영국 노래 〈즐거운 나의 집 Home Sweet Home〉, 스코틀랜드 노래 〈이별의 노래 Auld Lang Syne〉, 독일 노래 〈소나무야 소나무야 O Tannenbaum〉 등이 있었다. 그 외에도 많은 노래들이 성탄절 전날 밤 늦게까지 양 진영에서 함께 불려졌다. 내가 부르는 성가를 적군이 자기네 말로 따라 부르는 것을 듣고 영국의 한 사병은 '천둥 같은 충격을 받았다'고 편지에 썼다. '악마 같던 저들도 인간이고 더 나아가 같은 성가를 부르는 기독교인이구나 하는 자각을 처음 하는 순간, 서로 죽이려고 싸워야 하는 사실이 너무 슬펐고, 같은 신을 믿는다는 사실이 너무 반가웠고, 그러면서도 서로 죽여야 내가 살 수 있다는 사실에 절망했고, 그리고 그들을 단순히 미워한 자신이 부끄러웠다'고 어머니에게 전했다.

독일군이 먼저 참호 언덕에 크리스마스트리를 올렸다. 영국군은 이를 보고 흡사 '극장 어둠에서 비상구를 가리키는 바닥 등 the footlights of a theatre'을 보는 것 같았다고 했다. 어둠 속에서 빛나는 비상 탈출구 불빛을 본 셈이다. 이렇게 독일군이 먼저 성탄 분위기를 잡았다는 데는 모두들 이의가 없다. 또 휴전 제의도 독일군 쪽에서 먼저 시작했고 더 적극적이었다는 게 양측 병사들의 공통된 증언이다. 독일군이 전세가 자신들에게 더 유리하다고 느낀 게 휴전을 먼저 제의한 배경일지 모른다. 임시로 지어진 연합군 참호에 비해 독일군 참호는 튼튼하게 지어졌기 때문에 독일군 스스로 자신들이 안전하게 보호되고 있다고 자부했었을 것이라고 학자들은 분석했다. 승자의 여유였다는 말이다.

성탄절 휴전이라는 기적

병사들에 의한 '자발적이고 비공식적인 휴전'이 어떻게 처음 시작되었는지는 전투 지구마다 다르다. 서부전선 전체에서 일관적으로 휴전이 이루어진 적은 없고 지구마다 각자가 알아서 휴전을 이룬 듯하다. 공식적으로 휴전을 언제 시작하고 언제 끝내자고 결정한 곳도 있고 그냥 대충 합의한 곳도 있었다. 영국군 전사연구가들에 의하면 영국군 전선 3분의 2에서 성탄절 휴전이 있었다. 휴전이 합의된 곳에서는 '서로 공격을 멈추자'가 가장 우선적인 합의사항이었다. 각자 참호에서 나와 어떻게 하자는 합의는 없었다. 전사자 시체 수습도 휴전 기간 가장 화급한 일이었다. 나와서 시체를 수습하다가 대화가 이루어졌고 그러다 보니 농담도 주고받게 되었다. 급기야 담배니 소시지니 하는 선물과 군모·배지 같은 기념품도 교환했고 서로가 아는 전쟁 상황 정보도 주고받았다. 그러다가 결국 그 유명한 성탄절 휴전 축구시합으로 이어졌다.

휴전 시작의 한 예를 들어보자. 한 지구에서 독일군 참호 위로 판때기 하나가 올라왔다. 서투른 영어로 '너 안 쏘고 우리 안 쏘고You no shoot, we no shoot'라고 쓰여 있었다. 곧 성탄 캐럴이 들리더니 노래가 끝나고 나서 능숙한 영어가 들려왔다. "나는 독일 황제군 중위이다. 영국 신사들! 이제부터 내가 참호 위로 올라설 터인데 그렇게 되면 내 목숨은 당신들 손에 달려 있다. 그러고 나서 나는 당신들 쪽으로 걸어갈 터이니 당신들 장교 중 1명이 중간으로 와서 나를 만날 것인가?" 처음에 영국군은 공격 전초의 위장술이라고 의심해서 모두 독일 참호 쪽으로 총을 겨눴다. 영국군 쪽에서 침묵이 계속되고 반응이 없자 2번, 3번 요구를 하다가 독일군 장교는 드디어 참호에서 걸어 나와 "나는 기다린다!"라고 소리를 지르면서 용감하게 참호 밖에 우뚝 섰다. 그러자 영국군 장교 하나가 독일군 장교의 용기에 기가 죽고 창피하고 정말 무서웠지만 더 이상 비겁하기 싫어서 죽을 용기를 내 걸어 나가 중간에서 만나 휴전을 이뤘다.

다른 병사의 증언이다. "성탄절 전날 저녁 독일군이 먼저 '담배', '푸딩'이라고 외쳤다. 그러고는 '성탄절 축하! 좋은 영국군!'이라고 영어로 말을 건넸다. 그래서 우리 사병 둘이 참호 위로 올라가 독일군 쪽으로 걸어가 중간에서 4명의 독일군을 만났다. 그들은 우리가 성탄절에 사격을 하지 않으면 자기네들도 안 하겠다고 했다. 독일군은 시가와 와인을 주었고 우리는 케이크와 담배를 줬다. 그들이 돌아오고 나서 우리는 다시 나가 30명의 독일군을 만났다. 그들은 유쾌한 '녀석들'이었다. 나는 기념으로 그들의 이름과 주소를 엽서에 적었다. 나중에는 장교들도 같이 따랐다. 독일군은 자신들의 배는 2척밖에 침몰하지 않았는데 영국군 배는 30척이나 가라앉았다고 했다. 아마 독일군의 사기 침체를 막기 위해 그릇된 정보를 준 것 같았다. 그런데 실제 상황을 알 때쯤 되면 상당히 충격을 받을 것이란 생각이 들었다. 양쪽 참호가 하도 가까워서 너무 많은 사람이 죽은 중간의 무인지대를 '죽음의 덫'이라고 불렀다. 우리 참호 뒤에 폭격으로 부서진 집이 하나 있었는데 그 집 안에 자전거, 중산모, 밀짚모자, 우산 등이 있었다. 우리 병사들이 성탄절에 그런 것들을 쓰고, 들고, 타고 무인지대를 지나 독일군 진지로 넘어갔다. 그러자 독일군이 폭소를 터뜨렸다. 여자 복장을 하고 건너간 사병도 있었다. 그날 저녁 독일군은 영국 국가 〈주님은 왕을 보호하소서!God save the King〉를 하모니카로 연주해주었다. 놀랍지 않은가?"

1915년 1월 9일 《허트포드셔 머큐리》지에 소개된 퀸 웨스트민스터 연대 소속의 브레지어 사수병의 편지이다. 이 정도가 전형적인 휴전의 모습이었고, 아예 중간을 넘어가 상대방 진지로 가서 참호 안에서 상당히 오랜 시간 같이 술을 먹고 지낸 지구도 있었다.

이때 영국 군인들이 놀란 것은 수많은 독일군이 완벽한 영어를 구사했다는 점이다. 특히 셰익스피어의 대사를 줄줄이 외는 영국문학에 조예가 깊은 사병도 많아서 아주 놀랐다고 전하고 있다. '우리는 같은 게임을 했고 같은 맥주를 좋아했고 같은 벌판에서 공 하나를 두고 뛰었다. 우리는 군복 안에서

성탄절 휴전 당시, 축구시합을 한 영국군과 독일군.

는 모두 같은 인간이었다. 비록 군복 모양은 달랐지만….', '처음에 악수를 하고 대화를 시작하자 몇 년을 안 것 같은 친근감이 들었다. 우리는 흡사 길거리에서 우연히 친구들을 만나 가던 길을 멈추고 서서 수다를 떠는 것처럼 대화를 나누었다. 축구시합은 버려진 양배추 밭에서 벌어졌고 독일군이 이겨서 상품을 가지고 갔다.' 영국 병사들은 고향으로 이런 내용의 편지를 썼다.

그래도 전쟁은 계속되었다

물론 휴전이 실패한 지역도 있었다. 프러시안들이 독일군들과 같이 있던 여러 지역은 휴전에 실패했다. 프러시아 군인들이 영국군을 싫어했기 때문이라고 했다. 특히 프랑스군들은 이런 무드에 잘 휩쓸리지 않았다. 프랑스 내에서 전투가 벌어지니 고향에 대한 향수도 적게 느꼈고 자신들의 땅을 점령한 독일군에 대한 원한이 더 크기도 했다. 어찌 되었건 10만여 명의 양국 군인들이 휴전에 참여했다고 기록들은 전한다. 하지만 휴전이 태동되던 성탄절 전야에도 80여 명이 사망했고 성탄절에도 86명의 영국군이 전사했다. 결국 휴전이 전체 전선에서 이루어진 것은 아니었다.

이미 양쪽 군대 고위층은 사전에 휴전 분위기를 감지했다. 그래서 일부 부대장들이 경고문을 보내기도 했다. 휴전 기간 중 군인들 사이의 기강해이가 전투력 약화로 이어질 수 있으니 주의하라고 했지만 이미 소용이 없었다. 양쪽 사령관에게는 12월 26일 상황이 보고되었다. 상대방을 증오하도록 교육된 병사들이 자신들의 허락도 없이 휴전을 했으니 노발대발했고 일부 전선의 장교는 처벌을 받기도 했다. 이런 모든 사실은 병사들이 집으로 쓰는 편지를 통해 후방으로 퍼져 나가 신문에 보도되기 시작했다. 아직 검열이 일반화되기 전이었다. 양국 국민들 사이에는 죽음의 들판에서 일어난 상상을 초월한 일에 대해 찬성과 반대도 있었지만 대체로 호의적인 반응이었다고 신문은 기록하고 있다.

축구시합에 대한 설은 상당히 분분하다. 11명이 참가한 제대로 된 시합이 벌어져 독일군이 3 대 2로 이겼다는 설부터 '시합이 여러 개 있었다' 혹은 '그냥 우르르 몰려다니면서 떼축구kickabout를 했다'는 설도 있다. '어디선가 공이 나타났고 수백 명이 뛰었다. 규칙도 없었고 심판도 없었다. 그냥 대충 차는 식이었다.' 떼축구를 증언한 병사의 편지는 '신발과 공은 흙덩어리가 되고 우리들의 옷도 진흙창이 되었다. 얼굴에 흙이 튀어 엉망이었는데도 모두의 얼굴에 미소가 있었다'라고 했다. 다른 증언들은 '축구공이 통조림 깡통이었고 어떨 때는 모래주머니의 모래를 빼고 뭉쳐서 차기도 하고 아주 드물게 진짜 공이 나왔다'고 했다. 당시 군화는 아주 크고 무거웠음에 불구하고 '그들은 마냥 즐겁기만 했다'고 증언하고 있다. 이미 그때는 독일군 30만 명이 전사했을 때였는데도 불구하고 말이다. 각 부대에는 사진병이 있었다. 이들이 많은 사진 기록을 남겼지만 유독 성탄절 축구시합 사진은 남아 있지 않다.

영국 스타퍼드셔 주에 위치한 국립기념물식물원에 세워진 성탄절 휴전 축구 기념 조형물.

병사들은 성탄절 휴전 후에는 위에서 내려온 명령에 따라 적군들과 더 이상의 직접적 접촉을 하지 않았다고 한다. 하지만 몇 시간 전에 함께 선물을 나누던 병사들에게 총을 겨누고 쏘려고 하지도 않았다. 양측은 먼저 발사하지 않으려고 노력했다. 심지어 독일군은 영국군에게 '진지에서 머리를 낮추고 다니라'고 경고 겸 충고를 했다. '본부 장교가 사격을 명하고 있기 때문에 쏘지 않을 수 없지만 쏘고 싶지 않으니 진지 밖으로 제발 나오지 말라'고 애원했다. 그래서 성탄절 다음 날도 총성 한 발 없이 지나갔다. 그래서 결국 '진지를 지키던 양쪽 군인들을 전부 교체할 수밖에 없었다'고 《맨체스터 가디언》지 파리 특파원이 1915년 1월 6일 보도했다. 휴전은 성탄절부터 새해까지 잠정적으로 이어졌고 전투가 '정상 영업'을 시작한 것은 1월 초순을 지나서였다.

그다음 해부터는 전투는 점점 격렬해졌고 독가스까지 등장했다. 전쟁의 양상이 참혹해지면서 전술은 더욱 교묘해졌다. 순진한 인간애가 비집고 들어갈 틈이 없어지면서 더 이상 이런 휴전은 없었다. 전쟁은 그러고도 4년을 더 끌었고 1000만 명 이상이 전사했다.

수많은 사연을 전리품으로 남기다

 탈출에 성공한 이야기도 있다. 독일 포로수용소에서 탈출해서 300킬로미터를 넘게 몸을 숨기며 걸어서 고향 웨일스로 돌아온 영국 군인 이야기다. 로버트 필립이라는 병사는 심지어 가족에게도 탈출한 이야기를 숨겨왔는데, 사후에 손녀가 조사를 해서 찾아낸 사실이다. 1915년 5만 명이 전사한 이프레스전투에서도 살아남은 필립은 결국 부상당해 포로가 되었다. 독일로 실려 간 후 여러 수용소를 거치며 15개월간 포로생활을 했다. 그러다 경비원 교대시간이 가장 빈틈이 많음을 알고 기회를 보다가 당당히 정문을 통해 탈출했다. 밤에 별을 보고 방향을 잡으며 걸어서 네덜란드까지 오게 된다. 중간에 위기도 많았지만 수용소에서 배운 독일 노래를 휘파람으로 불면서 주변 사람들을 속이기도 하면서 걸어서 돌아온 것이다. 이것이 유일하게 독일 포로수용소 탈출에 성공해 돌아온 병사의 스토리다.

 또 다른 사연은 영국 시골 북부지방 요크셔의 작은 마을 버나드 캐슬의 스미스 부인 이야기다. 부인의 6명 아들은 1916년 모두 참전했는데 그중 5명이 전사를 한다. 5번째 아들의 전사통지 편지를 받고 세상이 무너질 듯 슬픔에 잠긴 스미스 부인을 본 동네 성당 신부가 당시 왕 조지 5세의 부인 메리 여왕에게 편지를 썼다. 스미스 부인은 이미 5명의 아들을 국가에 바쳤으니 하나 남은 아들만이라도 살아남게 해 달라는 간곡한 호소가 담긴 내용이었다. 얼마 후 궁으로부터 편지가 도착했다. 국방부에 필요한 조치를 해달라고 요청했으니 같이 기다려보자는 내용이었다. 결국 6번째 아들은 여왕의 호혜로 무사히 돌아와 어머니를 지켰다.

 1차 세계대전 역사상 가장 풀리지 않던 미스터리 하나도 최근 밝혀졌다. 참전군인 중 가장 어린 12세 소년의 얘기다. 주인공은 나이를 속이고 입대를 했던 시드니 루이스. 12세 소년이 입대했다는 사실은 당시 신문에 나서 알려지긴 했는데 그 뒤 아무런 공적 문서로도 인적사항을 추적할 수가 없어서 공식 확인을 못하고 있었다. 그런데 최근 시드니의 사진이 1차 세계대전 100주년을 맞아 한 주간지에 실렸을 때 이를 알아본 시드니의 아들이 아버지가 맞다고 해주면서 제대로 된 인적사항이 확인됐다. 이와 함께 '최연소 입대 참전 공식기록'으로 남게 되었다. 1차 세계대전 연구 학자들은 100년 묵은 의문이 풀리는 사건이라고까지 흥분했다.

시드니가 입대할 당시 영국군의 최소 입대 연령은 19세였다. 하지만 12세 4개월밖에 안 된 시드니는 나이를 속인 채 집에도 얘기를 안 하고 입대했다. 아들이 행방불명이 되어 걱정하던 어머니는 제대한 동네 청년으로부터 아들이 입대했다는 사실을 듣게 된다. 어머니는 즉시 군 당국에 편지를 썼다. 그러고도 한참 뒤에야 철없는 용감한 아들은 어머니 품으로 돌아올 수 있었다. 시드니는 그 8개월 사이 6만 명의 전상자를 낸 프랑스 솜 전투까지 참전했다. 현재 80대인 시드니의 아들은 아버지가 생전에 자신이 1차 세계대전에 참전했다고 했을 때 믿지 않았다고 했다. 1903년생인 아버지가 그냥 만들어내서 하는 소리로 치부하고 말았다고 했다. 1969년에 아버지가 돌아가시고 나서 유품을 정리하면서야 이것이 사실임을 알았다고 한다. 그랬는데 이제 신문기사뿐만 아니라 공식기록에도 남는 것을 보고 용감한 아버지를 둬서 더욱 자랑스럽다고 했다. 또 아버지의 말을 생전에 안 믿었던 것이 너무 미안하다고 후회했다.

돌아온 성경 이야기도 화제다. 이사 간 집 다락방에서 발견된 1차 세계대전 전사자 조지 포드의 성경이 거의 100년 만에 다시 가족의 품으로 돌아간 이야기다. 조지의 가족들은 1918년에 전사한 조지의 소지품이 집으로 돌아왔으나 다락방에 올려놓고 까맣게 잊고 이사를 가버렸다. 1977년에 이사 온 알란이 집수리를 하다가 성경을 발견했다. 그 이후 알란은 성경 주인의 생존 친척을 출생·사망·결혼 기록 등을 통해 찾으려 노력했다. 시간 날 때마

> 🔍 **Keyword 46 : 1차 세계대전**　　　　　　　　**Search**

1914년 7월 28일 발발해 영국·프랑스 등의 연합국과 독일·오스트리아 등의 동맹국을 중심으로 4년 간 계속된 전쟁.

1차 세계대전에 관한 비화들

2014년 발발 100년을 맞는 1차 세계대전(1914~1918)은 유럽에서는 아직도 '끝나지 않은 전쟁'이다. 전쟁에 얽힌 숱한 사연들이 여전히 발굴되고 있기 때문이다. 지금도 화제를 불러일으키고 있는 몇 가지 대표적인 이야기들을 소개한다.

하사관 히틀러를 살려주지 않았다면?

우선 가장 흥미로운 것은 '만일에 이런 일이 일어났으면What if?'에 관한 이야기이다. 히틀러를 1차 세계대전 때 사살할 수 있었는데 놔주어 2차 세계대전을 일으키는 악마가 되게 한 영국군 병사의 이야기다. 히틀러를 사살했다면 9400만 명의 군인과 민간인 사상자를 낸 2차 세계대전은 없었을 것이라는 안타까움이 묻어 있는 이야기다.

히틀러가 독일군 하급 하사관으로 1차 세계대전에 참전했다는 것은 잘 알려져 있다. 하지만 1차 세계대전 중 부상당한 상태에서 영국군 병사와 조우해서 사살될 뻔했으나 영국군 병사가 살려줬다는 사실은 별로 알려진 바가 없다. 얘기는 영국 최고 무공훈장인 빅토리아 십자훈장(이 훈장을 받은 군인은 이름 뒤에 항상 VC라는 약자를 쓰는 큰 영예를 갖는다)을 받은 헨리 탠디라는 군인이 1차 세계대전에 참전한 히틀러를 살려주면서 시작된다. 탠디는 프랑스 전장에서 부상당한 독일군과 만난 적이 있었다. 둘의 눈이 마주쳤을 때 탠디는 독일군이 부상당했음을 알고 총을 내려놓고 보내주었다. 독일군은 고개를 숙여 인사를 하고 사라졌다. 생사가 순간적으로 엇갈리는 전선에서 27세의 영국군 탠디는 29세의 적군 아돌프 히틀러 하사를 살려준 것이다.

탠디가 히틀러를 살려주었다는 엄청난 사실은 탠디의 주장으로 밝혀진 것이 아니다. 탠디는 자신이 살려준 인간이 히틀러였음을 몰랐을 뿐만 아니라 희대의 악마 히틀러를 없앨 수 있는 하늘이 준 절호의 기회를 자신이 저버렸다는 사실도 모르고 살았다. 탠디는 1차 세계대전이 끝난 지 20년 지난 1938년, 당시 총리인 챔벌린의 사무실로부터 전화를 받는다. "히틀러가 당신에게 감사의 인사를 전하라는 부탁을 내가 받았다"는 총리의 메시지가 전해졌다. 챔벌린 총리는 두고두고 히틀러의 감언이설에 속았다고 악평을 받는 뮌헨 평화협상을 막 마치고 돌아오는 길이었다. 독일에서 챔벌린은 히틀러의 바바리아

1차 세계대전 당시 전장에서 마주친 부상병 히틀러를 사살하지 않은 헨리 탠디.

별장에 초대를 받았다. 히틀러는 마침 자기 방에 있던 이탈리아 화가 포르추니노 마타니아Fortunino Matania가 그린 명화 〈매닌 교차로Menin Crossroad〉의 사본을 보여주면서 그림 중앙의 부상 전우를 등에 업은 인물이 자신을 20년 전에 살려준 영국 군인이라고 밝혔다. 히틀러도 우연히 그림을 보다가 전장에서 마주쳤던 영국 병사의 얼굴을 기억해낸 것이다. 히틀러의 천재적인 기억력이 은인을 찾아낸 셈이다. 히틀러는 그때 자신은 독일로 못 돌아가고 죽는다고만 생각했지 그 영국군이 자기를 살려주리라고는 상상도 못했다고 챔벌린에게 고백하면서 "신의 섭리가 나를 살린 것"이라고 했다. 히틀러는 챔벌린에게 자신을 살려준 은인을 찾아내 안부와 감사를 전해주기를 부탁했다.

이렇게 해서 탠디는 1977년 86세로 죽을 때까지 '희대의 악마 히틀러를 쏘지 않은 사람'이라는 치욕스러운 낙인이 찍힌 채 살았다. 이런 사실이 세상에 알려지고 나서 탠디는 수많은 인터뷰 요청을 거의 거절했다. 그러면서 부상자이거나 무기를 소지하지 않은 사람은 절대 쏘지 않는다는 자신의 원칙이 인류 최악의 범죄자를 놔주는 실수를 저질렀다고 자책했다. 그러나 자신이 만일 다시 그런 상황을 맞는다고 해도 결코 부상병을 쏠 수는 없을 것이라고 했다. 탠디는 자신이 죽으면 화장해서 자신이 싸웠고 전우들이 묻혀 있는 프랑스 전장 근처의 영국군 묘지에 재를 묻어 달라고 유언을 남겼다. 그 묘지가 히틀러를 살려준 장소 바로 옆이다. 유족들은 탠디의 소원대로 그를 그 장소에 묻어주었다. 《히틀러를 쏘지 않은 사나이, 헨리 탠디와 아돌프 히틀러의 이야기The Man Who Didn't Shoot Hitler The Story of Henry Tandey VC and Adolf Hitler》라는 책에 나오는 이야기이다.

《히틀러를 쏘지 않은 사나이, 헨리 탠디와 아돌프 히틀러의 이야기》 책 표지.

허락받고 집에 다녀온 포로 이야기

또 다른 1차 세계대전 유명 일화는 독일 포로수용소에 2년간 잡혀 있다가 독일 황제의 허락을 받고 고향에서 죽어가는 어머니를 뵙고 다시 포로수용소로 돌아간 영국 장교 로버트 캠벨 대위 이야기다. 대위는 1916년 고향의 어머니가 거의 돌아가시기 직전이라는 편지를 포로수용소에서 받는다. 슬픔에 잠긴 당시 29살의 대위는 독일 제국의 빌헬름 2세 황제에게 어머니를 죽기 전에 한 번만 볼 수 있게 해주면 반드시 돌아오겠다는 편지를 쓴다. 놀랍게도 황제는 '반드시 돌아오겠다는 약속을 지킨다면'이란 조건으로 허락한다. 대위는 고향에 돌아와서 임종 직전이던 어머니와 일주일을 보낸 후 독일의 포로수용소로 다시 돌아간다. 아들을 만난 지 4개월 뒤 어머니는 세상을 뜬다.

대위의 귀환은 독일 포로수용소를 놀라게 했다. 당연히 수용소 측은 대위가 돌아오지 않을 것이라고 생각했다. 더욱 놀라운 일은 영국군이 대위의 귀환을 허락했다는 점이다. 원칙적으로 따진다면 영국군은 대위가 원하더라도 귀환을 허락하지 말아야 했다고 역사학자들은 말한다. 그러나 당시 영국군은 영국군 장교의 명예를 위해서 장교를 잃더라도 돌려보내야 한다고 결정했다. 최근 영국군과 독일군 사이에 오고간 문서를 뒤지던 역사학자들이 발견한 얘기이다. 문서기록에 의하면 영국에 잡혀 있던 독일군 포로도 같은 요청을 한 적이 있었다. 죽어가는 어머니를 독일에 가서 보고 오게 해 달라는 요청이었다. 그러나 영국 측은 독일 황제와는 달리 거절하고 만다. 캠벨 대위는 독일 포로수용소에서 2년을 더 잡혀 있다가 1차 세계대전이 종전되고 나서야 석방된다. 2차 세계대전이 시작되자 다시 입대를 했다가 제대해서 1966년 81세의 나이로 노환으로 사망한다. 2013년에 출간된 책《인간적인 모습의 1차 세계대전 The Human Face of The Great War》에 나오는 일화 중 하나이다.

다 취미처럼 성경 주인을 추적했다. 그러다 최근에야 공개된 1911년 인구조사 서류를 뒤져서 단서를 찾아내었다. 인구조사에서 조지 누나의 이름과 주소를 발견하고 혹시나 하면서 그 주소로 편지를 보낸 결과 누나의 아들, 즉 성경 주인 조지의 조카가 편지를 받아 연결이 됐다. 100년이 지났어도 같은 주소에 아직 살고 있었던 덕분이다. 편지로 확인을 한 알란은 소포로 보내도 될 성경을 들고 무려 200킬로미터를 달려가서 직접 전달했다. 조지의 조카는 자신의 어머니에게 동생 조지가 특별한 존재였다며 그런 삼촌의 성경을 직접 손에 드니 만감이 교차한다고 말했다. 알란은 그동안 역사적 가치 때문에 성경을 상당한 금액으로 팔라는 사람들도 있었지만 팔 수가 없었다고 했다. 알란의 조사 덕분에 조카들은 삼촌의 묘지가 프랑스 솜에 있음도 알게 되어 방문을 계획하고 있다. 거의 100년 전에 죽은 사람의 낡은 성경 하나를 돌려주기 위해 37년간 수고를 아끼지 않은 사람이나, 100년간 같은 집에서 대를 이어 살고 있는 사람들까지 정말 영국인은 알다가도 모를 사람들이다.

전쟁에 대한 별별 연구

영국의 1차 세계대전 연구가들은 별것도 다 찾아낸다. 현재 일상생활에서 매일 쓰이는 단어 중에 1차 세계대전 중 참호에서 만들어진 '참호 단어trench words'들을 찾아냈다. 'binge drink(폭음), wash-up(설거지), cushy(편한 즐거움), fed up(진저리난다), snapshot(스냅사진), bloke(놈), wash out(제명되다), pushing up daisies(죽어서 묻히다), lousy(불결하다), souvenire(기념품), swipe(슬쩍 훔치다)'가 그런 것들이다.

1차 세계대전 연구가들은 벨기에의 생 생포리엥 묘지에 1차 세계대전 참전 영국 군인 중 가장 먼저 죽은 군인과 가장 나중에 죽은 군인이 5미터를 두고 이웃해서 묻혔다는 사실도 밝혀냈다. 16세이던 병사 존 파라는 1914년 8월 21일에 죽어 7월 28일에 시작된 1차 세계대전에서 제일 먼저 전사한 군인이 되었고, 조지 엘리슨이라는 병사는 종전 1시간 전인 1918년 11월 11일 10시에 전사했다.

> 🔍 **Keyword 47 : 전쟁 추모**　　　　　　　　　　Search

영국인들은 전쟁을 추모하며 교훈을 되새기고 다시는 같은 아픔이 일어나게 하지 않으려 노력한다.

11월 11일
현충일 풍경

　11월 11일은 영국을 비롯한 대개의 영연방 국가들과 많은 유럽 국가의 현충일顯忠日로, 조국을 위해 죽고 부상당하고 고통받은 참전군인들을 기리는 날이다. 왜 유럽의 많은 나라가 동시에 11월 11일을 현충일로 정했을까. 1차 세계대전이 1918년 11월 11일 11시 11분에 종전협정으로 끝난 데서 연유되었다.

　영국에서 현충일이 가까워지면 많이 보이는 구호가 'Lest We Forget!(잊지 말자)'이다. 'Rest In Peace(편안히 잠들라)'가 그 대구對句로도 많이 쓰인다. '우리들은 당신을 잊지 않을 터이니, 편안히 잠들라!'는 죽은 자를 향한 따뜻한 마음이 담긴 구절이다. 그래서인지 이 말을 대할 때마다 옷깃이 여며진다.

아직은 잊을 수 없는 전쟁

2014년은 1차 세계대전이 일어난 지 100주년을 맞은 해였다. 100년 전에 일어난 대전大戰은 4년이 걸렸으니 2018년은 종전 102주년 기념일이 될 터이다. 그사이 4년간 영국을 비롯한 전 유럽에서는 1차 세계대전과 관련한 행사가 부단하게 이어지고 있다. 영국 정부는 100주년 기념행사를 위한 예산으로 5000만 파운드(900억 원)를 책정했다. 이 중에는 제국전쟁박물관Imperial War Museum(종전도 안 된 1917년에 이미 완공되었다) 개보수와 학생들의 전쟁터 방문 예산도 포함되어 있다. 영국 전역 지자체들에서 행사를 치를 예산은 로또 자금 1200만 파운드로 따로 준비해뒀다. 1차 세계대전 유산을 보존 전시하는 데 중심 역할을 하는 제국전쟁박물관은 3500만 파운드를 들여 수리와 전시 준비를 마쳤다. 영국 내의 모든 공공박물관들은 어떤 형식으로든 나름대로 100주년 행사에 참여했다. 정말 거국적인 행사가 전국에서 이루어진 것이다.

1차 세계대전은 2018년이면 종전 100주년이 되지만 아직도 영국인에게는 끝난 전쟁이 아니다. 하긴 2012년 2월 8일에야 1차 세계대전 마지막 참전군인 플로렌스 그린이 110세로 사망했으니 1차 세계대전은 아직도 '당대contemporary'의 일이다. 현재의 50대 이상 중 아버지나 할아버지로부터 1차 세계대전 경험을 안 들은 사람은 거의 없다. 지금도 영국 정부는 1차 세계대전 참전자 후손들로부터 '조상이 1차 세계대전 참전 군인으로 묻히길 원한다'는 신청을 받아 심사하고 있다. 최근에는 프랑스에서 새롭게 발굴된 유해를 영국으로 가지고 와서 군인묘지에 묻기도 했다. 2014년 케임브리지 시는 97년 만에 동네 위령탑에 새겨진 20세에 전사한 병사 조지 사무엘의 이름 철자를 친척들의 요청대로 'Samuels'에서 'Samuel'로 수정했다. 세워지자마자 오류가 발견되어 수정을 요구했으나 시청이 거절해 그동안 친척들은 진흙으로 마지막 S자를 메워왔었다. 시청은 수리비뿐만 아니라 특별 예배도 같이 거행했다. 1차 세계대전을 기억의 뒤편으로 밀어버리기에는 영국이들은 아직도 할 일이 많이 남은 듯하다.

영국은 1차 세계대전에서 교훈을 얻는 일을 학생들로부터 시작했다. 전체 행사 예산 중 약 10퍼센트인 530만 파운드(100억 원)가 전국 중고등학교에서 각 학교당 학생 2명과 교사 1명을 유럽의 군인묘지로 보내는 데 쓰였기 때문이다. 이들은 솜, 베르덩, 프로멜레스 같은 벨기에와 프랑스 전투지를 둘러보고 그곳에서 자기 동네 출신 전사자를 찾아내는 조사를 한 후 돌아와 전교생에게 자신들이 보고 느낀 점을 들려주고 있다. 내가 수년 전 프랑스 노르망디의 독일군 묘지를 보면서 느꼈던 애틋함을 비롯해 슬픔, 죄책감 같은 것을 감수성 강한 청소년들은 몇 배는 더 느낄 것이다. 당시 내가 프랑스군을 비롯한 연합군 묘지와 같이 나란히 만들어진 독일군 묘지에서 목격한 것은 적국 프랑스 땅을 자신의 마지막 안식처로 삼고 누워 있는 2만1000여 명의 독일군 청년 전사자들의 무덤이었다. 끝도 없이 늘어선 십자가(영국인들은 이

현충일을 맞은 웨스트민스터사원의 풍경.

십자가를 '희생의 십자가(Cross of Sacrifice)'라고 부른다)를 보고 아연해하면서 피지도 못하고 스러진 젊은이들이 애틋해 울컥했던 적이 있다.

제국전쟁박물관도 어마어마한 작업을 시작했다. 1차 세계대전에 참전한 600만 명과 후방에서 도운 200만 명을 합친 800만 명의 모든 남녀 군의 기록을 디지털화해서 남기기로 하고 작업을 진행 중이다. 정부가 갖고 있는 정보는 물론 참전군인들의 후손으로부터도 관련 정보를 받아 수록하고 있다. 가족들이 들은 참전 이야기, 사진, 편지 같은 것이 수집 대상이다. 모든 자료는 인터넷으로 제출이 가능하고 일단 수록, 정리가 되고 나면 누구나 인터넷으로 볼 수 있다. 후세들이 참혹한 전쟁의 비극 속에 존재했던 소박한 인간의 진솔한 이야기를 통해 전쟁은 되풀이되어서는 안 된다는 교훈을 얻게 하겠다는 것이 이 야심차고 방대한 작업의 목적이다. 역사 속의 역사를 찾아내서 역사를 만드는 영국인들이니, 역사 속의 교훈을 얻는 데는 따라갈 민족이 없을 듯하다.

영국 사회를 강력하게 지배하는 반전 정서

1차 세계대전을 바라보는 영국인의 심정은 복잡하다. 자신들의 안위에 직접적 영향이 없는 남의 전쟁에 괜히 개입해 600만 명의 젊은이들을 죽음의 구렁텅이로 몰아넣어 236만 명의 사상자를 냈으니 말이다. 특히 무릎까지 물이 차오르는 진창의 참호전, 살이 타 들어가는 독가스, 날아와 터지는 포탄의 소리와 빛에 눈이 멀고 고막이 터지는 지옥 같은 전투로 묘사되는 서부전선 격전의 참상은 영국인이라면 누구나 안다. 그래서 영국인들은 어떤 전쟁의 승전도 별로 즐기는 것 같지 않다. 나이팅게일 플로렌스가 간호사로 참전해 유명해진, 런던 리젠트 거리 끝에 있는 크림전쟁(1853. 10.~1856. 2.) 기념비도 승전비라기에는 너무 초라하고 슬프다. 여신은 얼굴을 팔에 묻은 채 애도하고 있고 병사들의 표정은 승전을 기뻐하는 모습이 아니라 오로지 슬프기만 하다. 그래서 많은 영국인은 서울 세종로같이 정부기관들이 모여 있는 런던 화이트홀 거리에 세워진 현충탑Cenotaph에 크게 적힌 '영광스러운 죽음 Glorious Dead'이란 문구를 불편해한다. '죽음은 그냥 죽음이지 죽음에 무슨 영광스러운 죽음이 따로 있어?'라는 반문이다. 굳이 반전주의자가 아니더라도 많은 사람이 그런 느낌을 받는 듯하다.

영국에서는 오래전부터 1차 세계대전에 관한 반전 정서를 대변하는 작품들이 정말 많았다. 전쟁 중이던 당시에도 벌써 반전 작품이 '무엄하게도' 언론에 발표되기도 했다. 특히 참전군인들이 쓴 시가 1차 세계대전을 보는 시각에 끼친 영향은 지대하다. 그중에서도 윌프레드 오언이 가장 유명하다. 그는 장교로 참전해서 종전 딱 일주일 전에 전사한 불운의 시인이다. 그래서인지 그의 시는 전부 슬프다. 오언의 시를 읽다 보면 이 시들을 쓰면서 시인의 눈에 고였던 눈물이 보이는 듯하다.

참전 중에 목격한 전쟁의 참상을 그린 그의 시 중에는 특히 "가축처럼 죽어가는 저들에게 조종弔鐘이 무슨 위안이 되나?What passing-bells for these who die as cattle?"라고 시작하는 〈죽어가는 청춘을 위한 송가Anthem for Doomed Youth〉와 "친구여! 애타게 영광의 이야기를 기다리는 어린이들에게/ 조국을 위한 죽음은 달콤하고 옳은 일Dulce et decorum est pro partria mori이라는/ 아주 오래된 거짓말을 할 것인가?"라고 끝나는 〈달콤하고 옳은 일Dulce et Decorum Est〉이라는 시가 많은 사람을 울렸다. 또 〈다음 전쟁The Next War〉이라는 시에서는 자신이 존경하는 선배 시인 지그프리드 사순(1886~1967)의 시 구절 "너와 나에게는 전쟁이 농담이지War's a joke for me and you"를 서두에 인용하면서 전쟁을 비웃었다. 이를 통해 전쟁을 미화하던 당시는 물론 후세들에게까지 전쟁의 위선과 비극을 알리는 큰 공을 세웠다.

뿐만 아니다. 1960년대 들어와 영화를 비롯한 각종 공연물들이 1차 세계대전을 희화화해서 성공을 거두면서부터 반전 정서는 더욱 심해졌다. 〈오! 이 아름다운 전쟁Oh! What a lovely war!〉이라는 연극은 나중에 영화로까지 만들어져 공전의 히트를 쳤고 지금도 린던 시내 극장에서 공연되고 있다. BBC TV 시리즈로 만들어진 〈블랙애더Blackadder〉는 더 유명하다. 1983년 처음 제작되어 모두 4번째 시리즈까지 방영되었다. 주인공 블랙애더 역은 코미디 시리즈 〈미스터 빈〉으로 유명한 로완 앳킨슨이 맡아 명연기를 펼쳤다. 현재 5번째 시리즈를 준비 중인데 영국 왕세손 윌리엄 왕자도 카메오로 출연할 의향이 있다고 할 정도이다. 이 두 작품으로 1차 세계대전은 '사자가 당나귀의 지휘하에lions led by donkeys' 치러진 전쟁이라는 일반인의 인식이 더 굳어져버렸다. '용감한 장병들이 바보 같은 장군들에 의해서 거의 학살당하다시피 치러진 전쟁'이라는 뜻이다. 여기에 대해서는 여러 연구가들이 사실이 아니라는 반박의 조사 결과도 내놓지만 이미 굳어져버린 인식을 돌리기는 어려워 보인다.

1차 세계대전을 보는 또 다른 시각

그런데 '좌파적 시각을 가진 공연물' 때문에 생긴 일반인의 인식을 바꿔야 한다는 용감한 시도가 있어서 영국이 시끄러웠다. 발단은 마이클 고브 교육부 장관이 개전 100주년을 맞아 1차 세계대전의 의미를 다시 한 번 짚어보자며 반전 성향의 공연물이 1차 세계대전을 보는 일반의 시각에 끼친 악영향을 언급해 시작되었다. 고브 장관은 좌파적 시각을 가진 공연물이 "위대한 전쟁의 의미를 훼손시켜 국민을 오도했으니 이번 기회에 바로잡아 자라는 학생들에게나마 제대로 된 교육을 시키자"라고 제안했다. 사실 따지고 보면 고브 장관의 발언은, BBC 최고의 시사탐사 프로그램 사회자 제러미 팩스맨의 말처럼 아주 "비영국적Un-British"이다. 영국에서는 어떤 사회적 인식이나 경향을 의도적으로 고치려고 드러내놓고 시도하는 예가 별로 없다. 더군다나 정부 고위인사가 직접 나서는 경우는 더더욱 없다. 사회적 인식은 자연스럽게 생기고 시간을 두고 바뀌는 것이지 어떻게 하루아침에 누가 고치자고 한다고 고쳐지는가 하는 냉소적인 반응만 불러일으킬 뿐이라는 것을 영국인이라면 누구나 다 안다.

뿐만 아니라 학교 교육의 방향을 놓고 강한 주장을 펴는 일은 정말 전대미문이라 언론에서 난리가 났다. 그래서 언론과 코미디언들은 고브 장관을 '고브애더GovAdder'라고까지 불렀다. 장관의 이름과 〈블랙애더〉의 주인공 이름을 합쳐서 만든 단어이다. 야당인 노동당은 물론 보수당 동료의원들까지 괜한 논란을 불러일으켜 1차 세계대전 추모 분위기를 망쳤다hijack고 불만을 토로했다. 이미 오래전부터 1차 세계대전은 '제국주의적 야심 때문에 정치인들이 벌인 무모한 전쟁'이라는 인식이 국민들 사이에서 굳어져 있는데 이제 와서 거국적 승리니 애국적이니 하는 말로 전쟁의 의미를 새롭게 부여하려는 시도 자체가 무모하고 무의미하다는 뜻이다.

그래도 고브 교육부 장관은 1차 세계대전은 '모든 전쟁을 끝내기 위한 전쟁War to end all Wars'이었고 '숭고한 목적noble cause과 자유를 위한 정당한 전쟁just war'이었다고 국민을 설득하려고 한다. 그는 "1차 세계대전은 좌파지식인과 코미디언들에 의해 참혹한 도살장misbegotten shambles이라는 매도를 당하고 있다"라고도 했다. 하지만 고브 장관이 어떤 시도를 해도 영국의 여론은 바뀔 것 같지 않다. 제국주의적 전쟁만큼은 피해야 한다는 영국민의 합의는 2014년 시리아 사태에 개입하려는 캐머런 정부의 시도가 여론에 의해, 심지어 여당 의원들의 반란이 합쳐져 부결된 것만 봐도 알 수 있다. 당시 30명의 보수당 의원과 9명의 자민당 의원, 도합 39명의 집권 연합 여당 의원들이 반란표를 던져 285 대 272로 캐머런 총리의 시도는 부결되었다.

그래서인지 정부 내에서도 고브 장관과 다른 의견이 나온다. 전쟁을 보는 다양한 시각이 존재한다는 식으로 교실의 교사들이 각자가 알아서 가르칠 일이지 정부가 관여할 일은 아니라는 논지이다. 당시 노동당의 그림자 내각 트리스트람 헌트 교육부 장관도 "1738만 명이 죽고 4192만 명이라는 엄청난 숫자가 부상한 인류의 최대 비극인 1차 세계대전을 두고 다시 어떻게 해서 정치적인 점수를 따겠다는 시도 자체가 정말 충격적이고 추악ugly하다"라고 까지 혹평했다. 더군다나 영국 독립당 같은 시대착오적인 극우파 정당이 힘을 얻는 시점에서 정상적인 정치인이라면 감히 생각지도 못할 '우둔한crass' 짓이라는 특이한 단어를 써가면서까지 혹평했다.

고브 장관이 무리수를 둔 이유는 보수 유권자들을 끌어들이기 위한 절박함 때문이었다는 분석도 있다. 당시 여론조사에서 13퍼센트를 얻어 원내 의석 하나 없이 영국 3위 정당으로 올라선 극우 성향의 영국 독립당 지지자가 원래 보수당의 강경보수 성향의 지지자들임을 감안하면 그들의 지지를 다시 얻기 위해서는 뭔가 보수적인 일을 해야 한다는 절박함을 느꼈다는 것이었다.

전쟁 추모의 방향을 고민하다

영국 사회는 1차 세계대전 발발 100주년을 추모하는 행사는 전쟁의 당위성이나 위대함을 미화할 기회로 삼을 일이 아니고 참전군인들을 기리고 기억하는 인간 중심의 행사가 되어야 한다는 쪽으로 이미 의견 일치를 본 듯하다. 엄청난 비극의 대전을 돌이켜봄으로써 다시는 그런 일이 되풀이되지 않아야 한다는 교훈을 얻는 것과 함께 말이다. 영국 싱크탱크 '브리티시 퓨처'

의 조사에 의하면 50퍼센트의 응답자가 100주년을 희생자에 대한 기억과 국가적 반성의 기회로 삼아야 한다고 답했다. 이런 상황에서 데이비드 캐머런 총리는 눈치 없는 발언을 해서 '완전 멍청이complete idiot'라는 욕을 먹었다. "1차 세계대전 추모 행사를 2년 전 엘리자베스 여왕 즉위 60주년과 같은 맥락에서 치르겠다"라고 했다가 엄청난 비극을 기리는 행사를 축하 행사로 치르는 바보가 어디 있느냐는 비난을 받은 것이다.

최근 룩셈부르크의 장 클로드 융커 총리는 "또 하나의 전쟁은 아직도 현실이고 우리 주위에서 악마는 사라진 것이 아니라 오로지 잠자고 있을 뿐이다"라고 경고했다. 그리고 그 예로 보스니아와 코소보에서 벌어진 비극을 들었다. 1차 세계대전 발발 100주년을 맞아 유럽 전체에 퍼져 있는 반反독일 정서를 무시해서는 안 된다며 현재의 상황은 100년 전 1차 세계대전이 일어나던 때와 너무나 흡사해 공포를 느낄 정도라고 했다. 덧붙여 많은 국가가 자국의 이익만을 좇아 '지역적이고 국수적인 정책'으로 바뀌는 경향이 바로 그런 증거 중 하나라고 했다.

요즘 영국에서도 미국 노벨상 수상작가 윌리엄 포크너의 "과거는 죽지 않았다. 사실은 지나간 것도 아니다"와 스페인 철학자 조지 산타나야의 "과거를 기억하지 못하는 사람은 반복되는 역사로 저주받는다"라는 말이 자주 언급된다.

1차 세계대전과 관련해 가장 유명한 시는 캐나다 출신의 군의관 존 매크레이 중령이 1915년 5월 2일 친한 친구와 제자가 전사하는 것을 보고 쓴 시다.

> 플랑드르 들판에 개양귀비꽃들이 바람에 흔들린다.
> 끝도 없이 늘어선 십자가들 사이에 우리가 있음을 가리키는 듯하다.
> 하늘의 종달새는 용감하게 날며 노래하건만
> 아래의 포성에 묻혀 들리지도 않는다.

우리는 죽은 자들

며칠 전만 해도

우리는 살아서 사랑했고 그리고 사랑받으며

그 안에서 여명을 느꼈고 불타는 석양을 보았었네.

이제 우리는 플랑드르 들판에 누워 있다.

적과의 싸움을 이어가다오.

꺼져가는 우리의 손으로부터 당신에게 던져져

이제 당신들의 것이 된 그 횃불을 높이 들어다오.

만일 당신이 우리들의 믿음을 이어받지 않는다면

우리는 잠들지 않으리라.

비록 플랑드르 들판에 개양귀비꽃들이 핀다고 해도.

유럽인에게 가장 큰 교훈을 준 전쟁

1차 세계대전은 역사적으로 수많은 전쟁을 겪어본 유럽인에게조차 그전에는 한 번도 들어보지 못한 전대미문 규모의 살육 전쟁이었다. 1차 세계대전 이전에 가장 큰 전쟁이었던 나폴레옹 전쟁(1803~1815)에서도 12년간 양쪽 군인이 350만 명이나 죽었지만 그중 실제 '전투 중 전사자 KIA: Killed in Action'는 37만 명에 불과했다. 나머지는 질병 같은 전투 이외의 이유로 죽었다. 영국군도 이 전쟁에서 육해군 합쳐 31만 명이 죽었는데 그중 전투 중 전사한 군인은 3만 명이 조금 넘는다. 전사자 전체의 겨우 10퍼센트 남짓이 전투 중 전사한 셈이다.

그런데 1차 세계대전은 겨우 4년간의 전쟁에 7000만 명이 참전해 350만 명이 죽었다. 90퍼센트 이상이 전투 중 전사이다. 나폴레옹전쟁 당시 무기들의 살상 능력은 약했다. 당시 주요한 개인 화기였던 머스켓 소총은 유효거리가 60~70미터였고, 1분에 4발 사격이 최대였다. 탄환의 적중률도 좋지 않아서 맞아도 살상력이 약했다. 나폴레옹전쟁의 전사자는 거의 대포에서 나왔다. 이에 비해 1차 세계대전 때는 대포의 성능도 엄청나게 좋아졌지만 1분에 600발까지 발사가 가능한 기관총이 개발되었다. 게다가 탄환의 위력도 비교가 안 될 정도로 강해져 신체에 가해지는 피해는 치명적이었다. 1차 세계대전 기록을 보면 '가을에 낙엽이 떨어지듯drop dead like autumn leaves 젊은이들이 '학살당하는 것처럼 죽었다'고 쓰였다. 영어의 'wholesale slaughter', 즉 '대량도륙大量屠戮'이라는 말이 가장 잘 어울릴 듯하다.

그중 제일 끔찍한 예가 1차 세계대전 중 가장 많은 영국군 사상자를 낸 프랑스 솜Somme 전투(1916. 7. 1.~11. 18.)다. 전투 첫날에만 영국군 1만9240명의

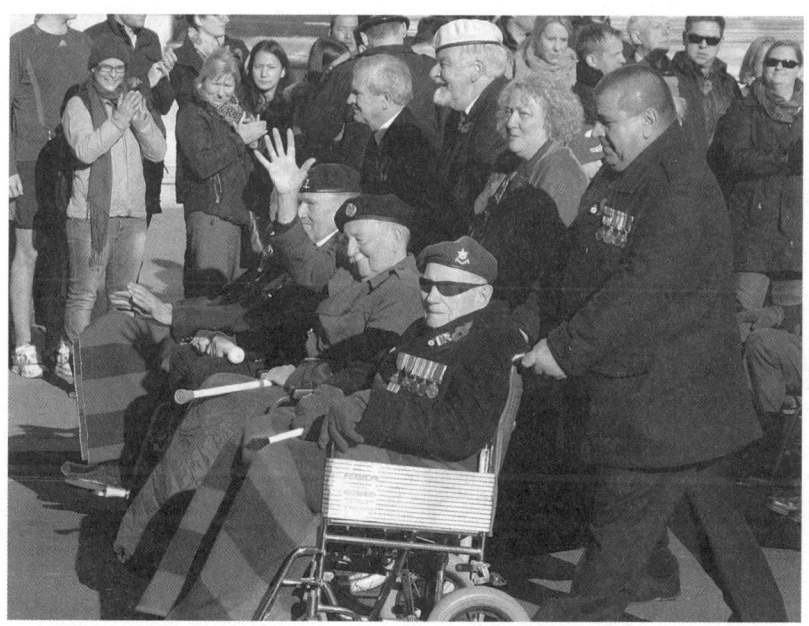

1차 세계대전 추모 행사에 참석한 참전용사들.

Keyword 47 : 전쟁 추모 529

전사자와 3만8230명의 부상자를 냈다. 장기 참호 농성전으로 일관된 141일간의 전투 동안 영국군 42만 명, 프랑스군 20만 명, 독일군 50만 명의 사상자가 났다. 매일 양측에서 거의 8000명의 사상자가 나왔다는 말이다. 연합군 전사자 14만6000명 중 7만3000명의 전사자 유해를 결국 못 찾았다. 얼마나 끔찍한 격전이었는지 도저히 상상이 가질 않는다.

1차 세계대전 4년 동안 총 6600만 명의 군인들이 참전했다. 그중 연합군 937만 명이 전사 혹은 실종됐고, 1283만 명이 부상했다. 동맹군은 801만 명 전사 혹은 실종, 3629만 명 부상이라는 참극을 빚었다. 양측이 도합해 전사·실종 1738만 명, 부상 4192만 명이라는 끔찍한 기록을 남겼다. 겨우 74퍼센트의 군인들이 살아서 돌아왔고 그중 성하게 돌아온 숫자가 불과 10퍼센트가 조금 넘는 670만 명에 불과했다. 그나마 영국은 600만 명이 참전해 75만 명의 사망자가 나와 88퍼센트의 군인들은 전쟁에서 돌아왔으니 평균 비율로 보면 상당히 행운인 셈이다. 그래도 영국에는 16만 명의 과부가 생겼고 30만 명의 어린이가 아버지를 잃었다. 영국의 가정 중에서 전쟁으로 인한 피해가 없는 집이 거의 없을 정도로 전 국민이 고통을 받았다.

1차 세계대전 후유증은 오래갔다. 1차 세계대전 참전 젊은이들을 두고 '잃어버린 세대lost generation'라는 말이 처음 나왔다. 이들은 살아서 돌아왔으나 전쟁터의 기억으로부터 결코 벗어나지 못했다. 남자들만 상처를 받은 것이 아니다. 1921년 영국 인구통계에 의하면 여자가 1980만3020명이고 남자가 1808만2220명이었다. 172만 명이 차이가 나서 이를 '잉여 200만Surplus Two Million'이라고 불렀다. 특히 심각한 것은 당시 결혼 적령기인 25~29세 남성 1000명당 여성은 1209명이나 됐다는 점이다. 종전 후 한참이 지난 1931년에도 '잉여 200만'의 50퍼센트가 독신이었고, 35퍼센트는 결국 가임연령 동안 결혼을 못했다. 독일도 성인남자의 15퍼센트, 오스트리아-헝가리는 17.1퍼센트, 프랑스는 10퍼센트의 젊은이들을 잃었다. 이렇게 유럽의 어느 가정도

1차 세계대전의 피해자가 아닌 경우가 없었다.

영어에 '감사의 구역Thankful Parishes'이라는 단어가 있다. 이는 잉글랜드와 웨일스 성공회의 1만4000개 교회가 관할하는 마을 구역 중에서 1차 세계대전에 참전한 마을 청년들 모두가 살아서 돌아온 50개 마을을 이르는 말이다. 이 마을들을 가보면 자신들의 행운과 축복을 진심으로 감사해하고 자랑스러워하는 모습을 여러 가지 기념물을 통해 느낄 수 있다. 그런 행운을 못 누린 대다수 영국의 시골 마을들은 아무리 마을 규모가 작다고 하더라도 전사자를 기리는 기념물을 두고 있다. 영국에서는 전사하면 이름이 보통 5군데, 많으면 7~8군데 새겨진다. 마을 중앙광장에 세워진 위령비를 시작으로 동네 교회와 초·중·고등학교 (대학생이었으면 대학)의 추모기념물에 이름이 새겨진다. 물론 무덤에도 당연히 새겨져 있을 터이다. 이렇게 만들어진 군인 묘지는 영국 내에만 1만3000개가 있고 그곳에 17만 개의 전사자 무덤이 있다. 100년이 지난 아직까지도 묘지는 더해지고 있다.

스코틀랜드와 아일랜드,
그리고 영국

> **Q   Keyword 48 : 스코틀랜드**   Search

독립왕국이었던 스코틀랜드는 1707년부터 잉글랜드 왕국과 연합왕국을 이루었다. 잉글랜드인과 스코틀랜드인은 각각 앵글로색슨족과 게일족으로 민족 자체가 다르며, 현재는 모두 영어를 쓰지만 과거에는 말도 달랐다. 이런 이유로 이들은 때로는 한 나라 국민으로 때로는 다른 나라 사람들처럼 지낸다.

또 다른 영국, 스코틀랜드

2014년은 우리가 '영국'이라고 부르는 '영국연합왕국United Kingdom of Great Britain'에 중요한 일이 있었다. 2014년 9월 14일 스코틀랜드 독립 여부를 결정짓는 투표가 있었다. 스코틀랜드인 몇 명이 투표하든 유효투표수의 과반수가 독립에 찬성하면 스코틀랜드는 독립할 수 있었다. 어떻게 보면 좀 말이 안 되지만 런던의 정부는 스코틀랜드 지방 정부의 고집에 못 이긴 채 들어주었다. 그 이유는 결코 독립투표가 가결되리라고 생각을 안 했기 때문이다. 결국 84.59퍼센트의 유권자가 투표를 해서 찬성 44.7퍼센트 반대 55.3퍼센트로 독립안이 부결되었다.

아슬아슬했던 독립투표

투표 전 스코틀랜드 국민당 당수이자 스코틀랜드 자치정부 총리 알렉스 새먼드는 "스코틀랜드인 과반수가 독립에 찬성하면 2년 뒤인 2016년 3월 중에 독립을 선언하고 독립의회를 위한 선거를 그해 5월에 치르겠다"고 공언했었다. '스코틀랜드인 과반수'가 아니고 '투표자 과반수'라고 해야 하는데도 새먼드는 그런 식으로 말장난을 했다. 캐머런 총리가 투표에 동의할 때만 해도 지지율이 10퍼센트가 안 넘었다. 여론 자체가 무슨 뚱딴지같은 소리를 하느냐는 식이었다. 그래서 독립투표가 부결될 것을 확신한 캐머런 총리는 여유롭게 투표를 하자고 했다. 그런데 시간이 흐를수록 찬성 비율이 급격하게 늘기 시작해서 투표 당일까지 부결을 전혀 장담하지 못하는 지경까지 갔었다.

결국 캐머런 총리를 비롯해 당시 노동당 대표였던 에드 밀리밴드까지 스코틀랜드로 뛰어가서 만류 연설을 하고 다녔다. 물론 노동당 정권 시 총리였던 스코틀랜드 출신의 고든 브라운과 토니 블레어도 스코틀랜드를 누비고 다니면서 반대투표의 당위성을 역설했다. 여론 조사는 끝까지 엎치락뒤치락해서 모두를 안달나게 했다. 심지어는 한때 독립 지지율이 51퍼센트를 달했던 적도 있었다. 급기야 정치에 전혀 개입을 하지 않는 것이 원칙인 여왕도 참다못해 할 수 없이 아주 완곡한 어법으로 독립투표 전날에 반대투표를 권하기도 했다. 언론의 평은 여왕의 한 마디가 정치인 수십 명의 말보다 더 영향을 끼쳤다고 했다. 또 스코틀랜드에 투자하고 사업을 하고 있는 영국 대기업이나 다국적 기업들까지 나서서 독립반대의 의사를 분명히 하고 만일 독립이 되면 자신들은 철수할지도 모른다고 노골적으로 밝히기도 했다.

결국 이런저런 이유로 찬성 편에 섰던 스코틀랜드인들이 반대로 돌아서서 생각보다는 많은 표차로 독립이 부결되었다. 인구 7000만 명의 대국의 일원으로 살다가 겨우 530만 명의 소국으로 전락하는 독립에 대한 두려움이 결국 이긴 셈이다.

하지만 독립안이 통과되었다 하더라도 실제 독립하기까지는 수많은 난관을 넘어야 했다. 영국 내에서 자신들의 지분을 얼마나 챙겨서 '이혼'을 하고 나가느냐는 단지 시간문제였다. 두 나라만 협상하면 될 일이지만 국제적 문제는 그렇게 간단하지가 않다. 무려 1만6000여 개의 국제적 협상을 다시 해야 할 판이었다. 유럽연합과 나토는 경계의 눈초리로 스코틀랜드가 독립할 경우 모든 절차를 새로 밟으라고 으름장을 놓고 있었다. 유럽 국가들도 스코틀랜드를 곱지 않은 눈초리로 보고 있었다. 특히 카탈루냐와 바스크 독립운동에 골머리를 앓고 있는 스페인은 거의 신경질적인 반응을 보였었다.

독립을 바라보는 각자의 계산법

사실 따지고 보면 스코틀랜드는 일반적 통념으로 알고 있듯이 잉글랜드에 강제 병합된 것이 아니다. 1603년 엘리자베스 1세 잉글랜드 여왕이 후사 없이 사망하자 가장 가까운 혈족인 스코틀랜드의 제임스 6세가 내려와 잉글랜드 왕국의 제임스 1세 왕이 되었기 때문이다. 두 왕국이 한 왕의 통치하에 들어가서 한 나라가 되었다는 뜻이다. 제임스 1세는 엘리자베스 1세 여왕의 고종사촌의 손자이다. 이렇게 한 지붕 두 가정의 형태의 통치가 이어지다가 104년 뒤인 1707년 연합법이라 불리는 '액트 오브 유니언Act of Union'이 정식으로 두 왕국의 의회를 통과해 명실공히 한 나라가 되었다. 이렇게 두 왕국의 합병은 자연스럽게 이루어졌다. 스코틀랜드 왕이 잉글랜드 왕이 되었으니 스코틀랜드가 잉글랜드를 합병했다고 해야 한다는 학자도 있다.

설사 스코틀랜드가 투표를 통해 독립한다고 해도 영국이 입을 피해는 그렇게 크지 않을 것이라는 전망이 많았었다. 물론 영국으로서는 자존심이 심히 상하겠지만 그렇다고 당장 문제가 생길 정도는 아니라는 말이었다. 땅덩어리만 북아일랜드를 포함한 영국 전체 면적인 24만3404제곱킬로미터의 32퍼센트를 차지할 뿐이지 다른 통계들을 보면 스코틀랜드가 영국에서 차지하는 비중이 별것 아니라는 뜻이다. 특히 스코틀랜드 지역은 거의가 산지이거나 황무지라 넓기만 하지 쓸모가 없는 땅이 대부분이다. 땅 전체를 다 쓸 수 있는 옥토의 잉글랜드와 대비된다. 인구도 전체의 7.5퍼센트에 불과한 530만 명이고 GDP도 영국 전체 3조530억 달러의 7.7퍼센트에 불과하다.

독립투표가 통과되었다 해도 뒤집어질 확률이 없는 것도 아니었다. 그 이유가 지루하게 이어질 중앙정부와의 협상이었다. 무려 400년 넘은 결혼이 쉽게 청산되지는 않을 터였다. 재산분배 문제에서만도 이해관계가 첨예하게 대립되어 결국 협상이 깨지면 투표도 무효가 된다. 이와 관련해 북해유전에서 나오는 이익을 어떻게 나누느냐가 가장 큰 판돈이 걸려 있는 독립 협상이라는 말도 나왔다.

영국법에는 스코틀랜드 국회가 독립을 선언한다고 그냥 독립할 수 있도록 되어 있지 않다. 웨스트민스터에 자리 잡은 영국 국회가 스코틀랜드 국회의 독립 선언을 승인해야 한다. 현재 스코틀랜드, 웨일스에 주어져 있는 지방자치마저도 영국 국회가 결의하면 다시 회수할 수 있다. 또 독립 협상을 오래 끌 경우 스코틀랜드인의 마음이 어떻게 변할지도 알 수 없다. 투표 전에는 스코틀랜드인들의 감정을 자극하지 않으려고 무엇은 된다, 무엇은 안 된다라고까지 하지는 않았는데 투표가 가결되고 나면 헤어지는 마당에 영국으로서는 손해를 볼 일은 하지 않으려 할 터이니 말이다. 그래서 실제 독립을 하더라도 만신창이가 된다는 사실이 하나하나 드러나게 되면 스코틀랜드 정치인의 감언이설에 넘어갔던 스코틀랜드 국민들도 정신을 차리고 냉정하게 손익계산을 따져보기 시작해서 결국 독립투표 무효 얘기가 안 나온다는 보장도 없었다. 그래서 스코틀랜드 독립투표는 통과되지도 않았고 통과되었다 해도 쉽게 평화적인 합의이혼이 이루어질 것 같지 않았었다. 그래서 영국 대표 우익 언론《데일리메일》의 기사처럼 결국 '세상을 시끄럽게 할 찻잔 속의 태풍'이라는 말이 맞을 듯도 하다.

스코틀랜드인 놀리기

스코틀랜드 독립을 둘러싸고는 이와 관련된 농담도 적지 않게 나돌았다. "보수당은 폭주暴酒를 90퍼센트 줄일 수 있는 정책을 발표했다. 사람들은 구체적인 정책 내용을 읽기도 전에 제목만 보고 그것이 바로 스코틀랜드 독립을 허용하겠다는 뜻임을 바로 알아챘다." "스코틀랜드 국민당은 독립백서를 발표하면서 큰 실수를 저질렀다. 독립을 하면 스코틀랜드 국민 1인당 1년에 600파운드의 소득이 더 생긴다고 했는데, 그보다는 독립하면 1년에 1인당 50병의 위스키를 더 마실 수 있다고 선전했으면 찬성표를 더 많이 얻었을 것이다."

농담에서 알 수 있듯이 잉글랜드인의 취미 중 하나가 스코틀랜드인을 놀리는 것이다. 잉글랜드인이 스코틀랜드인을 놀리는 몇 가지의 유명한 농담을 들어보자.

"잉글랜드인, 아일랜드인, 스코틀랜드인 3명이 펍에 들어가 맥주를 시켰는데 3명의 잔에 파리가 동시에 빠졌다. 잉글랜드인은 그냥 맥주잔을 옆으로 제쳐 놓고 또 한 잔을 시켜 마셨다. 아일랜드인은 파리를 건져내고 아무 일 없다는 듯 그냥 마신다. 스코틀랜드인은 파리를 건져 들고는 '(마신 맥주를) 뱉어내! 뱉어내! 이 나쁜 놈아!'라고 고함을 지른다."

"세상의 끝이 온다는 소식이 퍼지자 잉글랜드인은 술이 만취가 되도록 마시면서 기다린다. 아일랜드인들은 성당으로 가서 기도를 한다. 스코틀랜드인은 가게에 폐점할인 안내문을 붙이고 세일을 시작한다."

"스코틀랜드인 맥도날드 씨 아내 자네트가 죽었다. 관례대로 신문에 부고를 내야 하는데 가장 싸게 하려고 '자네트 사망'이라고 썼다. 담당자가 '아직 몇 자는 더 써도 값은 같다'고 했다. '자네트 사망, 그녀 도요타 자동차 판매'가 새로 만들어진 부고이다."

"예수는 스코틀랜드인이 분명하다. 금요일에 못 박혀hammered, 일요일 아침에 깨어나니 말이다.(hammered는 술에 취해 인사불성이 된다는 뜻으로 스코티시의 음주벽을 비꼰 말)"

스코틀랜드인을 놀리는 농담의 주제는 크게 두 가지이다. 위스키만 마시는 술주정뱅이라는 점과 돈이라면 자다가도 벌떡 일어나는 구두쇠라는 점이다. 모두 스코틀랜드인의 음주벽과 철저한 경제관념을 비꼬는 농담이다. 스

스코틀랜드 글래스고 거리에 부착된 스티커.

코틀랜드인은 잉글랜드인이 자신들을 놀리는 데는 의식 밑바닥에 열등감과 두려움이 존재하기 때문이라고 분석한다. 멸시하면서도 두려워하고 애써 무시하면서도 열등감을 갖는 잉글랜드인의 묘한 심리를 스코틀랜드인은 이해 못하겠다고 한다. 스코틀랜드인이 다른 지방 영국인보다 술을 더 많이 마시는 것 같지는 않지만 경제관념이 철저한 것은 분명한 듯하다.

한 나라인 듯 두 나라인 듯

한국과 영국은 비슷한 점이 참 많다. 국토 면적과 모양도 비슷하고 한반도가 고대에 고구려 · 백제 · 신라 등 삼국으로 나뉘어 있다가 통일된 것처럼 영국도 스코틀랜드 · 웨일스 · 잉글랜드로 나뉘어 있다가 통일됐다.

삼국인의 성격도 비슷하다. 우선 웨일스인은 한국의 백제인처럼 품성이 섬세하고 예술적이다. 잉글랜드인은 신라인들과 같이 보수적이며 전통을 중시하고 자신의 감정을 잘 드러내지 않을 뿐 아니라 리더십이 있다고 평가된다. 스코틀랜드인은 고구려인과 같이 근면근검하고 장사에 능통하며 성품이 다혈질이고 과격하다.

그러고 보면 영국은 참 특이한 나라이다. 분명 삼국이 통일돼 한 나라가 되었는데도 아직도 삼국이 분리되어 있는 것처럼 보인다. 웨일스 · 잉글랜드 · 스코틀랜드 세 지역은 분리자치가 되어 국회가 따로 있다. 웨일스는 내셔널 어셈블리National Assembly, 스코틀랜드는 스코틀랜드 팔러먼트Scotland Parliament라 불린다. 지역 자치정부의 수장으로는 '수석 장관First Minister'이라 불리는 총리가 있다. 잉글랜드 · 스코틀랜드 · 북아일랜드의 파운드화도 가치는 같지만 모양은 각각 다르다. 각종 법률도 내용이 조금씩 다르다. 그래서 다른 지방과 거래하려면 반드시 전문 변호사를 써서 계약서를 준비해야 실수를 안 한다. 물론 의사, 변호사, 회계사 같은 전문직 시험도 달리 친다. 그래서 전문직 잉글랜드인이 스코틀랜드에 가서 개업하려면 소정의 약식 시험을 치르고 절차도 따로 밟아야 한다.

잉글랜드와 스코틀랜드 건물은 주택은 물론 상업 건물도 모양이 다르다. 잉글랜드가 벽돌이나 시멘트를 주로 쓰거나 목조건물에 회를 칠한 건물이 주라면 스코틀랜드는 석조건물이 많다. 특히 스코틀랜드의 수도 에든버러를 가면 런던과 완전히 풍경과 분위기가 달라 딴 나라에 온 듯한 느낌이 든다. 잉글랜드 건물들이 상대적으로 높이가 낮고 아담하다면 스코틀랜드 건물은 프랑스 건물들처럼 천장이 높고 외벽에 장식이 많다. 흡사 프랑스 파리에 온 듯하다. 역사적으로 봐도 스코틀랜드는 잉글랜드보다 프랑스와 더 친했다. 적의 적은 친구라는 말을 증명하는 듯하다.

물론 잉글랜드인과 스코틀랜드인은 앵글로색슨족과 게일족으로 종족 자체가 다르다. 물론 과거에는 말도 달랐다. 현재 스코틀랜드어는 완전히 사라지고 없어 모든 스코틀랜드인은 이제 완벽하게 영어를 쓴다. 차라리 웨일스에는 웨일스어가 살아 있다. 나라가 완전히 흡수합병돼 웨일스라는 단위 왕국이 없어졌지만 아직도 웨일스에는 인구의 5퍼센트가 웨일스 고유 언어를 쓴다. 최근 웨일스 지방 자치정부는 웨일스어를 살리려 노력해서 상당한 효과를 보고 있다. 학교에 웨일스어 시간이 있고 방송에도 웨일스어 전문 채널이 있다. 도로표지판에도 웨일스어가 먼저 나오고 그다음에 영어가 표기된다. 물론 각종 공문서는 당연히 두 언어로 되어 있다. 영어로는 발음조차 안 되는 신기한 단어가 표시되어 있기도 하다.

월드컵 축구 때도 축구의 종주국답게 잉글랜드 · 스코틀랜드 · 웨일스 팀이 각각 출전한다. 물론 잉글랜드 이외의 팀이 예선을 통과해 본선에 나오는 경우는 거의 없지만 일단 스코틀랜드와 웨일스는 아직도 각개 출전을 고집한다. 한 국가 한 팀이라는 규정이 있는 올림픽의 경우 단일팀을 구성해 출전하면 되지만 한 번도 영국 단일팀으로는 나가본 적이 없다. 지난 런던올림픽에서는 주최국이 출전을 안 할 수 없다는 명분 때문에 처음으로 세 지역 축구협회가 합의를 해 역사적인 영국 단일팀을 구성했지만 8강전에서 한국에 졌다.

영국 국기 '유니언 잭'을 자세히 살펴보면 삼국의 기가 통합되어 있음을 볼 수 있다. 우선 월드컵에서 잉글랜드팀이 나올 때 볼 수 있는 잉글랜드기는 흰 바탕에 붉은 십자가가 굵게 그려진 성 조지 깃발이다. 스코틀랜드기는 그와는 완전히 반대 개념으로, 십자기 성 앤드루 깃발이다. 푸른 바탕에 흰색의 X자 십자가가 그려진 모습이다. 나머지 흰 바탕에 붉은 X자 십자가가 그려진 게 아일랜드기인 성 패트릭기이다. 이 3가지의 깃발이 합쳐져서 영국 국기인 유니언 잭이 된 것이다. 웨일스는 연합왕국을 만들 때 잉글랜드에 합병되어 왕국으로 존재하지 않았기 때문에 유니언 잭에서 빠졌다.

월드컵에서도 잉글랜드팀이 독일팀과 맞붙으면 스코틀랜드인은 독일팀을 응원하는 것이 당연하다고 여긴다. 물론 이런 응원은 반은 장난이라고는 해도 나머지 반은 진담으로 봐도 된다. 그만큼 잉글랜드인과 스코틀랜드인 사이의 애증은 이해하기 쉽지 않다. 상당한 비율의 장난기가 섞여 있기도 하지만 역사적으로 은원의 자취가 있는 것도 사실이다. 멜 깁슨 주연의 영화 〈브레이브 하트〉에 나오는 잉글랜드 에드워드 1세의 스코틀랜드 침공이 대표적이다. 과거에 잉글랜드는 스코틀랜드를 연이어 침공했다. 스코틀랜드인이 치를 떨 만큼 무자비한 압제가 있었고 집에서 만들던 위스키에까지 세금을 매겨 스코틀랜드인 전체를 밀주 제조자로 만들기도 했다.

〈브레이브 하트〉의 영웅 윌리엄 월리스는 역사 속 실제 인물이고 그 역할을 멜 깁슨이 워낙 훌륭하게 잘해냈다. 그래서 세계인들의 뇌리 속에는 잉글랜드의 압제에 스코틀랜드가 계속 시달린 것처럼 각인돼 있다. 그러나 알고 보면 그런 시기는 길지 않았다. 두 왕국은 13세기 이후 거의 300년간 힘의 균형을 유지하면서 브리튼 섬을 양분한 채 공존했다. 물론 스코틀랜드의 국력이 약세라 잉글랜드에 당하는 경우가 절대적으로 많긴 했지만 잉글랜드로서도 쉽게 스코틀랜드를 압도할 힘은 없었다고 해야 정확한 설명이 된다. 역사야 어떻든 간에 현재 스코틀랜드인의 잉글랜드인에 대한 태도는 분명 증오 섞인 반감이라고까지 말할 정도로 그렇게 심각하지는 않다. 잉글랜드에 대해 애교로 봐줄만 정도의 반감을 표할 뿐이다.

물론 그 애교가 지나쳐 외국인으로선 좀 황당한 일이 가끔 일어나긴 한다. 예를 들면 한국에서 에든버러로 편지를 보내면서 'U. K.'라 쓰지 않고 'England'의 에든버러라고 쓰면 편지가 돌아온다. 한국에 있을 때 실제 보았다. 영국, 특히 런던을 포함한 잉글랜드에서는 호텔에서 '잉글리시 블랙퍼스트'가 아침으로 포함되어 있으면 단단히 기대를 해도 된다. 빵만 해도 세 종류가 나오고 소시지, 햄, 베이컨 등을 비롯해서 도저히 다 못 먹을 양과 음

스코틀랜드 중심 도시 에든버러 성.

식 종류가 나오는 대단한 아침 정찬이기 때문이다. 이와 관련한 잘 알려진 에피소드가 있다. 스코틀랜드에 여행 간 한 여행객이 호텔비에 아침이 포함되어 있느냐는 질문을 하면서 아무 생각 없이 "잉글리시 블랙퍼스트가 포함되어 있느냐"고 묻는 엄청난 실수를 저질렀다. 스코틀랜드에서 잉글리시라고 했으니 당연히 호텔 주인은 "안 준다"고 했다. 여행객은 당황해서 "그럼 아침을 어떻게 하느냐"고 묻자 주인은 "스코티시 블랙퍼스트는 준다"고 답했다. 그래서 "어떤 차이가 있느냐"니까 주인은 태연한 얼굴로 "똑같다"고 했다.

TV나 라디오가 일반화되기 전까지 잉글랜드인은 스코틀랜드에 가면 말이 안 통해 아주 힘들어했다. 지금도 스코틀랜드에 처음 간 잉글랜드인은 발음을 못 알아들어 상당히 애를 먹는다. 워낙 스코틀랜드인들의 영어 악센트가 세기 때문이다. 하물며 외국인들은 어떻겠는가? 거의 프랑스어에 가까운 영어 발음을 처음 대하는 외국인은 정말 당황한다.

> 🔍 **Keyword 49 : 스코틀랜드 독립**　　　　　Search

1706년 12월 31일까지 독립왕국이었던 스코틀랜드는 1707년 연합법으로 잉글랜드 왕국과 연합왕국을 이루었다. 스코틀랜드에는 영연방 독립을 추진하는 당이 있고, 2014년에는 주민투표를 치렀다.

스코틀랜드 독립
결국 돈에 달렸다

　스코틀랜드 주민들은 2014년 9월 18일 영국으로부터 독립을 할지 말지 결정할 투표를 했다. 결과는 앞에서도 얘기했듯이 부결되었다. 2012년 주민투표가 결정될 때만 해도 분리독립 찬성 쪽이 이기리라 예상한 사람은 거의 없었다.

　당시에는 더블 스코어도 넘게 반대 의견이 우세했다. 여론조사 기관 TN-BMRB의 2014년 4월 초 조사 때만 해도 반대 41퍼센트, 찬성 29퍼센트, 미결정 30퍼센트였다. 그러다가 5월에 42퍼센트 대 30퍼센트 대 28퍼센트로 격차가 줄어들었고, 7월에는 41퍼센트 대 32퍼센트 대 27퍼센트로 더 줄어들었다. 양측의 TV 토론이 있었던 8월에는 알리스테어 달링 전 노동당 정부 재무장관을 우두머리로 내세운 독립 반대 측의 선전으로 45퍼센트 대 32퍼센트 대 23퍼센트로 다시 격차가 벌어졌다. 그러나 2차 토론에서 현 스코틀랜드 총리 격인 스코틀랜드 수석장관 앨릭스 샐먼드를 필두로 한 독립 찬성 측이 준비를 철저하게 해서 여론의 방향을 바꾸었다.

독립 반대를 호소한 정부

2014년 9월 3일 수요일, 영국 여야 3당 대표들은 영국의회 정치에서 가장 중요한 의사 절차인 주례 총리질의 시간까지 다른 사람들에게 맡기고 모두 부랴부랴 스코틀랜드로 달려갔다. 각자 스코틀랜드 곳곳에 자리 잡고 독립 반대 투표를 설득하고 다녔다. 특히 데이비드 캐머런 총리는 스코틀랜드의 중심도시 에든버러의 금융인들 앞에서 행한 연설에서 "빌어먹을effing 보수당을 한 방 먹여주면 정신을 차릴 것인데, 보수당이 밉다고 독립 찬성에 투표를 해서 만일 스코틀랜드가 독립하면 내 가슴은 무너질 것이다"라며 읍소했다. 영국 신문《데일리메일》은 '캐머런이 거의 눈물을 쏟을 정도로 호소close to tears in plea'를 했다고 제목을 달았다. 이 덕분인지 여론조사 기관 서베이션 데일리레코드의 9월 10일 조사로는 미결정을 제외했을 때 반대 쪽이 53퍼센트, 찬성 쪽이 47퍼센트로 다시 판세가 바뀌었다. 그래서 그 전날까지만 해도 "영국 의회 지도자들은 지금 거의 공황상태"라고 느긋하게 놀리던 샐먼드 스코틀랜드 수석장관은 BBC와의 인터뷰에서 "나는 우리 찬성 쪽이 아직 약자라고 본다. 왜냐하면 투표일이 가까워질수록 영국 정부는 무엇이든 쏟아부을 것이기 때문이다. 심지어 부엌 싱크대와 거실까지도"라고 불평했다.

그때까지 영국 정부는 거의 손을 놓고 있었다. 워낙 여론조사 결과가 반대가 많았고 잘못 나서면 오히려 스코틀랜드 주민들을 자극해 악영향을 끼칠까 조심스러워했다. 하지만 막판에 상황이 악화되자 그동안 스코틀랜드인을 자극하지 않으려고 자제하던 정부 고위인사들도 서둘러서 독립 반대 의사를 표했다. 캐나다 출신인 영국중앙은행 총재 마크 카니는 "독립한 스코틀랜드가 파운드 화폐를 쓰는 것은 주권국가로서 적당하지 않다"고 부정적 의견을 냈다. 영국 정부의 실질적 제2인자인 조지 오스본 재무장관도 "독립이 승인되면 스코틀랜드가 지금처럼 파운드화를 쓰는 일은 영국 나머지 지방들의 경제적 이해를 해칠 가능성이 많기 때문에 절대 없을 것"이라고 잘라 말했다. 오스본 장관은 찬성이 가결되면 스코틀랜드는 "돌아올 수 없는no going back 길을 가는 것임을 기억해 달라"고 경고했다. 오스본 장관의 발언에 노동당과 자민당도 즉각 동의했다. 오스본 재무장관의 발언은 지금까지 나온 것 중 가장 강력한 것이었다. '스코틀랜드가 독자적으로 화폐를 가져?'라는 의문을 스코틀랜드인들이 품기 시작하면서부터 독립 찬성표가 우르르 떨어지기 시작했다. 스코틀랜드인은 경제관념이 철저하다. 지금까지는 가슴이 시키는 대로 해왔는데 머리가 다시 작동을 하니 '이건 아니다'라는 자각이 뒤늦게 든 셈이다.

스코틀랜드 기업인들도 막바지에 이르자 하나둘 의견을 내놓기 시작했었다. 영국석유BP의 밥 더들리 회장은 "북해유전의 이익은 스코틀랜드가 영국에 존속해야지 가장 잘 보호될 수 있다"고 했고 왕립스코틀랜드은행RSB도 "독립안이 통과되면 영국 투자자와 예금자들을 보호하기 위해서라도 본점을 런던으로 옮길 수밖에 없다"고 했다. 영국 정부 발표에 의하면 스코틀랜드 기업인의 70퍼센트도 스코틀랜드가 영국연합왕국에 남아 있기를 바란다고 한다. 스코틀랜드 국민당은 유럽에서도 보기 드물게 사회주의적인 정당이다. 그래서 스코틀랜드 국민당이 집권한 스코틀랜드는 기업하기 좋은 환경일 리 없었다. 일본 노무라은행은 만일 독립 찬성으로 결과가 나오면 영국 파운드화는 최소한 14퍼센트 하락하고 예측할 수 없는 사태에 대한 염려로 자산 인출사태가 나타날 수도 있다고 경고했다. 프랑스 방산업체 탈레스의

CEO 장베르나르 레비는 "절단된 영국amputated Britain에 투자할 이유가 없다"고 스코틀랜드 독립 반대 의견을 강조했다.

주민투표 결과와 상관없이 스코틀랜드와 영국의 관계는 투표 전과 달라졌다. 투표 전 독립을 갈망하는 유권자들을 달래려 영국 정부는 스코틀랜드에 거의 완벽한 지방자치를 허용하겠다고 약속했다. 실제로 투표가 끝나자마자 작업에 착수하겠다는 공약을 지키기 위해 협상을 계속하고 있다. 또 일부 잉글랜드 지역구 의회의원들은 독립안이 부결되더라도 스코틀랜드에 지금까지 허용한 자치권을 나머지 지역(잉글랜드·웨일스·북아일랜드)으로도 확대하기 위한 조사를 시작할 예정이라고 밝혔다. 자민당도 '최고도의 자치 허용정책(Devo[devoution]-Max: 펩시 맥스에서 기인된 단어로 국방과 외교를 제외한 모든 권한을 주자는 정책)'을 채택해 스코틀랜드뿐만 아니라 전국적으로 지금보다 훨씬 넓고 깊은 규모의 지방자치를 허용하는 방안을 마련하자고 했다.

돈이라는 프리즘으로 본 독립

스코틀랜드 문제를 비롯해 영국의 각종 현상을 돈이란 프리즘을 통하면 쉽게 보일 때가 많다. 현재 중동의 혼란이 누가 종교적으로 더 제대로 사는 것이냐에서 비롯된 문제라면, 유럽인의 관심은 어떻게 하면 더 잘사는 것인가에 있는 것 같다. 특히 영국인의 모든 관심사는 더 잘사는 방법에 쏠려 있다. 스코틀랜드 독립도 어떻게 해야 더 잘살 수 있는가에 초점을 맞춰 봐야 한다. 스코틀랜드 국민당이 "독립을 하면 1인당 600파운드 수입이 더 생긴다"는 식으로 찬성표를 유도한 것을 보면 잘 알 수 있다. 모든 논쟁의 의제가 경제와 관련이 있다. 현재 가장 중요한 논의가 독립 후 파운드화 사용이라면 그다음은 북해유전, 국가부채 정산, 의료보험, 각종 사회복지제도 유지 등과 같은 돈과 관련된 문제들이다.

이렇게 보면 지난 투표도 '같이 있어야 더 잘살 수 있느냐, 헤어져야 더 잘 살 수 있느냐'의 논쟁이었지 결코 스코틀랜드인의 자존심 회복, 자유 쟁취 같은 거창한 문제가 아님이었음이 분명하다.

현재 누리고 있는 의료보험 혜택과 대중 서비스를 계속 받기 위해서는 스코틀랜드가 독립해야 한다는 스코틀랜드 정부의 협박도 먹혀들었다. 영국 정부는 의료보험 서비스에 대한 지역별 영리법인화를 야심적으로 추진하고 있다. 공룡 같은 비효율적인 국가의료보험에 경쟁의 원칙을 도입해 개혁하자는 것이다. 대다수 스코틀랜드인은 이 개혁에 의심과 불만의 눈초리를 보내고 있다. 이런 상황에서 스코틀랜드 정부는 제도 유지를 약속했다. 스코틀랜드가 독립하면 세금을 올리지 않고도 북해유전 수입만으로도 의료보험 시스템을 충분히 유지할 수 있다는 계산이었다. 스코틀랜드의 북해에서 생산되는 석유에 대한 세금액이 매년 10억 파운드이고 이것이 스코틀랜드 정부 수입의 10분의 1을 차지한다. 이 돈을 그대로 국부기금으로 모으면 30년 만에 300억 파운드의 자금이 모인다는 계산이었다.

307년 전 잉글랜드와 스코틀랜드가 왜 합병했는지를 따져봐도 결국 돈 때문이다. 1690년대에 스코틀랜드가 파나마를 개발해 속국화하려다가 실패해서 엄청난 손해를 보는 바람에 생긴 국가적 경제난이 이유였다. 당시 국부의 반을 쏟아부어 무역항을 만들었는데 파나마와 무역을 하기로 한 계획이 틀어졌다. 나라가 거의 파산 지경에 이르러 어쩔 수 없이 영국과의 합병을 선택한 것이다. 그랬던 스코틀랜드 사람들이 이제는 거꾸로 영국으로부터 독립해야 더 잘살 수 있다는 판단이 서자 헤어지자는 것이다. 영국인들은 이렇게 모든 것이 돈에서 시작해서 돈으로 끝난다.

투표 결과에 따른 정치인들의 운명

투표 결과가 발표되자 캐머런 영국 총리와 샐먼드 스코틀랜드 수석장관의 운명은 극명하게 갈라졌다. 투표 전 만일 독립 찬성으로 결론이 나면 당연히 캐머런 총리는 사임하고, 샐먼드 수석장관은 영웅이 될 것이 분명했다. 영국 보수당 지지자들이 캐머런이 쓸데없이 투표에 동의해서 이런 사태를 만들었다고 보았기 때문이다. 책임소재를 분명히 해야 했기에 캐머런이 물러나지 않고는 배길 수 없었다. 물론 캐머런의 입장에서는 상당히 억울하다고 할 수도 있었다. 독립투표에 동의해줄 당시에는 스코틀랜드 내의 독립 반대 여론이 거의 40퍼센트 이상이라 독립 찬성에 앞서는 상황이었다. 그래서 확실히 한번 짚고 넘어가서 영원히 독립 논의를 잠재우고자 하는 판단이었다고 볼 수 있다. 그런데 시간이 흐를수록 독립 쪽으로 표가 몰려갔다. 그래서 중차대한 판단 착오로 국가를 전대미문의 위기로 몰아넣은 캐머런은 독립 찬성으로 결론이 나면 당연히 사임해야 한다는 말이 나왔었다.

만일 독립 반대 측이 이기면 캐머런은 "휴!" 하고 안도의 숨을 쉴 것이고 반대로 샐먼드는 사임하리라고 예측했었고 실제 사임했다. 그러나 샐먼드는 스코틀랜드에서는 그래도 영웅이다. 독립운동 시작 당시 20퍼센트 안팎의 독립 찬성 여론을 막바지에 50퍼센트까지 끌어올렸다는 점과 그 덕분에 투표 후 중앙정부로부터 소득세 인상, 기채권 같은 더 큰 자치권을 얻었기 때문이다. 게다가 2015년 5월 영국하원 총선에서 스코틀랜드 국민당이 59석의 스코틀랜드 의석 중 56석을 휩쓸다시피 해 총선 전의 6석의 소수당에서 영국 내 제3당으로 올라섰다. 결국 독립투표에서는 졌지만 실익으로 따지면 독립보다 더 나은 결과였다는 말도 있다.

사실 샐먼드가 굳이 사임할 이유도 없었다. 샐먼드가 독립운동을 시작한 진정한 이유를 둘러싸고도 정말 독립을 이루겠다는 것보다 중앙정부로부터 자치권에 대한 더 많은 양보를 받아내기 위한 게 아닌가 하는 의심의 눈초리도 있었다. 만일 그것이 샐먼드의 진정한 속셈이었다면 최대의 효과를 본 것이다. 그래서 투표에 져서 우울한 표정을 짓지만 실제 샐먼드 측은 곤혹스러운 게 아니라 신이 났다는 정반대의 관측도 나온다. 샐먼드는 스코틀랜드 일간지에 경마 칼럼을 쓸 정도의 경마 전문가다. 도박 승부로 단련된 그로서는 전혀 잃을 것이 없는, 아주 안전한 세기의 도박을 성공적으로 이끈 셈이다. 독립 찬성 여론을 박빙의 상태로까지 끌어올려 영국 중앙정부가 각종 혜택을 약속했으니, 내키지 않은 독립을 해서 큰 부담을 지기보다는 부결되었지만 결국 얻을 것은 다 얻으며 오히려 더 나은 결과를 만들었다.

게다가 스코틀랜드인들의 국수주의를 자극시켜 전통적으로 노동당 텃밭이던 스코틀랜드 하원 의석을 무려 9배도 더 늘렸으니 스코틀랜드 국민당으로 봐서는 일석이조가 아니라 일석삼조를 한 셈이다. 자치 양보도 얻고, 하원 의석도 늘이고, 성공 여부도 알 수 없는 독립해서 부담을 갖느니 그냥 영국이라는 그늘 밑에 안주하는, 실익 3가지 말이다.

독립 이후의 시나리오 예측

투표 전 나온 믿거나 말거나 하는 얘기 하나만 더 살펴보자. 만일 스코틀랜드 독립이 성사되더라도 샐먼드 수석장관의 희망과 달리 파운드화 사용은 분명 불가능할 것으로 모두들 예측하고 있었다. 투표 후 독립 절차가 진행되면 바로 스코틀랜드의 파운드화 사용을 금지시키자는 여론이 영국을 뒤덮을 것이기 때문이었다. 영국인의 자국 화폐에 대한 애정은 유럽연합에 속해 있으면서도 유로화를 안 쓰는 것에서도 볼 수 있듯이 집착이라고 할 만큼 대단하다. 이를 감안하면 이혼한 이웃 스코틀랜드가 파운드화를 쓸 수 있게 여론이 절대 허용하지 않을 게 불을 보듯 뻔했다.

　스코틀랜드로서는 그때부터 감당하기 어려운 각종 비용에 대한 어마어마한 독립 예상 비용내역서가 언론을 뒤덮을 거라는 말이 나왔었다. 그렇게 되면 스코틀랜드인들 사이에는 "잠깐! 흥분을 가라앉히고 우리 차분하게 한 번 더 독립에 대해 논의해보자"는 의견이 나올 수도 있고, 결국 다시 투표를 해서 최종 결정하자는 사태까지도 갈 수 있었다는 말이 투표 후 나왔다. 또 2015년 5월 영국 총선에서는 스코틀랜드 독립이 결정되든 안 되든 스코틀랜드에서도 영국의회로 보낼 의회의원 총선이 치러져야 했었다. 이때 독립투표 승인 이후 여론의 미묘한 변화를 틈타 영국으로의 복귀를 정책으로 내세우는 당 혹은 연합당이 스코틀랜드에 등장할 수도 있었다. 이 결과 웨스트민스터 의회에 마련된 스코틀랜드 의석 59석 중 다수를 이들이 점하고 이를 스코틀랜드 주민들의 일반 정서라는 여론이 일면 독립에 대한 재투표를 추진할 수도 있다는 시나리오가 나왔었다. 만일을 전제로 한 소설 같은 얘기지만

분리독립을 찬성하는 사람들.

영국인들은 전혀 가능성이 없다고 얘기하지 않는다.

　영국으로 봐서는 끔찍한 예측도 있었다. 당시 2016년 3월 스코틀랜드 독립선언, 5월 총선이 가능하다고 생각하는 영국인은 스코틀랜드인을 포함해 아무도 없었다. 투표에서 독립 찬성으로 결론이 나더라도 독립 협상은 지루하고 어려울 것이며 아주 길 것이라고 보았다. 5년이 걸릴 수도 있고 10년도 모자랄 것이라는 전망도 있었다. 결국은 합의가 이루어지지 않을 수 있다는 전망도 나왔는데 그 전망이 현실적으로 아주 가능성이 높았던 예측이었다. 지루한 양국의 합의를 영국인이 기다리는 동안 어떤 일이 벌어질지는 아무도 모른다. 스코틀랜드인들이 지쳐서 그냥 없던 일로 하자는 쪽으로 갈 수도 있고, 일단 독립을 선언하고 의회 총선을 치러 독립국가 형태를 갖춘 다음 영국과 협상을 계속하자는 쪽으로 갈 수도 있다. 영국으로서는 답답할 일이 없었다. 그냥 스코틀랜드의 파운드 사용만 중지시키고 중앙정부에서 주던 보조금을 끊으면 스코틀랜드가 오래 버틸 재간이 현실적으로 없었다.

　스코틀랜드 독립투표가 통과되면 영국 각 당의 정치적 이해관계도 편하지는 않았었다. 스코틀랜드 국민당이 원래 내세운 대로 2016년 5월에 독립 스코틀랜드 의회가 구성될 때까지 겨우 1년이 남긴 했지만 일단 2015년 5월 영국 총선 때 영국 의회에서 스코틀랜드를 대표할 59명의 의원들을 영국

분리독립에 반대하는 사람.

총선 프레임에 맞추어 뽑아야 했다. 당시에는 노동당이 41석을 확보하고 있었다. 노동당이 이 숫자를 그대로 유지해야 전망대로 2015년 총선에서 집권당이 될 수 있었다. 그런데 만일 총선 후 1년 뒤인 2016년 스코틀랜드가 진짜 독립하고 나가면 스코틀랜드 지역구 하원의원은 모두 사퇴를 해야 했다. 그렇게 되면 스코틀랜드 41석을 기반으로 과반수 다수당이 되어 집권했던 노동당은 자당의원들이 자격을 상실해서 의석수에 변동이 생길 수도 있었다. 결국 영국으로서는 총선 없이 집권여당이 바뀔 수 있는 전대미문의 사태가 올 수 있었다는 말이다. 그래서 만일 스코틀랜드 독립투표가 성공하면 2015년 5월 총선을 미루자는 의견도 나왔었다.

그런데 스코틀랜드 독립투표가 부결되자 예정대로 치러진 2015년 총선에서 보수당과 스코틀랜드 국민당이 승자가 되었고 노동당과 자민당은 패자가 되었다. 특히 노동당은 스코틀랜드 69석 중 41석을 가지고 있었는데 총선에서 40석을 스코틀랜드 국민당에게 내주고 겨우 1석만을 얻었을 뿐이다. 노동당의 전통적인 텃밭이던 스코틀랜드를 스코틀랜드 국민당에게 송두리째 바친 셈이 되었다. 자민당도 11석의 의석 중 10석을 잃고 겨우 1석을 건지는 참패를 했다. 결국 스코틀랜드 국민당의 선전으로 노동당은 집권 문턱에서 내려앉고 그 어부지리를 보수당이 얻게 되었다. 그래서 스코틀랜드 독립투표 사건은 보수당과 스코틀랜드 국민당이 합작해서 만든 잘 짜인 시나리오에 의한 정치극이었다는 말이 나왔다.

과연 도박사들의 배당률은?

영국에서는 도저히 승부를 예측할 수 없을 때 도박업자들의 배당률을 참고한다. 찬성·반대 양측의 첫 토론과 다음 토론 사이에는 찬성 편에 배당금이 더 많았다. 도박업자들은 반대 쪽으로 결론이 날 것이라고 예상했다는 뜻이다. 그러나 2번째 토론이 반대편의 패배로 끝나고 여론이 찬성으로 많이 돌아서서 거의 승부를 가늠할 수 없는 상황이 전개되자 도박업자들이 찬성 쪽의 배당금을 줄였다. 그만큼 찬성 쪽의 가능성이 전보다 높아졌다는 뜻이었다. 그러나 결과에 따라 나눠주는 배당금을 자세히 보면 막바지에 도박업자들은 반대 쪽으로 결론이 날 것이라고 예측하는 듯했다. 결국 도박업자들의 예리한 판단이 맞아떨어져 '역시 선수들은 다르다'라고 감탄하게 만들었다. 도박업체들은 "이번 도박은 특이하게도 아주 정치적인 성향을 띠고 있다"고 했다. 스코틀랜드에서는 90퍼센트가 찬성 쪽에 돈을 걸고 있고 그 이외의 지역에서는 70퍼센트가 반대 쪽에 승부를 걸었다. 돈의 문제가 아니라 정치적인 판단으로 도박을 했다는 말이다. 스코틀랜드인답지 않은 판단이었다.

어쨌든 정치 현상에 대한 도박치고는 전대미문의 금액이 쏟아져 들어와 도박업자들은 싱글벙글했었다. 투표일 막바지에 도박업체마다 무려 200~330만 파운드가 넘는 돈이 걸려 있었다. 전체적으로 돈의 80퍼센트가 찬성 쪽에 걸려 있었는데 결국 도박업자들이 대박을 쳤다. 판돈도 엄청나서 2014년 9월 3일 한 번에 8000파운드(1360만 원)를 건 사람도 있었다고 한다. 스코틀랜드 독립과 관련해 별난 사항에도 돈이 걸렸다. 스코틀랜드 독립이 승인되면 샐먼드 수석장관이 샴페인 대신 스코틀랜드 청량음료인 '이른 브루Irn Bru'를 터뜨릴 가능성에 돈을 거는 식이다.

나는 만일 돈을 건다면 독립 반대 쪽으로 돈을 걸겠다고 했다. 아직까지 결정을 하지 않은 사람들 사이에서 많은 표가 분명 반대로 나올 것으로 봤기 때문이었다. 사람들은 항상 마지막 순간에는 현상유지를 선택하는 경우가 많다. 영국 정부가 워낙 적극적으로 마지막 표 지키기에 열중하는 것도 많은 효과를 낼 듯도 했고 경제관념이 투철한 스코틀랜드인들이 확실치 않은 미래에 자신들의 운명과 돈을 걸 리 없을 것이라는 확신도 들었다.

그럼 돈에 관한 스코틀랜드 농담 몇 개를 소개하고 글을 끝맺기로 하자.

어떤 사람이 스코틀랜드인 신부와 유대인 신랑의 결혼식을 다녀왔는데 신랑 들러리가 주머니에서 신랑에게 줄 결혼반지를 꺼내다가 동전이 양가 가족 사이 바닥에 쏟아졌다. 10분 뒤에 폭동 진압 경찰이 출동했다.

글래스고 펍에서 부자 미국인이 1만 달러가 든 지갑을 잃어버렸다. 부자가 "지갑을 찾아주는 사람에게 100달러를 주겠다"고 말하자, 펍 한쪽에서 "나는 150달러를 주겠다"는 고함 소리가 나오더니 펍은 금방 잃어버린 지갑을 파는 경매장이 되었다.

'어떻게 미국의 그랜드캐니언이 만들어졌는가'에 대한 정답은 '스코틀랜드인의 돈 10달러가 토끼굴 안으로 들어가서'이다.

> 🔍 **Keyword 50 : 위스키**　　　　　　　　Search

보리, 밀, 수수 등의 맥아에 효모를 넣어 발효시키고 증류한 술. 영국산 스카치위스키는 세계적으로 유명하다.

위스키의 본고장,
스코틀랜드 더프타운 방문기

2015년 스코틀랜드 독립운동이 한창일 때 영국(물론 잉글랜드) 언론에 이런 농담이 나왔다. "스코틀랜드는 독립하면 무엇을 먹고 살 거냐는 물음에 대한 정답은 '3종류의 물을 팔아먹고 산다'이다." 여기서 3종류의 물이란 기름(북해유전), 생수, 그리고 위스키를 뜻한다.

숱한 스카치위스키 관련 농담 중 하나만 더 소개해보자. 스코틀랜드인이 얼마나 스카치위스키를 사랑하고 자랑하는지를 말해주는 농담이다.

신이 스코틀랜드를 만들고는 만족해서 자신의 작품을 내려다보고 있었다. 그러고는 천사장 가브리엘을 불러 한번 보라고 했다. "내가 지금까지 만든 것 중에 최고지! 더할 나위 없이 수려한 산천, 용감한 남자, 아름다운 여자, 상큼하고 깨끗한 날씨, 심금을 울리는 음악, 거기다 최고의 술 위스키까지. 나는 그들에게 모든 것을 다 주었다." 자랑을 마친 신은 가브리엘에게 위스키를 건네주었다. 한 모금을 마셔본 가브리엘은 "그런데 저들에게 너무 좋은 것만 주면 버릇이 나빠지지 않을까요? 좀 나쁜 것도 주어야지요?"라고 했다. 그러자 신이 "내가 먼저 만든 이 친구들 이웃이 하는 짓을 보면 그런 말을 못할걸!"이라고 말했다.

여기서 이웃은 물론 잉글랜드인이다. 잉글랜드인의 행동을 비꼬면서 스코틀랜드의 땅과 위스키에 대한 자랑을 은근하게 곁들인 농담이다.

몰트위스키의 세계

2014년 여름 스코틀랜드 하이랜드 지방의 위스키 생산 지역 중 하나인 스페이사이드의 중심 마을인 더프타운Dufftown을 찾았다. 그곳에서 윌리엄 그란트사社가 생산하는 스카치위스키인 글렌피딕과 발베니 공장을 견학했다. 전 세계에 싱글몰트위스키를 처음 알리다시피 한 초록색 삼각병의 글렌피딕. 이 유명한 위스키를 만드는 윌리엄 그란트의 피터 고든 회장의 안내를 직접 받는 영광을 누렸다. 덕분에 위스키를 제대로 배울 수 있었다. 위스키에 대한 인식을 송두리째 바꾼 기회이자 싱글 한 잔(25밀리리터)에 1000파운드가 넘는 세상에서 가장 비싼 50년 된 싱글몰트위스키가 목을 넘어갈 때의 짜릿하고 오싹한 경험을 맛보기도 했다.

본격적으로 스카치위스키 얘기에 들어가기 전 속성으로 위스키 공부를 해보자. 위스키에는 몰트위스키, 그레인위스키, 블렌디드위스키가 있다. 몰트는 보리로만 만들고, 그레인은 보리는 물론 밀·옥수수 등의 모든 곡물로 만들 수 있다. 블렌디드는 몰트와 그레인을 섞어서 만든다. 스카치위스키에 특별하게 싱글몰트나 그레인이라고 명기가 안 되어 있다면 모두 블렌디드로 보면 된다. 조니 워커, 발렌타인, 시바스 리갈 등이 다 블렌디드이다.

3종류의 위스키 중 어떤 위스키를 마셔야 하느냐는 도저히 답이 없는 질문이다. 어떤 미인이 이상형인지가 각자 다르듯이 위스키의 선호도 각기 다를 수밖에 없다. 원래는 위스키 하면 모두들 아무 생각 없이 블렌디드위스키를 마셔왔다. 지금도 스카치위스키 세계 시장의 90퍼센트를 블렌디드위스키가 차지하고 있다. 그러다 1970년경부터 시작된 싱글몰트가 세계적으로 자리를 잡으면서 시장을 늘려가고 있는 중이다.(전체 위스키 시장에서 차지하는 싱글몰트위스키의 세계 평균 점유율이 12퍼센트인데 아직 한국은 3퍼센트밖에 안 된다고 한다.) 그래서 위스키를 마시는 애주가들 사이에서 싱글몰트파와 블렌디드파의 논쟁이 한창이다.

세계적 싱글몰트위스키 회사 윌리엄 그란트의 오크통 창고.

싱글몰트 제조 전문가들도 일할 때 말고 친구들과 개인적으로 위스키를 마실 때는 블렌디드위스키를 찾는다고 한다. 세계 최고의 전문가들이 원액을 고르고 섞어서 만들어낸 걸작이 좋긴 좋다는 말이다. 블렌디드위스키는 교향악과 같은 제품이다. 각종 악기가 어우러져 내는 소리의 오묘한 웅장함과 섬세함은 단 하나의 특성을 가진 싱글몰트가 도저히 따라올 수 없다는 주장이다.

반면 더프타운을 가기 전 에든버러 시내 펍에서 만난 한 싱글몰트 애호가는 아무런 개성도 족보도 없는 블렌디드위스키는 "완전히 성형미인"이라고 혹평했다. 모든 사람의 취향에 맞추다 보니 누구나 좋아하는 얼굴이 되었지만 또 아무도 좋아하지 않는 개성 없는 공장미인이라는 거였다. 흡사 영혼이 없는 박물관의 조각 같은 위스키에서 도저히 영혼을 느낄 수 없다고 주장했다. 이 싱글몰트 애호가는 "어떻게 같은 맛, 같은 향기, 같은 냄새의 위스키만을 매일같이 마시느냐"는 주장도 폈다. 자신은 날씨와 기온과 그날의 기분에 따라 오늘은 이 싱글몰트, 내일은 저 싱글몰트를 마신다는 것이었다. 그전에 마셨던 싱글몰트도 매번 다르게 느껴진다고 했다. 어떤 싱글몰트는 맛은 좋은데 향기가 좀 부족하고, 또 어떤 싱글몰트는 맛과 향기는 좋은데 목에 넘어가는 감촉이 좀 거친 결점이 있지만, 그래서 더욱 매력이 있다고 했다.

에든버러에서 코가 빨간 백발의 스코틀랜드인에게 "지금까지 몇 종류의 싱글몰트를 마셨느냐"고 물어본 적이 있다. 그는 자랑이 가득하고 뻐기는 듯한 표정으로 내게 몸을 기울이더니 큰 비밀이나 얘기하는 것처럼 소리를 낮추어 "당신한테만 알려준다"면서 "지금까지 235종을 마셔보았다"고 속삭였다. 그 모습이 마치 "딱지가 235장이나 있다"고 자랑하는 5세 아이 같았다. "앞으로 다른 싱글몰트를 더 마셔볼 생각이냐"는 물음에 그는 잠깐 주춤하더니만 "싱글몰트 양조장들이 자꾸 사라지는 바람에 새로운 싱글몰트를 구하기가 쉽지 않아서 어려울 것 같다"며 슬픈 표정을 지었다. 사실 내가 만난 스코틀랜드인 대부분이 싱글몰트 애호가였다.

스코틀랜드인에게 "위스키는 어떻게 마셔야 하느냐"는 질문을 던지면 전문가나 애호가 모두 "얼음은 넣지 말라"는 말과 함께 "상온의 물을 타서 마시라"고 대답한다. 물을 타서 마시니 처음으로 위스키가 달다는 느낌이 들었다. 스코틀랜드인은 위스키에 얼음을 넣으면 향기가 갇혀 나오지 못한다고 얘기한다. 위스키도 코냑처럼 잔을 손바닥으로 감싸고 마시면 체온 때문에 데워진 위스키의 향기가 열려서 나온다고 했다. 얼마만큼의 물을 섞어야 제 맛이 나느냐에 대해서는 모두들 의견이 달랐다. 피터 고든 회장은 "10~20퍼센트"라고 했는데 빨간 코의 싱글몰트 애호가 스코틀랜드인은 "30퍼센트는 되어야 한다"고 했다. 인터넷에서 어떤 위스키 전문가는 "50퍼센트"가 정답이라고 주장했다. 각자 좋아하는 싱글몰트로 여러 번 시험을 거쳐 자신만의 농도를

윌리엄 그란트의 증류 시설.

만들어내는 것이 최선이 아닐까.

싱글몰트를 블렌딩해서 마셔보라는 권유도 받았다. 다양한 싱글몰트를 어느 정도 섭렵하고 나면 자신이 좋아하는 싱글몰트를 컬렉션해 이것저것 조금씩 섞어 먹어보라고 했다. 다양한 조합이 새로운 맛을 만들어내고 자신만의 제조법을 개발하면 주위에 자랑할 수도 있다는 것이다. 싱글몰트뿐만 아니라 그레인이나 블렌디드를 섞어서 먹는 방법도 있다고 했다. 전문가들은 모든 위스키들이 조화를 이루는 것은 아니라며 주의도 주었다. 스코틀랜드인은 위스키로 다양한 칵테일을 만들어 마시는 방법도 시도해보라고 권한다. 위스키 칵테일 음료로는 콜라, 레모네이드, 코코넛 워터, 녹차까지도 활용할 수 있다고 했다. 그런 말을 듣고 보니 한때 한국에서 유행하던 소주에 오이를 잘라 넣어 마시거나 암시롱이라는 소화제를 넣어 마시기도 했던 생각이 났다. 물론 지금은 맥주에 넣어 먹는 소맥이 유행하지만 말이다.

조화로운 교향곡 같은 블렌디드위스키

이제 블렌디드위스키에 대한 얘기를 좀 해보자. 사실 위스키 블렌딩의 역사는 그렇게 오래되지 않았다.(와인도 사실 일부 블렌딩을 한다. 위스키와는 달리 물이 한 방울도 안 들어가지만 일부 와인은 맛을 개선하고자 다른 와인과 섞기도 하고, 때로는 다른 와이너리의 와인과도 섞어서 병입해 출하한다.) 1860년대에 에든버러의 앤드루 어셔에 의해 시작되었다. 그의 성공으로 스카치위스키가 세계적 명성을 얻기 시작했다. 위스키 블렌딩은 맛을 더 개선하기 위한 목적으로 시작된 것이 아니다. 워낙 맛이나 향기가 약한 싱글몰트의 판매와 원가절감을 위해 좋은 원액과 섞어서 '적당한 가격과 적당한 맛'의 대량 소비용 위스키를 궁여지책으로 만든 게 시작이었다.

블렌디드위스키는 아주 오래된 조합 기술에 따라 '블렌딩 마스터'라 불리는 수십 년의 경험을 가진 최고의 기술자들이 제조한다. 보통 10~50종류의 몰트위스키에 2~3종류의 그레인위스키를 혼합해서 만든다. 그 비율은 몰트가 30~40퍼센트, 그레인이 60~70퍼센트이고 몰트의 비율이 높아지면 고급이 된다. 자세한 비율과 몰트의 종류들은 각 회사마다 주요 기밀 중의 하나이다. 블렌딩의 원료인 몰트와 그레인 회사도 어느 블렌디드위스키 회사가 자신들의 고객인지 밝히기를 꺼린다. 물론 블렌딩 회사도 마찬가지로 어디서 얼마를 사왔는지를 절대 공개하지 않는다.(하긴 유명 커피제조회사들도 커피를 블랜딩해서 인스턴트 가루를 만든다. 옛날에는 몇 개의 인스턴트 가루 커피를 오랜 경험에 따라 섞어서 맛과 향기와 색을 내는 커피점도 있었다).

위스키가 모든 다른 위스키와 잘 섞이는 것은 아니다. 섞으면 되레 역효과를 내는 경우도 많다. 색깔과 냄새가 좋은 원액을 다른 원액과 섞으면 원래의 색깔이나 향, 혹은 맛이 변하는 수가 많다고 한다. 선남선녀끼리 만나 어떻게 연애를 하고 어떻게 결혼을 하는지가 개인마다 상황마다 시대마다 다르듯이 신神도 결과를 먼저 알 수 없는 게 위스키 블렌딩이라는 말까지 있다. 아무리 조건이 좋은 남녀가 주위의 온갖 축복을 받고 최고급 호텔에서 수억 원을 들여서 결혼해도 얼마 지나지 않아 이혼할 수도 있듯이, 위스키끼리의 결혼(실제 '결혼marry'이라고 부르기도 한다)이라 부르는 위스키 블렌딩도 인간사와 똑같다는 것이다.

블렌딩 마스터가 말하는 블렌딩

글렌피딕 블렌딩 마스터 이안 밀라는 자신의 직업을 "축구팀 감독과 같다"고 표현했다. 모든 선수가 기술만 좋다고 되는 것도 아니고 그렇다고 싱싱하게 강한 맛과 냄새가 좋은 원액들만 섞어도 안 된다는 게 그의 말이다. 다른 선수들과 잘 협조하는 이름 없는 선수와, 기술은 좋으나 개성이 강한 선수, 공격을 주로 하는 선수, 수비만 하는 선수, 중간에서 공격과 수비의 고리 역할을 해주는 선수, 그리고 나이가 들어 비록 기력은 떨어졌으나 큰 형님 같은 노장 선수들이 모두 잘 조화되어야 좋은 축구팀이 나오듯이 블렌디드위스키도 각종 조건을 감안해서 조화를 이뤄야 한다고 강조했다. 그래서 수많은 테스트를 통해 실패도 하고 성공도 하면서 블렌디드위스키 제조법을 만들어 간다는 설명이었다.

블렌딩을 어렵게 만드는 변수는 한둘이 아니다. 예컨대 보리의 작황에 따라 원액들의 맛과 향이 변하기도 한다. 숙성 중 기후 변화가 양조장의 수익을 좌우하기도 한다. 날씨가 따뜻하면 공기 중으로 날아가는 '천사의 몫 Angel's Share'이 늘어나 저장 위스키의 양이 확연하게 차이가 난다. 또 동일한 숙성 기간에도 불구하고 맛과 냄새가 달라질 수도 있다. 결국 블렌딩할 때마다 맛과 향기를 유지하기 위해 값비싼 원액을 더 넣기도 하고, 숙성의 정도에 따라 한 해를 더 묵히기도 한다. 심지어는 수년을 더 숙성시키는 경우도 왕왕 있다. 같은 양조장의 오크통 속에 있는 위스키도 통마다 맛이 달라 원액을 혼합하는 경우도 상당하다. 블렌디드위스키를 생산하지 않는 싱글몰트위스키 양조장에도 맛의 일관성을 유지하기 위해 '몰트 마스터'라 불리는 블렌딩 마스터가 있기 마련이다. 결국 양조장에서 일괄적인 공정을 통해 만들어내는 위스키지만 가양주家釀酒와 마찬가지로 만들 때마다 달라져 블렌딩 마스터의 골치를 썩인다.

블렌딩 마스터는 싱글몰트를 섞어서 블렌디드위스키를 만들 때만 일을 하는 것이 아니다. 자신만의 스타일을 지속적으로 유지하는 것이야말로 아주 중요하다. 며칠 밤을 새며 블렌딩해도 맛이 제대로 안 나오기도 한다. 고민하고 잠도 설치다가 이웃의 마스터를 불러 상의하기도 하고 외부 전문가를 불러서 해결하는 수도 있다. 각 양조장마다의 말 못할 비밀과 사연이 있다.

블렌딩 마스터들은 새로운 원액이 들어오면 항상 원액을 테스트한다. 기존 방식대로 제조하기 전 다른 원액과 혼합해서 제조를 해본 후에 같은 결과가 나와야 새로운 원액을 섞어서 대량생산에 들어간다. 매년 맛이 변해도 개성이 되지 흠이 안 되는 와인과 달리, 블렌디드위스키에서 제일 중요한 것은 맛의 일관성이다. '선수'들이 아무리 바뀌고 조합이 달라져도 맛이 같아야 한다. 그렇지 않으면 같은 이름으로 팔아서는 안 된다. 가끔 도저히 같은 맛을 만들 수 없을 때는 눈물을 머금고 제값을 못 받더라도 새로운 이름으로 위스키를 시장에 내놓는 수가 있다.

제각각인 싱글몰트위스키의 맛 때문에 블렌딩에 골머리를 앓는 양조장들이 이 문제를 해결하는 아주 좋은 방법이 있다. '싱글 배럴', 즉 오크통별로 싱글몰트를 판매할 수 있으면 이런 문제는 아주 쉽게 해결된다. 싱글몰트가 든 각 오크통마다 따로 번호를 붙여 병입해서 판매하면 된다. 소비자는 병마다 다른 색깔과 맛과 향기를 맛보게 되어 신비롭다는 평을 한다. 뚜껑을 열 때마다 다른 느낌의 위스키를 대한다는 기대에 흥분하기까지 한다는 평도 인터넷에서 보았다. 물론 같은 번호가 붙은 싱글배럴위스키는 양이 적어 찾기가 정말 어렵다. 대개 미국 위스키 회사들이 싱글배럴을 많이 생산하지만 스카치에서는 발베니 브랜드가 유명하다. 워낙 소량이 나오기 때문에 금방 매진이 된다. 인터넷에 프리미엄이 붙어서 유통되기도 한다.

싱글배럴은 당연히 싱글몰트이다. 병의 레이블에는 오크통에 넣어진 날짜와 병입 날짜, 그리고 오크통 번호가 인쇄되어 있다. 병 일련번호는 일일이 펜으로 쓴다. 병의 바깥에는 '한 오크통에서 350병 이상이 생산되지 않는다'고 적혀 있다. 싱글배럴 애호가들이 그냥 싱글몰트 애호가들보다 더 몰트 애호가임이 틀림없는 것 같다. 싱글배럴 가격이 일반 블렌디드위스키에 비하면 좀 비싸긴 하지만 한번 맛을 들여볼 만하다. 싱글배럴위스키를 구비해놓고 친지들을 초청해 내용을 설명하면서 대접하면 뭔가 있어 보이고 독특한 취미를 가진 듯한 호사가로 비칠 수 있다.

독주를 좋아하는 이들을 위한 위스키

하나 더 특이한 위스키 종류를 보자. 싱글 개스킷 스트랭스gasket strength 혹은 개스킷 프루프proof 싱글몰트위스키라는 것도 있다. 일반인들은 잘 모르지만 거의 모든 위스키가 도수 40도 정도로 맞추기 위해 병입하기 전 물을 탄다diluted. 그렇지 않으면 너무 독해서 마시지를 못한다. 그러나 개스킷 스트랭스는 물을 섞지 않고 오크통에서 나온 원액을 바로 담은 것을 말한다. 대개 60~65도 정도이다. 같은 도수의 보드카를 마셔본 내 경험으로는 술이 목을 넘어갈 때 거의 타는 듯한 느낌이 들었다. 더프타운을 다녀오고 나서 우연한 기회에 런던 시내 유명 재즈클럽 로니 스코트에서 멤버들을 대상으로 개최한 미국 버본 위스키 시음회를 간 적이 있다. 스카치나 아이리쉬만이 제대로 된 위스키라는 고정관념을 완전히 바꿔준 계기였다. 그곳에서 66도의 몰트위스키를 맛보았는데 순간 숨이 막히고 머리가 띵했다. 멋모르고 마셨던 일행은 이후 2~3시간을 헤매기도 했다. 그만큼 캐스킷 스트랭스위스키는 정말 스트랭스(strength: 힘)가 강하다는 것을 실감했다. 가끔 싱글몰트 전문회사들은 이런 싱글몰트로 '개스킷 스트랭스 에디션'이라는 특별 브랜드를 만들어 판매하기도 한다.(현재의 기술로는 위스키 알코올 도수를 94.8퍼센트까지 만들 수 있다.) 인터넷에 들어가면 찾을 수 있으니 독주를 좋아하는 한국인 애주가들이 한번쯤 구해서 시도해볼 만한 위스키이다.

영국 와인주류조합WSTA 조사 보고서에 국제주류시장연구소IWSR의 2013년 통계가 실렸다. 이에 따르면 한국의 위스키 수입량은 750밀리리터 12병을 한 박스로 해서 13만3098박스이다. 무려 1,597,176병이다. 이는 중국, 러시아, 인도, 미국 다음의 순위다. 세계 5위의 기록이다. 일본이 12만3768박스로 6위이다. 그런데 국민 1인당 증류주spririt 소비량을 보면 한국이 연간 24.5리터로 세계 최고이다. 독주에서 둘째가라면 서러워할 러시아가 16.5리터로 2위이다. 일본은 10위 안에 보이지도 않고 위스키의 본고장인 영국은 1인당 4.4리터밖에 안 된다. 위스키의 본고장도 한국의 6분의 1에 불과하다. 결국 한국인 1인당 1년에 750밀리리터 위스키 32병을 마신다는 계산이다. 믿을 수 없어서 숫자를 놓고 한참을 확인할 정도로 놀라운 통계이다. '스코틀랜드 최고 부자'라는 피터 고든 회장이 한국 방문객을 칙사 대접하는 이유를 알 만도 했다.

이왕 말이 나온 김에 한국인의 술 문화와 관련해 한마디만 더 하자. 스코틀랜드를 비롯한 영국 어느 펍에서나 한국인의 호기를 보여주고 그들의 기를 죽이려면 카운터에 가서 위스키 한 병을 통째로 시키면 된다. "얼마냐"고

위스키 발효 탱크.

물으면 계산이 바로 안 나올 것이다. "안 판다"는 대답을 들었다는 한국인도 봤다. 스코틀랜드 여행 중 시골 동네 펍에서 한 잔 마실 때마다 카운터로 가서 돈 주고 마시다 보니 귀찮고 감질이 나서 아예 병으로 달라고 했더니 한참을 쳐다보다 안 판다고 했다는 것이다. 그래서 "왜 그러냐"고 물으니 "얼마를 받을지 몰라서 그렇다"고 대답했다고 한다. 계산에 밝았던 그 한국인이 "한 병에서 싱글 몇 잔이 나오느냐"고 물은 뒤(30잔 나온다) 한 잔 가격(3파운드)으로 전체(90파운드)를 계산한 다음 20퍼센트를 깎아 그것도 현금으로 지불(72파운드)했다고 한다. 병을 들고 멍해서 쳐다보는 펍 주인을 뒤로하고 대단한 사나이처럼 폼을 잡고 자리로 돌아와 일행들과 마셨다는 무용담이다. 영국 펍에서 알코올중독자의 기준은 '더블을 2잔 연거푸 마신다'이다. 위스키를 병째로 사는 일은 아마 그 펍이 생기고 처음이었을 듯싶다.

이제 위스키를 이르는 낭만적인 묘사 몇 개만 하고 끝내자!

위스키가 잔으로 부어지는, 부드러운 음악 같은 소리가 만드는 막간幕間 휴식. – 제임스 조이스의 《더블리너》 중에서

위스키는 물로 된 햇빛이다. – 조지 버나드 쇼

정말 고요하다. 거리낌 없는 듯한 고요. 여기서 3마일 밖에서 어느 누군가가 위스키 온 더 록을 마시는 소리마저 들을 수 있는 고요. – 셔먼 알렉시스

🔍 **Keyword 51 : 아일랜드**　　　　　　　　　　　Search

멀고도 가까운 이웃, 영국과 아일랜드는 토니 블레어 총리의 솔직한 사과로 화해의 물꼬를 텄다.

850년 피의 역사를 극복한 영국과 아일랜드

한국과 일본처럼 멀고도 가까운 이웃 아일랜드와 영국. 두 나라 사이에 2014년 4월 아주 의미 깊고 역사적인 일이 있었다. 아일랜드의 마이클 히긴스 대통령이 영국의 엘리자베스 2세 여왕 초청으로 영국을 국빈 방문했었다. 2011년 5월 엘리자베스 여왕의 아일랜드 국빈 방문 이후 거의 3년 만이다. 이웃나라 사이의 국가수반 상호 방문이 뭐 그리 역사적인 일이냐는 의문이 들 법도 하다. 그러나 두 나라 사이의 얽히고설킨 사연을 알지 못하고는 이 상호 방문이 가지는 의미의 무게를 제대로 알기 힘들다. 아일랜드 대통령의 국빈 방문으로 두 나라가 정말 오래된 비극으로 점철된 아픈 역사를 넘어서 이룬 '대大화해'는 아무리 강조해도 과함이 없다.(영국 여왕이 초청하는 영국 국빈 방문은 1년에 전후반 각각 1회여서 히긴스 대통령 방문은 2013년 하반기 박근혜 대통령 국빈 방문 이후 첫 국빈 방문이었다.)

가까운 사이가 멀어지면 애초에 먼 사이보다 더 화해하기가 어려운 법이다. 그래서 세상에는 가깝고도 먼 나라가 참 많다. 아직도 세계의 이목을 집중시키고 있는 우크라이나와 러시아까지 갈 필요도 없이 한국과 일본이 그런 예이다. 아일랜드와 영국도 역사적 사연으로 보면 도저히 가까워질 수가 없는 사이이다. 보통 이런 이웃 관계는 나라의 부침에 따라 영국과 프랑스 사이처럼 서로 주고받고 은원恩怨의 관계가 되는가 하면 애증이 엇갈리기도 한다. 하지만 국력 차이가 나는 약소국과 강대국 사이는 한쪽이 당하기만 하는 일방적 관계가 될 수밖에 없다. 아일랜드와 영국이 바로 그렇다. 역사가 생긴 이래 아일랜드는 영국에게 당하기만 했지 한 번도 영국을 못살게 한 적은 없다.

양국의 국력 비교는 복잡한 통계를 들먹일 필요도 없다. 그냥 국토 크기와 인구수만 비교해보면 된다. 아일랜드의 국토(7만273제곱킬로미터)는 영국(24만3610제곱킬로미터)의 3분의 1에 조금 못 미치지만, 아일랜드의 인구(458만8252명)는 영국 인구(6226만2000명)의 13분의 1에 불과하다. 상대가 아예 되지 않는 이웃을 둔 죄로 아일랜드는 운명처럼 영국에 당하기만 해왔다. 그러나 이제 아일랜드와 영국은 역사의 한 장을 접고 다음 장으로 넘어갔다. "오랜 역사에서 지금처럼 양국이 가깝고 따뜻한 관계를 유지한 적이 없다. 이제 우리는 친구와 이웃으로 같이 살아가자"는 피해자인 아일랜드 히긴스 대통령의 말은 그래서 더욱 진정한 실감이 온다. 두 나라의 역사상 이보다 의미 깊은 화해는 없을 듯하다.

비극적인 아일랜드 독립의 역사

아일랜드인은 1919년 1월 21일 독립 선언에 이어 1921년 12월 6일 독립

영국을 국빈 방문한 아일랜드의 마이클 히긴스 대통령.

승인까지 역사상 제대로 된 독립국가 형태를 한 번도 가진 적이 없었다. 영국의 속국으로만 살아왔던 불행한 민족이었다. 헨리 8세 이후 영국 왕이 아일랜드 왕을 겸하는 모호한 형태로나마 존재하던 아일랜드 왕국마저도 1801년 대영제국의 일부로 완전히 병합되었다. 아일랜드가 웨일스나 스코틀랜드처럼 영국의 한 지방이 된 것이다. 이후 아일랜드에서는 200년 가까이 끊임없이 크고 작은 독립운동이 이어졌다. 그 결과로 1998년 일명 성聖금요일 평화협정이 체결되기까지 오랜 기간 동안 많은 피가 아일랜드 땅에 뿌려졌다. 그중에도 특히 현대에 들어와서 벌어진 영국과의 불화는 두 나라에 아주 심한 상처가 되었다.

한국에 3.13 운동이 일어나 7509명이 사망한 1919년에 아일랜드에서도 독립전쟁이 벌어져 3년간 1400여 명이 죽었다. 그로부터 50년 뒤에 IRA를 선두로 '더 트러블스The Troubles'라 불리는 30년간에 걸친 무장투쟁(1969~1997)으로 3524명이 사망했고 4만7541명의 부상자를 냈다. 1921년의 독립도 사실 완벽한 독립이 아니다. 아일랜드를 이루는 32개 주 가운데 남부 26개 주만 아일랜드로 독립했고 북부 6개 주는 주민들의 선택으로 아직 영국령으로 남아 있다. 당시 과반수를 차지하던 영국으로부터의 이주민, 즉 개신교계 주민들이 영국령으로 남기를 원해서 그렇게 결정된 것이다.

북아일랜드 6개 주가 영국령으로 남아 북아일랜드 사태가 벌어진 데는 사실 영국이 자초한 면이 크다. 영국은 아일랜드를 대영제국으로 병합한 뒤로 아예 완전 영국화하기 위한 장기 계획의 일환으로 벨파스트를 중심으로 북아일랜드에 계획적으로 영국인들을 이주시켰다. 여기서 나온 것이 식민植民이라는 말이다. 아무 생각 없이 쓰는 식민지란 말은 영어 문자 그대로, 사람을 심는다planting는 뜻이다. 영국은 점령지 아일랜드를 영원히 자신들의 땅으로 만들기 위해 자국민을 이주시켜 진짜 식민지로 만들고자 한 것이다. 일제강점기 때 한국 농민들의 토지를 강탈 강점한 뒤 일본 농민을 대거 이주시킨 것과 같은 이치다. 그렇게 해서 영국령인 북아일랜드에서 신교도들이 정치·경제·사회 각 부문의 주도권을 잡고 가톨릭계 주민들을 차별하자 골은 더욱 깊어갔다. 1950~1960년대 영국 본토 상점이나 식당 문에 '흑인·아일랜드인·개 사절'이라는 팻말이 붙어 있는 것은 드문 일이 아니었다.

북아일랜드에서도 아일랜드인 차별이 더 심하면 심했지 덜하지는 않았다. 가톨릭 주민은 주택, 취업, 투표에서 심한 차별을 받았다. 신교도들이 장악한 주정부는 주택 분배에서도 가톨릭 신자들을 차별했다. 가톨릭계 5인 가족보다 19세 독신 신교도가 먼저 주택을 받았다. 또 주택을 가진 사람에게만 투표권을 주었으니 가톨릭계 주민들의 불만이 쌓인 것은 당연했다. 1969년 8월의 폭동은 결국 가톨릭계 주민들의 불만이 한꺼번에 터져 나온 결과이다. 거기다 신교도 주민 자치대와 북아일랜드 경비경찰대의 과격한 진압은 무장투쟁을 불렀다. 그래서 아일랜드에서는 1969년을 무장투쟁의 원년으로 본다. 이후 1998년 평화협정을 맺기까지 30년간 양측 모두 무수한 피를 흘렸다.

마거릿 대처 총리 시절에는 양측의 대립이 극심해진다. 특히 1981년에 있었던 IRA 수감자들의 단식투쟁으로 인한 사망으로, 영국과 아일랜드의 관계, 북아일랜드의 신구교 갈등은 최악의 단계로 접어든다. 보비 샌즈라는 IRA 무장대원 출신의 메이즈 교도소 수감자가 죄인 취급하지 말고 정치범 대우를 해 달라는 요구 조건을 걸고 단식을 시작했다. 마거릿 대처 총리는 원칙주의자였다. 테러리스트와의 협상은 없다고 선언하고 요구 사항을 일절 들어주지 않았다. 만일 살인범이나 살인미수범이 아닌 정치범이나 양심수 취급을 하면 IRA의 무장투쟁이 정치적 의미를 갖게 되기 때문이었다. 결국 단식 시작 66일 만에 보비 샌즈가 사망하면서 그해 8월 말까지 10명의 IRA 출신 죄수가 단식으로 차례로 사망했다. 단식투쟁 사건은 영국은 물론 세계를 뒤흔들었다. 어떤 상황에라도 죽음은 막아야 한다는 세계 인권단체와 각국 수뇌들의 호소가 이어졌다. 하지만 대처 총리는 요한 바오로 2세의 간청에도 "범죄는 범죄이고 또 범죄다, 정치적 행위가 아니다"라면서 눈도 깜빡하지 않았다. 그래서 대처는 총리에서 물러나서 2013년 죽을 때까지 23년간을 전직 영국 총리로서는 유일하게 무장경찰의 호위를 24시간 받았을 정도로 원한을 사게 되었다.

과거를 정직하게 대면한 총리의 솔직한 사과

1997년 총선에 승리해 집권한 노동당 토니 블레어 총리는 북아일랜드 문제 해결을 가장 우선정책으로 세웠다. 취임 한 달 뒤인 6월 2일 블레어 총리는 북아일랜드 대도시 벨파스트를 찾는다. 그리고 150년 전 대기근으로 인한 아일랜드인 200만 명의 죽음에 대해 사과했다. 블레어 총리는 매년 열리는 대기근 추모음악제에 참석한 1만5000명의 청중 앞에서 성명을 통해 런던의 당시 지도자들을 비난하고 "아일랜드에서 생긴 수많은 사람들의 죽음은 오늘날까지 양국 모두에 고통으로 남아 있다"고 말했다. 이 솔직한 사과는 아일랜드인의 마음을 푸는 실마리로 작용했다. 아일랜드 존 브루턴 총리도 "성명이 과거를 정직하게 대면하고 있어 미래를 위한 치유제로 작용할 것이다"라고 환영했다.

그 후 협상에 박차를 가해 토니 블레어 총리가 벨파스트를 방문한 지 1년도 채 안 된 1998년 4월 10일 신구교도 모두에게 중요한 부활절이 시작되는 '성금요일'에 평화협정이 체결된다. 이로서 토니 블레어 총리는 '모든 것을 잘못해도 이 협상 하나만으로 영국 역사에 길이 남을 것'이라는 평가를 받았다. 북아일랜드 문제는 그만큼 풀기 어려운 협상이었다. 영국으로서는 영국 본토에 와서 영국인을 살해한 테러리스트들을 풀어주는 것이 제일 어려운 문제였고, 북아일랜드 각종 정파들을 주저하게 만든 것은 완전히 무기를 내려놓는 일이었다. 모두 먼저 무기를 내려놓는 순간 죽는다는 강박관념에 빠져 있었기 때문이다. 보통 북아일랜드 테러 하면 구교도의 IRA를 위시해서 구교도의 테러만 생각하는데 신교도 측 테러도 만만치 않았다. 그래서 지금도 양측의 중심지를 보면 서로 상대방으로부터 당한 피해자를 추모하는 기념물이 여기저기에 즐비하다.

영국 정부는 살인범 죄수들의 무조건 조기석방을 비롯해 모든 것을 양보하다시피 하고 아일랜드를 비롯한 북아일랜드 8개 정파의 이해를 조정하면서 1년 만에 협상을 성사시켰다. 당시만 해도 성금요일 평화협정의 성공을 비관적으로 본 견해들이 더 많았다. 협정 체결 2년 내에 각 정파가 보유하고 있는 각종 무기들을 모두 내려놓는다는 조항이 가장 우려를 자아냈다. 각자들의 생명이 달린 무장해제가 쉽지 않을 것이라는 전망이 우세했다. 일단 무장해제를 하는 것처럼 하고 다른 수를 쓸 것이라고도 예상했다. 다행히 우려는 우려로 끝났다. 아주 미미한 사고만 있었을 뿐 협정 이후 한 건도 무장사고도 없이 완벽한 평화가 북아일랜드에 찾아왔다. 이렇게 양측이 서로 협정을 잘 지킬 수 있었다는 점에 다들 놀라워했다. 그만큼 양측이 평화에 대한 갈망이 대단했기에 가능했다.

양측이 결국 무장해제를 선언하고 손을 든 이유는 1998년 5월에 실시된 평화협정 승인 주민투표 결과 때문이라고 해도 과언이 아니다. 남북 아일랜드 모두에서 압도적 비율의 주민들이 협정에 찬성표를 던졌다. 신구교 무장 세력 양측은 주민 정서에 반하는 행동을 해서는 안 됨을 뼈저리게 알게 되었다. 아일랜드에서는 유권자 56퍼센트 투표에 94퍼센트가 찬성했다. 북아일랜드에서는 81퍼센트 투표에 71퍼센트가 찬성했다. 양측 정치인 누구도 감히 무슨 말을 더 보탤 여지가 없이 압도적으로 주민들이 협정을 승인했다. 그만큼 양쪽 주민은 오랜 세월 동안 벌어진 유혈 사태에 염증을 느끼고 평화를 갈구하고 있었다.

신은 감자병을 보냈고 영국인은 대기근을 만들었다

역사적으로 아일랜드인으로서는 너무 오랫동안 피해를 당했다. 1171년 영국 왕 헨리 2세에 의해 시작된 아일랜드 침공으로부터 보면 850년에 가깝다. 그중 올리버 크롬웰의 아일랜드 침공(1649~1650) 때 인구 150만 명 중 60여만 명이 전사, 살해 혹은 기아로 사망했다. 인구의 40퍼센트가 죽었다. 아일랜드인에 대한 깊은 차별의식도 있었지만 청교도인 크롬웰 특유의 가톨릭에 대한 증오가 크게 작용했다. 때문에 영국인에게 올리버 크롬웰은 영웅이지만 아일랜드인에게는 악마의 현신이다.

근대에 들어서는 18~19세기에 걸친 대기근 때 영국의 사태 수습 태도가 아일랜드를 더욱 울렸다. 당시 아일랜드 인구의 3분의 1이 감자로만 연명했다. 대기근 전에 이미 아일랜드 상황에 대한 여러 조사(114개의 조사단과 61개의 특별위원회)가 이루어졌다. 조사 결과는 대기근의 조짐을 경고했음에도 영국 정부는 아무런 조치를 취하지 않았다. 1846년 감자병으로 인해 수확이 4분의 1로 감소했음에도 감자를 비롯한 곡식은 아일랜드에서 영국 본토로 수출되고, 술 주정 원료로 사용되었다. 1846~1851년에 인구 1100만 명

중에서 100만~200만 명이 아사하고, 100만~200만 명이 해외로 이민을 갔다. 인구의 3분의 1 가까이가 줄어든 것이다.(인구 통계는 자료마다 종잡을 수 없이 다르다.)

아일랜드 인구는 대기근 이후에도 계속 줄어 1911년에는 440만에 불과했다. 반세기 만에 인구가 3분의 1로 줄었다. 같은 시기에 영국은 1600만 명에서 3250만 명으로 2배가 되었다. 결국 19세기 초 비슷했던 두 나라의 인구(영국 1600만 명, 아일랜드 1100만 명)는 50년이 지나 아일랜드가 영국의 8분의 1 수준이 됐다. 이후 더욱 격차가 벌어져 지금 아일랜드 인구는 영국 인구의 13분의 1도 안 된다. 의도했든 안 했든 제대로 인종청소가 된 것이다. 영국 정부가 인종청소를 목적으로 방관한 것이 아닌가 하는 의심을 제기한 사람도 있다. 그 근거로 당시 영국 정부의 아일랜드 구호 담당 장관 찰스 트레블리안 경이 "이번 기근 사태는 아일랜드인들에게 교훈을 주기 위한 하느님의 심판"이라고 한 발언을 예로 든다.

역사적 배경을 알고 나면 영국인을 향한 아일랜드인의 깊은 반감은 충분히 이해가 간다. 1970년대에 작곡된 아일랜드 민요 〈아덴리의 벌판The Fileds of Athenry〉이라는 노래에는 그들의 정서가 그대로 담겨 있다. 아일랜드 스포츠 팬들이 응원하면서 즐겨 부르는 노래 중 하나로 영국과 시합을 할 때는 빠지지 않는다. 가족을 먹여 살리기 위해 옥수수를 훔치다 잡혀 오스트레일리아로 귀양 간 죄수를 노래한 것이다. 아일랜드인의 한이 절절하게 담겨 있어 노래를 듣고 있자면 뭉클해진다.

아일랜드는 1801년 영국과 정식으로 병합되어 대영제국의 일원이 된다. 그전까지 명목상으로는 두 왕국으로 존재했으나 이때 완전하게 한 나라가 되었다. 그래서 지금도 영국 국기에는 아일랜드의 십자가가 들어 있다(영국 국기 일명 유니언 잭Union Jack은 잉글랜드의 흰 바탕에 붉은 성 조지 십자가, 스코틀랜드의 푸른 바탕에 흰색 X자 성 앤드류 십자가, 아일랜드의 흰 바탕에 X자 성 패트릭 십자가가 협져진 것이다). 그때 사실 많은 아일랜드인이 강국 옆에서 차별받으며 핍박받는 식민지 신세로 있기보다는 부강한 대영제국의 정식 신민이 낫다는 생각으로 두 손을 들어 환영했다. 하지만 영국의 행동은 모든 기대를 저버렸다. 병합해놓고는 여전히 차별을 한 것이다. 당시 영국 정부는 700만 파운드(현재 5544억 원)를 1845년부터 1850년까지 5년 사이에 구호자금으로 썼다. 당시 영국 GNP의 0.5퍼센트에 해당하는 금액이다. 1833년 노예폐지법안에 따른 보상으로 노예상인들에게 지불한 2000만 파운드에 비교해서도 3분의 1밖에 안 된다. 영국이 인종청소를 위해 의도적으로 아일랜드의 대기근을 방치했다는 오해를 받아도 할 말이 없다. 사실 오해가 아니라 실제 그런 정책이었다는 학자들의 의견이 아일랜드측 학계에서만 나오는 것이 아니다. 영국 학계에서도 상당히 많이 동의를 하고 있다. 그래서 '신은 감자병을 보냈지만 영국인이 대기근을 만들었다'라는 말이 있다.

서서히 찾아온 양국의 평화

이런 역사를 딛고 두 나라가 대화해를 만들어낸 것이다. 실제 두 나라의 화해는 1998년 4월 성금요일 협정이 맺어진 이후에도 아주 조심스럽게 오랜 시간을 두고 추진되어왔다. 히긴스 아일랜드 대통령의 영국 방문은 2011년 엘리자베스 여왕의 아일랜드 방문으로부터 시작되었다. 그러나 준비는 그전부터 여왕의 가족들이 조용히 한두 명씩 아일랜드를 방문하면서 시작되었다. 벽돌 쌓듯이 차근차근 준비를 해나갔던 것이다. 수온을 테스트하듯 조심스럽게 양국의 여론을 재면서 이루어졌다. 그러는 데는 정치적인 이해관계가 직접적으로 연결이 안 되는 왕실인사들이 최고다.

평화협정이 체결된 이듬해인 1999년 여왕의 셋째 아들 에드워드 왕자 부부가 청소년센터 개소식 테이프를 끊기 위해 아일랜드 수도 더블린을 방문했다. 2004년에는 여왕의 외동딸 앤 공주가 더블린을 방문한 적이 있다. 조용한 방문이었다. 2006년 4월에는 여왕의 부군 필립 공이 혼자 더블린을 방문하기도 했다. 영국의 청소년 활동 프로그램으로 필립 공이 주창해 인기를 끌고 있던 에든버러공 상 수여를 위해서였다. 언론들은 필립 공의 방문을 엘리자베스 2세 여왕의 아일랜드 방문의 전초전 시그널로 예측했는데 그러고도 5년이 지나 여왕의 방문이 성사되었다. 2011년의 여왕 방문은 여왕의 할아버지인 조지 5세가 1911년에 아일랜드를 방문한 이후, 영국왕으로서 딱 100년 만이었다. 반영 감정과 테러 위협 등 우려와는 달리 여왕의 아일랜드 방문은 따뜻한 환영과 여왕의 진솔한 사과로 이어지면서 대화의 장을 성공적으로 열었다는 평가를 받았다. 특히 영국 공영방송 BBC의 기사 제목이 인상적이어서 기억에 남는다. '여왕의 아일랜드 방문으로 미래가 과거보다 먼저 왔다.'

아일랜드를 방문한 엘리자베스 여왕 부부가 메리 매컬리스 대통령 부부를 만났다.

그렇게 해서 분위기가 무르익을 대로 무르익어 대화해의 최종 단계로 금방 실현될 것 같았던 아일랜드 대통령의 영국 답방은 3년이 더 지나서야 이루어졌다. 히긴스 대통령은 영국 방문에서 양국의 화합과 새로운 출발을 원하는 메시지를 전달했다. 특히 웨스트민스터 영국의회 연설에서 아일랜드와 영국의 미래에 대해 강조했다. '상호 애정과 존경'이라는 표현도 썼다. "국가적인 증오를 과거의 일로 만들자는 결의를 같이 나누겠다"고도 했다. 아일랜드 대통령 입에서 영국을 향해 '애정과 존경'이라는 표현이 나오리라고는 아무도 상상할 수 없었던 일이다.

히긴스 아일랜드 대통령은 국빈 방문을 앞두고 BBC와의 인터뷰에서 "폭력을 일으킨 사람들은 누구든 어떤 형태로든 피해자들을 포함해 모두에게 사과하고 과거에 대해 보다 겸손해야 한다"고 말했다. "과거 폭력의 피해자들이 가해자로부터 사과를 받아야 한다고 생각하느냐"는 질문에 히긴스 대통령은 "물론이지요. 당연한 일이고 모든 피해자가, 가해자를 포함한 우리 모두로부터 사과를 받아야 합니다"라고 했다. 테러리스트뿐만 아니라 직접 가담하지는 않았지만 묵인하거나 침묵함으로써 간접 가해자 역할을 한 양국 국민 모두에게 책임이 있다는 점을 말한 것이다.

지금까지 IRA를 비롯해 폭력 가해자들은 자신들도 피해자이고, 정당방위의 하나로 폭력을 행사했을 뿐이라고 변명해왔다. 히긴스 대통령의 말은 '마지막 남은 일은 피해자와 가해자들 사이의 과거 청산 문제만 남았다'는 뜻이다. 가해 당사자들은 법적 책임은 비록 면했지만 도덕적 책임은 아직 남아 있다. 그러니 이제 그 책임마저 지라는 뜻이다. 시인 대통령다운 말이다.

🔍 **Keyword 52 : 크루즈 여행**　　　　　　　　　Search

유람선 항해로 여행하는 방식. 저자는 크루즈를 타고 잉글랜드, 스코틀랜드, 아일랜드를 15일 동안 돌아보았다.

영국을 깊이 보는
또 하나의 방법

살다 보면 생각지도 않은 좋은 일이 가끔 생긴다. 졸저 《영국인 재발견》 덕분에 내 이름으로 된 크루즈 여행 프로그램이 만들어져 안내자로 나서는 신나는 일이 2013년부터 생겼다. 이름도 거창한 '영국인 재발견의 저자 재영 저널리스트 권석하와 함께하는 잉글랜드, 스코틀랜드, 아일랜드 일주 크루즈 15일'이다. 한국으로 치면 남해안 진해 정도에 위치한 사우샘턴(비운의 타이타닉호가 항해를 시작한 항구)에서 한국에서 온 손님들과 배를 타고 노르망디 르아브르-에든버러-인버네스-글래스고-벨파스트-리버풀-더블린-코크-건지 섬-사우샘턴-스트랫퍼드 어폰 에이번Stratford-upon-Avon을 여행하는 일정이었다. 문자 그대로 영국과 아일랜드 섬을 뺑 도는 일주 코스. 요즘 유행하는 '영국 깊이 보기 관광'에 크루즈 여행이 합쳐진 것이다. 한국의 산타크루즈 회사가 모객을 해서 프린세스 크루즈 회사가 운영하는 12만 톤 규모의 로얄 프린세스 호를 이용한다.

'크루즈 여행이 여행의 마지막'이라는 말처럼 크루즈 여행은 여행 중에는 제일 호화판이다. 편리하기도 하고 일정도 길고 경비도 비싸다. 이 여행은 15일 일정이긴 했지만 항공권 포함 1인당 900만 원이 족히 든다. 부부라면 결국 1800만 원에 용돈까지 합치면 대략 2000만 원을 써야 한다. 요즘은 크루즈가 일반화되어 옛날같이 진짜 부자들만 가는 여행은 아니라 해도 일반인이 쉽게 쓸 수 있는 금액은 아니다. 하지만 가격이 비싼 만큼 버스를 타고 다니는 일반 단체관광에 비해 편리한 점도 한둘이 아니다.

현대의 크루즈 여행

크루즈는 일단 배에 올라 짐을 풀면 일정이 끝나 배에서 내릴 때까지 자기에게 주어진 선실이 바로 집이 된다. 짐을 싸고 풀고 할 일이 없다. 사실 긴 일정의 여행의 경우 짐을 싸고 풀고 하는 일이 얼마나 귀찮은지를 해본 사람들은 안다. 게다가 크루즈는 밤에 다음 행선지로 이동을 하기 때문에 장거리 버스나 기차, 항공기를 탈 이유가 없어 편하기도 하고 시간 절약도 된다. 영국·아일랜드·노르망디의 10개 도시를 어떻게 이렇게 짧은 시간에 이보다 더 편하게 볼 수 있나.

현대의 크루즈는 우리가 알고 있는 타이타닉 시절의 호화 유람선은 아니다. 선장이 승객 전원을 돌아가면서 초대해 식사를 같이하는 일도 승객이 3000~4000명이 되는 요즘의 초대형 크루즈에서는 일어나지 않는다. 그냥 항공기 이코노미 수준보다 조금 더 정중한 대접이라고 보면 가장 적당하다. 복도를 지나가는 선원들이 열심히 인사를 하고 식당 종업원도 친절하긴 하지만 음식은 시내 호텔 뷔페 수준보다 결코 낫지 않다.

보통 크루즈를 타면 선내에서 먹는 모든 식음료는 무료라고 많이들 알고 있지만 슬프게도 이제는 이마저도 사실이 아니다. 선내에서 먹는 기본 음식은 모두 무료지만 커피·홍차 같은 음료를 벗어나면 유료다.

그런데 따로 돈을 내고 먹는 음식의 수준이 도시의 고급 레스트랑에 빠지지 않지만 가격은 상대적으로 싸다. 무료 정찬 식당의 음식이 이미 상당한 수준이라 굳이 돈을 내고 먹는 음식의 값을 너무 비싸게 하면 손님이 안 올 것이 뻔하기 때문에 적당히 가격을 매겨놓았다.

매일 저녁 선내에는 번갈아 가면서 각종 쇼가 펼쳐진다. 굳이 옵션 투어를 택하지 않아도 선내에서 하루 종일 지낼 수 있게 다양한 프로그램이 마련되어 있다. 사교댄스, 요가, 도자기 공예, 퀴즈 게임, 자수 바느질 모임, 브리지 게임 심지어는 스도쿠 게임도 있다. 물론 운동 시설도 잘되어 있어서 테

잉글랜드·아일랜드 등의 10개 도시를 여행하는 크루즈선 로얄프린세스호 갑판.

니스는 몰라도 농구, 배구, 탁구 정도는 얼마든지 할 수 있다. 옵션 관광을 전혀 안 나가고 배 안에서만 즐기는 사람들이 거의 반도 넘는다. 그들은 "배 안에 무료가 이렇게 많은데 왜 굳이 돈 주고 나가느냐"고 말한다.

2015년 7월 16일 내가 로얄프린세스호를 타고 있을 때, 3560명의 승객과 1345명의 선원이 있었다. 거의 5000명이 배에서 움직인다. 승객 선실만 해도 1780개이다. 선원 선실까지 치면 2500개는 될 것 같다. 뭍에서 보면 실감이 나지 않을 만큼 거대하다. 웬만한 카메라 광각렌즈가 아니면 선수에서 선미까지의 길이 330미터가 렌즈 안에 다 들어오지도 않는다. 바로 아래서 올려다보면 고개가 아프다. 17개 층을 이룬 배의 높이가 38미터이니 그럴 만도 하다. 그런데 이런 배가 거의 시간당 40킬로미터 속도로 바다를 가르고 달리니 솔직히 말해 초현실적이라는 생각이 든다.

첫 방문지는 프랑스 노르망디

이제 각 항구에서의 일정을 살펴보자. 내가 크루즈 프로그램을 받아들였을 때 영국·아일랜드 일주 프로그램이라면서 왜 노르망디를 가는지 의아했지만 가만히 생각하니 알 수 있었다. 잉글랜드 역사는 로마가 물러간 뒤 소위 말하는 '암흑기Dark Age'를 거쳐 당시 선진국이었던 프랑스 노르망디를 지배하고 있던 노르망공 윌리엄이 잉글랜드를 정복하면서 시작한다. 그래서 영국 일주 첫 방문지를 노르망디로 잡은 것 같다. 물론 프랑스 서해안의 제일 큰 항구 르아브르에 내려서 대개의 승객들은 2시간 거리의 파리 관광을 가지만 한국에서 온 일행 대부분은 파리는 여러 번 다녀왔기 때문에 노르망디 해변의 보석 같은 마을 세 군데, 에트르타·옹플뢰르·도빌을 다녀오는 일정을 택했다. 노르망디 해변과 마을의 아름다움은 이미 프랑스 인상파 화가 모네의 그림으로 잘 알려져 있다. 코끼리바위가 있는 에트르타 마을 앞 바다는 〈에트르타의 일몰〉이라는 그림으로 익숙한 풍경이다. 바다로 들어가 있는 바위 사이에 파도가 구멍을 내서 흡사 코끼리가 바다에 코를 대고 물을 빨아 먹는 듯한 모습이다. 노르망디를 좋아하던 모네는 여기서 그림을 많이 그렸다. 뿐만 아니라 옹플뢰르 마을은 어촌 포구로는 더 이상 따라갈 데가 없을 만큼 아름답다. 더군다나 이 마을은 프랑스 요리로도 유명하다. 옹플뢰르에서 차로 30분 거리의 도빌은 칸느, 모나코와 함께 프랑스 부자들의 3대 휴양지 중 하나다. 부자들의 휴양지답게 명품 가게들이 파리 샹제리제만큼 많은 도시이다. 코코 샤넬이 파리의 1호점 다음으로 상점을 연 곳이 바로 도빌이다. 카지노, 경마장을 비롯해 각종 명품 상점들이 카지노와 초호화판 호텔 옆에 들어서 있다. 007 시리즈 중 〈카지노 로얄〉의 배경이 이 도시의 카지노였다. 또 왕년의 유명한 명화 〈남과 여〉의 배경도 도빌이다. 또 유럽에서 유일하게 아시아 영화제가 열려 수많은 한국 감독의 영화가 수상한 곳이기도 하다.

스코틀랜드 대표 도시들을 거쳐

잠시 프랑스의 맛을 본 이튿날은 하루 종일 배만 타는 전일 항해 날이다. 선내의 각종 프로그램과 요리 등을 차분하게 즐겨볼 시간이다. 하루 종일 그리고 밤새도록 배는 달려서 스코틀랜드의 수도 에든버러에 도착한다. 스코틀랜드 역사의 각종 애환이 담긴 에든버러 성을 보고 나와 로열 마일을 천천히 걸으면서 길거리 백파이프 악사의 연주를 들으며 스코틀랜드의 정수를 즐기는 일은 결코 빠질 수 없는 관광이다. 그러고는 멜 깁슨의 인상적인 연기로 유명해진 영화 〈브레이브 하트〉의 배경이 된 성이자 이 성을 지배하는 자가 스코틀랜드를 지배한다는 전설 때문에 성을 놓고 각축전이 벌어졌다는 에든버러 외곽의 스털링 성을 거치면 하루가 모자라다.

이제 공룡을 닮은 수중 괴물 네스가 출몰한다고 해서 유명해진 하일랜드의 호반 도시 인버네스를 간다. 네스 호에서 다시 유람선을 타고 호수 옆에 폐허로 남은, 발음도 잘 안 되는 우르콰르트 성에서 스코틀랜드의 슬픈 역사를 듣는다.

배는 북해를 돌아 스코틀랜드 서해에 있는 스코틀랜드 제일의 도시 글래스고로 간다. 일정상 들르는 도시 중 가장 평범하고 볼 것이 없는 도시이다. 차라리 이 도시를 빼고 웨일스의 한 곳이나 잉글랜드 남부 콘월이나 아일랜드 서부 해안의 모허 절벽을 넣었으면 훨씬 더 기가 막힌 조합이 되었을 텐데 하는 생각을 한다.

아일랜드와 영국을 일주하다

이후부터는 아일랜드와 영국을 지그재그로 번갈아 방문하는 일정이다. 아일랜드 벨파스트로 건너가서 1시간 반 거리의 북쪽 해안에 위치한 세계 자연 8대 불가사의라는 자이언트 코즈웨이로 간다. 제주도 주상절리의 10배는 됨 직한 기이한 돌기둥 해변에서 자연의 신비를 다시 한 번 맛본다. 거인이 바다 건너 애인을 만나기 위해 지었다는 바닷길이란다. 언제나 이렇게 사랑은 기적을 낳는가 보다. 벨파스트로 돌아와 타이타닉을 만든 조선소 자리에 세워진 타이타닉센터를 가서 전설이 되어버린 타이타닉의 이야기를 듣고 만져본다.

비틀즈의 고향 리버풀을 가기 위해 영국으로 다시 돌아온다. 리버풀은 더 이상 언급할 필요 없이 세기의 록 영웅 비틀스의 도시이다. 비틀스가 무명

시절 300회 이상 출연했다는 케이번 클럽에서 맥주도 한잔하고 아프리카 노예들을 잡아와 미국으로 싣고 가서 팔아먹던 알버트 독에 있는 비틀즈 스토리를 가 봐야 한다. 비틀즈의 각종 소지품과 함께 많은 자료들을 소장하고 있어 여기를 들르지 않고는 '리버풀 비틀즈 투어'를 했다고 할 수 없다. 초기 비틀즈의 사진부터 폴 매카트니가 쳤던, 너무 백색이라 야하다는 느낌이 드는 새하얀 미니 그랜드 피아노를 비롯해 과연 이런 안경을 어떻게 쓸 수 있었을까 할 정도로 두꺼운 존 레논 안경도 있다.

다시 아일랜드 더블린으로 넘어간다. 아일랜드인의 멍든 가슴이 만들었다는 잔 밑바닥이 보이지 않는 깊은 갈색의 기네스맥주 공장으로 간다. 공장 투어를 마치고 더블린 시내가 보이는 꼭대기 층으로 올라간다. 입장권을 주면 내주는 기네스는 맛이 특별나다. 그러고는 트리니티칼리지도서관에서 천

북아일랜드 자이언트 코즈웨이.

장 높이 쌓인 가죽 장정의 고서에 경악한 다음, 시내 공원 한구석 바위 위에서 세상을 조롱하듯이 비스듬히 누워 있는 정말 희한한 모습의 오스카 와일드 동상을 봐야 한다. 와일드는 동성연애를 했다는 죄로 받은 강제노역 형을 마친 뒤 파리로 건너가 영국은 물론 고향 아일랜드로도 돌아오지 않고 죽어 파리 공동묘지에 묻혔다. 이 와일드의 무덤은 세계에서 온 뭇 여인들이 남긴 키스 마크로 몸살을 앓고 있다. 동성연애자 무덤에 키스 마크를 남기는 여인들의 심리는 뭔가.

이제 배는 아일랜드의 가장 남쪽 도시 코크로 간다. 코크는 사우샘턴을 떠난 타이타닉호가 마지막으로 들른 항구이다. 여기서 미국으로 이민 가는 아일랜드인을 실은 다음 다시 항해를 했다가 타이타닉 호는 결국 운명의 빙하를 만나 침몰한다. 코크에서 할 일은 '블라니'라는 별로 특이할 것 없는 성의 제일 위 첨탑에 있는 돌을 보러가는 것이다. 이 돌에 몸을 뒤집어 매달려 키스를 하면 달변가가 된다는 전설이 있다. 자식을 나중에 지도자로 키우고 싶은 부모가 아이를 데리고 많이 온다. 윈스턴 처칠도 다녀간 적이 있고, 클린턴도 다녀가서 달변이 되었다는, 믿거나 말거나 한 자랑을 안내인은 한참 한다. 그리고는 코크 남쪽 바닷가에 있는 킨세일이라는 조그만 어촌 마을로 간다. 아무것도 없는 그냥 어촌 마을이다. 순박한 마을 풍경을 보러 관광버스들이 모여든다. 그러고 보면 이 여행의 일정은 우연인지 모르나 타이타닉과 긴밀한 연관이 있다. 타이타닉이 처녀항해를 한 사우샘턴에서 크루즈배도 출발했고 타이타닉을 만든 벨파스트 조선소를 거쳐 마지막 기항지인 코크까지 다녀가니 말이다. 호화 여객선을 타고 호화 여객선의 침몰 흔적을 찾아다니는 묘한 일정을 소화하는 셈이다.

마지막 기착지 건지 섬에서

이제 마지막 일정인 건지 섬으로 간다. 영불해협에 위치한 건지 섬은 프랑스와 영국의 지배를 교대로 받고 심지어 2차 세계대전 중에는 독일군에게 점령당하기도 했다. 독일군은 건지 섬을 비원의 영국 본토 상륙작전의 전초기지로 사용하려고 각종 참호나 방어시설들을 만들어놓았다. 빅토르 위고가 《레미제라블》을 이 섬에서 일부 쓰기도 했다고 해서 만들어진 조그만 빅토르 위고 하우스는 크루즈가 들어올 때는 예약하기가 하늘의 별 따기였다. 집이 좁아 10명밖에 못 들어가서다. 건지 섬에 이런 유명 작가의 자취가 있다는데 안 들르면 작가에 대한 예의가 아니다. 사실 건지 섬은 이런 크루즈 항해가 아니면 들르기 어려운 곳이다. 특이한 역사뿐 아니라 영국령이되 영국법으로부터 여러 가지 면에서 치외법권적 지위를 누리는 이국적인 분위기의 섬이다.

이제 영국으로 다시 돌아와 셰익스피어의 고향 스트랫퍼드 어폰 에이번에서 셰익스피어의 생가를 찾는다. 자신의 무덤에 손을 대는 자는 저주가 있으리라는 특이한 글이 적힌 묘비 밑에 누운 세계의 대문호 셰익스피어 무덤이 여행의 마지막 코스이다.

영국과 아일랜드 전역을 이런 크루즈 말고 2주라는 짧은 기간에 돌아볼 방법은 없다. 앞으로는 영국·아일랜드를 도는 크루즈에서 친지들을 만날 기회가 많을 것 같은 예감이 든다.

Photo Credits

p.17: ⓒMichael Dorrington / Shutterstock.com
p.23: ⓒPhilip Willcocks / Shutterstock.com
p.29: ⓒDziurek / Shutterstock.com
p.34: ⓒkenny1 / Shutterstock.com
p.44: ⓒEverett Historical / Shutterstock.com
p.56: ⓒWilliam Perugini / Shutterstock.com
p.60: ⓒIR Stone / Shutterstock.com
p.67: ⓒJorg Hackemann / Shutterstock.com
p.72: ⓒQQ7 / Shutterstock.com
p.80: ⓒ360b / Shutterstock.com
p.91: ⓒClaudio Divizia / Shutterstock.com
p.128: ⓒWill Rodrigues / Shutterstock.com
p.137: ⓒRon Ellis / Shutterstock.com
p.151: ⓒAGIF / Shutterstock.com
p.160: ⓒKvanta / Shutterstock.com
p.170: ⓒalice-photo / Shutterstock.com
p.187: ⓒBUCHAKA ALEXANDER / Shutterstock.com
p.190: ⓒRadiokafka / Shutterstock.com
p.198: ⓒIR Stone / Shutterstock.com
p.199: ⓒlandmarkmedia / Shutterstock.com
p.213: ⓒastudio / Shutterstock.com
p.234: ⓒBarry Barnes / Shutterstock.com
p.240: ⓒMonkey Business Images / Shutterstock.com
p.243: ⓒJames W Copeland / Shutterstock.com
p.256: ⓒBasPhoto / Shutterstock.com
p.294: ⓒImran's Photography / Shutterstock.com
p.296: ⓒBasPhoto / Shutterstock.com
p.305: ⓒChristopher Elwell / Shutterstock.com
p.317: ⓒdavid muscroft / Shutterstock.com

p.321: ⓒBotond Horvath / Shutterstock.com
p.336: ⓒPaul Matthew Photography / Shutterstock.com
p.340: ⓒCarsten Medom Madsen / Shutterstock.com
p.347: ⓒchrisdorney / Shutterstock.com
p.355: ⓒStuart Monk / Shutterstock.com
p.367: ⓒBasPhoto / Shutterstock.com
p.373: ⓒDavid Fowler / Shutterstock.com
p.376: ⓒ1000 Words / Shutterstock.com
p.390: ⓒLorna Roberts / Shutterstock.com
p.396: ⓒGeorgios Kollidas / Shutterstock.com
p.406: ⓒlittlesam / Shutterstock.com
p.408: ⓒNando Machado / Shutterstock.com
p.414: ⓒOlga Popova / Shutterstock.com
p.419: ⓒJoymsk140 / Shutterstock.com
p.438: ⓒNeveshkin Nikolay / Shutterstock.com
p.450: ⓒEvikka / Shutterstock.com
p.459: ⓒGeorgios Kollidas / Shutterstock.com
p.463: ⓒKamira / Shutterstock.com
p.478: ⓒDavid Smart / Shutterstock.com
p.482: ⓒEverett Historical / Shutterstock.com
p.521: ⓒBikeworldtravel / Shutterstock.com
p.529: ⓒBikeworldtravel / Shutterstock.com
p.540: ⓒDrimaFilm / Shutterstock.com
p.544: ⓒvichie81 / Shutterstock.com
p.553: ⓒAndrea Obzerova / Shutterstock.com
p.554: ⓒAndrea Obzerova / Shutterstock.com

p.46, 105, 108, 123, 283, 287, 560, 562, 568, 583, 587
ⓒ권석하

영국인 재발견 2
ⓒ 권석하, 2015

초판 1쇄 인쇄 2015년 12월 2일
초판 1쇄 발행 2015년 12월 7일

지은이 | 권석하
펴낸이 | 김영훈
편집 | 이지혜
디자인 | 김미숙

펴낸곳 | 안나푸르나
출판신고 | 2012년 5월 11일
주소 | 서울특별시 마포구 월드컵로 10길 28 동명빌딩 4층
전화 | 010-5363-5150   팩스 | 0504-849-5150
전자우편 | idealism@naver.com

ISBN 979-11-86559-06-2 03920

* 저자와의 협의로 인지는 붙이지 않습니다.
* 이 책은 저작권법에 따라 보호받는 저작물이므로 무단 전재와 복제를 금하며,
  이 책의 내용 전부 또는 일부를 이용하려면 반드시 저작권자와 안나푸르나의 서면 동의를 받아야 합니다.
* 유통 중에 파손된 책은 구입하신 서점에서 바꾸어 드리며, 책값은 뒤표지에 있습니다.

이 도서의 국립중앙도서관 출판도서목록(CIP)은 서지정보유통지원시스템 홈페이지(http://seoji.nl.go.kr)와
국가자료공동목록시스템(http://www.nl.go.kr/kolisnet)에서 이용하실 수 있습니다. (CIP제어번호: CIP2015032383)